全国高等中医药院校成人教育教材

中医诊断学

国家中医药管理局人事教育司委托修订

主编单位：湖南中医学院

主　　编：郭振球

副　主　编：袁肇凯　瞿岳云

编　　者：（按姓氏笔画为序）

　　　　　刘英锋　刘　莺　陈雪功

　　　　　蒋文明　傅晓晴

主　　审：高尔鑫

参　　审：陈瑞春

湖南科学技术出版社

《全国高等中医药院校成人教育教材》编审小组

　　根据中医事业发展需要，为促进中医人才的培养，进一步提高全国中医院校函授教育的质量，1983 年，原卫生部中医司指定成都、湖南、湖北、江西、浙江、长春、辽宁、陕西、南京、黑龙江、河南等 11 所中医院校联合编写《全国高等中医院校函授教材》，并确定了教材编审组成员。1984 年元月，各参编单位在长沙举行了第一次编写会议，会议讨论了教材的编写原则和编写体例。会议一致认为，教材的编写要根据中医高等函授教育的目标，切实做到"体现中医特色，确保大专水平，突出函授特点"。为此，在内容分配上要和全日制大专教材相当；在编写过程中要坚持"一家编，多家审"的原则，广泛征求意见，力求重点明确，通俗易懂。为方便函授教学，教材统一设置了一些指导函授教学的栏目，如"自学指导"、"复习思考题"，考虑基层学员查阅文献有所不便，教材各章附有"参考文献摘录"，将与教学内容密切相关的经典著述附录在课文后，供学员借鉴，加深对课文理解。会议确定全套教材共设 19 门课程，按函授教学需要的先后顺序，于1985 年陆续出版，1988 年 2 月出齐。尔后，根据中医临床的需要和函授师生的反映，经国家中医药管理局同意，决定在 19 门中医课程教材的基础上，增设 5 门西医课程教材，分别由北京、广州、南京、河南、湖南 5 所中医院校主编，并于 1988 年 4 月在长沙举行了编写会议，在坚持整套教材编写原则和体例风格的基础上，会议商讨了有关中医学习西医知识教材编写出版事宜。西医课程教材于 1990 年全部出版。

　　《全国高等中医院校函授教材》的出版对规范函授中医专业教学内容及人才知识结构起到十分重要的作用。因其有重点突出，内容丰富，编写形式适合在职中医人员业余学习等优点，多年来一直被多数中医院校选用。1995年全国普通高等院校函授部、夜大学教材评估时，对这套教材的编写质量有较高的评价。

　　10 多年来，随着医药科学的发展，知识更新，医学模式转变和中医药教育改革的不断深入，教材内容也需要作相应的修订和完善。1999 年 12 月在成都召开的全国中医药成人教育学会理事会第四届一次会议上，全体理事讨论了湖南科学技术出版社提出的《关于修订〈全国高等中医院校函授教材〉的报告》；2000 年 5 月，国家中医药管理局本着政府职能转变的原则要求，为充分发挥学会和中介组织作用，决定委托全国中医药成人教育学会高等教育研究会负责组织《全国高等中医院校函授教材》的修订和编写工作。同时，为适应中医药成人教育的需求，决定将教材更名为《全国高等中医药院校成人教育教材》。根据国家中医药管理局的决定，全国中医药成人教育学会高等教育研究会 2000 年 6 月在长沙举行了教材修订主编会议，成都、广州、南京、北京、山东、湖南、河南、辽宁、浙江、黑龙江、湖北、长春、陕西、江西 14 所中医药院校的主编出席了会议。会议进一步明确了《全国高等中医药院校成人教育教材》是在 1983 年编写的《全国高等中医院校函授教材》基础上的修订和补充编写，要求这次修订编写在原函授教材的基础上保持基本架构不变，重在充实完善，要根据教学实践中发现的问题和新形势下成人教育的需要来修订编写。考虑到成人教育主要是培养基层实用型人才，编写教材要求做到"理论够用为度，便于自学，重在实用"。

修订新版的《全国高等中医药院校成人教育教材》由国家中医药管理局人事教育司（原科技教育司）委托组织编写（修订），实行主编负责制，坚持"一家编，多家审"的原则，强调质量第一。修订后的教材保留适应成人教育、方便业余学习的体例形式，同时结合中医药成人教育改革与发展的趋势，作了进一步改进和完善。为适应当前中医药事业的发展，在课程设置上新教材增设了《推拿学》、《医学心理学》、《药理学》、《预防医学》、《急诊医学》、《卫生法规》6 门课程。为了满足不同层次的教学需要，修订新版教材采用"一书两纲"的形式，即一本教材内容定位在本科教学水准，同时考虑专科教学需要，两本大纲分别指导本科、大专两个层次的教学。教学时数分配，本科部分在中医本科成人教育教学计划未发布以前，暂时参照全日制本科教学计划安排；专科部分按国家中医药管理局确定的成人高等专科教育中医学专业教学计划安排。

中医药成人教育是中医人才队伍建设的一个重要组成部分，尽管我们已经取得了相当的成绩，积累了许多宝贵经验，前进的道路仍十分漫长，还有许多课题需要我们去探索，还有许多困难有待我们去克服。教材编写是教育事业的一项基础工作，直接关系到教学质量的提高，编好教材不仅需要作者们呕心沥血，更需要教学师生的关心和支持，诸如课程体系设置是否合理、教学内容详略是否恰当、大纲安排是否切合实际等等，都有待广大师生提出批评和建议，以便今后修订再版时更臻完善。

最后，我们要感谢参编院校的领导和各位主编，他们为教材的编写修订作出了无私的贡献和积极的努力；感谢使用教材的院校领导和师生，他们一直关心教材的编写修订，并提出了许多宝贵的建议。我们深信，有编者、读者和出版者的共同努力，《全国高等中医药院校成人教育教材》必将成为中医药园地中一朵绚丽的奇葩。

湖南科学技术出版社

中医诊断学是根据中医学的理论体系，研究诊察病情，判断病种，辨别证候的基础理论、基本知识和基本技能的一门学科。它是中医学专业的基础课，是中医基础理论与临床各科之间的桥梁，是中医学专业课程体系中的主干课程。

全国高等中医院校成人教育教材《中医诊断学》是由国家中医药管理局科技教育司委托全国中医药成人教育学会高等教育研究会组织修订和审定的，供全国高等中医药院校成人教育中医药学各专业（本科、专科）使用。根据国家教育部、国家中医药管理局《关于中医药教育界改革和发展的若干意见》和全国高等中医院校成人教育教材《中医诊断学教学大纲（本科、专科）》，在全国高等中医院校函授教材《中医诊断学》（第 1 版，1984 年）的基础上进行修订、补充而编写的。

本书的主要内容包括诊法、辨证、诊病和病案四大部分，其中，诊法和辨证是教学的重点。通过《中医诊断学》的教学，要使学生掌握望、闻、问、切诸诊法的基本理论、基本知识及方法；掌握八纲辨证、病因辨证、气血津液辨证、脏腑辨证的基本理论与知识；了解经络辨证、六经辨证、卫气营血辨证、三焦辨证和疾病诊断及病案的基本知识；初步训练诊法、辨证和病历书写的基本能力，为学习中药、方剂及中医临床各科打下基础。

根据 2000 年 6 月 "全国高等中医药院校成人教育教材主编会议" 的精神，本教材采用 "一书两纲" 的形式，即一本本科水平的《中医诊断学》教材，与本科、专科两套教学大纲配合使用。同时，遵照主编会议关于 "理论够用为度，便于自学，重在实用" 的要求，本教材保持原函授教材的基本构架不变，紧扣教学大纲，重在充实完善。为了适应成人教育教学的需要，便于学生的自学阅读及教师的辅导讲授，本教材在编写上坚持理论联系实际的原则，既保持了中医诊断学理论体系的完整性，又突出了教学的重点；力求说理清楚，言简意明，通俗易懂；适当配合图表，互证其义，以巩固、加深学员对教材的印象和理解。在每章之前对该章教学的 "目的要求" 和 "自学时数" 作了一般性安排。正文之后均附有 "自学指导"，对本章的重点难点作了必要的阐述；列出复习思考题，以供学生自习和作业之用。附有 "参考文献摘录"有助于学生对中医诊断理论的理解，也可作为教学的参考。

限于编者的水平，本教材编写若有疏漏错误之处，敬祈指正。

郭振球

2001 年 10 月于湖南中医学院

目　录

绪　论

第一篇　诊法

第四篇　病案

绪　　论

【目的要求】

1. 掌握中医诊断的基本原理和基本原则。
2. 熟悉中医诊断学的学科性质和主要内容。
3. 了解中医诊断学的发展简史和学习方法。

【自学时数】

4 课时。

中医诊断学是根据中医学的理论体系，研究诊察病情，判断病种，辨别证候的基础理论、基本知识和基本技能的一门学科。它是中医学专业的基础课，是中医基础理论与临床各科之间的桥梁，是中医学专业课程体系中的主干课程。因此，学习好《中医诊断学》，对于进一步学好临床各科都具有极其重要的意义。

一、中医诊断学的学科性质和主要内容

（一）中医诊断学的学科性质

诊，即诊察了解；断，即分析判断。所谓诊断，就是诊察了解病情资料，并对病人的健康状况和疾病的本质进行分析，从而做出概括性判断的过程。中医诊断学则是根据中医学的理论体系，研究诊察病情，判断病种，辨别证候的基础理论、基本知识和基本技能的一门学科。

由于正确治疗的前提必须是正确的诊断，诊断是临床疾病诊治的重要环节，所以从学科性质上来说，中医诊断学是中医学专业的基础课，是中医基础理论与临床各科之间的桥梁，是中医学专业课程体系中的主要课程。

（二）中医诊断学的主要内容

中医诊断学以研究疾病的各种症状、体征、疾病、证候的概念、临床表现、病因病机、诊断要点及思维分析方法为主要内容，因此，主要包括诊法、辨证，诊病和病案四大组成部分。

1. 诊法：即中医诊察疾病，收集病情的基本方法。传统的诊法包括望、闻、问、切四类方法，故又称为四诊。其中，望诊是医生运用视觉对人体的神、色、形、态，头面、五官、躯体、四肢、二阴、皮肤，舌质、舌苔，痰涎、呕吐物、大便、小便及小儿指纹等进行有目的地观察，以了解健康状况，测知病情的方法。闻诊是通过听察病人的声音、呼吸、语言、咳嗽、呕吐、呃逆、嗳气、太息、喷嚏、哈欠、肠鸣等各种声响及闻嗅病体发出的异常

气味、排出物的气味及病室的气味以了解病情的诊察方法。问诊是医生通过询问病人疾病发生、发展、变化的过程及治疗经过，患者的自觉症状、既往病史、生活习惯、饮食嗜好等以了解病情的一种诊察方法。切诊是医生运用手触按病人的动脉脉搏及对病人的肌肤、手足、胸腹、腧穴等部位进行触、摸、按、压，以了解病情的诊察方法。

通过四诊所搜集的病情资料主要包括症状、体征和病史等。其中，症状是病人自我感到的不适，如头痛、耳鸣、胸闷、腹胀等；体征是医生用一定的方法检查出的异常征象，如面赤、苔黄、胁下痞块、脉弦细等。中医诊法一般将症状和体征统称为"症"。症是疾病的客观表现，是判断病种，辨别证候的主要依据。中医诊断学主要介绍四诊的原理、方法和临床常见症的特点及其意义。

2. 辨证："证"，是中医学所特有的一个诊断概念，是对疾病过程中所处一定阶段的病位、病因、病性及病势等所作的病理性概括，是对疾病当前病理本质所作的结论，如心肺气虚证、痰热壅肺证、脾肾阳虚证等。辨证，则是在中医诊断理论的指导下，综合分析四诊资料，对疾病中"证"的诊断思维过程。

随着中医诊断理论的不断发展，对疾病辨证认识的不断深入，已形成了八纲辨证、病因辨证、气血津液辨证、脏腑辨证、经络辨证、六经辨证、卫气营血辨证、三焦辨证等多种辨证方法。中医诊断学主要介绍各种辨证分类方法，辨证思维技巧及临床常见证的概念、临床表现、病因病机和辨证要点。

3. 诊病：病，是在一定条件下，由致病因素引起的一种以正邪相争为基本形式的病理过程。病名，是对该病全过程的特点及规律所做出的概括与抽象。诊病，则是在中医学理论的指导下，综合分析四诊资料，对疾病病名做出诊断的思维过程。对疾病做出病名诊断，是临床各科疾病应研究的主要问题。中医诊断学主要是学习对疾病诊断的有关的基本知识，如疾病的概念、命名及分类，疾病的症状鉴别诊断的原则与方法，以及常见症状的鉴别诊断等等。

4. 病案：病案，古称诊籍，是中医临床有关诊疗的书面记录。病案是临床医疗、科研、教学、管理及司法等工作的重要资料。因此，临床各科都应有完整规范的病案记录，而阅读、书写病案是每一位医生必须掌握的基本功。中医诊断学主要介绍有关病案的沿革、书写通则、格式和要求等。

二、中医诊断的基本原理和基本原则

(一) 中医诊断的基本原理

中医学在形成和发展的过程中受到古代哲学思想的影响，其认识论和方法论都具有朴素的唯物辩证法思想，对于自然界和人体生理病理现象，则以直观的方法从总体方面看待其关系，构成了天人相应，神形合一，表里相关的整体观点。中医诊断学正是在这种整体、系统的辩证观理论指导下对疾病进行诊察、辨识，认为疾病变化的病理本质虽然藏之于"内"，但必有一定的症状、体征反映于"外"，因而通过审察其映之于外的各种病理表现，通过分析思考，便可求得对疾病本质的认识，这是中医诊断学的基本原理。具体可从以下三个方面予以阐述：

1. 司外揣内：外，是疾病外在的病理表现；内，是内在脏腑的病理本质。司外揣内，是指观察掌握疾病外在的病理现象，从而分析推测内脏的变化，认识疾病的病理本质。

《灵枢·本脏》说："视其外应，以知其内脏，则知所病矣。"说明脏腑与体表是内外相应的，所以观察外部的表现，则可以测知内脏的变化，从而也就可以了解内脏所发生的疾病。《丹溪心法》指出："欲知其内者，当以观乎外；诊于外者，斯以知其内。盖有诸内者形诸外。"正如《灵枢·外揣》所说："日与月焉，水与镜焉，鼓与响焉。夫日月之明，不失其影；水镜之察，不失其形；鼓响之应，不后其声。动摇则应和，尽得其情。……昭昭之明不可蔽。其不可蔽，不失阴阳也。合而察之，切而验之，见而得之，若清水明镜之不失其形也。五音不彰，五色不明，五脏波荡，若是则内外相袭，若鼓之应停，响之应声，影之似形。"这是以生动形象的比喻，说明医生诊断疾病是通过表面的现象推测内部的变化。这一认识与近代控制论的"黑箱"理论有着相似之处。

2. 见微知著：微，指微细的、局部的现象；著，是明显的、整体的变化。见微知著是指机体的某些局部，常包含着整体的生理、病理信息，通过微小的变化，可以测知整体的情况。

临床实践证明，某些局部的改变，确实有诊断全身疾病的意义。如《灵枢·五色》将人体面部分为明堂、阙、庭、藩、蔽等部，把首面、膝足、脏腑、膺背等整个人体皆分属于其中，通过审察面部的情况，以测全身的病变。又如《难经·一难》强调诊脉"独取寸口，以决五脏六腑死生吉凶之法"，于是详细审察寸口脉的"三部九候"，以推断不同脏腑的疾病变化。其他如耳为宗脉之所聚，耳郭的不同部位能反映全身各部的变化；舌为心之苗，与其他脏腑也有密切联系，故舌的变化可以反映脏腑气血的盛衰及邪气的性质；五脏六腑之精气皆上注于目，故目可反映人体的神气，目之"五轮"亦可审察五脏六腑的病变等。故有学者提出，人体的某些局部，可以看做是脏腑的"缩影"，中医诊断原理中含有当代"生物全息"的思想。

3. 以常衡变：常，指健康的、生理的状态；变，是异常的、病理的状态。以常衡变是指在认识正常的基础上，发现太过、不及的异常变化，从而认识疾病的性质及变动的程度。

《素问·玉机真脏论》说："五色脉变，揆度奇恒，道在于一。" 要认识客观事物，必须通过观察比较，知常达变，这是物质世界运动变化的一般规律。健康与疾病，正常与异常，都是相对的。中医诊法中的望色、闻声、问病、切脉等，均是从正常中发现异常，从对比中找出差别，并进而认识疾病的本质。这也就是所谓以我知彼，以观太过不及之理的诊断原理。

（二）中医诊断的基本原则

中医诊断是运用直观诊察和逻辑思维进行复杂的认识过程，除了应熟悉中医学的基本理论与知识之外，临床诊断时还须遵循以下三项基本原则：

1. 整体察病：是要求在诊病过程中，从整体上观察分析疾病的病因病机和脏腑的气血阴阳变化，从而全面地认识疾病。由于人是一个有机的整体，内在的脏腑与体表的形体官窍之间是密切相关的，整个人体又受到社会环境和自然环境的影响。人体一旦患了疾病，局部的病变可以影响全身，精神的刺激可以导致气机甚至形体的变化，脏腑的病变可以造成气血阴阳的失常和精神活动的改变等等，任何疾病都不同程度地具有整体性的变化。

临床进行整体审察应注意两个方面。其一，是从整体上诊察病情资料。要从整体上了解疾病的病因病机、脏腑气血阴阳的变动状况，不仅应对局部的病状进行详细地询问、检查，而且要通过寒热、饮食、二便、睡眠、精神状况、舌象、脉象等，以了解全身的情况，同时还要了解病史、体质、家庭、环境、时令、气候等等对疾病有无影响。只有广泛而详细地占有临床资料，才能为正确地判断打好基础。其二，要全面分析资料，综合判断病证。是指对于丰富真实的临床资料，必须做到全面分析，综合判断，若只注意到当前的、局部的、明显的病理改变，而忽视了因时、因地、因人、因病的特殊性，不能从疾病的前因后果、演变发展趋势上加以考虑，也不能做出正确的诊断。

2. 四诊并重：是指诊察疾病时，应将望、闻、问、切诸法参用，诸诊并重，综合收集分析病情资料。即如《医门法律》所说："望闻问切，医之不可缺一。"由于疾病是一个复杂的过程，其临床表现可体现于多方面，必须诊法合参，才能全面、详尽地获取诊断所需的临床资料；再者，望、闻、问、切是从不同的角度来检查病情和收集临床资料，各有其独特的方法与意义，不能互相取代，故中医诊断学强调诊法合参的原则。

实际上，临床时四诊的运用难以截然分开的。比如对排出物的诊察，往往是既要望其色，又要闻其气，还要问其感觉。又如在腹诊时，要望其腹之色泽形状，通过叩诊而听其声音，通过按诊而知其冷热、软硬，并问其喜按、拒按等。临床往往是望时有问、有闻，按时也有望、有问等，并通过问诊等而提示检查的内容。诊病时，有时是望色在先，有时是闻声在先，有时是问病在先，并不一定都是按问望闻切或望闻问切的顺序进行。

3. 病证合参：是指辨病与辨证相结合进行疾病诊断。从中医诊断来说，辨病和辨证都是重要的。辨病有利于从疾病全过程、特征上认识疾病的本质，辨证则重在从疾病当前的表现中判断病变的病位、病因与病性。病证结合，既重视疾病的基本矛盾和演变规律，又掌握了疾病当前的主要矛盾，为论治提供立法处方的依据，所以中医学强调要"辨病"与"辨证"相结合。

临床病证结合诊断的方法，可根据具体病情从病辨证，或从证辨病。如果通过辨病而确定了病种，便可根据该病的一般演变规律而提示常见的证候，因而应是从病辨证；当疾病的本质尚反映不够充分时，先辨证有利于当前的治疗，并通过对证变化的观察，有利于对疾病本质的揭示，确定病名，故应从证辨病。

三、中医诊断学的发展简史

（一）中医诊断学的形成

在祖国医学领域里，诊断疾病的理论与方法早在《周礼》一书中即有记载。《周礼·天官》曰："以五气、五声、五色，眡其死生。"公元前 5 世纪著名医家扁鹊，即可"切脉、望色、听声、写形，言病之所在"。

约成书于公元前 3 世纪的《黄帝内经》，不仅在诊断学的方法上奠定了望、闻、问、切四诊的基础，更重要的是提出诊断疾病必须结合致病的内、外因素加以全面综合考虑，才能最后得出诊断。《难经》在此基础上，创立了"经脉诊候"及"独取寸口"的切脉方法。由于《内经》和《难经》基本概括了诊断的理论与方法，故被誉为"医家诊学之权舆"、"医经之心髓，救疾之枢机。"

（二）中医诊断学的发展

1. 秦汉时期：早于公元前 168 年的马王堆汉墓医籍帛书中即有诊断学专书，在《阴阳十一脉灸经》甲本的后面抄录有《脉法》和《阴阳脉死候》两书。其中于《脉法》中开门见山地记有"以脉法明教下"，说明当时已有较系统的脉法。在《阴阳脉死候》中论述了"五死”的症候，说明当时脉学已达一定水平。《五十二病方》中载有诊断疾病的名称达百余例，并对其诊断的分类亦较明细。可见秦汉之际，对疾病的诊断已经较为明确。

公元前2世纪，西汉名医淳于意创"诊籍"，开始详细记录病人的姓名、居址、病状、脉案论证、预后判断，以及方药、就诊日期，为诊断学提供了最原始的完整医案记录。

公元3世纪，东汉伟大医家张仲景总结了汉以前有关诊疗经验，在《内经》理论的基础上，把辨病、脉、证并治结合起来进行分析研究，著成《伤寒杂病论》，奠定了平脉辨证、疾病诊断的基础。与此同时，杰出的医家华佗论证、论脉、论脏腑寒热虚实、生死顺逆之法，甚为著名，《中藏经》具体地记载了华佗诊病的学术经验。

2. 晋隋唐时期：自晋唐以来有将诊断学作为专门学科进行研究的。西晋王叔和《脉经》，集汉以前脉学之大成，选取《内经》、《难经》以及张仲景、华佗有关论述，在具体阐明脉理的前提下，联系临床伤寒、热病、杂病和妇儿疾病的脉证，分述三部九候、寸口、二十四脉等脉法，是我国现存最早的脉学专著。

在晋代有关典籍中，对于传染病及妇、儿、内、外科杂病的诊断比较翔实、具体。晋·葛洪（281~341年）《肘后备急方》对传染病，如天行发斑疮（天花）、麻风等基本上能从发病特点和临床症状上做出诊断。南齐（479~502年）龚庆宣《刘涓子鬼遗方》对痈、疽、疮、疖诊断亦较明确。

自汉、晋以来，对于疾病的病源、证候，认识日益加深，论述更臻详细。隋·巢元方等撰于公元610年的《诸病源候论》，可以说是我国第一部论述病源与证候诊断的专著，全书分67门，载列各种疾病的证候，分为1739论。其中以内科疾病为多，对于其他各科疾病也有详细记录。

唐·孙思邈在《备急千金要方》中指出"阴阳表里虚实"、"五脏积聚"、"何时得病"，"必先诊候以审之"，并且在诊候上要注意掌握病源与病机的演变，重视色、脉与按诊。

3. 宋金元时期：宋·朱肱《类证活人书》在强调治疗伤寒首先必须详细诊察的同时，认为切脉是辨别伤寒表里虚实的关键。宋·钱乙《小儿药证直诀》对小儿病如惊风、吐泻、天花、麻疹的诊断有所发展，并总结出以五脏为纲的儿科辨证方法。宋·陈言《三因极一病症方论》论述诸病证候，充实了二十四脉主病的内容，提出内因、外因、不内外因的病因辨证理法。宋代·施发《察病指南》中对脉诊绘有脉图33种外，尚有听声、察色、考味等诊法，是为诊法的专著。崔紫虚的《崔氏脉诀》颇为实用，对后世的影响很深。

金元之世，戴启宗所撰《脉诀刊误集解》以《内经》脉论的秘旨，刊《脉诀》之谬误，于脉学殊为有裨。滑寿的《诊家枢要》对脉学、诊鱼际络脉、小儿指纹等诊法又有新的进展。危亦林的《世医得效方》论述了危重疾病的釜沸、鱼翔、弹石、解索、屋漏、虾游、雀啄、偃刀、转豆、麻促十怪脉象。早在13世纪元代时，有敖氏者著有《点点金》及《金镜录》论伤寒舌诊，分十二图，后经杜清碧的增补，即为今所见的敖氏《伤寒金镜录》，乃论舌的第一部专著。

在金元四大家中，刘河间诊病辨证重视《素问》"六气病机"；李东垣详论内伤、外感的辨惑，辨脉重视四诊合参；朱丹溪诊病，主张从外知内，他在《丹溪心法》中指出："欲知其内者，当以观乎外，诊于外者，斯以知其内。盖有诸内者形诸外。"张从正诊病重视症状的鉴别诊断，其对斑疹伤寒及其他发疹性疾病的鉴别甚为明确。

4. 明清时期：在脉学方面，明·张介宾《景岳全书》，详述诸家脉义，对脉神、正脉十六部、脉之常变等记述较为详细。李时珍所撰《濒湖脉学》撷取诸家脉学精华，分详二十七脉，对其中同类异脉的鉴别点和各种脉象主病，均编歌诀，便于读者诵习。清·李延昰《脉诀汇辨》汇集诸家脉学论著，并阐述自己研究脉理心得，以脉参证，体现了切脉在诊疗疾病上的灵活性。此外，清代许多医家在前人经验的基础上，研究脉学多把生理、病理以及证候结合起来以详究其脉理，如清·贺升平《脉要图注详解》、周学霆的《三指禅》、沈金鳌《脉象统类》、周学海《重订诊家直诀》、罗浩辑《诊家索隐》、管玉衡《诊脉三十二辨》等，均具有独特见解。

在舌诊方面，明清以后，舌诊得到广泛的应用。明·申斗垣《伤寒观舌心法》集当时舌诊之大成。清·张登著《伤寒舌鉴》，备列伤寒观舌之法、观舌辨证，颇为扼要。另有傅松元《舌胎统志》，把舌分为8种，内容丰富，经验颇多。梁玉瑜辑成《舌鉴辨证》，载图一百四十九舌，精详有加。近代曹炳章的《彩图辨舌指南》（1917年），集历代医家论舌于一书，上考《灵》、《素》，近探各家，并附彩图一百二十二舌，墨图六舌，是研究舌诊的较好资料。杨云峰的《临症辨舌法》、邱骏声的《国医舌诊学》，陈景歧的《辨舌入门》，论述舌诊，深入浅出，颇有价值。还有一些医籍，虽非舌诊专著，但对舌诊也有不少精辟见解。如叶香岩《外感温热篇》，王孟英《温热经纬》等，对于热病之辨舌，经验甚为丰富，应予一定重视。

在四诊研究方面，亦有不少专著。如明·张三锡的《四诊法》、清·吴谦《医宗金鉴·四诊心法要诀》、何梦瑶的《四诊韵语》、林之翰的《四诊抉微》、李梴《医学入门》"诊病六十问"、陈修园《医学实在易·四诊易知》、汪宏的《望诊遵经》等书论述四诊简明扼要，可为后学式程，而其内容精要实用，可供临证参考。

在辨证学的研究上，自张仲景以"六经"论伤寒，"脏腑经络"议杂病以来，明清医家承袭前人经验，诊病辨证更为深入。如楼英《医学纲目》贯穿了"阴阳脏腑，分病析法"的类聚法则，以彰众目；王执中《伤寒正脉》强调辨证要分"虚、实、阴、阳、表、里、寒、热"八字；方隅《医林绳墨》亦谓"治伤寒究其大要，八字而已"；张介宾《景岳全书》更明确指出："阴阳既明，则表与里对，虚与实对，寒与热对。明此六变，明此阴阳，则天下之病，固不能出此八者。"此为八纲辨证的前身。此外，李士材《医宗必读》重视从疑似症中辨证，李梴《医学入门》重视三焦病候的辨别，喻嘉言《医门法律》强调察色诊病之要，王肯堂《证治准绳》诊病条理分明，辨证甚为精要。

在外感病辨证方面，明清攻《伤寒论》，致力于六经辨证研究的有数百余家，各有精辟见解。如清·柯琴《伤寒来苏集》，以证为主，将《伤寒论》原文归纳类聚予以阐注；王安道《医经溯洄集》对伤寒与温病作了原则上的区分；杨璿的《寒温条辨》针对伤寒与温病的病因证治予以详辨。对于温病的辨证，自明·吴又可《温疫论》对温疫病的研究之后，清·叶天士《外感温热篇》创卫气营血的辨证方法，重视察舌、验齿等诊法在辨证中的重要意义；吴鞠通《温病条辨》创立温病的三焦辨证法则；吴坤安撰《伤寒指掌》，辨析伤寒和温病的证候，条理清楚，论述颇精。

5. 近代的兴起：进入20世纪，特别是近50年来，中医诊断学取得了显著的进步，尤其是现代科学技术的发展以及中医和西医学术的交流、渗透，对中医药专业的影响，使中医诊断的理论与实验取得令人瞩目的成就。

首先是本着"古为今用"，"推陈出新"方针，对中医药基本理论进行了系统的整理研究，出版了500余种中医药古籍，同时出版了《中医诊断学》专著与教材，促进了中医诊断学科的教学、医疗与科研的发展。同时，运用现代科学手段研究中医诊断理论，探索脏腑、气血辨证病机与大脑、神经、激素、基因、代谢调节等的关系。在平脉辨证客观化、察舌辨证微观化、计量诊断和微观辨证的研究方面，取得了较大的成绩。在证候研究过程中，建立了近20种"证"的动物模型，促进了中医实验诊断的发展。通过全国范围内的广泛协作研究，在诊断标准化、证候规范化方面取得了显著的成绩。特别是在四诊客观化、辨证微观化的研究上，运用现代新科学技术及信息论、控制论、系统论、生物医学工程学等多学科进行综合研究，推陈出新，开创了微观诊法学和微观辨证学，将传统经典的唯象法和唯象辨证，从整体、器官，深入发展到细胞化学、神经递质、激素、免疫乃至分子水平、基因调控，以阐明疾病、证候的实质及其传变规律。这些研究成果，为21世纪《中医诊断学》学科的发展，奠定了基础。

(三) 中医诊断学的展望

曰于许多新理论、新技术渗入中医诊法、辨证学领域，与其他新兴学科纵横交错的联合，从而产生了焕然一新的《微观辨证学》，真正做到"见微则过"，其发展则是一个由简到繁，由宏观到微观的发展过程，逐步形成一个以"微观辨证学"为中心内容的，并有"微观病机学"、"微观证治学"、"微观药证学"的学科群。这一学科群的崛起，是生命科学等多学科辐射到中医诊法学、辨证学领域与其实践相结合坚持不懈的结晶，也是诊法学、辨证学吸收、采纳其他科学学科并对其有用的理论、知识与方法的产物。而微观辨证学及其学科群的发展将朝着专、新、精、博和综合化趋势发展。21世纪将应用最新的高科技和方法，从整体上和相互联系中，去粗取精，去伪存真，以推动其不断发展。中医诊断学必将大展鸿图，促进基础与临床共同发展，以崭新的学科群雄姿，巍然屹立于世界医学之林。

四、学习中医诊断学的方法

(一) 熟练掌握中医基本理论

要掌握好中医诊断基本技能，必须要有坚实的中医理论基础。清·林珮琴《类证治裁·自序》指出：学习医技，要求"学者研经，旁及诸家，泛览觉醐，深造自得，久之源流条贯，自然胸有主裁。第学不博，无以通其变；思不精，无以烛其微"。强调要掌握好中医诊断学，首先要有渊博的专业基础知识和理论，由博而精，才能见病知源，临证无误。以临床诊治心脏病为例，就应与心脏的生理、病机及整体变化联系起来分析。如心主血脉、藏神，属君火，位居膻中，其络虚里，以心包络为外卫，与小肠相表里，和心手少阴之脉的循行部位联系起来；还要根据五行生克制化之理，心与肝、脾的相生，心与肺、肾的相制等内脏相关理论综合进行分析。故《素问·方盛衰论》亦指出："持诊之道，先后阴阳而持之……诊合微之事，追阴阳之变，章五中之情，其中之论，取虚实之要，定五度之事，知此乃足以诊。"由此可见，要学习好中医诊断学，必须博极医源，在熟练、精通中医基本理论的前提下，才能将这一诊病技巧用于临床。

(二) 不断进行临床诊断实践

中医诊断的理论性、实践性很强。因此，要学习好并熟练地用于临床，仅有渊博的理论知识不行，还要注重不断地临证实践，反复验证，才可得心应手，运用自如，切中病情，获得针对病人最确切、最精当的诊断。中医诊断学理法是一个独特的、完整的系统。在临床运用中医诊疗技术上，既要博览中医诊断学的理法知识，又要持之以恒不断临证实践。"熟读王叔和，不如临证多"；"临证多，更要熟读王叔和"。前者，说明理论必须同实践相结合的道理；后者，反过来说明了有实践经验的人，必须回过头来，再从理论上进行深造与提高。学习掌握运用中医诊断这门科学技术，一定要理论与实践的紧密结合。

（三）注重培养辩证思维方法

中医诊断从四诊资料的收集，到病证结论的作出，是一个完整的认识过程，是医学理论知识和科学思维的综合运用。正确的临床诊断，不仅反映了医生的学术水平，同时也反映了其科学思维的能力。临床诊断的失误，可能与医生的医学理论知识不足，病情资料掌握不全、不准有关，但也与其思维能力低下或不正确等因素有关。要提高辨证诊断水平，仅有渊博的医学知识是不够的，还需掌握自然辩证法、医学辩证法，逻辑学等有关思维科学，更要注意思维方法、思维形式的锻炼和修养。

自 学 指 导

【重点难点】

1. 中医诊断学的概念。

中医诊断学是研究怎样诊断疾病的一门科学。它是从基本理论到临床实践的桥梁，是学习临床各科的基础。医学科学的任务，在于预防和治愈疾病，保护人民的健康。正确的治疗来源于正确的诊断。人是一个有机的整体，局部病变可以产生全身性的病理反应，全身的病理变化又可反映于局部。因此，疾病的病理变化虽然藏之于内，但必定有一定的症状、体征反映于外，而通过审察反映于外的各种病理形状，在中医理论指导下进行逻辑思维，便可求得对疾病本质的认识。这是诊断学的基本原理。

2. 中医诊察病情的方法。

中医诊察病情的方法为望、闻、问、切四诊，对于四诊的基本操作方法，主要内容和临床意义，都应掌握。由于四诊所收集的病史、病情等资料，是判断疾病本质的原始依据，症状、体征的全面与准确，是正确诊断的前提。因此在临床运用四诊时，必须将望、闻、问、切有机地结合起来，就是说要四诊并用，而不能以一诊代替四诊。

3. 中医对疾病病情的判断。

中医对疾病病情的判断实际包括诊病和辨证两个方面。诊病是对疾病全过程的特点和规律所作的病理概括。根据病情的主要表现等，通过分析判断、对比鉴别，而确定疾病病名的方法，称为诊病。辨证是根据四诊所提供的临床资料，进行综合分析，从而求得对病因、病位和病机等病理本质的认识，是对疾病处于一定的阶段的病因、病性、病位以及病变趋势，邪正盛衰等所作的病理概括。由于辨证对疾病本质的认识比较全面、深刻，是临床各科诊断疾病时普遍运用的方法，所以在诊断这门课程中重点是讨论辨证。至于诊病的具体内容，仅作简单的介绍，将由临床各科分别进行讨论。在长期的医疗实践中，由于对疾病辨证认识的不断发展，因而形成了八纲辨证、病因辨证、脏腑辨证、经络辨证、六经辨证、卫气营血辨证和三焦辨证等多种辨证方法，这些辨证方法，从不同的角度总结了认识疾病证候的一般规律，但它们之间又是互相联系和互相补充的，因而应该了解其各自的实质与特点，并且融会贯通、灵活运用，以便全面地分析疾病的本质，阐述其病机。

4．中医诊断学的学习方法。

由于中医诊断学是基础理论在临床上的具体运用，既有理论知识，又有技术操作，所以学习时要以辩证唯物主义为指导，要做到理论与实践相结合。一方面要掌握、理解本门课程的基本知识，同时要复习、运用前面所学的《中医学基础》，才能够加深诊断学的学习和理解。另一方面要重视实践锻炼，掌握四诊和辨证分析、病案书写等基本技能，并培养严肃负责，认真细致、实事求是的工作作风和良好的医德。

【复习思考题】

1．何谓中医诊断学？

2．试述中医诊断学的临床意义。

3．中医诊断学的主要内容是什么？

4．怎样理解中医诊断学的基本原理？

5．中医诊断学在中医学中的地位怎样理解？

6．中医诊断学的基本原则有哪些？

7．四诊和诊病、辨证的关系怎样理解？

8．如何理解中医诊断学的整体察病？

9．为什么在中医诊断疾病时要强调四诊并重？

10．怎样理解病证合参的诊断原则？

11．试举例说明中医诊断学的理论基础是何时奠定的？

12．晋唐时期中医诊断学的成就如何？

13．宋金元时期中医诊断学有何成就？

14．明、清时期脉诊的成就如何？

15．明、清时期舌诊的成就如何？

16．明、清时期辨证的成就如何？

17．明、清时期对于伤寒、温病的辨证有哪些新成就？

【参考文献摘录】

1．汉·张仲景《伤寒论·序》：夫天布五行，以运万类，人禀五常，以有五藏，经络府俞，阴阳会通，玄冥幽微，变化难极，自非才高识妙，岂能探其理致哉！……观今之医，不念思求经旨，以演其所知，各承家技，始终顺旧，省疾问病，务在口给，相对斯须，便处汤药，按寸不及尺，握手不及足，人迎趺阳，三部不参，动数发息，不满五十，短期未知决诊，九候曾无仿佛，明堂阙庭，尽不见察，所谓窥管而已。夫欲视死别生，实为难矣。

2．唐·孙思邈《备急千金要方卷第一·大医精诚》：今病有内向而外异，亦有风异而外同，故五脏六腑之盈虚，血脉荣卫之通塞，固非耳目之所察，必先诊候以察之。而寸口关尺，有浮沉弦紧之乱；俞穴流注，有高下浅深之差；肌肤筋骨，有厚薄刚柔之异，唯用心精微者，始可与言于兹矣。今以至精至微之事，求之于至粗至浅之思，其不殆哉！若盈而益之，虚而损之，通而彻之，塞而壅之，寒而冷之，热而温之，是重加其疾，而望其生，吾见其死矣。……故学者必须博极医源，精勤不倦，不得道听途说，而言医道已了，深自误哉！

3. 清·刘士廉《医学集成》：医学为道，非精不能明其理，非博不能致其约。是故前人立教，必使之先读儒书，明《易》理、《素》、《难》、《本草》、《脉经》，而不少略者何？盖非四书，无以通义理之精微；非《易》，无以知阴阳之消长；非《素问》无以识病；非《本草》，无以识药；非《脉经》，无以诊候而知寒热虚实之证。

第一篇 诊 法

诊法，是指望、闻、问、切四种诊察疾病的基本方法。《难经》："望而知之者，望见其五色以知其病；闻而知之者，闻其五音以别其病；问而知之者，问其所欲五味，以知其病所起所在也；切脉而知之者，诊其扣，视其虚实，以知其病，病在何脏腑也。"概称四诊，"然诊有四……莫不并重"（《四诊抉微·自序》）。"从外知内"，透过现象，看疾病、证候的本质，为诊病、辨证论治提供相应的临床依据。

第一章 问 诊

【目的要求】

1. 掌握问诊的方法，问主诉及现在症的内容和临床意义。
2. 熟悉问诊的基本内容和注意事项。
3. 了解问诊的含义和意义。

【自学时数】

20 课时。

问诊是医生通过对病人或陪诊者进行有目的地询问，以了解病情的一种诊察方法。

问诊是中医诊察疾病的基本方法之一。在《内经》中早已载有许多关于问诊的具体内容，如《素问·三部九候论》说："必审问其所始病，与今之所方病，而后各切循其脉。"为中医问诊奠定了基础。以后，在长期的医疗实践中不断补充，使其逐渐完善。如明代张景岳的《景岳全书·十问篇》中，将问诊概括为"十问"，便于临床应用。清代喻嘉言也在《寓意草》中拟定病案的格式，对于问诊内容都作了详细的规定，已与现在中医病案的书写内容很相近。

问诊是了解病情，诊察疾病的重要方法，在四诊中占有重要位置。因为疾病的很多情况，如疾病发生、发展、变化的过程及治疗经过，患者的自觉症状、既往病史、生活习惯、饮食嗜好等，只有通过问诊才能获得。尤其是某些疾病早期，病人尚未呈现客观体征，仅有自觉症状时，只有通过问诊，医生才能在诊断时抓住线索。此外，通过问诊还可了解患者的思想状况，以便及时进行开导，也有助于诊断和治疗。所以，问诊是医生诊察疾病的重要方法之一。正如《素问·征四失论》所说："诊病不问其始，忧患饮食之失节，起居之过度，或伤于毒，不先言此，卒持寸口，何病能中。"因此，明·张景岳以问诊为"诊病之要领，临症之首务。"充分说明问诊在病证诊断中的意义。

医生能否通过询问病人，及时、准确、全面地获得有关病情资料，此与询问的方法有密切关系。在询问时，（1）应选择较安静适宜的环境进行，以免受到干扰，尤其对某些病情不便当众表述者，应单独询问，以使其无拘束地叙述病情。询问病情，宜直接向患者本人询问，若因病重意识不清等而不能自述者，可向知情人或陪诊者询问，以使资料准确、可靠。（2）在问诊时，医生对病人既要严肃认真，又要和蔼可亲，耐心细致，使病人感到温暖亲切，愿意主动陈述病情。医生切忌因病情而显示出悲观、惊讶的语言或表情，给病人带来不良刺激，而使病情加重。（3）医生询问病情，应当通俗易懂，切忌滥用医学术语，致使病人难懂，难以准确叙述病情。（4）医生在问诊时，可对病人进行必要的提示、启发，但绝不可凭个人主观意愿去暗示、套问病人，以避免所获病情资料片面或失真，影响正确的诊断。（5）医生在问诊时，既要重视主症，还应注意了解一般兼症，收集有关辨证资料，以避免遗漏病情。（6）对危急病人应扼要地询问，迅速抢救病人，待病情缓解后，再进行详细询问。

总之，临床中要运用好问诊，除必须熟练掌握问诊内容，具有较坚实的医学理论基础和较丰富的临床经验之外，同时还要有认真负责的态度，深入细致地询问，才能准确地了解病情，达到技巧高超的水平。

第一节　问诊的内容

问诊的内容主要包括一般情况、主诉、现病史、既往史、个人生活史、家族史等。询问之时，应根据就诊对象（如初诊或复诊、门诊或住院）、病人病情等实际情况，有针对性地进行询问。

一、一般情况

一般情况包括姓名、性别、年龄、婚姻、民族、籍贯、职业、工作单位、现在住址等。

询问一般情况，有两方面临床意义。一方面便于与病人或家属进行联系和追访，对病人的诊断和治疗负责。另一方面可使医生获得与疾病有关的资料，为诊断治疗提供一定依据。如年龄、性别、职业、籍贯等不同，则有不同的多发病。如水痘、麻疹、顿咳等病，多见于小儿；青壮年气血充盛，抗病力强，患病多属实证；老年人气血已衰，抗病力弱，患病虚证居多；癌病、胸痹、中风等病，多见于中老年患者。妇女有月经、带下、妊娠、产育等疾病；男子可有遗精、滑精、阳痿等病变。长期从事水中作业者，易患寒湿痹病；硅沉着病、汞中毒、铅中毒等病，常与所从事的职业接触有害物质有关。某些地区因水土关系而使人易患瘿瘤病，疟疾在岭南等地发病率较高，蛊虫病见于长江中下游一带等等。脑力劳动者多有失眠之症。

二、主诉

主诉是病人就诊时所陈述的最感痛苦的症状、体征及持续时间。如"恶寒，发热，身痛2天"、"反复发作咳嗽，吐痰半月"。主诉通常是病人的主要痛苦，是就诊的主要原因，往往也是疾病的主要矛盾所在。通过主诉常可初步估计疾病的范畴（如外感病或内伤病）、类别（阴证或阳证）、病势的轻重缓急（如急性病或慢性病）。因此，主诉具有重要的诊断价值，是调查、认识、分析、处理疾病的重要线索。

询问时，医生首先要善于抓准主诉。病人陈述的症状可能是零乱而主次不清的，但主症一般只有一个或相互关联的两三个。抓住了主症，就抓住了病变所在部位，然后围绕主症，进一步深入询问有关兼症和病史，再结合其他三诊全面诊察，做出正确诊断。其次，还要将主诉所述症状或体征的部位、性质、程度、时间等询问清楚，不能笼统、含糊。第三，主诉的文字记录要简洁，精练（一般不超过20个字）。主诉中不能使用疾病病名，也不能记录病程。

三、现病史

现病史是指主诉所叙述的疾病，从起病到此次就诊时发生、发展和变化的过程，以及对疾病的诊治经过。现病史应注意从以下几方面进行询问：

（一）起病情况

主要包括发病时间的新久、发病原因或诱因，最初的症状及其性质、部位，当时曾做何处理等。一般凡起病急、时间短者，多为外感病，多属实证；凡患病已久，反复发作，经久不愈者，多为内伤病，多属虚证，或属虚实夹杂证。如因情志不舒而致胁肋胀痛，急躁易怒者，多属肝气郁结；如因暴饮暴食而致胃脘胀满疼痛者，多属胃有积滞等。询问病人的起病情况，对辨别疾病的病因、病位、病性有重要作用。

（二）病变过程

一般可按疾病起病至就诊的先后顺序进行询问。如某一阶段出现哪些症状，症状的性质、程度有何变化，何时好转或加重，何时出现新的病情，病情有无变化规律等。通过询问病变过程，对了解疾病邪正斗争情况，以及病情发展趋势有重要的临床意义。

（三）诊治经过

询问病人在病程中曾作过的诊断和治疗情况。如曾做哪些检查，结果怎样；作过何种诊断，诊断的依据是什么；经过哪些治疗，治疗的效果及反应如何等。了解既往诊断和治疗的情况，可作为当前诊断与治疗的参考。

（四）现在症状

现在症状是患者就诊时全部的自觉症状及其他对辨证诊病有意义的情况，是问诊的主要内容。问现在症虽然也属现病史的范畴，但因其包括的内容较多，是问诊的重点，将另列一节专门讨论。

四、既往史

既往史，是指病人平素身体健康状况及除主诉所叙述的疾病以外的患病情况。

（一）身体健康状况

病人平素健康状况，可能与其现患疾病有一定关系，故可作为分析判断病情的依据。如素体健壮，现患疾病多为实证；素体衰弱，现患疾病多为虚证；素体阴虚，易感温燥之邪，多为热证；素体阳虚，易受寒湿之邪，多为寒证。

（二）其他患病情况

病人过去曾患过何种其他疾病，如痢疾、疟疾、白喉、麻疹等传染病，肝病、痹病等；是否接受过预防接种；有无药物、食物或其他物品的过敏史；有无外伤史，做过何种手术治疗；现在同时患有何种其他疾病等等，都应加以询问。病人既往所患某些疾病，可能与现患病证有密切关系。如哮病、癫痫、中风等病，经治疗之后，症状虽已消失，但尚未根除，某些诱因常可导致旧病复发。正值麻疹流行之季，患儿又出现类似将出麻疹之象，通过询问既往是否出过麻疹，即可做出判断。由此可见，询问既往病史，对诊断现患疾病有一定作用。

五、个人生活史

个人生活史，是指患者的日常生活、工作等方面的情况，主要包括生活经历、精神情志、饮食起居、婚姻生育等。

（一）生活经历

医生询问病人的出生地、居住地及经历地，应注意某些地方病或传染病的流行区域，以便判断所患疾病是否与此相关。如长期居潮处湿，易患风湿病；久居山区缺碘，易患瘿瘤病；居住湖区，接触疫水，可能患臌胀病等。

（二）精神情志

了解病人的性格特征，当前精神情志状况及其与疾病的关系等，有助于对病情的诊断，并可提示医生对因精神情志刺激所导致的疾病，在药物治疗的同时，辅以思想上的开导，将有助于治疗。如病人素来性格内向，易致肝气郁结；素来性情急躁，多为肝火上炎。

（三）饮食起居

饮食嗜好、生活起居如有不当，对身体健康影响很大，甚至引起疾病。如素嗜肥甘者，多病痰湿；偏食辛辣者，易患热证；贪食生冷者，易患寒证。平日喜热恶凉者，多为素体阴气偏盛；平日喜凉恶热者，反映出素体阳气偏盛。好逸恶劳，脾失健运，易生痰湿；劳倦过度，耗伤精气，易患诸虚劳损；起居无常，饮食无节，易患胃病等。通过了解饮食嗜好，生活起居情况，对分析病人身体素质，判断疾病性质都有一定意义。

（四）婚姻生育

对成年男女患者，应注意询问其是否结婚、结婚年龄、配偶的健康状况，以及有无传染病或遗传病。育龄期女性应询问月经初潮年龄或绝经年龄、月经周期、行经天数和带下的量、色、质等变化。已婚女性还应询问妊娠次数、生产胎数，以及有无流产、早产、难产等。

六、家族史

家族史是询问与病人有血缘关系的直系亲属及长期生活相处的人的健康和患病情况，如父母、兄弟姐妹、配偶、子女等，必要时应注意询问亲属的死亡原因。

询问家族史，是由于某些遗传性疾病，常与血缘关系密切；有些传染性疾病，如肺痨等，与生活接触有关。因而询问其家族病史，对诊断现患疾病极有帮助。

第二节　问现在症

问现在症是指对病人就诊时所感到的痛苦和不适的症状，以及与其病情相关的全身情况进行详细询问。

症状是病理变化的反映，是诊病、辨证的主要依据。但疾病的病理变化甚为复杂，有时往往缺乏客观征象，故临床难以察觉。如痞闷、胀满、困重、疼痛、麻木等症状，惟有病人自身能感觉到，只有通过询问方能得知。因此，问现在症状，是问诊的主要内容，对确诊病情有重要意义。中医历来极为重视询问现在症，如徐灵胎《医学源流论》说："病者之爱恶苦乐，即病情虚实寒热之征。医者望色切脉而知之，不如其自言之为尤真也。"

问现在症所涉及的范围较为广泛。明代医家张景岳在总结前人经验的基础上将问诊的内容归纳为"十问篇"，后经清代医家陈修园又将其略作修改编成《十问歌》，即："一问寒热二问汗，三问头身四问便，五问饮食六胸腹，七聋八渴俱当辨，九问旧病十问因，再兼服药参机变，妇女尤必问经期，迟速闭崩皆可见，再添片语告儿科，天花麻疹全占验。"应当指出，"十问"的内容言简意赅，可作为初学时的参考，但在实际运用时，也要根据病人的不同情况，灵活而有主次地进行询问，不能千篇一律地机械套问。问现在症时，可以考虑从以下几方面加以询问：

（1）首先问清主症的特征：每个病证都有其特定的主症，因此，应详细询问该主症的具体部位、性质、程度及诱因，主症变化的条件和时间等。如"腹痛"，则应详细问清其疼痛的确切部位，疼痛的具体性质，疼痛的程度、诱因及喜恶等。

（2）继问主症的伴随症状：根据主症所伴随的症状的不同，以辨别不同的病情。如主症为"咳嗽"，则可询问其咳嗽是否伴有气喘、胸痛、发热？是否吐痰？如果吐痰，则进一步询问其痰的色、质、量、气等有关情况。

（3）再问全身的其他症状：由于疾病的病理反应往往不是孤立的，只有综合全身情况，才能更准确地判断疾病的性质。具体的询问的内容，则应根据医学知识、临床经验和已经掌握的材料从辨证、辨病的角度进行询问。有些症状看起来与主症并无关系，病人可能也未作为痛苦加以陈述，但这些情况对于辨证却有意义，亦须进行询问。如食欲、睡眠、精神等，与全身状况有关；有汗、无汗，可鉴别风寒或风热；大小便性状，可了解疾病的寒热属性。

一、问寒热

寒，即怕冷，是病人的主观感觉，怕冷病人的体温不一定低于正常。临床上怕冷四种情况：凡病人无风自冷，多加衣被或近火取暖仍感寒冷不缓解者，称为恶寒；若遇风觉冷，避之可缓者，称为恶风，常较恶寒为轻。若病人严重恶寒，并伴有全身战栗者，称为寒战，常较恶寒为重。若病人身寒怕冷，加衣覆被或近火取暖而怕冷能缓解者，称为畏寒。热，即发热，一般体温高于正常，但也包括某些病人体温正常，仅自觉全身或某一局部发热的主观感觉，如五心烦热等。

寒与热的产生，主要取决于病邪的性质和机体的阴阳盛衰两个方面。一般来说，邪气致病时，由于寒为阴邪，其性清冷，故寒邪致病，则多见怕冷；热为阳邪，其性炎热，故热邪致病，则多见发热。在机体阴阳失调时，阳盛则热，阴盛则寒，阴虚则热，阳虚则寒。由此可见，寒热是阴阳盛衰的表现，即寒为阴象，热为阳征。诚如张景岳所说："阴阳不可见，寒热见之。""寒热者，阴阳之化也。"询问病人怕冷与发热情况，则可辨别病邪的寒热性质和机体的阴阳盛衰变化。

问寒热是指询问病人有无怕冷或发热的感觉。了解寒热情况，首先问病人有无怕冷或发热的症状。如有寒热症状，必须询问怕冷与发热是否同时出现；还应注意询问寒热的轻重，出现的时间，持续的长短及其兼症等。临床常见的寒热症状有恶寒发热、但热不寒、但寒不热、寒热往来四个类型。

（一）恶寒发热

恶寒发热是指病人恶寒与发热同时出现，多见于外感病的表证阶段。其机理是外邪侵袭肌表，卫阳被遏，肌表失煦则恶寒；而邪气外束，汗孔闭塞，卫阳失于宣发，郁而发热。所以，恶寒与发热并见是诊断表证的重要依据。其中，外邪侵袭肌表，无论是否发热，恶寒则为必有之症，故有"有一分恶寒，便有一分表证"的说法。由于感受外邪的性质不同，所以寒热并见的症状又有轻重之别，可分为以下三种类型：

1. 恶寒重，发热轻：即患者感觉恶寒明显，并有轻微发热。是外感风寒的特征，主风寒表证。由于寒为阴邪，袭表伤阳，故恶寒明显；但又因寒性凝滞，致使卫阳郁闭不宣，故同时出现轻微发热。

2. 发热重，恶寒轻：即患者发热较重，又感轻微怕冷。是外感风热的特征，主风热表证。由于风热为阳邪，致病则阳盛，阳盛则热，故发热较重；又因风热袭表，使腠理开泄，卫阳闭郁不甚，所以同时有轻微恶寒。

3. 发热轻而恶风：即患者感觉有轻微发热，并有遇风觉冷，避之可缓的症状。多因外感风邪所致，主伤风表证。由于风性开泄，腠理疏松，阳气郁遏不甚，所以发热和恶风皆轻。

此外，外感表证的寒热轻重，不仅与病邪性质有关，而且和邪正盛衰有密切关系。如邪正俱盛者，恶寒发热皆较重；邪轻正衰者，恶寒发热均较轻；邪盛正衰者，多为恶寒重而发热轻。

（二）但寒不热

但寒不热是指病人只感怕冷而不觉发热的症状。其怕冷的产生，多为感受寒邪致病，或为阳气不足而阴寒内盛。根据发病急缓，病程长短，可分为：

1. 新病恶寒：病人突起恶寒，四肢不温，或伴有腹部冷痛，或咳喘痰鸣者，为里实寒证。多因感受寒邪较重，致使阳气郁遏，皮毛失其温煦所致。

2. 久病畏冷：病人经常畏寒肢冷，得温可缓，舌淡嫩，脉沉迟无力等，为里虚寒证。多因阳气虚衰，形体失于阳气温煦所致。

（三）但热不寒

病人只感发热，不觉怕冷，甚或反恶热者，称为但热不寒。多属阳盛阴虚的里热证。根据发热的轻重、时间、特点等不同，可分为壮热、潮热、微热三种类型。

1. 壮热：病人热势壮盛（体温39℃以上），持续不退，甚至不恶寒反恶热者，称为壮热。多因风寒入里化热，或风热内传，邪正相搏，阳热内盛，蒸达于外所致。常兼面赤，汗多，烦渴饮冷等热盛症状。多见于外感温热病气分阶段，属里实热证。

2．潮热：发热如潮汐之有定时，即按时发热，或按时热甚者，称为潮热。有日晡潮热、湿温潮热和阴虚潮热之分：

（1）阳明潮热：病人的热势较高，但常于晡时（即申时，为下午3～5时）发热明显，或热势更甚者，因系胃肠燥热所致，故称之为阳明潮热，又称日晡潮热，常见于阳明腑实证。由于邪热入里，与胃肠燥热内结，故热势较高；而每至晡时，气血流注于胃肠阳明经，此时经气最旺，抗邪力最强，邪正相争最剧烈，故而此时发热更甚。病人常并见口渴饮冷，腹满硬痛，大便秘结等症。

（2）湿温潮热：病人午后发热明显，并有身热不扬（肌肤初扪之不觉很热，但扪之稍久即感灼手）等特点者，属于湿温发热。由于湿邪遏制，热难透达，湿郁热蒸，故身热不扬；午后阳气渐衰，阴气渐长，湿郁更甚，故而发热更严重。

（3）阴虚潮热：病人每至午夜低热，其热自体内向体外透发者，称阴虚潮热，属阴虚内热证。其形成因阴液亏损，阴不制阳，相对阳盛，虚热内生，故见低热自内透发；而午夜之时，卫阳入里，内热更甚，故而发热明显。

3．微热：发热不高，一般不超过38℃，或仅自觉发热者，称为微热。微热大多发热时间较长，病因较为复杂。常见有三种：

（1）阴虚潮热：多为长期微热，其病机及意义如上所述。

（2）气虚发热：表现长期微热，烦劳则甚。由于脾虚气陷，清阳不升，久郁而发热。主脾虚气陷证。

（3）气郁发热：表现为情志不舒，时有微热。由于肝气郁结，气郁化火所致。主肝气郁结证。

（四）寒热往来

寒热往来是指恶寒与发热交替发作，又称往来寒热。是邪正相争，互为进退的病理表现。临床常见两种类型：

1．寒热往来，发无定时：即指病人恶寒发热，交替而作，无时间规律。常见于少阳病，半表半里证。其机制是外邪侵入，达半表半里阶段时，由于邪气虽不太盛，但正气也不太强，邪正相争，相持不下，邪胜则恶寒，正胜则发热，所以恶寒与发热交替发作。

2．寒热往来，发有定时：即寒战与高热交替发作，发有定时，每日一作，或二三日一作，并兼头痛剧烈、口渴、多汗等症，常见于疟疾。其机制是由于疟邪侵入人体，伏藏于半表半里之间，入与阴争则寒，出与阳争则热，故寒战与高热交替出现，休作有时。

二、问汗

《素问·阴阳别论》说："阳加于阴谓之汗。"故汗是由阳气蒸化津液从汗孔（腠理）达于体表而成，其中阴精是汗液生成的原料，汗孔（腠理）是控制汗液排出的关口，而阳气是汗液生成和汗孔调节的动力。正常汗出有调节体温，平衡阴阳，调和营卫，滋润皮肤，排除废物，祛除邪气等作用。健康人在体力活动、进食辛辣、气候炎热、衣被过厚、情绪激动等情况下可因阳盛化津而见汗出，属生理现象。

若当汗出而无汗，不当汗出而汗多，或仅见身体的某一局部汗出，均属病理现象。病理性的无汗或有汗，与正气不足或病邪侵扰，影响人体阳气、阴精、腠理等因素密切相关。由于病邪性质的差异，或正气亏损程度的不同，可出现各种不同情况的病理性汗出异常。所以，通过询问病人汗出的异常情况，对判断病邪的性质及人体阴阳盛衰有重要的意义。

询问时，应注意了解病人有汗无汗，出汗的时间、多少、部位及其主要兼症等。

（一）有汗无汗

在疾病过程中，尤其对外感病人，询问汗的有无，是判断感受外邪的性质和阴阳盛衰的重要依据。

1. 表证有汗：有两种情况：其一是表证微汗，多属外感风邪所致的中风表虚证，由于风性开泄，汗孔开启，因此汗出。其二是表证多汗，多为外感风热所致的表热证，因风热袭表，热性升散，腠理疏松，故见汗出。

2. 表证无汗：多属外感寒邪所致的伤寒表实证。因寒性收引，腠理致密，汗孔闭塞，因而无汗。

3. 里热汗出：若外邪入里，成为里热证，或因其他原因导致里热炽盛，阳气过亢，迫使津液外出，则见大汗出，并常伴发热、口渴、脉洪大等症。

4. 里证无汗：当汗出时而不出汗，多见于久病、虚证患者，常因阳气不足，蒸化无力，或为津血亏耗，汗无化源所致。

（二）特殊汗出

所谓特殊汗出，是指具有某些特征（如出汗的时间、状况等）的病理性汗出。主要有四种：

1. 自汗：经常汗出不止，活动之后更甚者，称为自汗。常见于气虚、阳虚证。由于阳气亏虚，不能固护肌表，汗孔不密，津液自泄，故见自汗；活动后则更加耗伤阳气，腠理更加疏松，故汗出尤甚。

2. 盗汗：入睡之后汗出，醒后则汗止，称为盗汗。多见于阴虚内热证，或气阴两虚证。阴虚病人，虚热偏亢，入睡之后卫阳入里，致使虚热更甚，而肌表不固，虚热蒸津外泄，故睡时汗出；醒后卫阳复归于表，虚热减轻，肌表固密，虽阴虚内热，也不能蒸津外出，故醒后汗止。若气阴两虚，临床常自汗、盗汗并见。

3. 绝汗：是指在病情危重的情况下，出现大汗不止，每可导致亡阴或亡阳，故又称脱汗。

（1）亡阴之汗：在病势危重，高热烦渴，脉细数疾的同时，而见汗出如油，热而粘手者，为亡阴之汗。由于内热亢盛，阴液浓缩，逼津外越，故大汗如油。见于亡阴证。

（2）亡阳之汗：若病势危重，身凉肢厥，脉微欲绝的同时，而见大汗淋漓，汗稀而凉者，属亡阳之汗。由于阳气暴脱，卫表空虚，阳气奔散，津随气泄，故大汗稀凉。见于亡阳证。

4. 战汗：在病势沉重之时，先见全身战栗抖动，而后汗出的，称为战汗。战汗是邪正相争，病变发展的转折点，应注意观察病情的变化。如汗出热退，脉静身凉，是邪去正复之佳象；若汗后烦躁，脉疾身热，为邪胜正衰之危候。

（三）局部汗出

身体的某一部位汗出或不出汗，也是体内病变的反映，应注意了解汗出的部位及伴随症状，以审证求因。临床常见的局部汗出，有以下几种：

1. 头汗：仅见于头部或头项部汗出较多者，谓之头汗。导致头汗的原因常有四种：一是上焦热盛，迫津外泄，故见头汗，多兼面赤、烦渴、舌尖红、苔薄黄、脉数等。二是中焦湿热蕴结，湿郁热蒸，逼津上越，而致头汗，常兼肢体困重、身热不扬、苔黄腻等。三是由于阴寒内盛，元气将脱，虚阳上越，津随阳泄，则见头额冷汗不止，面色苍白，四肢厥冷，脉微欲绝，是亡阳之兆。四是在进食辛辣、热汤、饮酒之时，而使阳气旺盛，热蒸于上，故见头汗。

2. 半身汗出：即指身体一半出汗，另一半无汗，或见于左侧，或见于右侧，或见于上半身，或见于下半身，其无汗的半身是病变的部位。多因风痰或瘀痰、风湿之邪阻滞一侧经络，致使营卫不得周流，气血失和，汗无化源，故见半身无汗。《素问·生气通天论》所谓"汗出偏沮，使人偏枯"即属此类病变。半身汗出多见于中风病、痿病及截瘫病人。

3. 手足心汗：手足心微汗出者，一般为生理现象。如汗出过多，伴口咽干燥，五心烦热，脉细数者，多为阴经郁热熏蒸所致；若手足心汗，连绵不断，兼烦渴饮冷，尿赤便秘，脉洪数者，多属阳明热盛之故；若汗出过多，伴头身困重，身热不扬，苔黄腻者，多由中焦湿热郁蒸所致。

4. 阴汗：指外生殖器、阴囊及其周围（包括大腿内侧近股阴处）部位出汗较多，多由下焦湿热郁蒸所致。

临床还需注意了解汗的冷热、色泽等。如冷汗多因阳气虚衰所引起；热汗多由外感风热或内热蒸迫所致；汗出粘衣，色黄如黄柏汁者，谓之黄汗，多因风湿热邪交蒸使然。

三、问疼痛

疼痛是临床上最常见的一种自觉症状。患病机体各个部位都可发生疼痛。问疼痛应注意询问疼痛的原因、性质、部位及相关的兼症等。

（一）疼痛的原因

导致疼痛的原因很多，一般分为因实而致痛和因虚而致痛两类：

1. 因实致痛：如感受外邪，或气滞血瘀，或痰浊凝滞，或食滞虫积等实邪阻滞脏腑、经络，使气机闭塞，气血不畅，"不通则痛"。其痛势较剧，持续不断，痛而拒按，多见于新病、实证。

2. 因虚致痛：若气血不足，或阴精亏损，致使脏腑、组织、经络失养，"不荣则痛"。其痛势较缓，时痛时止，痛而喜按，多见于久病、虚证。

（二）疼痛的性质

由于导致疼痛的病因、病机不同，因而疼痛的性质特点各异，故询问疼痛的性质特点，可辨疼痛的原因与病机。

1. 胀痛：指疼痛且有胀的感觉，是气滞作痛的特点。如胸胁脘腹等处胀痛，时发时止，多属气滞之证。但头目胀痛，则多见于肝阳上亢或肝火上炎的病证。

2. 刺痛：指疼痛如针刺之状，是瘀血致痛的特征之一。刺痛以胸胁脘腹等处较为常见，均系血瘀所致。

3. 走窜痛：指痛处游走不定，或走窜攻痛。其中胸胁脘腹疼痛而走窜不定者，常称为窜痛，多因气滞所致；肢体关节疼痛而游走不定者，常称为游走痛，多见于风湿痹病。

4. 固定痛：指痛处固定不移。胸胁脘腹等处固定作痛，多属血瘀；肢体关节疼痛固定不移，多为寒湿痹病。

5. 冷痛：指疼痛有冷感而喜暖，是寒证疼痛的特点，常见于腰脊、脘腹及四肢关节等处。因寒邪阻络所致者，多属实寒证；因阳气不足，脏腑、肢体失于温煦而致者，多属虚寒证。

6. 灼痛：指疼痛有灼热之感，而且喜冷恶热，是寒证疼痛的特点。因火邪窜络，阳热熏灼所致者，多属实热证；因阴虚火旺，组织被灼所致者，多属虚热证。

7. 绞痛：指疼痛剧烈如刀绞。多因有形实邪阻闭气机，或寒邪凝滞气机所致。如心脉痹阻引起的"真心痛"；结石阻塞尿路引起的小腹痛；寒邪内侵肠胃所致的脘腹痛，往往都具绞痛的特点。

8. 隐痛：指疼痛不甚剧烈，尚可忍耐，但绵绵不休。常见于头、脘、腹等部位。一般多由精血亏损，或阳气不足，阴寒内盛，机体失却充养、温煦而致。

9. 重痛：指疼痛并有沉重之感。常见于头部、四肢、腰部以及全身，多因湿邪困阻气机而致。由于湿性重浊粘滞，瘀阻经脉，气机不畅，故令人有沉重而痛的感觉。其中头部重痛，亦有因肝阳上亢，气血上壅所致者。

10. 酸痛：指疼痛而有酸软感觉。可因湿邪侵袭肌肉关节，气血动行不畅所致，或因肾虚，骨髓失养而成。

11. 掣痛：指抽掣牵扯而痛，由一处而连及它处。也常称为引痛、彻痛。多因经脉失养或阻滞不通所致，由于肝主筋，所以掣痛多与肝病有关。

12. 空痛：指疼痛有空虚之感。一般多见于头部或小腹部，多由气血精髓亏虚，组织器官失其荣养所致。

（三）疼痛的部位

由于机体的各部位与一定的脏腑经络相联系，所以通过询问疼痛的部位，对于了解病变所在的脏腑经络，有一定的意义。

1. 头痛：是指整个头部或头的前后、两侧及顶部疼痛。

（1）头痛的经络定位：由于手三阳经和足三阳经均直接循行于头部，足厥阴肝经上行于头与督脉相交，其他阴经也多间接与头部联系，所以根据头痛部位，可确定病位在哪一经。例如，头痛连项者，属太阳经；两侧头痛者，属少阳经；前额连眉棱骨痛者，属阳明经；巅顶痛者，属厥阴经等。

（2）头痛的原因分类：无论外感、内伤，虚实诸证，均可导致头痛。如外感风、寒、暑、湿、火邪以及痰浊、瘀血阻滞或上扰清窍所致者，多属实证；气血精髓亏少，不能上荣于头，致使脑海空虚，也可引起头痛，为虚证。通过询问头痛的性质及兼症，可了解导致头痛的原因，作为辨证的依据。

2. 胸痛：是指胸部正中或偏侧疼痛。由于胸居上焦，内藏心肺，所以胸痛多为心肺病变。在进行问诊时，首先应注意分辨胸痛的确切部位，如胸前"虚里"部位作痛，或痛彻臂内，病位在心；胸膺部位作痛，病位在肺等。

结合病位，联系疼痛的性质及兼症，可综合分析判断引起胸痛的原因。如"虚里"部位憋闷，痛如针刺者，多为瘀阻心脉；胸痛而咳吐脓血腥臭痰者，多属于肺痈；胸痛喘促，痰黄而稠者，为肺热壅盛证。

3. 胁痛：是指胁的一侧或两侧疼痛。由于两胁为足厥阴肝经、足少阳胆经循行所过的部位，肝胆又位居于胁部，所以胁痛多与肝胆病变有密切关系。如胁肋胀痛，叹息易怒，多为肝郁气滞证；若胁肋胀痛，且身目发黄，为黄疸病之肝胆湿热证；如胁肋灼痛，面红目赤者，为肝胆火盛证；若胁肋掣痛，肋满咳唾者，是饮停胸胁之悬饮病。

4．脘痛：脘是指上腹部剑突下，是胃腑所在部位，故又称胃脘。由于胃有受纳、腐熟水谷的功能，以和降为顺，所以寒、热、食积、气滞等原因，引起胃失和降，均可导致胃脘疼痛。临床除应注意结合疼痛的性质和兼症进行辨证。一般进食后痛势加剧者，多属实证，如得热痛减者，为寒邪犯胃；脘腹灼痛，兼口臭便秘者是胃火炽盛；脘腹胀痛，嗳腐吞酸者，多为食积胃脘；如脘腹胀痛，郁怒痛甚者，是肝气犯胃。进食后疼痛缓解者，多属虚证。若脘腹隐痛，喜温喜按，是胃阳亏虚；而脘腹灼痛，饥不欲食者，为胃阴不足。

5．腹痛：腹部的范围较广，可分为脐腹、大腹、小腹、少腹、侧腹等部分。脐之周围为脐腹，属小肠；脐腹以上为大腹，属脾胃；脐腹以下至耻骨联合为小腹，属肾、膀胱、大小肠、胞宫；大腹两侧为侧腹，为肝胆之所属；小腹两侧为少腹，是足厥阴肝经所过之处。临床腹痛问诊常与按诊密切配合。首先查明疼痛的确切部位，判断病变所在脏腑。然后结合疼痛的性质及兼症，来了解引起疼痛的原因，以辨病证虚实。一般而言，因寒凝、热结、气滞、血瘀、食积、虫积等所致者，则属实证。如小腹胀痛，小便不利，为膀胱气滞证；少腹冷痛，牵引外阴，是寒滞肝脉证；若脐腹窜痛，扪及条索包块者，是虫积肠道。由气虚、血虚、阳虚等所致者，则属虚证。如大腹隐痛，喜温喜按，多为脾胃虚寒证。

6．背痛：背部中央为脊骨，脊内有髓，督脉行于脊里，脊背两侧为足太阳膀胱经所过之处，两肩背部又有手三阳经分布。故脊痛不可俯仰者，多因督脉损伤所致；背痛连及项部，常因风寒之邪客于太阳经腧而致；肩背作痛，多为风湿阻滞，经气不利所引起。

7．腰痛：是指腰脊正中，或腰部两侧疼痛。腰部中间为脊骨，两侧为肾所在部位，故称"腰为肾之府"。全身上下循行的经脉过于腰部，带脉缠腰一周。临床常结合按诊，询问病人腰部两侧有无叩击痛，作为诊断的重要指征。若腰脊冷痛，寒冷阴雨天加重，多属寒湿痹病；腰部刺痛拒按，不能转侧，为瘀血阻络；如腰痛绵绵，酸软无力，多由肾虚精亏所致；若腰脊疼痛连及下肢者，多属经络阻滞；腰痛连腹，绕如带状，则为带脉损伤。

8．四肢痛：是指四肢、肌肉、筋脉、关节等部疼痛。若四肢关节游走性疼痛，多属风寒湿痹；如四肢关节红肿热痛，为风湿热痹；若四肢酸痛，且痿软无力，常由脾胃虚损，水谷精微不能布达于四肢而作痛；若独见足跟或胫膝酸痛者，则多属肾虚失养，多见于年老体衰之人。

9．周身疼痛：指周身肌肤（不包括内脏）疼痛。临床应注意询问发病时间，了解病程长短。一般来说，新病周身疼痛，常兼项强、脉浮，多因外感风寒湿邪；若久病卧床不起而周身作痛，乃气血亏虚，失其营养所致。

四、问头身胸腹

问头身胸腹，是指"十问"中问头身、问胸腹部分除问疼痛以外的其他不适，如头晕、胸闷、心悸、胁胀、脘痞、腹胀、身重、麻木等症状之有无、程度及特点等。这些症状在临床上不仅常见，而且各有重要的诊断价值，故应注意询问。

（一）头晕

头晕是患者自觉头脑晕旋的一种感觉，病重者感觉自身或景物旋转，站立不稳。头晕是临床上常见的症状之一，可由很多原因引起。

对头晕的询问，应注意了解引发或加重头晕的可能因素及兼有症状。如头晕而胀，烦躁易怒，舌红，脉弦数者，多为肝火上炎；头晕胀痛，耳鸣，腰膝酸软，舌红少苔，脉弦细，每因恼怒而加剧者，多为肝阳上亢；头晕面白，神疲体倦，舌淡，脉细，每因劳累而加重者，多为气血亏虚，营血不能上荣，清阳之气不升之故；头晕且重，如物裹缠，胸闷呕恶，舌苔白腻者，多为痰湿内阻，清阳不升所致；若外伤后头晕刺痛者，多属瘀血阻滞，脉络不通。

（二）胸闷

胸部有痞塞满闷之感，谓之胸闷，或称胸痞。胸闷与心、肺等脏气机不畅有密切关系。如胸闷不适，心悸气短者，多属心气不足，心阳不振；胸部憋闷，心痛如刺者，多属心血瘀阻；胸闷痰多，咳嗽气喘者，多属痰湿内阻，肺气壅滞。

（三）心悸

指患者经常自觉心跳、心慌、悸动不安，甚至不能自主的一种症状。多是心神或心脏病变的反映。

1．心悸的分类：其一，由于受惊而致心悸，或心悸易惊，恐惧不安者，称为惊悸。常由外因所引起，如目见异物，遇险临危使心神浮动，心气不定而心悸，多时发时止。惊悸的全身情况较好，其病情较轻。其二，患者心跳剧烈，上至心胸，下至脐腹，悸动不安者，谓之怔忡。怔忡常是惊悸的进一步发展，多由内因所引起，劳累即发，持续时间较长，全身情况较差，其病情较重。

2．心悸的病机：有虚实之别，临床上应根据心悸的轻重特点及其兼症之不同来进行辨证。因虚而致心悸，如营血亏虚，心神失养；阴虚火旺，内扰心神；心阳气虚，鼓搏乏力；脾肾阳虚，水气凌心；因实而致心悸，如惊骇气乱，心神不安；心脉痹阻，血行不畅等，均可引起心悸。

（四）胁胀

胁的一侧或两侧有胀满不舒的感觉，称为胁胀。由于肝胆居于右胁，其经脉均分布于两胁，故胁胀多见于肝胆病变。如胁胀易怒，太息易怒，多为肝气郁结；胁胀口苦，身目发黄，多属肝胆湿热；如胁胀不适，寒热往来，为少阳病证。

（五）脘痞

患者自觉胃脘部胀闷不舒，谓之脘痞，或称脘胀。脘痞是脾胃病变的反映。如脘痞不舒，嗳腐吞酸者，多为食滞胃脘；若脘痞食少，腹胀便溏者，多属脾胃虚弱。

（六）腹胀

患者自觉腹部胀满痞塞不舒的感觉，称为腹胀。腹胀有虚实之分，如腹胀喜按者属虚，多因脾胃虚弱，失于健运所致；若腹胀拒按者属实，多因食积胃肠，或实热内结，阻塞气机而引起。

若腹胀如鼓，皮色苍黄，腹壁青筋暴露者，是为鼓胀，多因酒食不节，或情志所伤，或虫积血蓄，致使肝、脾、肾功能失常，气、血、水相互胶结，聚集于腹内而成。

（七）身重

身体有沉重酸困的感觉，谓之身重。身重大多与肺、脾二脏病变有关。如风邪外袭，肺失宣降，通调水道功能失司，水泛肌肤而见身重，甚则浮肿；或脾气虚弱，失于健运，脾为湿困，阳气被遏，而见身重困倦，神疲气短等症。此外，温热之邪，耗伤气阴，机体失却濡养，亦可有身重之感。

（八）麻木

患者肌肤感觉减退，甚至消失，谓之麻木，亦称不仁。临床应结合伴随症状进行鉴别。如肌肤麻木，且颜面淡白，神疲乏力，多因气血亏虚；如肢体麻木，头晕目眩，属肝风内动；若半身麻木，兼见口眼喎斜者，多因痰瘀阻络所致。

除疼痛和上述症状外，头身胸腹的不适还有很多，如恶心、神疲、乏力、气坠、心烦、胆怯、身痒等等，都是病人的自觉症状，临床时也应注意询问，并了解其临床意义。

五、问耳目

耳目均为头面部的感觉器官，与人体内脏、经络关系十分密切，故询问耳目情况，不仅可了解耳目局部有无病变，并且可帮助推断全身生理变化。

（一）问耳

耳司听觉，为肾之窍，肾精充于耳；手足少阳经脉分布于耳，耳为宗脉之所聚；心寄窍于耳，所以耳的病证常与肾、肝胆和心等脏腑相关。

1. 耳鸣：患者自觉耳内鸣响，如闻蝉鸣，或如潮声，妨碍听觉者，称为耳鸣。一般凡突发耳鸣，声大如蛙聒雷鸣，按之鸣声不减者，属实证，多因肝胆火盛，上扰清窍；或湿热时邪，蒙闭清窍；或风邪上袭，经气闭阻所致。若渐起耳鸣，声小如蝉鸣蚊声，按之鸣声减轻或暂止者，属虚证，常是肝肾阴虚，虚阳上扰所致；或由肾虚精亏，髓海不充，耳失所养而成。

2. 耳聋：患者有不同程度的听力减退，甚至听觉丧失，不闻外声，谓之耳聋，亦称耳闭。一般耳暴聋者，多属实证，常由肝胆火逆，壅滞于耳；或热邪蕴结上焦，蒙闭清窍而成。久病耳渐聋者，多属虚证，多因精气虚衰，不能上充清窍所致；或年老耳渐聋者，多是精衰气虚之故。

3. 重听：听力减退，听音不清，声音重复，称为重听。一般骤发重听，以实证居多，常见原因是痰浊上蒙清窍，或风邪上袭耳窍。若渐致重听，以虚证居多，常因肾之精气虚衰，耳窍失荣所致，多见于年老体衰的患者。

耳鸣、耳聋、重听都是听觉异常的症状。轻者为重听，重者为耳聋。耳鸣、耳聋可单独出现，也可同时并见，耳聋常由耳鸣发展而来。二者症状虽有不同，但病因病机基本一致。

（二）问目

目为肝之窍，为心之使，为血之宗，为五脏六腑精气所注之处，目通过经络与内脏相联系，因此眼睛的疾病常与全身的脏器有关。目的病变繁多，另有专科详细讨论，这里仅简要介绍几个常见症状及其临床意义。

1. 目痒：是指眼睑、眦内或目珠有痒感，轻者揉拭则止，重者极痒难忍。临床应注意询问目痒程度及兼症，以作辨证依据。一般目痒甚者，多属实证。如两目痒如虫行，畏光流泪，并有灼热之感，是肝经风火上扰所致。若两目微痒而势缓者，多属血虚，目失濡养所致。

2. 目痛：单目或双目疼痛，谓之目痛。目痛原因较为复杂，一般痛剧者，多属实证；痛微者，多属虚证。但临床上实证较多，如目痛难忍，兼面红目赤，口苦，烦躁易怒者，为肝火上炎所致；目赤肿痛，羞明眵多者，是风热之邪上行之象，多为暴发火眼或天行赤眼。

若目微赤微痛，时痛时止，并感干涩者，多由阴虚火旺所引起。

3. 目眩：视物旋转动荡，如在舟车之上，或眼前如有蚊蝇飞动之感，谓之目眩，或称眼花。目眩的病机有虚有实。风火上扰清窍，或痰湿上蒙清窍所引起的目眩属实，多兼有面赤、头胀、头痛、头重等邪壅于上的征象。中气下陷，清阳不升，或肝肾不足，精亏血虚，以致目窍失于充养所致的目眩属虚，常伴有神疲、气短或头晕、耳鸣等虚性征象，多见于年老体弱，或久病体衰之人。

4. 目昏、雀盲、歧视：视物昏暗不明，模糊不清，称为目昏。若白昼视力正常，每至黄昏视物不清，如雀之盲，故称雀盲，或称雀目、鸡盲、夜盲。视一物成二物而不清，谓之歧视，或称视歧。目昏、雀盲、歧视三者，均为视力不同程度减退的病变，各有特点，其病因、病机基本相同，多由肝肾亏虚，精血不足，目失充养而致。常见于久病或年老、体弱之人。

六、问睡眠

睡眠是人体生理活动的重要组成部分，人体为了适应自然界昼夜节律性变化，维持体内阴阳的协调平衡的一种生理活动，故人的睡眠具有一定的规律。在正常情况下，睡眠与人体卫气循行和阴阳盛衰相关。一日之内，卫气昼行于阳经，阳气盛则醒；夜行于阴经，阴气盛则眠。即如《灵枢·口问》所说："阳气尽，阴气盛，则目瞑；阴气尽而阳气盛，则寤矣。"此外，睡眠还与机体气血的盈亏及心肾功能相关。通过询问睡眠时间的长短、入睡难易、有无多梦等情况，便可了解机体阴阳气血的盛衰、心肾等脏腑功能的强弱。临床常见的睡眠失常有失眠、嗜睡。

（一）失眠

失眠又称"不寐"，或"不得眠"，是以经常不易入睡，或睡而易醒不能再睡，或睡而不酣时易惊醒，甚至彻夜不眠为特征的症候，且常并见多梦。失眠是阳不入阴，神不守舍的病理表现。张景岳《景岳全书》认为："寐本乎阴，神其主也。神安则寐，神不安则不寐。其所不安者，一者由邪气之扰也，一者营气之不足耳。"

病人睡后易醒，不得再睡，是营血亏虚，心神失养所致；若不易入睡，甚至彻夜不眠，是阴虚火旺，内扰心神，导致失眠；如时易惊醒，不易安卧者，是痰热上扰，心神不安；如夜卧不安，且脘胀嗳腐，为食滞内停，内扰心神。

（二）嗜睡

嗜睡是指患者不论昼夜，睡意很浓，经常不自主地入睡，或称"多寐"、"多眠睡"。嗜睡是湿浊内盛，阳虚阴盛的病理表现。

如困倦嗜睡，伴有头目昏沉，胸闷脘痞，肢体困重者，乃痰湿困脾，清阳不升所致。若饭后嗜睡，兼有神疲倦怠，食少纳呆者，多由中气不足，脾失健运所引起。大病之后，精神疲乏而嗜睡，是正气未复的表现。若见精神极度疲惫，欲睡而未睡，似睡而非睡者，系心肾阳气虚衰，阴寒内盛之故。此即《伤寒论·少阴病》所说："少阴之为病，脉微细，但欲寐也。"温热病人出现高热神昏，昏睡不醒，是热入心包之象。中风病人见昏睡而有鼾声，喉中痰鸣者，为痰瘀蒙蔽心神。这后三类并非真正的嗜睡，其中温病昏睡和中风昏睡均应属昏迷之类。

七、问饮食口味

问饮食口味是指对病理情况下的口渴、饮水、进食、口味等进行询问。由于饮食是后天水谷精气之源，是维持人体生命活动所必需的物质。临床很多疾病过程都能影响饮食口味而发生异常改变，故通过询问饮食口味情况，可了解体内津液的盈亏及输布是否正常、脾胃及有关脏腑功能的盛衰，对临床诊断有重要作用。问饮食口味应注意了解有无口渴、饮水多少、喜冷喜热，有无食欲、食量多少、食物的喜恶，口中有无异常味觉和气味等等。

（一）口渴与饮水

口渴是指自觉口中干渴的感觉，饮水是指实际饮水的多少及喜恶。口渴与饮水密切相关，一般口渴者多喜饮；口不渴者不欲饮，但有时也不尽一致。由于饮水是体内津液的主要化源，故询问渴饮情况，可测知体内津液的盈亏、阴阳的盛衰、病性的寒热和脏腑的气化等情况。

1. 口不渴饮：病人口不干渴，不欲饮水，提示津液未伤，或燥热不盛，多见于寒证、湿证。由于寒邪或湿邪不耗津液，津液未伤，故口不渴而不欲饮。

2. 口渴欲饮：一般是津液损伤的临床表现，多见于燥证、热证。如口干微渴，兼发热者，多见于外感温热病初期，伤津较轻；若大渴喜冷饮，兼汗出，脉洪数者，多属里热炽盛，津液大伤；若口渴多饮，小便量多，体渐消瘦者，为消渴病。

3. 渴不多饮：多因脏腑对水津的气化功能障碍所致。如渴喜热饮，饮水不多，多为痰饮内停，或阳气虚弱，水津不能上承所致；若渴不多饮，兼身热不扬，头身困重，舌苔黄腻者，属湿热证；若渴饮不多，且身热夜甚，见于温病营分证，多因邪热入营，蒸腾营阴上承，故口不甚渴，饮水不多；如口干而但欲漱水而不欲咽者，属血瘀证，因瘀血内阻，气不化津，津不上承，故口干欲漱水，但水本不亏乏，乃气化不行，故又不欲咽。

4. 饮入即吐：先渴饮而作呕，或饮后即吐，多为饮停于胃的"水逆"证。

（二）食欲与食量

食欲是指进食的要求和对进食的伴随状况，食量是指实际的进食量。胃气和降，脾气健运，则有食欲，并能保持适当的食量。如胃失和降，脾失健运，或相关的脏腑发生病变，常可引起食欲与食量的异常。询问患者的食欲与食量，对于判断病体的脾胃功能强弱以及疾病的预后转归，有重要的意义。

1. 食欲减退：是疾病过程中常见的病理现象，包括不欲食、纳少、纳呆和厌食四类情况，有程度上的差别。不欲食，又称食欲不振，是指不想进食，或食之无味；纳少，主要是指进食量明显减少，常由不欲食所致；纳呆，是指脘腹饱胀，并无饥饿和要求进食之感，可食可不食；厌食，是指厌恶食物，甚至视之恶心，恶闻食臭。

若新病不欲食，一般是正气抗邪的保护性反应，故病情较轻，预后良好；若久病纳少，兼有神疲倦怠，面色萎黄，舌淡，脉虚者，多属脾胃虚弱；如食少纳呆，伴有头身困重，脘闷腹胀，舌苔厚腻者，多由湿盛困脾，或饮食停滞，脾胃运化不及。若厌食而兼嗳气酸腐，脘腹胀满，多属食滞胃腑；如厌食油腻之物，兼胸闷呕恶，脘腹胀满者，多属脾胃湿热；厌食油腻厚味，伴胁肋胀痛灼热，身热不扬者，为肝胆湿热。此外，孕妇若有厌食反应，多因妊娠后冲脉之气上逆，影响胃之和降，一般属生理现象。但严重者为妊娠恶阻，是妊娠期常见的疾患。

2. 食欲亢进：是食欲过于旺盛，食后不久即感饥饿的症状。如多食易饥，且兼见口臭、龈肿，称为消谷善饥，乃胃火炽盛，腐熟太过所致。《灵枢·师传》曾说："胃中热则消谷，令人悬心善饥。"若食欲亢进，形体反见消瘦者，多见于消渴病。如多食易饥，兼大便溏泄者，属胃强脾弱。所谓胃强，是指胃腐熟功能过亢，故多食易饥；所谓脾弱，是指脾运化水谷功能减弱，故大便溏泄。诚如《医学入门》所说："能食不能化者，为脾寒胃热。"

3. 饥不欲食：指患者虽有饥饿感，但不欲食，或进食不多的症状。多因胃阴不足，虚火内扰所致。虚火内扰则有饥饿之感；而胃阴虚弱，受纳腐熟水谷功能减退，故而不欲食。

4. 偏嗜食物：包括饮食偏嗜和偏嗜异物。正常人由于地域与生活习惯的不同，常有饮食偏嗜，一般不会引起疾病。但若偏嗜太甚，则有可能导致病变。如偏嗜肥甘，易生痰湿；偏食生冷，易伤脾胃；过食辛辣，易病燥热等。妇女妊娠期间，偏嗜酸辣等食物，一般不属病态。若病人嗜食生米、泥土等异物，称为嗜食异物，常见于小儿，多属虫积肠道。

此外，在疾病过程中，食欲恢复，食量渐增，是胃气渐复，疾病向愈之兆；若食欲逐渐不振，食量渐减，是脾胃功能逐渐衰弱的表现，提示病情加重；久病或重病患者，一般食少无味，甚至不能食，如突然欲食或暴食，称为"除中"，是脾胃之气将绝的"假神"征象，常危在旦夕。

（三）口味

口味，是指口中有异常的味觉。由于脾开窍于口，心开窍于舌而知五味，其他脏腑之气亦可循经脉上至口，故口中异常味觉或散发的气味，常是脾胃功能失常或其他脏腑病变的反映。古人认为，不同脏腑的疾病，还可出现不同的饮食嗜味，如肝病嗜酸，心病嗜苦，脾病嗜甘，肺病嗜辛，肾病嗜咸等，这只是五行的一般配属，临床不可拘泥。

1. 口淡：指口中乏味，舌上味觉减退。多为脾胃虚寒证，由于脾虚不化水湿，寒湿内停，上泛于口所致。

2. 口苦：自觉口中有苦味。多见于肝胆火旺证，因胆气上逆所致。

3. 口甜：自觉口中有甜味。甘味入脾，过食肥甘，滋生湿热，或外感湿热，蕴结于脾胃，与谷气相搏，上蒸于口，致口中甜而粘腻不爽，舌苔黄腻；口甜亦可因脾虚而致，但舌苔薄净，口中涎沫亦稀薄。

4. 口酸：自觉口中有酸味，甚则闻之有酸腐气味。多由脾胃消化不良，食滞不化，腐化生酸，上泛于口；亦可由肝气郁结，横逆犯胃，肝胃不和，胃失和降，而泛吐酸水。

5. 口涩：口有涩味如食生柿子的感觉。每多与舌燥同时出现。为燥热伤津，或脏腑阳热偏盛，气火上逆所致。

6. 口咸：自觉口中有咸味，一般认为多与肾虚及寒水上泛有关。

7. 口粘腻：口中粘腻不爽，常伴舌苔厚腻，多由湿浊停滞、痰饮食积等所致。口粘腻常与味觉异常同见，如粘腻而甜，多为脾胃湿热，粘腻而苦，多属肝胆湿热。

八、问二便

大小便的排出是正常的生理现象，如排泄异常，属病理表现。故《景岳全书》说："二便为一身之门户，无论内伤外感，皆当察此，以辨其寒热虚实。"大便的排泄，虽直接由大肠所司，但与脾胃的腐熟运化、肝的疏泄、命门的温煦、肺气的肃降等有密切关系。小便的排泄，虽直接由膀胱所主，亦与肾的气化、脾的运化转输、肺的肃降和三焦的通调等功能分不开。故询问大小便状况，不仅可直接了解消化功能、水液代谢的情况，而且亦是判断疾病寒热虚实的重要依据。问二便应注意询问大小便的性状、颜色、气味、时间、量的多少、排便次数、排便时的感觉以及兼有症状等。其中颜色、气味等内容，将在望诊、闻诊中讨论，此处着重介绍二便的性状、次数、便量、排便感等内容。

（一）大便

健康人一般每日大便一次；呈黄色条形，干湿适中，便内无脓血、粘液及未消化的食物等；排便通畅，便后舒适。询问大便应注意便次、便质以及排便感的异常。

1. 便次异常：

（1）便秘：大便秘结不通，排便时间延长，或欲便而艰涩不畅者，谓之便秘。如大便秘结，发热腹痛，多因热结肠道，热盛伤津；若大便秘结，口干咽燥，为津液亏少，肠道失润；如大便秘结，兼见面白脉细，是阴血不足，肠失濡润所致；若大便秘结，且乏力短气者，为气虚失运，传送无力；若大便秘结，尿清肢冷者，是阳虚寒凝，气机滞塞所致。

（2）泄泻：便次增多，便质稀薄，甚至便稀如水样，称为"泄泻"。多由内外病因，以致脾失健运，小肠不能分清别浊，水液直趋于下，大肠传导失常，从而引起泄泻。临床应注意询问大便的性状及兼症而进行审症求因。一般说，新病泻急，嗳腐吞酸者，多属伤食泄泻；病久泄缓，泄便稀腹胀者，多属脾气亏虚；如泻下黄糜，腹痛，肛门灼热者，多属在大肠湿热；若腹痛作泻，常与精神紧张或情志抑郁有关，是肝气郁结，肝郁犯脾；若黎明前腹痛作泄，泄后则安，形寒肢冷，腰膝酸软者，称为"五更泄"，多由肾虚命门火衰，阴寒湿浊内积所导致。

2. 便质异常：除便秘、泄泻多伴有便质的干燥、稀薄之外，常见的便质异常还有以下几种：

（1）完谷不化：即大便中经常含有较多未消化的食物。多见于脾胃虚寒或肾虚命门火衰所致的泄泻。

（2）溏结不调：即大便或干燥或稀溏并无规律。其中，大便时干时稀者，多因肝郁脾虚，肝脾不调而致；若大便先干后稀，多属脾胃虚弱。

（3）脓血便：大便中夹有脓血粘液，多见于痢疾。常因湿热积滞交阻于肠，脉络受损，气血瘀滞而化为脓血。

（4）便血：大便之中夹有血液者称为便血。其中，若先便后血，便血紫暗，则为远血，多因脾不统血所致；若先血后便，便血鲜红，则为近血，多为肛络瘀血而出血。

3. 排便感异常：

（1）肛门灼热：指排便时肛门有灼热感。多因大肠湿热下注，或大肠郁热，下迫直肠所致，见于湿热泄泻或湿热痢疾。

（2）里急后重：腹痛窘迫，时时欲便，肛门重坠，便出不爽，称为"里急后重"。多因湿热内阻，肠道气滞所致，为湿热痢疾主症之一。

（3）排便不爽：即排便不通畅，有滞涩难尽之感。若腹痛，泻下黄糜，粘滞不爽，是湿热蕴结，肠道气机传导不畅；若腹痛腹泻而排出不爽，兼腹胀矢气者，为肝气犯脾，肠道气滞；如便泄不爽，夹有未消化食物，酸腐臭秽难闻，泻后腹痛减轻者，见于伤食泄泻。

（4）滑泄失禁：指大便不能自控，滑出不禁，甚则便出而不自知，称大便失禁，又称滑泄。若见于久病体虚，年老体衰，或久泻不愈的患者，多因脾肾虚衰，肛门失约所致；若新病腹泻势急而大便未能控制，多为大肠湿热，热迫大肠所致；若神志昏迷而大便自行流出，是神失所主，致使肠道失控。

（5）肛门气坠：即肛门有下坠之感，甚则脱肛，常于劳累或排便后加重，多属脾虚中气下陷。常见于久泻或久痢不愈的患者。

（二）小便

健康成人在一般情况下，日间排尿 3～5 次，夜间 0～1 次；每昼夜总尿量 1000～1800 毫升，平均 1500 毫升左右；尿清，色淡黄，无气味；排尿通畅，尿后舒适。健康人小便量受饮水、温度、出汗、年龄等因素的影响。一般应注意询问病人的尿量、尿次及排尿时感觉等情况。

1. 尿量异常：

（1）尿量增多：指尿量明显多于正常尿量，一般每天的尿量多于 2500 毫升。若小便清长量多者，属虚寒证，因肾阳虚衰，气不化津所致；如尿多而多饮、消瘦者，是为消渴病。故《诸病源候论·消渴》说："消渴者，渴不止，小便多是也。"

（2）尿量减少：指尿量明显少于正常尿量，一般每日的尿量少于 400 毫升。若尿少而短赤，发热口渴，多为热盛津伤；如大汗、剧吐、泻下之后，见尿少而神疲，为汗下伤津，化源不足；若尿少而浮肿，是因肺、脾、肾功能失常，气化不利，水湿内停之故。

2. 尿次异常：

（1）小便频数：即排尿次数增多，时欲小便，一般每昼夜尿次多于 10 次。如新病小便频数，短赤而急迫，是下焦湿热；若久病小便频数，量多色清，夜间尤甚，为下焦虚寒，多因肾阳不足，肾气不固，膀胱失约所致。

（2）癃闭：指膀胱储有尿液，但排出不畅。其中，小便不畅，点滴而出者为癃；小便不通，点滴不出者为闭，一般统称为癃闭。如尿少而清，腰膝冷痛，因肾阳不足，阳不化水所致；若小便不畅，尿而无力，多由肾气亏虚，开合失司所致；若尿少灼热，黄赤浑浊，因湿热下注，热迫膀胱；如尿涩疼痛，时有中断，是瘀砂石淋，阻塞尿道。

3. 排尿感异常：

（1）小便涩痛：即小便排出不畅而痛，或伴急迫、灼热等感觉，多因湿热下注所致，常见于淋病。

（2）余沥不尽：指小便之后点滴不尽，又称尿后余沥。多因肾气虚弱，肾关不固，开合失司所致，常见于老年或久病体衰者。

（3）小便失禁：指神志清楚，但小便不能随意控制而自遗。多属肾气不足，下元不固，以及下焦虚寒，膀胱失煦，不能制约水液所致。

（4）小便自遗：指神志昏迷，而小便失控而自遗。多为正气欲脱之危重证候。

（5）睡中遗尿：指睡眠中小便自行排出，醒后方知。多属肾气不足，膀胱失约。

九、问经带

由于妇女有月经、带下、妊娠、产育等生理病理特点，所以对妇女的问诊，除上述内容外，还应注意月经、带下、妊娠、产育等情况。其中，妇女妊娠、产育的病变，将在《中医妇产科学》中专门讨论，而在非妊娠期、产育期，妊娠、产育的情况一般作为个人生活史询问。妇女月经、带下的异常，不仅是妇科常见疾病，也是全身病理变化的反映。因而即使一般疾病也应询问月经、带下情况，作为诊断妇科或其他疾病的依据。

（一）月经

健康而发育成熟的女子每月周期性地由子宫内出血的生理现象称为月经，又称月事、月水、月汛、月信、经水、汛水等。女子一般14岁左右初潮，月经周期一般为28天左右，行经天数为3～5天，49岁左右绝经；每次经量中等（一般为50～100毫升）；经色正红或稍暗；经质不稀不稠，不夹血块；行经时可能伴随轻微腰酸，或小腹作胀，乳房稍胀，体倦纳少，情绪变化等，但一般并不影响工作，月经之后自然消失。

问月经应注意了解月经的周期，行经的天数，月经的量、色、质，有无闭经或行经腹痛等表现。必要时可询问末次月经日期，以及初潮或绝经年龄。

1. 经期异常：

（1）月经先期：指月经周期经常提前7天以上。多因气虚不能摄血；或因阳盛迫血妄行；或因阴虚而虚热内扰；或肝郁、血瘀，血海不宁所致。

（2）月经后期：指月经周期经常错后7天以上。虚者多因营血亏损，或因阳气虚衰，血源不足，使血海不能按时满蓄所致；实者可因气滞血瘀，冲任不畅，寒凝血瘀，冲任受阻所致。

（3）月经愆期：又称经期错乱，指月经或前或后达7天以上。多因肝气郁滞，气机不调，或因脾肾虚损，或因瘀血阻滞，使血海蓄溢失常所致。

2. 经量异常：

（1）月经过多：指月经量较常量明显增多，而周期基本正常。多因血热，冲任受损；或因气虚，冲任不固，经血失约；或因瘀阻胞络，络伤血溢等所致。

（2）崩漏：不在行经期间，阴道内大量出血，或持续下血，淋漓不止者，称为崩漏。一般来势急，出血量多的称崩，或称崩中；来势缓，出血量少的称漏，或称漏下。崩与漏在病势上虽有缓急之分，但发病机理基本相同，在疾病演变过程中，又常互相转化，交替出现，故统称为崩漏。其原因或由热伤冲任，迫血妄行；或因脾肾气虚，冲任不固，不能约制经血；或因瘀阻冲任，血不归经所致。

（3）月经过少：指月经周期基本正常，但经量明显减少，甚或点滴即净。属虚证者或因营血衰少，血海亏虚；或因肾气亏虚，精血不足所致。属实证者多因寒凝、血瘀或痰湿阻滞引起。

（4）闭经：指在行经年龄，既非受孕又非哺乳而连续停经3个月以上不来潮者。因气虚血亏，血海空虚所致者，属虚证；因气滞血瘀，或寒凝痰阻，胞脉不通所致者，为实证。有因生活环境的改变而停经者若无明显症状者，则不一定属于病态。

3. 经色、经质异常：若经色淡红质稀，为血少不荣；经色深红质稠，乃血热内炽；经色紫暗，夹有血块，兼小腹冷痛，属寒凝血瘀。

4. 痛经：指正值经期或行经前后，出现周期性小腹疼痛，或痛引腰骶，甚至剧痛不能忍受者，又称经行腹痛。若经前或经期小腹胀痛或刺痛，多属气滞或血瘀；若经期小腹冷痛，遇温则减轻者，多属寒凝或阳虚；经期或经后小腹隐痛，多属气血两虚，胞脉失养所致。

（二）带下

带下是指妇女阴道内的一种少量乳白色、无臭的分泌物，具有润泽阴道的作用。若带下分泌过多，淋漓不断，或有色、质的改变，或有气味的改变，即为病理性带下。问带下，应注意量的多少，色质和气味等。因带下颜色的不同，而有白带、黄带、赤带、青带、黑带、赤白带及五色带等名称，临床以白带、黄带、赤白带较为多见。

1. 白带：带下色白量多，质稀如涕，淋漓不绝，多属脾肾阳虚，寒湿下注所致。
2. 黄带：带下色黄，质粘臭秽，多属湿热下注所致。
3. 赤白带：即白带中混有血液，赤白杂见，多属肝经郁热，或因湿热下注而成。

十、问小儿

儿科古称"哑科"，由于小儿表述不清，不仅问诊困难，而且也不一定准确，故医生主要通过询问陪诊者，来获得有关疾病的资料。小儿与成人不同，在生理上具有脏腑娇嫩，生机蓬勃，发育迅速的特点；在病理上具有发病较快，变化较多，易虚易实的特点。因此，问小儿病除一般问诊内容外，还要注意结合小儿的生理病理特点。着重询问下列几个方面：

（一）出生前后情况

新生儿（出生后至1个月）的疾病多与先天因素或分娩情况有关，故应着重询问妊娠期及产育期母亲的营养健康状况，有何疾病，曾服何药，分娩时是否难产、早产等，以了解小儿的先天情况。

婴幼儿（1个月至3周岁）发育较快，需要充足的营养供给，但其脾胃功能又较弱，如喂养不当，易患营养不良、腹泻以及"五软"、"五迟"等病。故应重点询问喂养方法及坐、爬、立、走、出牙、学语的迟早等情况，从而了解小儿后天营养状况和生长发育是否符合规律。

（二）预防接种、传染病史

小儿6个月至5周岁之间，从母体获得的先天免疫力逐渐消失，而后天的免疫功能尚未形成，故易感染水痘、麻疹等急性传染病。预防接种可帮助小儿建立后天免疫功能，以减少感染发病。患过某些传染病，如麻疹，常可获得终身免疫力，而不会再患此病。若密切接触传染病患者，如水痘、丹痧及某些肝病等，常可引起小儿感染发病。因此，询问上述情况，可作为确定诊断的重要依据。

（三）易使小儿致病的原因

小儿脏腑娇嫩，抵抗力弱，调节功能低下，易受气候及环境影响，感受六淫之邪而导致外感病，出现发热恶寒、咳嗽、咽痛等症；小儿脾胃薄弱，消化力差，极易伤食，出现呕吐、泄泻等症；婴幼儿脑神经发育不完善，易受惊吓，而见哭闹、惊叫等症。所以要了解小儿致病原因，应注意围绕上述情况进行询问。

自 学 指 导

【重点难点】

1. 怎样抓住主症进行询问？

主症是指疾病中的主要症状与体征，它是疾病病理本质的外在表现。每一病证都有其特定性的主症。主症可以是一个，也可由若干个所组成。抓住主症进行询问，就是以主症作为认识疾病本质的中心、关键而进行诊断思维的方法。临床若能准确抓住主症，并能围绕主症进行询问，且通过主症进行分析思考，则有利于对疾病本质的认识，为准确治疗提供可靠依据。

准确地认识主症，并不是一件容易的事。因为主症是病证本质的客观表现，是对病证诊断起决定作用的症状，因而不等于病人的主诉，而是必须通过医生分析思考以后才能确定，也就是说是病证本质所反映的主要症状，而不等于病人所说的主要症状。因为有时可能病人自认为很重要的痛苦，或者首先所讲的是一些次要症状，其实并不一定是病证所反映的主症。临床时，定准主症以后，就要围绕主症这一中心线索进行询问和思考，并且要将问症与辨证（即边询问边分析）相结合，减少盲目和防止遗漏。如以"腹痛"为主症，则首先应询问腹痛的发生时间、发生的原因，疼痛的具体部位、性状、程度、喜恶等；其次询问与主症密切相关的情况，如有无恶心呕吐？有无腹胀腹泻？饮食如何等，然后询问全身其他病情，如有无恶寒发热？有无汗出？小便如何等等；最后是进行舌脉等项检查。

2. 如何界定现病史和既往史？

现病史和既往史二者的概念似乎非常清楚，但临床要将二者分清并不容易。因为现在与过去是相对的概念，其间并无明确的界线，现在就诊的疾病可能既往已经存在，而既往的疾病现在可能并未消除。这就使得有的病情是该作现病史，还是写为既往史，往往难以确定。

如何区分现病史和既往史呢？主要是应根据主诉所定病证及其所记时间而定。即主诉所述病证及其时间之内者属现病史的内容，主诉所述疾病及其所定时间以外的其他疾病则属既往史的内容。主诉以外的其他疾病，即使其病程未超过主诉所述病证的时间，一般也应记在既往史内，如以关节疼痛反复发作 4 年为主诉，则 4 年之内所患过的如痢疾、尿出沙石、外伤骨折等病证，仍应属既往史的内容。

由此可知，现病史与既往史的内容及时间界定，实际是由主诉决定的。因此，临床时一定要确定好主诉的内容及其限定时间，否则将给现病史与既往史的询问和书写带来困难。

3. 怎样理解"恶寒发热"的症状？

"恶寒发热"是指恶寒与发热并见，为外感病常见的一个症状，是诊断表证的最主要依据。从理论上讲，恶寒与发热是两种相反的症状，二者是不能同时出现的，但临床却实际存在。因为发热是一个过程，从发热的过程来看，恶寒发热见于发热的初期，恶寒时体温已开始上升，故恶寒是发热的伴随症状。其具体表现为：病人感到恶寒，而只是偶尔觉得轻微发热，甚至加衣覆被、向火取暖，其恶寒仍不得缓解，但切诊或探测则可有客观发热存在；或者是病人虽感发热，但同时又有恶寒的感觉；也有的表现为去衣则恶寒，加衣则发热。在恶寒发热中，"恶寒"是病人的主观感觉，而"发热"则既可是主观的，也可是客观的。因此，所谓"恶寒发热"的关键，是病人一定要既有恶寒、又有发热的感觉，如果只觉恶寒而毫无发热之感，则即使体温很高，也不能称作"恶寒发热"，而只能是"恶寒"。

值得注意的是，恶寒发热并不局限于外感表证，亦见于里热证。从临床看，里实热证之恶寒发热，病情较之表证更为严重，是邪正激烈斗争的反映。如邪毒内陷、脓毒流注、肝胆湿热、肝痈、肠痈等病证，均可见恶寒发热，其时恶寒愈重发热愈高，病情显然比表证更为严重，乃火毒内蕴，正邪相争，局部气血变滞，营卫不调所致。

4. 如何理解气虚发热?

气虚发热又称脾虚发热,其病机颇为特殊,有各种不同的观点。主要有两种情况:一种是"气不散精,阴不敛阳"。即脾气虚弱,则精微不能吸收与升散,致营血内亏而阳气无依,当活动劳累、病久耗气等情况下,则阳气更被耗伤而浮越,从而表现为烦热、气喘、汗出、心悸、脉数等症,这如同无力之人承担稍重的劳动,就表现出种种的不适情况相似,此种"身热而烦"并非实热所致,而是营亏气乏、阳气浮动的现象,即《内经》所谓"阳气者,烦劳则张"的道理,故治当用"劳者温之"、"损者益之"的甘温之品,以健脾益气,收敛浮阳。另一种是"气虚体弱,兼感外邪"。由于脾肺之气先虚,抵抗力减弱,易致风寒外袭,或湿邪内生,临床表现虽有邪困发热的证候,但其本质是由气虚所致,故治疗当在补气扶正的基础上佐以祛邪,热方可退。

5. 从"阳加于阴谓之汗"理解汗的机理。

《素问·阴阳别论》指出:"阳加于阴谓之汗。"《临证指南医案·汗》说:"阳加于阴谓之汗,由是推之,是阳热加于阴,津散于外而为汗也。"吴瑭亦说:"汗也者,合阳气阴精蒸化而出者也。……故汗之为物,以阳气为运用,以阴精为材料。"所以,无论生理性或病理性的汗之有无、多少,都应从阴阳盛衰及其相互关系是否协调来加以理解。汗受体内阴阳相互作用的影响,汗的分泌与调节主要由卫气主持。汗又有调节体温,保持机体阴液与阳气的平衡,排出废物与邪气的作用。体内阴阳基本平衡时,一般无明显汗出,体内阳气偏旺则汗出可以散热;外界气温低时,腠理闭伏而无汗出,以保持热能。在病理情况下,阳气亏虚不能固护卫表,腠理不密,则常自汗出;阳气虚而无力蒸腾阴液,津液不能气化成汗,则又为无汗或少汗;阴液津血不足,汗无化源,常为无汗而皮肤干燥;阴虚火旺或内热,蒸迫津液外泄,则常见盗汗;里热炽盛,逼津外泄,故汗多;寒邪外束,肤表固密,故无汗;风邪外袭,营卫失调,则汗自出;经络瘀滞,阴阳气机升降受阻,津液不布,可为半身汗出;湿浊内蕴,阳热蒸蒸,则汗出不彻或头额汗出;病情危重时,阴阳离决,常以"绝汗"为审证要点。……总之,理解了"阳加于阴谓之汗",便可加深对汗出是否正常及其病理机制的认识。

6. 五更泄泻的时间和病机。

一般多将五更泄与鸡鸣泄、晨泄混称,而实际上"五更"、"鸡鸣"和"晨"是更点计时法的不同时段。五更相当于寅时,即3～5点;鸡鸣相当于丑时,即1～3点,相当于四更;至于晨,《说文解字》说:"晨,作晨,早昧爽也。从臼从辰,辰,时也。"所以晨的含义是指从天亮到上午八九点钟的一段时间,一般习惯7～9点相当于晨时。由于五更、鸡鸣、晨所指的时段不同,因而所应脏腑亦异,五更为脾之所应,鸡鸣为肝之所应,晨为脾胃之所应。故发生于不同时间的泄泻,其脏腑病机不尽相同。

五更泄泻的病机,一般认为是脾肾阳虚,脾虚运化失常,肾虚后阴不固所致。故治疗常以温补脾肾,四神丸、真人养脏汤为其代表方剂。如《景岳全书·泻泄门》云:"肾为胃之关,开窍于二阴,所以二便之开闭,皆肾脏之所主,今肾中阳气不足,则命门火衰……阴气盛极之时,即令人洞泄不止也。"

7. 热入营血为何口反不甚渴?

"口反不甚渴",不是口不渴,是说邪入营分之后,口渴的程度与气分证之口大渴相比较,反而轻了一些。热入营分,为何口反不甚渴?有以下几点理由进行解释:一是热入营血,能蒸腾营阴上升,上潮于口,故不甚渴,犹沸水盛于器皿之中,热气上蒸则其盖得湿也。二是气分证是高热、大汗出，而在营分发热不如气分证时高，伤津耗液的程度反不如在气分时重，且经过气分阶段的大渴引饮，多少也补充了一部分水分。三是热在气分耗伤津液，饮水可以自救，而热在营血则是耗伤营阴，营阴亏损，水不能济，故饮水无快意，而饮亦不多。四是热入营分，多见有神志异常、感觉失灵，对口渴未能灵敏地反映出来。五是胃中有蓄瘀之故。热邪深入营血，迫血妄行，热窜血络，在外可见斑疹隐隐，及各种出血症状；在内则因胃为气血之腑，受热邪干扰易于出血，瘀血蓄积胃中，热蕴于瘀血之中，可以蒸发其中的水分上潮于口，故胃中有瘀血亦不欲饮水，而口不甚渴。这与单纯的热盛伤津的口渴不同，与单纯的瘀血内停，阻滞气机，气不布津的渴不欲饮也不同。

8. "但欲漱水不欲咽"的病机。

《金匮要略·惊悸吐衄下血胸满瘀血病》："病人胸满，唇痿，舌青，口燥，但欲漱水不欲咽，无寒热……为有瘀血。"对于"欲漱水不欲咽"的机理，《血证论·瘀血》说："瘀血在里则口渴。所以然者，血与气本不相离，内有瘀血，故气不得通，不能载水津上升，是以发渴，名曰血渴，瘀血去则不渴矣。"全国高等中医院校教材《金匮要略讲义》认为："瘀阻之处，必有郁热，故口燥欲漱水；但病在血分，虽燥而不欲咽。"并认为"这是瘀血郁热的轻重问题。瘀热不甚，故仅欲漱水不欲咽；瘀久郁热加甚，则口干燥而渴"。总之，由于瘀血内阻，气化不利，津液不能上承则口燥，亦属津液输布障碍，但并非津液匮乏，故但欲漱水不欲咽，为蝶斑疮、臌胀、干燥病、伤寒蓄血证、温病热入营血等之常见征兆。

9. 虫积病人为何嗜食异物？

嗜食异物并不一定都是虫作祟。临床所见，虫积者有之，非虫积者亦有之；小儿有之，成人亦有之；从病机而论，脾胃气虚者有之，非脾胃气虚者亦有之。因此，对于嗜食异物一症，应当凭脉症而辨证。至于虫积者嗜食异物，一方面是古人在长期医疗实践中总结出来的经验，嗜食异物者，多见于小儿疳积，脾胃运化失纳等病证，而此类病证多伴有虫积。这是古人在无法解释嗜食异物这一症状时的一种理论推测，认为可能是体内有虫才会嗜异物。另有解释是，因虫积于肠道，吸食体内营养，导致机体营养缺乏和失衡，脾胃功能紊乱，清浊升降失司，燥湿不调，刚柔不济，或郁而化火，或水液停蓄而生寒湿，故嗜食奇特之物，如煤炭、生米、谷物、泥土、茶叶等，以稀用异物之性纠正身体之偏性，或补充体内某种特殊营养物质之亏虚，所嗜之物中可能正是含有体内所缺乏的某种物质之成分。但所嗜之异物为何会消化呢？有人以为可能是因为虫体内含有消化这些物质的酶之类成分，犹如白蚁之专食木料一样。

10. "除中"的机理分析。

除中是指久病重病失神之人，已久不能食，而突然一反常态，出现欲进饮食，甚至暴食。这是一种反常的表现，往往食已而随之是死亡，故称之为"除中"。成无己《注解伤寒论》说："除，去也；中，胃气也。言邪气太甚，除去胃气，胃欲引食自救，故暴能食，此欲胜也。"所以"除中"实际上是脾胃之气将竭的死亡前兆，属"残灯复明"、"回光返照"的一种假神表现。

假神的出现是精气衰竭已极，阴不敛阳，虚阳外越，神气外现所致。因为精气、阴阳是神气内存的物质基础，今精竭、阴绝、阳微，神失依存，故浮而外越，本神暴露。此种欲食甚至暴食，则为胃之本能的一种表现。这种本能就是维持生命生存的能力，胃之本能欲维持脾胃后天之本，以保生命的延续，必最后引食纳谷以自救。但因胃气本身已失去存在的物质基础，即使勉强食之，却已无化谷之能，而更加重其负担，以致能量无继而告匮，胃之本气反绝，于是神去机息，迅速导致死亡。

11．"嗜睡"与"昏睡"的鉴别。

嗜睡在《素问·诊要经终论》称为嗜卧。是指神志清醒但睡意很浓，常不自主的入睡，呼之则醒，醒后又睡，甚至不分场合，卧倒即睡，醒后回答问题准确。《诸病源候论·嗜眠候》说："其气行于阴而迟留，其阳气不精神明爽，昏塞，故令嗜眠。"《太平圣惠方·治胆热多睡诸方》说："夫胆热多睡者，同营卫气涩，阴阳不和，胸膈多痰，脏腑壅滞，致使精神昏浊，昼夜耽睡，此皆积热不除，肝胆气实，故令多睡也。"说明痰湿困阻，清阳不升；脾气虚弱，中气不足；胆热内积；瘀血阻窍；暑热伤气；卫气行迟，阴气偏盛，清气不能上荣，皆可使精明之府失于清阳之荣，故出现嗜睡。

嗜睡与《伤寒论·少阴病篇》所说"但欲寐"不同，但欲寐是指精神疲惫，困倦欲睡，似睡而非睡的状态，呼之能应，并非真正熟睡，为正气极度亏虚的一种疲倦表现。

昏睡是病中日夜沉睡，虽能唤醒，但神识朦胧，答非所问，偶能正确对答，后旋即复睡。昏睡多为昏迷之先兆，即浅意识的昏迷，若进一步发展，易成昏迷。

12．注意疼痛与心理活动的关系。

疼痛是人体对伤害机体的各种刺激的一种反应。这种反应的强弱决定于人体内痛阈的高低。痛阈，是指引起人体痛觉的刺激强度。常用的痛阈有二：其一，痛知觉阈，是开始知觉到痛的最小刺激强度。其二，痛耐受阈，是指能耐受疼痛的最大刺激强度。痛阈的大小有个体差异，不同的部位也有差异。

痛阈的高低是可变化的，与人体的心理活动密切相关。心理学研究认为，一个人的疼痛体验以及表现疼痛的行为，都受其注意、暗示等的心理因素以及生活经验和个性特征的影响。常常有某些查不出任何器质性病变而诉说有各种疼痛的病人，长期服用大量止痛药并不能使疼痛减轻或消失。如若其疼痛可获得人们的关注和关怀，或人们对其疼痛过分关注或议论，都将加剧其疼痛的表现，甚至发展成异常的病态行为。因此，在身体器官没有任何器质性病变的情况下，疼痛可能是一种由生活和工作过度紧张，或精神创伤等心理社会因素所引起的躯体症状，它也是解决心理矛盾和缓解恐惧、焦虑的一种心理防御机制。这种情况常发生在患有疑病性神经症、抑郁症的病人身上。一个对病痛顾虑重重，精神高度紧张的病人，往往会加重疼痛；而一个面对疾病充满治愈信心的人，往往可减轻疼痛，使病情向好的方向转化。此外，亲人的安慰、鼓励、抚摸等行为，可使患者得到慰藉，降低对疼痛的感受，从而减轻疼痛。

【复习思考题】

1．何谓问诊？问诊有何意义？
2．何谓主诉？主诉的"四要素"是什么？
3．写出正确的和错误的主诉各一个，错误主诉应指出错误所在。
4．何谓现病史？现病史包括哪些内容？
5．既往史和个人生活史主要包括哪些内容？
6．背诵"十问歌"的内容。
7．何谓恶寒、畏寒？各有何意义？

8. 阐述恶寒发热的机理。

9. 怎样根据恶寒发热辨别外邪的性质？

10. 但寒不热有几种类型？各有何意义？

11. 简述壮热的表现及机制？

12. 何谓潮热？潮热包括哪几种类型？

13. 简述日晡潮热的特点及意义。

14. 简述湿温潮热的特点及意义。

15. 简述阴虚潮热的特点及意义。

16. 气虚发热有何特点？其机制如何？

17. 何谓寒热往来？试述其两种类型的特点及意义。

18. 你如何理解"阳加于阴谓之汗"的意义？

19. 怎样根据表证出汗情况辨别外邪的性质？

20. 何谓自汗？简述其机制及意义。

21. 何谓盗汗？简述其机制及意义。

22. 何谓绝汗？怎样区别亡阴之汗与亡阳之汗？

23. 何谓战汗？战汗有何临床意义？

24. 简述半身汗出的特点及其临床意义。

25. 试述中医对疼痛产生机理的认识。

26. 怎样根据头痛的部位确定病变的经络？

27. 简述 12 类疼痛性质的名称、特点和意义。

28. 怎样鉴别疼痛的虚实性质？

29. 何谓头晕？怎样辨析头晕的临床意义？

30. 何谓心悸？怎样鉴别惊悸和怔忡？

31. 何谓胁胀、脘痞、腹胀？各主要与哪些脏腑病变相关？

32. 何谓耳鸣、耳聋、重听？

33. 怎样鉴别耳鸣的虚实性质？

34. 何谓目眩？怎样辨析目眩的临床意义？

35. 何谓失眠？简述失眠的临床分类。

36. 何谓嗜睡？怎样辨析嗜睡的意义？

37. 口渴欲饮包括哪些类型？各有何意义？

38. 食欲减退有何意义？

39. 何谓厌食？怎样辨别厌食的临床意义？

40. 简述消谷善饥、饥不欲食的含义和临床意义。

41. 何谓除中？除中有何意义？

42. 何谓便秘？导致便秘的原因有哪些？

43. 简述泄泻的临床常见证型。

44. 何谓完谷不化、溏结不调？各有何意义？

45. 何谓里急后重、滑泻失禁？各有何意义？

46. 尿量增多或尿量减少的常见原因有哪些？

47. 何谓癃闭、余沥不尽、遗尿？各有何意义？

48. 名词解释：月经先期、崩漏、闭经。

49. 怎样根据痛经的特点辨别其性质？

50. 白带、黄带、赤白带各有何临床意义？

【参考文献摘录】

1.《医门法律·问病论》：医，仁术也。仁人君子，必笃于情，笃于情则视人犹己，问其所苦，自无不到之处。古人闭户塞牖，系之病者，数问其情，以从其意。诚以得其欢心，则问者不觉烦，病者不觉厌，庶可详求本末，而治无误也。……饮食起居，失时过节；忧愁恐惧，荡志离魂；所喜所恶，气味偏殊；所宜所忌，禀性迥异。不问何以相体裁方耶？所以入国问俗入家问讳，上堂问礼，临病人问所便，便者，问其居处动静阴阳寒热必情之宜。如问其为病热，则便于用寒；问其为病寒，则便于用热之类，所谓顺而施之也。人多偏执己见，逆之则拂其意，顺之则加其病，莫如之何？然苟设诚致问，明告以如此则善，如彼则败，谁甘死亡，而为降心以从耶！至于受病情形，百端难尽，如初病口大渴，久病口中和，若不问而概以常法治之，宁不伤人乎？如未病素脾约，才病泄便利，若不问而计日以施治，宁不伤人乎？如未病先有痼疾，已病重添新患，若不问而概守成法治之，宁不伤人乎？如疑难证，着意对问，不得其情，他事闲言，反呈真面，若不细问，而急遽妄投，宁不伤人乎？

2.《医原·问症求病论》：病藏于中者也，症形于外者也。工于问者，非徒问其症，殆欲即其症见，以求其病因耳。法当先问其人之平昔，有无宿疾，有无患怒忧思，饮食喜淡喜浓，喜燥喜润，嗜茶嗜酒，大便为燥为溏。妇人问其有无胎产，月事先期后期，有无胀痛。再问其病，初起何因，前见何症，后变何症。恶寒发热，孰重孰轻。有汗无汗，汗多汗少，汗起何处，汗止何处。口淡口苦，渴与不渴，思饮不思饮，饮多饮少，喜热喜凉。思食不思食，能食不能食，食多食少，化速化迟。胸心胁腹，有无胀痛。二便通涩，大便为燥为溏，小便为清为浊，色黄色淡。种种详情，就其见症，审其病因，方得轩岐治病求本之旨，岂徒见痰治痰，见血治血而已哉。

3.《侣山堂类辨·问因论》：盖得其因，则能定其名，能定其名，则知所以治矣。夫病又有脉症之相应者，有不相应者，有病久而重感于新病者，有外感风寒，而复内伤五志，病不以次入而乘传者，故当详审其受病之因，所病之苦，察其意志得失，神气存亡，饮食嗜欲，居处房劳，参合脉症，以意逆之。然又不可惑于病家之言而无果断也。

4.《景岳全书·传忠录·十问篇》：一问寒热二问汗，三问头身四问便，五问饮食六问胸，七聋八渴俱当辨。九因脉色察阴阳，十从气味章神见。鉴定虽然事不难，也须明哲毋招怨。

右十问者，乃诊治之要领，临证之首务也。明此十问，则六变具存，而万病形情俱在吾目中矣。医之为难，难在不识病本，而误施治耳。误则杀人，天道可畏，不误则济人，阴德无穷。学者欲明是道，必须先察此要，以定意见，以为阶梯，然后再采群书，广其知识，又何误焉。有能熟悉之胸中，运之掌上。非止为人，而为已不浅也，慎之宝之。

一问寒热：问寒热者，问内外之寒热，欲以辨其在表在里也。人伤于寒，则病为热，故凡病身热、脉紧、头疼、体痛、无汗，而且得于暂者，必外感也。盖寒邪在经，所以头疼身痛，邪闭皮毛，所以拘急发热，若素日无疾而忽见，脉症若是者，多因外感。盖寒邪非素所有，而突然若此，此表证也。若无表证，而身热不解，多属内伤，然必有内症相应，合而察之，自得其真。凡身热经旬，或至月余不解，亦有仍属表证者。……其病必外症多而里症少，此非里也，仍当解散。凡内证发热者，多属阴虚，或因积热，然必有内症相应，而其来也渐。盖阴虚者必伤精，伤精者必连脏，故其在上而连肺者，必为喘急咳嗽；在中而连脾者，或妨饮食，或生懊恼，或为躁烦焦渴；在下而连肾者，或精血遗淋，或二便失节。然必倏然往来，时作时止，或气怯声微，是皆阴虚证也。凡怒气七情，伤肝伤脏而为热者，总属真阴不足，所以邪火易炽，亦阴虚也。凡劳倦伤脾而发热者，以脾阴不足，故易于伤，伤则热生于肌肉之分，亦阴虚也。凡内伤积热者，在痞必有形症，在血气必有明征，或九窍热于上下，或脏腑热于三焦，若果因实热，凡火伤在形体，而无涉于真元者，则其形气声色脉候自然壮丽，无弗有可据而察者，此当以实火治之。凡寒证尤属显然，或外寒者，阳亏于表，或内寒者，火衰于中，诸如前证。但热者多实，而虚热者最不可误；寒者多虚，而实寒者间亦有之。此寒热之在表在里，不可不察也。

二问汗：问汗者，亦以察表里也。凡表邪盛必无汗，而有汗者邪随汗去，已无表邪，此理之自然也。故有邪尽而汗者，身凉热退，此邪去也，又不可因汗而必谓其无表邪也，须因脉症而详察之。凡温暑等证，有因邪而作汗者，有虽汗而邪未去者，皆表证也。总之，表邪未除者，在外则连经，故头身或有疼痛，在内则连脏，故胸膈或生躁烦。在表在里，有症可凭，或紧或数，有脉可辨。须察其真假虚实，孰微孰甚而治之。凡全非表证，则或有阳虚而汗者，须实其气。阴虚而汗者，须益其精。火盛而汗者，凉之自愈。过饮而汗者，清之可宁。此汗症之有阴阳表里，不可不察也。诸汗详证载伤寒门。

三问头身：问其头可察上下，问其身可察表里。头痛者邪居阳分，身痛者邪在诸经，前后左右阴阳可辨，有热无热内外可分，但属表邪，可散之而愈也。凡火盛于内而为头痛者，必有内应之症，或在喉口，或在耳目，别无身热恶寒在表等候，此热盛于上，热在里也，察在何经，宜清宜降，高者抑之，此之谓也，若用轻阳散剂，则火必上升而痛甚矣。凡阴虚头痛者，举发无时，是因酒色过度，或遇劳苦，或逢情欲，其发则甚，此为里证，或精或气，非补不可也。凡头痛属里者，多因于火，此其常也。然亦有阴寒在上，阳虚不能上达而痛甚者，其症则恶寒呕恶，六脉沉微或兼弦细……凡云头风者，此世俗之混名，然必有所因，须求其本，辨而治之。凡眩晕者，或头重者，可因之以辨虚实。凡病中眩晕，多因清阳不升，上虚而然……凡身痛之甚者，亦当察其表里以分寒热。其若感寒作痛者，或上或下，原无定所，随散而愈，此表邪也。若有定处而别无表证，乃痛痹之属，邪气虽亦在经，此当以里证视之，但有寒热之异也。若因火盛者，或肌肤灼热，或红肿不消，或内生烦渴，必有热证相应，治宜以清、以寒。若并无热候而疼痛不止，多属阴寒，以致血气凝滞而然。经曰：痛者寒气多也，有寒故痛也，必温其经，使血气流通，其邪自去矣。凡劳损病剧，而忽加身痛之甚者，此阴虚之极，不能滋养筋骨而然，营气急矣，无能为也。

四问便：二便为一身之门户，无论内伤外感，皆当察此，以辨寒热虚实。盖前阴通膀胱之道，而其利与不利、热与不热，可察气化之强弱。凡患伤寒而小水利者，以太阳之气未剧，即吉兆也。后阴开大肠之门，而其通与不通、结与不结，可察阳明之实虚。凡大便热结而腹中坚满者，方属有余，通之可也。若新近得解而不甚干结，或旬日不解而全无胀意者，便非阳明实邪。……凡小便，人但见其黄，便谓是火，而不知人逢劳倦，小水即黄；焦思多虑，小水亦黄；泻痢不期，小水亦黄；酒色伤阴，小水亦黄。使非有或淋或痛，热证相兼，不可因黄便谓之火。……若小水清利者，知里邪之未甚，而病亦不在气分，以津液由于气化，气病则小水不利也。小水渐利，则气化可知，最为吉兆。大便通水谷之海，肠胃之门户也。小便通血气之海，冲任水道之门户也。二便皆主于肾，本为元气之关，必真见实邪，方可议通、议下。……所以凡病不足，慎勿强通，最喜者，小便得气而自化，大便弥固者弥良，营卫即调，自将通达，即大便秘结旬余，何虑之有？若滑泄不守，乃非虚实者所宜，当首先为之防也。

五问饮食：问饮食者，一可查胃口之清浊，二可查脏腑之阴阳，病由外感而食不断者，知其邪未及脏，而恶食不恶食者可知。病因内伤而食饮变常者，辨其味有喜恶，而爱冷爱热者可知。素欲温热者，知阴脏之宜暖；素好寒冷者，知阳脏之可清。或口腹之失节以致误伤，而一时之权变，可因以辨。故饮食之性情，所当详察，而药饵之宜否，可因以推。凡诸病得食稍安者，必是虚证；得食更甚者，或虚或实皆有之，当辨而治之。

六问胸：胸即膻中，上连心肺，下通脏腑。脾腹之病极多，难以尽悉，而临证必当问者，为欲辨其有邪无邪及宜补宜泻也。夫凡胸腹胀满，则不可用补，而不胀不满，则不可用攻，此大法也。然痞与满不同，当分轻重，重者胀塞中满，此实邪也，不得不攻；轻者但不欲食，不知饥饱，似胀非胀，中空无物，乃痞气耳，非真满也，此或以邪陷胸中者有之，或脾虚不运者有之。病者不知其辨，但见胃气不开，饮食不进，问之亦曰饱闷，而实非真有胀满，此在疑虚疑实中间，若不察其真确，未免补泻倒施，必多致误，则为害不小。……凡势在危急，难容少缓，亦必先问其胸宽者乃可骤进。若元气多虚而胸腹又胀，是必虚不受补之证，若强进补剂，非惟无益，适足以招谤耳，此胸腹之不可不察也。

七问聋：耳虽少阳之经，而实为肾脏之官，又为宗脉之所聚，问之非惟可辨虚实，亦且可知死生。凡人之久聋者，此一经之闭，不足为怪，惟是因病而聋者，不可不辨。……聋有轻重，轻者病轻，重者病重，若随治渐轻，可察其病之渐退也，进则病亦进矣。若病至聋极，甚至绝然地闻者，此诚精脱之证，余经历者数人矣，皆至不治。

八问渴：问渴与不渴，可以察里证之寒热，而虚实之辨亦从以见。凡内热之甚，则大渴喜冷，冰水不绝，而腹坚便结，脉实气状者，此阳证也。凡口虽渴而喜热不喜冷者，此非火证，中寒可知。即非火证，何以作渴？则水亏故耳。凡病人问其渴否，则曰口渴，问其欲汤水否，则曰不欲。盖其内无邪火，所以不欲汤水；真阴内亏，所以口无津液，此口干也，非口渴也，不可以干作渴治。凡阳邪虽盛而真阴又虚者，不可因其火盛喜冷，便云实热。盖其内水不足，欲得外水，以济水涸精亏，真阴枯也，必兼脉症细察之。此而略差，死生立判。

5.《甲乙经·问情志以察病》：所问病者，问所思何也？所惧何也？所欲何也？所疑何也？问之要，察阴阳之虚实，辨脏腑之寒热。疾病所生，不离阴阳脏腑、寒热虚实，辨之分明，治无误矣。

第二章 望　诊

【目的要求】

1. 掌握望神、望色、望舌的基本内容及其临床意义。
2. 熟悉异常形体、姿态和望头面、排出物、小儿指纹的常见症状及意义。
3. 了解望五官、躯体、四肢、皮肤的主要内容。

【自学时数】

28 课时。

　　望诊，是医生运用视觉对人体外部情况进行有目的地观察，以了解健康状况，测知病情的方法。中医理论认为，人是一个有机的整体，人体的外部，特别是面部、舌体等与脏腑的关系最密切，局部的病变可以影响到全身，而体内的气血、脏腑、经络等的病理变化，必然会在其体表相应的部位反映出来。因此，通过望诊，观察神、色、形、态的变化，不仅可以反映人体的整体情况，而且可作为分析气血、脏腑等生理病理状况的依据之一。即如《灵枢·本脏》所说："视其外应，以知其内脏，则知所病矣。"

　　望诊在中医诊断学中占有重要的地位，被列为四诊之首，并有"望而知之谓之神"之说，这是因为人的视觉在认识客观事物中，占有重要的地位，故《医门法律》说："凡诊病不知察色之要，如舟子不识风汛，动雁复溺，卤莽粗疏，医之过也。"所以医生在诊病时要充分利用视觉观察，并在临床实践和日常生活中注意培养和训练敏捷、准确的观察能力，通过诊断知识的学习和临床经验的积累，使望诊技巧日臻成熟。但望诊也有其一定的局限性，故不应以望诊代替其他诊法，诊病时还须四诊合参，才能全面地了解病情。

　　望诊的准确性除与医生掌握知识的程度以及临床经验的积累等相关之外，望诊时还必须注意以下几点。一是光线充足，避免干扰：应尽量在充足的自然光线下进行，如无天然光线，也应在日光灯下进行，必要时白天再进行复诊，要避开有色光线及室温高低的干扰。二是充分暴露，删除假象：诊察时要充分暴露受检部位，以便能清楚地进行观察。对于个别与整体病情不符的征象，应认真分析，排除非病理原因所致的假象。三是熟悉生理，以常衡变：为了更好地识别病理体征，必须熟悉各部位组织的正常表现和生理特点，将病理体征与生理体征相比较；并要熟悉各部位组织与内在脏腑经络的联系，运用整体观念进行分析，动态观察，从病情发展角度判断病理体征所提示的临床意义。四是四诊合参，综合判断：不能以望诊代替四诊，单纯望诊的信息不够，资料不全，要注意将望诊与其他诊法密切结合，四诊合参，进行综合判断。

　　望诊的内容主要包括：全身望诊（望神、望色、望形、望态）、局部望诊（望头面、五官、躯体、四肢、二阴、皮肤）、望舌（望舌体、舌苔）、望排出物（望痰涎、呕吐物、大便、小便）和望小儿示指指纹等五个部分。

第一节　全身望诊

全身望诊，又称整体望诊，是医生在诊察病人时首先对病人的精神、面色、形体、姿态等整体表现进行扼要地观察，以期对疾病的寒热虚实和轻重缓急等病情的获得一个总体的印象。医生须在实践中逐步培养自己全身望诊的能力，在刚接触病人的短暂的时间内，通过敏锐观察，就能对病情有一个大体估计的能力，达到"一会即觉"的目的。然后再在此基础上，根据诊病的需要进行深入细致地诊察。

一、望神

神，即精神，是人体生命活动的总称，是对人体生命现象的高度概括。神的意义有二，一是"神气"，是指脏腑功能活动的外在表现；二是"神志"，是指人的思维、意识和情志活动。此处所望之神既有脏腑组织功能活动的外征，又有精神意识情志活动的状态，是神气与神志的综合判断。望神是通过观察人体生命活动的整体表现来判断病情的方法。

（一）望神的原理

《灵枢·本神》指出："与生之来谓之精，两精相搏谓之神。"《灵枢·平人绝谷》又说："神者，水谷之精气也。"可见神的产生与人体精气和脏腑功能的关系十分密切，神是产生于先天之精，而又必须依赖后天水谷精气的不断充养。只有当先后天之精充足，而精所化生的气血津液充盛，脏腑组织功能才能正常，人体才能表现出有神。由此可见，神是通过脏腑组织的功能活动表现出来的。精气是神的物质基础，而神是精气的外在表现。精气充足则体健神旺，抗病力强，即使有病也多属轻病，预后较好；精气亏虚，则体弱神衰，抗病力弱，有病多重，预后较差。所以，观察病人神的旺衰，可以了解其精气的盛衰，推断病情的轻重，判断病变的预后。正如《素问·移精变气论》说："得神者昌，失神者亡。"

（二）神的具体表现

中医理论强调"神形合一"，有形才显神，形健则神旺。神是人体生命活动的总的体现，具体表现于人体的目光、面色、神情、体态诸方面，而诊察眼神的变化是望神的重点。

1. 两目：因目系通于脑，目的活动直接受心神支配，故眼神是心神的外在反映，故有"神藏于心，外候在目"的说法。《灵枢·大惑论》说："五脏六腑之精气皆上注于目而为之精。"目为脏腑精气汇聚之处，目之视觉功能可反映脏腑精气的盛衰，故望神重点是观察两目。一般而言，凡两目神光充沛，精彩内含，运动灵活，视物清晰者为有神，是脏腑精气充足之象；凡两目浮光外露，目无精彩，运动不灵，视物模糊者为无神，是脏腑精气虚衰之征。

2. 面色：是指人体周身皮肤（以面部为主）和体表组织的色泽。《医门法律》说："色者，神之旗也，神旺则色旺，神衰则色衰，神藏则色藏，神露则色露。"皮肤和体表组织的色泽荣润或枯槁，是脏腑精气盛衰的重要表现。

3. 神情：指人的精神意识和面部表情，是心神和脏腑精气盛衰的外在表现。心神为人体的主宰，在人体生命活动中具有重要的作用。心神正常，则人神志清晰，思维有序，表情自然，反应灵敏；反之如心神已衰，则神识昏蒙，思维混乱，表情淡漠，反应迟钝。

4. 体态：指人的形体动态。形体丰满还是瘦削，动作自如还是艰难，也是机体功能强弱的外征，是反映神之好坏的主要标志。

望神时除重点观察上述几方面外，还要结合神在其他方面的表现，如语言、呼吸、舌象、脉象等，进行综合判断。

（三）神的分类及判断

临床根据神的盛衰和病情的轻重一般可分为得神、少神、失神、假神及神乱五类。

1. 得神：又称"有神"。其临床表现为两目灵活，明亮有神，面色荣润，含蓄不露，神志清晰，表情自然，肌肉不削，反应灵敏。提示精气充盛，体健神旺，为健康表现，或虽病而精气未衰，病轻易治，预后良好。

2. 少神：又称"神气不足"，其临床表现为两目晦滞，目光乏神，面色少华，暗淡不荣，精神不振，思维迟钝，肌肉松软，动作迟缓。提示精气不足，功能减退，多见于虚证患者或邪去正衰的疾病恢复期病人。

3. 失神：又称"无神"。是精亏神衰或邪盛神乱的重病表现，可见于久病虚证和邪实病人。

（1）精亏神衰而失神：其临床表现为两目晦暗，目无光彩，面色无华，晦暗暴露，精神委靡，意识模糊，形体羸瘦，反应迟钝。提示精气大伤，功能衰减，多见于慢性久病重病之人，预后不良。

（2）邪盛神乱而失神：其临床表现为壮热烦躁，四肢抽搐；或神昏谵语，循衣摸床，撮空理线；或卒倒神昏，两手握固，牙关紧急。提示邪气亢盛，热扰神明，邪陷心包；或肝风夹痰蒙蔽清窍，阻闭经络。皆属机体功能严重障碍，气血津液失调，多见于急性病人，亦属病重。

4. 假神：久病、重病之人，精气本已极度衰竭，而突然一时间出现某些神气暂时"好转"的虚假表现者是为假神。如原本目光晦滞，突然目似有光，但却浮光外露；本为面色晦暗，一时面似有华，但为两颧泛红如妆；本应神情委靡，突然神识似清，但精神烦躁不安；原本身体沉重难移，忽思起床活动，但并不能自己转动。此外尚有病人一时间言语不休，或欲进饮食，或想见亲人。假神与病情好转应加以区别，一般假神病人局部症状的"好转"，与整体病情的恶化不相符合。假神的出现，是因为脏腑精气极度衰竭，正气将脱，阴不敛阳，虚阳外越，阴阳即将离决所致，古人比做"回光返照"或"残灯复明"。属病危，常是危重病人临终前的征兆。

得神、少神、失神、假神的鉴别，见表 2-1。

表 2-1　　　　　　　　　　得神、少神、失神、假神鉴别表

	得　神	少　神	失　神	假　神
目　光	两目灵活 明亮有神	两目晦滞 目光乏神	两目晦暗 目无光彩	虽目似有光 但浮光暴露
面　色	面色荣润 含蓄不露	面色少华 暗淡不荣	面色无华 晦暗暴露	虽面似有华 但泛红如妆

	得 神	少 神	失 神	假 神
神 情	神志清晰 表情自然	精神不振 思维迟钝	精神委靡 意识模糊	虽神识似清 但烦躁不安
体 态	肌肉不削 反应灵敏	肌肉松软 动作迟缓	形体羸瘦 反应迟钝	虽思欲活动 但不能自转

5. 神乱：即精神错乱或神志失常。其临床常表现焦虑恐惧、狂躁不安、淡漠痴呆和卒然昏倒等，多见于癫、狂、痫、脏躁等病人。其特点是：大多反复发作，而缓解期不出现"神志失常"，一般不具有前述"神气不足"的表现。

（1）焦虑恐惧：病人时时恐惧，焦虑不安，心悸气促，不敢独处一室，多属虚证。而多见于卑慄、脏躁等病人，多由心胆气虚，心神失养所致。

（2）狂躁不安：病人狂躁妄动，胡言乱语，少寐多梦，打人骂詈，不避亲疏，多属阳证。常见于狂病等，多由暴怒气郁化火，煎津为痰，痰火扰乱心神所致。

（3）淡漠痴呆：病人表情淡漠，神识痴呆，喃喃自语，哭笑无常，悲观失望，多属阴证。常见于癫病、痴呆等，多由忧思气结，津凝为痰，痰浊蒙蔽心神，或先天禀赋不足所致。

（4）卒然昏倒：病人突然昏倒，口吐涎沫，两目上视，四肢抽搐，醒后如常，属痫病。多由脏气失调，肝风夹痰上逆，阻闭清窍所致。

（四）望神的注意事项

1. 重视诊察病人时的第一印象：神的表现在患者无意之时流露最真，所以医生要重视刚一接触病人时的第一直觉印象，做到静气凝神，冷眼观察，一会即觉。训练通过短暂时间观察即能对病人神的旺衰和病情的轻重有一个估计。

2. 做到神形合参：神为形之主，形为神之舍，两者关系密切。如体健则神旺，体弱则神衰。但亦有不一致的，如久病形羸色败，则虽神志清醒，亦属失神；新病昏迷烦躁，则虽形体丰满，亦非佳兆。故必须神形合参。

3. 抓住重要症状和体征：有些症状和体征对判断失神具有重要意义，应予重视。如神昏谵语、循衣摸床，卒倒神昏、手撒尿遗；骨枯肉脱、形羸色败；饮食不入、泄泻不止等，一旦出现，多为病重失神之象。

4. 注意假神与重病好转的区别：重病好转时，其精神好转是逐渐的，并与整体状况好转相一致，如饮食渐增，面色渐润，舌上复生薄白苔，身体功能渐复等。而假神多见于垂危病人，神识突然"好转"而整体状况并不好转，两者不统一，且为时短暂，病情很快恶化。

二、望色

望色，又称"色诊"，是通过观察人体皮肤的色泽变化来诊察病情的方法。《灵枢·邪气脏腑病形》说："十二经脉，三百六十五络，其血气皆上注于面而走空窍。"由于心主血脉，其华在面，手足三阳经皆上行于头面，特别是多气多血的足阳明胃经分布于面，故面部的血脉丰盛，为脏腑气血之所荣；加之面部皮肤薄嫩而外露，其色泽变化易于观察，凡脏腑的虚实、气血的盛衰，皆可通过面部色泽的变化而反映于外。故临床将面部作为望色的主要部位。实际上望色还包括对体表粘膜、分泌物和排泄物色泽的观察。

色诊具有悠久的历史，早在两千多年前的《内经》中就有望色诊病的详细记载，如《素问·阴阳应象大论》说："善诊者，察色按脉，先别阴阳。"《素问·五脏生成》中描述了五脏的常色、病色、死色的具体表现，《灵枢·五色》详细记述了面部分候脏腑的部位，由于色诊在临床诊病中具有重要的价值，故受到历代医家的普遍重视。

（一）望色诊病的原理

1. 色、泽的意义与关系：所谓"色"，包括皮肤的颜色和光泽。

（1）皮肤的颜色：可反映气血盛衰和运行的情况。一般分成赤、白、黄、青、黑五种色调，简称为五色，其变化可以反映疾病的不同性质和不同脏腑的病证。如《灵枢·五色》说："青黑为痛，黄赤为热，白为寒。"此即反映疾病的不同性质。《灵枢·五色》并指出：五色分属于五脏，其对应关系是"青为肝，赤为心，白为肺，黄为脾，黑为肾"。五脏之气外发，五脏之色可隐现于皮肤五色之中，当脏腑有病时，则可显露出相应的五色异常，故在一定程度上还可反映不同脏腑的疾病。

（2）皮肤的光泽：即肤色的荣润或枯槁，可反映脏腑精气的盛衰，对判断病情的轻重和预后有重要的意义。凡面色荣润光泽者，为脏腑精气未衰，属无病或病轻；凡面色晦暗枯槁者，为脏腑精气已衰，属病重。

《四诊抉微》说："夫气由脏发，色随气华。"提示精气是由脏腑的功能活动所产生，但人体的肤色随着精气的充养而光彩于外。皮肤的光泽是脏腑精气盛衰的表现。因此，不论何色，凡有色有气，表示脏腑精气内藏未衰；若有色无气，表示脏腑精气泄露衰败。气与色相比较，气的盛衰有无，对判断病情轻重和预后比色更为重要。五色之中，凡明润含蓄为气至，而暗晦暴露为气不至。正如《望诊遵经》所说："有气不患无色，有色不可无气也。"但临床诊病时，还必须将泽与色两者综合起来，才能做出正确的判断。

2. 面部分候脏腑：将面部不同部位分候不同的脏腑，观察面部不同部位色泽的变化，以诊察相应脏腑的病变即面部分候脏腑理论。根据《内经》的有关论述，具体分候方法有两种：

（1）《灵枢·五色》分候法：该篇将面部的不同部位加以命名，具体的分候方法见图2-1和表2-2。

（2）《素问·刺热》分候法：以额部候心，鼻部候脾，左颊候肝，右颊候肺，颏部候肾。

表 2-2　　　　　　　　　　　《灵枢·五色》面部名称及所候脏腑

面 部 名 称		所候脏腑	面 部 名 称		所候脏腑
现用名称	《灵枢·五色》名称		现用名称	《灵枢·五色》名称	
额	庭（颜）	首面	鼻尖	肝下（面王、准头）	脾
眉心上	阙上	咽喉	鼻翼旁	面王以上	小肠
眉心	阙中	肺	鼻翼	方上	胃
鼻根	阙下（下极山根）	心	颧骨下	中央	大肠
鼻柱	下极之下（直下年寿）	肝	颊	夹大肠	肾
鼻柱旁	肝部左右	胆	人中	面王以下	膀胱、子处

以上两种面部分候脏腑的方法可作为临床诊病的参考。应用时，应以观察病人面部整体

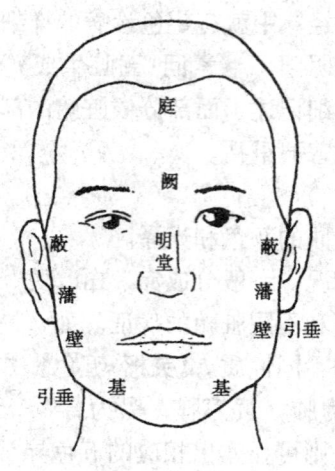 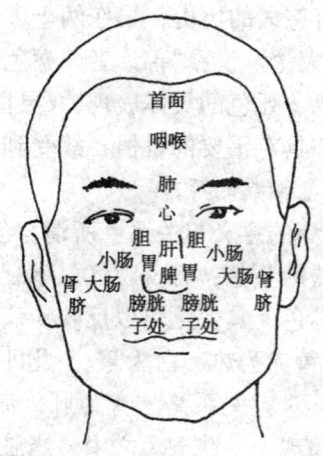

明堂藩蔽图　　　　　　　　面部脏腑分属图

图 2-1　《灵枢·五色》面部分候脏腑示意

色泽变化为主，以分部色诊为辅。一般内伤杂病多应用《灵枢·五色》面部分候脏腑，而外感热病则多以《素问·刺热》面部分候脏腑。

（二）常色和病色

面色可分为常色和病色两类。

1. 常色：健康人面部皮肤的色泽是为常色。其特点是明润，含蓄。明润，即面部皮肤光明润泽，是有神气的表现，显示人体精充神旺、气血津液充足、脏腑功能正常。正如《望诊遵经》所说："光明者，神气之著；润泽者，精血之充。"含蓄，即面色红黄隐隐，含于皮肤之内，而不特别显露，是胃气充足、精气内含而不外泄的表现。正如《四诊抉微》所说："内含则气藏，外露则气泄。"

由于体质禀赋、季节、气候、环境等的不同而有差异，故常色又可分为主色和客色两种：

（1）主色：凡人之种族皮肤的正常色泽是为主色，又称正色。主色为人生以来就有的基本肤色，属个体素质，是终身基本不变的，但由于种族、禀赋的原因，也有偏赤、白、青、黄、黑的差异。正如《医宗金鉴·四诊心法要诀》说："五脏之色，随五形之人而见，百岁不变，故为主色也。"我中华民族属于黄种人，其主色的特点是红黄隐隐，明润含蓄。

（2）客色：因外界因素（如季节、昼夜、阴晴气候等）的不同而微有相应变化的正常肤色（特别是面色）叫客色。客色属于常色范围，因此仍具有常色的明润、含蓄的基本特征；其变化较之主色略有不同而不十分明显；这种变化是暂时的，易于恢复成主色。如春季可面色稍青，夏季可面色稍赤，长夏可面色稍黄，秋季可面色稍白，冬季可面色稍黑。正如《医宗金鉴·四诊心法要诀》所说："四时之色，随四时加临，推迁不常，故为客色也。"又如天热则脉络扩张，气血充盈，面色可稍赤；天寒则脉络收缩，血行减少而迟滞，面色可稍白或稍青。这些变化均属正常范围，临床须仔细观察，才能发现和领会。

除上述变化外，人的面色也可因情绪、运动、饮酒、水土、职业、日晒等的影响而面色发生变化，但只要不失明润含蓄的特征，仍属常色的范畴。

2. 病色：人体在疾病状态时面部显示的色泽为病色。病色的特点是晦暗、暴露。晦暗，即面部皮肤枯槁晦暗而无光泽，是脏腑精气已衰，胃气不能上荣的表现。暴露，即某种面色异常明显地显露于外，是病色外现或真脏色外露的表现。如实热证"满面通红"即为病色外现；肾病"面黑暴露，枯槁无华"即为真脏色外露。故病色可反映不同性质的疾病和不同脏腑的疾病。

一般而言，新病、轻病、阳证病人的面色鲜明显露但尚有光泽，而久痛、重病、阴证则面色暴露与晦暗并见。观察病色的关键，在于分辨面色的善色与恶色。

(1) 善色：即病人的面色虽有异常，但仍光明润泽者。这说明病变尚轻，脏腑精气未衰，胃气尚能上荣于面，多见于新病、轻病、阳证，其病易治，预后较好，故称善色。如黄疸病人面色"黄鲜明如橘皮色"即为善色。

(2) 恶色：即病人面色异常明显，且枯槁晦暗者。这说明病变深重，脏腑精气已衰，胃气不能上荣于面，多见于久病、重病、阴证，其病难治，预后较差，故称恶色。如臌胀病人面色"黄黑晦暗枯槁"即为恶色。

《内经》对于审察面部色泽已有较详细的记载，并以取类比象的方法来形容面色的"平、病、善、恶"，现根据《素问·脉要精微论》和《素问·五脏生成》中的有关论述，列表鉴别如下（表2-3）。

表2-3　　　　　　　　　　　　《内经》论述面部色泽变化归纳表

五色	五脏	平 人		病 人	
		有华无病	无华将病	有华主生（善色）	无华病危（恶色）
赤	心	如白裹朱	如 赭	如鸡冠	如衃血
白	肺	如鹅羽	如 盐	如豕膏	如枯骨
黄	脾	如罗裹雄黄	如黄土	如蟹腹	如枳实
青	肝	如苍壁之泽	如 蓝	如翠羽	如草兹
黑	肾	如重漆色	如地苍	如乌羽	如 炲

(三) 五色主病

病色可分为赤、白、黄、青、黑五种，分别见于不同脏腑和不同性质的疾病，《灵枢·五色》认为：以五色归五脏，则赤为心，白为肺，黄为脾，青为肝，黑为肾；以五色反映疾病性质，则"青黑为痛，黄赤为热，白为寒"。这种根据病人面部五色变化以诊察疾病的方法即五色主病，或称"五色诊"。其具体表现和主病如下：

1. 赤色：主热证，亦可见于戴阳证。病人面见赤色，多因有热而面部脉络扩张，气血充盈所致，但亦可见于虚阳上越的病人。

满面通红者，属实热证。是因邪热亢盛，血行加速，面部脉络扩张，气血充盈所致。午后两颧潮红者，属阴虚证。是因阴虚阳亢，虚火炎上所致。可见于肺痨等病人。久病重病面色苍白，却时而泛红如妆、游移不定者，属戴阳证。是因久病下元虚衰，真阳上越所致，属病重。

古人按五行理论，认为火形人面色稍赤，夏季面色稍赤为正常；心病面赤暴露、枯槁晦暗为真脏色见，肺病面赤无华为难治。

2. 白色：主虚证、寒证、失血证。病人面色发白，多由气虚血少，或阳衰寒盛，气血不能上充于面部脉络所致。

面色淡白无华，唇舌色淡者，多属血虚证或失血证。面色㿠白者，多属阳虚证；若㿠白虚浮，则多属阳虚水泛。面色苍白者，多属阳气暴脱或阴寒内盛。因阳气暴脱，血行迟滞，面部脉络血少而兼血郁所致；若阴寒内盛，寒邪凝滞，面部脉络收缩而凝滞，亦可见面色苍白。

古人按五行理论，认为金形人面色可略白，秋季面色稍白为正常；肺病面白暴露枯槁无华为真脏色见，肝病面白无华为难治。

3. 黄色：主脾虚、湿证。病人面色发黄，多由脾虚机体失养，或湿邪内蕴、脾失运化所致。

面色萎黄者，多属脾胃气虚。是因脾胃虚衰，水谷精微生成不足，机体失养，面色淡黄无华而呈萎黄。黄虚浮者，属脾虚湿蕴。是因脾运不健，机体失养，水湿内停，泛溢肌肤所致。面目一身俱黄者，为黄疸。其中面黄鲜明如橘皮色者，属阳黄，乃湿热为患，面黄晦暗如烟熏色者，属阴黄，乃寒湿为患。

古人按五行理论，认为土形人面色较黄，长夏面色较黄为正常，脾病面黄暴露、枯槁晦暗为真脏色见，肾病面黄无华为难治。

4. 青色：主寒证、疼痛、气滞、血瘀、惊风。病人面见青色，多由寒凝气滞，或痛则不通，或瘀血内阻，或筋脉拘急，使面部脉络血行瘀阻所致。

面色淡青或青黑者，属寒盛、痛剧。多因阴寒内盛，或痛则不通，使面部脉络拘急，气血凝滞所致。可见于阴寒腹痛等病人。面色与口唇青紫者，多属心气、心阳虚衰，血行瘀阻，或肺气闭塞，呼吸不利所致。若突见面色青灰，口唇青紫，肢凉脉微，则多为心阳暴脱，心血瘀阻之象，可见于真心痛等病人。面色青黄（即面色青黄相兼，又称苍黄）者，可见于肝郁脾虚的病人，胁下每有癥积作痛。小儿眉间、鼻柱、唇周发青者，多属惊风，多因邪热亢盛，燔灼筋脉，筋脉拘急，而使面部脉络血行瘀阻所致，可见于高热抽搐患儿。

古人按五行理论，认为木形人面色稍青，春季面色稍青为正常，肝病面青暴露、枯槁晦暗为真脏色见，脾病面青无华为难治。

5. 黑色：主肾虚、寒证、水饮、血瘀。病人面色发黑，多因肾阳虚衰，水寒内盛，血失温养，脉络拘急，血行不畅所致。

面黑暗淡者，多属肾阳虚。因阳虚火衰，水寒不化，血失温煦所致。面黑干焦者，多属肾阴虚，因肾精久耗，阴虚火旺，虚火灼阴，机体失养所致。眼眶周围发黑者，多属肾虚水饮或寒湿带下。面色黧黑，肌肤甲错者，多由血瘀日久所致。

古人按五行理论，认为水形人面色稍黑，冬季面色稍黑为正常；肾病面黑暴露、枯槁晦暗为真脏色见，心病面黑无华为难治。

（四）望色十法

望色十法，就是根据面部皮肤色泽的浮、沉、清、浊、微、甚、散、抟、泽、夭等十类变化以分析病变性质及其转归的方法。它是清代医家汪宏根据《灵枢·五色》"五色各见其部，察其浮沉，以知浅深；察其泽夭，以观成败；察其散抟，以知远近；视其上下，以知病处"的论述，结合临床实践在其著作《望诊遵经》中首倡。望色十法的具体内容是：

1. 浮和沉：浮，是面色浮显于皮肤之表，主表证；沉，是面色沉隐于皮肤之内，主里证。面色由浮转沉，是邪由表入里；由沉转浮，是邪自里达表。

2. 清和浊：清，是面色清明，主阳证；浊，是面色浊暗，主阴证。面色由清转浊，是病从阳转阴；由浊转清，是病由阴转阳。

3. 微和甚：微，是面色浅淡，主虚证；甚，是面色深浓，主实证。面色由微转甚，是病因虚致实；由甚转微，是病由实转虚。

4. 散和抟：散，是面色疏散，主新病，或病邪将解；抟，是面色壅滞，主久病，或病邪渐聚。面色由抟转散，是病虽久而邪将解；由散转抟，是病虽近而邪渐聚。

5. 泽和夭：泽，是面色润泽，主精气未衰，病轻易治；夭，是面色枯槁，主精气已衰，病重难医。面色由泽转夭，是病趋重危；由夭转泽，是病情好转。

望色十法，以浮沉、清浊、微甚、散抟、泽夭五对纲领，对病情的表里、阴阳、久新、轻重、善恶，乃至邪正的虚实和疾病的转归情况，做了细致的分析。说明病人的肤色不论其见何种颜色，凡是呈沉、浊、甚、抟、夭表现的，主里证、久病、重病；反之，呈浮、清、微、散、泽表现的，主表证、新病、轻病。

（五）望色的注意事项

1. 知常达变，综合判断：色诊目前尚无统一的客观标准可作判断依据，因此望色时须把病人的面色（或肤色等）与其所处人群的常色作比较来加以判断。如病人属某一局部色泽改变，还可与其自身对应部位的正常肤色进行比较。当病人因原来肤色较深不易发现其他病色，或因病情复杂、面色与病性不符时，则须观察病人体表其他部位组织（如舌体）的色泽，并结合其他诊法进行综合判断，以免造成误诊。

2. 整体为主，荣枯为要：望色应以病人的整体面色（或肤色）为主，并以面色的荣润含蓄或晦暗枯槁作为判断病情轻重和估计预后的主要依据。《内经》中面部分部色诊的理论和前人根据五行学说提出的五色生克顺逆的理论可作为临床诊病的参考。但实际应用时不可机械刻板，必须四诊合参，灵活运用。诚如《望诊遵经》所说："倘色夭不泽，虽相生亦难调治；色泽不夭，虽相克亦可救疗。"

3. 各种望法，相参运用：临床望色，应将五色主病、望色十法、五色善恶、面部分候脏腑等各种望色方法相参运用，定性定位综合判断。如赤色主热，若微赤为虚热，若甚赤为实热；若微赤而浮为表虚热，微赤而沉为里虚热；若甚赤而浮为表实热，若甚赤而沉为里实热。同时可结合面部色赤的具体部位以考虑所累及的脏腑。

4. 排除干扰，辨别假象：面部色泽除可因疾病发生异常改变外，还可因气候（详见"客色"）、光线、昼夜、情绪、饮食等非疾病因素的影响而发生变化，故望色诊病时还要注意非除上述因素的干扰，以免造成误诊。

（1）光线：有色光线可使面色发生相应的色调改变而失其本来面色，故望色诊病时应在自然光线（日光）下进行，如无自然光线也应在无色灯光下进行。

（2）昼夜：白昼卫气浮于表，则面色光辉外映；黑夜卫气沉于里，则面色隐约内含。

（3）情绪：喜则神气发扬而面赤，怒则肝气横逆而面青，忧则气并于中而色沉，思则气结于脾而面黄，悲则气消于内而泽减，恐则精神荡惮而面白。

（4）饮食：酒后脉络扩张，则面红目赤；饱食胃气充盈，则面益荣润光泽；过饥胃气消减，则面色泽减而少气。

三、望形

望形，又称望形体，是观察病人形体的强弱胖瘦、体质形态和异常表现等来诊察病情的方法。中医很早就有望形诊病的记载，如《素问·三部九候论》说："必先度其形之肥瘦，以调其气之虚实。"《素问·经脉别论》也说："观人勇怯、骨肉、皮肤，能知其情，以为诊法也。"由于审察形体有助于对疾病的诊断和治疗，故为历代医家所重视。

（一）望形诊病的原理

人体以五脏为中心，外合以皮毛、肌肉、血脉、筋腱、骨骼五种基本组织（又称五体），构成了人的躯体。五脏与五体有着密切的联系，肺合皮毛、脾合肌肉、心合血脉、肝合筋腱、肾合骨骼。五体赖五脏精气的充养，五脏精气的盛衰和功能的强弱又可通过五体反映于外，形体的强弱与内脏功能的盛衰是统一的。一般来说，内盛则外强，内衰则外弱。故观察病人形体强弱胖瘦的不同表现，可以了解内在脏腑的虚实、气血的盛衰有关的病变。而不同的体质形态，其阴阳盛衰不同，对疾病的易感性和患病后疾病的转归也不同。如素体阳盛者，患病易从阳而化热；素体阴盛者，患病易从阴而转寒。所以，观察病人的体质类型也有助于对疾病的诊断。

（二）望形体的内容

1. 形体强弱：观察形体强弱时，要将形体的外在表现与机体的功能状态、神的衰旺等结合起来，进行综合判断。

（1）体强：身体强壮。表现为骨骼粗大，胸廓宽厚，肌肉充实，皮肤润泽，筋强力壮等。为形气有余，说明体魄强壮，内脏坚实，气血旺盛，抗病力强，不易生病，有病易治，预后较好。

（2）体弱：身体衰弱。表现为骨骼细小，胸廓狭窄，肌肉瘦削，皮肤枯槁，筋弱无力等。为形气不足，说明体质虚衰，内脏脆弱，气血不足，抗病力弱，容易患病，有病难治，预后较差。

观察形体组织的强弱状态，也有助于了解脏腑的虚实和气血的盛衰。如心主血脉，面色荣润，脉象和缓，是心气充盛，气血调和的表现；面色枯萎，脉象疾急，则属心气不足，气血不调。肺主皮毛，皮肤荣润光泽，腠理致密，则是肺气充沛，营卫充盛的表现；皮肤枯槁，腠理疏松，则属肺气亏虚，营卫不足。脾主肌肉，肌肉丰满，坚实有力，是脾胃之气旺盛，气血充足的表现；肌肉消瘦，软弱无力，则属脾胃气虚，气血不足。肝主筋，筋粗有力，关节运动灵活，是肝血充盛，血能荣筋的表现；筋细无力，关节屈伸不利，则属肝血不足，筋失血养。肾主骨，骨骼粗壮坚实，是肾气充盛，髓能养骨的表现；骨骼细小脆弱，或有畸形，则属肾气不足，发育不良。

2. 形体胖瘦：正常人体胖瘦适中，各部组织匀称。过于肥胖或过于消瘦都可能是病理状态。

（1）肥胖：其体型特点是头圆形，颈短粗，肩宽平，胸厚短圆，大腹便便，身体偏矮胖，身体姿势多后仰。若胖而能食，为形盛有余；肥而食少，是形盛气虚。由于肥胖者，形盛气虚，水湿难以周流，故多痰多湿，若痰壅气塞，则易患中风。故有"肥人多痰"，"肥人易中风"之说。

（2）消瘦：其体形特点是头长形，颈细长，肩狭窄，胸狭长平坦，大腹瘦瘪，身体偏瘦长，身体多前倾。若形瘦食多，为中焦有火；形瘦食少，是中气虚弱。由于消瘦者，形瘦皮干，多属阴血不足，内有虚火的表现，易患肺痨等病。故有"瘦人火多"之说。若久病卧床不起，骨瘦如柴者，为脏腑精气衰竭，气液干枯，属病危。此即《内经》所谓"大骨枯槁，大肉陷下"。

此外，在观察形体胖瘦时应注意其内在精气的强弱（主要表现为脏腑功能的强弱），并把形与气两者综合起来加以判断，才能得出正确的结论。如《四诊抉微》说："形之所充者气，形胜气者夭，气胜形者寿。"即是说精气充于形体之中，形体虽胖而精气不足，少气乏力者，抗病力弱，故主夭；形体虽瘦而精力充沛，神旺有力者，抗病力强，故主寿。由此可见，形与气两者相比较，气的强弱尤其具有重要的意义。

3. 体质形态：体质是个体在其生长发育过程中形成的形体结构与功能方面的特殊性。体质在一定程度上反映了机体阴阳气血盛衰的禀赋特点和对疾病的易感受性，不同体质的人得病后的转归也不同，故观察病人的体质形态也有助于了解病人阴阳气血的盛衰和预测疾病的发展转归，可作为临床治疗的参考。中医早在《内经》中就有关于人体体质形态的划分和体质与疾病关系的论述。目前一般主张将人的体质分为阴脏人、阳脏人、平脏人三种类型。

(1) 阴脏人：体型偏于矮胖，头圆颈粗，肩宽胸厚，身体姿势多后仰，平时喜热恶凉，大便多溏。其特点是阳气较弱而阴气偏旺，患病易从阴化寒，寒湿内停。正如《医法心传》所说："阴脏者阳必虚，阳虚者多寒。""阴脏者所感之病，阴者居多，不独杂病，伤寒亦然。"

(2) 阳脏人：体型偏于瘦长，头长颈细，肩窄胸平，身体姿势多前屈，平时喜凉恶热，大便多燥。其特点是阴较亏而阳偏旺，患病易于从阳化热，导致伤阴伤津。正如《医法心传》所说："阳脏者阴必虚，阴虚者多火。""阳脏所感之病，阳者居多。"

(3) 平脏人：又称阴阳和平之人，体型介于阴脏人和阳脏人两者之间。其特点是阴阳平衡，气血调匀，在平时无寒热喜恶之偏，大便不燥不溏，是大多数人的体质类型。正如《医法心传》所说："平脏之人，或寒饮或热食，俱不妨事。即大便一日一度，不坚不溏。若患病，若系热者不宜过凉，系寒者不宜过热。至于补剂，亦当阴阳平补。"

此外，望形体的内容还包括对各种形体畸形的观察，其具体表现和临床意义详见局部望诊。

四、望态

望态，又称望姿态，是观察病人的动静姿态、体位变化和异常动作以诊察病情的方法。

(一) 望态诊病的原理

病人的动静姿态、体位动作与机体的阴阳盛衰和病性的寒热虚实关系密切。因阳主动，阴主静，故阳、热、实证病人机体功能亢进，多表现为躁动不安；阴、寒、虚证病人机体功能衰减，多表现为喜静懒动。此外，不同的疾病常常可迫使病人表现出不同的体位和动态，这些异常的体位姿态都是疾病的外在反映。因此，观察病人的动静姿态和体位动作不仅可以判断疾病的属性，也有助于疾病的诊断。正如《望诊遵经》所说："善诊者，观动静之常，以审动静之变，合乎望闻问切，辨其寒热虚实。"

(二) 望姿态的内容

1. 动静姿态：正常人能随意运动而动作协调，体态自然。若心神或筋骨经脉的病变，常可促使肢体动静失调，或不能运动，或处于强迫被动体位。《望诊遵经》说："体态异焉，总而言之，其要有八：曰动，曰静，曰强，曰弱，曰俯，曰仰，曰屈，曰伸。八法交参，则虽行住坐卧之际，作止语默之间，不外乎此。"此即所谓"望诊八法"，可作为望动静姿态的要点。据此，即动者、强者、仰者、伸者，多属阳证、热证、实证；静者、弱者、俯者、屈者，多属阴证、寒证、虚证。

（1）坐形：如坐而仰首，多为痰涎壅盛的肺实证；坐而喜俯，少气懒言，多属肺虚或肾不纳气；坐而不得卧，卧则气逆，多为心阳不足，水气凌心；坐则昏眩，不耐久坐，多为肝风内动，或气血俱虚；坐时常以手抱头，头倾不能昂，凝神熟视，为精神衰败；坐而欲起，多为痰饮所致。

（2）卧式：卧时面常向里，喜静懒动，身重不能转侧，多属阴证、寒证、虚证；卧时面常向外，躁动不安，身轻自能转侧，多属阳证、热证、实证。仰卧伸足，掀去衣被，多属实热证；蜷卧缩足，喜加衣被者，多属虚寒证。咳逆倚息不得卧，每发于秋冬，多为内有伏饮。坐卧不安是烦躁之征，或腹满胀痛之故。

（3）立姿：如站立不稳，其态似醉，常并见眩晕者，多属肝风内动；不耐久站，站立时常欲依靠它物支撑，多属气血虚衰。站立时常以两手扪心，闭目不语，多见于心虚怔忡；若以两手护腹，俯身前倾者，多为腹痛之征。

（4）走态：如行走时以手护腹，行动前倾，多为腹痛；以手护腰，弯腰曲背，行动艰难，多为腰腿病；行走之际，突然止步不前，以手护心，多为真心痛；行走时身体震动不定，是肝风内动，或是筋骨受损。

2. 衰惫姿态：脏腑精气充足和功能正常，是人体强壮的根本保证；脏腑精气虚衰和功能低下时，必然影响机体出现相应的衰惫姿态。观察这些衰惫姿态，可以了解脏腑的病变程度和预测疾病的转归。

《素问·脉要精微论》说："夫五脏者，身之强也。头者精明之府，头倾视深，精神将夺矣；背者胸中之府，背曲肩随，府将坏矣；腰者肾之府，转摇不能，肾将惫矣；膝者筋之府，屈伸不能，行则偻俯，筋将惫矣；骨者髓之府，不能久立，行则振掉，骨将惫矣。"即是说：头是精气神明所居之处，如头部低垂，无力抬起，两目深陷，呆滞无光，是精气神明将衰惫之象；背前连胸，是心肺所居之处，如后背弯曲，两肩下垂，是心肺宗气将衰惫之象；腰与肾功能关系密切，如腰酸软疼痛不能转动，是肾将衰惫之象；膝为筋腱聚会之处，如两膝屈伸不利，行则俯身扶物，是筋将衰惫之象；骨为藏髓之处，如不能久立，行则振摇不稳，是髓不养骨，骨将衰惫之象。以上衰惫姿态皆是脏腑精气虚衰的表现，多属病情较重。

3. 异常动作：不同的疾病可产生不同的病态，观察病人肢体的异常动作有助于相应疾病的诊断。

病人唇、睑、指、趾颤动者，如见于外感热病，多为动风先兆；如见于内伤虚证，多为气血不足，筋脉失养。颈项强直，两目上视，四肢抽搐，角弓反张者，属肝风内动，常见于热极生风或小儿惊风。卒然跌倒，不省人事，口眼㖞斜，半身不遂者，属中风病。卒倒神昏，口吐涎沫，四肢抽搐，醒后如常者，属痫病。恶寒战栗，见于疟疾发作，或为外寒袭表，或为伤寒病邪正剧争欲作战汗之时。肢体软弱，行动不便，多属痿病。关节拘挛，屈伸不利，多属痹病。儿童手足伸屈扭转，挤眉眨眼，咬嘴伸舌，状似舞蹈，不能自制，多由气血不足，风湿内侵所致。

第二节　局部望诊

局部望诊是在全身望诊的基础上，根据病情和诊断的需要，对病人的某些局部进行深入、细致地观察，以测知所应脏腑的病变情况。由于人是一个有机整体，全身的病变可反映于各个局部，局部的病变也可影响于全身，故观察局部的异常变化，亦有助于了解整体的病变。局部望诊时，要熟悉所望部位的生理特征及其与脏腑经络的内在联系，把病理体征与正常表现相比较，并联系其与脏腑经络的关系，结合其他诊法，从整体角度进行综合分析，来弄清局部病理体征所提示的临床意义。局部望诊的内容包括望头面、五官、躯体、四肢、二阴、皮肤等。

一、望头面

（一）望头部

头为精明之府，内藏脑髓，为元神所居之处；脑为髓之海，为肾所主，肾之华在发，发为血之余；头又为诸阳之会，手足三阳经及督脉皆上行于头；足厥阴经及任脉亦上达于头，阳明经与任脉行于头前，太阳经与督脉行于头后，少阳经行于头两侧，足厥阴经系目系达巅顶；脏腑精气皆上荣于头。故望头部的情况，主要可以诊察肾、脑的病变和脏腑精气的盛衰。望诊时应注意观察头颅、囟门、头发的异常。

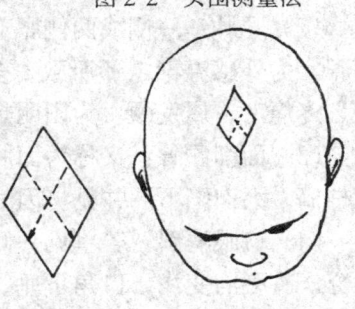

图 2-2　头围测量法

1. 头颅：头形的大小异常和畸形多见于正值颅骨发育期的婴幼儿，可成为某些疾病的典型体征。头颅的大小以头围（头部通过眉间和枕骨粗隆的横向周长）来衡量（图 2-2），一般新生儿约 34 厘米，6 个月时约 42 厘米，1 周岁时约 45 厘米，2 周岁时约 47 厘米，3 周岁时约 48.5 厘米。明显超出此范围者为头形过大，反之为头形过小。

（1）头大：小儿头颅均匀增大，颅缝开裂，面部较小，智力低下者，多属先天不足，肾精亏损，水液停聚于脑所致。

（2）头小：小儿头颅狭小，头顶尖圆，颅缝早合，智力低下者，多因肾精不足，颅骨发育不良所致。

（3）方颅：小儿前额左右突出，头顶平坦，颅呈方形，亦是肾精不足或脾胃虚弱，颅骨发育不良的表现，可见于佝偻病、先天性梅毒等患儿。

图 2-3　前囟测量法

（4）头摇：病人头摇不能自主，不论成人或小儿，多为肝风内动之兆，或为老年气血虚衰，脑神失养所致。

2. 囟门：囟门是婴幼儿颅骨接合不紧所形成的骨间隙，有前囟、后囟之分。后囟呈三角形，在出生后 2～4 个月时闭合；前囟呈菱形，在出生后 12～18 个月时闭合，是临床观察的主要部位（图 2-3）。

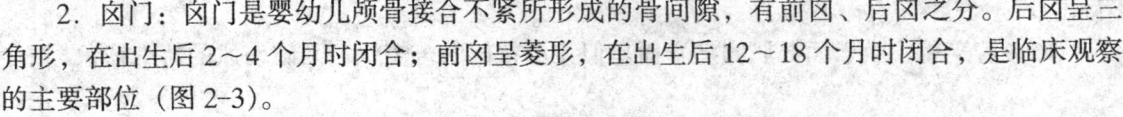

（1）囟填：即囟门突起，多属实证。多因温病火邪上攻，或脑髓有病，或颅内水液停聚所致。但在小儿哭泣时囟门暂时突起为正常。

（2）囟陷：即囟门凹陷，多属虚证。可见于吐泻伤津，气血不足和先天精气亏虚，脑髓失充的患儿。但6个月以内的婴儿囟门微陷属正常。

（3）解颅：即囟门迟闭，是肾气不足，发育不良的表现，多见于佝偻病患儿，常兼有"五软"（头软、项软、手足软、肌肉软、口软）、"五迟"（立迟、行迟、发迟、齿迟、语迟）等症状表现。

3. 头发：头发的生长与肾气和精血的盛衰关系密切，故望发主要可以诊察肾气的强弱和精血的盛衰。正常人发黑稠密润泽，是肾气充盛，精血充足的表现。

（1）发黄：发黄干枯，稀疏易落，多属精血不足，可见于大病后或慢性虚损病人；小儿头发稀疏黄软，生长迟缓，甚至久不生发，多因先天不足，肾精亏损所致；小儿发结如穗，枯黄无泽，可见于疳积病。

（2）发白：青年白发，伴有肾虚症状者属肾虚，伴有失眠健忘症状者为劳神伤血所致；但亦有因先天禀赋所致者，不属病态。

（3）脱发：片状脱发，显露圆形或椭圆形光亮头皮，称为"斑秃"，多为血虚受风所致。青壮年头发稀疏易落，有眩晕、健忘、腰膝酸软表现者为肾虚；有头皮发痒、多屑、多脂表现者为血热化燥所致。

（二）望面部

面部又称颜面，指包括额部在内的脸面部。是脏腑精气上荣的部位，又为心之华。观察面部的色泽形态和神情表现，不仅可以了解神的衰旺，而且可以诊察脏腑精气的盛衰和有关的病变。此处重点叙述面容异常，其他详见有关各节。

1. 外形：

（1）面肿：面部浮肿，多见于水肿病，常是全身水肿的一部分。其中眼睑颜面先肿，发病较速者为阳水，多由外感风邪，肺失宣降所致；兼见面色㿠白，发病缓慢者属阴水，多由脾肾阳衰，水湿泛溢所致；兼见面唇青紫、心悸气促、不能平卧者，多属心肾阳衰，血行瘀阻，水气凌心所致。

（2）腮肿：一侧或两侧腮部以耳垂为中心肿起，边缘不清，按之有柔韧感或压痛，常为痄腮。为外感温毒之邪所致，多见于儿童，属传染病。若颧下颌上耳前发红肿起，伴有寒热、疼痛者，属发颐。为阳明热毒上攻所致。

（3）面削颧耸：又称为面脱，即面部肌肉消瘦，两颧高耸，眼窝、颊部凹陷，每与"大骨枯槁，大肉陷下"并见。因气血虚衰，脏腑精气耗竭所致，多见于慢性病的重危阶段。

（4）口眼㖞斜：若单见一侧口眼㖞斜而无半身瘫痪，患侧面肌弛缓，额纹消失，眼不能闭合，鼻唇沟变浅，口角下垂，向健侧歪斜者，为风邪中络；若兼半身不遂者，则为中风病，为肝阳上亢，风痰阻闭经络所致。

2. 动态：

（1）惊恐貌：即患者闻听高声，或见水时面部呈现似恐惧状表现，多为小儿惊风，或狂犬病人。

（2）苦笑貌：由于面部肌肉痉挛而呈似无可奈何的苦笑状，乃破伤风的特殊征象。

二、望五官

五官，是与五脏相关联的面部五种感官，即目、耳、鼻、口、舌的统称。《灵枢·五阅五使》说："鼻者肺之官也，目者肝之官也，口唇者脾之官也，舌者心之官也，耳者肾之官也。"故望五官的异常变化，可以了解脏腑的病变。由于望舌将另作专篇论述，故本处主要介绍目、耳、鼻、口唇、齿龈和咽喉等望诊内容。

（一）望目

目为肝之窍，心之使，目为肾精之所藏，为血之宗，五脏六腑之精气皆上注于目，故目与五脏六腑皆有联系（图2-4），而与心、肝、肾的关系更为密切，可反映脏腑精气的盛衰。《重订通俗伤寒论》说："凡病至危，必察两目，视其目色，以知病之存亡也，故观目为诊法之首要。"

古人将目的不同部位分属于五脏，如《灵枢·大惑论》曰："精之窠为眼，骨之精为瞳子，筋之精为黑睛，血之精为络，其窠气之精为白睛，肌肉之精为约束。"后世医家据此归纳为"五轮学说"，即瞳仁属肾，称为"水轮"；黑睛属肝，称为"风轮"；两眦血络属心，称为"血轮"；白睛属肺，称为"气轮"；眼睑属脾，称为"肉轮"（图2-5），并且认为观察五轮的形色变化，可以诊察相应脏腑的病变。五轮学说对眼科临床和内科病证的诊断具有一定的意义。望目应重点观察两眼的目神、目色、目形和目态的异常改变。

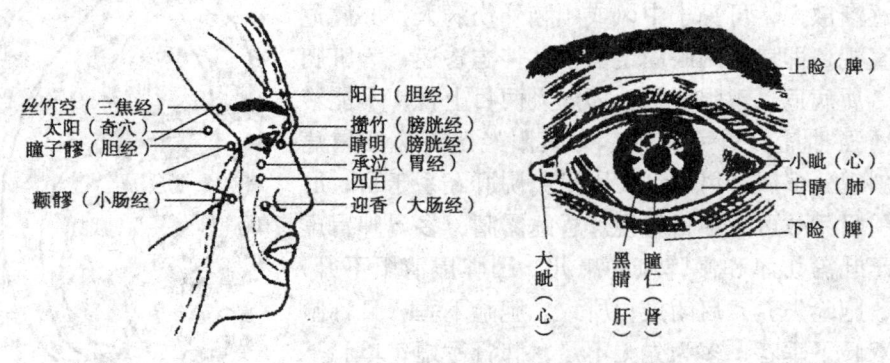

图2-4　眼部经络　　　　　图2-5　眼的五轮分属

1. 目神：是诊察两目的神气之有无。凡视物清楚，精彩内含，神光充沛者，是目有神；若视物昏暗，目无精彩，浮光暴露者，是目无神。石芾南说："人之神气，栖于两目。"故目神是望诊的重点。目有神者，精气未虚，虽病易治；目无神者，精气亏虚，病重难治。故《形色外诊简摩》指出："凡病虽剧，而两眼有神，顾盼灵活者吉。"

2. 目色：正常人眼睑内与两眦红润，白睛色白，黑睛褐色或棕色，角膜无色透明。《灵枢·论疾诊尺》说："目赤色者病在心，白在肺，青在肝，黄在脾，黑在肾。"这是目色与五脏的关系。目色异常改变主要有：目赤肿痛多属实热证。如白睛发红为肺火或外感风热；两眦赤痛为心火上炎；睑缘赤烂为脾有湿热；全目赤肿为肝经风热上攻。白睛发黄为黄疸的主要标志，多由湿热或寒湿内蕴，肝胆疏泄失常，胆汁外溢所致。目眦淡白属血虚、失血，是血少不能上荣于目所致。目胞色黑晦暗多属肾虚；目眶周围色黑是肾虚水泛，或寒湿下注的带下病。

3. 目形：其异常改变主要有：目胞浮肿，多为水肿的表现。因目胞属脾，脾恶湿，且该处组织疏松，故水肿可先见于目胞。但健康人低枕睡眠后一时性胞睑微肿不属病态。眼窝凹陷，多为伤津耗液或气血不足。可见于吐泻伤津或气血虚衰的病人；若久病重病眼窝深陷，甚则视不见人，真脏脉见，则为阴阳竭绝之候，属病危。眼球突出，兼喘满上气者属肺胀，因痰浊阻肺，肺气不宣，呼吸不利所致；若兼颈前微肿，急躁易怒者，为瘿病，因肝郁化火，痰气壅结所致。胞睑红肿，若睑缘肿起结节如麦粒，红肿不甚者名为针眼；若胞睑漫肿，红肿较重者名为眼丹。二者皆为风热邪毒或脾胃蕴热上攻于目所致。

4. 目态：正常人瞳孔圆形，双侧等大，直径为3～4毫米，对光反应灵敏，眼球运动随意灵活。其异常改变主要有：瞳孔缩小，多属肝胆火炽所致，或见于川乌、草乌、毒蕈、有机磷农药中毒等；瞳孔散大，可见于肾精耗竭，心神散乱的病人，属病危；两侧瞳孔完全散大则是临床死亡的指征之一；如一侧瞳孔逐渐散大，可见于中风或颅脑外伤病人，亦属危候。瞪目直视，即病人两眼固定前视，神志昏迷，为脏腑精气将绝，属病危。戴眼反折，即病人两目上视，不能转动，或兼项强抽搐，角弓反张，为太阳经绝证，亦属病危。横目斜视，多属肝风内动，因足厥阴肝经系于目，肝风内动牵引目系故可见横目斜视。昏睡露睛，多属脾胃虚衰，可见于吐泻伤津和慢脾风的患儿，因脾虚清阳不升，气血不足，胞睑失养，启闭失司所致。胞睑下垂，又称睑废。其中双睑下垂者，多为先天不足，脾肾亏虚；单睑下垂者，多因脾气虚衰或外伤所致。

(二) 望耳

肾开窍于耳，心寄窍于耳，手足少阳经脉布于耳，手足太阳经和足阳明经也分布于耳或耳周围（图2-6）。《灵枢·邪气脏腑病形》说："十二经络，三百六十五络……其别气走于耳而为听。"故耳为"宗脉之所聚"。此外，在耳郭上有全身脏器和肢体的反应点。故耳与全身均有联系，而尤与肾、胆关系密切，所以望耳可以诊察肾、胆和全身的病变。

耳郭上的一些特定部位与全身各部有一定的联系，其分布大致像一个在子宫内倒置的胎儿，头颅在下，臀足在上（图2-7）。当身体的某些部位有了病变时，在耳郭的相应部位就可以出现充血、变色、变形、丘疹、水疱、脱屑、糜烂或明显的压痛等病理改变，可作为诊断的参考。

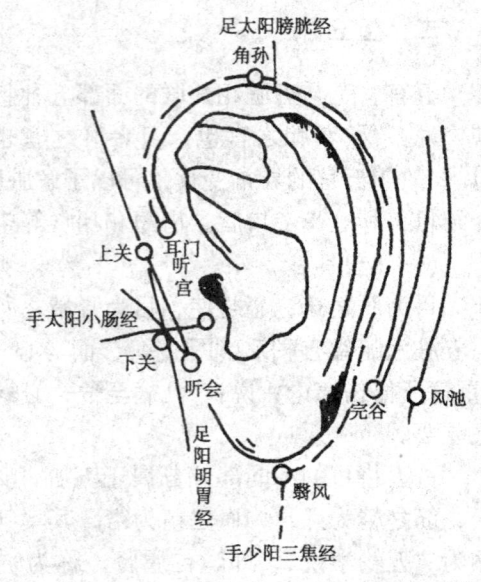

图2-6 耳部经络

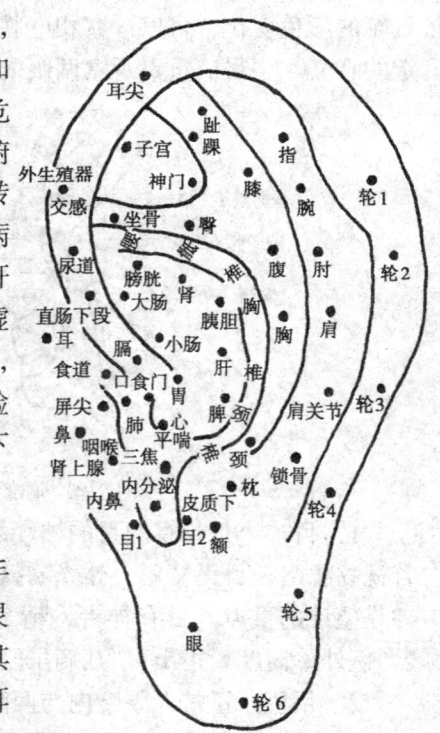

图2-7 耳郭脏腑反应点

1. 耳之色泽：正常人耳郭色泽红润，是气血充足的表现。耳轮淡白，多属气血亏虚；耳轮红肿，多为肝胆湿热或热毒上攻；耳轮青黑，多见于阴寒内盛或有剧痛的病人；耳轮干枯焦黑，多属肾精亏虚，精不上荣，为病重，可见于温病晚期耗伤肾阴及下消等病人；小儿耳背有红络，耳根发凉，多为出麻疹的先兆。

2. 耳之形态：正常人耳郭厚大，是肾气充足的表现。耳郭瘦小而薄，是先天亏损，肾气不足；耳郭肿大，是邪气充盛之象。耳轮干枯萎缩，多为肾精耗竭，属病危；耳轮皮肤甲错，可见于血瘀日久的病人。

3. 耳内病变：耳内流脓水，称为脓耳，多由肝胆湿热，蕴结日久所致；脓耳后期转虚，则多属肾阴不足，虚火上炎。耳道之内赘生小肉，称为耳痔，因肝经郁火，或肾经相火，或胃火郁结而成。

（三）望鼻

鼻居面部中央，为肺之窍；鼻为明堂，脾之所应。鼻之周围有各脏腑的相应部位，五脏次于中央，六腑夹其两侧，故认为"五色独决于明堂"（《灵枢·五色》）。此外，足阳明胃经分布于鼻旁。望鼻不仅可以诊察肺和脾胃的病变，而且还可以判断脏腑的虚实、胃气的盛衰、病情的轻重和预后。

1. 鼻之色泽：正常人鼻色红黄隐隐，含蓄明润，是胃气充足的表现。鼻端微黄明润，见于新病为虽病而胃气未伤，属病轻；见于久病为胃气来复，属向愈。鼻端色白，多属气血亏虚，或见于失血病人；鼻端色赤，多属肺脾蕴热；鼻端色青，多见于阴寒腹痛病人；鼻端色微黑，常是肾虚寒水内停之象；鼻端晦暗枯槁，为胃气已衰，属病重。鼻头枯槁，是脾胃虚衰，胃气失荣之候。

2. 鼻之形态：鼻头红肿生疮，多属胃热或血热；鼻端生红色粉刺，称为"酒渣鼻"，多因肺胃蕴热所致；鼻柱溃陷，多见于梅毒病人；鼻柱塌陷，且眉毛脱落，多为麻风恶候。鼻翼煽动，称为"鼻煽"，多见于肺热或哮喘病人，是肺气不宣，呼吸困难的表现；若重病之中出现鼻孔煽张，喘而额汗如油，则多属病危。

3. 鼻内病变：鼻孔干燥，黑如烟煤，多属高热日久或阳毒热深。鼻塞流涕，可见于外感表证或鼻渊等。其中鼻流清涕者多属外感风寒；鼻流浊涕者多属外感风热；鼻流脓涕气腥臭者多为鼻渊，为外感风热或胆经蕴热上攻于鼻所致。鼻腔出血，称为"鼻衄"，多因肺胃蕴热，灼伤鼻络所致。鼻孔内赘生小肉，撑塞鼻孔，气息难通者，称为"鼻痔"，多由肺经风热凝滞而成。

（四）望口与唇

口为饮食通道，脏腑要冲，脾开窍于口，其华在唇，手足阳明经环绕口唇，故望口与唇的异常变化，主要可以诊察脾与胃的病变。

1. 望口：

（1）口之形色：口角流涎，见于小儿多属脾虚湿盛，见于成人多为中风口歪不收。口腔糜烂，即唇内和口腔粘膜出现灰白色小溃疡，周围红晕，局部灼痛，称为"口疮"；若满口糜烂，则称为"口糜"，多由心脾积热上蒸所致；小儿口腔、舌上满布白斑如雪片，称为"鹅口疮"，多因湿热秽浊之气上蒸于口所致。

（2）口之动态：正常人口唇可随意开合，动作协调。《望诊遵经》将口唇的异常动态归纳为"口形六态"：口张，即口开而不闭，属虚证。若状如鱼口，张口气直，但出不入，则为肺气将绝，属病危。口噤，即口闭而难开，牙关紧急，属实证。多因肝风内动，筋脉拘急所致，可见于痉病、惊风、破伤风等。口撮，即上下口唇紧聚，为邪正交争所致，可见于新生儿脐风，表现为撮口不能吮乳；若兼见角弓反张者，多为破伤风病人。口僻，又名口喁，即口角向一侧歪斜，多属风痰阻络，可见于中风病人。口振，即战栗鼓颔，口唇振摇，多为阳衰寒盛或邪正剧争所致，可见于伤寒欲作战汗或疟疾发作。口动，即口频繁开合，不能自禁，是胃气虚弱之象；若口角掣动不止，则为热极生风或脾虚生风之象。

2. 察唇：

（1）唇之色泽：唇部色诊与望面色基本相同，但因唇粘膜薄而透明，故其色泽变化比面色更为明显，易于观察。正常人唇色红润，是胃气充足，气血调匀的表现。唇色淡白，多属血虚或失血，是血少不能上充于唇络所致；唇色深红，多属热盛，是因热而唇部络脉扩张，血液充盈的表现；若唇红肿而干者，多属热极；口唇呈樱桃红色，多见于煤气中毒；口唇青紫，多属血瘀证，可见于心气、心阳衰惫和严重呼吸困难的病人；口唇青黑，多属寒盛、痛极，是因寒盛血脉凝涩，或痛极血络郁阻所致。

（2）唇之形态：唇干而裂，为津液已伤，多属燥热伤津或阴虚液亏。嘴唇糜烂，多为脾胃积热上蒸，热邪灼伤唇部所致。唇内溃烂，其色淡红，为虚火上炎。唇边生疮，红肿疼痛，为心脾积热。唇角生疔，麻痒木痛，为锁口疔，须外科诊治。人中沟变平，口唇翻卷不能覆齿，称"人中满唇反"，为脾气将绝，属病危。

（五）望齿与龈

齿为骨之余，骨为肾所主；龈护于齿，为手足阳明经分布之处，故望齿与龈主要可以诊察肾、胃的病变，以及津液的盈亏。温病学派对验齿十分重视，在阳明热盛和热伤肾阴的情况下，观察齿与龈的润燥情况，可以了解胃津、肾液的存亡，正如叶天士所说："温热之病，看舌之后，亦须验齿，齿为肾之余，龈为胃之络，热邪不燥胃津，必耗肾液。"望齿与龈，应注意观察其形态和色泽的变化。

1. 察齿：

（1）齿之色泽：正常人牙齿洁白润泽而坚固，是肾气充足、津液未伤的表现。若牙齿干燥，为胃阴已伤；牙齿光燥如石，为阳明热甚，津液大伤；牙齿燥如枯骨，多为肾阴枯竭、精不上荣所致，可见于温热病的晚期，属病重。牙齿稀疏松动，齿根外露，多为肾虚，或虚火上炎所致。牙齿枯黄脱落，见于久病者多为骨绝，属病重。齿焦有垢，为胃肾热盛，但气液未竭。齿焦无垢，为胃肾热甚，气液已竭。

（2）齿之动态：牙关紧急，多属风痰阻络或热极动风。咬牙啮齿，多为热盛动风，将成痉病。睡中啮齿，多因胃热或虫积所致。

2. 望龈：

（1）龈之色泽：正常人齿龈淡红而润泽，是胃气充足，气血调匀的表现。齿龈淡白，多属血虚或失血，为血少不能充于龈络所致；齿龈红肿疼痛，多为胃火亢盛，火邪循经上炎，熏灼于齿龈所致；齿龈色淡，多为血液亏虚，龈失充养所致。

（2）龈之形态：齿缝出血，称为"齿衄"，兼见齿龈红肿疼痛者，为胃火上炎，灼伤龈络；齿龈不红不痛微肿者，属脾虚血失统摄，或肾阴虚虚火上炎所致。龈肉萎缩，齿根暴露，多属肾虚或胃阴不足。齿龈溃烂，流腐臭血水，甚则唇腐齿落，称为"牙疳"，多因外感疫疠之邪，余毒未清，积毒上攻所致。

（六）望咽喉

咽通于胃腑，是饮食之道，为胃所系；喉连于气道，为气体之门，归肺所属；足少阴肾经循喉咙，夹舌本，亦与咽喉关系密切。故望咽喉主要可以诊察肺、胃、肾的病变。

1. 咽喉色泽：健康人咽喉色淡红润泽，不痛不肿，呼吸通畅，发音正常，食物下咽顺利无阻。若咽部深红，肿痛明显者，属实热证，多由肺胃热毒壅盛所致；若咽部嫩红、肿痛不显者，属阴虚证，多由肾阴亏虚、虚火上炎所致。

2. 咽喉形态：

（1）红肿：咽部一侧或两侧喉核红肿疼痛，溃烂有黄白色脓点，脓汁拭之易去者，为"乳蛾"（图2-8），属肺胃热盛，火毒熏蒸所致。咽部一侧或咽后壁明显红肿高突，吞咽困难，身发寒热者，为"喉痈"，因风热痰火壅滞而成。

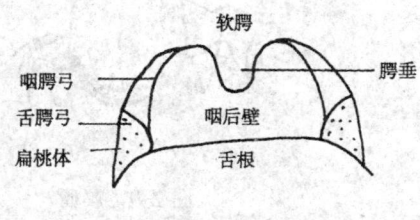

图 2-8 乳蛾

（2）成脓：咽部肿痛，若肿势高突，色深红，周围红晕紧束，发热不退者，为脓已成；若肿势散漫，色浅淡，无明显界限，疼痛不甚者，为未成脓。

（3）溃烂：咽部溃烂，分散表浅者，为肺胃之热轻浅或虚火上炎；溃烂成片或洼陷者，为肺胃热毒壅盛；咽部溃腐日久，周围淡红或苍白者，多属虚证。

（4）伪膜：是指咽部溃烂处表面覆盖一层黄白或灰白色膜，称为伪膜（或假膜）。如伪膜松厚，容易拭去者，病情较轻，是肺胃热浊之邪上壅于咽；若伪膜坚韧，不易拭去，重剥出血，很快复生者，病情较重者，为白喉，是外感疫邪所致，多见于儿童，属烈性传染病。

三、望躯体

望躯体的内容包括望颈项、胸胁、腹部和腰背部。

（一）望颈项

颈项是连接头部和躯干的部分，其前部称颈，后部称项。颈项部是人体的重要部位，不仅起着支撑头部，连接头身的重要作用，而且，在颈项之中，有气管、食管、脊髓和血脉通过，是清气、饮食、气血、津液循行之要道；此外，手足阳明经与任脉行于颈前，太阳经与督脉行于项后，少阳经行于两侧，也是经气运行之路。颈项若有阻滞，可引起全身的病变；而脏腑气血失调，亦往往可在颈项部反映出来。

1. 外形：正常人的颈项直立，两侧对称，气管居中；矮胖者略粗短，瘦高者略细长，男性喉结突出，女性喉结不显；颈侧动脉搏动在安静时不易见到。其异常表现主要有：

（1）瘿瘤：颈前结喉处有肿块突起，或大或小，或单侧或双侧，可随吞咽而上下移动者，称为"瘿瘤"（图2-9）。多因肝郁气结，脾虚痰凝所致，或因水土失调，痰气搏结所致。

（2）瘰疬：颈侧颔下有肿块如豆，累累如串珠者，称为"瘰疬"（图2-10）。多由肺肾阴虚，虚火内灼，炼液为痰，结于颈部，或因外感风火时毒，夹痰结于颈部所致。

（3）颈瘘：颈部痈肿、瘰疬溃破，脓毒外泄，久不收口者，是为颈瘘，又名"鼠瘘"。因痰火久结，气血凝滞，溃破成瘘。

（4）项痈：项部结块疼痛，漫肿焮热，谓之项痈。多由外感风温，痰热壅滞而成。

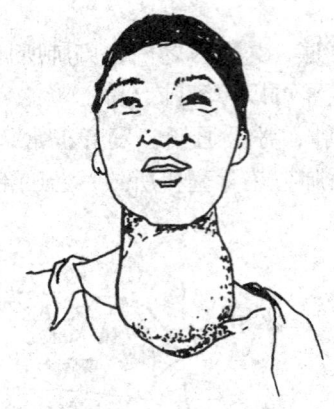

图 2-9 瘿瘤

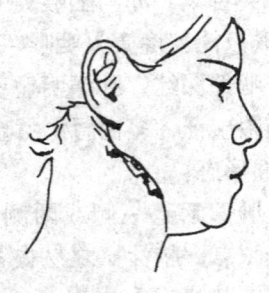

图 2-10 瘰疬

(5) 气管偏移：指气管不居中，向一侧偏移。若气管移向健侧，多为水饮或气体压迫所致，可见于悬饮病、气胸；如气管移向患侧，常为肿瘤牵拉所致，见于肺部肿瘤病人。

2. 动态：正常人的颈项转侧俯仰自如，其活动范围约是：左右旋转各 30 度，后伸 30 度，前屈 30 度，左右侧屈各 45 度。其异常改变主要有：

(1) 项强：即项部拘紧或强硬。如项部拘急牵引不舒，兼有恶寒、发热，是风寒侵袭太阳经脉，经气不利所致。若项部强硬，不能前俯，兼壮热、神昏、抽搐者，则属温病火邪上攻，或脑髓有病。若项强不适，兼有头晕目眩者，是阴虚阳亢，经气不利所致。如睡醒之后，项强不便，并无它苦者，为落枕，多因睡姿不当，项部经络气滞所致。

(2) 项软：即颈项软弱，抬头无力。若小儿项软，多因先天不足，肾精亏损，发育不良，可见于佝偻病患儿。若久病、重病颈项软弱，头垂不抬，眼窝深陷，则为脏腑精气衰竭之象，属病危。

(3) 颈脉搏动：指在安静状态时出现颈侧人迎脉搏动明显者，可见于肝阳上亢或血虚重证等病人。

(4) 颈脉怒张：即坐位时颈脉明显怒张，而平卧时更甚，或兼有面青唇紫，面睑浮肿者，多见于心血瘀阻，肺气壅滞及心肾阳衰、水气凌心的病人。

(二) 望胸胁

膈肌以上，锁骨以下的躯干正面谓之胸；自腋下至第十二肋骨的侧胸区域为胁。胸腔由胸骨、肋骨和脊柱等构成，内藏心肺等重要脏器，属上焦，为宗气所聚，是上行下达经脉、血管循行之处；胸廓前有乳房，属胃经，乳头则属肝经；胁肋是肝胆经脉循行之处。望胸胁主要可以诊察心、肺的病变和宗气的盛衰，以及肝胆、乳房疾患。

1. 外形：正常人的胸廓呈扁圆柱形，两侧对称，左右径大于前后径(比例约为1.5:1)，小儿和老人则左右径略大于前后径或相等，两侧锁骨上下窝亦对称。常见的胸廓变形有：

(1) 扁平胸：即胸廓较正常人扁平，前后径小于左右径的一半，颈部细长，锁骨突出，两肩向前，锁骨上、下窝凹陷者。多属形瘦阴虚体质，见于肺肾阴虚或气阴两虚的病人。

(2) 桶状胸：即胸廓较正常人膨隆，前后径与左右径约相等，颈短肩高，锁骨上、下窝平展，肋间加宽，胸廓呈圆桶状者。多为久病咳喘，耗伤肺肾，以致肺气不宣而壅滞，日久促成胸廓变形。

(3) 鸡胸：即胸骨下部明显前突，胸廓前后径长而左右径短，肋骨侧壁凹陷，形似鸡之

· 58 ·

胸廓者。多见于小儿佝偻病，因先天不足或后天失养，肾气不充，骨骼发育异常所致。

（4）胸廓两侧不对称：一侧胸廓塌陷，肋间变窄，肩部下垂，脊骨常向对侧凸出者，多见于肺痿和肺部手术后等病人；若一侧胸廓膨隆，肋间变宽或兼外凸，气管向健侧移位者，多见于悬饮和气胸等病人。

（5）肋如串珠：即肋骨与软骨连接处变厚增大，状如串珠。可见于肾气不足，发育不良的佝偻病患儿。

（6）乳房肿溃：妇女哺乳期乳房红肿热痛，乳汁不畅，甚则破溃流脓，身发寒热者，为乳痈。多因肝气不舒，胃热壅滞，或外感邪毒所致。

2．动态：胸胁随呼吸而活动。正常人呼吸均匀，节律整齐，每分钟 16～18 次，胸廓起伏左右对称，均匀轻松。妇女以胸式呼吸为主，男子和儿童以腹式呼吸为主。常见的呼吸异常有：

（1）呼吸形式改变：如胸式呼吸增强，腹式呼吸减弱，多为腹部有病，可见于臌胀、积聚等病人，亦可见于妊娠妇女；如胸式呼吸减弱，腹式呼吸增强，多为胸部有病，可见于肺痨、悬饮、胸部外伤等病人；如两侧胸部呼吸不对称，即胸部一侧呼吸运动较另侧明显减弱，为呼吸运动减弱侧胸部有病，可见于悬饮、肺肿瘤等病人。

（2）呼吸时间改变：若吸气时间延长，吸气时胸骨上窝、锁骨上窝及肋间凹陷，多因吸气时困难所致，可见于急喉风、白喉重证等病人；若呼气时间延长，伴张口目突、端坐呼吸，多为呼吸困难所致，可见于哮病、肺胀等病人。

（3）呼吸强度改变：如呼吸急促，胸部起伏显著，多属实热证，为邪热、痰浊阻肺，肺失清肃，肺气不宣所致。如呼吸微弱，胸廓起伏不显，多属虚寒证，为肺气亏虚，气虚体弱所致。

（4）呼吸节律改变：呼吸节律不整，表现为呼吸由浅渐深，再由深渐浅，以致暂停，往返重复，或呼吸与暂停相交替，皆为肺气虚衰之象，属病重。

（三）望腹部

腹部指躯干正面剑突以下至耻骨以上的部位，属中下焦，内藏肝、脾、肾、胆、胃、大肠、小肠、膀胱、胞宫等脏腑，亦为上行下达诸经循行之处，故望腹部可以诊察内在脏腑的病变和气血的盛衰。

1．外形：正常人腹部对称、平坦（仰卧时腹壁平于胸骨至耻骨中点连线，图 2-11 中），直立时腹部可稍隆起，约与胸平齐，仰卧时则稍凹陷。外形异常主要包括：

（1）腹部膨隆：即仰卧时前腹壁明显高于胸耻连线（图 2-11 下）。若单腹膨胀，四肢消瘦者，多属臌胀，为肝气郁滞，湿阻血瘀所

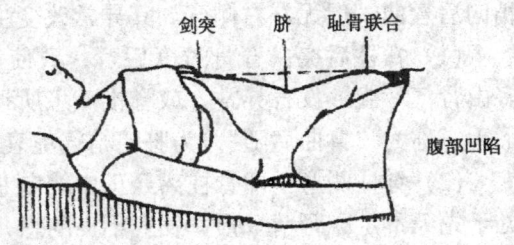

剑突　脐　耻骨联合

腹部凹陷

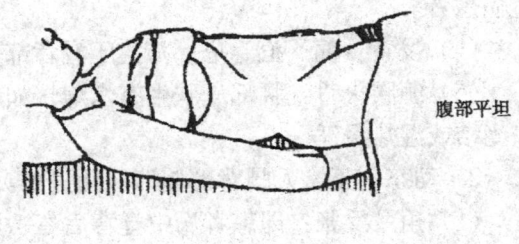

腹部平坦

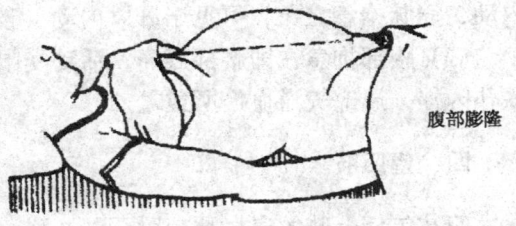

腹部膨隆

图 2-11　腹部平坦、膨隆、凹陷测量法

致；若腹部胀大，周身俱肿者，多属水肿病，为肺脾肾三脏功能失调，水湿泛溢肌肤所致；腹局部膨隆，则多见于积聚病人，须结合按诊进行辨证。

（2）腹部凹陷：即仰卧时前腹壁明显低于胸耻连线（图2-11上）。若腹部凹陷，形体消瘦，多属脾胃虚弱，气血不足，可见于久病脾胃气虚，机体失养，或新病吐泻太过、津液大伤的病人；若腹皮甲错，深凹着脊，可见于长期卧床不起，肉消着骨的病人，为精气耗竭，属病危。

（3）腹壁青筋暴露：病人腹大坚满，腹壁青筋怒张，多属肝郁血瘀。因肝郁气滞，脾虚湿阻日久，导致血行不畅，脉络瘀阻所致，可见于臌胀病的重证。

（4）腹壁突起：腹壁有半球状物突起，多发于脐孔、腹正中线、腹股沟等处，每于直立或用力后发生者，多属疝气。

2．动态：正常人腹部动态主要与呼吸活动有关。腹部的动态异常多因某些病变致使腹式呼吸强度的改变有关。可参考"望胸胁"中有关内容。

（四）望腰背部

由项至腰的躯干后部称为背。背以脊柱为主干，为胸中之府，亦为心肺之所居，与肝胆相关。季肋以下，髂嵴以上的躯干后部是为腰。腰为身体运动枢纽，为肾之府。督脉贯脊行于正中，足太阳膀胱经分行夹于腰背两侧，其上有五脏六腑腧穴，带脉横行环绕腰腹，总束阴阳诸经，皆与腰背关系密切。故望腰背部的异常表现，可以诊察有关脏腑经络的病变。望腰背时应注意观察脊柱及腰背部有无形态异常及活动受限。

1．外形：正常人腰背部两侧对称，直立时脊柱居中，颈、腰段稍向前弯曲，胸、骶段稍向后弯曲，但无左右侧弯。其异常改变主要有：

（1）脊柱后突：脊骨过度后弯，致使前胸塌陷，背部凸起，称为"驼背"或"龟背"。多由肾气亏虚、发育异常，或脊椎疾患所致，亦可见于老年人。若久病病人后背弯曲，两肩下垂，称为"背曲肩随"，为脏腑精气虚衰之象。

（2）脊柱侧弯：即脊柱离开正中线向左或右偏曲，多由小儿发育期坐姿不良所致，亦可见于先天不足、肾精亏损、发育不良的患儿和一侧胸部有病的病人。

（3）脊疳：即病人极度消瘦，以致脊骨突出似锯，为脏腑精气极度亏损之象，见于慢性重病患者。

（4）发背：痈、疽、疮、疖生于脊背部位者统称为发背，多因火毒凝滞于肌腠而成。

（5）缠腰火丹：腰部皮肤生有水疱，如带状簇生，累累如珠者，称"缠腰火丹"。为风热壅结或湿热浸淫。

2．动态：正常人腰背部俯仰转侧自如。其异常改变主要有：

（1）角弓反张：即患者病中脊背后弯，反折如弓，兼见颈项强直，四肢抽搐者。为肝风内动，筋脉拘急之象，可见于肝风内动、破伤风等病人。

（2）腰部拘急：即腰部疼痛，活动受限，转侧不利。多因寒湿内侵，腰部脉络拘急，或跌仆闪挫，局部气滞血瘀所致。

四、望四肢

四肢包括上肢的肩、臑、肘、臂、腕、掌、指和下肢的髀、股、膝、胫、踝、跗、趾等部位组织。就其与脏腑的关系而言，因心主四肢血脉，肺主四肢皮毛，脾主四肢肌肉，肝主四肢之筋，肾主四肢之骨，故五脏均与四肢有关，而脾与四肢的关系尤为密切。就其与经脉的关系而言，则上肢为手三阴、手三阳经脉循行之处，下肢为足三阴、足三阳经脉循行之处。故望四肢主要可以诊察五脏病变和循行于四肢的经脉病变。望诊时应注意观察手足、掌腕、指趾的外形变化和动态的异常。

（一）望手足

1．外形：

（1）四肢萎缩：即四肢或某一肢体肌肉消瘦、萎缩，松软无力。多因气血亏虚或经络闭阻、肢体失养所致。

（2）四肢肿胀：即四肢或某一肢体肌肉壅肿。若四肢肿胀，兼红肿疼痛者，为邪气壅盛；若足跗肿胀，或兼全身浮肿，按有压痕者，多见于水肿病。

（3）膝部肿大：膝部红肿热痛，屈伸不利，见于热痹，为风湿郁久化热所致；若膝部肿大而股胫消瘦，形如鹤膝，称为"鹤膝风"，多因寒湿久留、气血亏虚所致。

（4）青筋暴露：即小腿青筋怒张，形似蚯蚓。多因寒湿内侵，络脉血瘀所致。

（5）下肢畸形：直立时两踝并拢而两膝分离，称为"膝内翻"（又称"O"型腿，图2-12）；两膝并拢而两踝分离，称为"膝外翻"（又称"X"型腿，图2-13）。若踝关节呈固定型内收位，称"足内翻"；呈固定外展位，称"足外翻"。上述畸形皆属先天不足或后天失养，肾气不充，发育不良。

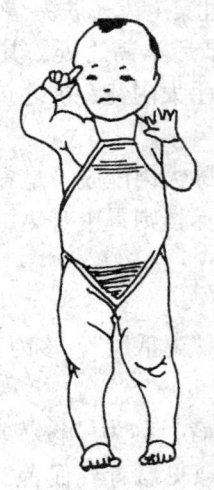　　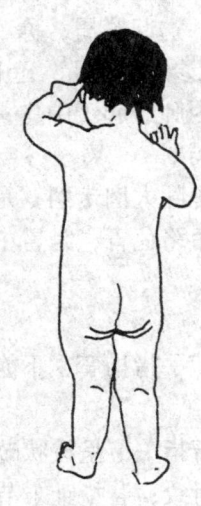

图2-12　O形腿　　　　　　图2-13　X形腿

2．动态：

（1）肢体痿废：肢体肌肉萎缩，筋脉弛缓，痿废不用者，称为痿病，多因精津亏虚或湿热浸淫，筋脉失养所致。若一侧上下肢痿废不用者，称为"半身不遂"，见于中风病人，多因风痰阻闭经络所致；若双下肢痿废不用者，见于截瘫病人，多由腰脊外伤或瘀血阻络所致。

（2）四肢抽搐：四肢筋脉挛急与弛张间作，舒缩交替，动而不止，见于痉病。多因肝风内动，筋脉拘急所致。

（3）手足拘急：即手足筋肉挛急不舒，屈伸不利（图2-14）。如在手可表现为腕部屈曲，手指强直，拇指内收贴近掌心与小指相对；在足可表现为踝关节后弯，足趾挺直而稍向足心。多因寒邪凝滞或气血亏虚，筋脉失养所致。

（4）手足颤动：即双手或下肢颤抖或振摇不定，不能自主。多由血虚筋脉失养或饮酒过度所致，亦可为动风之兆。

（5）手足蠕动：即手足掣动迟缓，类似虫之蠕行。多为脾胃气虚，筋脉失养，或阴虚动风所致。

（6）扬手掷足：即热病之中，神识昏迷，手足躁动不宁。是内热亢盛，热扰心神所致。

（7）循衣摸床、撮空理线：即重病昏迷病人伸手抚摸衣被、床沿，或伸手向空，手指时分时合，皆为病重失神之象。

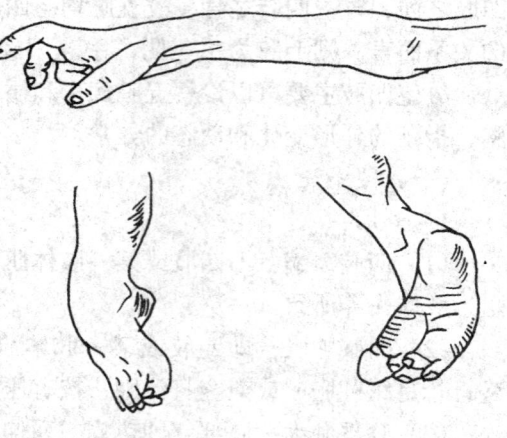

图 2-14　手足拘急

（二）望掌腕

1. 形泽：

（1）手掌厚薄：手掌厚实者，是脏气充实之象；手掌瘦薄者，是脏气不足之征。

（2）掌腕润燥：掌腕肌肤润泽，是津液充足之象；掌腕肌肤干涩，是津液不足之征。若掌心皮肤燥裂、疼痛，迭起脱屑，称"鹅掌风"，因血燥生风，肤失濡养所致。

2. 鱼际：掌腕望诊须察鱼际。鱼际是手大指本节后丰满之处，其络脉称为鱼络。鱼际属手太阴肺经之部，因肺经起于中焦，故胃气亦上至手太阴经；加之鱼际位置易察，鱼络显露，故可候胃气之强弱。

（1）鱼际形态：鱼际大肉未削，是胃有生气；鱼际大肉削脱，是胃无生气。

（2）鱼络颜色：鱼络色青，是胃中有寒；鱼络色赤，则胃中有热。

（三）望指趾

1. 形态：

（1）手指挛急：即手指拘挛，不能伸直者，称为"鸡爪风"，多因血液亏虚，血不养筋，复感受风寒所致。

（2）手指变形：若指关节呈梭状畸形，活动受限者，称为"梭状指"（图 2-15），多由风湿久蕴，筋脉拘挛所致；若指趾末节膨大如杵者，兼见唇青气促者，称为"杵状指"（图 2-16），多由久病心肺气虚，血瘀湿阻而成。

（3）指趾溃脱：指趾皮肤紫黑，溃流败水，肉色不鲜，味臭痛剧，称为"脱疽"。外因感受寒湿，内因阴火燔灼，指趾局部气血凝滞所致。

（4）指头螺瘪：指头干瘪，螺纹显露，称为"瘪螺"。多因吐泻太过，津液暴脱所致。

2. 爪甲：正常爪甲红润，是气血充盛，荣润于甲的表现。病理上应注意甲色与甲态的变化。

（1）甲色：甲色深红是气分有热；甲色鲜红多为阴液不足，虚热内生；甲色浅淡是内脏虚寒，气血失运之候；甲色发黄，多为湿热交蒸之黄疸；甲色紫黑，多因血脉瘀阻，血行不畅。

（2）甲态：甲态候病的方法是医生以拇指、示指按压患者指甲，随即放松，观察其甲色

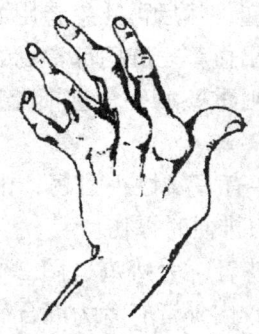
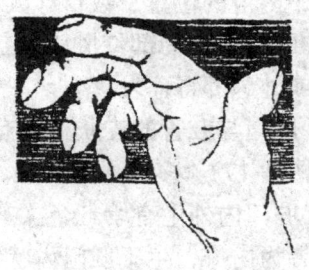

图 2-15 梭状指   图 2-16 杵状指

的变化及速度。若按之色白，放之即红，为气血流畅，虽病可治；若按之色白，放不即红，为气血已滞，病较凶险。

五、望二阴

前阴为生殖和排尿器官，后阴指肛门，为排便之门户。前阴为肾所司，宗筋所聚，太阴、阳明经所会，精窍通于肾，尿窍通于膀胱，阴户通于胞宫并与冲任二脉密切相关，肝胆经脉络于阴器，故与肾、膀胱、肝、胆诸脏腑关系密切。肾司二阴，脾主运化，升提内脏，大肠主传导糟粕，故后阴病变与脾、胃、肠、肾关系密切。

（一）望前阴

望男性前阴应注意观察阴茎、阴囊和睾丸是否正常，有无硬结、肿胀、溃疡和其他异常的形色改变。对女性前阴的诊察要有明确的适应证，由妇科医生负责检查，并需在女护士陪同下进行。前阴常见的异常改变有：

1. 外阴肿胀：男性阴囊或女性阴户肿胀，称为"阴肿"。阴肿而不痒不痛者，可见于水肿病。阴囊肿大，因小肠坠入阴囊或睾丸肿胀引起者，称为"疝气"，多由肝气郁结，久立劳累或寒湿侵袭所致。若阴囊或阴户红肿热痛，则多为肝经湿热下注所致。

2. 外阴收缩：男性阴囊阴茎，或女性阴户收缩，拘急疼痛，称为"阴缩"。多因外感寒邪，侵袭肝经，凝滞气血，肝脉拘急收引所致。

3. 外阴生疮：前阴部生疮，或有硬结破溃腐烂，时流脓水或血水者，称为"阴疮"，多医肝经湿热下注，或梅毒感染所致。若硬结溃后呈菜花样，有腐臭气，则多为癌肿，病属难治。

4. 阴囊湿痒：阴囊瘙痒，湿烂发红，浸淫黄水，焮热疼痛者，称为"肾囊风"。多由湿热蕴结而发。若日久阴囊皮肤粗糙变厚，则多为阴虚血燥之证。

5. 睾丸异常：小儿睾丸过小或触不到，多属先天发育异常，亦可见于痄腮后遗症（睾丸萎缩）。

6. 阴户有物突出：妇女阴户中有物突出如梨状，名为"阴挺"。多由脾虚中气下陷，或产后劳伤，使胞宫下坠阴户之外所致。

（二）望后阴

望诊时应注意观察肛门部有无红肿、痔疮、肛裂、瘘管及其他病变。

检视时可嘱患者左侧卧位，双腿尽量前屈靠近腹部，或膝胸位、弯腰位，使肛门充分暴露。检查者用双手将臀部分开，即可观察肛门外部的病变；然后再让患者用力屏气，以观察有无内痔突出，内痔的位置、数目、大小、色泽，有无出血等。肛门部常见的异常改变有：

1. 肛痈：肛门周围局部红肿疼痛，状如桃李，甚则重坠刺痛，破溃流脓者，为肛痈。多由湿热下注或外感邪毒而发。

2. 肛裂：肛门与肛管的皮肤粘膜有狭长裂伤，可伴有多发性小溃疡，排便时疼痛流血者，为肛裂（图 2-17）。多因血热肠燥，大便干结，努力排便时撑伤。

3. 痔疮：肛门内外生有紫红色柔软肿块，突起如峙者，为痔疮（图 2-18）。其生于肛门齿状线以内者为内痔，生于肛门齿状线以外者为外痔，内外皆有者为混合痔。多由肠中湿热蕴结或血热肠燥，肛门部血脉郁滞所致。

4. 瘘管：肛门部生痈肿或痔疮溃后久不敛口，外流脓水，可形成瘘管，称为"肛瘘"。瘘管长短不一，或通入直肠，局部痒痛，缠绵难愈。

5. 脱肛：即直肠或直肠粘膜组织自肛门脱出（图 2-19）。轻者便时脱出，便后缩回；重者脱出后不能自回，须用手慢慢还纳。检视时可嘱病人蹲位，用力屏气做排便动作，即可在肛门外看到紫红色球状物（直肠粘膜）或椭圆形块状物（直肠壁）脱出。本病多由脾虚中气下陷所致。

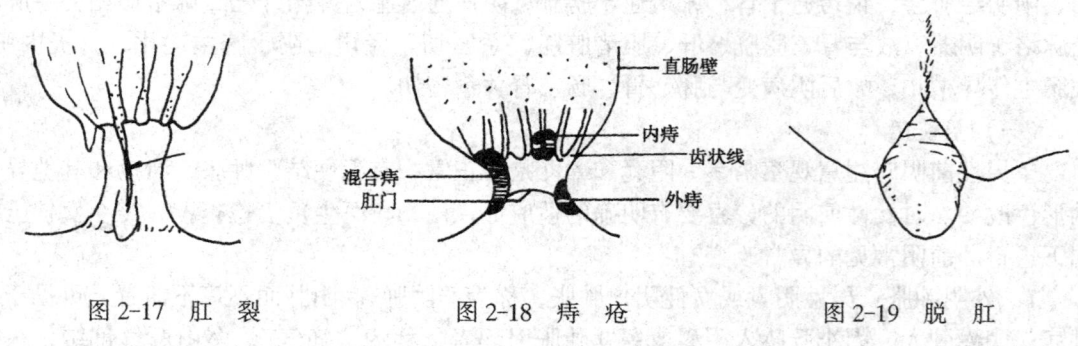

图 2-17 肛裂　　　　　图 2-18 痔疮　　　　　图 2-19 脱肛

六、望皮肤

皮肤为一身之表，内合于肺，卫气循行其间，有保护机体的作用。脏腑气血亦通过经络而外荣于皮肤。凡感受外邪或内脏有病，皆可引起皮肤发生异常改变而反映于外。因此，观察皮肤色泽形态的异常变化和表现于皮肤的病症，可以诊察脏腑的虚实、气血的盛衰、体内的病变，判断病邪的性质、病情的轻重和预后。望诊时应注意观察皮肤色泽形态的变化和表现于皮肤的某些病症，如斑、疹、痘、瘩、痈、疽、疔、疖等。

（一）色泽形态

色泽形态是指望皮肤的色泽和皮肤的形态等情况。正常人皮肤荣润有光泽，是精气旺盛，津液充沛的征象。

1. 色泽：

（1）皮肤发赤：皮肤发赤，色如涂丹，边缘清楚，热如火灼者，为丹毒。发于头面者名抱头火丹，发于小腿者名流火，发于全身、游走不定者名赤游丹。发于上部者多由风热化火所致，发于下部者多因湿热化火而成，亦有因外伤染毒而引起者。

（2）皮肤发黄：面目、皮肤、爪甲俱黄者，为黄疸。其黄色鲜明如橘皮色者为阳黄，为湿热蕴蒸，胆汁外溢肌肤而发。黄色晦暗如烟熏色者属阴黄，为寒湿阻遏，胆汁外溢肌肤所致。

（3）皮肤发黑：皮肤黄黑晦暗，面额色黑者，多由劳损伤肾所致。周身皮肤发黑亦可见于肾阳虚衰的病人。

（4）皮肤白斑：白斑大小不等，界限清楚，病程缓慢者，为白驳风。多因风湿侵袭，气血失和，血不荣肤所致。

2．形态：

（1）润燥：皮肤润泽，为津液未伤，营血充足。皮肤干枯无华，多为津液已伤，或营血亏虚，肌肤失养。皮肤干枯粗糙，状若鱼鳞，称为"肌肤甲错"，常兼见面色黧黑，属血瘀日久，肌肤失养所致。

（2）肿胀：周身肌肤肿胀，按有压痕，为水肿病，其中头面先肿，继及全身，半身以上肿甚者，多属阳水肿；足跗下肢先肿，继及全身，半身以下肿甚者，多属阴水肿。

（二）皮肤病症

1．斑疹：斑、疹均为全身性疾病表现于皮肤的症状，两者虽常常并称，但实质有别。

（1）斑：凡色深红或青紫，多点大成片，平铺于皮肤，抚之不碍手，压之不褪色者为斑。有阳斑、阴斑之分。其中色多红紫，形似锦纹、云片，兼有身热烦躁脉数等实热证表现者为阳斑，多由外感温热邪毒，内迫营血而发；若色多青紫，隐隐稀少，兼有面白肢凉脉虚等虚寒证表现者为阴斑，多由脾虚血失统摄或阳衰寒凝气血所致。

（2）疹：凡色红或紫红、点小如粟或如花瓣，高出皮肤，抚之碍手，压之褪色者为疹。临床常有麻疹、风疹、瘾疹等。疹色桃红，形似麻粒，先见于发际颜面，渐延及躯干四肢，后按发出顺序逐渐消退者为麻疹，因外感风热时邪所致，属儿科常见传染病。疹色淡红，细小稀疏，皮肤瘙痒，症状轻微者为风疹，为外感风邪所致。皮肤上突然出现淡红或淡白色丘疹，形状不一，小似麻粒，大如花瓣，皮肤瘙痒，搔之融合成片，出没迅速者为瘾疹，为外感风邪或过敏所致。

总之，不论斑或疹，若布点均匀，疏密适中，色红身热，先见于胸腹，后延及四肢，斑疹发后热退神清者，是邪去正安之顺证；若布点不匀，稠密成团。色深红或紫暗而身凉，先见于四肢，后延及胸腹，现大热不退，神识不清者，是邪气内陷之逆证。

2．水疱：即皮肤上出现成簇或散在性小水疱，可有白痦、水痘、热气疮、湿疹等。

（1）白痦：指皮肤出现的一种白色小疱疹，又称"白疹"。其特点是：晶莹如粟，高出皮肤，根部肤色不变，内含浆液，擦破流水，多发于颈胸部，四肢偶见，面部不发，消失时有皮屑脱落。白痦的产生多因外感湿热之邪，郁于肌表，汗出不彻，蕴酿而发成，乃湿温病人湿热之邪透泄外达之机。一般以白痦晶莹饱满，颗粒清楚，透发后热退神清者为佳，又称"晶痦"，是津气充足，正能胜邪，湿热外达之顺证；若白痦色枯而白，干瘪无浆，透发后身热不退，反见神昏者为恶，又称"枯痦"，为津气枯竭，正不胜邪，邪毒内陷之逆证。白痦可反复多次出没，是因湿性粘滞，不易速除，加之正气不足，不能将伏邪一次尽数透出之故。

（2）水痘：指小儿皮肤出现粉红色斑丘疹，很快变成椭圆形的小水疱。其特点是：顶满无脐，晶莹明亮，浆液稀薄，皮薄易破，分批出现，大小不等，常兼有轻度恶寒发热表现。因外感时邪，内蕴湿热所致，属儿科常见传染病。

（3）热气疮：指口角唇边鼻旁出现成簇粟米大小水疱，灼热疼痛者。多因外感风热或肺胃蕴热而发。

(4) 湿疹：指周身皮肤出现红斑，迅速形成丘疹、水疱，破后渗液，出现红色湿润之糜烂面者。多因湿热蕴结，复感风邪，郁于肌肤而发。

3. 疮疡：指发于皮肉筋骨之间的疮疡类外科疾患，主要有痈、疽、疔、疖等。

(1) 痈：指患部红肿高大，根盘紧束，焮热疼痛者，属阳证。其特点是未脓易消，已脓易溃，脓液稠粘，疮口易敛。多为湿热火毒蕴结，气血瘀滞而发。

(2) 疽：指患部漫肿无头，皮色不变或晦暗，局部麻木，不热少痛者为无头疽，属阴证。其特点是未脓难消，已脓难溃，脓汁稀薄，疮口难敛。多为气血亏虚，阴寒凝滞而发。

(3) 疔：指患部形小如粟，顶白根硬而深，麻木疼痛者，多发于颜面手足，因外感风邪火毒，毒邪蕴结而发。

(4) 疖：指患部形小而圆，红肿热痛不甚，出脓即愈，症状轻微者。因外感热毒或湿热蕴结而发。

第三节　望　　舌

望舌是通过观察舌象，了解机体生理功能和病理变化的诊察方法，是望诊的一个重要方面，是中医诊法的特色之一。舌诊具有悠久的历史，早在《内经》中就有关于望舌诊病的记载，如《素问·刺热》曰："肺热病者，先淅然厥起毫毛，恶风寒，舌上黄。"指出表邪传里，肺胃热盛，舌苔变黄的转化规律。汉·张仲景《伤寒杂病论》将舌诊作为中医辨证论治法则的一个组成部分。在《金匮要略》中指出："病人胸满，唇痿舌青……为有瘀血。"以舌青作为血瘀证的依据。元代舌诊专著《敖氏伤寒金镜录》问世，载舌象图 36 幅，结合临床，进行病理机制分析，并确定方药及推测预后。明清时代温病学派兴起，在研究温热病的过程中，总结出一套"温病察舌"的方法，辨舌与验齿相结合，对温病的分型、分期、辨证用药起重要的指导作用。近代，随着医学科学的发展，开展了舌诊现代化、客观化的研究，如通过体内的显微观察，各种生理、生化测定，病理检查以及动物实验等方法，对舌象形成的原理有了更加深入地了解，对舌象的临床诊断有了新的拓宽和发展。

一、望舌概述

(一) 舌的形态结构

舌是由横纹肌组成的肌性器官，附着于口腔底部的下颌骨和舌骨，呈扁平而长形。其主要功能是辨别滋味，调节声音，搅拌食物，协助吞咽。舌的上面称舌背，下面称舌底。舌背有一条人字界沟，将舌背分为舌体和舌根二部分；舌体的正中有一条不甚明显的纵行皱褶，称为舌正中沟（图 2-20）。伸舌时一般只能看到舌体，故望舌的部位主要是舌体。中医习惯上将舌体的前端称为舌尖；中部称为舌中；后部（人字形界沟之前）称为舌根；两侧称为舌边。当舌上卷时，可看到舌底。舌底正中线上有一条连于口腔底的皱襞，叫舌系带；舌系带终点两侧各有一个小圆隆起，叫舌下肉阜，皆有腺管开口，中医称其左侧的为金津，右侧的为玉液，是胃津、肾液上潮的孔道（图 2-21）。

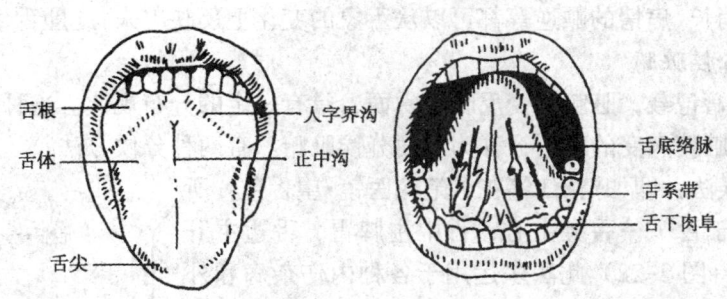

舌根　　　　　　　　　　人字界沟
舌体　　　　　　　　　　正中沟

舌尖

舌底络脉
舌系带
舌下肉阜

图 2-20　舌背部　　　　　　图 2-21　舌底部

舌背的外表覆盖一层半透明的粘膜，粘膜皱褶成许多细小突起，称为舌乳头。根据乳头形态不同，分为丝状乳头、蕈状乳头、轮廓乳头和叶状乳头四种，其中丝状乳头与蕈状乳头对舌象形成有着密切联系，轮廓乳头、叶状乳头与味觉有关。丝状乳头形如圆锥状乳白色的软刺，高 0.5~2.5 毫米，呈角化树状。脱落细胞、食物残渣、细菌、粘液等填充其间隙，形成白色苔状物，称为舌苔。蕈状乳头上部圆钝如球，根部细小形成蕈状。蕈状乳头主要分布于舌尖和舌边，其余散布于丝状乳头之间，乳头表面的上皮细胞透明，透过上皮隐约可见乳头内的毛细血管，肉眼所见如一个小红点。蕈状乳头的形态、色泽改变，是舌体变化的主要因素。

（二）舌诊的原理

1. 舌与脏腑的关系：舌与许多脏腑之间通过经络和经筋的循行直接或间接地联系起来。如《灵枢·经脉》指出"手少阴之别……系舌本"；"脾足太阴之脉，上膈夹咽，连舌本，散舌下"；"厥阴者，肝脉也……而脉络于舌本也"；"足少阴之脉，循喉咙，夹舌本"。《灵枢·营卫生会》指出"上焦出于胃口……上至舌"。而《灵枢·经筋》也提出"足太阳之筋，其支者别入，结乎舌本"；"手少阳之筋……其支者当曲颊入系舌本"。可见，心、肝、脾、肾、胃、膀胱、三焦诸脏腑的经别、经筋与舌本身都有直接联系。此外，因手太阴肺经起于中焦脾胃，足少阳胆经络于肝脏，手太阳小肠经与心相表里，手阳明大肠经又络连于肺，故肺、胆、小肠、大肠等脏腑的经气亦可间接联系于舌。所以，杨云峰在《临证验舌法》中指出："查诸脏腑图，脾肺肝肾无不系根于心；核诸经络，考手足阴阳，无脉不通于舌。则知经络之病，不独伤寒发热有苔可验，即凡内外杂证，也无一不呈其形，着其色于舌。"其中，由于"舌为心之苗"，"心气通于舌"，而舌体运动是否自如，语言是否清晰，味觉是否灵敏，又与"心主神明"的功能相关，故舌与心的联系更为密切；舌苔是由胃气上熏，胃津上潮，凝聚于舌面而成，所以亦与脾胃化生功能直接有关。

2. 舌与气血的关系：心主血，肺主气，脾胃乃气血生化之源，而舌为心之苗，为呼吸、消化共同通道之要冲，舌为气血丰富的肌性器官，舌体的形质和舌色与气血的盈亏和运行状态密切相关，故气血的盛衰变化都能映之于舌。

3. 舌与津液的关系：肾脉上夹舌本，通舌下，唾为肾液，"玉液"是其上潮之孔；涎出于口，涎为脾液；口胃相通，"金津"为胃津上渗之道。故舌苔和舌体的润燥与津液的多少有关，其生成、输布离不开脏腑功能，尤其与肾、脾、胃等脏腑密切相关。所以通过观察舌体的润燥，可以判断体内津液的盈亏及邪热的轻重。

总之，由于舌与脏腑、气血、津液都有着密切的联系，故人体脏腑的虚实、气血的盛衰、津液的盈亏、邪正的消长、病情的顺逆等都可以从舌象的变化上反映出来,此即舌诊的原理。

（三）舌面分候脏腑

根据历代医籍记载,脏腑病变反映于舌面,具有一定的分布规律。这种以舌的某部变化来推测某些相关脏腑病变的理论,称为舌面分候脏腑。有两种分候方法:

1. 五脏分候法:即如清·江笔花《笔花医镜·望舌色》所说:"凡病俱见于舌……舌尖主心,舌中主脾胃,舌边主肝胆,舌根主肾。"(图2-22)此法多运用于各种内伤杂病和外感时病。根据临床观察,如心火上炎多出现舌尖红赤或破碎;肝胆气滞血瘀常见舌的两侧出现紫色斑点或舌边青紫;脾胃运化失常,湿浊、痰饮、食滞停积中焦,多见舌中厚腻苔;久病及肾,肾精不足,可见舌根苔剥等。

2. 胃经分候法:如清·吴昆安《伤寒指掌·察舌辨证法》谓:"舌尖属上脘,舌中属中脘,舌根属下脘。"此法多运用于胃脘及消化道疾病。

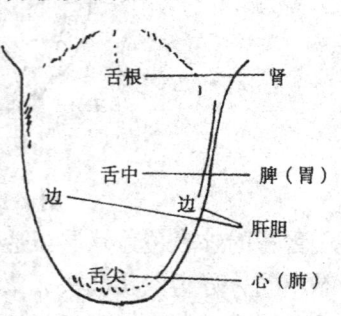

图 2-22　舌面脏腑部位分属图

这种舌面分候脏腑的理论是临床经验的总结,具有一定的参考价值,同时也受到五行学说的影响,其主病并非绝对的。因此,临证还需结合舌质、舌苔的变化以及其他症状、体征相参分析,而不能机械看待。

（四）望舌的方法

1. 望舌的体位:望舌时患者可采取坐位或仰卧位,但必须使舌面光线明亮,便于观察。

2. 伸舌的姿势:病人张口,自然地将舌伸出口外,舌体放松,舌面平展,舌尖略向下,尽量使舌体充分暴露。如伸舌过分用力,舌体紧张、蜷曲或伸舌时间过长,都会影响舌的气血流行而引起舌色改变,或干湿度变化。

3. 察舌的次序:一般先看舌尖,再舌中、再舌侧,最后看舌根部。先看舌质的颜色形态,再看舌苔的苔质苔色。因为舌质位深而难察易变,舌苔浅表而易察难变。若伸舌时间过久,舌质易随血管变形而色泽变化;而舌苔覆盖于舌体上,一般不会随观察的久暂而变化。如果一次望舌判断不清,可令病人休息3~5分钟后,重复望舌一次。

4. 诊舌的配合:除通过望舌了解舌象的特征之外,必要时还应配合闻舌、问舌和切舌等诊察方法综合了解病情。

（1）闻舌:听其语言是否清晰,以协助判断舌之辅助发音的功能。

（2）问舌:询问病人舌上味觉以及舌部的冷热、麻木、疼痛等异常感觉,舌体运动是否灵活,以协助了解舌与心神病变的关系。

（3）切舌:包括刮舌和揩舌。刮舌,是用消毒压舌板的边缘,以适中的力量,在舌面上由后向前刮三五次,然后观察苔底。若刮之不脱或刮而留污质者,多为里有实邪;刮之易去,舌体明净光滑者多属虚证。揩舌,是用消毒纱布裹于手指上,蘸少许生理盐水在舌面上揩抹数次,再行观察,以辨别苔之腐浊邪气。

（五）望舌的注意事项

舌诊作为临床诊断疾病的一项重要依据,必须注意排除各种因素所造成的虚假舌象。

1. 察舌光线的影响:望舌以白天充足、柔和的自然光线为佳,光线要直接照射到舌面。光照的强弱与色调,常常会影响正确的判断。如光线过暗,可使舌色暗滞;用普通的灯泡或手电筒照明，容易把黄苔误作白苔；日光灯下，舌色多偏青紫；白炽灯下，舌苔多偏黄色。周围有色物体的反射光，也会使舌色发生相应的改变。

2. 饮食、药品的影响：饮食和某些药物可以使舌象发生变化。如进食后由于口腔咀嚼的摩擦、自洁作用而舌苔由厚变薄；多喝水可使舌苔由燥变润；刚进辛热食物，舌色偏红；多吃糖果、甜腻食品，舌苔变厚，口味酸腻；服用大量镇静剂后，舌苔厚腻；长期服用某些抗生素，可产生黑腻苔或霉腐苔。

若因饮服某些食物或药物，可以使舌苔染上颜色，称为染苔。如饮用牛乳、豆浆可使舌苔变白、变厚；蛋黄、橘子、维生素 B_2 等可将舌苔染成黄色；各种黑褐色食品、药品，或吃橄榄、酸梅、长期吸烟等可使舌苔染成灰色、黑色。染苔可在短时间内自然退去，或经揩舌除去，一般多不均匀地附着于舌面，与病情亦不相符。如发现疑问时，可询问病人的饮食、服药情况，或用揩舌的方法予以鉴别。

3. 口腔局部的影响：牙齿残缺，可造成同侧舌苔偏厚；镶牙不适可以使舌边留下齿印；张口呼吸可以使舌苔变干等，这些因素引起的舌象异常，都不能作为机体的病理征象，应加以鉴别，避免误诊。

（六）望舌的内容

《医门棒喝》说："观舌质可验其正之阴阳虚实，审苔垢即知邪之寒热浅深。"望舌主要观察舌质和舌苔两个方面的变化。望舌质包括诊察舌质的颜色、形质和动态，以候脏腑的虚实，气血的盛衰；望舌苔包括诊察舌苔的质地和苔色情况，以分析病邪的深浅，邪正的消长。舌质、舌苔的综合形象称为舌象，临床望舌必须注意正常舌象及各种病理舌象的特点和意义，才能对病情全面了解。

二、望舌质

舌质，即舌的本体，故又称舌体，是由舌之肌肉、血脉、经络所组成，与体内脏腑、气血、津液关系甚为密切。望舌质应从舌色、舌形、舌态以及舌下络脉诸方面进行观察。

（一）舌色

舌色，即舌质的颜色。一般分淡红、淡白、红绛、青紫四类。

1. 淡红舌：

（1）舌色特征：舌质颜色淡红润泽，白中透红（彩图1）。

（2）形成机理：由于心血充足，阳气旺盛，鼓动血气上荣于舌而舌赤；但胃中甘淡之气亦上熏于舌而色白，故呈淡红舌质。正如《舌胎统志》所说："舌色淡红，平人之候……红者心之气，淡者胃之气。"

（3）临床意义：为气血调和的征象。

常见于正常人。若外感病初起，病情轻浅，尚未伤及气血及内脏时，舌色仍可保持淡红。

2. 淡白舌：

（1）舌色特征：较之正常舌色浅淡（彩图2）。其中，白色偏多而红色偏少者，称为浅淡舌；如舌色全白，几无血色，称为枯白舌。

（2）形成机理：由于气血亏虚，血不荣舌，或因阳气衰微，运血无力，不载血以上充舌质，致舌色浅淡，甚至枯白。

（3）临床意义：主气血两虚或阳虚寒证。

《舌鉴辨证》指出："淡白透明舌，不论男女老幼，见此舌即是虚寒。"如舌淡白而瘦小，多为气血两虚证；若舌淡白稍胖，或有齿痕，多为阳气虚衰证。

3. 红绛舌：

（1）舌色特征：较正常舌色红，呈鲜红色者，称为红舌（彩图3）；舌色更深而呈暗红色者，谓之绛舌（彩图4）。一般认为绛舌常为红舌进一步发展所致，两者常并称为红绛舌。

（2）形成机理：红绛舌的形成主要有三方面因素，一是邪热亢盛，气血沸涌，舌部血络充盈而舌红；二是因热入营血，耗伤营阴，血液浓缩，血热充斥于舌而舌绛；三是因阴虚水涸，虚火上炎于舌络而舌红。所以，舌色愈红，提示热势愈甚，而绛舌比红舌的病情深重。

（3）临床意义：红舌和绛舌皆主热证。

舌色稍红或仅见舌边尖红，多提示外感表热证初起。舌尖红赤破碎，多为心火上炎。舌两边红赤，多为肝经热盛。舌色红绛而有苔者，多由外感热病热盛期，或内伤杂病，脏腑阳热偏盛所致，属实热证；舌质深绛，苔薄而干，多属外感热病，热入营血；舌色红绛而少苔或无苔者，提示胃肾阴伤，多由热病后期阴液受损，或久病阴虚火旺，属虚热证。舌红而有出血点，在外感热病多为邪热迫血妄行，行将吐衄、发斑；在内伤杂病往往是内脏出血的征兆。

4. 青紫舌：

（1）舌色特征：全舌呈均匀青色或紫色，或在舌色中泛现青紫色，均称为全青紫舌（彩图5）。其中，舌淡而泛现青紫色为淡青紫舌；舌红绛泛现青紫色为绛紫舌。若仅舌上局部出现青紫色斑点、斑块或青紫带者，是局部青紫舌，或称为"瘀斑舌"或"瘀点舌"。

（2）形成机理：青紫舌形成一般见于四种情况：一是由阴寒内盛，阳气不宣，气血不畅，血脉瘀滞而致，多表现为青紫舌或斑点舌；二是由于热毒炽盛，深入营血，营阴受灼，气血不畅而现绛紫舌；三是由肺失宣肃，或肝失疏泄，气机不畅，或气虚无以推动血行而致血流缓慢，舌色泛现青紫或出现瘀斑。四是因暴力外伤，损伤血络，血液溢出而舌现瘀斑瘀点，但舌色可无明显异常。

（3）临床意义：主气血运行不畅。

舌色泛青，为寒凝血瘀，血行凝泣之证；舌色淡紫或紫暗而湿润，多见于阳虚阴盛，气血不畅之证；舌色绛紫或红紫，苔少而干，多见于邪热亢盛，营血瘀滞之证；舌色紫暗或舌上有斑点，多为瘀血内阻之证。此外，青紫舌还可见于某些先天性心脏病或药物、食物中毒等病症。如全舌青紫，其病瘀血较重；局部舌见紫斑、瘀点，其病血瘀较轻。瘀斑、瘀点见于舌尖，多主心血瘀阻；见于舌边，属肝郁血瘀；若舌中青紫，常为瘀阻胃络。

（二）舌形

舌形，是指舌质的形体状态。由于舌为肌性器官，故当柔软；脏腑协调，则舌体大小适当。所以，正常舌形表现为舌体柔软，大小适中。病理的舌形包括老嫩、胖瘦、裂纹、点刺、齿痕等方面特征。

1. 老、嫩舌：

（1）舌形特征：舌体坚敛苍老，纹理粗糙或皱缩，且舌色较暗者为老舌；舌体浮胖娇嫩，纹理细腻，而舌色浅淡者为嫩舌。舌质老嫩是舌形兼舌色的综合表现。

（2）形成机理：由于实邪亢盛，充斥体内，而正气未衰，邪正剧争，邪气壅实于上，致使舌质苍老；若因气血亏虚，不充形体，或阳虚生寒，不运气血，致舌体失养而成嫩舌。

（3）临床意义：舌质老和嫩是辨别疾病虚实的标志之一。

舌质苍老，多为实证；舌质娇嫩，多为虚证。若舌质淡白而嫩，为气血两虚，或为虚寒。

2．胖、瘦舌：

（1）舌形特征：舌体比正常人之舌体大而厚，称为胖舌。其轻者略胖厚，重者胀塞满口，掉动不灵。其中，舌体胖大而娇嫩者，称为胖嫩舌；舌体胖大但不嫩者，称为肿胀舌。舌体比正常舌体瘦小而薄，称为瘦薄舌。

（2）形成机理：舌体胖嫩多因脾肾阳虚，水湿内停，阻聚于舌所致；舌体肿胀多因实邪内盛，致使气血涌积，上壅于舌所致。瘦薄舌是由于阴血大伤，舌失濡养，舌肌萎缩所致。

（3）临床意义：胖舌：主痰饮水湿或邪恶毒气血壅积。舌体胖大，淡白而嫩者，多为脾肾阳虚，水湿停聚；舌肿胀色红绛，多见于心脾热盛；若舌青紫而肿胀，是素喜饮酒，酒毒攻心。此外，先天性舌血管瘤患者，可见舌的局部肿胀色紫，属于血络瘀阻的局部病变，多无全身辨证意义。

瘦舌：主阴血亏虚。舌体瘦薄，舌色淡白者，多见于久病气血两虚；舌体瘦薄，舌色红绛，舌干少苔或无苔，多见于阴虚火旺。

3．裂、纹舌：

（1）舌形特征：舌面上出现各种形状不同，深浅不一，多少不等的裂纹裂沟，而裂沟中并无舌苔覆盖者，称为裂纹舌。裂纹裂沟可见于全舌面，亦可见于舌的前半部或舌尖两侧缘处。

（2）形成机理：由于精血亏虚，或阴津耗损，舌体失养，舌面乳头萎缩或组织皲裂所致。是全身营养不良的一种表现。

（3）临床意义：主精血亏损。

舌色浅淡而裂者，是血虚之候；舌色红绛而裂，则由热盛伤津，阴津耗损所致。《辨舌指南》认为："有纹者血衰也。纹少、纹浅者衰之微；纹多、纹深者衰之甚也。""全舌绛色，或有横直皲纹而短小者，阴虚液涸也。"

此外，在健康人中大约有0.5%的人在舌面上有纵、横向的裂沟，称先天性裂纹舌。其裂纹中有苔覆盖，且无不适症状，是先天性裂纹舌与病理性裂纹舌的鉴别要点。

4．点、刺舌：

（1）舌形特征：点，是舌体上出现较明显的星点，但不棘手者，称星点舌，是蕈状乳头本积增大，数目增多，乳头内充血水肿的表现；刺，是舌体上出现高起软刺，抚之棘手的，称为芒刺舌，指蕈状乳头增大、高突，并形成尖锋的表现。

（2）形成机理：由于脏腑热极，热入营血，营热郁结，舌络充斥所致。

（3）临床意义：提示脏腑热盛，或营血热盛。

根据点刺所在部位推测邪热所在脏腑，如舌尖生点刺，多为心火亢盛；舌中生点刺，多为胃肠热盛；舌边生点刺，多为肝胆火盛。观察点刺的颜色估计气血运行情况以及疾病的程度，如点刺鲜红为血热，点刺绛紫为热盛而气血壅滞。

5．齿痕舌：

（1）舌形特征：舌体边缘有牙齿压迫的痕迹，称为齿痕舌。

（2）形成机理：因脾阳虚衰，水湿内停，湿阻于舌，致舌体肿大，受齿缘挤压而形成。故齿痕舌常与胖嫩舌并见。

（3）临床意义：主脾阳虚衰或气血不足。

舌嫩体胖而有齿痕，为脾虚湿阻；舌嫩不胖而有齿痕，多属气血两虚。若健康人舌体虽有轻微齿痕，长期存在并不消失，舌体并不胖嫩者，是先天性齿痕舌，应予鉴别。

（三）舌态

舌态，即舌体的动态。舌由肌肉所组成，舌肌内纵横交错贯行着筋经、脉络，当脏腑健运，气血充盛，则经络能支配舌体运动。故正常舌态运动灵便，伸缩自如。常见的病理舌态有舌体痿软、强硬、震颤、歪斜、吐弄和短缩等异常变化。

1．痿软舌：

（1）舌态特征：舌体软弱无力，不能随意伸缩回旋。

（2）形成机理：多因气血虚极，阴液亏耗，舌肌筋脉失养而废弛所致。

（3）临床意义：主阴精亏虚或气血俱虚。

痿软舌有暴痿、久痿之分。如舌色红绛而暴痿者，多因邪热之极，灼伤阴液所致。即如《辨舌指南》所说："暴痿多由于热灼，故常出现红干之舌。"舌渐痿软而红绛少苔，多见于外感热病后期，邪热伤阴，或内伤久病，阴虚火旺；舌渐痿软而舌白无华，多见于久病气血虚衰，全身情况较差的患者。

2．强硬舌：

（1）舌态特征：舌体失其柔和，卷伸不利，或板硬强直，不能转动。由于舌能调节声音，故强硬舌患者常出现言语謇涩不清。

（2）形成机理：其成因有三，一是外感邪热，灼伤阴津，扰乱神明，舌脉失养，可致舌体强硬；二是内伤痰浊，蒙闭心窍，舌失所主，而致舌体强硬；三是肝风夹痰，上阻舌络，舌失主宰，舌体强硬。正如《千金要方》指出："舌强不能言，病在脏腑。"说明舌强硬一般不是舌局部的病变，而是关系到内脏的病变。

（3）临床意义：多见于热扰心神，或痰蒙心窍，或风痰阻络。

舌强硬而舌色红绛少津，多见于热扰心神；舌体强硬而舌苔厚腻，多见于痰蒙心神；突然舌强语言謇涩，伴眩晕肢麻者，多为风痰阻络之中风先兆。

3．歪斜舌：

（1）舌态特征：舌体不正，伸舌时舌体偏向一侧，称为歪斜舌。一般舌歪斜在前半部明显，其伸舌时或偏左或偏右，常与口眼㖞斜，半身不遂等症状并见。

（2）形成机理：其形成多因肝风内动，夹瘀或夹痰阻滞于舌的一侧经脉。受阻侧舌肌弛缓，收缩乏力，而健侧肌力如常，故伸舌时舌偏向健侧。

（3）临床意义：肝风夹痰，或痰瘀阻络。

一般舌体偏歪而苔厚腻者，多为肝风夹痰；舌体偏歪而色紫暗者，多属痰瘀阻络。

4．颤动舌：

（1）舌态特征：舌体不自主地颤动，动摇不宁，称为舌颤动。其轻者仅伸舌时颤动；重者不伸舌时亦抖颤难宁。

（2）形成机理：凡血液亏虚、阴液亏少，舌失濡养而无力平稳伸展舌体；或为热灼肝经、肝阳化风，亦可致筋脉拘急，舌体颤动。总之，动则属风，责之于肝。

（3）临床意义：是肝风内动的征象。

舌淡白而颤动者，多见于血虚动风；舌绛紫而颤动，多见于热极动风；舌嫩红少苔而颤动，多见于阴虚动风；舌淡红而麻木颤动，多见于肝阳化风。

5．吐弄舌：

（1）舌态特征：舌伸于口外，不即回缩者，称为吐舌；伸舌即回缩，动如蛇舐，或反复舐其口唇四周，掉动不宁者，均称弄舌。

（2）形成机理：吐舌和弄舌皆因心脾有热，灼伤津液，肝筋失养，引动内风，致舌脉动摇不能自已。

（3）临床意义：吐舌和弄舌一般都属心脾有热。

病情危急时见吐舌，多为心气已绝；弄舌多为热甚动风的先兆，亦可见于唐氏综合征患儿。

6．短缩舌：

（1）舌态特征：舌体卷短、紧缩，不能伸长，严重者舌不抵齿。舌短缩常与舌痿软并见。

（2）形成机理：可因寒凝经脉，舌脉挛急；或脾虚痰盛，梗阻舌根；或热盛伤津，筋脉拘挛等多种病变所致。

（3）临床意义：多为病情危重的征象。

舌短缩，色淡或青紫而湿润，多属寒凝筋脉；舌短缩而胖大，多属痰阻舌络；舌短缩，色红绛而干，多属热盛伤津。

此外，先天性舌系带过短，亦可影响舌体伸出，称为绊舌，无辨证意义，应与短缩舌相区别。

（四）舌下络脉

舌下络脉是位于舌系带两侧纵行的大络脉。望舌下络脉主要观察其长度、形态、颜色、粗细、舌下小血络等变化。

1．观察方法：

（1）姿势：先让病人张口，将舌体向上腭方向翘起，舌尖可轻抵上腭，勿用力太过，使舌体保持自然松弛，舌下络脉充分显露。

（2）顺序：首先观察舌系带两侧的大络脉粗细、颜色，有无怒张、弯曲等改变。然后再查看周围细小络脉的颜色、形态以及有无紫暗的珠状结节和紫色血络。

2．正常舌络：正常舌下络脉直行于舌系带两侧，颜色为淡紫色，管径一般小于2.7毫米，长度不超过舌下肉阜至舌尖的3/5。

3．病理舌络：舌下络脉的变化有时出现在舌色变化之前，是分析气血运行情况的重要依据。

舌下络脉细而短，色淡红，周围小络脉不明显，舌色和舌下粘膜色偏淡者，多属气血不足。舌下络脉粗胀，或舌下络脉呈青紫、紫红、绛、紫黑色，或舌下细小络脉呈暗红色或紫色网状，或舌下络脉曲张如紫色珠子状大小不等的瘀血结节等改变，都是血瘀的征象。其形成原因可有寒热、气滞、痰湿、阳虚等不同。需进一步结合其他症状进行分析。

三、望舌苔

舌苔是散布于舌体上面的一层苔垢。正常舌苔是由脾胃之气上熏，胃津上潮，凝聚于舌面而生。如章虚谷在《伤寒论本旨·辨舌苔》中所说："舌苔由胃中生气所致，而胃气由心脾发生，故无病之人常有薄苔，是胃中之生气，如地上之微草地。"病理舌苔也与胃气上升有关，但往往因病变而夹有食浊邪气上泛于舌而成。故章虚谷又说："胃有生气，而邪入之，则苔即长厚，如草根之得秽浊而长发也。"

由于胃气有强弱，病邪有寒热，故可形成各种不同的病理性舌苔。人以胃气为本，胃气的强弱可以影响全身脏腑、气血、经络，而舌苔又是胃气熏蒸所化，故望舌苔变化可以分析病邪的性质、病位的浅深、邪正的盛衰。故《形色外诊简摩》说："苔乃胃气之所熏蒸，五脏皆秉气于胃，故可借以诊五脏之寒热虚实也。"

望舌苔要注意苔质和苔色两方面的变化。

（一）苔质

苔质，即舌苔的质地、形质。主要观察舌苔的薄厚、润燥、腐腻、剥落、偏全、真假等方面的改变。

1. 薄、厚苔：

（1）苔质特征：凡透过舌苔能隐隐见到舌体之苔称为薄苔，又称见底苔；而不能透过舌苔见到舌体之苔则称厚苔，又称不见底苔。所以，"见底"、"不见底"是判别舌苔薄厚的标准。

（2）形成机理：薄苔是胃气上熏，胃津上潮，凝聚于舌面而成；厚苔是由胃气夹湿浊邪气，积滞于舌面所致。

（3）临床意义：主要反映邪气的浅深和病情的进退。

薄苔提示胃有生发之气，常见于健康人，或见于正气不足，邪亦不盛的病人。厚苔多主邪盛入里，或内有痰湿、食积。《辨舌指南》说："苔垢薄者，形气不足；苔垢厚者，病气有余"。

辨舌苔薄厚可测邪气的深浅。疾病初起在表，病情轻浅，未伤胃气，舌苔亦无明显变化，可见到薄苔。舌苔厚或舌中根部尤著者，多提示胃肠内有宿食，或痰浊停滞，主病位在里，病情较重。故《辨舌指南》曰："薄苔者，表邪初见；厚苔者，里滞已深。"

辨舌苔薄厚可析病情的进退。舌苔由薄变厚，提示邪气渐盛，为病进；舌苔由厚渐化，舌上复生薄白新苔，提示正气胜邪，为病退的征象。但舌苔的薄厚转化，一般是渐变的过程，如薄苔突然增厚，提示邪气极盛，迅速入里；厚苔骤然消退，舌上无新生薄苔，为正不胜邪，或胃气暴绝。

2. 润、燥苔：

（1）苔质特征：苔之润燥，是指舌苔湿润或干燥的程度。一般舌苔干湿适中，不滑不燥，称为润苔；舌面水分过多，伸舌欲滴，扪之湿滑，称为滑苔；苔面干燥，扪之无津，甚则干裂，称为燥苔；若苔质粗糙，扪之涩手者，称为糙苔。

（2）形成机理：润苔是胃津、肾液上潮，布露于舌面所致；滑苔多因寒湿内侵，或阳气虚衰，不化水湿，湿聚于舌面所致；燥、糙舌苔皆因舌面少津，或因热盛伤津，舌失润泽，或因湿遏阳气，气不化津所致。

（3）临床意义：主要反映体内津液盈亏和输布情况。

润苔：舌苔润泽，多属正常。若疾病过程中见润苔，提示体内津液未伤，如风寒表证、湿证初起及食滞、血瘀等证均可见润苔。

滑苔：为水湿之邪内聚的表现，主寒、主湿。如脾阳不振，寒湿内生，或痰饮停肺，水津失布，都可出现滑苔。

燥苔：提示体内津液已伤，如高热、大汗、吐泻后，或过服温燥药物等皆可见燥苔；或为痰饮水湿，遏伤阳气的征象。

糙苔：可由燥苔进一步发展而成。舌苔干结粗糙，津液全无，多见于热盛伤津之重症；苔质粗糙而不干者，多为秽浊之邪久踞中焦。

舌苔由润变燥，表示热重津伤，或津失输布；反之舌苔由燥转润，主热退津复，或饮邪始化。故《辨舌指南》说："滋润者其常，燥涩者其变；滋润者为津液未伤，燥涩者为津液已耗。"此外，《察舌辨症新法》指出："湿证舌润，热证舌燥，此理之常也。然亦有湿邪传入气分，气不化津而反燥者，热证传入血分，舌反润者……"。说明舌苔的润、滑、燥、糙形成的机理并非单一的。

3. 腐、腻苔：

(1) 苔质特征：若苔质疏松，颗粒较大，舌边、中较厚，刮之易去者，是为腐苔，其状如豆腐渣堆积舌面，透过疏松之苔可见到舌质。若苔质致密，颗粒细腻，融合成片，中间苔厚，周边苔薄，紧贴于舌面，揩之不去，刮之不易脱落者，称为腻苔，其状如油腻覆盖舌面，舌质常被舌苔所遮盖。

(2) 形成机理：腐苔的形成，一般先为邪热有余，蒸腾胃中秽浊之邪上泛，聚积于舌所致。腻苔多由湿浊内蕴、阳气被遏，湿浊停积于舌面所致。

(3) 临床意义：主要测知阳气与湿浊的消长。

腐苔：主食积胃肠，或痰浊内蕴。若病中腐苔渐退，续生新苔，为正气胜邪之象；若腐苔脱离舌体，而不能续生新苔，为病久胃气匮乏，属于无根之苔；如内痈或邪毒内结，苔如脓腐，是邪盛病重的表现。

腻苔：主湿浊、痰饮、食积。如苔薄腻或腻而不滞者，多为食积，或是脾虚湿困；苔腻而滑者，为痰浊、寒湿内阻，阳气被迫；舌苔厚腻如积粉者，多为时邪夹湿，自里而发；舌苔厚而粘腻者，是脾胃湿浊之邪上泛所致。

4. 剥落苔：

(1) 苔质特征：舌面本有苔，病程中舌苔全部或部分剥脱者，称剥落苔，简称剥苔。根据舌苔剥落的部位和范围大小不同，临床又分为：舌前部苔剥落者，称前剥苔；舌中苔剥落者，称中剥苔；舌根部苔剥者，称根剥苔；舌苔多处剥落，舌面仅斑驳片存少量舌苔者，称花剥苔；舌苔剥落殆尽，舌面光滑如镜者，称为镜面舌（彩图6）。舌苔剥落处，舌面不光滑，仍有新生苔质颗粒或乳头可见者，称类剥苔。舌苔大片剥落，边缘突起，界限清楚，剥落部位时时转移，称为地图舌。

(2) 形成机理：总因胃气匮乏，不得上熏于舌，胃阴枯涸，不能上潮于口，致使舌苔不能化生而成剥苔。由于导致胃气胃阴亏损的原因有所不同，损伤的程度亦有轻重，因此形成各种类型的剥落苔。

(3) 临床意义：主胃气胃阴亏损或气血两虚，亦可反映邪正盛衰，判断疾病的预后。

舌红苔剥多为阴虚；舌淡苔剥或类剥苔，多为血虚，或气血两虚；镜面舌多见于重病阶段，镜面舌色红者，为胃阴干涸，胃无生发之气；舌色㿠白如镜，毫无血色者，主营血大亏，阳气将脱，病危难治。舌苔部分剥落，未剥落处仍有腻苔或滑苔者，多为正气已虚、湿浊之邪未化，病情较为复杂。此外，剥苔的范围大小，往往与胃之气阴或气血亏损的程度有关，剥苔部位有时与舌面脏腑分部相应。如舌苔从全到剥，是正气渐衰的表现；舌苔剥落后，复生薄白之苔，乃邪去正胜，胃气渐复的佳兆。

辨舌苔的剥落还应与先天性剥苔加以区别。先天性剥苔是生来就有的剥苔，其部位常在舌面中央人字沟之前，呈菱形，多因舌器官先天发育不良所致。

5. 偏、全苔：

（1）苔质特征：舌苔遍布舌面，称为全苔；舌苔仅布于舌面之某些部位（偏于前、后、左、右、内、外）者，称为偏苔。偏苔应与剥苔相鉴别，偏苔为舌苔分布上的病理现象，并非本有苔而剥落后致舌苔显示偏于某处。

（2）形成机理：由于邪气聚于不同脏腑，或某一脏腑精气耗伤，循经映之于舌。

（3）临床意义：舌苔偏于某处，常示舌所候脏腑有邪气停聚，或精气耗伤。

病中见全苔，常主邪气散漫，多为痰湿阻滞中焦之征；偏外苔，是邪气入里未深，而胃气却已先伤；偏内苔，是外邪已退，但胃滞依然；中根部偏苔，是素有痰饮，或胃肠积滞；舌或左或右偏苔，常为肝胆疾病，如肝胆湿热；若舌周偏苔，唯中根部少苔，是胃之精气皆伤。

6. 真、假苔：

（1）苔质特征：无论苔之厚薄，若舌苔中厚边薄，紧贴于舌面，苔底牢着，似从里面生；或苔虽松厚，刮之舌面仍有苔迹；或厚苔脱落，舌面仍有粘膜颗粒，有苔能逐生之象者，为真苔，又叫有根苔。如舌苔四周洁净如截，并无薄薄之苔与舌质相连，似浮涂于舌上，不是舌所自生者，则为假苔，又称无根苔。如直观辨苔尚未有疑问，可采用刮舌法加以区别。

（2）形成机理：真苔是由脾胃生发之气熏蒸，上聚于舌体所成。故其苔是有根蒂的，与舌体不可分离。假苔往往先有胃气上熏，舌上已生真苔，但久病胃气匮乏，不能续生新苔，而已生之苔渐渐脱离舌面形成假苔。

（3）临床意义：对辨别病情轻重，病势顺逆有重要意义。

病之初、中期见真苔，为胃气壅实，病较深重；出现假苔，乃邪浊渐聚，病情尚轻。久病或后期见真苔，提示胃气尚存之顺证；若出现假苔，是胃气匮乏的逆证。

（二）苔色

苔色的变化主要有白苔、黄苔、灰黑苔三类，临床上可单独出现，也可相兼出现。各种苔色变化需要同苔质、舌色、舌的形质变化结合起来，作具体分析。

1. 白苔：

（1）苔色特征：白苔有薄厚之分。舌上薄薄分布一层白色舌苔，透过舌苔可以看到舌体者，是薄白苔（彩图7）；苔色呈乳白色或粉白色，舌边尖稍薄，中根部较厚，舌体被舌苔遮盖而不被透出者，是厚白苔（彩图8）。白苔是最常见的苔色，其他各色舌苔均可由白苔转化而成。

（2）形成机理：白苔是由于胃气上熏，凝聚于舌面而成；或因阳虚内寒，或外感寒邪，遏伤阳气，致寒凝于舌而见白苔。

（3）临床意义：白苔可为正常舌苔，病中一般主表证、寒证。

薄白苔：舌苔薄白而润，可为正常舌象，或为表证初起，或是里证病轻，或是阳虚内寒证；薄白而干，常见于表证未解，津液已伤；薄白而滑，多为外感寒湿，或脾阳不振，水湿内停。

厚白苔：白厚腻苔多为湿浊内困，或为痰饮内停，亦可见于食积；白厚腻干苔多为湿浊中阻，津气不得宣化之象；苔白如积粉，扪之不燥者，称为积粉苔，常见于外感温热病，秽浊湿邪与热毒相结而成；苔白而燥裂，扪之粗糙，提示燥热伤津。

2. 黄苔：

（1）苔色特征：黄苔有淡黄、深黄和焦黄苔之别。淡黄苔又称微黄苔，是在薄白苔上出现均匀的浅黄色，多由薄白苔转化而来；深黄苔又称正黄苔，苔色黄而略深厚（彩图9）；焦黄苔又称老黄苔，是正黄色中夹有灰褐色苔（彩图10）。黄苔多分布于舌中，亦可满布于全舌。黄苔多与红绛舌同见。黄苔常有厚薄、润燥、腻浊等苔质变化。黄苔一般不易除却，用力刮去，复生如故。

（2）形成机理：多因病邪入里，邪已化热，脏腑内热，熏灼胃腑，胃气夹邪热上泛于舌，故苔色变黄。

（3）临床意义：一般主热证、里证。

一般苔色愈黄，邪热愈甚。淡黄苔为热轻，深黄苔为热重，焦黄苔为热极。

舌苔由白转黄，提示邪已化热入里。黄白相兼苔，是外感表证处于化热入里、表里相兼阶段的表现。薄黄苔示邪热未甚，多见于风热表证，或风寒化热入里。苔黄而质腻者，称黄腻苔，主湿热蕴结、痰饮化热，或食积热腐等证。黄而粘腻苔，为痰涎或湿浊与邪热胶结之象。苔黄而干燥，甚至苔干而硬，颗粒粗松，望之如沙石，扪之糙手者，称黄糙苔；苔黄而干涩，中有裂纹如花瓣形，称黄瓣苔；黄黑相兼，如烧焦的锅巴，称焦黄苔。三者均主邪热伤津，燥结腑实之证。苔淡黄而润滑多津者，称黄滑苔，多为阳虚寒湿之体，痰饮聚久化热；或是气血亏虚者，感受湿热之邪。

3. 灰黑苔：

（1）苔色特征：苔色呈浅黑色即为灰苔（彩图11），苔色呈深灰色即为黑苔（彩图12）。灰苔与黑苔同类，只有轻重之别，故常并称为灰黑苔。根据苔色的浅深，临床又可分为灰黑、棕黑、焦黑、漆黑等不同的灰黑舌苔。灰黑苔可逐渐转变成为灰白苔、薄白苔，也可完全脱落而现光红舌质。

（2）形成机理：一般说灰黑苔多由白苔或黄苔转化而成，在疾病发展到相当程度后才出现。黑为肾之本色，肾阳亏虚，里寒之极，寒水上泛，故舌苔灰黑而润；若里热极盛，肾水不克于火，反被里热炽灼熏化，则舌苔灰黑而干。

（3）临床意义：一般主里热或里寒的重证。苔质的润燥是鉴别其寒热属性的重要指征。

白腻灰黑苔，为白腻苔日久不化，在舌中根部出现灰黑苔，舌面湿润，多为阳虚寒湿、痰饮内停。黄腻灰黑苔，多为湿热内蕴，日久不化所致。苔焦黑干燥，为热极津枯之证。苔黄赤兼黑者，名霉酱苔，常由胃肠宿食湿浊，积久化热，熏蒸秽浊上泛舌面而成，也可见于血瘀气滞或湿热夹痰的病证。

值得注意的是，灰黑苔苔色深浅虽与疾病程度相应，但也有苔黑而病轻，甚至没有明显症状者。

四、舌象的综合分析

(一) 正常舌象

人在生理状态时舌质、舌苔的综合形象，称为正常舌象，是将舌质（舌色、舌形、舌态）和舌苔（苔质、苔色）的各基本因素中正常表现综合起来的舌象。

1. 舌象特征：舌色淡红，舌形适中、柔软，舌态灵活自如；苔质薄匀润泽，苔色白。一般简称为"淡红舌，薄白苔"。

2. 形成机理：中医文献论述颇多，如《舌鉴总论》说："舌乃心苗，心属火，其色赤，心居肺内，肺属金，其色白，故当舌地淡红，舌胎微白。"《伤寒论本旨》说："舌苔由胃中生气所现，而胃气由心脾发生。故无病之人常有薄苔，是胃中之生气，如地上之微草也。"现代研究认为，舌粘膜固有层的血管十分丰富，使舌呈红色，但舌体表面有一层白色半透明的角质层遮盖，故肉眼所见为淡红色。薄白苔是由于舌丝状乳头分化的角化树与充填在其间隙中的脱落角化上皮细胞、细菌、食物碎屑、渗出的白细胞等共同组成。

3. 临床意义：由于舌象的形成与脏腑、气血、津液的功能有关，故正常舌象提示脏腑功能正常、气血津液充盈、胃气旺盛。

4. 生理变异：正常舌象受内外环境影响可以产生生理性变异，了解生理性变异的特征和原因，及其在健康人群中的分布情况，就可以知常识变，有助于正确判断舌象的临床意义。

(1) 年龄：年龄是舌象生理变异的重要因素之一。如儿童阴阳稚弱，脾胃功能尚薄，生长发育很快，往往处于代谢旺盛而营养相对不足的状态，所以舌质多淡嫩，舌苔少或剥；老年人精气渐衰，脏腑功能减退，气血运行迟缓，舌粘膜的角化度增加，舌色较暗红或带紫暗色，但均无明显的病变，故属生理性变异。

(2) 性别：临床调查表明，舌象一般与男女性别无明显关系。但是女性因生理特点，在月经期可以出现蕈状乳头充血而舌质偏红，或舌尖边部有明显的红刺，月经过后可以恢复正常。

(3) 体质：《辨舌指南》说："无病之舌，形色各有不同，有常清洁者，有稍生苔层者，有鲜红者，有淡白色者，或为紧而尖，或为松而软，并有牙印者……此因无病时各有禀体不同，故舌质亦异也。"提示因禀赋体质不同，可以出现一些异常舌象。除上述外，尚有先天性裂纹舌、齿痕舌、短缩舌和剥落苔等，多见于禀赋不足，体质较弱者，虽长时期无明显临床症状，但可以表现出对某些病邪的易感性，或某些疾病的好发性。

(4) 气候：自然环境的变动，可引起舌象的相应变化。吴坤安说："平人舌中常有浮白苔一层，或浮黄苔一层，夏月湿土司令，苔每较厚而微黄，但不满不板滞。"反映了人的生理活动与自然界息息相关，这种天人相应的生理现象，亦反映在舌象上。

应当指出，正常人出现异常舌象，除了上述生理因素外，有一部分可能是疾病前期的征象。因为舌象能灵敏地反映机体内部的病变，舌象变化可早于自觉症状而出现，因此，还须把真正的生理变异与病变前期的病态舌象区分开来。一般属于生理性变异所致者，异常舌象往往是长期不变的，无任何不适症状出现，可以通过问诊加以区别，必要时可进行随访后再做出判断。

(二) 察舌之神气和胃气

1. 舌之神气：舌之神气，又称舌神，是人体生命活动在舌上的集中表现。望舌神主要从舌色、舌泽、舌态等方面综合分析。

（1）舌象特征：舌色红润，舌泽鲜明，舌动自如者，为有神之舌；舌色晦暗，舌泽枯涩，舌动呆滞，为无神之舌，其中尤以舌色是否"红润"、"晦暗"作为辨别要点。

（2）形成机理：由于舌之颜色可反映气血的盛衰，舌的光泽可反映津液的盈亏，而舌体活动则反映脏腑的虚实，故审舌神可对体内气血、津液、脏腑的情况获得一个总的映象。

（3）临床意义：舌神是衡量机体正气盛衰的标志之一，也是估计疾病轻重和预后的依据。

一般而言，有神之舌，虽病也是善候，预后良好；无神之舌，主病重恶候，预后较差。正如《辨舌指南》所说："凡舌质有光有体，不论黄、白、灰、黑，刮之里面红润，神气荣华者，诸病皆吉；若舌质无光无体，不拘有苔无苔，视之里面枯晦，神气全无者，诸病皆凶"。

2．舌之胃气：舌之胃气，是指脾胃生发之气在舌上的表现。胃气的盛衰，在舌象上主要表现为舌苔的生长情况。

（1）舌象特征：有根苔为有胃之舌，即舌苔中厚边薄，紧贴舌面，或刮之有苔迹，或苔虽脱落但仍有苔粒逐渐生出；无根苔为无胃之舌，即舌苔似无，或光剥如镜，或刮之即去，不留苔迹，或舌苔退后不易复生。

（2）形成机理：由于舌苔是由脾胃生发之气熏蒸，上聚于舌体所成，故有胃气之舌是有根蒂的，与舌体是不可分离的；而无胃气之舌，因胃气匮乏，不能续生新苔，以致不能与胃气相通而呈无根。

（3）临床意义：舌有胃气者，表明正气未衰，病情较轻，或病情虽重，但预后良好；舌无胃气者，病情较重，或不易恢复，预后较差。

（三）舌质舌苔综合分析

人体是复杂的整体，舌象与机体的脏腑、气血、津液等都有密切联系，但是，舌质和舌苔的变化，所反映的生理病理意义各有侧重。一般认为，舌质主要反映脏腑气血津液的情况；舌苔主要与感受病邪和病证的性质有关。故观察舌质可以了解脏腑的虚实、气血的盛衰、津液的盈亏；观察舌苔则重在辨病邪的寒热、邪正的消长。在临床诊病时，不仅要分别掌握舌质、舌苔的基本变化及其主病，还应注意舌体和舌苔之间的相互关系，将舌体和舌苔结合起来进行分析。

1．舌质或舌苔单方面异常：无论病之久暂，舌质或舌苔单方面异常多表明病情尚属单纯。

（1）单见舌质异常：舌苔薄白而出现舌质老嫩、舌体胖瘦或舌色红绛、淡白、青紫等变化时，主要反映脏腑功能强弱，或气血、津液的盈亏及运行的畅滞，或为病邪损及营血的程度等，临床治疗应着重于调整阴阳，调和气血，扶正祛邪。

（2）单见舌苔异常：如淡红舌而伴有干、厚、腻、滑、剥等苔质变化，或苔色出现黄、灰、黑等异常时，主要提示病邪性质、病程长短、病位深浅，邪气盛衰和消长等方面情况，而正气尚未明显损伤，故临床治疗时应以祛邪为主。

2．舌苔和舌质均出现异常：

（1）舌质与舌苔变化一致：提示病机相同，主病为两者意义的综合。例如舌质红，舌苔黄而干燥，主实热证；舌质淡嫩，舌苔白润，主虚寒证；舌质红绛而有裂纹，舌苔焦黄干燥．多主热极津伤；青紫舌与白腻苔并见，提示气血瘀阻，痰湿内阻等病理特征。

（2）舌质和舌苔变化不一：应对二者的病因病机以及相互关系进行综合分析。如淡白舌黄腻苔，其舌淡白多主虚寒，而苔黄腻又常为湿热之征，舌色和苔色虽有寒热之别，但是舌质主要反映正气，舌苔主要反映病邪，所以脾胃虚寒而感受湿热之邪可见上述之舌象，表明本虚标实，寒热夹杂的病变特征。又如红绛舌白滑腻苔，舌色红绛属内热盛，而白滑腻苔又常见于寒湿困阻，苔和舌亦反映了寒、热两种病证，分析其成因可能是由于外感热病，营分有热，故舌色红绛，但气分有湿，则苔白滑而腻；又有素体阴虚火旺，复感寒湿之邪成饮食积滞，亦可见红绛舌白滑腻苔。所以，当舌苔和舌质变化不一致时，往往提示体内存在两种或两种以上的病理变化，病情一般比较复杂，舌象的辨证意义亦是二者的结合，临床诊疗中要注意处理好几方面的标本缓急关系，而不能轻易从舍。

（四）舌象的动态分析

在疾病发展过程中，舌象亦随之相应变化。外感病中舌苔由薄变厚，表明邪由表入里；舌苔由白转黄，为病邪化热的征象；舌色转红，舌苔干燥为邪热充斥，气营两燔；舌苔剥落，舌质光红为热入营血，气阴俱伤等等。在内伤杂病的发展过程中，舌象亦会产生一定的变化规律，如心血瘀阻所致的真心痛病人，发病初期一二天内，可见舌色偏暗，而苔无变化，此后大多数病人的舌苔由薄白变为白腻或黄腻，并且薄变厚，如病情稳定，则在十余天后腻苔渐化，而生薄白苔，舌色由暗滞逐渐恢复成淡红色，舌象提示疾病趋向好转。若舌苔由薄白变为灰苔、黑苔或黄褐苔；或厚苔日久不退，提示病情日趋严重。若发病初期即见黄腻苔，或黄褐苔，多提示病情复杂，常伴有严重的合并症；若舌苔骤退，转为剥苔，提示胃气将绝，预后不良。又如中风病人舌色淡红，舌苔薄白，表示病情较轻，预后良好，如舌色由淡红转红，转暗红、红绛、紫暗，舌苔黄腻或焦黑，或舌下络脉怒张，表明风痰化热，瘀血阻滞。反之，舌色由暗红、紫暗转为淡红，舌苔渐化，多提示病情趋向稳定好转。掌握舌象与疾病发展变化的关系，可以充分认识疾病不同阶段所发生的病理改变，为早期诊断、早期治疗提供重要依据。

这里将舌质、舌苔综合分析的临床常见舌象及其主病归纳如表2-4。

表2-4　　　　　　　　　　　　临床常见舌象及其主病

舌象		简　称	主　病
舌质	舌　苔		
淡	薄　白	淡红舌，薄白苔	健康人；风寒表证；病势轻浅
	白　苔	舌尖红，白苔	风热表证；心火亢盛
	白腻而厚	淡红舌，厚白腻苔	湿浊痰饮内停；食积胃肠，寒湿痹证
	白似积粉	淡红舌，积粉苔	瘟疫初起；内痈
	白　腐	淡红舌，白腐苔	痰食内途，胃浊蕴热
红	薄　黄	淡红舌，薄黄苔	里热轻证
	黄干少津	淡红舌，黄干苔	里热伤津化燥；津枯血燥；胃肠干枯
	黄　腻	淡红舌，黄腻苔	里有湿热；痰浊内停化热
	薄白夹淡黄苔	淡红舌，黄白苔	外感表证将要传里化热
	灰黑湿润	淡红舌，灰黑润苔	寒证，阳虚

续表

舌象		简称	主病
舌质	舌苔		
淡白	无苔	淡红舌，无苔	久病阳衰，气血俱虚
	中无苔，边薄白	淡白舌，中剥苔	气血两亏，胃阴不足
	白苔	淡白舌，白苔	中阳不足，气血虚弱
	白腻	淡白舌，白腻苔	脾胃虚弱；痰湿停聚
	灰黑润滑	淡白舌，黑润苔	阳衰内寒，痰湿内停
	白而干燥	红舌，白干苔	邪热入营伤津
鲜红	薄黄少津	红舌，薄黄干苔	里热证，津液已伤
	厚黄少津	红舌，厚黄干苔	气分大热，阴液耗损
	黄腻	红舌，黄腻苔	湿热内蕴；痰热互结
绛红	焦黄干裂	绛舌，焦黄苔	邪热深重，胃肠热结
	黑而干燥	绛舌，黑干苔	热极伤阴
	无苔	绛舌，无苔	热入血分；阴虚火旺
青紫	黄燥	紫舌，黄燥苔	阴血枯燥，虚火内燔
	白润	紫舌，白润苔	阳衰寒盛，气血凝滞

（五）危重舌象的诊法

病情发展到危重阶段所出现的特殊的形色变化的舌象，称为危重舌象。危重舌象是患者体内脏腑气机紊乱，阴阳气血精津告竭的征象。前人对审察危重舌象做出了经验总结。

1. 猪腰舌：舌如去膜的猪腰，多见于热病伤阴，胃气将绝，主病危。

2. 镜面舌：舌深绛而光亮如镜，主胃气、胃阴枯涸；舌色㿠白如镜，毫无血色，也称㿠白舌，主营血大亏，阳气将脱，均为病危难治之症。

3. 砂皮舌：舌糙刺如砂皮，或干燥枯裂，主津液枯竭，病危。

4. 干荔舌：舌敛束而无津，形如干荔肉，主津枯热炽，病危。

5. 火柿舌：舌如火柿色，或紫色而干晦如猪肝色，主内脏败坏，病危。

6. 赭黑舌：舌质色赭带黑，主肾阴将绝，病危。

7. 瘦薄无苔舌：舌体瘦小薄嫩，光而无苔，属胃气将绝，难治。

8. 囊缩卷舌：舌体蜷缩，且阴囊缩入，属厥阴气绝，难治。

9. 语謇强直舌：舌本强直，转动不灵，且语言謇涩，难治。

10. 蓝舌而苔黑或白：舌质由淡紫转蓝，舌苔由淡灰转黑，或苔白如霉点、糜点，主病危重，难治。

以上所列的危重舌象，是前人望舌的经验总结，临证参考这些舌象，对推断病情轻重，预测病情吉凶，具有一定意义。但病至危重时期，不仅影响舌象，也必然会有全身证候表现，故临床也不能拘泥于上述舌象变化，仍应四诊合参，综合判断，并进行积极治疗。

五、舌诊的临床意义

由于舌象变化能较客观地反映病情，故对临床辨证、立法、处方、用药以及判断疾病转归，分析病情预后，都有十分重要的意义。正如《临症验舌法》所说："凡内外杂证，无一不呈其形，著其气于舌……据舌以分虚实，而虚实不爽焉；据舌以分阴阳，而阴阳不谬焉；据舌以分脏腑，配主方，而脏腑不差，主方不误焉。危急疑难之顷，往往无证可参，脉无可按，而惟以舌为凭；妇女幼稚之病，往往闻之无息，问之无声，而唯有舌可验。"临床意义有如下几个方面：

（一）判断邪正盛衰

正气盛衰能明显地反映于舌，如气血充盛则舌体红润；气血不足则舌色淡白。津液充足则舌质舌苔滋润；津液不足则舌干苔燥。胃气旺盛则舌苔有根；胃气衰败则舌苔无根或光剥无苔。气血运行正常则色红活鲜明；气滞血瘀则舌色青紫或舌下络脉怒张。

（二）区别病邪性质

不同的病邪致病，舌象特征亦各异。如外感风寒，苔多薄白；寒湿为病，舌淡而苔白滑；痰饮、湿浊、食滞或外感秽浊之气，均可见舌苔厚腻；燥热为病，则舌红苔燥；瘀血内阻，舌紫暗或有斑点等。故风、寒、热、燥、湿、痰、瘀、食等诸种病因，大多可从舌象上加以辨别。

（三）辨别病位浅深

病邪轻、浅多见舌苔变化，而病情深、重可见舌苔舌体同时变化。邪在卫分，则舌苔薄白；邪入气分，舌苔白厚而干或见黄苔，舌色红；邪入营分则见舌绛；邪入血分，舌色深红、紫绛或紫暗，舌枯少苔或无苔。说明不同的舌象提示病位浅深不同。脏腑功能失常亦常见于舌，如脾失健运，湿邪困阻每见舌苔厚腻；肝风内动多有舌体震颤或歪斜；心脾郁热舌生疮疡、红肿热痛或吐舌、弄舌等。

（四）推断病势进退

从舌苔上看，舌苔由白转黄，由黄转焦黑色，苔质由润转燥，均提示热邪加甚而津液被耗。反之，苔由厚变薄，由黄转白，由燥变润，为邪热渐退，津液复生，病情向好的趋势转变。若满舌厚腻苔突然剥落，舌光滑无苔，是邪盛正衰，胃气、胃阴暴绝的征候；苔突然增厚，是病邪急剧入里的表现，两者均为恶候。从舌体观察，舌色淡红转红、绛，甚至转为绛紫，或舌上起刺，是邪热深入营血，有伤阴、血瘀之势；舌色由淡红转为淡白、淡青紫，或舌胖嫩湿润，则为阳气受伤，阴寒渐盛，病情由表入里，由轻转重，由单纯变复杂，病势在进展。

（五）估计病情预后

舌荣有神，舌面薄苔，舌态正常者，为邪气未盛，正气未伤之象，预后较好。舌质枯晦，舌苔无根，舌态异常者，为正气亏损，胃气衰败，病情多凶险。

第四节　望排出物

望排出物是观察病人的分泌物、排泄物和某些排出体外的病理产物的形、色、质、量的变化以诊断病情的方法。

分泌物主要是指人体官窍所分泌的液体，它具有濡润官窍等作用，如泪、涕、唾、涎等，其色、质、量的表现与脏腑的功能密切相关，当脏腑有病时，可引起其发生异常改变。排泄物是人体排出的代谢废物，如大便、小便、月经等，当脏腑有病时，也可发生相应的形、色、质、量的异常改变。此外，人体有病时所产生的某些病理产物，如痰液、呕吐物等也属非出物范畴，其色质量的变化也与病情密切相关。

望排出物变化总的规律是：凡色白、质稀者，多属虚证、寒证；凡色黄、质稠者，多属实证、热证。

一、望痰涕

（一）痰

痰是由肺和气道排出的病理性粘液。观察痰的色、质、量的变化，可以判断脏腑的病变和病邪的性质。

痰白清稀者，多属寒痰。因寒邪伤阳，津凝不化，聚而为痰，或脾阳不足，湿聚为痰，上犯于肺所致。痰黄稠有块者，多属热痰。因邪热犯肺，煎津为痰，肺失清肃所致。痰少而粘，难于咯出者，多属燥痰。因燥邪犯肺，耗伤肺津，或肺阴虚津亏，清肃失职所致。痰白滑量多，易于咯出者，多属湿痰。因脾失健运，水湿内停，湿聚为痰，上犯于肺所致。痰中带血，色鲜红者，称为"咯血"。多见于肺阴亏虚和肝火犯肺等病人，因火热灼伤肺络所致。咯吐脓血痰，气腥臭者，为肺痈。是热毒蕴肺，化腐成脓所致。

（二）涕

涕是鼻腔分泌的粘液，涕为肺之液。

鼻塞流清涕是上感风寒。若鼻流清涕不止，为"鼻鼽"，是风寒束于肺卫所致。鼻流浊涕，是外感风热。若稠涕似脓血，腥臭难闻，或流黄水，长湿不干，称为"鼻渊"，是湿热蕴阻所致。

二、望涎唾

（一）涎

涎是从口腔流出的清稀粘液，涎为脾之液，由口腔分泌，具有濡润口腔、协助进食和促进消化的作用。望涎可以诊察脾与胃的病变。

口流清涎量多者，多属脾胃虚寒。因脾胃阳虚，气不化津所致。口中时吐粘涎者，多属脾胃湿热。为湿热困阻中焦，脾失运化，湿浊上泛所致。小儿口角流涎，涎渍颐下，称为"滞颐"。多由脾虚不能摄津所致，亦可见于胃热虫积。睡中流涎者，多为胃中有热或宿食内停。

（二）唾

唾是从口腔吐出的稠滞泡沫状粘液。唾为肾之液，然亦关乎胃。

肾阳气不足，失其温养之职，气化失司，则水邪上泛而为唾沫，故胃寒、肾虚者均见多唾。胃中有积冷、宿食或湿邪留滞，唾液随胃气上逆而溢于口，故胃有实邪停滞亦见多唾。

三、望呕吐物

呕吐物是胃气上逆，由口鼻而出的胃内容物，外感内伤皆可引起。

呕吐物清稀无酸臭味,多因胃阳不足,腐熟无力,或寒邪犯胃,损伤胃阳,导致水饮内停,胃失和降所致。呕吐物秽浊有酸臭味,多因邪热犯胃,胃失和降则呕吐,邪热蒸腐胃中饮食则吐物酸臭。吐不消化食物味酸腐,多属伤食,因暴饮暴食,损伤脾胃,而致呕吐。呕吐黄绿苦水,多属肝胆郁热或湿热。呕吐清水痰涎,胃脘有震水声者,为水饮内停于胃,胃失和降所致。吐血鲜红或紫暗有块,夹有食物残渣者,属胃有积热,或肝火犯胃,或胃腑血瘀所致。

四、望二便

(一) 大便

正常的大便色黄,呈圆柱状或条状。大便清稀水样,多为外感寒湿,或饮食生冷,脾失健运,清浊不分所致。大便黄褐如糜而臭,多为湿热或暑湿伤及胃肠,大肠传导失常所致。大便清稀,完谷不化,或如鸭溏,多属脾虚泄泻或肾虚泄泻。大便如粘冻,夹有脓血,多属痢疾,为湿热蕴结大肠,大肠传导失职所致,其中血多脓少者偏于热,病在血分;脓多血少者偏于湿,病在气分。大便色灰白,溏结不调,多见于黄疸病。大便燥结,干如羊粪,排出困难,多因热盛伤津,或胃火偏亢,大肠液亏,传化不行所致,亦可见于噎膈病人。大便带血,或便血相混,或排出全为血液者,称为"便血"。其中,血色鲜红,附在大便表面或于排便前后滴出者,为近血(降结肠及其以下部位出血),可见于风热灼伤肠络所致的肠风下血,或痔疮、肛裂出血等;血色暗红或紫黑,与大便均匀混合者,为远血(上消化道出血),可因内伤劳倦、肝胃瘀滞等所致。

(二) 小便

正常的小便色淡黄,清净而不浑浊。冬天汗少尿多,其色较清,夏日汗多尿少,其色较黄。小便清长,见于病人多属虚寒证,因寒则汗液不泄,无热则津液不伤,水津下趋膀胱,故小便清长量多。小便短黄,见于病人多属实热证,因热盛伤津,或汗、吐、下、利,伤津所致。尿中带血,见于尿血、血淋等病人,多因热伤血络,或脾肾不固,或湿热蕴结膀胱所致。尿有沙石,见于石淋病人。小便浑浊如米泔水,或滑腻如脂膏,见于尿浊、膏淋等病人,多因脾肾亏虚,清浊不分,或湿热下注,气化不利,不能制约脂液下流所致。

第五节　望小儿指纹

小儿指纹是指浮露于三岁以内小儿两手示指掌侧前缘部的浅表络脉。望小儿指纹是观察三岁以内小儿示指指纹的形色变化以诊察病情的方法。

小儿指纹诊法始见于唐·王超的《水镜图诀》,是从《灵枢·经脉》"诊鱼际络脉法"发展而来。后世医家如宋·钱乙的《小儿药证直诀》、清·陈复正的《幼幼集成》、林之翰的《四诊抉微》、汪宏的《望诊遵经》等,对此法都有详细的论述和发挥,使之广泛应用于儿科临床,对诊断小儿疾病具有重要的意义。

因示指掌侧前缘络脉为寸口脉的分支(其支从腕出别上,循次指内廉,出其端),与寸口脉同属手太阴肺经,其形色变化,在一定程度上可以反映寸口脉的变化,故望小儿指纹与诊寸口脉意义相同,可以诊察体内的病变。加之三岁以内的小儿寸口脉位短小,切脉时只能

"一指定三关"，诊脉时又常哭闹，气血先乱，影响了脉象的真实性，故脉诊不易准确。而小儿皮肤较薄嫩，示指络脉易于观察，故常以望指纹辅助脉诊。

一、小儿指纹诊察方法

诊察时，令家长抱小儿面向光亮，医生用左手拇指和示指握住小儿示指末端，再以右手拇指的侧缘蘸少许清水后在小儿示指掌侧前缘从指尖向指根部推擦几次，用力要适中，使指纹显露，便于观察。

二、正常小儿指纹

（一）指纹特点

在示指掌侧前缘，隐隐显露于掌指横纹附近，纹色浅红略紫，呈单支且粗细适中。

（二）影响因素

小儿指纹亦受多种因素的影响，应予注意。如：年幼儿络脉显露而较长；年长儿络脉不显而略短。皮肤薄嫩者，指纹较显而易见；皮肤较厚者，络脉常模糊不显。肥胖儿络脉较深而不显；体瘦儿络脉较浅而易显。天热脉络扩张，指纹增粗变长；天冷脉络收缩，指纹变细缩短。因此，望小儿指纹也要排除相关影响，才能作出正确诊断。

三、病理小儿指纹

对小儿病理指纹的观察，应注意其纹位、纹态、纹色、纹形4方面的变化，其要点可概括为：三关测轻重，浮沉分表里，红紫辨寒热，淡滞定虚实。

（一）三关测轻重

小儿示指按指节分为三关：示指第一节（掌指横纹至第二节横纹之间）为风关，第二节（第二节横纹至第三节横纹之间）为气关，第三节（第三节横纹至指端）为命关（图2-23）。根据络脉在示指三关是出现的部位，以测定邪气的浅深，病情的轻重。指纹显于风关附近，是邪气入络，邪浅病轻，可见于外感初起；指纹达于气关，是邪气入经，邪深病重；指纹达于命关，是邪入脏腑，病情严重；若指纹直达指端，称为"透关射甲"，提示病情凶险，预后不良。

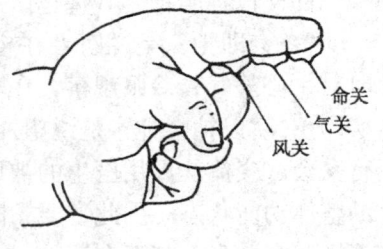

图 2-23　三关示意图

据现代研究，在心气心阳虚衰和肺热病患儿，大多出现指纹向命关伸延的情况，这是由于静脉压升高所致。因指纹充盈度与静脉压有关，静脉压愈高，指纹充盈度就愈大，也就愈向指尖方向发展。血虚患儿由于红细胞及血红蛋白减少，则指纹变淡。

（二）浮沉分表里

指纹浮而显露，为病邪在表，见于外感表证；指纹沉隐不显，为病邪在里，见于内伤里证。

（三）红紫辨寒热

指纹的颜色变化，主要有红、紫、青、黑、白等。指纹鲜红，属外感表证、寒证；指纹紫红，属里热证；指纹青色，主疼痛、惊风；指纹淡白，属脾虚、疳积；指纹紫黑，为血络郁闭，病属重危。一般来说，指纹色深暗者，多属实证，是邪气有余；纹色浅淡者，多属虚证，是正气不足。故《四诊抉微》说："紫热红伤寒，青惊白主疳。"

（四）淡滞定虚实

指纹浅淡而纤细者，多属虚证；指纹浓滞而增粗者，多属实证。

自 学 指 导

【重点难点】

1. 怎样理解"望而知之谓之神"？

《难经·六十一难》云："望而知之者谓之神"，列为四诊之首。"神"者，指具有极高水平的境界。其含义有二：一指患者就诊时，通常给医生的第一临床现象就是望诊所得，再经过四诊互参而使其丰富起来；二是学识渊博且经验丰富的医生，根据第一临床现象，就可以形成一定的方向性诊断，或已知其病之大概，再经四诊合参，分析其病因病机，鉴别有关诊断，就能使诊断明确起来。故元·滑寿《难经本义》说："望而知之者，望见其五色以知其病。"

2. 望神须注意"一会即觉"、"以神会神"。

"一会即觉"、"以神会神"是望神的方法，这种提法见于清·石寿棠《医源·望神须察神气论》，其曰："望而知之谓之神，既称之曰神，必能以我之神，会彼之神。夫人之神气，栖于两目，而分乎百体，尤必统百体察之。……人之神气，在有意无意之间流露最真，医者清心凝神，一会即觉……不宜过泥，泥则私意一起，医者与病者神气相混，反觉疑似，难以捉摸。此又以神会神之妙理也。"

"一会即觉"是说医者在望神时，要在刚一接触病人，病人还未注意（有意无意之间）时，平心静气，冷眼观察，在非常短暂的时间内凭自己的直觉即可获得对病人神的衰旺的真实印象。"以神会神"是说望神的方法，以己之神会彼之神，以医生的意识与病人的意识进行交会、交流。即用医生的神识来观察病人的神识，以此来了解病人的精神意识状态和机体的整体功能状态。因此，要求医者在望神时，神应专一，善于用自己的神去察病人的神气，否则所察非真，甚至有误。

人是有思维、有情感的，当病人发现医生在注意自己时，往往会表现拘谨，有所掩饰，掩盖了其神的真实情况。而医生如果过于用意，进行长时间的观察，也往往容易产生主观想法，而影响了观察所得的客观印象，反而不易做出正确的判断。所以，望神的最佳时机是医生刚一接触病人，病人尚未注意、毫无拘谨、没有掩饰、流露真实表情的时候，此时所表现的神气最为可靠。这种"一会即觉"、"以神会神"的能力，需要平时在临床和生活实践中不断加以训练才能获得。

3. 神的表现不限于望诊范畴。

在临床望神中，无论是得神，或失神、少神、假神的表现中，需从面色、声息、体态、言谈、目光各方面以及舌象、脉象等多方面去诊察，其中有一部分并不属于望诊内容，如言谈、声息，还有舌神、脉神和饮食情况等，则属于闻诊、脉诊或问诊的内容了，故诊神并不局限于望诊。

4. 诊察眼神的变化是望神的重点。

《灵枢·大惑论》曰："五脏六腑之精气皆上注于目而为之精。"又曰："目者，心之使也；心者，神之会也。"可见目的活动是受心神的支配的，而目的功能正确与否与五脏六腑精气之盛衰有着密切关系。此外，眼睛的有神无神，对判断疾病的吉凶，也有着极为重要的意义。如清·周学海在《形色外诊简摩》曰："凡病虽剧，而两眼有神，顾盼灵活者，吉。"因此，观察眼神的变化是望神的主要内容之一。

5. 关于"少神"的问题。

少神也称作"神气不足"，是临床最常见的一类病理表现，它介于得神和失神之间，多因疾病导致人体正气损伤所致，常见于虚证。将少神列入望神的内容之中，以便为精确地判断脏腑精气和功能损伤的程度，是很有必要的。

少神的表现又可分为轻重两类：其轻者，精神不振，不欲言语，声低息怯，健忘嗜睡，倦怠乏力；其重者，目光晦滞，精神淡漠，意识欠清，感觉迟钝，动作迟缓，思维贫涩。从有神→少神→失神，提示疾病由轻转重，脏腑精气逐渐亏损，功能衰退。少神的提出对于衡量病情轻重程度有一定的意义。

6. "神乱"不等于"失神"。

神乱与失神都有精神症状，但神乱与精气衰竭的失神有着本质的不同。

神乱即精神错乱或神志失常。其临床表现有焦虑恐惧、狂躁不安、精神痴呆、卒然昏倒等症状，多见于癫、狂、痫、脏躁等病人，其特点大多是反复发作而缓解期不出现神志失常。这些都是由特殊的病因病机和发病规律所决定的，多为邪气干扰心神所引起的神气变化，如痰火扰乱心神而狂躁不安、痰浊蒙蔽心神而淡漠痴呆、肝气夹痰上逆阻闭清窍而卒然昏倒等，多为实证。其一般发生在疾病的发展过程中，不一定是疾病的末期，也不一定预示着病情危重。其神志失常表现只能作为疾病诊断的依据，而不具有下述"失神"的临床意义。例如癫、狂、痫等，其病程均较长，但全身检查无明显的正气虚损或虚损不甚之候，一般不会很快出现死亡。

失神，又称无神。临床上失神虽有语言错乱、神昏谵语、卒然昏仆、烦躁不安、循衣摸床、撮空理线等精神失常的表现，但它却是脏腑功能衰败、正气大伤、精气严重亏损时出现的神气变化，多见于久病患者，多为虚证。而且失神多发生于疾病病变过程的末期，疾病的危重阶段，属于精气严重亏损、机体功能严重衰减，多预后不良。

因而"神乱"不等于"失神"，两者有着本质的区别。

7. 假神与病情好转的鉴别。

假神是指垂危病人出现的暂时性精神"好转"的假象，为临终的预兆。据某些临床观察发现，病人在出现假神后4～48小时内死亡。《内经》中"真脏之气独见"、"五色精微象见"及张仲景《伤寒论》中"除中"等，均属假神的现象。假神的出现，是由于精气衰竭已极，阴不敛阳，虚阳无所依托而外越，以致暴露出一时"好转"的假象。这是阴阳即将离绝的危候，古人比做"残灯复明"、"回光返照"，好比灯油将尽时，灯光忽而转亮再熄灭，太阳将落时，由于空气的折射作用，天空暂时转亮，很快就会暗下来。《素问·脉要精微论》指出："五色精微象见矣，其寿不久也。"《素问·玉机真脏论》也说："真脏之气独见，独见者病胜脏也，故曰死。"这种精气暴露之象属于恶候，是因为不能久持。

假神与病情好转的区别在于：假神的出现比较突然，如本已神志不清而突然神志清楚，本已久不能食而突欲进食甚至食之颇多，其"好转"与整个病情不相符，只是局部、暂时的。由无神转为有神，是整个病情的好转，有一个逐渐好转、全身状况同步好转的过程。

8．如何理解"有气不患无色，有色不可无气"？

气指脏腑精气，脏腑精气充足，能够上荣于面，则面色荣润光泽，称为"有气"。脏腑精气虚衰，不能上荣于面，则面色晦暗枯槁，称为"无气"。所以面色有无光泽可反映脏腑精气的盛衰，对判断病情的轻重和预后有重要意义。色指面色，是面部脉络中的血色与肤色相兼表现于外的颜色，不同面色可反映不同性质和不同脏腑的疾病。

病人面色荣润光泽，说明虽病而脏腑精气未伤，功能亦无大碍，即使缺乏血色，属阴血不足，但因气能化生血液，经过适当治疗亦易恢复，预后良好，故曰"气至色不至者生"、"有气不患无色"。病人面色晦暗枯槁，说明脏腑精气虚衰，功能亦严重损伤，不论何种面色，皆属久病重病，难于治疗，预后不佳，故曰"有色不可无气"、"色至气不至者死"。

9．何谓"形胜气者夭"，"气胜形者寿"？

形指形体胖瘦，气指精气盛衰，主要表现在机体功能的强弱方面。"形之所充者气"，形与气两者相合而不可离，观察两者的表现对判断机体的强弱具有重要意义。"形胜气者夭"，是指形体肥胖而精气不足，表现为精神不振、纳少乏力、机体功能低下，虽胖亦属不健康表现，多非长寿体质。"气胜形者寿"，是指形体虽瘦，但精气充足，表现为精神充沛、神旺有力，虽瘦亦属健康表现，每为长寿体质。

由此可见，在判断体质强弱方面，气的盛衰比形的胖瘦具有更重要的意义，所以医生在望形体的胖瘦时，一定要将形与气两者结合起来，进行综合判断，才能做出正确的结论。

10．关于"晄"字和"晄白"的含义。

查东汉·许慎《说文解字》和《中华大字典》、《辞海》等书，均无"晄"字，而有"晄"字。"晄"字之义与"晃"字相同。如《广韵》曰："晃者，明也，辉也，光也，亦作晄。"《说文解字注》说："晃者，动之明也，凡光必动，会意兼形声字也。"《辞海》说："晄同晃，其意有三，其一明亮，其二闪耀，其三闪过。""晄"字何时出现于中医医籍之中，尚无查证。但是根据"晄"字与"晄"的字形和《说文解字注》的解释分析，则"晄"字可能就是"晄"字。

目前，中医对"晄"字的含义有不同的理解，主要反映在望面色之"晄白"的解释上，有三种解释：①白而发光；②白而无光；③灰白色。如果"晄"字与"晄"相通，则晄白应作第一种解释为宜。究其机理有二：①多由阳虚阴盛，水湿不得温运而留于肌肤，导致皮肤因水气过多而发亮，故晄白多伴有面部虚浮。②亡阳病人，因阳气虚脱，虚阳浮越所致。

11．中医望色常宜定静。

定静是指医生与患者，都必须进入一种安定恬静的状态，减少各种刺激，使气息均匀，血脉平静，患者可以无隐不彰，医生则神凝志一，细心观察，这样才能引申触类，融会贯通。正如《望诊遵经·望色常宜定静》所说："脏腑之情蕴奥，安可粗心；气色之道精深，不容率意。"望色常有只可意会而难以言传的时候，因为每个人的视觉，往往有一定色差，而客观的两色，又难以有严格统一的标准。古人多以常见的事物作为模型来形容颜色，这就要求医生能触类旁通，然而这也需要建立在个人经验的基础上。只有专心致志，留意观察，才能对面色及其他各种颜色积累大量的感性知识，于是在头脑中逐步形成判断各种色泽的模糊标准，并认清其临床意义。这也就是古人所谓的"定静生慧"，"格物致知"。《灵枢·五色》曰："积神于心，以知往今；故相气不微，不知是非；属意勿去，乃知新故。"这也含有定静识色诊的意思。

12. 注意部位色泽合参望色。

部位有明堂周身部位相应，面貌分应脏腑，五官分应五脏，此外还有明堂六部变化。色泽则有五色分应五脏，五色交错合参，五色十法合参等等。于是气色与部位合参，再运用阴阳五行理论加以推演，就能对错综复杂的病情进行多方面的分析。诸如常色变色、主色客色、浮沉清浊、太过不及、生克顺逆、轻重吉凶、六淫七情、脏腑经络、寒热虚实等等。如此全面分析，诸般因素合参，则任凭证候千变万化，皆可包罗无遗。例如，青为风，青色见于肝部，为风中肝，余脏类推，此为相应；青又属肝，青见肺部，又是肝乘肺，余脏皆然，此又为相乘。再如本部见本色，浅淡为不及，深浓为太过，皆为病态，属本经自病，为正邪；若见所生之色，则子盗母气，为虚邪；若见生我之色，是母助子气，为实邪；若见克我之色，金贼邪；若见我克之色，为微邪。此外五色与六部合参，则阳部见阴色是阴乘阳位，为阴盛阳虚，主腰以上至头热，腰以下寒，阳气上争，得汗者生，或为阳中之阴邪，则寒起于上。若阳色见于阴位，是阳乘阴位，为阴虚阳盛；阳色见于阳部为重阳，阴色见于阴位为重阴。还有太过者属腑，不及者属脏，脏腑相乘，也可由此而推之。再参伍望色十法，以辨阴阳表里、寒热虚实、轻重生死，合之四时，参之四诊，其变化实属无穷。

13. 望诊应远近结合，动态观察。

《灵枢·五色》曰："明堂者鼻也，阙者眉间也，庭者颜也，蕃者颊侧也，蔽者耳门也，其间欲方大，去之十步，皆见于外，如是者寿必中百岁。"这说时望色之始，先从远处作整体的全面观察，如果五官明晰可辨，多是先天禀赋较好，其病易治。反之"五官不辨，阙庭不张，小其明堂，蕃蔽不见，又婢其墙，墙下无基，垂角去外，如是者，虽平常殆，况加疾哉"（《灵枢·五阅五使》）。此外，这种远距离的观察，还容易发现面部较突出的色泽和其他异常，独见的颜色必是病色，结合部位即可以做出相应的诊断。

14. 望头发诊病的原理。

望发为血之余，肾之华，头发的生长与精血盛衰有关。故观察头发的正常生长或色泽的改变，可知肾之精血的盛衰。脾为后天之本，脾胃为气血生化之源。肝为藏血之脏，主疏泄，脾统血，头发的生长，需要血液的濡养，故头发的生长与脾胃、肝等脏腑的关系密切，头发的荣枯可以反映肝脾等脏腑的功能正常与否。头发与经脉之关系密切，如足阳明胃经、足太阳膀胱经、手少阳三焦经、足厥阴肝经以及督脉、阳维脉、阳跷脉等，均在发际内有固定的循行部位，故内在脏腑的病变，可以通过其经脉，在其循行部位的头皮或头发上反映出来。头发与脏腑盛衰关系密切。在人的生命过程中，随着脏腑气血的盛衰变化，而有生、长、壮、老的生理过程，头发是反映这一过程的明显标志。肾之精气、阳明经气血盛衰的情况均可从头发的变化上反映出来。

此外，头发的生长过程，还受精神情志活动、机体阴阳盛衰、外邪侵袭等因素的影响，某些皮肤病或使用某种药物后也可影响头发的生长，故观察头发的生长情况可作为临床诊病、辨证的重要依据之一。

15. 鱼际络脉诊法的原理。

鱼际络脉诊法是观察手拇指本节后内侧肌肉丰满处浅表络脉的色泽变化以诊察病情的方法。诊鱼际络脉，不但要看色泽，还要看长短和变化的快慢。由于望鱼际络脉，显而易见，比较方便，因而在小儿疾病的诊断中尤为重要。

鱼际属手大阴肺经之部，在小儿推拿中，则属脾胃。其诊病原理与切脉独取寸口的原理是一致的。又因肺经起于中焦，与脾胃关系密切，而鱼际络脉中的气血，是以脾胃为化源，胃气上至于手太阴肺，才能布施全身，所以望鱼际络脉还可以候胃气及诊察胃中之寒热。一般而言，临床上见鱼际络脉色青，多属寒、属痛，是因寒而血脉凝涩，或因痛而络脉郁滞不通的表现；鱼际络脉色赤，多属里热证，是因热而络脉扩张，气血充盈所致；鱼际络脉色黑，多属血络郁闭，或痹病日久，属病重；如果大小鱼际及指端腹面肤色鲜红，皮肤变薄，压之褪色，则称为朱砂掌，多见于肝郁血瘀病人。

16. 望甲诊病的原理。

望甲诊法是根据指（趾）甲的色泽、形态等的变化以诊断疾病的一种方法。其诊病原理主要有以下三方面：

（1）爪甲与肝关系密切：爪甲为手指与足趾的覆盖，是筋的延伸，五脏之中，爪甲与肝的关系最大，为肝胆之外候，为筋之余，筋为肝之血气所生，爪甲的荣养来源于肝，肝胆之病变与筋的虚实可以从爪甲的变化反映出来。

（2）爪甲与肺、心等其他脏器亦有密切关系：爪甲的荣润，需秉承肺气，荣贯血脉。若肺气衰，血脉不利，则爪甲枯。《灵枢·心痹》说："真心痛，手足青至节，心痛甚，旦发夕死，夕发旦死。"并指出，临床出现唇口青紫，指甲青紫，为真心痛之急候。现代医学也证实指甲青紫是肺心病的危重表现。《诸病源候论》说："手足爪甲皮剥起，谓之逆。风邪入于腠理，气血不和故也。"说明爪甲与人体内在脏腑、气血的盛衰密切关联，甲相是脏腑气血功能状态的外露。

（3）爪甲是十二经脉起止交结的枢纽：爪甲虽是人体四肢的末端，为皮部之附庸，但在经络系统中有着重要的作用，是十二经脉起止交结的枢纽，手足三阳经与手足三阴经皆于甲床处相交以沟通表里之气，因此甲床上分布有丰富的经络网，气血极为充盈，是洞察经络及其相应脏腑癥结的良好窗口。

17. 白㾦与汗疹的区别。

白㾦与汗疹均是高出皮肤的疱疹，但白㾦是晶莹如粟的白色小颗粒，汗疹则是尖状红色小粒，实质不同。暑湿、湿温患者，往往皮肤上出现一种白色小疱疹，晶莹如粟，高出皮肤，擦破流水，多发于颈胸部，四肢偶见，面部不发，兼有身热不扬等湿热证表现者，称为白㾦。因外感湿热之邪，郁于肌表，汗出不彻而发。由于湿温病，湿蕴热伏，一时难以透发，故白㾦可反复多次出现。若皮肤发生密集的尖状红色小丘疹，很快变为小水疱或小脓疱，后干燥成细小鳞屑，有瘙痒及灼热感，常因搔抓而继发感染引起痱毒（汗腺炎），称为汗疹，或称痱子、痱疮、痱疮等。多见于炎夏，以小儿及肥胖之人易患。分布于头面、颈项、腹、背、肩、股等处。多因暑湿蕴蒸，汗泄不畅，湿热之邪郁于肌肤而发。

18. 刮舌与揩舌的区别。

刮舌是用消毒的刮舌板或压舌板，用力适中地由舌根向舌尖慢慢推移刮动，连续三五次，以观察刮下的苔垢及舌面的情况，一般用于观察较为坚实的厚腻苔。揩舌是用消毒纱布卷在示指上，蘸少许生理盐水（使其湿润），以适中的力量，从舌根至舌尖，连揩四五次，一般用于较薄的松浮苔。

19. 怎样理解"舌既为心之苗，又为脾之外候"？

舌为心之苗主要体现在生理、病理两方面。从生理上看，舌体分布着丰富的脉络和旺盛的血液循环，能够较好地反映机体的血液循环状态；舌体的运动，执行神明之心的意志，具有协助完成说话发音的功能。在病理上，心血的失常，如心气虚弱，心血失荣，则舌质浅淡；心火上炎，血热里盛，舌肿糜烂；心血瘀阻，血行不畅，舌暗或有瘀斑。心神的失常，如痰迷心窍，则舌强语謇；热闭心包，舌卷不语；心情不畅，又常舌不知味。可见，舌既能表现出"心主血脉"，又能反映"心主神明"的生理病理变化，故《素问·金匮真言论》说："心开窍于舌"；唐容川在《血证论》中指出："舌为心之苗。"

舌为脾之外候，主要体现脾开窍于口。因为脾主运化功能，与饮食、口味有关，脾的经脉循口夹舌，故脾气通于口，达于舌，使舌能主味觉。故《灵枢·脉度》曰："脾气通于口，脾和则口知五谷矣。"若脾失健运，则食欲不振，舌淡乏味；湿热困脾，常口腻舌甜。此外，脾主肌肉，"唇舌者，肌肉之本也"（《灵枢·经脉》），若脾虚生化无源，气血不足，舌体失于气血充养，则舌痿软无力，舌色淡嫩。故《灵枢·经脉》指出："肌肉软，则舌萎。"

20．舌诊和望舌的异同。

舌诊和望舌都是以舌作为诊察疾病的部位。但望舌是通过观察舌象（包括舌体和舌苔）进行诊断的一种望诊方法；而舌诊虽以望舌为主，还包括问舌（如舌觉）、闻舌和切舌（如扪、擦、揩、刮舌）等诊法，其含义较望舌更广泛。

（1）问舌：是询问患者有无异常舌部感觉以辨别病情的诊法。由于舌具有感受味觉的功能，询问口舌的酸、甜、苦、咸、淡不同味觉就可以判断病因病性的寒热虚实所属和病变脏腑之所在。此外，"心气通于舌"，患者舌痒、舌痛、舌麻等异常舌觉，均可反映心神所支配的经脉病变。

（2）闻舌：是闻听病人所发之声以判断是否音之功能异常，判别病情的诊法。《灵枢·忧系无言》曰："舌者，声之机也。……横骨者，神气所使，主发舌者也。"表明舌由心神所主，语言是经过思维，支配舌动而发出的。当人体患病后，心神被扰，舌失所主，故语言异声，发声障碍。

（3）切舌：是用一定的方法，触按舌体以诊察病情的方法。切舌之法根据手法之不同，一般又分扪舌、揩舌和刮舌。所谓扪舌，是将手指用乙醇等消毒后，直接触摸舌面，以了解润燥滑涩和粗糙芒刺等情况。所谓揩舌，是用消毒纱布卷在示指上，蘸少许生理盐水或薄荷煎水，使其湿润，以适中的力量，从舌根向舌尖连续揩拭四五次。所谓刮舌则是用消毒刮舌板或压舌板，以轻重适中的力量由舌根向舌尖慢慢推刮，连续三五次，观察刮下之苔垢及舌面情况。揩舌和刮舌都是为了检查舌苔是否易剥脱，显露舌体的色泽情况以及舌苔再生情况等等。一般较薄的浮松苔可用揩舌法，较坚实的厚腻苔可用刮舌法。

21．舌上点、刺、星、斑的区别及意义。

凡舌面有鼓起之小点，无论红、黑、白、黄，皆称点；若舌面之软刺及颗粒增大，且渐成尖峰，高起如刺，摸之棘手，则称刺。点和刺多见于舌之边尖部分，以红点多见，芒刺少见。点刺主病，一是热毒炽盛；二是营血郁热，或热毒乘心；三是湿热蕴于血分。

凡舌面突起的小点进一步增大者，即谓星，如红星舌、白星舌等；若舌面出现大小不等，形状不一的青紫色或紫黑色斑点，并不突起，则称为斑，或称瘀斑、瘀点。星斑的形成，多由脏腑血分热甚，气血壅滞所致。一般而言，无论红星、白星、黑星，皆主脏腑血分热极；无论红斑、紫斑、黑斑，统属血中热甚而气血壅盛。红绛星斑较轻，而紫黑星斑较重。

临床诊察点刺星斑，可根据其出现的部位，辨别邪热或瘀热所在脏腑，如位于舌尖，多属心火亢盛，或心血瘀阻；若位于舌边，多属肝胆火盛或肝郁血瘀；若位于舌中部位，多属胃肠热盛，或瘀阻胃络。

22. 齿痕舌、短缩舌、裂纹舌及剥落苔不可一概以病而论。

齿痕舌、短缩舌、裂纹舌和剥落苔四种舌象，除在病理情况下可见之外，在正常情况下亦可见之，故不可概言为病。

（1）齿痕舌：若健康人舌体并不胖大而有轻微齿痕，且长期存在不易消失，这是先天性齿痕舌。在正常人中，先天性齿痕舌者为54例，占2.6%。如曹炳章《彩图辨舌指南》说："无病之舌，形色各有不同，有常清洁者，有稍生苔层者，有鲜红者，有淡白者，或为紧而尖，或为松而软，并有齿印者……此因无病时各有禀赋之不同，故舌质异也。"

（2）短缩舌：若由于舌之系带过短，系带牵拉而使舌不能伸出口外，并无疾病之象之舌短缩，是先天性短缩舌。此与疾病无关，只需矫形手术把舌系带切断，在小儿可以完全恢复。故《彩图辨舌指南》又说："凡者短由于生就者，无关寿夭。"

（3）裂纹舌：在健康人中，大约有0.5%的人在舌面上有纵横之裂沟，称先天性舌裂。其裂纹之中有舌苔覆盖，且无不适之症，此为与病理性裂纹舌的鉴别要点。调查表明，正常人舌象中有先天性舌裂者占7.37%，而且随着年龄的增长比例有所增加，但在性别上无显著差异。这一观察结果与国外有关报道相似。《中医症状鉴别诊断学·舌裂》指出："健康人亦偶有舌裂，或与生俱来，或为时已久，但其人一切如常，则不可视为病态。此种舌裂之特点：舌质呈健康之肉红色，不胖不瘦，不老不嫩，苔薄白荣润，口中津液如常，其人毫无所苦，亦无其他不适感。"

（4）剥落苔：有部分人生来即有舌苔薄脱，其部位常在舌面中央人字沟之前，呈菱形，这是舌器官轻度发育不良的痕迹，称为菱形舌，与疾病无关。关于正常人剥落苔的发生率不尽一致，为2.2%～3.9%。有人认为，在正常小儿中剥落苔的出现率与年龄有关，年龄愈小者出现率愈高，且远较其他年龄段的出现率为高。

23. 灰黑苔的形成及辨证意义。

灰黑苔的形成机理：一般认为，苔色呈浅黑色时即为灰苔，苔色呈深灰色时即为黑苔，故灰黑色苔可以相提并论。从形成来看，灰苔多由白苔发展而成；黑苔则多由黄苔发展而来，少数由灰苔转化而成黑苔。《舌胎统志》阐述灰黑舌苔的形成时指出："黑色本主寒水，滑润者，寒水之性也；其不滑润而燥者，主热，为寒极生热，性之变也。火性热而其色赤，理之常也，其火热之为病，多见于胎黑者，何也？盖热极反见胜己之化也。犹薪之得火则赤，火过而为炭黑者是也。"《舌诊研究》认为灰黑苔的形成过程可以分为两个阶段：当舌丝状乳头角质突起过长，呈细毛状，颜色可以仍为淡黄色或灰白色，是为丝状乳头增殖期，是第一阶段；此后，由于血色素、蛋白碎屑或烟草中的崩解产物发生化学反应而产生色素，或因产色微生物的作用等使过长的细毛逐渐转黑，是所谓黑色形成期，即第二阶段。

灰黑苔的临床意义：一般认为，病至苔色见灰或黑色，均属里证，是寒证或热证发展到极端的表现。虽然如此，灰色和黑色舌苔在病变性质上仍略有区分。灰色多为实证、热证的反映，故《舌鉴辨正》说："灰见舌色，有实热证，无虚寒证。"临床如邪热传里、时疫、郁积、蓄血等，都可以见到灰色舌苔。黑色则寒、热、虚、实的病变皆可出现。寒邪传里化火，或实热伤里，其黑苔多由中部黑起，延及舌根、尖部。其中，热甚所致黑苔干焦起裂，往往有由白转黄，由黄转黑的变化过程，这种黑苔刮之不脱，湿之不润，乃热极伤阴之故；若寒湿证中见到黑苔，其苔必湿滑；虚寒证中见到黑苔，其苔必薄；真寒假热证中见到黑苔，苔全黑而满舌，由淡白突然变黑，多无变黄的过程。

其中，灰黑薄苔，乃中焦阴寒；苔色灰黑而滑，为寒饮痰湿；苔色灰黑而粘厚腻，是湿痰郁热；舌之两侧灰黑，余为白苔，见于中焦寒湿；白苔之中散见黑点，是表邪入里之征；若苔色白腻，但有黑点成斑，是湿热内盛；白苔中有黑色芒刺，润不碍手，是真寒假热；若白苔黑刺，粗糙刺手，是寒邪化热；中黑边白之滑苔，为阳虚寒湿之征；若半白滑半黄黑舌苔，是肝胆热结；舌边尖黄苔而中心黑苔，是脾胃湿热的表现。

24．望小儿示指络脉诊病的原理。

示指内侧络脉是由手太阴之脉分支而来，《灵枢·经脉》说："肺手太阴之脉……入寸口，上鱼，循鱼际，出大指之端；其支者，从腕后直出次指内廉，出其端。"故望示指络脉，与切寸口脉、望鱼际络脉是同出一辙的，其原理和意义也相似。手指示指部位不仅有手太阴肺经的分支循行此，而且是手阳明大肠经的起源部位以及手阳明经筋所出，因此亦为气血较为集中的部位，加之小儿皮肤嫩薄，脉络易于显露，示指络脉更是显而易见。近代有人通过解剖学观察．指出示指部位的指掌侧静脉注汇于头静脉，更证实了示指络脉的诊断价值。

现代医学也同样认为手指能及早反映整体的信息。如伦敦皇家医学院医学系的科学家发现．人的肢体末端的供血量是随着血液中某些激素水平的变化而上下波动的，这些激素对肢体末端的血流量，以及血管对体温的反应性变化，均有明显的影响。英国医生韦伯还报道（《大众医学》）1985 年 9 期）查手指以测排卵期，称不久将有一种用综合手法预测排卵期的装置问世，它不仅测量妇女清晨的体温，而且每日测定流经手指的血流量，以便确实可靠地对育龄妇女进行生育报道。这些均表明了手指络脉和人体内部是密切相关的，通过观察手指络脉能预测内脏的状况。

25．示指络脉的色泽及形成机理。

小儿示指络脉的颜色有白、黄、红、紫、青、黑 6 种。色红浮露者，主外感表证，多属风寒；色紫者，主内热，多属邪热郁滞；色青紫者，多为风热；色青者，主风、主惊、主各种痛证；色淡红者，为虚寒；色白主疳证；色黄为伤脾；色黑为中恶；色深紫或紫黑者，主血络郁闭，为病危之象。

既病之后，则外感风寒初起，其脉纹多色红而浮。如邪气化热，则随着体温的升高，络脉的颜色也由浅而深，变为深红，或由红而紫。若病情进一步发展加重，则示指络脉可变青变黑。据临床统计，寒证呈淡红色脉纹者占 95%，热证呈紫色或青紫色脉纹者占 96.87%，而示指络脉色青者中 83.3% 的主惊证。至于虚弱之体，其气血每多不足，则示指络脉色多淡，常见淡红或兼黄色，脉络隐而不现。但也有学者认为小儿示指络脉色红不主寒证，应为络脉色青主寒，色紫主热。具体分类为：色青而浮主外感风寒；色紫而浮主外感风热；色青显露主风寒邪盛；色青而透气关偏重于风邪；色红艳而浮属寒热转折之际；色青转紫主邪从热化；色紫隐青为惊风之变；色青而沉滞主寒极痛证或气血瘀阻；色淡青而沉属脾气虚弱。

26．示指络脉的"三关"及形成机理。

示指络脉出现的部位及其形色随邪气入侵的浅深而变化。若络脉显于风关时，是邪气入络，邪浅而病轻；若络脉从风关透至气关，其色较深，则是邪气入经，主邪深而病重；若络脉显于命关，是邪气深入脏腑，可能危及生命，故曰命关。若络脉直达指端，称为透关射甲，病更凶险，预后不佳。对于内伤杂病的诊断，也是如此。

临床观察表明，健康小儿指纹除隐而不显外，88.5% 的到风关或过风关（未到气关）。

轻症疾病一部分指纹隐而不显，大部分过风关1/2以上，乃至气关、命关者在比例上明显增加。对健康儿童指纹的大量观察表明，虽然其指纹大多在风关及风关以下，但亦有部分达气关或命关，其中风关以下者占37.6%，风关者占40%，气关者占20%，命关者占2.4%。虽然病儿及健康儿的指纹均可现于三关，但其分布比例则有显著差别，其发生率之比为4.5:1。

小儿示指络脉的三关与病情有密切关系。关于示指络脉延长的机理，现代研究发现，主要与静脉压升高有关。根据实验，观察到示指络脉达风关时的静脉压为98~1471Pa，气关时为686~1961Pa，命关时为1569~3432Pa，提示静脉压与示指络脉的长短成正比关系。静脉压的升高，临床上表现为血液的瘀滞，如心功能不佳，则血流速度减慢，末梢循环衰退，血液在静脉内瘀滞，使远侧端不能看到的细小静脉扩张而显现出来。

【复习思考题】

1. 何谓望诊？望诊包括哪些内容？
2. 何谓望神？简述望神的原理。
3. 怎样诊神？试述失神的主要表现。
4. 怎样鉴别得神与假神？
5. 何谓望色？简述望色诊病的原理。
6. 何谓常色？常色有何特征？简述中国人常色的特点。
7. 何谓客色？简述四季客色的特点。
8. 何谓善色、恶色？辨面色的善恶有何意义？
9. 白色主何病证？简述白色的分类主病。
10. 黄色主何病证？简述黄色的分类主病。
11. 赤色主何病证？简述赤色的分类主病。
12. 青色主何病证？简述青色的分类主病。
13. 黑色主何病证？简述黑色的分类主病。
14. 怎样判断形体的强与弱？
15. 何谓望姿态？试述望姿态诊病的原理。
16. 小儿囟门异常有哪些类型？各有何意义？
17. 简述面肿的临床意义。
18. 试述口眼㖞斜的分类及意义。
19. 简述眼科"五轮学说"的内容。
20. 怎样根据眼睛色泽异常变化分析病证？
21. 怎样根据鼻的色泽异常变化分析病证？
22. 何谓"口形六态"？各有何意义？
23. 牙齿形色异常有哪些类型？各有何意义？
24. 望咽喉主要诊察哪些脏腑病变？其异常表现有哪些？
25. 怎样鉴别"瘿瘤"和"瘰疬"？
26. 何谓"扁平胸"、"桶状胸"？各有何意义？
27. 简述正常呼吸的特点。
28. 何谓"角弓反张"？有何临床意义？

29. 怎样鉴别"手足拘急"、"手足颤动"、"手足蠕动"?

30. 何谓"斑"? 怎样区分"阳斑"与"阴斑"?

31. 何谓舌诊? 舌诊的主要内容有哪些?

32. 简述舌诊原理。

33. 简述"刮舌"、"揩舌"的概念,各有何意义?

34. 舌诊时应注意哪些事项?

35. 试述正常舌象的特征和简称。

36. 影响正常舌象的生理变异因素有哪些?

37. 常见的舌色有哪些? 各有何临床意义?

38. 红绛舌既主实热证,又主虚热证,怎样鉴别?

39. 青紫舌既主热证,又主寒证,临床怎样鉴别?

40. 怎样鉴别舌之荣枯、老嫩? 各有何意义?

41. 何谓胖大舌、齿痕舌、肿胀舌? 各有何临床意义?

42. 怎样鉴别先天性裂纹舌与裂纹舌?

43. 舌的常见病理舌态有哪些? 其中哪几项与肝风内动有关?

44. 怎样区别痿软舌与短缩舌? 各有何意义?

45. 舌下络脉异常及其临床意义如何?

46. 怎样区别薄苔与厚苔? 辨舌苔厚薄有何意义?

47. 怎样辨别润苔、滑苔、燥苔和糙苔? 各主何病证?

48. 何谓腐苔、腻苔? 各主何病证?

49. 试述剥苔形成机制及各类剥苔的意义。

50. 简述薄白苔、白厚苔的变化及意义。

51. 试述黄苔的厚、薄、润、燥、腻等苔质变化的意义。

52. 灰黑苔既主热证,又主寒证,临床怎样鉴别?

53. 怎样通过察舌而辨别神气和胃气?

54. 淡白舌黄腻苔、红绛舌白滑腻苔各有何意义?

55. 举例说明望舌能判断邪正盛衰。

56. 举例说明望舌能区别病邪性质。

57. 举例说明望舌能分析疾病的病位与病性。

58. 举例说明望舌能估计病情预后。

59. 简述舌诊脏腑部位的分布。

60. 常见危重舌象有哪些? 各有何意义?

61. 怎样根据痰液的变化判断病邪的性质?

62. 虚寒证和实热证病人的大小便各有何特点?

63. 何谓望小儿指纹? 试述望小儿指纹的理由。

64. 简述正常小儿指纹的特点。

65. 怎样根据小儿指纹颜色变化判断病证?

66. 怎样进行望指纹的"三关测轻重"?

【参考文献摘录】

1.《素问·五脏生成》：色见青如草兹者死，黄如枳实者死，黑如炲者死，赤如衃血者死，白如枯骨者死，此五色之见死也。青如翠羽者生，赤如鸡冠者生，黄如蟹腹者生，白如豕膏者生，黑如乌羽者生，此五色之见生也。生于心，如以缟裹朱；生于肺，如以缟裹红；生于肝，如以缟裹绀；生于脾，如以缟裹栝楼实；生于肾，如以缟裹紫，此五脏所生之外荣也。

2.《医原·望病须察神色论》：夫人之神气，栖于两目，而历乎百体，尤必统百体察之。察其清浊，以辨燥湿；察其动静，以辨阴阳；察其有无，以决死生。如是而望始备，而望始神。……不论何色，均要有神气。神气云者，有光有体是也。光者，外面明朗；体者，里面润泽。光无形，主阳主气；体有形，主阴主血。气血无乖，阴阳不争，自然光体具备。……盖以平人五脏既和，其色禀胃气而出于皮毛之间。胃气色黄，皮毛色白，精气内舍，宝光外发，即不浮露，又不混蒙，故曰如缟裹。……即重有神气之义。盖有神气者，有胃气者也。

3.《医门法律·望色论》：人之五官百骸，赅而存者，神居之耳。色者，神之旗也。神旺则色旺，神衰则色衰，神藏则色露。……察色之妙，全在察神。血以养气，气以养神，病则交病。失睡之人，神有饥色，丧亡之子，神有呆色，气索自神失所养耳。

4.《望诊遵经·变色望法相参》：望诊之法，有天道之殊，有人事之变。故凡欲知病色，必先知常色。欲知常色，必先知常色之变。欲知常色之变，必先知常色变中之变。何则？饮酒者脉满络充，故目红息粗而色赤；肝浮胆横，故趾高气扬而色青。食入于阴，气长于阳，故饱食者血华色而益泽，饥则气衰，甚则气少，故腹馁者色泽减而少气。奔走于风雪中者，寒侵肌表，故色青而闭塞；奔走于暑日中者，热袭皮肤，故色赤而浮散。房劳者，精气下泄，故目下色青；用力者，气血上趋，故面上色赤。久卧伤气，面则壅滞；未睡伤血，色或浮赤。怒则肝气逆，故悻悻然目张毛起而面苍；愧则心气怯，故赧赧然颜惭汗出而面赤。思则气结于脾，故睑定而色黄以涩；喜则气发于外，故颐解而色红且散。悲则气消于内，故五脏皆摇，色泽减而声噍以杀；忧则气并于中，故两眉双锁，色沉滞而气郁以塞。恐惧者，精神荡惮而不收，故色脱而面白；惊怖者，血气分离而乖乱，故气促而面青。此皆常色变中之变，固可因其气色未定而知之，然必待其气色已定而诊之。知其常色变中之变，可诊其病色变中之变矣。

5.《景岳全书·传忠录·神气存亡论》：善乎神之为义，此死生之本，不可不察也。……以形症言之，则目光精彩，言语清亮，神思不乱，肌肉不削，气息如常，大小便不脱，若此者，虽其脉有可疑，尚无足虑，以其形之神在也。若目暗睛迷，形羸色败，喘急异常，泄泻不止，或通身大肉已脱，或两手循衣摸床，或无邪而言语失伦……或忽然暴病，即沉迷烦躁，皆不知人，或一时卒倒，即眼闭口开，手撒遗尿，若此者，虽其脉无凶候，必死无疑，以其形之神去也。

6.《证治准绳·察身》：凡病人身轻，自能转侧者，易治；若身体沉重，不能转侧者，则难治也。盖阴证则身重，必足冷而倦卧，恶寒，常好向壁卧，闭目不欲向明，懒见人也。又阴毒身如被杖之疼，身重如山，而不能转侧也。又中湿、风湿，皆主身重疼痛，不可转侧，要当辨之。大抵阳证身轻而手足和暖，开目而欲见人，为可治。若头重视深，此天柱骨倒，而元气败也。凡伤寒传变，循衣摸床，两手撮空，此神去而魄乱也。

7.《望诊遵经·诊坐望法提纲》：稽之于古，则谓坐而仰者肺实，实则胸盈仰息；坐而伏者肺虚，虚则伏而短气。又手冒心者，汗后血虚；以手护腹者，里实心痛。其坐而下一脚者，腰痛之貌；坐而掉两手者，烦躁之容。但坐不得眠，眠则气逆者，咳嗽肺胀；但眠不耐坐，坐则昏沉者，血夺气虚。……转侧不能者，痿痹之状；坐卧不定者，烦躁之形。

8.《望诊遵经·诊卧望法提纲》：腰痛左卧，踡左足而痛减者，病在左肾；右卧，踡右足而痛减者，病在右肾。……病在肺之左者宜于左，病在肺之右者宜于右。其肺痈生于左者，右卧则更痛，生于右者，左卧则更痛。其水病左半着床，则左半身愈肿，右半着床，则右半身愈肿。

9.《医门法律·先哲格言》：肥人湿多，瘦人火多。湿多肌理纵，外邪易入；火多肌理致，外邪难侵。湿多中缓少内伤，火多中燥喜内伤。

10.《通俗伤寒论》：观两目法：《内经》云，五脏六腑之精皆注于目，目系则上入于脑，脑为髓海，髓之精为瞳子。凡病至危，必察两目，视其目色以知病之存亡也。故观目为诊法之首要。凡开目欲见人者阳证，闭目不欲见人者阴证。目瞑者鼻将衄，目暗者肾将枯。目白发赤者血热，目白发黄者湿热。目眵多结者肝火上盛，目睛不和者热蒸脑系。目光炯炯者燥病，燥甚则目无泪而干涩；目多昏蒙者湿病，湿盛则目珠黄而眦烂。眼胞肿如卧蚕者水气，眼胞上下黑色者痰气。怒目而视者肝气盛，横目斜视者肝风动。阳气脱者目不明，阴气脱者目多瞀。目清能识人者轻；睛昏不认人者重。阳明实证可治，少阴虚证难治。目不了了，尚为可治之候；两目直视，则为不治之疾。热结胃腑，虽日中亦谵语神昏，目中妄有所见；热入血室，惟至夜则低声自语，目中如见鬼状。瞳神散大者元神虚散，瞳神缩小者脑系枯结。目现赤缕，面红娇艳者，阴虚火旺；目睛不转，舌强不语音，元神将脱。凡目有眵有泪，精彩内含者，为有神气，凡病多吉；无眵无泪，白珠色蓝，乌珠色滞，精彩内夺，及浮光外露者，皆为无神气，凡病多凶。凡目睛正圆，及自斜视上视，目瞪目陷，皆为神气已去，病必不治；惟目睛微定，暂时即转动者痰，即目直视斜视上视，移时即如常者，亦多因痰闭使然，又不可竟作不治论。

11.《四诊抉微》：鼻头微黑，为有水气；色见黄者，胸上有寒；色白亡血；微赤非时，见之者死。鼻头色黄，小便必难；余处无恙，鼻尖青黄，其人必淋。鼻青腹痛，舌冷者死。鼻孔忽仰，可决短期。鼻色枯槁，死亡将及。……唇赤肿为热，青黑为阴寒，鲜红为阴虚火旺，淡白为血虚。……发枯生穗，血少火盛。毛发堕落，卫疏有风。若还眉堕，风证难愈。头毛上逆，久病必凶。

12.《证治准绳·察口唇》：凡口唇深于为脾热，焦而红者吉，焦而黑者凶。唇口俱赤肿者，热甚也；唇口俱青黑者，冷极也。……口噤难言者，痉风也。……若唇青舌卷，唇吻反青，环口黧黑，口张气直，口如鱼口，口唇颤摇不止，气出不返，皆不治也。

13.《望诊遵经·牙齿望法提纲》：齿忽黄为肾虚，齿忽黑为肾热。滋润者津液犹存，干燥者津液已耗。形色枯槁者，精气将竭，形色明亮者，精气未衰。

14.《望诊遵经·牙齿望法条目》：牙床红肿者，阳明之病也；牙床溃烂者，肠胃之证也。重龈病齿，龈肿如水泡者，热蓄于胃也。小儿面色黧黑，齿龈出血，口中气臭，足冷如冰，腹痛泄泻，啼哭不已者，肾疳也。齿龈间津津出血不止者，阳明之经病也。牙肉色白者，非久病血少，即失血过多也。牙肉之际，有蓝迹一线者，沾染铅毒也。若服水银轻粉，亦令牙床壅肿也。

15.《望诊遵经·诊鼻望法提纲》：鼻煽动者肺虚，鼻仰息者肺实。鼻枯槁者，寒热之症。鼻蚀烂者，疳疮之形。鼻窍干燥者，阳明之经病。鼻柱崩坏者，疠风之败症。鼻下红肿如疮者，腹中有虫之疳病。鼻流浊涕者，外受风热；鼻流清涕者，外感风寒。鼻渊者，脑中热，故涕下渗。鼻衄者，阳络伤，故血外溢。鼻生息肉谓之齇；鼻生粉刺谓之齄。

16.《外感温热篇》：凡斑疹初见，需用纸拈照看胸背两胁，点大而在皮肤之上者为斑，或云头隐隐，或琐碎小粒为疹，又宜见而不宜多见。按方书谓斑色红者属胃热，紫者热极，黑色胃烂。然亦必看外症所合，方可断之。然而春夏之间，湿病俱发疹为甚，且其色要辨，如淡红色。四肢清，口不甚渴，脉不洪数，非虚斑即阴斑。或胸微见数点，面赤足冷，或下利清谷，此阴盛格阳于上而见，当温之。若进色紫，小点者，心包热也；点大而紫，胃中热也。黑斑而光亮者，热胜毒盛，虽属不治，若其人气血充者，或依法治之，尚可救；若黑而晦者必死；若黑而隐隐，四旁赤色，火郁内伏，大用清凉透发，间有转红成可救者。若夹斑带疹，皆是邪之不一，各随其部而泄。然斑属血者恒多，疹属气者不少，斑疹皆是邪气外露之象，发出宜神情清爽，为外解内和之意，如斑疹出而昏者，正不胜邪，内陷为患，成胃津内涸之故。……再有一种白痦，小粒如水晶色者，此湿热伤肺，邪虽出而气液枯也，必得甘药补之。或未及久延，伤及气液，乃湿郁卫分，汗出不彻之故，当理气分之邪。或白如枯骨者多凶，为气液竭也。

17.《疫病篇·论斑疹》：余断生死，则又不在斑之大小紫黑，总以其形之松浮紧束为凭耳。如斑一出，松活浮于皮面，红如朱点纸，黑如墨涂肤，此毒之松活外见者，虽紫黑成片可生。一出虽小如粟，紧束有根，如履透针，如矢贯的，此毒之有根锢结者，纵不紫黑亦死。

18.《望诊遵经·诊舌气色条目》：夫舌者，心之官，色者，心之华。心主血而属火，色赤而主舌。是赤色者,舌之正色也。

19.《医门棒喝·伤寒论本旨·辨舌苔》:舌苔由胃中生气所现,而胃气由心脾发生。故无病之人常有薄苔,是胃中之气,如地上之微草也。

20.《笔花医镜·望舌色》:舌者心之窍,心病俱现于舌,能辨其色,证自显然。舌尖主心,舌中主脾胃,舌边主肝胆,舌根主肾。

21.《辨舌指南·辨舌质生苔之原理》:观舌质可验证之阴、阳、虚、实,审苔垢即知其邪之寒、热、浅、深。

22.《辨舌指南·辨舌之苔垢》:如平人无病,常宜舌质淡红,舌苔微白隐红,须要红润内充,白苔不厚,或略厚有底,然皆干湿得中,斯为无病之苔。

23.《辨舌指南·辨舌之神气》:荣者谓有神。凡舌质有光有体,不论黄、白、灰、黑,刮之而里面红润,神气荣华者,诸病皆吉。若舌质无光无体,不拘有苔无苔,视之里面枯晦,神气全无者,诸病皆凶。凡舌质坚敛而苍老,不论苔色白、黄、灰、黑,病多属实;舌质浮胖兼娇嫩,不拘苔色灰、黑、黄、白,病多属虚。

24.《望诊遵经·望舌诊法提纲》:望舌而可测其脏腑经络寒热虚实也。约而言之,大纲有五:一曰形容,二曰气色,三曰胎垢,四曰津液,五曰部位。五者分论,则其体明,五者合观,则其用达矣。由是察其形容,舌常有刺也;无刺者,气衰也;刺大刺多者,邪气实;刺微刺少者,正气虚。舌常无纹也,有纹者,血衰也,纹少纹浅者,衰之微;纹多纹深者,衰之甚。舌肿者,病在血;舌萎者,病在肉,舌偏斜者,病在经;舌缺陷者,病在脏;舌战动者,病在脾;舌纵舌缩者,病在心;舌裂舌烂者,病在脉。舌卷舌短者,心肝之证候;舌强舌硬者,心脾之病形。弄舌者,太阴之形症;啮舌者,少阴之气逆。……舌赤者,心之正色也。深赤者为太过,淡红者为不及,深而紫者血分热,淡而白者气分寒,深青者瘀血疼痛,淡黑者气血虚寒,深赤而黑者热极,淡白而青者寒深。诸色浅者正虚,诸色深者邪实。明润而有血色者生,枯暗而无血色者死。……滋润者其常,滑涩者其变。滑为寒,寒有上下内外之辨;涩为热,热有表里虚实之分。

25.《辨舌指南·辨舌之形容》:软者,痿柔也,气液自滋;强者,强硬也,脉络失养。有胃气则舌柔和,无胃气则舌板硬。舌胀者,浮而肿大也,或水浸、或痰溢、或湿热上蕴;瘦者,薄而瘦小也,或心虚、或血微、或内热消肉。舌肿胀者,病在血。舌赤胀大满口者,心胃之热也;舌赤肿满不得息者,心经热甚而血壅也。舌肿大者,或因热毒,或因药毒也;舌紫黯青肿者,中毒也;舌紫肿厚者,酒毒上壅,心火炎上也。……舌肉属心脾,心脾虚则舌瘦瘪。也须辨其苔(舌)色,若淡红嫩红者,心血不足也;紫绛灼红者,内热动风也,舌干绛,甚至紫暗如猪肝色者,皆心肝血枯。若舌色淡红而战者,气血俱虚也;嫩红而战者,血虚液亏也;鲜红而战者,肝风内动也;紫红而战者,肝脏热毒动风也。暴痿多由于热灼,故常现于红干之舌。如深红者,宜清凉气血;紫红者,宜泄肝热,通腑气;鲜红者,宜滋阴降火;色淡红者,宜补气。若久病舌色绛而痿软者,阴亏已极,津气不能分布于舌本,为不治。如裂纹出血者,血液灼枯也。此因内热失治,邪火炽甚者有之,宜急下存阴。如舌尖出血,乃手少阴心经邪热壅盛所致。……凡舌见裂纹、断纹,如人字、川字、爻字及裂槽之类,虽多属胃燥液涸,而实热内逼者亦有之,急宜凉泻清火。……舌红赤,苔腻厚而裂纹者,脏腑实热也,即宜苦寒泄热。加无苔无点而裂纹者,阴虚火炎也,宜苦寒育阴。舌红极而裂纹,燥热入肝也,宜清凉兼下。凡舌绛光燥裂纹,为阴液大伤;但裂不光,为胃阴不足,痰热凝结。

26.《临症验舌法》:凡病属实者,其舌必坚敛而兼苍者;病属虚者,其舌必浮胖而兼娇嫩。阴虚阳盛者,其舌必干;阳虚阴盛者,其舌必滑;阴虚阳盛而火旺者,其舌必干而燥;阳虚阴盛而火衰者,其舌必滑而湿。如此分别,则为阴为阳,谁实谁虚,显然可见。

27.《证治准绳·察舌》:凡舌上胎白而滑者,表有寒也,又曰丹田有热、胸中有寒也。胎黄而燥渴者,热盛也,胎黑而燥渴者,热盛而亢极也。若不燥渴,舌上黑胎而滑者,为寒为阴也。舌卷而焦,黑而燥者,阳毒热极也。舌青而胎滑者,阴毒冷极也。凡舌肿胀,舌上燥裂,舌生芒刺,皆热甚也。

28.《望诊遵经·望舌诊法提纲》:舌常有胎也,无苔者虚也。胎垢薄者,形气不足,胎垢厚者,病气有余。白胎者病在表；黄胎者病在里；灰黑胎者，病在少阴。胎色由白而黄，由黄而黑者，病日进；胎色由黑而黄，由黄而白者，病日退。

29.《形色外诊简摩·苔质辨证法》：苔之有根者，其薄苔必均匀铺开，紧贴舌面之上；其厚苔必四周有薄苔辅之，亦紧贴舌上，似从舌里生出，方为有根。若厚苔一片，四周洁净如截，颇似别以一物涂在舌上，不是舌上所自生者，是无根也。此必久病，先有胃气而生苔，继乃胃气告匮，不能接生新苔，而旧苔仅浮于舌面，不能与舌中之气相通，即胃肾之气不能上朝以通于舌也。

30.《察舌辨症新法》：苔之真退、真化，与驳去、骤退，有大分别。真退必由化而退，何谓退？因苔由厚而渐薄，由板而生孔，由密而渐疏，由有而渐无，由舌根外达至舌尖，由尖而渐变疏薄，由退而复生新苔，此皆凶兆。若骤然退去，不复生新苔，或如驳去，斑斑驳驳，存留如豆腐屑铺舌上，东一点，西一点，散离而不连续，皆逆象也。皆因误用攻伐消导之剂，或误表之故，胃气胃汁，俱被伤残，故有此候。

31.《通俗伤寒论》：凡舌苔糙者多秽浊，粘者多痰涎，固已。惟厚腻与厚腐，尤宜明辨。厚腻者多食积，亦有湿滞。……若厚腐虽多由胃液腐败，然有脓腐霉腐之别：如舌上生脓腐苔，白带淡红，粘厚如疮中之脓，凡内痈最多此证。肺痈、肠痈多白腐苔；胃痈多黄腐苔；肝痈、腰痛多紫黑腐苔；下疳结毒仍多白腐苔。若霉腐苔，满舌生白衣如霉苔，或生糜点如饭子样……多见于湿温、温毒、伏暑、赤痢、梅毒、疳积等证。

32.《望诊遵经·诊痰望法提纲》：痰形稠而浊，饮色稀而清。寒痰青，湿痰白，火痰黑，热痰黄，老痰胶。其滑而易出者，湿痰属脾；燥而难出者，燥痰属肺；清而多泡者，风痰属肝；坚而成块者，热痰属心；有黑点而多稀者，寒痰属肾。病新而轻者，清白稀薄；病久而重者，黄浊稠粘。多唾者胃寒，流涎者脾冷。舌难言，口吐沫者，邪入于脏；腹时痛，口吐涎者，扰乱于中。咳唾涎沫，口张气短者，肺痿之证；咳唾脓血，口于胸痛者，肺痈之征。其吐如米粥，吐而腥臭者，皆肺痈之候。形加败絮，色如煤焰者，悉老痰之容。

33.《望诊遵经·大便望法提纲》：屎以得黄色之正者为中，得干湿之中者为常。知其正，则知其偏，知其常，则知其变矣。设因饮食之殊，而有形色之异，亦其变之常也。诊之之法，诸书以为暴注下迫，皆属于热，澄彻清冷，皆属于寒。出黄如糜者肠中热；肠鸣渗泄者肠中寒。濡泄者因于湿，飧泄者伤于风。粪如鹜溏者，泄泻之病，大肠寒；粪如羊矢者，噎膈之病，大肠枯。如水倾下者属湿，完谷不化者为寒。泄利无度者肠绝，下利清谷者里寒。自利清水，色纯青者，少阴病，急下之证；行其大便，燥且结者，胃家实，下后之征。诸下血，先便后血为远血，先血后便为近血，从肠中来者其色红，从胃中来者其色黑，白痢，属乎气；赤痢者，属乎血。便色白者，大肠泄；便脓血者，小肠泄；泄青白者，大肠虚；便肠垢者，大肠实，纯下青水者，风痢；泄如蟹渤者，气痢；墨如豆汁者，湿痢；黄如鱼脑者，积痢；白如鼻涕者，虚痢；黑如鸡肝者，蛊疰痢。

34.《望诊遵经·诊溺望法提纲》：小便黄者，小腹中有热；小便白者，小腹中有寒；浊赤而短者，下焦实热；清白而长者，下焦虚寒。溺如黄柏汁者，黄疸犹轻；溺如皂角汁者，黄疸已重。尿变米泔者食滞，溺如脂膏者肾消，溺如血者血淋，溺如膏者膏淋，溺如沙石者石淋，溺有余沥者气淋。

35.《幼幼集成·指纹晰义》：指纹之法，起于宋人钱仲阳，以食指分为三关，寅曰风关，卯曰气关，辰曰命关。其诀谓风轻、气重、命危。……盖位则自下而上，邪则自浅而深，证则自轻而重，人皆可信。……盖此指纹，即太渊脉之旁支也，则纹之变易，亦即太渊之变异，不必另立异说，眩人心目。但当以浮沉分表里，红紫辨寒热，淡滞定虚实，则用之不尽矣。

36.《医宗金鉴·小儿指纹》：初生小儿诊虎口，男从左手女右看，次指三节风气命，脉纹形色隐隐安。形见色变知有病，紫属内热红伤寒，黄主脾病黑中恶，青主惊风白是疳，风关病轻气关重，命关若见病多难。……脉纹形色相参合，医者留神仔细看。

第三章　闻　诊

【目的要求】

1. 掌握正常声音的特点，呼吸、语言、咳嗽、呕吐、呃逆、嗳气的特征和意义。
2. 熟悉口鼻之气、痰涕之气的临床意义。
3. 了解闻诊的含义、嗅其他病理气味的基本内容。

【自学时数】

4 课时。

闻诊是通过听声音和嗅气味以了解病情的诊察方法。听声音包括诊察病人的声音、呼吸、语言、咳嗽、呕吐、呃逆、嗳气、太息、喷嚏、呵欠、肠鸣等各种声响；嗅气味包括病体发出的异常气味、排出物的气味及病室的气味。

闻诊是诊察病情的重要方法之一，颇受历代医家重视。早在《内经》中就有根据病人发出的声音来测知内在病变的记载。如《素问·阴阳应象大论》提出以"五音"、"五声"应五脏的理论；《素问·脉要精微论》以声音、语言、呼吸等来判断疾病过程中正邪盛衰状态。东汉张仲景在《伤寒杂病论》中也以病人语言、咳嗽、喘息、呕吐、呃逆、肠鸣、呻吟等作为闻诊的主要内容。后世医家又将病体气味及排出物气味等列入闻诊范围，从而使闻诊从耳听扩展到鼻嗅。清代医家王秉衡曾说："闻字虽从耳，但四诊之闻，不专主于听声也。"

由于声音和气味都是在脏腑生理活动和病理变化中产生的，所以通过听声音与嗅气味的异常变化便可诊察病情。故《素问·阴阳应象大论》说："视喘息，听声音，而知所苦。"

第一节　听声音

听声音是指听辨病人言语气息的高低、强弱、清浊、缓急变化以及咳嗽、呕吐等脏腑病理变化所发出的异常声响，来判断疾病寒热虚实性质的诊病方法。

声音的发出，主要是气的活动通过肺、喉、会厌、舌、齿、唇、鼻等器官的协调活动共同作用而形成的。肺主一身之气，气动则有声，"肺为声音之门"；喉是声路，舌为声机，唇齿扇动，对声音起调节作用；肾主纳气，必由肾间动气上出于口舌而后才能发声，故又有"肾为声音之根"之说；而"言为心声"，心神亦支配着声音。因此，声音的发出不仅与咽、喉、口、鼻、唇、舌诸器官直接作用的结果相关，而且与肺、肾、心等内脏的虚实盛衰有着密切的关系。其他脏腑病变时，除可出现特异的声响外，亦可通过经络影响语言声音。因此，临床根据声音的变化，不仅能诊察发音器官的病变，而且亦可进一步推断脏腑和整体的变化。《四诊抉微》曾说："听声审音，可察盛衰存亡"，并强调"声应于外者，有若桴鼓之捷也。"说明听声音在疾病诊断中的重要作用。

听声音的内容，包括听辨病人的声音、语言、呼吸、咳嗽、呕吐、呃逆、嗳气、太息、喷嚏、呵欠、肠鸣等。

一、正常声音

正常声音具有发声自然，音调和畅，言语清楚，言与意符等特点，这是宗气充沛，气机调畅的表现。

由于性别、年龄和禀赋等个体的差异，正常人的语言声音亦各有不同。一般来说，男性多声低而浊，女性多声高而清，儿童声尖利而清脆，老年人多浑厚而低沉。这些均与男女老幼发声器官及脏腑强弱有别所致，与疾病无关。《医宗金鉴·四诊心法要诀》指出，由于人体"喉有宽隘"，"舌有锐钝"，"会厌有厚薄"，"唇有厚薄"，"牙齿有疏密"等变化，故健康人声音也并不相同，可资区别。

此外，语言的多寡、语声的缓急亦与人的性情及情志变化有关。如喜时发声多欢悦，怒时发声多急厉，悲时发声多悲惨而断续，快乐时发声多舒畅而缓和，敬则发声多正直而严肃，爱则发声多温柔等。故《医宗金鉴·四诊心法要诀》说"喜心所感，忻散之声。怒心所感，忿厉之声。哀心所感，悲嘶之声。乐心所感，舒缓之声。敬心所感，正肃之声。爱心所感，温和之声。"这些因一时感情触发的语声，一般与疾病无关，应属正常语声。

二、病变声音

病变声音是指疾病反映于语言、声音上的变化。一般而言，除正常生理变化和个体差异之外的声音，均属病变声音。

（一）发音

主要是辨别病人的语声、鼻鼾、呻吟、惊呼等异常声响，通过声音变化来判断正气的盛衰、邪气的性质及病情的轻重。

声音的辨别要注意语声的有无、语调的高低、强弱、清浊、钝锐，以及有无异常声响，以供辨证参考。一般来说，语声高亢洪亮有力，声音连续者，多属阳证、实证、热证，是阳盛气实，功能亢奋的表现；语声低微细弱，懒言，声音断续，或前重后轻，多属阴证、虚证、寒证，多为禀赋不足，气血虚损所致。

1. 声重：语声重浊，称为声重，多属外感风寒，或湿浊阻滞，以致肺气不宣，鼻窍不通所致。临床常伴有鼻塞、流涕或咳嗽、痰多等症。

2. 嘶哑：语声嘶哑者，称为音哑；语而无声者，称为失音，或称瘖。前者病轻，后者病重。新病音哑或失音者，多属实证，多因外感风寒或风热袭肺，或痰湿壅肺，肺失清肃，邪闭清窍所致，即所谓"金实不鸣"。久病音哑或失音者，多属虚证，常因各种原因导致阴虚火旺，肺肾精气内伤所致，即所谓"金破不鸣"。暴怒喊叫或持续高声喧讲，伤及喉咙所致音哑或失音者，亦属气阴耗伤之类。妇女妊娠后期出现音哑或失音者，称为妊娠失音，又称子瘖，多为胞胎阻滞经脉，肾精不能上荣所致，分娩后即愈，一般不必治疗。此外，应注意失音与失语的区别，失音是声音不能发出，失语为不能言语，如中风失语。

3. 鼻鼾：指熟睡或昏迷时喉鼻发出的一种声响，系气道不利所发出的异常呼吸声。熟睡鼾声若无其他明显症状，多因慢性鼻病，或睡姿不当所致，体胖、年老之人较常见。若昏睡不醒或神识昏迷而鼾声不绝者，多属高热神昏，或中风入脏之危候。

4. 呻吟：指病痛难忍所发出的痛苦哼哼之声，多为身有痛楚。若呻吟之声高亢有力，多为实证、剧痛；久病而呻吟，低微无力，多为虚证。临床常将呻吟结合姿态变化，进一步判断病痛所在的部位。如呻吟伴扪护脘腹者，多为脘痛或腹痛；呻吟不能行走，抚摸腰腿者，多为腰腿痛等等。《通俗伤寒论》说："攒眉呻吟者，头痛也……呻吟不能转身，坐而下一脚者，腰痛也。摇头以手扪腮者，齿颊痛也。呻吟不能行步者，腰脚痛也。"

5. 惊呼：指患者突然发出的惊叫声。其声尖锐，表情惊恐，多为剧痛或惊恐所致。小儿阵发惊呼，多是惊风。成人发出惊呼，除惊恐外，多属剧痛，或精神失常。

6. 呵欠：人在倦怠或思睡时，常张口深吸气，随后合口迟迟舒将出来，发出"呵"声，并常伴伸腰动作，称为呵欠。在正常人将入睡之际，人体处于阳弱阴盛，阳不入阴，阴阳相引，故作呵欠，其结果阳气尽，阴气盛，则目瞑入睡，不属病态。年老体弱，或久病失养之人，常见呵欠连连，称"数欠"，是脾肾阳虚，中焦虚寒，阴阳之气相引所致。因而《金匮要略·腹满寒疝宿食病篇》有"中寒家喜欠"之说。若因气虚或气滞致血行不畅，阳气受阻，不得入阴时，亦可见呵欠频作。

7. 啼哭：小儿啼哭不止或夜啼，多属过食生冷，脘腹疼痛，或心脾蕴热，或食积、虫积、惊恐所致。

此外，痫病发作时，常伴喉中发出如猪羊鸣叫的声音，多因风痰随气上逆所致。

（二）语言

主要是分析病人语言的表达与应答能力有无异常，吐字的清晰程度等。"言为心声"，言语是神明活动的一种表现。语言的异常主要是心神的病变。一般来说，沉默寡言，语声低微，时断时续者，多属虚证、寒证；烦躁多言，语声高亢有力者，多属实证、热证。

临床病态语言主要有谵语、郑声、狂言、独语、错语、言謇等。

1. 谵语：指神识不清，语无伦次，声高有力的症状。多属热扰心神之实证。《伤寒论》认为："实则谵语。"可见于温病热入心包，或阳明腑实证、痰热扰乱心神等。

2. 郑声：指神识不清，语言重复，时断时续，语声低弱模糊的症状。是心气大伤，精神散乱之虚证。《伤寒论》指出："虚则郑声。"常见于疾病的晚期、危重的病人。

3. 狂言：指精神错乱，语无伦次，狂躁妄言的症状。《素问·脉要精微论》说："衣被不敛，言语不避亲疏者，此神明之乱也。"多因情志不遂，气郁化火，痰火互结，内扰心神所致。多属阳证、实证，常见于狂病、伤寒蓄血证。

4. 独语：指自言自语，喃喃不休，见人语止，首尾不续的症状。多因心气不足，神失所养而引起；或由气郁痰结，阻蔽心窍所致。可见于癫病、郁病。

5. 错语：指语言错乱，语后自知言错的症状。证有虚实之分，虚证多因心气不足，神失所养，多见于久病体虚或老年脏气衰微之人；实证多为痰湿、瘀血、气滞阻碍心窍而成。

6. 言謇：指语言謇塞的症状。若表现为神志清楚，思维正常而吐字困难，或吐字不清，因习惯而成者不属病态；病中语言謇涩，每与舌强并见者，多因风痰阻络所致，为中风之先兆或中风后遗症。

此外,指睡梦中说话,吐字不清,意思不明者称为呓语,多因心火、胆热或胃气不和所致;若久病虚衰出现呓语,称为虚呓,多为神不守舍所致。如见语言低微,气短不续,欲言不能复言者,称为夺气,是中气大虚之征。若神志昏迷,不知言语者,多属中风或小儿惊风。

（三）呼吸

出气曰呼,吸气曰吸,一呼一吸,交替进行,谓之呼吸,古称一息。呼吸与肺肾诸脏以及宗气相关,所以了解呼吸的变化有助于推测五脏及宗气的虚实盛衰。闻呼吸是听呼吸声的快慢清浊、气息的强弱粗细等情况。正常情况下,新生儿期呼吸每分钟40次左右,婴儿期每分钟30次左右,幼儿期每分钟25次左右,成年人每分钟16～20次。当运动或激动时,呼吸变粗而快;睡眠时呼吸变浅减慢,皆属生理性变异不作病态。病理情况下,若病人呼吸正常,是形病气未病;呼吸异常,是形气俱病。呼吸气粗,疾出疾入者,多属热证、实证,常见于外感时病。呼吸气微,徐出徐入者,多属寒证、虚证,常见于内伤杂病。病态呼吸包括喘、哮、短气、少气等。

1. 喘:是指呼吸困难,短促急迫的症状,甚则鼻翼煽动,张口抬肩,不能平卧。喘有实虚两类,其发病主要与肺肾相关。实喘发病急骤,呼吸深长,气粗声高息涌,胸中胀满,惟以呼出为快,多为风寒袭肺,或痰热壅肺,肺失肃降所致。虚喘病势缓慢,时轻时重,喘声低微,呼吸短促难续,得一长息为快,动则喘甚,是肺肾亏虚,气失摄纳所致。

2. 哮:指呼吸急促似喘,喉间有哮鸣音的症状。哮有寒热之别,均与肺气失宣有关。寒哮者遇寒则哮,咯痰清稀,多因寒湿犯肺,肺气上逆所致;热哮者受热易发,痰浊黄稠,多因痰热壅肺,肺失宣肃所致。

临床上喘与哮常同时出现,常并称为哮喘,实际上两者是有区别的。正如虞抟《医学正传》所说:"喘以气息言,哮以声响鸣"。可见,喘以气息急迫为主,哮以喉间痰鸣而言。哮在发作期间每与喘促相兼,而喘则未必兼哮。

3. 短气:指呼吸气急而短促,息数而不相接续,似喘而不抬肩,息急而无痰声的症状。短气有虚实之别。虚证短气,兼有形瘦神疲,声低息微等,多因体质衰弱或元气大虚所致;实证短气常兼呼吸声粗,或胸部窒闷,或胸腹胀满等,多因痰饮、胃肠积滞或气滞或瘀阻所致。

4. 少气:又称气微,是指呼吸微弱而声低,气少不足以息,言语无力的症状。属诸虚劳损之症,多为内伤久病体虚或肺肾气虚所致。

少气与短气不同,少气呼吸比较自然,是静而无声,以气少不足以息,声低不足以闻为主要表现;短气呼吸粗而勉强,气若有所窒,以呼吸急而短促,不相接续为特点。少气纯属虚证,短气则有虚有实。故《医宗金鉴·杂病心法要诀》说:"短气者,气短不能续息也;少气者,气少而不能称形也。"

（四）咳嗽

咳嗽是肺失肃降,肺气上逆的一种症状。古人将其区分为:有声无痰谓之咳,有痰无声谓之嗽,有痰有声谓之咳嗽。咳嗽多见于肺脏疾病,但其他脏腑病证亦可出现咳嗽,故《素问·咳论》有"五脏六腑皆令人咳,非独肺也"的记载。咳嗽可因外邪侵袭直接犯肺,也可因脏腑内伤累及肺脏而致。故亦有"咳嗽不止于肺,而不离乎肺"之说。

对于咳嗽,首先应注意分辨咳声和痰的形色质量之变化,其次要参考咳嗽发作的时间、病史及兼症等,以鉴别病证的寒热虚实性质。

1. 咳声重浊:是寒痰湿浊停聚于肺,肺失肃降所致,多属实证。

2. 咳声轻清：常因久病肺气虚损，失于宣降所致，多属虚证。

3. 咳声不扬，痰稠而黄：常因热邪犯肺，肺津被灼之故，多属热证。

4. 咳有痰声，痰多易咯：常因脾虚失运，湿聚生痰，多属痰湿阻肺证。

5. 干咳无痰，痰粘难咯：多因阴津亏损，肺失濡润，见于燥邪犯肺或阴虚肺燥证。

6. 顿咳：咳声短促，呈阵发性、痉挛性、连续不断，咳后有鸡啼样回声，并反复发作者。多因风邪与痰热搏结所致，常见于小儿百日咳。

7. 吠咳：咳声如犬吠，伴有声音嘶哑，吸气困难，是肺肾阴虚，火毒攻喉所致，多见于白喉。

（五）呕吐

是指饮食物、痰涎从胃中上涌，由口中吐出的症状。前人以有物有声为呕，有物无声为吐；有声无物为干呕，但临床统称为呕吐，其总的病机为胃失和降所致。临床可根据呕吐的声响强弱、吐势缓急、呕吐物的性状、气味及兼见症状来判断病证的寒热虚实。一般而言，若吐势徐缓，声音微弱，吐物清稀者，多属虚寒证；如吐势猛急，声音壮厉，呕物粘腐者，多属实热证。

1. 呕吐严重，呈喷射状：多因热扰神明所致，属热闭心包证。

2. 餐后呕吐：常伴腹泻，多为食物中毒、霍乱、类霍乱病证。

3. 朝食暮吐，暮食朝吐：多因脾阳亏虚，不能磨谷消食所致，属于反胃。

4. 食入即吐：因热伤胃津，胃失濡养之故，多为胃热证。

5. 饮后则吐：因胃有宿饮，再饮则胃内之饮上逆所致，多为水逆证。

（六）呃逆

唐代以前称为哕，俗称打呃，是胃气上逆，从咽喉发出的一种不由自主的冲击声，声短而频，呃呃作响，后世称呃逆。是由于胃的经脉贯膈络肺，抵达咽喉，故胃气上逆，可致横膈拘挛，而发生呃逆。临床根据呃声的高低强弱，间歇时间的长短不同，来判断病证的虚实寒热性质。

1. 呃声频作，高亢有力者，其声有力者，多属实证、热证。呃声低沉，声低无力，多属虚证、寒证。

2. 新病呃逆，其声有力，多属寒邪或热邪客于胃；久病、重病呃逆不止，声低气怯无力者，属胃气衰败之危候。《形色外诊简摩》说："新病闻呃，非火即寒；久病闻呃，胃气欲绝也。"

3. 突发呃逆，呃声不高不低，无其他病史及兼症者，多属咽食匆促，饮食刺激，或偶感风寒，一时胃气上逆动膈所致，一般是短暂呃逆，不治自愈。

（七）嗳气

古称"噫"，俗称"打饱嗝"，是指胃中气体上出咽喉，微有声响，其声长而缓的症状，与短促冲击有声的呃逆不同。嗳气亦属胃气失和而上逆的一种表现。一般饱食之后，偶有嗳气，无其他兼症，不属病态，多可自愈。临床根据嗳声和气味的不同，以辨证之虚实。

1. 嗳气酸腐，兼脘腹胀满者，多为宿食停滞，属实证。

2. 嗳声频作而响亮，嗳气后脘腹胀减，嗳气发作因情志变化而增减者，多为肝气犯胃，属实证。

3. 嗳声低沉断续，无酸腐气味，兼见纳差食少者，多为胃虚气逆，常见于老年人或久病体虚之人，属虚证。

4. 嗳气频作，无酸腐气味，兼见脘痛者，多为寒邪客胃，属寒证。

（八）太息

太息又名叹息。指情志抑郁，胸闷不畅时发出的长吁或短叹声的症状，太息之后自觉宽舒。

1. 情志不遂，叹息频作，多因长期抑郁，肝气郁结，气机不畅而见叹息。

2. 阳气不足，常喜叹息，多因久病失养，伤阳太过，气虚不得舒展，但得引一长息为快。

（九）喷嚏

指肺气上冲于鼻而发出声响的症状。闻诊主要应注意喷嚏的次数及有无兼症。正常人因异物、异味的刺激而喷嚏偶作者，不属病态。若新病喷嚏频作，伴鼻塞流涕，恶寒身痛者，为风寒犯肺，外束皮毛，阳气发越于外所致。若久病喷嚏频作，鼻塞流涕，兼神疲气短，自汗易感受者，是肺气不足，肺失宣降所致。若久病阳虚之人，突发喷嚏，为阳气回复，病有好转趋势之征。

（十）肠鸣

指腹中胃肠蠕动漉漉作响的症状。在正常情况下，肠鸣声低弱而和缓，一般难以闻及。当肠道传导失常或阻塞不通时，则肠鸣声高亢而频急。可根据作响的部位及声音来判断病位和病性。

1. 胃脘鸣响如囊裹浆，振动有声，立行或推抚脘部其声漉漉下行者，多为水饮留聚于胃。

2. 鸣响在脘腹，如饥肠漉漉，得温得食则减，饥寒则重者，为中气不足，胃肠虚寒，所以《灵枢·口问》说："中气不足……肠为之苦鸣。"

3. 腹中肠鸣如雷，脘腹痞满，大便泄泻者，多为感受风寒湿邪以致胃肠气机紊乱所致。

4. 腹内微有肠鸣之声，腹胀，食少纳呆者，多属胃肠气虚，传导功能减弱所致。

5. 肠鸣声完全消失，腹部胀满疼痛者，多属胃肠气滞不通之重证。

第二节　嗅气味

嗅气味，是指嗅辨与疾病有关的气味，包括病室、病体、分泌物、排出物，如口气、汗、痰、涕、大小便、经、带、恶露、呕吐物等的异常气味。嗅气味可以了解疾病情况，一般气味酸腐具臭秽者，多属实热；不臭或略微有腥气者，多属虚寒。

一、病体气味

（一）口鼻气味

指从口中散发出的异常气味。正常人呼吸或讲话时，口中无异常气味散出，口中散发臭气者，称为口臭，多与口腔不洁、龋齿或消化不良有关。口出酸臭气，并伴食欲不振，脘腹胀满者，多属胃肠积滞；口出臭秽气者，多属胃热；口气腐臭，或兼咳吐脓血者，多是内有溃腐脓疡。若口气臭秽难闻，牙龈腐烂者，多为牙疳。

鼻出臭气，称为鼻臭。伴流浊涕不止者，是"鼻渊"，多因热邪上熏或湿热蕴结所致。

（二）汗身气味

是指汗液所散发出的气味。病人身有汗气味，可知曾有汗出。汗出腥膻，是风湿热邪久蕴皮肤，津液受到熏蒸所致，多见于风温、湿温、热病，或汗后衣物不洁所致。汗气臭秽，可见于瘟疫或暑热火毒炽盛之证。腋下随汗散发阵阵臊臭气者，是湿热内蕴所致，可见于狐臭病。

身发腐臭气，谓之身臭，应考虑有无溃腐疮疡。

（三）痰涕之气

正常状态下，人体排出少量痰和涕，无异常气味。若病者咳吐浊痰脓血，腥臭异常的，多是肺痈，为热毒炽盛所致。咳痰黄稠气腥者，是肺热壅盛所致。咳吐痰涎清稀味咸，无特异气味者，属寒证。

鼻流浊涕腥秽如鱼脑者，为鼻渊；鼻流清涕无气味者，为外感风寒。

（四）大小便气味

大小便闻诊除注意了解特殊臊臭气之外，还要结合望诊综合分析判断。如大便酸臭难闻者，多属肠有郁热。大便溏泻微腥者，多属脾胃虚寒。大便泄泻臭如败卵，甚则夹有未尽消化食物，矢气奇臭者，是宿食停滞，消化不良之故。

小便黄赤混浊，有臊臭气者，多属膀胱湿热。尿甜并散发苹果样气味者，为消渴病。

（五）经、带、恶露气味

经带闻诊主要是了解有无特异气味。月经臭秽者，多属热证；月经气腥者，多属寒证。

带下黄稠而臭秽者，多属湿热；带下白稀而腥者，多属寒湿；崩漏或带下奇臭，并杂见异常颜色，常见于癌症，多属危重病证。

产后恶露臭秽者，多属湿热下注。

（六）呕物气味

指通过嗅觉辨呕吐物气味，以判断病证的寒热性质。呕吐物清稀无臭味者，多属胃寒；气味酸臭秽浊者，多属胃热。呕吐未消化食物，气味酸腐者，多为食积。呕吐物无酸腐味者，多属气滞。呕吐脓血而腥臭者，为内有溃疡。

病体散发的各种异常气味，临床上除医生直接闻诊所得外，其他诸如痰、涕、大小便、妇女经带恶露等排出物的异常气味，也可通过问诊获知。

二、病室气味

病室气味是由病体本身或排出物所散发的。气味从病体发展到充斥病室，说明病情重笃。临床上通过嗅病室气味，可作为推断病情及诊断特殊疾病的参考。

病室臭气触人，多为瘟疫病。如戴天章《瘟疫明辨》说："瘟疫气从中蒸达于外，病即有臭气触人，轻则盈于床帐，重则蒸然一室。"若病室充有血腥气，病者多患失血证。病室散有腐臭气，病者多患溃腐疮疡。病室尸臭，多为病者脏腑衰败，病情重笃。病室尿臊气（氨气），见于水肿病晚期（尿毒症）。病室有烂苹果气味（酮体气），多为消渴病患者，亦属危重证。

自 学 指 导

【重点难点】

1. 闻诊谈"闻"字。

闻诊的意思从"闻"字谈起。"闻",一字多义,诸如"新闻"、"讣闻"、"闻达"、"闻人";乃至《诗经》中的"声闻于天"、"令闻令望",其中"闻"字便各有所指。"闻诊"之"闻"的含义与上述词句中的闻字又有所不同,它有两层意思:

其一,正如《说文》所注:"闻,知声也。""知"有理解、领会的意思,"知声"便是听到声音,并注意理解,领会其意义。在古代,"听"与"闻"并非同义,"听"仅仅指听到声音,不一定理解声音的意义。如《中华大字典》说:"听者耳之官也,闻者心之官也,"表明是"听"只动用耳朵,"闻"则不但用耳朵,而且有意识地理解,心里有所领会。心主神明,主宰意识思维。《大学》说。"心不在焉,视而不见。听而不闻,"便是"听"异于"闻"的明证。对于闻诊来说,"闻"便是有意识地听病人身上发出的声音,并领会这些声音与证候的关系,以作为辨证的依据。

其二,"闻"有嗅的意思,就是用鼻子唤气味。《孔子家语》说:"与善人居,如入芝兰之室,久而不闻其香,"其中"不闻其香"便是没有嗅到香味的意思。对于闻诊来说,则是有意识地用鼻子嗅病人的气息身体以及排泄物的气味,以作为辨证的依据。

中医的四诊是尽量让自己的感官同病人所表露的一切征象直接接触,从而获得判断证候的依据。闻诊则是用耳朵听,用鼻子嗅,并且用心领会,以了解病情。

2. 五声、五音诊病理论。

古代医家将五声、五音诊病法视为闻诊的基础。声和音的含义既有区别而又密切相关。声是指高低、清浊、大小等不同的声调。音则是指声的浑厚、尖细等不同的韵律。《四诊抉微》谓:"音者杂比也,声者单出也。"声为音之本,音以声而生,故声音不能截然分开。呼、笑、歌、哭、呻五声,均为生理和病理状态下所常见,所谓以人之情,感物成声。宫、商、角、徵、羽五音,是古代音乐中的五个音级,从宫到羽的顺序相当于现代简谱中的1、2、3、5、6。

《医宗金鉴·四诊心法要诀》指出,五音的发音和音韵特征是:舌头居中,音自喉出,为宫之正音,有沉洪雄厚之韵;开口张腭,音自口出,为商之正音,是五音中次低次长而浊之音,有铿锵清肃之韵;内缩舌尖而发,为角之正音,是五音中长短、高低、清浊居中之音,有条畅中正之韵;以舌抵齿而发,为徵之正音,是五音中较高、短、清晰之音,有抑扬咏越之韵;撮口而发,音自唇出,为羽之正音,是五音中最高亢而短的清晰音,有柔细尖利之韵。

五音随喉、会厌、舌、齿、唇五者的结构变化和功能状态而不同,所谓五者相须,故成五音。声音是人的喜怒哀乐等精神状态、情绪变化的外在反映,与五脏的虚实盛衰密切相关。五声、五音分属五脏,一般情况下,声音相应则无病,音乱声变则生病。正常五声的特征是：呼属肝，音应角，呼而条畅和缓；笑属心，音应徵，笑而抑扬咏越；歌属脾，音应宫，歌而沉洪雄厚；哭属肺，音应商，哭而铿锵清肃；呻属肾，音应羽，呻而柔短清晰。此音声相应，为无病常态。五脏受病，则五声也常随之改变。如肝气实，多呼声忿急；心气实，多笑声雄壮；脾气衰，则歌声怠慢；肺气伤，则哭声悲嘶；病深伤肾，则呻声低微。此音乱声变，多属病态。

五音在正常状态下相互杂合，各种发声抑扬流畅而难以——区分。患病之后，脏气改变，且发声之时，喉、会厌、舌、齿、唇五者不能相需，从而导致音韵变化。病在一脏则其音偏多或不及，一脏之音全无则表明其脏气已绝。如脾气虚弱，湿伤中土之病，则语声低沉重浊不清，声如室中言而偏于宫音；肝风内动，舌卷短者，语音即偏角音；心神蒙闭，舌强直者，则语音偏于激音；肾阳衰惫，形寒战栗，则语音偏于羽音。一般而言，轻浅疾病声音变化小。病及脏腑，声音变化大。久病苛疾，声音必变，且与预后相关。但由于医者听觉分辨力有限，此法尚未得到广泛应用。目前，利用现代声频频谱技术对声调和音韵方面进行客观化研究，将会使五声、五音诊法得到新的发展。

3. 音哑、失音的虚实辨析。

音哑、失音是多种急慢性疾病中的一个症状。有病在喉者，有病在脏腑而渐及于喉者，故分清标本，辨明虚实尤为重要。《景岳全书·杂病漠》说："音哑之病，当知虚实。实者其症在标，因窍闭而喑也；虚者其症在本，因内夺而喑也。"猝然发病者，称为"暴喑"或"暴哑"，多属实证，易于诊断。久病声嘶渐致失音，则称"久喑"，多属虚证，但亦常有虚实夹杂，痰瘀阻滞，阳虚阴盛者，又不可不辨。若突然起病，声音粗浊，音调降低，甚则嘶哑，或兼喉痒喉痛，咯痰不爽，或有咳嗽之声，常伴发热恶寒者，则多为外感风寒、风热所致。若兼咳痰黄稠，咽喉红肿疼痛，口干口苦，则为痰火郁闭，均属金实不鸣。若发病缓慢，声嘶日渐加重，日久不愈，咽喉色红痒痛，干咳少痰，或见喉部粘膜溃疡，常伴潮热盗汗，形瘦，腰痛耳鸣，则属肺肾阴虚，金破不鸣。

现代临床认为，音哑长期不愈，甚则逐渐加重，咽干痛，喉镜检查见声带肥厚或生小结，或见声带息肉，或见喉部肿瘤，舌质紫暗；或因颈部或胸中肿瘤阻压络脉，而见头面颈胸水肿、青紫，喉部正常而声音嘶哑者，则属瘀血喑哑。若起病缓慢，唇厚舌大，言语迟缓，发音不清，音调粗哑，常伴面容壅肿愚钝，眉发稀疏，皮肤苍白或蜡黄、粗糙干厚，似肿而按之不凹陷，畏寒肢冷，反应迟钝，舌淡胖，脉沉迟细弱者，则属脾肾阳虚喑哑。上两者虽见于久病，但均非金破不鸣。若突然音哑，或呈发作性，由悲忧恚怒而诱发，自觉胸闷咽塞，但喉部正常，多见于青年女性。此为肝郁肺气一时闭塞，乃属肝郁喑哑。

4. 关于谵语、郑声寒热虚实的认识。

谵语、郑声之名，均出自《伤寒论·阳明病》，其曰："实则谵语，虚则郑声。"郑声又名重语，谵语在《素问·热论》称为谵言。谵语、郑声两症，皆属于神志昏乱的失神危候。谵语多为热扰心神之实证，但亦有阴竭阳脱、阴阳两虚及阴盛格阳者。郑声多属心神散乱之虚证，但亦有见于阳热之证者。故两者的寒热虚实尤当辨清。

实证谵语多在急性热病的极期出现，有热入心包、痰热扰心、热结阳明、湿热蒙闭心神、热入血室及痈疽毒邪内陷、疔疮走黄等不同。临床表现又有轻重之分，轻者睡中呢喃，重者不睡亦语言错乱。若间有妄错，与人言犹有伦次，是热尚未极。若目不识人，神昏而无所见，甚则喊叫，是热邪已极。故《医学心悟·谵语》说："由其热有轻重，故谵语亦有轻重也。"虚证谵语多见疾病后期或误治之后，常有阴竭阳脱、阴阳两虚与阴盛格阳之分。若热病汗出过多，而见身热，面赤，口渴，肌肤干燥或汗出，四肢厥冷，幻觉躁动，谵语狂妄而渐至神昏，舌干红，脉细数无力，则为阴竭阳脱。如《伤寒论》指出："发汗多，若重发汗者，亡其阳，谵语，脉短者死。"即多指这种证候。亦有阴阳两虚者。阴盛格阳之谵语，多见下利清谷，里寒外热之假热证。如《证治准绳·伤寒》指出："大便秘，小便赤，身热烦渴面妄言者，里实之谵语也。小便如常，大便洞下，或发躁，或反发热而妄言者，乃阴盛格阳之谵语也。"

郑声或见于亡阴，或见于亡阳，或因心脾肾气严重耗伤，多为大虚之候。但对于郑声的闻诊尚有两种不同的认识。一种认为郑声与谵语毋需分别，皆是语言错乱，郑声只是声低气短而已，虚证谵语即是郑声。如《瘟疫论·神虚谵语》曰："郑声、谵语，态度无二，但有虚实之分，不应另立名色。"另一种认为郑声是重言复语，谵语是胡言乱语，两者虚实属性虽不同，但临床闻诊还必须脉症合参。如《医宗金鉴·伤寒心法要诀》指出："凡谵语、郑声，与阳经同见者，均属热证"，"与阴经同见者，总属寒证"。以上两说虽不同，但均强调了脉症合参在判别谵语、郑声寒热虚实属性中的重要性。

5. 喉中痰鸣与哮、喘的关系。

喉中痰鸣是指痰阻气道，肺气不利而呼吸鸣响有声，是痰涎壅盛的指征。因痰涎稀、稠、多、少及气机壅塞之状而鸣声不同，故有如"吹管声"、"鼾声"、"呀呷之音"、"水鸡声"、"痰声漉漉"、"喘鸣"、"哮鸣"等不同名称。一般而言，痰多而稠粘，滞于气道，则音低如鼾声；痰多而稀薄，呼吸冲击，则多漉漉之声；气机壅塞，肺管不利，则哮鸣如哨笛。咳吐痰去，则鸣声稍息。喉中痰鸣不仅可见于哮病，亦可见于痰喘、中风、痫病以及其他疾病垂危之时，故必辨别清楚。

哮病发作则呼吸困难，呼气长而费力，喉中哮鸣如哨，或如水鸡之声。《医宗必读·喘》说：哮发则喉中"有呀呷之音，呷者口开，呀者口闭，开口闭口，尽有音声"。

喘见于多种急慢性疾病之中，有痰喘、气喘之不同。《景岳全书·杂病漠》说："实喘者，胸胀气粗，声高息涌，膨膨然若不能容，唯以呼出为快也；虚喘者，慌张气怯，声低息短，皇皇然若气欲断，提之若不能升，吞之若不相及，劳动则甚，而唯气促似喘，但得引长一息为快也。"此言气喘之虚实。临床痰喘与气喘稍有不同。《丹溪心法·喘》指出："有痰喘，有气急喘……痰喘者，凡喘必有痰声；气急喘者，呼吸急促而无痰声。"痰喘多属实喘或虚实夹杂之证。其喘促胸闷，痰鸣有声极似哮病，但不若哮病有反复发作的特点。痰喘日久，可因新邪旧邪相引而转变成哮。《医学入门·痰类》指出"痰喘必有痰声"，哮"即痰喘甚而常发者"，即说明了两者之间的区别和联系。

中风入脏，肝风夹痰壅塞气道，亦可见喉中痰鸣。痫病发作，喉中痰鸣，为痰蒙清窍，气机壅滞之象。久病、重病，气息低微，无力咳吐，喉中痰声滚滚者，则为肺肾气绝之候。《景岳全书·杂病漠》曰："若杂证势已至剧，而喉中痰声漉漉，随息渐甚者，此垂危之候。"

6. 少气、短气与喘的区别和联系。

虚证短气必兼少气。古代医家常将两者相提并论。《诸病源候论·短气候》说："肺虚则少气，亦令短气，其人气微，常如少气，不足以呼吸。"虚证短气甚则虚喘。故古代医家有以短气为虚喘者。如《明医指掌·喘症》说："胃虚喘者，抬肩撷腹，喘而不休，此不足之喘也。若肺气太虚，气不能布息，呼吸不相接续，出多入少，名曰短气，此虚之极也。"《医碥

·喘哮》指出：“再按古人以短气即喘，而喘分实喘、虚喘……若依后人分短气与喘为二，则短气为虚喘，而喘单就实者言，未为不可也。”故《景岳全书·杂病漠》亦称实喘为“真喘”，而称虚喘声低息短为“似喘”。

少气、短气与虚喘的联系与区别在于：肺肾气虚或元气虚弱之人，轻则口鼻气弱，徐出徐入，言懒无力，谓之少气。重则言而微，终日乃复言，谓之夺气。甚则息微，气急短促而频数，谓之短气。再重则气不接续，动则益甚，或张口抬肩，谓之虚喘。三者既有联系，但亦有轻重、缓急、动静之分。

实喘者亦必短气。尤其是心下有支饮，微则短气，重则喘咳。短气病因甚多，病机复杂，病及表证、里证，总是气逆不通，呼吸不得舒缓悠长。有胸中痰饮，胸中瘀血，痰热结胸，胸痹心痛短气者，有疫嗽肺伤，气积胸中，窒间短气者。又有心水肿胀，胃肠积滞，热结阳明，腹满短气者。或为实证，或为标实本虚。辨识要点在于：实喘多因邪伤及肺，肺失肃降。而实证短气病位未定全在肺，凡胸、肋、脘、腹中邪气阻碍，呼吸升降不利，皆可短气。故闻诊时必详审形候，分清标本。

7. 对咳逆、上气的认识。

咳逆，是指咳嗽而气上逆不止，胸胁胀满，身体疼痛的一种症状。日久严重则不得平卧，身面浮肿。常见于肺痈，支饮，肺胀等病。如《金匮要略·痰饮咳嗽病脉证并治第十二》说：“咳逆倚息，短气不得卧，其形如肿，谓之支饮。”上气，是指呼吸气急，呼多吸少，常兼身面浮肿的一种症状。与喘相似，有虚证、实证之分。因外邪袭肺者，常伴有发热恶寒，咳嗽上气，甚则面目浮肿。如《灵枢·五邪》说：“邪在肺，则病皮肤痛，寒热，上气喘，汗出，咳动肩背。”因肺痈初起、痰饮阻肺者，常见胸胁胀满，痰涎壅塞，面目浮肿，咳嗽气喘，《金匮要略》称之为“咳逆上气”。因肺肾阴虚火旺者，常见口燥咽干，咽喉不利，咯痰不爽，咳嗽气喘，《金匮要略》称之为“火逆上气”。

咳逆、上气均为古代症状名称。咳逆为咳嗽中较重的一种类型，隋唐之前症状学中已进行相对性区别。宋、金、元期间，部分医家将其与呃逆混淆。明清以后，症状名称趋于简化，统称咳嗽。如《景岳全书·杂病漠》说：“咳逆者，咳嗽之甚者也。”

上气与喘在隋唐以前症状学中并未严格区别，且常相提并论。《内经》中就有“暴上气而喘”、“上气肩息”等症状描述。《金匮要略》中咳逆上气并称，实际即咳喘症状。金元以后，将上气、喘息、喘逆、逆气等以呼吸困难、急促为特征，甚则张口抬肩的症状统称为喘。而将“上气喉中如吹管声”、“上气鸣息”等伴喉中哮鸣音者，重新命名为哮，则更为实用。

8. 关于咳嗽与“肺咳”的概念。

咳嗽单名咳或嗽。然古代曾将咳与嗽加以区分，如刘河间《素问病机气宜保命集·咳嗽论》说：“咳谓无痰而有声……嗽谓无声而有痰……咳嗽谓有痰而有声。”究之临床，很难将两者截然分开，故现今一般通称为咳嗽。以往对于“咳嗽”的定义尚不够科学、严谨。应该说，咳嗽是指肺气上道做声，并咯吐痰液的症状。咳嗽为肺系疾病最常见的表现，他脏病变亦可影响到肺而伴见咳嗽，故前人有咳嗽“不离于肺”、“不止于肺”之说。如陈修园《医学三字经·咳嗽》也说：“《内经》云：‘五脏六腑皆令人咳，非独肺也。’然肺为气之主，清气上逆于肺则呛而咳，是咳嗽不止于肺，而亦不离乎肺也。”

外感或内伤的多种原因，如六淫外邪袭肺、有害气体刺激、痰饮停肺、气阴两虚等，导致肺气失于宣发、肃降，均可使肺气上逆而发为咳嗽。故赵献可《医贯·咳嗽论》说："盖肺为清虚之府，一物不容，毫毛必咳。又肺为娇脏，畏寒畏热，火刑金故嗽，水冷金寒亦嗽。故咳嗽者必责之于肺。"临床以咳嗽作为主症的疾病主要有肺热病（风温肺病）、肺咳、哮病、肺痿、肺胀、肺痹、肺痨、肺岩、顿咳、尘肺、肺水、喉咳、肺虫病等。由其他脏腑的病变影响到肺而出现咳嗽的症状，则难以一一列举，《素问·咳论》在"五脏六腑皆令人咳"的总体认识下，详细论述了五脏咳与六腑咳的症状，确立了咳嗽的脏腑分类方法，可以参考。

这里有必要指出的是"肺咳"一病。《素问·咳论》说："肺咳之状，咳而喘息有音，甚则唾血。"可见"肺咳"不是一个症状，它有病位——肺，有主症——咳，伴随症——喘息有音，甚至唾血，因此，"肺咳"是一个病名。是一个以咳嗽为主要表现的疾病，并且不属肺痨、肺痿、肺胀、肺痈等已定病名的疾病，即以往诸书及内科教材中通称的"咳嗽"。但"咳嗽"为症名，"肺咳"为病名。可以给"肺咳"作如下定义："肺咳是因外邪犯肺，或痰浊内蕴，气阴亏虚等，使肺失清肃而肺气上逆，表现以咳嗽为突出症状的肺系非特异性疾病。其新起病程短者为新肺咳，病久而反复发作者为久肺咳。其与西医所说气管-支气管炎相类似。"所谓"非特异性疾病"，是指除肺痨、哮病、肺痈、肺胀、肺癌等肺脏有特征病理形态改变以外的疾病，也就是说，肺咳虽为肺的极常见疾病，但除咳嗽的主症以外，并无明显的病理形态等方面的特征性改变，这样，"肺咳"一病与西医所说"气管-支气管炎"便极为相似。

9. 呕、吐、呃、噫的相关概念。

呕、吐、呃、噫在汉以前已区别应用，后世医家对它们的症状概念又不断补充。

呕，费力而声物俱出；吐，不费力而物出无声。多数情况下两者难以截然分清，故后世症状学多呕吐并称。现称呕吐，实即古代文献中所谓之呕。呕，有呕饮食、呕痰涎、呕血之类。吐，有吐食、吐涎、吐酸水、吐血、吐蛔之类。若朝食暮吐，或暮食朝吐，或食入一二时而吐，则谓之反胃。若小便不通而致呕吐不止，则谓之关格。若大小便不通而呕吐不止，则谓之走哺。若顷刻之间吐泻交作，剧烈频繁，吐泻物如米泔水而不臭者，为霍乱；所吐为食物残渣，所泻为黄水臭秽者，为类霍乱。

干呕，出自《伤寒论》。《诸病源候论·呕哕病诸候》说："但呕而欲吐，吐而无所出，故谓之干呕。"呃，出自《丹溪心法》，呃即俗称呃忒。自唐朝孙思邈以哕为咳逆之后，哕的概念出现混淆。如《伤寒明理论·哕》曰："哕者，俗谓之咳逆也。"哕、咳逆、干呕、呃逆在唐以后出现了混淆与概念的转换。明清以来，通过治法反证研究，基本上得到统一：唐以前的哕、呃逆，即金元以后所谓之呃逆。金元以后症状学中之哕，即唐以前之干呕。咳逆是咳嗽气逆较重者。

噫，《说文解字》称："饱食息也。"《伤寒论》称噫气、干噫食臭，乃为胃中不和。《诸病源候论》称噫醋，指为脾胃有宿冷。宋代方书多称噫气吞酸，视为脾胃病。《丹溪心法》始有嗳气之名，认为胃中有火、有痰。其后则噫、嗳通用。如《证治要诀及类方》称："噫败卵臭，是伤食之证。"《内科摘要》列吞酸嗳腐是脾胃亏损。明清以后则基本上以嗳气代替噫气症名。嗳气常与吞酸、嘈杂、痞满等症并见，甚则与脘痛、恶气、呕吐相伴，总属脾胃之病，胃气上逆。

10. 肠鸣、矢气的病机。

肠鸣，亦称腹鸣。《医碥·杂症》说："大抵气与水相冲击而成声。气多则响高，水多则响沉。或无水而有痰食之闭塞，气闭忽通则鸣也……是故气之和平而流畅者不鸣也，必其或热或寒，有塞有通而后鸣。"《内经》论肠鸣病机有五：一是脾虚，二是中气不足，三是邪在大肠，四是土郁，五是热胜。《伤寒杂病论》论肠鸣证候有三：一是下利，腹中雷鸣；二是腹满痛，呕吐，腹中雷鸣；三是痰饮，水走肠间，漉漉有声。凡肠鸣下趋小腹，源源水声者，多为泄泻之征兆。腹满痛，呕吐、肠鸣高亢而不能下趋小腹者，多为实邪闭阻，肠道不通。至于孕妇七八月而腹中鸣响，则称子鸣，多为气虚不运所致。

矢气，又称转矢气。矢气偶作，不属病态。矢气频多既与气滞、气陷有关，又是肠道通闭与否的标志。若矢气频频，声响不臭，或腹胀欲排不出，为气滞肠道。若久病体弱，小腹坠胀，矢气连连，甚则脱肛，为气虚下陷。若腹胀痛，矢气臭如败卵，为食滞中焦。若伤寒热病，谵语，潮热而转矢气，为阳明腑实。若腹满胀痛而无矢气，治疗后，矢气频转，是肠道气机疏通之征。

11. 嗅气味诊病的机制。

气味古代称为"臭"（音 xiù），《诗经·大雅》"上天之载，无声无臭，"意思就是天道难知，没有音声也没有气味。在中医的典籍里面，最早谈及闻气味的是《内经》，如《素问·金匮真言论》五行的归属，把臊、焦、香、腥、腐五种气味与五脏联系起来。《难经》则将嗅气味与听音声相提并论，作为闻诊的方法。

嗅气味诊病的机制与气味的产生关系密切。很多东西都有气味，如羊肉、牛肉、橘子、苹果等食物都有各自特殊的气味。当食物变质以后，其气味也跟着变了。人的气息、分泌物、排泄物以及整个身体也有些气味，例如流汗有汗臭，大便有粪臭，小便也有小便的气味。在阴阳平衡、气血流畅、脏腑调和的情况下，这些气味是不会发生较大的变化的。如果阴阳失去平衡，气血阻滞，脏腑功能失调，邪毒入侵，这些正常的气味就会发生变化，还可能出现一些具有特殊气味的病理产物。嗅气味诊病的道理也是利用人体的正常气味在得病后可能发生变化的特点，为辨证多寻找一些依据。如肺为邪侵，热毒蕴阻，气血流行不畅，于是郁而成脓，形成肺痈，其人气息即有使人难以忍受的恶臭，而且所咳出的脓痰也有特殊的臭气。又如病人内热炽盛，迫血妄行，而致出血，病室中就可能有血腥气味。这些气味有助于了解脏腑气血的变化，从而辨识证候。

12. 嗅气味诊病的注意事项。

（1）要有心理准备和全心为病人诊治的精神。患病之人所散发的气味大多秽臭难闻，有的还会传染疾病，如一闻到臭味便捏住鼻子，转过头去，甚至草草了事，避之惟恐不及，不但难以做出正确的诊断，采取有效的治疗措施，有时还会损伤病人的自尊心而影响其情绪。

（2）运用正确的嗅诊方法。闻病人的气味不可离得太近，与排泄物的标本必须有一定的距离，可以不正对着病人或标本去嗅，面是用手把所发出的气味扇向自己的鼻前来嗅，对于容易传染的疾病尤其必须如此。

（3）闻气味的时间不宜过长。嗅气味最重要的是刚接触的一会儿，因为刚接触时感觉最灵敏，最容易辨别。这与在其他情况闻到气味是一样的，一接触病人无论闻到什么气味都要注意辨别。

（4）注意辨别与疾病无关的气味。特别要注意避免与疾病所产生的气味混淆。有的气味很容易排除与病变的关系，如香蕉、橘子或香水香的气味；而有的气味就很容易起干扰的作用，影响检查者的正确认识。

（5）检查排泄物须了解放置时间的长短。放置久了任何排泄物都会改变气味，一般是臭味愈久愈浓，而放置不久的较能如实地反映病情。

（6）在问诊时注意气味的变化。有些气味医生难以闻到，或不便进行，例如带下、恶露等的气味，在询问病情的时候，病人如果自己谈到有关气味的情况，更应特别留心。

病变所产生的气味对于疾病的诊断有一定的意义，但是它仅仅是个别征象，没有望诊、问诊以及闻音声诊法所获得的资料，诊断是难以进行的。在多数情况下闻气味诊法并不单独进行，只在望、问、切的同时也留心及此而已。但是有时还是必须着重闻一闻的，特别是在气味对于那种病证有决定性意义或有疑似情况难以确定的时候。

13. 恶臭气息与辨证。

恶臭气息是仅闻到臭味，说不出像什么气味，可出现于鼻、口、气管、食管、肺、胸、胃、大小肠等部分以及全身的病证。

（1）鼻的病证：鼻疖和鼻疔成脓而溃破以后，可使气息恶臭，通常还能辨出脓的气味；鼽嚏的症状是经常鼻塞、流涕、打喷嚏，久久不愈，脑漏以鼻涕浊黄其状如脓和经常头痛为主，这两种病证气息都常有恶臭；鼻孔里面有异物阻塞，如大豆、花生、杨梅核等，阻塞日久异物腐败或患处气血郁滞成脓，也可使气息有恶臭。

（2）口的病证：口糜又称为鹅口疮，以口中发红、灼痛，继而出现白色突起形如雪花为特征；口疮则口舌生病，破溃成疮，可伴发热恶寒，往往反复发作；口疳来势甚速，病情严重，主症为壮热烦渴、口内灼痛、溃疡、溃疡处有灰白色假膜，严重的会腐烂出血。这三种都会引起口臭而影响气息，其中口疳最严重，口疮次之，口糜较轻。

（3）牙齿和牙龈的病变：龋齿俗称蛀牙，即牙齿上面出现龋洞，甚至牙冠大部或全部破坏；龈宣即齿龈肿起，其色暗红，有的经常出血。如果经常出血，还有血腥气味。

（4）肺胸的病证：肺痈的主要症状是咳吐大量脓血样痰、胸痛、气喘、初起恶寒发热，特别是咳嗽吐痰的时候，气息腥臭非常；肺痨以咳嗽、咯血、厌食、消瘦和潮热盗汗为特征，在病情严重咳嗽较剧烈的期间，常有恶臭气息，咯血则有血腥味；肺热喘咳以小儿为多，表现为咳嗽、气喘、发热，这种病证有的也有恶臭气息。悬饮病人胸胁疼痛、咳嗽、气喘，严重者饮邪成脓，波及于肺，入侵气道，因而使气息带有腥秽的恶臭。

（5）脾胃大小肠的病证：其病变多为食积停滞，引起胃气上逆，酸腐之气随之而出，导致气息恶臭，多与腹胀、呕吐、泄泻、嗳气等症状同时出现。胃火炽盛或肠中热结，也常致使气息恶臭，多与口舌生疮、舌质红绛、便秘、尿赤等火盛的症状并见。

14. 特殊气味的临床意义。

（1）烂苹果气：见于消渴病重证，有口渴多饮、多食、多尿、消瘦和皮肤易生疮疖等症状，病情重等，特别是发生昏迷的时候其气味尤甚明显。这种病证现代医学称为糖尿病，其特殊气味称为丙酮气息。

（2）尿味气息：见于严重的水肿病、癃闭患者，多与厌食、恶心、呕吐等症状并见，是病危的征象。小便失禁浸渍衣被也可使病人带有这种气味，应仔细分辨。

（3）热臭气息：壮热的患者热气迫人，而且有一种特殊的臭味，时日越久越明显，这就是所谓热臭气息。外感热病或其他疾病出现壮热的症状，都可能产生这种气味。凭这种气息，在问诊和切诊之前常能先发现有壮热的症状。

（4）血腥气息：鼻腔、口腔出血，还有吐血、咳血，都可能使气息产生血腥味，这种气息有助于发现出血。

（5）霉臭气息：黄疸、右胁下积聚和鼓胀，如出现昏迷不醒，常产生一种霉臭气息，这意味着病情严重，预后不良。

（6）毒物气息：误服或故意吞服毒物，如果毒物有特殊气味，例如乐果、敌敌畏、来苏、鸦片等，常在气息中表现出来；饮酒过量引起乙醇中毒，气息则含有浓郁的酒味。对于不能说或不肯说所服毒物的患者，闻气息非常重要。

【复习思考题】

1. 何谓闻诊？闻诊包括哪些内容？
2. 试述声音产生的原理和听声诊病的机制。
3. 正常声音有何特点？其变异的因素有哪些？
4. 新病音哑和久病音哑如何鉴别？各有何意义？
5. 何谓谵语、郑声？各有何临床意义？
6. 何谓独语、错语？各有何临床意义？
7. 何谓呓语、狂言？各有何临床意义？
8. 何谓喘？简述其分类的特点及意义。
9. 何谓哮？喘哮如何区别？
10. 怎样鉴别短气和少气？
11. 寒、热、虚、实之咳嗽各有何特征？
12. 呃逆和嗳气有何异同？
13. 导致嗳气的原因有哪些？临床如何鉴别？
14. 怎样辨析肠鸣的意义？
15. 常见的口气异常有哪些？各有何临床意义？
16. 简述临床大小便之气异常的辨析。

【参考文献摘录】

1.《内外伤辨惑论·辨气少气盛》：外伤风寒者，故其气壅盛而有余；内伤饮食劳役者，其口鼻皆气短促，不足以息。何以分之？盖外感风寒者，心肺元气初无减损，又添邪气助之，使鼻气壅塞不利，面赤。不通其鼻，中气不能出，并从口出，但发一言，必前轻而后重，其言高，其声壮厉而有力。是以伤寒则鼻干无涕，面壅色赤，其言前轻后重，其声壮厉而有力者，乃有余之验也。伤风则鼻流清涕，其声嗄，其言响如从瓮中出，亦前轻而后重，高扬而有力，皆气盛有余之验也。内伤饮食劳役者，心肺之气先损，为热所伤，热既伤气，四肢无力动，故口鼻皆少气，上喘懒语，人有所问，十不欲对其一，纵勉强答之，其气亦怯，其声亦低，是其气短少不足之验也。

2.《通俗伤寒论》：声虽发于肺，实发自丹田。其轻清重浊，虽由基始，要以不异平时为吉。而声音清朗如常者，形病气不病也。始病即气壅声浊者，邪于清道也。病未久而语声不续者，其人中气本虚也。脉之时吟者，痛也。言迟者，风也。多言者，火之用事也。声如从室中言者，中气之湿也。言而微，终日乃复言者，正气夺也。衣被不敛，言语善恶不避亲疏，神明之乱也。出言懒怯，先重后轻者，内伤元气也。出言壮厉，先轻后重者，外感客邪也。攒眉呻吟者，头痛也。噫气以手抚心者，中脘痛也。呻吟不能转身，坐而下一脚者，腰痛也。摇头以手扪腮者，齿颊痛也。呻吟不能行步者，腰脚痛也。诊时吁气者，郁结也。

· 114 ·

摇头而言者，里痛也。形羸声哑者，劳瘵，咽中有肺花疮也。暴哑者，风痰伏火，或怒喊哀号所致也。语言謇涩者，风痰也。诊时独言独语，不知首尾者，思虑伤神也。伤寒坏病，声哑，唇口有疮者，狐惑也。平人元寒热，短气不足出息者，痰火也。此皆证之大要也。

3.《医宗金鉴·四诊心法要诀》：言语心主之也，心气实热而神有余，则发为谵语，谵语为实，故声长而壮，乱言无次数更端也。心气虚热而神不足，则发为郑声，郑声为虚，故声短而细，只将一言重复呢喃也。盖神有余，则能机变而言乱，神不足，则无机变而只守一声也。

4.《医宗金鉴·杂病心法要诀》：呼吸气出急促音，谓之喘急。若更喉中有声响者，谓之哮吼。气粗胸满不能布息而喻喘者，实邪也，而更痰稠便梗者，热邪也。气乏息微不能续息而喘者，虚邪也，若更痰饮清冷，寒邪也。

5.《四诊抉微·闻诊》：喘粗气热为有余，喘急气寒为不足。息高者，心脏之气有余；吸弱者，肝肾之气不足。怒骂粗厉者，邪实内热也；怒骂微苦者，肝逆气虚也。鼻塞声重喷嚏，风寒未解也。言语轻迟气短，中气虚也。呻吟者，必有痛。嗳气者，脾乃困也。嗳气者，胃中不觉也。嗳逆冷气者，胃之寒也。呕吐酸苦者，肝之火也……干咳无痰者，胃中伏火也。嗽痰作而清白，寒也；稠黄，火也。谵语收财帛者，元已竭也；狂言多与人者，邪方实也。

6.《形色外诊简摩》：病人尸臭不可近者，死。口气重者，胃热盛也，阳气尚充，共病虽剧，可治。汗出稠粘，有腥膻气或色黄者，风湿久蕴于皮肤，津液为之蒸变也，风湿、湿温、热病失汗者多有之。唾腥吐涎沫者，将为肺痈；唾脓血腥腐者，肺痈已成也。小便臊甚者，心与膀胱热甚也；不禁而臊者，火败也。大便色坏，无粪气者，大肠气绝胃败也。小儿粪有酸气者，停滞也。病人后气极臭者，为胃有停食，肠的宿粪，为实，易治；若不臭者，在平人为气滞，病剧而出多连连不止者，为气虚下陷，恐将脱也。

7.《瘟疫明辨》：风寒之气从外收敛入内，病无臭气触人，间有和臭气者，必将数日转阳明腑证之证，亦只作腐气，不作尸气。瘟疫气从中蒸达于外，病即有臭气触人，轻则盈于床帐，重则蒸然一室，且专作尸气，不作腐气。以人身脏腑、气血、津液，得生气则香，得败气则臭。瘟疫，败气也，人受之，自脏腑蒸出于肌表，气血津液，逢蒸而败，因败而溢，溢出有盛衰，充塞有远近也……若瘟疫乃天地之杂气，非臊、非腥、非焦、非腐，其触人不可名状，非鼻观精者，不能辨之。

第四章　切　　诊

【目的要求】

1. 掌握切脉的部位、方法，正常脉象的特点及变异，常见病理脉象及主病，相兼脉象的临床意义。

2. 熟悉切脉原理，脉象的类比与对举，脉症的顺逆及从舍，按胸腹的临床意义。

3. 了解脉诊的临床意义、妇人脉、小儿脉及其他按诊的基本内容。

【自学时数】

20 课时。

切诊，是医生运用手的感觉在病人体表的一定部位进行触、摸、按、压，以了解病情的诊察方法。切诊包括脉诊和按诊两部分，其中，脉诊是触按病人的动脉脉搏，按诊则是对病人的肌肤、手足、胸腹、腧穴进行触压，两者均为中医诊病的重要手段。

第一节　脉　　诊

脉诊，或称切脉，是医生用手指切按患者动脉，根据脉动应指的形象以了解病情，辨别病证的诊察方法。传统脉诊是依靠医者手指的灵敏触觉加以体验识别的。因此，学习脉诊既要熟悉脉学的基本知识，又要掌握切脉的基本技能，反复训练，仔细体会，才能逐步识别各种脉象，并有效地运用于临床。

中医脉诊有着悠久的历史，公元前五世纪，著名医家扁鹊擅长候脉诊病，故《史记·扁鹊仓公列传》曰："今天下之言脉者，由扁鹊也。"《内经》记载了"三部九候"等脉法；《难经》弘扬"独取寸口"候脉诊病；东汉时张仲景确立了"平脉辨证"的原则；西晋时王叔和编著《脉经》，集汉以前脉学之大成，在阐明脉理的同时，联系伤寒、热病、杂病和妇儿疾病的脉症，分述三部九候、寸口脉法等，确定了 24 种脉象，是我国现存最早的脉学专著；宋朝崔嘉彦的《脉诀》以浮、沉、迟、数四脉为纲，将 24 脉分别隶属于其下，且增补革、牢两脉。明朝张景岳《景岳全书·脉神章》对脉神、脉之常变、脉之从舍、顺逆等论述甚详；明朝李时珍《濒湖脉学》集明代以前脉学精华，载 27 脉，编成歌诀，易于诵习；明朝李士材《诊家正眼》增定脉象 28 种。此外，李延罡《脉诀汇辨》、张澄《诊宗三昧》、黄宫绣《脉理求真》、周学霆《三指禅》等脉学专著，对于脉理辨析，临证经验互相印证颇为实用。

一、脉诊的原理与方法

（一）脉诊的原理

《素问·脉要精微论》说："夫脉者，血之府也。"《灵枢·决气》指出："壅遏营气，令无所避，是为脉。"这说明脉诊之"脉"不仅是血液汇聚之处，而且也是气血运行的通道。《素问·六节藏象论》曰："心主血，其充在脉"。《医学入门》说："人心动，则血行于诸经"。由于心脏的跳动，推动着气血在脉管中流动时对脉管壁所产生的搏动即为脉搏，而医生指感下脉搏应指的形象则为脉象。可见脉象的形成与心、脉、血液三者密切相关。心脏搏动是形成脉象的动力，脉象与心脏搏动的强弱、频率、节律相应；血液濡养全身，并对脉道起着充盈的作用；脉管有约束和推进血流顺从脉道运行的作用，是气血周流不息，正常循行的重要条件。心、血、脉相互作用，共同形成"心主血脉"的活动整体。当心气旺盛，血液充盈，脉道调和时，则脉象从容和缓，均匀有力；反之，若心气虚衰，血液亏虚，脉道失调时，则可出现脉象的大小、强弱、速迟及节律失常等变化。因此，任何因素影响了心、血、脉发生变化，就有可能导致脉搏的改变，从而形成各种病理脉象。由于人体的血脉贯通全身，内连脏腑，外达肌表，运行气血，周流不休，故全身的脏腑组织，四肢百骸，五官九窍的生理、病理变化都可直接或间接地影响着心脏、气血和脉管，而脉象则成为反映全身脏腑功能、气血盈亏、阴阳盛衰的综合信息，此即脉诊的原理。

（二）诊脉的部位

诊脉的部位历来就有多种，如《素问·三部九候论》有"三部九候诊法"，《灵枢·终始》有"人迎寸口诊法"，汉朝张仲景在《伤寒杂病论》中提出"仲景三部诊法"，而《难经》倡导的"独取寸口诊法"得到推广运用，至今还是中医临床脉诊的重要诊法之一。

1. 三部九候诊法：《素问》三部九候诊法，又称为遍诊法，是遍诊人体上、中、下三部有关的动脉的诊法。所谓上为头部、中为手部、下为足部。在上、中、下三部又各分为天、地、人三候，三三合而为九，故称为三部九候诊法（表4-1，图4-1）。

表 4-1 　　　　　　　　　三部九候诊法的具体部位及临床意义

三 部	九候	相应经脉和穴位	所属动脉	诊断意义
上部（头）	天	足少阳经　太阳穴	颞浅动脉	候头角之气
	地	足阳明经　巨髎穴	面动脉	候口齿之气
	人	手少阳经　耳门穴	颞浅动脉	候耳目之气
中部（手）	天	手太阴　太渊穴、经渠穴	桡动脉	候肺
	地	手阳明　合谷穴	拇主要动脉	候胸中之气
	人	手少阴　神门穴	尺动脉	候耳目之气
下部（足）	天	足厥阴　五里穴或太冲穴	背动脉	候肝
	地	足少阴　太溪穴	胫后动脉跟支	候肾
	人	足太阴　箕门穴或冲阳穴	股动脉或足背动脉	候脾胃

上部天是指两侧颞动脉，可以反映头额及颞部的病痛；上部人是指耳前动脉，可以了解目和耳的情况；上部地是指两颊动脉，可以了解口腔和牙齿的情况。中部天是手太阴肺经的动脉处，可候肺气；中部人是手少阴心经的动脉处，可候心气；中部地是手阳明大肠经的动

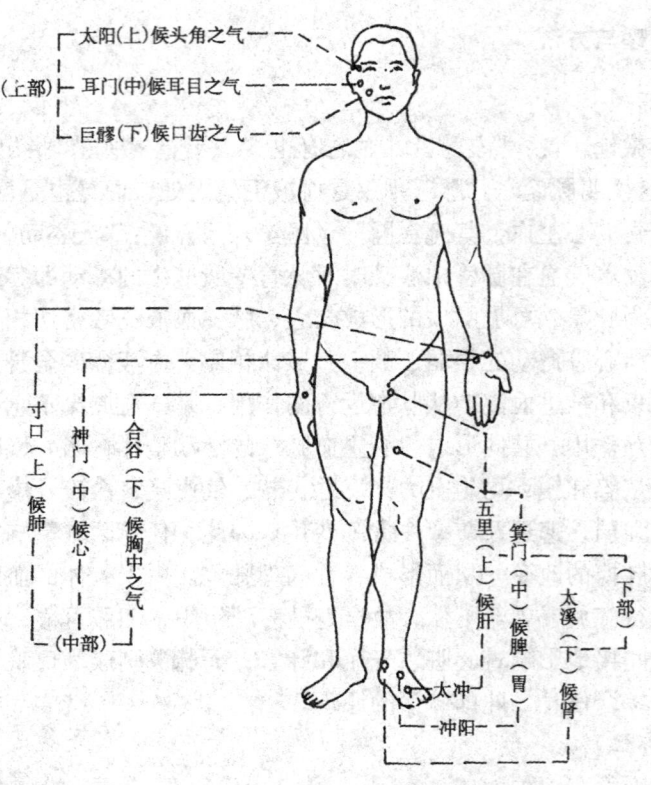

图 4-1　三部九候诊法示意

脉处，候胸中之气。下部天是足厥阴肝经的动脉处，候肝气；下部人是足太阴脾经或足阳明胃经的动脉处，候脾胃之气；下部地是足少阴肾经的动脉处，候肾气。诊察这些脉动部位的脉象，可以了解全身各脏腑、经脉的生理病理状况。故《素问·三部九候论》说："人有三部，部有三候，以决死生，以处百病，以调虚实，而除邪疾。"三部九候诊法是一种最古老的诊脉方法，其用意是何处脉象有变化，便可提示相应部位、经络、脏腑发生病变的可能，而不是用一处或几处脉象来测知全身情况。

2．人迎寸口诊法：人迎寸口诊法，是对人迎和寸口脉象互相参照，进行分析的一种诊脉方法。《灵枢·终始》提出："持其脉口（寸口）、人迎，以知阴阳有余不足，平与不平。"其寸口脉主要反映内脏的情况，人迎脉（颈总动脉）主要反映体表情况。此两处脉象是相应的，来去大小亦相一致。按照《内经》的论述：①在正常情况下，春季人迎脉稍大于寸口脉；秋冬季寸口脉稍大于人迎脉。②在病变情况下，如果人迎脉大于寸口脉一倍、二倍、三倍时，疾病由表入里，并说明表邪盛为主；如人迎脉大于寸口脉四倍，脉大而数者称为"外格"，是病情危重的证候。反之，若寸口脉大于人迎脉一倍、二倍、三倍时，为寒邪在里或内脏阳虚；如寸口脉大于人迎脉四倍，脉象大而数者名为"内关"，亦为危重征象。人迎寸口诊法是用两部脉象的变化相互参照来进行诊断，它比三部九候诊法简单。

3．仲景三部诊法：张仲景在《伤寒杂病论》中常用寸口、趺阳、太溪三部相参诊法。其中以寸口脉候脏腑病变，趺阳脉候胃气强弱，太溪脉候肾气盛衰。现在这种方法多在寸口无脉搏动或者观察危重病人时运用。如两手寸口脉象十分微弱，而趺阳脉尚有一定力量时，提示患者的胃气尚存，尚有救治的可能；如趺阳脉难以触及时，提示患者的胃气已绝，难以救治。

4. 独取寸口诊法：寸口，又称"气口"或"脉口"。独取寸口诊法是指单独切按桡骨茎突内侧的一段走行浅表的桡动脉之搏动形象，以诊察人体生理、病理状况的一种诊脉方法。寸口诊法最初见于《素问·五脏别论》，而《难经》倡导"独取寸口"，晋代王叔和在《脉经》中加以肯定，并予推广。

(1) 寸口脉的具体部位：《脉经》指出："从鱼际至高骨却行一寸，名曰寸口。从寸口至尺，名曰尺泽，故曰尺寸；寸后尺前，名曰关。"可见所谓寸口，是腕横纹后约1寸长的桡动脉搏动的部位。而寸口脉又分为"寸"、"关"、"尺"三部，通常以腕后高骨（桡骨茎突）为标记，其内侧的部位为关，关前（靠腕侧）为寸，关后（靠肘侧）为尺（图4-2）。左右两手各有寸、关、尺三部，共六部脉，又称为"六脉"。

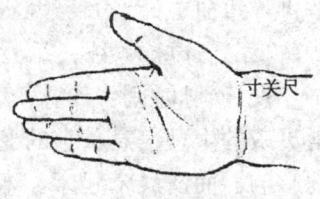
图4-2 寸口脉寸关尺示意

寸口脉的寸、关、尺每部根据切脉时指力的轻、中、重不同，又可施行浮、中、沉三候，三三得九，是为"三部九候"。故《难经·十八难》说："三部者，寸、关、尺也；九候者，浮、中、沉也。"但须注意，寸口诊法的三部九候与遍诊法的三部九候虽名同而实异。

(2) 寸口脉诊病的原理：关于独取寸口脉象能反映脏腑病变的认识，《素问·五脏别论》说："胃为水谷之海，六腑之大源也，五味入口，藏入胃以养五脏气。气口，亦太阴也，是以五脏六腑之气味，皆出于胃，变见于气口。"《难经·一难》也指出："十二经脉中皆有动脉，独取寸口以决五脏六腑死生吉凶之法，何谓也？然。寸口者，脉之大会，手太阴之动脉也。"以上论述说明独取寸口的道理：一是由于寸口位于手太阴肺经的原穴部位，是脉之大会。而手太阴肺经起于中焦，所以，在寸口可以观察胃气的强弱；二是脏腑气血皆通过百脉朝会于肺，所以脏腑的生理病理变化能反映于寸口脉象。同时，桡骨茎突处的桡动脉行径比较固定，解剖位置亦比较浅表，毗邻组织比较分明，诊脉方便，易于辨识，故为诊脉的理想部位。

(3) 寸口脉分候脏腑：关于寸关尺分候脏腑，文献有不同记载，有代表性者如表4-2所示。

表4-2 寸口分候脏腑的几种学说比较表

学说	寸		关		尺		配候原理说明
	左	右	左	右	左	右	
难经	心 小肠	肺 大肠	肝 胆	脾 胃	肾 膀胱	肾 命门	大小肠配心肺是表里相属。 右肾属火，故命门在右尺。
脉经	心 小肠	肺 大肠	肝 胆	脾 胃	肾 膀胱	肾 三焦	
景岳全书	心 包络	肺 膻中	肝 胆	脾 胃	肾 膀胱　大肠	肾　　三焦 命门　小肠	大肠配左尺，为金水相从。 小肠配右尺，为水归火位。
医宗金鉴	心 膻中	肺 胸中	肝 胆	脾 胃	肾 膀胱　小肠	肾 大肠	大小肠配于尺为部位相配。 又以三焦分配寸关尺三部。

从上表可以看出，寸口六部分候脏腑中，五脏相应的定位是一致的，主要分歧在六腑。产生分歧的主要原因有两个方面，一是根据脏腑经络相表里的关系，把肺与大肠同定位于右

寸，心与小肠同定位于左寸；另一种是根据脏腑的解剖位置，"尺主腹中"所以把大小肠定位在尺部；将尺部定为三焦的仅个别医家的意见。

现在临床上大致认为：左寸候心，右寸候肺，并统括胸以上及头部；左关候肝胆，右关候脾胃，统括膈以下至脐以上部位；两尺候肾，并包括脐以下至足部。这种寸口脉法的脏腑相应定位，在临床实践中积累了丰富的经验。但是，其中还存在着不少理论和实际问题，有待进一步研究。

（三）诊脉方法

1. 诊脉时间：诊脉的时间，以清晨尚未起床、亦未进食时为最佳。由于脉象是一项非常灵敏的生理信息，它的变化与气血的运行有密切关系，并受饮食、运动、情绪等方面因素的影响。而清晨未起床、未进食之时，机体内外环境比较稳定，脉象能比较正确地反映机体的基础生理情况，同时亦比较容易发现病理性脉象。故《素问·脉要精微论》说："诊法常以平旦，阴气未动，阳气未散，饮食未进，经脉未盛，络脉调匀，气血未乱，故乃可诊有过之脉。"指出清晨是诊脉的理想时间。但是，这样的要求一般很难做到，特别是对门诊、急诊的患者，要及时诊察病情，就不能拘泥于平旦，但必须要让病人在比较安静的环境中休息片刻，呼吸均匀，心情宁静，以减少各种因素的干扰，这样诊察到的脉象才比较真实。

其次，由于某些脉象具有节律变化，某些脉象切脉时初诊和久按的指感有可能不同，因此对诊脉有一定的时间要求。前人认为，每次诊脉的时间不应少于 50 次脉搏搏动，谓之"候五十动"，现在临床诊脉以不少于 1 分钟为宜，这对于仔细辨别脉象，协助临床辨证都有一定意义。

2. 诊脉体位：诊脉时病人的正确体位是正坐或仰卧，前臂自然向前平展，与心脏置于同一水平，手腕伸直，手掌向上，手指微微弯曲，在腕关节下面垫一松软的脉枕（图4-3），使寸口部充分伸展，局部气血畅通，便于诊察脉象。若上臂扭转，或手臂抬举过高或下垂过低，与心脏不在一个水平，或侧卧时手臂受压等，都可以影响气血的运行而使脉象失真。《医存》说："病者侧卧，则在下之臂受压而脉不行；若覆其手，则腕扭而脉行不利；若低其手，则血下注而脉滞；若举其手，则气上窜而脉弛；若身覆则气压而脉困，

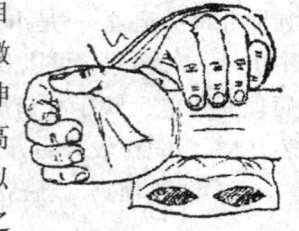

图4-3 寸口诊脉方法

若身动则气扰而脉忙。"因此，诊脉时必须注意病人的体位，只有采取正确的体位，才能获得比较准确的脉象。

3. 诊脉指法：是指医生诊脉的操作方法，正确运用指法可以获取比较丰富的脉象信息。

（1）布指：医生和病人应侧向而坐，医生用左手切按病人的右手寸口脉，用右手切按病人的左手寸口脉，称为"左右交诊"。布指时，医生先以中指按在病人掌后高骨（桡骨茎突）内侧的桡动脉处，称为"中指定关"，然后用示指在关前（远心端）定寸，用无名指按在关后（近心端）定尺，则布指完毕。

（2）调指：布指后要作适当的调整，其内容有三。其一，疏密适当：三指的疏密要与患者手臂长短及医生的手指粗细相适应，病人的手臂长或医者手指较细者，布指宜疏，反之宜密。其二，三指平齐：诊脉者的手指略呈弓形倾斜，指端要调整平齐，使三指均按压在病人的桡动脉之上。其三，指目候脉：诊脉手指与受诊者体表约 45°左右为宜，以使其指目紧贴于脉搏搏动处。所谓指目，即指尖和指腹交界棱起之处，与指甲两角连线之间的部位，形如

人目（图4-4）。指目不仅是手指触觉较灵敏的部位，而且便于推移，以寻找指感最清晰的部位，调节最适当的指力。如脉象细弱时，手指着力点可偏重于指目前端；脉象粗大时，着力点偏重于指目后端。指尖的感觉虽灵敏，但因有指甲，不宜垂直加压；而指腹的肌肉较丰厚，且易受到医者自身手指动脉搏动的干扰，容易产生错觉。所以诊脉时三指平按或垂直下指都是不合适的。

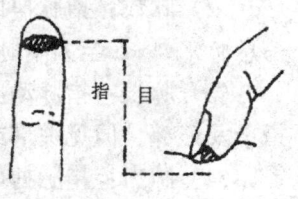

图4-4　指目

（3）运指：运指是指切脉时运用指力的轻重、挪移及布指变化以体察脉象，常用的指法有举、按、寻，循、推，总按、单诊等。

①举、按、寻法：《诊家枢要》谓："轻手循之曰举，重手取之曰按，不轻不重，委曲求之曰寻。"举法，是医生用较轻的指力按在寸口脉搏跳动部位以体察脉象，用举的指法取脉称为"浮取"。按法，是医生指力较重，甚至按到筋骨以体察脉象，用按的指法取脉称为"沉取"。寻法，是医生指力适中，按至肌肉以体察脉象，用寻的指法取脉称为"中取"。

②循、推法：循法，即用指目沿脉道的轴向左右缓缓相移的诊脉法，以体会脉动应指范围的长短和脉搏来势的虚实。推法，即指目对准脉脊后，顺应脉搏的动势，沿着脉道的径向微微推动，以进一步体会脉搏的力量和趋势。

③总按、单诊法：总按，即用三指同时用力诊脉的方法，从总体上辨别寸关尺三部和左右两手脉象的形态、脉位的浮沉等。总按时一般指力均匀，但亦有三指用力不一致的情况。单诊，用一个手指诊察一部脉象的方法。主要用于分别了解寸、关、尺各部脉象的形态特征。

（4）平息：平息是要求医者在诊脉时保持呼吸调匀，清心宁神，以自己的呼吸计算病人的脉率。平息的意义有二：一是以医生的一次正常呼吸为时间单位，来检测病人的脉搏搏动次数。如《素问·平人气象论》说，"人一呼脉再动，一吸脉亦再动，呼吸定息，脉五动，闰以太息，命曰平人。平人者，不病也。常以不病调病人，医不病，故为病人平息以调之为法。"正常人呼吸每分钟16～18次，脉搏次数为每分钟72～80次，故每次呼吸脉动4次，间或5次。由此可见，凭医生的呼吸对病人的脉搏进行计数的方法是有价值的。其次，在诊脉时平息，促使医生的思想集中，神情专一，以仔细地辨别脉象。因此，在诊脉时最好不要参入问诊，有助于医生平息诊脉，亦可避免患者由情绪的波动引起脉象变异等。

（四）脉象要素

脉象是手指感觉脉搏跳动的形象，对脉象的辨识主要依靠手指的感觉。因此，学习诊脉要通过反复操练，细心体察，对脉搏的部位、至数、形态和力量等方面形成一个比较完整的指感，同时亦必须从理论上掌握各种脉象的要素，就能执简驭繁，知常达变，结合切脉的经验，逐步学会辨识各种脉象的形态特征。

1. 传统脉象要素：脉象的种类很多，文献中常以位、数、形、势四个方面加以分析归纳。脉位，是指脉动部位的浅深；脉数，是指脉动的频率和节律；脉形，是指脉体的长短、宽窄、弛张和畅涩；脉势，是指脉动的力量。

2. 现代脉象要素：通过对脉学文献的深入理解和实验研究的资料总结，将构成各种脉象的主要因素归纳为脉象的部位、至数、长度、宽度、力度、流利度、紧张度、均匀度八个方面。

（1）脉位：指脉动显现部位的浅深。脉位表浅为浮脉；脉位深沉为沉脉。

（2）脉数：指脉搏的频率。以一个呼吸周期为脉搏的计量单位，一呼一吸为"一息"。一息脉来4~5至为平脉；一息六至为数脉；一息三至为迟脉。

（3）脉长：指脉动应指的轴向范围长短。即脉动范围超越寸、关、尺三部称为长脉；应指不及三部，但见关部或寸部者均称为短脉。

（4）脉力：指脉搏的强弱。脉搏应指有力为实脉；应指无力为虚脉。

（5）脉宽：指脉动应指的径向范围大小，即手指感觉到脉道的粗细（注意并不等于血管的粗细）。脉道宽大的为大脉；狭小的为细脉。

（6）脉流利度：指脉搏来势的流利通畅程度。脉来流利圆滑者为滑脉；脉来势艰难，不流利者为涩脉。

（7）脉紧张度：指脉管的紧急或弛缓程度。脉管绷紧为弦脉；弛缓为缓脉。

（8）脉均匀度：均匀度包括两个方面，一是脉动节律是否均匀；二是脉搏力度、大小是否一致。一致为均匀；不一致为参差不齐。

二、正常脉象

正常脉象，是指正常人在生理条件下出现的脉象，亦称为平脉、常脉或缓脉。

（一）正常脉象的特点

结合脉象要素进行分析，正象脉象的特点是：脉位不浮不沉，沉取不绝；脉数1息4~5至（相当于70~80次/分），节律一致；脉形不大不小，寸、关、尺三部有脉；脉势从容和缓，流利有力。这些要素特点中，脉形、脉势一般相对稳定，不易变化，其他要素则可能因各种内外环境的影响而略有变化。因此，正常脉象的特点尤以"三部有脉，和缓有力"为要，而这些特征也反映了古代医家关于正常脉象"有胃"、"有神"、"有根"的认识。

1. 有胃：胃，亦称胃气、谷气。《素问·玉机真脏论》指出："脉弱以滑，是有胃气"。《灵枢·终始》说："谷气来也徐而和。"《三指禅》认为："缓即为有胃气"。可见，脉之有胃主要表现在脉势和缓，从容流利。尽管人体存在个体差异或有生理性变异，但见脉象具有和缓、从容、流利的指感，就是脉有胃气。

由于脉之胃气主要反映了脾胃运化功能的盛衰和营养状况的优劣，故《素问·平人气象论》指出："人以水谷为本，脉以胃气为本。"胃气充足的脉象，即称为平脉，所谓"有胃为平"，平脉是正常生理状态的反映；缺少胃气的脉为病脉，曰"胃少为病"；失去胃气的脉即为死脉，曰"无胃为死"，是病情危重的反映，亦称真藏脉。

2. 有神：神，即神气，是人体生命活动的外在表现。脉有神气，亦称"脉神"。《诊家枢要》认为："脉中有力，即有神矣。"《景岳全书·脉神章》也说："脉中有力，即有神矣；若数极迟败中不复有力，为无神也。"陈士铎《辨脉论》说："按之指下有条理，先后秩然不乱者，此有神之至。"'可见，脉之有神的主要表现为脉势有力，节律整齐。

由于神是人体脏腑精气所化生，故脉有神气显示出精气充沛，脏腑健运。观察脉神以推测病情，还必须与全身情况结合，病人形神充沛，虽见脉神不振，尚有挽回之望；若形神已失，虽脉无凶候，亦不能掉以轻心。

3. 有根：根，即指根基。人的根基为肾间生发之动气，故脉之有根，亦关系到肾。《医宗必读·卷二》指出："两尺为肾部，沉候之六脉皆肾也，然则两尺之无根与沉取之无根，总之肾水绝也。"《难经·十四难》说："人之有尺，譬如树之有根。"故脉之有根主要表现在尺脉有力，沉取不绝。所以有"尺以候肾"、"沉取候肾"的说法。

《脉诀·脉赋》谓："寸关虽无，尺犹不绝，如此之流，何忧殒灭？"强调肾乃先天之本，元气之根，人身十二经脉全赖肾间动气之生发。若尺部有脉，沉取有力，表明肾气犹存，好比树木之有根，枝叶虽枯，根本不坏，当有生机；若尺部无脉，或沉取无力，提示久病及肾，本元亏乏，病情重笃。

总之，胃、神、根是从不同侧面强调正常脉象所必备的条件，三者相互补充而不能截然分开，其临床意义是人体正常生理功能的标志之一。正常脉象反映机体气血充盈，脏腑功能健旺，阴阳平衡，精神安和的生理状态，是健康的象征。

（二）正常脉象的生理变异

脉象和人体内外环境的关系非常密切，不但受年龄、性别、形体、生活起居和精神情志的影响，而且随着机体适应内外环境的自身调节，还可以出现各种生理性变异。这些脉象只要有胃、有神、有根，均属平脉范围，临床应与病脉相鉴别。

1．内在因素影响：

（1）年龄：儿童脉象多小数，青年脉象多平滑，老人脉象多弦硬。

（2）性别：妇人脉象较男子濡细而带数，妊娠脉象多滑数。故《千金方》指出："妇人之脉常濡弱于男子。"

（3）形体：肥胖者脉多沉细，消瘦者脉较浮大。身材高大者脉象较长，矮小者脉象较短。凡人体常见六脉沉细同等，而无病象者为"六阴脉"；凡人体常见六脉洪大同等，而无病象者为"六阳脉"。

（4）解剖：有的人脉不见于寸口部位，而见于关后的（寸口部的背侧）者，称为反关脉；若寸口部无脉，脉从尺部斜向虎口腕侧者，称为斜飞脉。这都是个别桡动脉位置异常所致，不作为病脉论。

（5）情志：《素问·经脉别论》说："凡人之惊恐恚劳动静，脉皆为变也。"说明人在恐惧、兴奋、忧虑、紧张等情绪变动时，都可以引起脉象变化，当情绪宁静之后，脉象亦可恢复王常。故有"怒则伤肝而脉多弦细，惊则气乱而脉动无序"之说。

（6）其他：运动、饱餐、酒后脉多滑数有力；饥饿时脉来多软弱。故李中梓在《医宗必读·脉法心参》中说："酒后之脉常数，饮后之脉常洪，远行之脉必疾，久饥之脉必空，室女尼姑多濡弱，婴儿之脉常七至。"可见生理状态对脉象的影响是很显著的。

2．外在因素影响：

（1）气候：《素问·脉要精微论》说："万物之外，六合之内，天地之变，阴阳之应……四变之动，脉与之上下。"人类生活在大自然中，外界环境的各种变化时时影响着机体的生理活动。人体为了适应自然的生理性调节，也往往反映在脉象上，即形成了与气候相应的四季脉象。《素问·平人气象论》则以"春胃微弦"、"夏胃微钩"、"秋胃微毛"、"冬胃微石"来概括四季平脉。

（2）时间：一日之中，随着平旦、日中、日西、夜半的阴阳消长，脉象亦有昼夜节律的变化。其总的趋势是昼日脉象偏浮而有力，夜间的脉象偏沉而细缓。

（3）环境：地理环境对脉象亦有一定的影响。张石顽认为：江南之人，元气最薄，脉多不实；西北之人，惯拒风寒，素食煤火，内外坚固，所以脉多沉实……滇粤之人，恒受瘴气，惯食槟榔，表里疏豁，所以脉多微数，按之少实。一般认为北方之人脉多强实，南方之人脉多软弱，但也不能一概而论。

总之，正常脉象是生理功能的反映，具有一定的变化规律和范围，而不是固定不变的一二种脉象。如健康人的脉象，随年龄的增长而产生形态变异，青年人脉象多带滑，老年人脉象多变弦，所以，滑、弦都可以是相应年龄组的平脉。同一个人在不同季节或昼夜，脉象亦会产生不同程度的变化。尤其人体在受外界条件刺激下产生生理性调节时，脉象的变化更为明显，当然，这种变化往往是暂时的、可逆的，在疾病过程中见到平脉，表明病情轻浅，正气未伤，预后良好，或为邪去正复的征兆。

三、病理脉象

病理脉象是对正常脉象而言，凡脉象异于平脉者均属病理脉象，简称病脉。

在历代脉学文献中，病理脉象的种类及命名很不一致，如《脉经》提出24脉，《诊宗三昧》为33脉，《景岳全书》的分类为16脉，《濒湖脉学》分为27脉，《诊家正眼》又增为28脉。总之，各种脉象都离不开位、数、形、势四个方面的变化和脉象相兼。

（一）常见病脉

1．浮脉：

（1）脉象特征：轻取即得，重按反减；举之有余，按之不足。

脉动显现部位较正常脉浅表。《内经》称为毛脉。崔氏《脉诀》说："浮脉轻手可举；泛泛在上，如水漂木。"故可理解为"浅脉"。

（2）临床意义：一般主表证。亦见于虚阳外越证。

（3）脉理分析：当外邪侵袭肌表时，人体气血即趋向于表以御外邪，故脉气鼓动于外，脉象显浮。邪盛而正气不虚时，脉浮而有力；虚人外感或邪盛正虚时，脉多浮而无力。外感风寒，则寒主收引，血脉拘急，故脉多浮紧；外感风热，热则血流薄疾，故脉多浮数。

浮脉亦可见于里证。久病体虚，阳气虚衰，虚阳外越，可见脉浮无根，是病情危重的征象。故《濒湖脉学》说："久病逢之却可惊。"这种浮脉实际上是举之相对有余，按之非常不足。

除病理性浮脉外，桡动脉部位浅表，或因夏秋时令阳气升浮而出现浮脉，则不属病脉。

（4）相类脉：

①散脉：浮大无根，应指散漫，按之似无，常伴节律不齐或脉力不匀。"散似杨花无定踪"，为元气耗散，脏腑精气欲绝，病情危重的征象。

②芤脉：浮大中空，按之如葱管，应指浮大而软，按之上下或两边实而中间空。多因突然失血过多，血量骤然减少，营血不足，无以充脉；或津液大伤，血液不得充养，阴血不能维系阳气，阳气浮散所致。在血崩、大咯血、外伤性大出血或严重吐泻时均可出现。

2．沉脉：

（1）脉象特征：轻取不应，重按始得；举之不足，按之有余。

其脉搏显现的部位较正常脉深，可以理解为"深脉"。

（2）临床意义：为里证的主脉。亦可见于正常人。

（3）脉理分析：邪郁于里，气血内困则脉沉有力，属于实证；若脏腑虚弱，正气不足，阳虚气陷不能升举，则脉沉无力。脉沉而无临床症状者，不一定是病，可见于正常人。如肥胖者肌肉丰厚，脉管深沉，故脉多沉；冬季气血收藏，脉象亦偏沉。此外，有的人两手六部脉象都沉细，但无病候，称为六阴脉，亦属于正常生理现象。

（4）相类脉：

①伏脉：伏为深沉与伏匿之象，脉动部位比沉脉更深，需重按着骨始可应指，甚至伏而不现，常见于邪闭、厥病和痛极的病人。多因邪气内伏，脉气不得宣通所致。暴病出现伏脉为阴盛阳衰，或阴阳乖戾，常为厥病之先兆；久病见之为气血亏损，阴枯阳竭之证。故《脉简补义》说："久伏至脱"，指出伏脉是疾病深重或恶化的一种标志。危重病证的伏脉，往往两手寸口脉同时潜伏，甚或太溪和趺阳脉都不显现，与血管病变造成的无脉症不同。无脉症往往发生在肢体的某一局部，出现相应肢体无脉，但其他部位的脉象正常。

②牢脉：脉形沉而实大弦长，轻取中取均不应，沉取始得，坚着不移，即沉弦实脉。由阴寒内积，阳气沉潜所致，多见于阴寒内盛之疝气、癥瘕之实证。

3．迟脉：

（1）脉象特征：脉来缓慢，一息脉动不足4至（1分钟不满60次）。

（2）临床意义：多主寒证。亦可见于邪热结聚的里实证。

（3）脉理分析：迟而有力为实寒；迟而无力为虚寒。由于寒邪凝滞阳气失于宣通，或阳气虚弱失于温运而致。但邪热结聚，经隧阻滞，也可以出现迟脉，其指感迟而有力，伴腹满便秘、发热等胃肠实热证，如《伤寒论》阳明腑实证即属此类，所以，脉迟不可一概认为是寒证。

此外，运动员或经过体力锻炼之人，在静息状态下脉来迟而缓和。正常人入睡后，脉率亦可见迟，都属生理性迟脉。

（4）相类脉：缓脉：有两种意义，一是脉来和缓，1息4至（每分钟60～70次），可见于正常人，亦称为平缓脉，是脉有胃气的一种表现。周学霆曰："缓即为有神也"，即指平脉缓和之象。二是脉势纵缓，缓怠无力。王冰曰："缓谓纵缓，非动之迟缓也。"多由脾虚，气血不足，血脉失充，鼓动无力，或为湿邪困阻，阳气受遏，血行缓怠所致。

4．数脉：

（1）脉象特征：脉来急促，1息5～6至（每分钟90次以上）。

（2）临床意义：多主热证。亦可见于虚证。

（3）脉理分析：张景岳说："暴数者多外邪，久数者必虚损。"数而有力为实热；数而无力为虚热。邪热亢盛，气血运行加速，则脉还有力；久病阴虚，虚热内生，则脉数无力或细数；浮大虚数，数而无力，按之空豁，为虚阳外浮。

此外，正常人在运动或情绪激动时，脉率加速。小儿脉率与年龄成反比，即年龄越小，脉率越快。儿童脉搏1息约6至左右（每分钟110次左右）；婴儿脉搏1息约7至左右（每分钟120次左右），均为正常生理脉象。

（4）相类脉：疾脉：1息7至以上为疾脉。疾而有力，多见于阳亢无制，真阴垂绝之候，疾而虚弱为阳气将绝之征。

5．虚脉：

（1）脉象特征：举之无力，按之空豁，应指松软，是一切无力脉的总称。

《脉经》曰："虚脉，迟大而软，按之无力，隐指豁豁然空。"以指感势弱力薄为其特点。

虚脉的形态可分为两类：一是宽大无力类，如芤、散脉；二是细小无力类，如濡、弱、微脉。

（2）临床意义：主虚证。多为气血两虚。

（3）脉理分析：气虚无力推动血行，搏击力弱故脉来无力；气虚不敛则脉道松弛，故按之空豁。血虚不能充盈脉道，则脉细无力。迟而无力多阳虚；数而无力多阴虚。

（4）相类脉：

①弱脉：软而沉细的脉。切脉时沉取方得，细而无力。主阳气虚衰及气血俱衰，血虚则脉道不充，阳气虚则脉搏无力，多见于久病虚弱之体。

②微脉：极细极软，按之欲绝，若有若无。多为阴阳气血虚甚，鼓动无力所致。久病见之为正气将绝，新病见之为阳气暴脱。

6. 实脉：

（1）脉象特征：脉来充盛有力，其势来盛去亦盛，应指幅幅，举按皆然，为一切有力脉的总称。

（2）临床意义：主实证。

（3）脉理分析：由邪气亢盛而正气不虚，正邪相搏，气血壅盛，脉道充满所致。脉实而偏浮数为实热证；实而偏沉迟为实寒证。

如久病出现实脉则预后不良，往往为孤阳外脱的先兆，但必须结合其他症状加以辨别。

实脉见于正常人，必兼和缓之象。为气血超常，脉道充盈，鼓搏力强所致。一般两手六脉均实大，称为六阳脉。

7. 洪脉：

（1）脉象特征：脉形宽大，来盛去衰，来大去长，应指浮大而有力，滔滔满指，呈波涛汹涌之势。

（2）临床意义：主热甚。

（3）脉理分析：多由邪热亢盛，内热充斥使脉道扩张，气盛血涌所致。若泄利日久或呕血、咳血致阴血亏损，元气大伤亦可出现洪脉，但应指浮取盛大而沉取无根，或见躁疾，此为阴精耗竭，孤阳将欲外越之兆。

此外，夏令阳气亢盛，脉象稍现洪大，为夏令之平脉。

（4）相类脉：大脉：脉体宽大，但无脉来汹涌之势。可见于健康人，其特点为脉大而缓、从容，寸口三部皆大，为体魄健壮之征象。疾病时出现脉大，提示病情加重，故《素问·脉要精微论》说："大则病进。"脉大而数实为邪实；脉大而无力则为正虚。

8. 细脉：

（1）脉象特征：脉细如线，应指明显，切脉指感为脉道狭小，细直而软，按之不绝。

（2）临床意义：主阴血亏虚；又主伤寒、痛甚及湿邪为病。

（3）脉理分析：营血亏虚不能充盈脉道，气不足则无力鼓动血液运行，故脉道细小而软弱无力；暴受寒冷或疼痛，脉道拘急而收缩，则脉细而兼弦紧；湿邪阻遏脉道，则脉象细缓。故细脉不得概言为虚。

9. 长脉：

（1）脉象特征：脉动应指的范围超过寸、关、尺三部，脉体较长。向前超逾寸部至鱼际者称为溢脉，向后超逾尺部者又称履脉。

（2）临床意义：主阳证、实证、热证。

（3）脉理分析：多由邪气盛实，正气不衰，邪正搏击所致。脉长而洪数为阳毒内蕴；长而洪大为热深、癫狂；长而搏结为阳明热伏；长而弦为肝气上逆，气滞化火或肝火夹痰。细长而不鼓者，为虚寒败证。

长脉亦可见于正常人，《素问·脉要精微论》说："长则气治"，治者，盛满、调平之意。正常人气血旺盛，精气盛满，脉气盈余，故搏击之势过于本位，可见到长而柔和之脉，为强壮之象征。老年人两尺脉长而滑实多长脉。故长脉亦是气血充盛，气机条畅的反映。

10. 短脉：

(1) 脉象特征：脉动应指范围不足本位，只出现在寸或关部，尺脉常不显。

(2) 临床意义：主气病。短而有力为气郁，无力为气虚。

(3) 脉理分析：气郁血瘀或痰阻食积，阻滞脉道，致脉气不能伸展而致者，脉短而有力；气虚不足，无力鼓动血行，则脉短而无力。

11. 滑脉：

(1) 脉象特征：往来流利，如盘走珠，应指圆滑，往来之间有一种回旋前进的感觉，可以理解为流利脉。

(2) 临床意义：主痰饮、食滞、实热等病证。滑脉亦是青壮年的常脉，妇人的孕脉。

(3) 脉理分析：《素问·脉要精微论》说："滑者阴气有余也。"痰饮、食滞皆为阴邪内盛，气实血涌，鼓动脉气故脉滑。若邪热波及血分，血行加速，则脉象滑数相兼。张志聪说："邪入于阴，则经血沸腾故滑也。"所以有"滑脉主实"的说法。

滑而和缓之脉为平人之常脉，多见于青壮年。《素问·玉机真脏论》说："脉弱以滑，是有胃气。"张景岳曰："若平人脉滑而冲和，此是荣卫充实之佳兆。"妇人脉滑而停经，应考虑妊娠，过于滑大则为有病。

(4) 相类脉：动脉：多见于关部，具有滑、数、短三种脉象的特征。《脉经》："动脉见于关上，无头尾，大如豆，厥厥然动摇。"常见于惊恐、疼痛等症。惊则气乱，痛则气结，皆属阴阳相搏之候。

12. 涩脉：

(1) 脉象特征：形细而行迟，往来艰涩不畅，脉律与脉力不匀，应指如轻刀刮竹，故可理解为不流利脉。

(2) 临床意义：主伤精、血少、痰食内停、气滞血瘀等证。

(3) 脉理分析：涩而有力为实证；涩而无力为虚证。精血衰少，津液耗伤，不能濡养经脉，致血行不畅，则脉涩而无力；痰食胶固，脉道不畅，及血瘀气滞，导致血脉痹阻，则脉涩而有力。

13. 弦脉：

(1) 脉象特征：端直以长，如按琴弦。切脉应指有挺直和劲急感，故曰"从中直过"、"挺然于指下"。临床上弦脉的程度随病情而变化，平人脉弦则"轻虚以滑，端直以长"；病轻者"如按琴弦"；病重者"如张弓弦"；若见脉象"如循刀刃"而有锐利坚劲的指感，为无胃气的真脏脉。

(2) 临床意义：主肝胆病，诸痛症，痰饮等。亦见于老年健康者。

(3) 脉理分析：弦为肝脉。寒热诸邪、痰饮内蓄、七情不遂、疼痛等，均可使肝失疏泄，气机失常，经脉拘急，血气敛束不伸，以致鼓搏壅迫，脉来劲急而弦。阴寒为病，脉多弦紧；阳热所伤，以多弦数；痰饮内蓄，脉多弦滑；虚劳内伤，中气不足，肝木乘脾土，则脉来弦缓；肝病及肾，损及根本，则脉弦细。如脉弦劲如循刀刃，为生气已败，病多难治。戴同文说"弦而软，其病轻；弦而硬，其病重。"是以脉中胃气的多少来衡量病情轻重的经验，临床上有一定意义。

除病理性弦脉外，春令平人脉象微弦，是由于初春阳气主浮而天气犹寒，脉道稍带敛束，故脉如琴弦之端直而挺然，此为春季平脉。健康人中年之后，脉多兼弦，老年人脉象多弦硬，为精血衰减的征象。朱丹溪指出"脉无水而不软也"，《内经》云"年四十而阴气自半"，故随年龄增长，精血亏虚，脉失濡养，脉象失其柔和之性而变弦，是生理性退化的一种征象。

（4）相类脉：

①紧脉：脉形紧急，如牵绳转索，或按之左右弹指。紧脉指感比弦脉更加绷急有力。其形成原因主要为寒邪侵袭人体，阻碍阳气。寒主收引，致脉道紧束而拘急。多见于风寒搏结的实寒证，痛症和宿食内阻等。

②革脉：浮而搏指，中空外坚，如按鼓皮。脉形如弦，按之中空，与芤脉浮虚而软有所不同。是精气不藏，正气不固，气无所恋而浮越于外的表现，所以多见于亡血、失精、半产、漏下等病症。

14．濡脉：

（1）脉象特征：浮而细软，应指少力，如絮浮水，轻手相得，重按不显，又称软脉。

（2）临床意义：主诸虚或湿困。

（3）脉理分析：多见于崩中漏下、失精、内伤泄泻、自汗喘息等病症。凡久病精血亏损；脾虚化源不足，营血亏少；阳气虚弱，卫表不固及中气怯弱者，都可以出现濡脉。阴虚不能敛阳故脉浮软；精血不充则细弱。湿困脾胃，阻遏阳气，也可以出现濡脉。

15．促脉：

（1）脉象特征：脉率较速，间有不规则的歇止。

（2）临床意义：主阳盛实热或邪实阻滞之证。

（3）脉理分析：阳邪亢盛，热迫血行，故脉急数；热灼阴津则津血衰少，心气受损，致急行之血气不相接续，故脉有歇止；气滞、血瘀、痰饮、食积阻滞，脉气持续不及，亦可产生间歇。两者均为邪气内扰，脏气失常所致，故其脉促而有力。

如因脏气衰败，阴液亏耗，真元衰惫，致气血运行不相顺接而见脉促者，其脉必促而无力。

16．结脉：

（1）脉象特征：脉率比较缓慢而有不规则的歇止。《脉经》载有："结脉往来缓，时一至复来。"《诊家正眼》称"迟滞中时见一止"。提示脉角以脉率慢、节律不齐为主要特征。

（2）临床意义：主阴盛气结。

（3）脉理分析：由气、血、痰、食停滞及寒邪阻遏经络，致心阳被抑，脉气阻滞，故脉来迟滞中止，结而有力；由气虚血弱致脉来迟而中止者，则脉结而无力。

17．代脉：

（1）脉象特征：有规律的歇止脉，可伴有脉之形态变化。

切脉时脉来迟缓，脉力较弱，呈有规则的歇止，间隔时间较长，故曰"迟中一止，良久复来"。张景岳曰："忽见软弱，乍数乍疏，乃脉形之代。其断而复起，乃至数之代，两者皆

·128·

称为代。"可见代脉包含了节律、形态和脉力等方面的参差不匀。

(2) 临床意义：一般主脏气衰微。亦可为邪阻脉道。

(3) 脉理分析：气血虚衰而致脉气运行不相连续，故脉有歇止，良久不能自还。

痹病疼痛、跌打损伤或七情过极等而见代脉，则是邪气阻抑脉道，血行涩滞所致，脉代而应指有力。结代脉并见，常见于心脏器质性病变。

(二) 脉象鉴别

上述常见病脉中，有些脉很相似，通过比类法和对举法加以辨认，是脉象常用的鉴别方法。

1. 比类脉：比类脉是指脉象在位、数、形、势的某一方面相似之脉。

(1) 脉位类：平脉脉位居中，不浮不沉。脉位浅显，轻按即得为浮脉。浮大中空，有边无中为芤脉；浮大而无力，不任重按为虚脉；浮而软小为濡脉；浮大而有力为洪脉；浮而弦，按之中空，如按鼓皮为革脉；浮而散乱，按之无力为散脉。脉位深沉，重按始得为沉脉。更深于沉、紧贴于骨为伏脉；沉而弦长实大者为牢脉；沉而软小为弱脉。

(2) 脉率类：平脉1息4～5至。1息5至以上为数脉；1息7至为疾脉；数而时止为促脉；滑数而短为动脉。1息3至为迟脉；稍疾于迟，1息4至为缓脉。

(3) 脉宽类：脉宽倍于寻常为大脉；浮大有力，来盛去衰，有波涛拍岸之势为洪脉；脉大有力，浮沉皆然为实脉；浮大中空，如按葱管为芤脉。脉细如线，应指显然为细脉；极细而软，似有若无者为微脉；浮细而软，轻取乃得为濡脉；沉细而软，重按乃得为弱脉。

(4) 脉长类：平脉应指及寸、关、尺三部。脉动应指超逾三部为长脉；端直以长，如按琴弦为弦脉；此外，牢、洪、实脉亦有长脉的特征。脉动应指不及三部为短脉；短而滑数者为动脉。

(5) 脉力类：脉力是反映脉象虚实的重要方面。搏指无力或按之无根均为虚脉的特征，如濡、弱、微脉的共同点是细软无力，不同点是濡脉偏浮，故应指为浮而细软；弱脉偏沉，应指沉而细软；微脉的脉力极度软弱，应指模糊，似有若无。此外，虚、散、芤、革脉的共同特点是浮大无根或中空，而其不同点可以参考虚脉类。实脉类除实脉外，尚有洪、长、弦等脉，其不同点是实脉长大有力，浮沉皆然，来去俱盛：洪脉浮大有力，来盛去衰，浮大于沉；长脉超逾三部，而脉力逊于洪、实脉；弦脉端直以长，应指有紧张感，但脉宽、脉力皆不及洪、实脉。

(6) 脉流利度类：脉象流利度主要有滑、涩两类。滑、数、动脉都有流利带数的共同特征，其不同点在于数脉频率快，一息五至以上；滑脉往来流利圆滑，如盘走珠，其势较数；动则短而滑数，厥厥动摇。涩脉与结、代脉均有脉来缓慢，脉律不齐的特点，涩脉往来不利，其势艰难，三五不匀，似止非止，与结脉缓而时止，止无定数或代脉止有定数者显然不同。

(7) 脉紧张度类：脉象紧张度主要可分为紧急和弛缓两类。脉象应指紧急的有弦、紧、革、牢四脉，共同特点是应指端直绷紧如弦线。紧脉比弦脉更有力，更紧急；革脉则浮取弦大，重按中空，如按鼓皮；牢脉浮取不应指，重按弦实而长，推之不移。脉管弛缓的有濡、弱、缓、微、散等脉。这些脉的特征是软而无力。可参考脉力类。

(8) 脉均匀度类：脉象均匀度失常主要表现为两个方面：一是节律不齐，如促、结、代脉，主要区别在于促脉数而时止，止无定时；结脉缓而时一止而复来，止无定数；代脉缓而时止，止有定数。二是节律伴脉力、形态都不一致，如涩、散、代等脉象，涩脉与结、代脉实非类同。上述脉象特征可以参考脉流利度类。

2．对举脉：对举脉是指脉象在位、数、形、势的某一方面完全相反的一组脉象。

（1）浮沉：是脉位浅深的对比。浮者轻浮于上，沉者重沉于下。以分阴阳，以明表里。

（2）迟数：是脉率快慢的对比。以分阴阳，以明寒热。迟者脉不达4至为寒，数者5至以上为热。

（3）虚实：是脉搏有力无力的对比。实为脉道充实，三候皆有力；虚为脉道空豁，应指无力。

（4）滑涩：是脉行流畅与滞涩的对比。滑者血多气盛，故脉来流利圆滑；涩者血少气滞，故脉来艰涩不匀。

（5）洪细：是脉体大小的对比。血热互壅，气随以溢，宽阔满指，冲涌有余，故脉体洪；血亏气少，血不充脉，气不运血，故脉体细小。

（6）紧缓：是脉体紧束舒缓的对比。紧为寒遏营血，脉道紧束而拘急，故如切绳转索；缓为风伤卫气，肤表疏松而脉体舒缓，故脉势缓而行徐。

（7）长短：是脉全盈缩的对比。长则气治，脉通三部，过于尺寸；短则气病，脉虽见于尺寸，但必不能满部。

（8）微伏：是脉沉而有力无力的对比。微为阳气衰微，气血欲脱，故脉沉而极细要极力；伏为邪气内伏，气机郁闭，故脉沉而按之有力。

临床常见病脉的脉象和主病归类如表4-3。

表 4-3　　　　　　　　　　　　常见病脉归类简表

脉纲	共性	脉名	脉　　象	主　　病
浮脉类	轻取即得	浮	举之有余，按之不足	表证
		洪	脉开阔大，来盛去衰	热盛
		濡	浮细而软	虚证，湿
		散	浮大无力	元气耗散，脏气将绝
		芤	浮大中空，如按葱管	失血、伤阴
		革	浮而搏指，中空边坚	亡血、失精、崩漏
沉脉类	重按始得	沉	轻取不应，重按始得	里证
		伏	重按推至筋骨如得	邪闭、厥证、痛极
		弱	极软而沉细	气血两虚
		牢	沉按实大弦长	阴寒内积、疝气、癥瘕
迟脉类	一足息四不至	迟	一息不足四至	寒证
		缓	一息四至，脉来怠缓	脾虚，湿证
		涩	往来艰涩，迟滞不畅	精伤、血少；气滞、血瘀
		结	迟而时一止，止无定数	阴盛气结，寒痰瘀血
数脉类	一至息以五上	数	一息五至以上	热证
		疾	脉来急数，一息七八至	阳极阴竭，元气将脱
		促	数而时一止，止无定数	阳热亢盛，瘀滞，痰食停积
		动	脉短如豆，滑数有力	痛，惊

续表

脉纲	共性	脉名	脉　象	主　病
虚脉类	应指无力	虚	举按无力，软而空豁	气血两虚
		细	脉细如线，应指明显	气血俱虚，诸虚劳损，主湿
		微	极细极软，似有似无	阴阳气血诸虚，阳气暴脱
		代	迟而中止，止有定数	脏气衰，风、痛，跌扑损伤
		短	首尾俱短，不及本部	有力主气郁，无力主气损
实脉类	应指有力	实	举按皆大而有力	实证
		滑	往来流利，应指圆滑	痰、食、实热
		弦	端直以长，如按琴弦	肝胆病、诸痛、痰饮
		紧	脉紧张有力，状如转索	寒证、痛症、宿食
		长	首尾端直，超过本位	阳气有余，热证
		大	脉体宽大，无汹涌势	健康人；病进

（三）相兼脉

凡是由两种或两种以上的单因素脉同时出现，复合构成的脉象即称为"相兼脉"，或称为"复合脉"。一般根据组成相兼脉的单因素脉的数目，又可以分为二合脉（如浮数脉），三合脉（如沉细数脉），四合脉（如浮数滑实脉）等。在28脉中，有的脉象属于单因素脉，如浮、沉、迟、数、长、短、大、细等脉便属此类；而有些脉本身就是由几种单因素脉合成的，如弱脉是由沉、细、虚三种因素合成；濡脉是由浮、细、虚三种因素合成；动脉由滑、数、短三者合成；牢脉由沉、实、大、弦、长五种合成。

由于疾病是一个复杂的过程，可以由多种致病因素相兼为犯，在疾病过程中邪正斗争的形势会不断地发生变化，疾病的性质和病位亦可随疾病变化而改变。因此，作为反映疾病变化的脉象也不可能都是以单因素脉象出现，而经常是两种或两种以上相兼出现。实际上临床所见脉象基本上都是复合脉。因为脉位、脉数、脉形、脉势等都只突出从一个侧面论脉，而诊脉时则必须从多方面进行综合考察，论脉位不可能不涉及脉之率、律、形、势，其余亦然。如数脉，必究其是有力还是无力、是浮数还是沉数、是洪数还是细数等等。

除脉象在位、数、形、势的特征上完全相反的脉之外，其他单因素脉均可随病情的变化相兼组合而成。相兼脉象的主病，是组成该相兼脉象的各单因素脉象主病的综合。现将临床常见的相兼脉及其主病列举如下：

浮紧脉：主外感寒邪之表寒证，或风寒痹病疼痛。

浮缓脉：主风邪伤卫，营卫不和的太阳中风证。

浮数脉：主风热袭表的表热证。

浮滑脉：主表证夹痰，常见于素体多痰湿而又感受外邪者。

沉迟脉：主里寒证。

沉弦脉：主肝郁气滞，或水饮内停。

沉涩脉：主血瘀，尤常见于阳虚而寒凝血瘀者。

沉缓脉：主脾肾阳虚，水湿停留诸证。

沉细数脉：主阴虚内热或血虚。

弦紧脉：主寒主痛，常见于寒滞肝脉，或肝郁气滞，两胁作痛等病证。

弦数脉：主肝郁化火或肝胆湿热、肝阳上亢。

弦滑数脉：多见于肝火夹痰，肝胆湿热或肝阳上扰，痰火内蕴等证。

弦细脉：主肝肾阴虚或血虚肝郁，或肝郁脾虚等证。

滑数脉：主痰热、湿热或食积内热。

洪数脉：主气分热盛，多见于外感热病。

综上所述，任何脉象都包含着位、数、形、势等方面的因素，当某一因素突出表现异常时，就以此单一因素而命名，如以脉位浮为单一的突出表现，而脉率适中，脉的形和势和缓、从容，即称为浮脉；如脉位浮而脉率速，其他因素无异常时，称为浮数脉。又如脉沉而脉形小，脉软无力时，可采用已经定义了的脉名——弱脉，亦可将几种特征并列而命名。总之辨脉时务必考察诸方面的因素，并将各种变化因素作为临床诊断的辨证依据。

四、特殊脉诊

（一）真脏脉

真脏脉是在疾病重危期出现的五脏真气败露的脉象，为病邪深重，元气衰竭，胃气已败的征象，又称"败脉"、"绝脉"、"死脉"、"怪脉"。《素问·玉机真脏论》说："邪气胜者，精气衰也。故病甚者，胃气不能与之俱至于手太阴，故真脏之气独见，独见者，病胜脏也，故曰死。"在该文中对于五脏的真脏脉形态亦有具体描述，如："真肝脉至中外急，如循刀刃责责然，如按琴瑟弦。""真心脉至坚而搏，如循薏苡子累累然。""真肺脉至大而虚，如以毛羽中人肤。""真肾脉至搏而绝，如指弹石辟辟然。""真脾脉至弱而乍数乍疏。"《医学入门·死脉总诀》说"雀啄连来三五啄，屋漏半日一滴落，弹石硬来寻即散，搭指散乱真解索，鱼翔似有又似无，虾游静中跳一跃，更有釜沸涌如羹，旦占夕死不须药。"可供参考。

真脏脉的特点是无胃、无神、无根，根据真脏脉的主要形态特征，大致可以分成三类：

1. 无胃之脉：无胃的脉象以无冲和之意，应指坚搏为主要特征。如脉来弦急，如循刀刃称偃刀脉；脉动短小而坚搏，如循薏苡子为转豆脉；或急促而坚硬，如弹石称弹石脉等。临床提示邪盛正衰，胃气不能相从，心、肝、肾等脏气独现，是病情重危的征兆之一。

2. 无神之脉：无神之脉以脉率无序，脉形散乱为主要特征。如脉在筋肉之间连连数急，三五不调，止而复作，如雀啄食之状，称雀啄脉；如屋漏残滴，良久一滴者，称屋漏脉；脉来乍疏乍密，如解乱绳状，称解索脉。以上主要由脾（胃）、肾阳气衰败所致，提示神气涣散，生命即将告终。

3. 无根之脉：无根脉以虚大无根或微弱不应指为主要特征。如浮数之极，至数不清，如釜中沸水，浮泛无根，称釜沸脉，为三阳热极，阴液枯竭之候；脉在皮肤，头定而尾摇，似有似无，如鱼在水中游动，称鱼翔脉；脉在皮肤，如虾游水，时而跃然而去，须臾又来，伴有急促躁动之象，称虾游脉。此均为三阴寒极，亡阳于外，虚阳浮越的征象。

真脏脉多见于各种严重的器质性疾病，如各种心脏病、心力衰竭、严重的肝肾功能紊乱、失水脱水、电解质紊乱、中毒或感染等。由于病情严重，死亡率高，前人称之为"绝脉"有一定道理。但是，随着医疗技术的不断提高，通过不断研究和临床实践，对真脏脉亦有了新的认识，其中有一部分是由于心脏器质性病变所造成的，但并非一定为无药可救的死证，应仔细观察，尽力救治。

（二）妇人脉

妇人有经、孕、产、育等特殊的生理活动和病变，有关这方面的脉诊简要叙述如下。

1. 诊月经脉：妇人左关、尺脉忽洪大于右手，且口不苦，身不热，腹不胀，是月经将至之征。若妇人寸关脉调和，而尺脉弱或细涩者，多为月经不调。妇人闭经，尺脉虚而细涩者，多为精血亏少之虚闭；如尺脉弦涩者，多为气滞血瘀的实闭；若脉象弦滑者，多为痰湿阻于胞宫。

2. 诊妊娠脉：关于妇人妊娠脉象，古代文献多有论述，如《素问·腹中论》谓"身有病而无邪脉"。《素问·阴阳别论》说："阴搏阳别，谓之有子。"《素问·平人气象论》说："妇人手少阴脉动甚者，妊子也。"均指出妊娠脉象特点是少阴脉（神门及尺部）的脉动加强，此为血聚养胎，胎气鼓动肾气所致。故已婚妇女平时经候正常，而突然停经，且脉来滑数冲和，兼有饮食偏嗜等症状者，是为妊娠的表现；如果受孕后因母体气血亏损或胎元不固，或经产妇亦可见脉细软，或不滑利，应当引起重视。但凡孕妇之脉沉而涩，多提示精血不足，胎元已受影响；涩而无力是阳气虚衰，胞中死胎或为痞块。

3. 诊临产脉：孕妇即将分娩的脉象特点，历代医家亦有不同的阐述。如《诸病源候论》说："孕妇诊其尺脉，急转如切绳转珠者，即产也。"而《医存》说："妇人两中指顶节之两旁，非正产时则无脉，不可临盆；若此处脉跳，腹连腰痛，一阵紧一阵，乃正产时也。"这种中指指动脉的明显搏动，亦称离经脉（图4-5）。

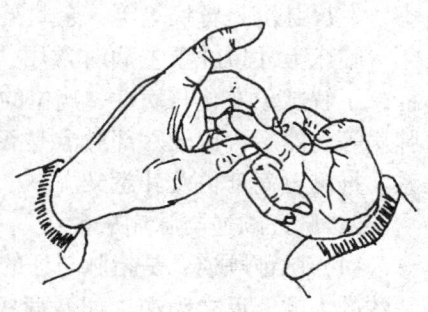

图4-5 诊中指临产离经脉

（三）小儿脉

诊小儿脉与诊成人脉有所不同。小儿寸口部位狭小，难以区分寸、关、尺三部，加之小儿就诊时容易惊哭，惊则气乱，脉来无序，故难以诊察。因此，小儿科诊病注重辨形色，审苗窍，察指纹。后世医家有"一指总候三部"的方法，是诊小儿脉的主要方法。

1. 一指总候三部诊法：简称"一指定三关"法。由于小儿寸口部位较短，一般多用一拇指或一示指定于寸口部，而不细分寸、关、尺三部。具体的操作方法是（图4-6）：医生用左手握住小儿的手，对三岁以下的小儿，可用右手大拇指按于小儿掌后高骨部脉上，不分三部，以定至数为主；对四岁以上的小儿则以高骨中线为关，以一指向两侧滚转寻察三部；七八岁小儿则可挪动大拇指，分别诊三部；九至十岁以上小孩，可以次第下指，依寸、关、尺三部诊脉；十五岁以上，可按成人三部脉法进行辨析。

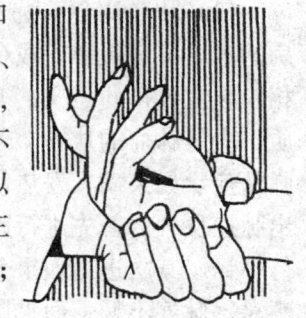

图4-6 一指三部诊法

2. 小儿脉象主病：小儿诊脉一般只诊浮沉、迟数、强弱、缓紧，以辨别阴阳、表里、寒热和邪正盛衰，而不详求二十八脉，谓之"八脉诊法"。在脉息上，三岁以下的小儿一息七八至为平脉；五六岁小儿一息六至为平脉，七至以上为数脉，四五至为迟脉。小儿脉象候病，一般数为热证，迟为寒证；浮数为阳证，沉迟为阴证；脉之强弱可测虚实，脉之缓紧可测邪正；脉沉滑为食积，脉浮滑为风痰；紧尿主寒证，缓脉主湿证；脉体大小不齐多为食滞。

五、脉诊的临床运用及意义

（一）脉诊的临床运用

由于脉象与主病的内在联系十分复杂，因此，如何分析脉象所反映疾病的不同本质，或辨别疾病所出现的不同脉象，在临床运用中需要注意下列几个问题：

1. 独异脉象主病：独异脉象是指病人独见于某一种异常脉象。正如《景岳全书·脉神章》所说："独之为义，有部位之独也，有脏气之独也，有脉体之独也……总此三者，独义见矣。"寸口诊脉法中常有"脏气之独"与"部位之独"的主病。

（1）脏气之独：两手寸关尺六脉俱见反映某一脏腑病变之脉象，称为脏气之独。如六脉俱见洪脉的是心的病脉，其他如肝的弦脉、肺的浮脉、脾的缓脉、肾的沉脉，可以类推。总之，五脏之中各有本脉，独见该脉者多为该脏之病。

（2）部位之独：某一种脉象仅见于寸关尺的某一部，称为部位之独。如左关脉独弦、右寸脉独弱等等。这类脉象的主病多与该部所属脏腑有关，如左关脉弦为肝郁，右寸脉弱为肺虚，左尺脉沉是肾病等等，余此类推。

临床上寸口脉象主病时常用"独异"主病的概念。即首先综观寸关尺三部脉的共同特征，了解脉象变化与病性、病位的关系，如洪数多主热证、沉紧多主寒证，弦主肝病、缓主脾病等，然后再比较六部脉象是否在某一部位有独异的变化，根据脏腑与寸口脉相应的关系，推测发病部位及其意义。

2. 脉证顺逆与脉症从舍：

（1）脉证顺逆：是指脉与证的相应与不相应，以判断病情的顺逆。一般而论，脉与证相一致的为顺，反之为逆。如暴病实证而脉来浮、洪、数、实者为顺，反映正气充盛能够抗邪；久病虚证而脉来沉、微、细、弱者亦为顺，说明正虽不足而邪亦不盛。若新病实证脉反见沉、细、微、弱，说明正气虚衰，正不抗邪；久病虚证脉见浮、洪、数、实，则表示正气已衰，而邪不退。此均属逆，提示病情复杂，预后较差。

（2）脉症从舍：由于脉证相逆，表明脉象与其他症征有不相应之处，故临床时当根据疾病的本质决定从舍，或舍脉从症，或舍症从脉。脉症从舍的方法一般分三步进行：首先分析相异脉症各自的意义；其次要四诊合参，全面分析，找出其因果关系；然后判断病证的本质，决定脉症的从舍。若脉象与病证性质相符，则舍症从脉；若症状与病证性质一致，则舍脉从症。如某病人发热便秘，腹痛拒按，舌苔黄厚焦燥，脉沉细涩。显然其脉症相逆，须做出脉症从舍。首先进行脉症意义分析：病人的症状提示胃肠实热，而脉象反映精血不足，血行不畅。其次进行因果分析：若以胃肠实热为因，则因邪热入里，致使气机不畅，导致脉道壅滞，脉气不畅，而见脉象沉细。可见症状反映了该证的性质。决定从舍：由于症状代表了病证的性质，故宜舍脉从症。

脉有从舍，说明脉象只是疾病表现的一个方面，临证要四诊合参，才能全面认识疾病的本质。《医门法律》指出："望闻问切，医之缺一不可也……故专以切脉言病，必不能不至于误也。"

此外，脉象一般以浮为主表，沉为在里，数多热，迟多寒，弦大为实，细微为虚。但这些表、里、寒、热、虚、实之间，又有真假疑似，需要注意。即如《景岳全书·脉神章》说："浮虽属表，而凡阴虚血少，中气亏损者，必浮而无力，是浮不可以概言表；沉虽属里，而凡外邪初感之深者，寒束经络，脉不能达，必见沉紧，是沉不可以概言里。数为热，而真热者未必数，凡虚损之证，阴阳俱困，气血张惶，虚甚者数愈甚，是数不可以概言热；迟为寒，而凡伤寒初退，余热未清，脉多迟滑，是迟不可以概言寒。"

（二）脉诊的意义

诊脉是中医临床不可缺少的诊察步骤，可为诊断疾病提供重要依据。脉诊在临床中的意义归纳起来有以下四个方面：

1. 辨别病情：历代医家在长期临床实践中，总结出很多脉的形态特征和主病范围，如浮、沉、迟、数、大、小、滑、涩，这些脉象的生理病理意义多比较明确，各有特定的诊断意义，即数则为热，迟则为寒，浮则为表，沉则为里，滑大为实，涩小为虚等，这样的辨脉纲领，便于与临床症状结合起来。各种脉象都能在一定程度上反映证的病理特点，所以脉诊是临床辨证和证候鉴别诊断的重要指标之一。

2. 阐述病机：以脉象论述病机的方法在张仲景的论著中屡见不鲜，如《金匮要略·胸痹心痛短气病篇》所说的"脉阳微阴弦，即胸痹而痛"之文中，"阳微阴弦"是指关前（寸部）脉微弱，关后（尺部）脉弦急，阳微为胸阳不足，阴弦为阴邪内盛，两者结合，说明上焦阳虚，下焦阴邪乘虚冲逆于上，导致胸痹而痛。

3. 指导治疗：脉症合参，辨明病机，对确定治则，选方用药有着重要的作用。如咳嗽一症有多种疗法，"咳而脉浮者，厚朴麻黄汤主之；脉沉者泽漆汤主之。"（《金匮要略·肺痿肺痈咳嗽上气病篇》）"咳家其脉弦，为有水，十枣汤主之。"（《金匮要略·痰饮咳嗽病篇》）上述咳嗽病的三种不同治疗方法的制定，主要依据于脉象。脉浮者为饮邪上逆，病位偏表，病势向上，故用厚朴半夏汤宣肺散饮，降逆平喘；脉沉者是病在里，沉脉又主水邪，故用泽泻汤逐水通阳，止咳平喘；久咳、弦脉主留饮，故用十枣汤攻逐水饮，使邪去而咳自平。脉象变化对临床治疗有着指导意义。

4. 推断预后：观察脉象推断疾病的进退和预后，必须结合症状，脉症参合，并要注意对脉象的动态观察。如外感病脉象由浮转沉，表示病邪由表入里；由沉转浮为病邪由里出表。久病而脉象和缓，或脉力逐渐增强，是胃气渐复，病退向愈之兆；久病气虚或失血、泄泻而脉象虚大，则多属邪盛正衰，病情加重的征兆。热病脉象多滑数，若汗出热退而脉转缓和为病退；若大汗后热退身凉而脉反促急、烦躁者为病进，并有亡阳虚脱的可能。

此外，脉象和症状都是疾病的表现，两者通常反映一致的特性，若脉与症不一致时，则提示病情比较复杂，治疗比较困难，预后较差，如脱血者脉反洪，是元气外脱的征兆；病寒热而脉反细弱是元气虚陷，正不胜邪的现象。这些多反映邪正的消长和病情进退，因此，对推测疾病的预后吉凶有一定的临床意义。

第二节　按　诊

按诊是医生用手直接触摸按压病人的手足、胸腹、肌肤等部位，以了解局部冷热、润燥、软硬、压痛、肿块或其他异常变化，从而推断疾病部位、性质和病情轻重等情况的一种诊病方法。按诊是切诊的重要组成部分，在辨证中起着至关重要的作用。

按诊的运用，由来已久，早在《内经》中就有比较详细的记载。例如《素问·调经论》

说："实者外坚充满，不可按之，按之则痛……虚者聂辟气不足，按之则气足以温之，故快然而不痛。"《灵枢·水胀》说："以手按其腹，随手而起，如裹水之状。"到了汉代，张仲景在《伤寒论》和《金匮要略》中对按诊的论述更多，尤其是胸腹部的按诊，已成为鉴别疾病的重要依据。如《伤寒论·阳明病》说："阳明病，心下硬满者，不可攻之。攻之，利遂不止者死。"《金匮要略·疮痈肠痈浸淫病》亦有"肠痈者，少腹肿痞，按之即痛，如淋"的记载。按诊在应用中不断得到发展，后世医家不仅拓宽了应用范围，而且在方法上也不断创新，并注意配合望、闻、问诊，以辨疾病的寒热虚实。例如《重订通俗伤寒论·按胸腹》说："凡满腹痛，喜按者属虚，拒按者属实。喜暖手按抚者属寒，喜冷物按放者属热。"

一、按诊的方法

（一）按诊的体位

诊前首先须选择好体位，然后充分暴露按诊部位。根据按诊的目的和准备检查的部位不同，一般病人可取坐位或卧位。

1. 坐位：病人取坐位（图4-7），医生可面对病人而坐　　图4-7　按诊体位——病人取坐位
或站立进行。医生用左手稍扶病体，用右手触摸按压病人的某一局部。坐位多用于皮肤、手足、胸穴的按诊。

2. 卧位：病人须采取仰卧位（图4-8）或侧卧位（图4-9），全身放松，两腿自然伸直，两手臂放在身旁。医生站在病人右侧，用右手或双手对病人胸腹某些部位进行切按。在切按腹内肿块或腹肌紧张度时，可让病人屈起双膝，使腹肌松弛或做深呼吸，以便于切按。卧位多用于胸腹的按诊。

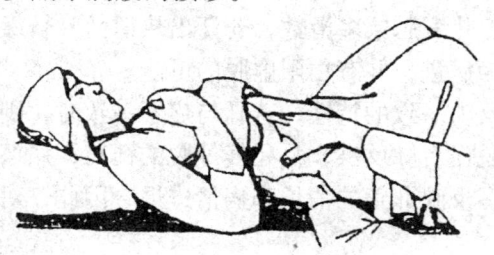

图4-8　按诊体位——病人仰卧

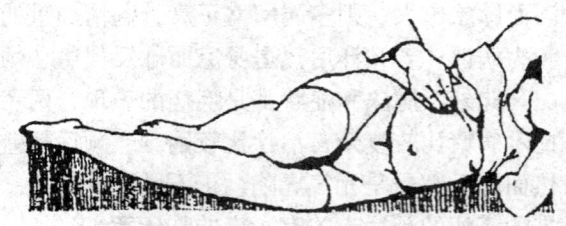

图4-9　按诊体位——病人侧卧位

（二）按诊的手法

按诊的手法主要有触、摸、按、叩四法。

1. 触法：是以手指或手掌轻轻接触病人局部皮肤（图4-8），以了解肌肤的凉热、润燥等情况，用于分辨病属外感还是内伤，是否汗出，以及阳气阴津之盈亏，多用于额部、四肢及胸腹部的皮肤的诊察。

2. 摸法：是以手指稍用力寻抚局部（图4-9），来探明局部的感觉情况，有无疼痛以及肿物的形态、大小等，以辨别病位及其虚实，多用于胸腹、腧穴、肿胀等部位。

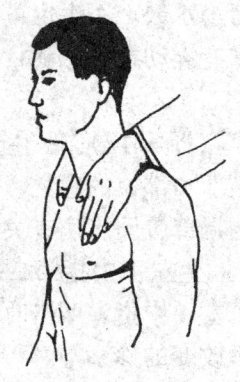

图 4-8　触法

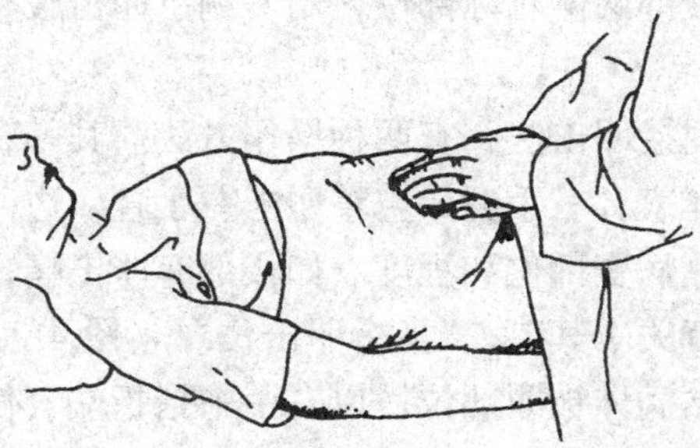

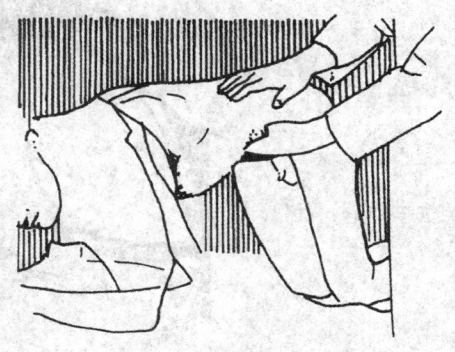

图 4-9　摸法

3. 按法：是以重手按压或推寻局部（图 4-10），以了解深部有无压痛或肿块，肿块的形态、质地、大小、活动程度、肿胀程度、性质等，以辨脏腑虚实和邪气的痼结情况，多用于胸腹部肿物检查。

以上三法的区别表现在指力轻重不同，所达部位浅深有别。触法用力较轻，诊于皮肤；摸法用力稍重，达于肌层；按法指力最重，诊于筋骨或腹腔深部。临床操作时可综合运用，一般是先触摸，后按压，由轻而重，由浅入深，先远后近，先上后下地进行诊察。即如《重订通俗伤寒论》所说："其诊法宜按摩数次，或轻或重，或击或抑，以察胸腹之坚软，拒按与否，

图 4-10　按法

并察胸腹之冷热，灼手与否，以定其病之寒热虚实。"并说："轻手循抚，自胸上而脐下，知皮肤之润燥，可以辨寒热；中手寻扪，问其痛不痛，以察邪气之有无；重手推按，察其硬否，更问其痛否，以辨脏腑之虚实，沉积之何如。"

4. 叩法：又名叩击法，是医生用手叩击病人身体某部，使之震动产生叩击音、波动感或震动感，以此来确定病变的性质和程度的一种检查方法。即《素问·至真要大论》所谓："诸病有声，鼓之如鼓。"叩击法又有直接叩击法和间接叩击法两种。

⑴ 直接叩击法：是医生用手指或手掌直接叩击体表部位（图 4-11）。例如，对鼓胀病

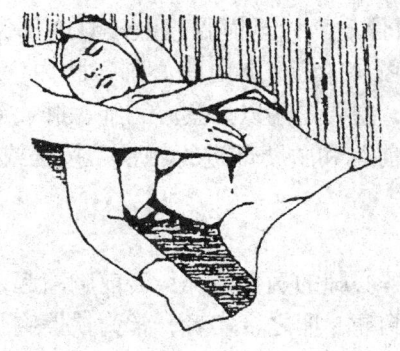

图 4-11　直接叩击法

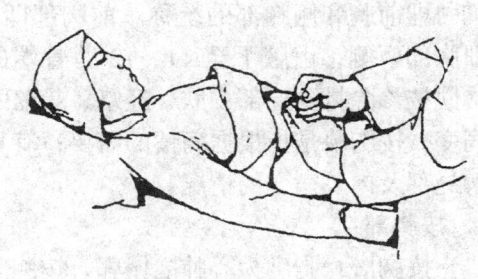

图 4-12　拳掌叩击法

人的腹部可进行直接叩诊，若叩之如鼓者为气鼓；叩之音浊者为水鼓。医生也可将两手分别放于患者腹部两侧对称部位，用一侧手叩击腹壁，若对侧手掌有震动之波感者，是腹有积水的表现。

（2）间接叩击法：有两种操作方法。其一，"拳掌叩击法"（图4-12）：医生用左手掌平贴在被叩体表，右手握成空拳叩击左手背，边叩边询问患者被叩击部位的感觉，有无局部引痛，以推测病变部位和程度。如腰部有叩击痛，除考虑可能与局部骨骼疾病有关外，主要与肾脏疾病有关。其二，"指指叩击法"（图4-13，图4-14）：医生左手中指第二指节（作为板指）紧贴病体被叩部位，以右手中指指端（作为锤指）叩击左手中指，叩击时要灵活、短促，富有弹性。如患者心脏、肝脏的边界的确定，肺脏的病理改变的诊察等。

图4-13　指指叩击示意　　　　　图4-14　指指叩击法

（三）接诊注意事项

1．光源要适当，侧面光线对按诊时某些变化的观察很有帮助。

2．必须根据疾病的不同部位，选择适当的体位和方法。

3．医生要举止稳重大方，态度严肃认真，手法轻巧柔和，避免突然暴力或冷手按诊。

4．注意争取病人的主动配合，使病人能准确地反映病位的感觉。

5．要边检查边注意观察病人的表情变化，以了解病痛所在的准确部位及程度。

二、按诊的内容

（一）按胸胁

胸胁即前胸和侧胸部的统称。前胸部即缺盆（锁骨上窝）至横膈以上；侧胸部又称胁部，即胸部两侧，由腋下至11、12肋骨端的区域（图4-15）。胸内藏心肺，胁内含肝胆，所以胸胁按诊除排除局部皮肤、经络、骨骼之病变外，主要是用以诊察心、肺、肝、胆等脏腑的病变。按胸胁是指根据病情的需要，有目的地对前胸和胁肋部进行触摸、按压或叩击，以了解局部及内脏病变的情况。

1．按胸部：

（1）按胸膺：胸膺为心肺之城郭，按胸膺可以了解心肺的病变情况。若前胸高起，叩之膨膨然，其音清者，多为肺胀，亦见于气胸；若按之胸痛，叩之音实者，常为饮停胸膈或痰热壅肺；胸部外伤则见局部青紫肿胀而拒按。若心区部位疼痛，多为心痛。

（2）按虚里：虚里位于左乳下第4～5肋间，乳头下稍内侧，为心尖搏动处，为诸脉之所宗（图4-16）。诊虚里是按胸部的重要内容，古人对此甚为重视，早在《素问·平人气象论》中已有记载："胃之大络，名曰虚里，贯隔络肺，出于左乳下。其动应衣，脉宗气也。盛喘数绝者，则病在中，结而横有积矣，绝不至日死。"可见，按虚里可测知宗气之强弱、疾病之虚实、预后之吉凶，尤以危急病证寸口脉难凭之时，诊虚里更具诊断价值。

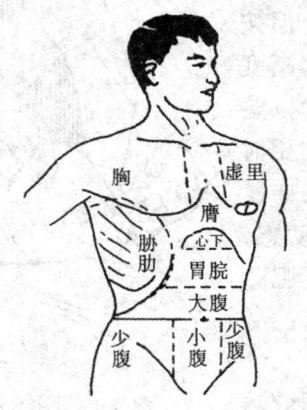
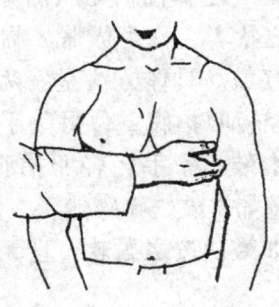

图4-15 胸腹部位划分　　　　　　　　　图4-16 按虚里

诊虚里时，病人取仰卧位或坐位，医生站其右侧，用右手鱼际部平抚于患者虚里部，注意诊察动气之强弱、至数和聚散。

正常情况下，虚里搏动不显，仅按之应手，其搏动范围直径约2～2.5厘米，动而不紧，缓而不怠，动气聚而不散，节律清晰，是心气充盛，宗气积于胸中，为平人无病的征象。若因惊恐、大怒或剧烈运动后，虚里动高，片刻之后即能平复如常，不属病态。肥胖之人因胸壁绞厚，虚里搏动不明显，亦属生理。

病理情况下，虚里搏动微弱者为不及，是宗气内虚之征。若动而应衣为太过，是宗气外泄之象。按之弹手，洪大而搏，或绝而不应者，是心气衰绝之候。虚里搏动数急而时有一止，为中气不守。搏动迟弱，或久病体虚而动数者，皆为心阳不足。

2. 按胁部：肝胆位居右胁，肝胆经脉分布两胁，故按胁肋主要是了解肝胆疾病。按胁部除在胸侧腋下至肋弓部位进行按、叩之外，还应由中上腹部向肋弓方向轻循，并按至肋弓下，以了解胁内脏器等状况。如胁痛喜按，胁下按之空虚无力者为肝虚。胁下肿块，刺痛拒按多为血瘀。右胁下肿块，按之表面凹凸不平，应注意排除肝癌。疟疾病后，左胁下可触及痞块，按之较硬者为疟母。

（二）按脘腹

膈肌以下，骨盆以上为脘腹部。脘腹各部位的划分：上腹部剑突的下方，称为心下；上腹部又称胃脘部；脐上部位称大腹，亦有称脐周部位为脐腹者；脐下部位至耻骨上缘称小腹；小腹的两侧称为少腹（图4-15）。按脘腹是通过触按胃脘部及腹部，了解其凉热、软硬、胀满、肿块、压痛等情况，以辨别不同脏腑组织的发病及证候之寒热虚实的诊断方法。

1. 按脘部：按脘部主要是诊察胃腑病证。脘部痞满，按之较硬而疼痛者属实证，多因实邪聚结脘部所致；按之濡软而无痛者属虚证，多因胃腑虚弱所致。脘部按之有形而胀痛，推之漉漉有声者，为胃中有水饮。

2. 按腹部：主要是通过腹部的凉热、软硬、胀满、肿块、压痛等异常变化以诊断肝、脾、小肠、大肠、膀胱、胞宫及其附件组织的病证。

（1）凉热：以双手轻触病人腹部肌肤诊察凉热。一般来说，凡腹部按之肌肤凉而喜温者，属寒证；腹部按之肌肤灼热而喜凉者，属热证。腹痛喜按者，多属虚证；腹痛拒按者，多属实证。

（2）胀满：腹满有虚实之别，凡腹部按之手下饱满充实而有弹性、有压痛者，多为实满；腹部虽然膨满，但按之手下虚软而缺乏弹性，无压痛者，多属虚满。腹部高度胀大，如鼓之状者，称为鼓胀，临床上主要通过按诊以鉴别为水鼓或气鼓。具体方法是：两手分置于腹部两侧相对位置，一手轻轻叩拍腹壁，另一手则有波动感，按之如囊裹水者，为水鼓；一手轻轻叩拍腹壁，另一手无波动感，以手叩击腹壁如击鼓之膨膨然者，为气鼓（图4-17）。肥胖之人，腹大如鼓，按之柔软，且无脐突或病症表现者，一般不属病态。

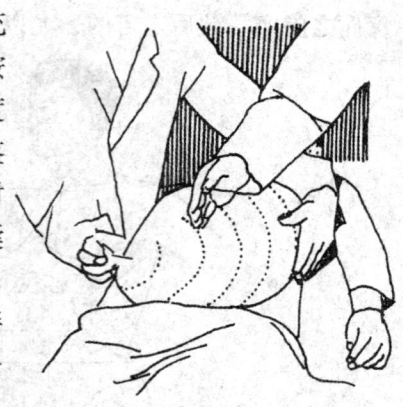

图 4-17　诊水臌气臌

（3）肿块：检查腹部肿块要注意肿块的部位、形态、大小、硬度、有无压痛和能否移动等情况。凡肿块推之不移，痛有定处者，为癥积，病属血分；若肿块推之可移，或痛无定处，聚散不定者，为瘕聚，病属气分。腹部肿块大者，为病深；形状不规则，表面不光滑者，为病重；坚硬如石者，为恶候。

（4）压痛：左少腹作痛，按之累累有硬块者，多为肠中有宿粪；右少腹作痛而拒按，按之有包块应手者，常见于肠痈。若腹痛结块，按之起伏聚散，往来不定，或按之形如筋状者，多为虫积，性质属实。

（三）按肌肤

按肌肤指触摸某些部位的肌肤，通过肌肤的寒热、润燥、疼痛、肿胀、疮疡等反映来分析疾病的寒热虚实及气血阴阳盛衰的诊断方法。

1. 寒热：按肌肤的寒热，可了解人体阴阳的盛衰、表里虚实和邪气的轻重。一般来说，肌肤寒冷，体温偏低者，为阳气衰少；若肌肤厥冷，冷汗淋漓，面色苍白，脉微欲绝者，为亡阳之征象。肌肤灼热，体温升高者，为阳气盛，多为实热证；若汗出如油，四肢肌肤尚温而脉躁疾无力者，为亡阴之征。身灼热而肢厥，为阳热壅盛，格阴于外所致，属真热假寒证。外感病汗出热退身凉，为表邪已解；皮肤无汗而灼热者，为热甚。身热初按热甚，久按热反转轻者为热在表；久按其热反甚者，为热在里。局部病变从按肌肤之寒热可辨证之阴阳。皮肤不热，红肿不明显者，多为阴证；皮肤灼热而红肿疼痛者，多为阳证。

2. 润燥：通过触摸患者皮肤的润滑和燥涩，可以了解汗出与否及气血津液的盈亏情况。一般来说，皮肤润滑光泽，为津液充荣于体表；反之皮肤干燥枯涩，是津液不充荣于体表。皮肤干燥者，是尚未出汗；皮肤湿润者，是身已出汗。皮肤干瘪者，为津液不足；肌肤甲错者，为血虚夹瘀。肌肤滑润者，为气血充盛；肌肤枯涩者，为气血不足。新病皮肤多滑润而有光泽，为气血未伤之表现。久病肌肤常枯涩而无光泽者，为气血两伤。

3. 疼痛：通过触摸肌肤疼痛的程度，可以分辨疾病的虚实。一般来说，肌肤柔软，按之痛减者，为虚证；硬痛拒按者，为实证。轻按即痛者，病在表浅；重按方痛者，病在深部。

4. 肿胀：用重手按压肌肤肿胀程度，以辨别水肿和气肿。按之凹陷，不能即起者，为水肿；按之凹陷，举手即起者，为气肿。

5. 疮疡：触按疮疡局部的凉热、软硬，可判断证之阴阳寒热。一般来说，肿硬不热者，属寒证；肿处烙手而压痛者，属热证。根盘平塌漫肿者，属虚证；根盘收束而隆起者，属实证。患处坚硬多无脓；边硬顶软者已成脓。

此外，自《内经》以来就有"按尺肤"之记载，即触摸从肘部内侧至掌后横纹处之间的皮肤。根据其缓急、滑涩、寒热的情况，来判断疾病的性质。《灵枢·论疾诊尺》指出："审其尺之缓急、大小、滑涩，肉之坚脆，而病形定矣。"并说："尺肤热甚，脉盛躁者，病温也。尺肤寒，其脉小者，泄，少气。""尺肤滑而泽脂者，风也；尺肤涩者，风痹也；尺肤粗如枯鱼之鳞者，水泆饮也。"就是说，若尺肤热甚，其脉象洪滑数盛者，为温热证；尺肤凉，而脉象细小者，多为泄泻、少气；按尺肤窅而不起者，多为风水肤胀；尺肤粗糙如枯鱼之鳞者，多为精血不足，或脾阳虚衰，水饮不化之痰饮病。临床有一定的参考价值。

（四）按手足

1. 辨寒热顺逆：指通过触摸病人手足部位的冷热，来判断疾病的寒热虚实以及表里内外顺逆。一般来说，凡手足俱冷者，是阳虚寒盛，属寒证；手足俱热者，多为阳盛热炽，属热证。但亦有因阳热太盛以致阳气闭结于内，不得外达而手足厥冷的真热假寒证，即热深厥亦深的表现，应注意鉴别。热证见手足热者，属顺候；热证反见手足过冷者，属逆候，是病情严重的表现。

2. 辨外感内伤：诊手足时，还可进行比较诊法。如手足心与手足背比较，若手足背热甚者，多为外感发热；手足心热甚者，多为内伤发热。即《东垣十书·辨手心手背》所说："内伤及劳役饮食不节病，手心热，手背不热；外伤风寒，则手背热，手心不热。"手心热与额上热比较，若额上热甚于手心热者，为表热；手心热甚于额上热者，为里热。在儿科方面，还有以小儿指尖冷，主惊厥；中指独热，主外感风寒；中指指尖独冷者，为麻痘将发之象。

3. 辨阳气存亡：若阳虚之证，但四肢犹温，为阳气尚存，病虽重尚可治疗；若阳虚之证，四肢厥冷，为阳气衰脱，多预后不良。故《伤寒论·少阴病》说："少阴病，下利，若利自止，恶寒而蜷卧，手足温者，可治。""少阴病，恶寒身蜷而利，手足逆冷者，不治。"

（五）按腧穴

指按压身体上某些特定穴位，通过穴位的变化和反应，来判断内脏某些疾病的方法。腧穴是脏腑经络之气转输之处，是内脏病变在体表的反应点。因此，早在《灵枢·背腧》中就记载："欲得而验之，按其处，应在中而痛解，乃其输也。"

按腧穴要注意发现穴位上是否有结节或条索状物，有无压痛或其他敏感反应，然后结合望、闻、问诊所得资料综合分析判断内脏疾病。如肺俞穴若摸到结节，或按中府穴有明显压痛者，为肺病的反应；按上巨虚穴有显著压痛者，为肠痈的表现；肝病

图 4-18 按背部腧穴

患者在肝俞或期门穴常有压痛等。这些具有诊断意义的特定腧穴，在《灵枢·九针十二原》中有所记载，曾说："五脏有疾也，应出十二原，而原各有所出，明知其原，睹其应，而知五脏之害矣。"通过临床实践观察，按背部腧穴（图 4-18）同样具有重要的诊断价值。

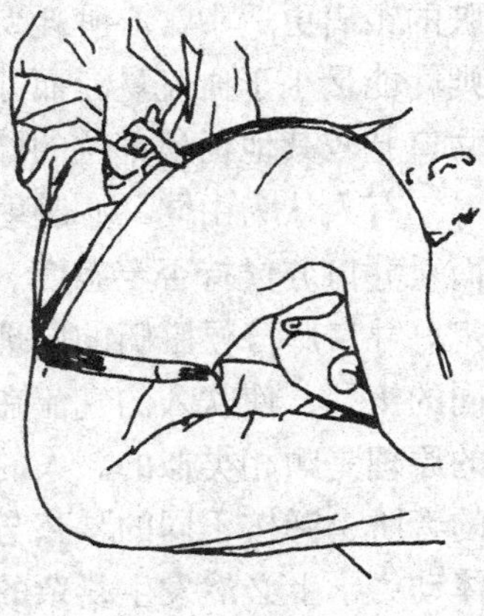

诊断脏腑病变的常用胸穴有：

肺病：中府、肺俞、太渊。

心病：巨阙、膻中、大陵。

肝病：期门、肝俞、太冲。

脾病：章门、太白、脾俞。

肾病：气海、太溪。

大肠病：天枢、大肠俞。

小肠病：关元。

胆病：日月、胆俞。

胃病：胃俞、足三里。

膀胱病：中极。

自 学 指 导

【重点难点】

1. 寸口诊脉及分候脏腑的原理。

独取寸口脉能够诊断全身病证的原理，一般都遵循《素问·五脏别论》、《素问·经脉别论》和《难经·一难》的解释，即肺朝百脉、寸口为脉之大会的道理。此外，独取寸口的理由还有以下几点：①脉动明显：寸口处覆盖组织较薄，脉动十分明显，脉下有桡骨衬托，便于运用指法，人迎处虽脉动亦明显，但不便于施用指法，且易引起痛痒之感。②诊脉方便：古人拘于"礼"的束缚，不便解衣、触头、按足来进行诊脉，而诊寸口脉病人伸手即可取，操作极其方便。③脉气准确：诊脉时，寸口脉与心脏处于同一水平，较之人迎、趺阳脉离心脏的距离更适中，心脏耗费的能量与输出的血量之间，在人迎则耗能量大于血流量，在趺阳则耗能量小于血流量，而寸口则可能相等。④经验丰富：由于长期习惯于寸口诊脉，所以诊寸口脉较其他任何部位的脉象体会最多、经验更丰富，对病情的判断更有把握。

有人认为由同一心脏射出、流在同一血管中的血流，不可能反映出脏腑的不同信息，因而对寸口分候持否定态度。应该看到，临床上确有某部脉独异而提示病情者，故不可一概否定。寸口脉分候脏腑的原理，可用乐器加以比拟说明。吹笛子时，笛管长度的不同，启闭不同的笛孔，使吹入的气流在管中产生不同类型的驻波，从而发出不同的声调，这与切寸口脉的原理是颇相类似的。人的左右手寸口脉，也好像二胡的两根琴弦，而寸关尺则好比是不同的音阶，弹按不同的琴弦与音阶，会发出不同的音响。气血流过寸口这一特定部位时，在流体动力学上必然发生复杂的变化，受到内在各个脏器不同功能状态的影响。因此，寸口局部的脉象变化，是完全有可能反映出整个身体的生理病理信息的。

2. 遍身诊法诊脉的临床意义。

从中医脉诊的发展史看，先是在全身各有脉动的部位进行诊察，视其何部有异而判断病在何处。再逐渐总结各处诊脉断病的经验，从中发现某些有特殊意义的诊脉部位，然后才演变为独取寸口诊脉法。因此，可以认为三部九候遍身诊法是一种局部诊法，或者说是分经诊脉法。

对于诊察三部九候以判别病情的方法，《素问·三部九候论》说："察九候独小者病，独大者病，独疾者病，独迟者病，独热者病，独寒者病，独陷下者病……九候之相应也，上下若一，不得相失。一候后则病，二候后则病甚，三候后则病危。所谓后者，应不俱（俱犹同也）也。察其腑脏，以知死生之期，必先知经脉，然后知病脉。"也即在了解诊脉部位的所属经脉基础上，察其何处独异，从而辨别病变所在的脏腑经脉。

3. 趺阳脉的诊法与临床意义。

趺阳脉即冲阳脉，为足背动脉，其位在足背第2、第3跖骨间，体表约2~4cm能触到搏动者即是。诊脉时应以医者一指（拇指或示指）顺脉行方向平行触到脉搏为切脉姿势，用浮中沉的轻中重按压程度和脉的搏动速度及形状等，以分辨其脉象，从而判断病情及预后。《灵枢·邪气脏腑病形》说："两跗之上，脉坚若陷者，足阳明病，此胃脉也"。张仲景《伤寒杂病论》中对趺阳脉多处论述，并指出"人迎趺阳，三部不参"的错误。王叔和《脉经》对趺阳脉专主脾胃疾病以及与脾胃相关的肺、肠等主症作了很好的论述。宋朝许叔微更有"趺阳胃脉定死生，少阴肾脉为根蒂"之说。国家中医药管理局所颁发的《中医病案书写规范》规定了"必要时切人迎、趺阳脉"。说明趺阳脉能诊断脾胃疾患，尤其是当病情危重时，若寸口脉很微弱，甚至触不到，此时应注意诊察趺阳脉动情况，若趺阳脉亦触不到，说明胃气已绝，多主病重，若趺阳脉仍搏动比较明显，说明胃气犹在，尚存生机。

4. "平脉"的含义及其脉象。

"平脉"亦称正常脉象，是指人们在正常生理条件下所表现出来的脉象。"平脉"的定义包含两方面的内容：一是"平脉"的典型脉象特征；二是"平脉"的生理变异以及由此涉及的与若干其他脉象的关系问题。

关于平脉的典型脉象，历代文献多有描述，用"脉象要素"来分析表述平脉的脉象特征，可以理解为：脉位居中，不浮不沉，沉取不绝；至数适中，不快不慢（一息4~5至）；脉律均匀；脉宽、脉长适中，不大不小、不长不短、寸关尺三部均有脉；脉力、紧张度适中，和缓而有力、不强不弱；流利度适中，从容而滑利。

由于"正常生理条件"是一个相当宽的范围，它包含了年龄、性别、形体、饮食、情志、劳逸等多方面的因素，同时包含了因不同的季节、气候、地理环境等自然条件的影响而作出的正常生理反应性变化。因此，"平脉"实际上也包含了相当宽的范围，由于不同的个体和环境而有相应的变异。对此，《素问·三部九候论》、《素问·脉要精微论》、《素问·玉机真藏论》、《素问·平人气象论》、《脉经》、《千金方》、《医笈》、《脉义简摩》、《四诊抉微》等医著中均有论述。

由此可见，平脉的典型特征与生理变异是平脉不可缺少的两个方面。判断正常脉象须结合考虑诸多的条件才能确定，否则就易流于机械或导致错误。当然这些条件或因素对脉象的影响只能在适当的程度之内，超过了就会是异常脉象。例如：弦脉，在老年人可以是平脉，在青年人则多半是病脉，而且属于老年人正常脉象的弦脉，只能"弦"在一定的程度以内，超过了则亦是病脉。所以从某种意义上说，平脉只是一类与众多脉象不能截然分开的相对脉象，而且必须是有条件的。

5. 对脉象"胃、神、根"的理解。

历代医家诊脉无不注重脉象的"胃、神、根"，为诊脉要领之首。脉象中的"胃、神、根"实际上是人的正气在脉象中的反映或体现。脉有胃、有神、有根为平脉；少胃、少神、少根为病脉；脉无胃、无神、无根为死脉，是病情十分危重的表现。

脉"胃"：亦称胃气。中医学认为：胃为后天之本，气血生化之源。因此，胃气直接和间接地反映了脾胃运化功能的强弱以及全身气血的盛衰、营养状况的优劣。显然，在脉象所反映的人体生理信息中，势必包含了胃气的盛衰。关于脉之有胃气的表现，古人的描述主要是指："和缓"、"从容"、"徐和"、"和匀"、"中和"、"无太过、无不及"。然而亦使人难以领会。为此，也有一些医家提出"胃脉无形"的观点，认为欲得胃气之真实形态，全在心领神会。现代脉学提出了应用"脉象要素"来分析脉象的理论，表述了"脉中胃气"指感特征：即脉来从容和缓，在脉象要素的各个方面都呈"中和"之态，而且能随四时等内外因素进行相应的调节，无太过，无不及。

脉"神"：神是人体生命活动的综合反映。所以诊脉时，强调"脉贵有神"。在脉中之神的表现，医家多崇李东垣"脉中有力，即有神矣"之说，后世张景岳、刘河间、龚廷贤、吴山甫等亦都以如平人脉象之有力而又柔和，有条理先后秩序不乱者为有神之至。总之，脉有神气的主要特征是：①柔和有力；②节律整齐。由于平人脉象是有胃、有神的典型表现，脉之有神须是有力而带柔和之象，与脉有胃气之和缓从容难以截然分开，两者均有冲和之象，故前人又有"有胃即有神"之说。只是脉之"胃气"与"神气"虽有其相互包容、重叠的一面，但两者的侧重还是略有不同：脉之胃气重点表现在脉气之和缓、流利，脉之神气则主要表现为应指有力和脉律整齐。

脉"根"：脉之有根，古人均认为与肾有关。肾为先天之本，是人体脏腑功能活动的原动力。若肾气充足，则脉象必有根。临床诊脉，以沉取候肾、以尺部候肾，故脉之有根主要表现为：三部脉沉取有力，或尺脉沉取有力。

综上所述，脉象之有胃、有神、有根，从不同的侧面强调了正常脉象所必备的条件，三者相互补充而不能截然分开。临床诊脉以胃、神、根作为辨识脉象常与变之要领，只有理解、掌握脉象之胃、神、根，才能审察正气，辨识病脉。

6. "四季平脉"的脉象特征与生理基础。

"四季平脉"是正常人脉象随四时而发生的变化。中医"天人相应"学说十分重视人与自然界的关系，认为人体的生理活动、病理变化，与外界自然环境如昼夜、季节、气候等等因素密切相关。脉象的四季变化，早在《黄帝内经》中就有较全面的论述。明朝李言闻《四言举要》，明确指出："春弦夏洪，秋毛冬石，四季和缓，是谓平脉。"

夏季炎热，万物茂盛，自然界的阳气长盛。人应"夏长"之气，脉道充盛，气血畅达，易趋于表，机体代谢旺盛，故脉来洪大易取。冬季寒冷，地冻冰封，万物封蛰，自然界的阳气潜藏。人应"冬藏"之气，腠理致密，阳气内潜，气血趋向于里，故脉沉而细小。至于春、秋两季，由于两者皆处于寒暑更易、阴阳交替的过渡阶段，气温、气候变化跨度较大，可出现不同的脉象。春脉"微弦"之"弦"是弦而柔和，乃有胃气之"微弦"，而非病脉之"弦"。秋时阳热之气尚盛，故脉仍较浮。但因暑夏阳气发泄损耗，故秋脉之力较夏季减弱，脉见浮软而"微毛"。《中国脉诊研究》中记载了应用脉象仪测试四季脉图所得的结果：夏季脉较洪大而浮，冬季脉象较沉细。春、秋两季则分别处于冬、夏之间的过渡阶段。提出了脉象的四季变化与《灵枢》所述"春生、夏长、秋收、冬藏"的自然规律基本相符的观点。

掌握四季平脉的变化规律，对于观察和推测病情有一定的意义。《素问·平人气象论》根据五行学说的属性及其生克规律，阐述四时脉象和五脏的关系，并以此来判断病情。如肝应春时，所以春脉微弦是肝的本脉；心应夏时，所以夏脉微洪是心之本脉；脾应长夏，所以长夏脉微软而缓是脾的本脉；肺应秋时，所以秋脉微浮为肺之本脉；肾应冬时，所以冬脉微石是肾的本脉。这是以五行属性来分析五脏的本脉，也即是五脏的正常脉象。如果春季出现了秋季的浮脉，即是金乘木，在夏季出现了冬季的沉脉，即是水克火，均提示病态。若脉象的变化不顺应四时，则提示机体的生理功能和适应性调节机制失常，这是可以肯定的。

7. 关于"浮脉主表"和"沉脉主里"。

浮脉的脉象特征表现为脉动显现部位浅表，切诊时用较轻的指力取脉（浮取），即可感到明显的脉搏跳动，而指力加重时（沉取），反觉脉搏跳动减弱。浮脉多见于表证，此乃外邪袭表，机体为抵御外邪，气血趋向于表，与外邪抗争，故而脉气鼓动于外而致脉浮，故曰"浮脉主表"。但是，"浮脉主表"并非凡是表证必现浮脉。临床上确有表证并不现浮脉者，多因表邪轻微，人体气血反应轻微，脉象尚未表现出来；或因素来脉较沉细，表证时浮脉可不明显。此外，浮脉亦可见于里证。如久病体虚，正气损耗，虚阳外越而致浮脉，表明病情危重，但脉浮而无力，而且重按无根。

沉脉脉动显现部位较深，须用较重的指力按脉（沉取）才可感到脉搏跳动，多见于里证。此乃邪郁于里，气血内困；或因正气不足，如阳虚气陷、亡血失精、阴血不足等，气血无力鼓动于外所致。故曰"沉脉主里"。但"沉脉主里"亦非凡是里证均见沉脉。这是因为里证的病证繁多，如阳热、阴寒以及气血阴阳诸虚等都属里证，远非一个沉脉所能概括，而常可见多种其他脉象，如洪、芤、革、濡、弦、散、滑、涩、促、结、代脉等等。临床中，除浮脉明确主表之外，其他诸脉或单独主里，或与沉脉相兼而主里。此外，如寒邪束表，阳气严重受遏时，亦可出现沉脉，故沉脉亦可见于表证。

8. 脉之迟、数与证之寒、热。

迟脉是脉率不及之脉象，一般将一息不足四至定为迟脉范围。关于迟脉主病，历代医家多推崇《难经》"迟则为寒"之说，即迟脉主寒证。但临床上迟脉所主之寒证有其一定的范围，并非凡是寒证皆见迟脉。如：①表寒证则多见浮紧脉，而非浮迟脉，因为寒邪侵袭肌表，导致肌表经脉收引，脉道紧缩而拘急，故见脉浮紧，其脉率一般不会"迟"。可见迟脉主寒，主要是指里寒证，而不包括表寒证。②在诸多里寒证中，并非都见迟脉。心主血脉，脉搏快慢源于心之鼓动，迟脉之出现往往与心阳、心气之鼓动有关。或为阴寒之邪凝滞，致心之阳气被遏，鼓动受阻（里实寒），故脉迟而有力；或为心阳心气亏虚，鼓动不及（里虚寒），故脉迟而无力。③迟脉亦见于热证。如阳明腑实证之脉迟；热入血室、瘀热互结而脉迟等。此类迟脉是由于瘀热浊邪壅结，间接影响于心所致。

数脉是脉率太过之脉象，一般以脉来一息五至以上、七至以下为数脉。关于数脉主病，《难经》谓"数者为热"，故数脉主热证已为常理。此外，①数脉还可主虚证，包括气虚、血虚、阴虚、阳虚，临床均可出现数脉。其中，阴虚者脉沉细而数，临床颇为常见。而阳虚、气虚者脉数而无力或浮大虚数，血虚者脉沉细数而无力等，临床亦不少见。②实寒证亦可见数脉。如《伤寒论》太阳伤寒（表寒证）脉浮而紧数，《金匮要略》寒饮见弦数脉。故《景岳全书》指出："数脉为寒热，为虚劳，为外邪，为痈疡。暴数者多外邪，久数者必虚损，数而无力仍是阴证。"

9. 弦脉、紧脉的脉象与鉴别。

弦脉以脉硬有形、端直以长为脉象特征。其形成可能与周围神经功能失调而影响血管平滑肌的舒收，脉管弹性状况较差等因素有关。脉波图示波峰较钝、切迹高而显，故顶似平坦，且降支呈弧凸状，这与脉来挺然直过、长硬如弦的指下感觉是一致的。弦脉属有力脉是指其脉硬欠柔、按之不移而言，实际上脉势并不很强，因而弦脉当是阳中之阴脉，这与弦脉主要候肝胆疾患，而肝病有肝气易郁、肝阳易亢、肝阴肝血易亏的病理特点是相符的，即气郁则脉势欠盛，脉道舒收失调，阳亢阴血亏则使血管壁硬而失柔、弹性降低。

紧脉以紧张有力、绷急弹指为脉象特征。紧脉主实寒证。一方面由于寒性收引，既可使脉管在纵的长度上收引绷急，又可使脉管在横的管径上收缩紧束，因而脉道处于绷急紧束的状态。另因新病突起，正气本非虚衰，故阳气亢奋以胜寒，血行旺盛以祛邪，因而脉势冲击有力。这样，气血旺盛的脉势冲击着绷急紧束的脉管壁，因而指下感觉脉体虽然不大，但脉势却弹指有力、状若转索。《濒湖脉学》所说"紧言其力弦言象"，是弦紧两脉辨别的要点。即紧脉是以脉势强盛、弹指有力为特点；弦脉是以脉象挺然、管硬有形为特点。

10. 怪脉的脉象特征与主病。

怪脉，或称绝脉、败脉、死脉，其特点是无胃、无神、无根，又称真脏脉。怪脉的出现，绝大部分表示病邪深重，或濒临死亡的征象。怪脉首见于《黄帝内经》，后经元朝危亦林整理，在《世医得效方》中记载为十怪脉，并做了比较全面的描述。现应用脉象要素归纳有关文献，提出十怪脉的临床特征。

（1）釜沸脉：脉位极浅表，至数极快，脉律基本规则，脉力弱且重按无根。由于三阳热极，阴液枯竭所致，病情危急。

（2）鱼翔脉：脉位极浮，至数极慢，脉律严重不齐，脉力极弱、似有似无、重按无根。为三阴寒极，亡阳于外之候。

（3）虾游脉：脉位极浮，至数极慢，脉律严重紊乱，脉力极弱而不匀，时而突然一跳随即隐没，重按无根。是阴绝阳败的表现，主死。

（4）屋漏脉：脉位居中或沉，至数极慢、一息二至，脉律规则或不规则，脉力弱。是脾气衰败，化源枯竭，以至胃气荣卫俱绝。

（5）雀啄脉：脉位居中或沉，至数快，脉律不齐，在连续三五次快速搏动后出现一次较长的歇止，反复出现，并伴有脉力不匀。是胆之谷气绝于内。

（6）解索脉：脉位居中或沉，至数时快时慢（80～150 次/分），脉律严重紊乱、散乱无序，脉力强弱不等、绝无规律。是肾与命门之气皆亡的表现。

（7）弹石脉：脉位偏沉，至数偏快，脉律基本规则，紧张度极高，毫无柔和软缓之象。是肾水枯竭、孤阳独亢，风火内燔的阴亡液绝征象。

（8）偃刀脉：紧张度极高、坚硬而毫无柔和之象，脉宽度细，脉律不齐。是肝肾阴液耗竭、孤阳独亢的表现。

（9）转豆脉：至数极快，脉长度短，过于流利而躁动不安。是脏腑空虚，正气飘散的征象，是心之死脉。

（10）麻促脉：脉位极浮，至数极快，脉律极不规则，脉宽度极细，脉力极弱，重按无根。是由于气衰血枯，气不运血，卫枯荣血独涩所致。

总之怪脉主要表现为以下几个特征：①脉位极浮或极沉；②脉率极数或极迟；③脉律极

度紊乱；④脉力极弱；⑤紧张度极高，毫无柔和之象。每一种怪脉，往往至少有上述特征中两点以上的极度异常。

11．不能相兼的脉象。

由于疾病是复杂的，病理改变往往是多方面的，因此，临床上的脉象大部分是相兼存在的。如脉滑数、脉浮紧、脉弦细数等。然而也并不是所有的脉象都可以随意相兼。一是脉象上完全对立的脉不能相兼，如同一病人其脉不可能既浮又沉、既迟又数、既滑又涩等。二是有些脉类上属于对立的脉也不能相兼，如濡脉为浮细无力，而弱脉为沉细无力，故不能称濡弱脉；结脉是缓而中止，止无定数，代脉则是止有定数，故结脉与代脉不会在同时出现（有时可以交替出现），而促脉则是数而中止，故不能与结、代脉相兼。三是有的脉象本来就是由多个脉象要素综合构成的，因此不能又将单因素的脉象与之相兼，如洪脉是脉体洪大而脉势汹涌，浮沉均很明显，故不能称脉洪浮、沉洪、洪而有力；微脉是脉搏极细极弱，若有若无，因此严格地说，所谓脉微细、脉微弱都是不恰当的；虚脉是无力脉的总称，因此著称脉虚无力则是重复缀语。此外紧脉主实寒，脉道因寒邪所遏而绷急紧束，故紧脉的脉势虽甚有力但其脉体不可能是大，因而不会有洪紧、脉紧而大之类的脉象。

12．关于缓脉的研讨。

对于"缓脉"脉象及其意义，汉朝张仲景《金匮要略》、西晋的王叔和《脉经》、元朝滑寿《诊家枢要》、明·吴崐《吴注黄帝内经素问》等著作均多有论述，观点不尽一致，归纳起来，有四类缓脉，即和缓脉、怠缓脉、迟缓脉和纵缓脉。

（1）和缓脉：即平缓脉，脉来从容和缓，不疾不徐，并无偏盛，多见于健康人，若病中见此脉，表明病情不重，或正气恢复。

（2）怠缓脉：即脉势怠缓无力之脉，主脾胃亏虚或气血亏虚。由于脾胃虚弱或气血不足，脉搏鼓动乏力，故脉来怠缓。

（3）迟缓脉：是指脉来缓慢，一息四至，稍快于迟脉，主湿证。因外湿或内湿，湿性粘滞，易阻气机，脉气受困，故脉来缓慢。

（4）纵缓脉：即脉形宽大而且纵缓无力，主病湿热。因病有热，阳热有余，充斥于脉道，故脉形宽大，但热盛而兼湿，故脉缓而无汹涌之势。

13．对"芤脉"脉象"边实"的理解。

自王叔和《脉经》谓："芤脉，浮大而软，按之中央空，两边实"，历代医家一般认为芤脉的特点是"边实中空"，但对"边实"的理解有不同。其一，浮沉为两边。如明朝李中梓《诊家正眼》说："芤乃草名，绝类慈葱，浮沉俱有，中候独无。"即在浮取、沉取时仍脉象搏动，而中取时为空。其二，旁有而中无。如元朝滑寿《诊家枢要》曰："芤，浮大而软，寻之中空旁实，旁有中无。"即指脉的两边有微微鼓指之感，而中间无脉感。

14．关于"动脉"的部位及主病。

动脉的脉象特点是滑数有力，应指突跳如豆，搏动部位短小。但脉搏部位短小是在寸、关、尺的何部，历代医家说法不一，主病也不相同。

（1）动脉仅见于关部，主惊，主痛。如张仲景《伤寒论·辨脉法》云："若数见关上，上下无头尾，如豆大厥厥动摇者，名曰动也。"周学海《脉简补义》说："当关一豆转，尺寸不分明。"都强调了动脉在关部。《伤寒论》还说"动者为痛"，《金匮要略》谓："动则为惊"，都指出动脉主惊、主痛。其机制是由于疼痛和惊厥均导致阴阳之气升降逆乱，阳欲升而阴逆之，两相搏击，脉气不能往来于尺寸之间，反而躁动不安，故动见于关部。

（2）动脉在寸部，主妊娠。如《素问·平人气象论》说："手少阴脉动甚也，妊子也。"由于心肾两经脉气相通，妊娠时冲任两脉之血聚而养胎，此时其他部位的脉可切到，惟寸部少阴脉滑动明显。这与疼痛、惊厥之关脉动者有别。

（3）动脉见于尺部，主阴虚发热。如黄宫绣《脉理求真》说："阴虚发热而见尺动。"

据上分析，由于动脉所见寸、关、尺的部位不同，其主病也不同。即如李中梓《诊家正眼》指出寸、关、尺三部皆可有动脉，是有道理的。

15. 哪些脉象可见于生理情况？

在生理情况下，除正常脉象之外，还可见到 11 种脉象，但无论何种脉象，必见和缓之胃气。①浮脉：瘦人脉偏浮；秋令多浮脉。②沉脉：胖人多沉脉；性静之人多沉脉；冬季脉偏沉。③迟脉和缓脉：训练有素之人和性静之人脉多迟缓。④实脉：身体健壮的青年人脉实有力。⑤滑脉：年轻人脉象和缓滑利；妊娠妇女脉流畅滑利。⑥数脉：小儿脉多较数；活动之后和性情激动可见数脉；孕妇之脉也偏数。⑦弦脉：健康老年人可见平弦脉；春季常见弦脉。⑧大脉和长脉：形体健壮之人和脉管粗大之人脉多长大。⑨洪脉：夏季脉象偏洪。

16. 关于脉证顺逆。

一般而言，脉证相应为顺，脉证不应为逆。归纳起来，"脉证相应"有二：一是"有余之证"，如外感、暴病、邪气亢盛而脉见洪、数、滑、实者，谓之脉证相应。这反映邪虽盛而正气尚充盛，足以抗邪，故为"顺"。二是"不足之证"，如内伤、久病、正气虚衰而脉见沉、细、微、弱者，亦谓脉证相应。此乃正气虽虚而邪气不盛，病情尚属单纯，治疗容易对症下药，故亦为"顺"。至于"脉证不应"亦有二：一是"有余之证"，如新病、外感，邪气亢盛而反见沉、细、微、弱之脉者，谓之脉证不应。这说明邪盛而正衰，正不胜邪，易致正气内陷，故为"逆"。二是"不足之证"，如内伤、久病、正气虚衰而反见浮、洪、数、实之脉者，亦谓脉证不应。表明正衰而邪盛，或是虚阳浮越，病情复杂、危重，故亦为"逆"。

应该指出的是，顺与逆是相对的，而不是绝对的。脉证相应之顺，并不就是指病情轻、预后好、治疗容易，有时候往往病情并不轻，只是病机比较明了，诊断比较明确而已。如久病、重病、正虚严重病人而见微弱之脉，可谓脉证相应，但病情严重，难以治疗，预后并不好。脉证不应之逆，也并不全是病情危重，预后不良。有时候只是病机比较复杂，诊断难以明确而已。除此之外，脉证顺逆还体现在脉与四时的逆从，如《素问·平人气象论》所谓"脉得四时之顺，曰病无他；脉反四时及不间脏，曰难已"等便是。

17. 怎样进行脉症从舍？

脉与症都是疾病征象的反映。在对脉症进行分析的过程中常有两种情况：一种是症状表现与脉象一致。如症见恶寒发热、头身疼痛、无汗、鼻塞流清涕、口不渴等一派风寒外感之象，脉见浮紧，脉与症两者一致。古人称之为"脉症相应"，是发病的一般情况。另一种是症状表现与脉象不一致。如高热、面赤、烦躁、口干、腹满疼痛、大便秘结等一派实热之象，而反见迟脉。脉与症不相吻合，此为"脉症不应"。

由于"脉症不应"是症状表现与脉象不相一致，因此其中必有一方反映疾病本质，而另一方则与疾病本质的常规认识不符合，或谓"假象"。所以临床辨证时就必须以反映疾病本质的一方为诊断依据，而舍弃另一方，此即所谓的"脉症从舍"。若症真脉"假"，则"舍脉从症"；症"假"脉真，则"舍症从脉"。

（1）"舍脉从症"：即因症真脉"假"，以症状作为辨证的依据而舍弃脉象。例如：症见腹部胀满、疼痛拒按，大便燥结，舌红苔黄厚干燥，而脉迟细者，此时症状所反映的是实热内结肠胃的本质，而脉象所反映的似是虚寒之象，症真脉"假"，故须舍脉从症。此外，临床上某些慢性病因发病时间较久，脉象无显著变化，诊断用药往往多根据症状而定。还有根据前人经验，对于某些病症，辨证时主要凭症而定。

（2）"舍症从脉"：指因症"假"脉真时，以反映本质的脉象作为辨证的依据而舍弃症状。例如：热闭于内，症见四肢厥冷，脉象滑数。此时脉象所反映的是阳热内盛的本质，而四肢厥冷似是寒象，症"假"脉真，故须舍症从脉。

"舍脉从症"和"舍症从脉"实质表明，临床辨证时要全面收集病情资料，并对其进行全面的综合分析，对脉与症互勘互证，知常达变，透过现象去伪存真，揭示疾病本质，从而做出正确的诊断。

18. 按诊的注意事项。

（1）按诊必须特别重视手的姿势，要求做到自然、轻柔、灵巧、准确。按诊时臂、手的肌肉要放松；肘、腕及手指的各个关节屈曲自然。触摸病人皮肤的冷热，医生的手不可太冷或太热，如刚浸过热水或冷水的手是不能正确地感知病人皮肤冷热变化的。在寒冷的天气医生必须让手暖和一点，以避免病人遇冷而致肌肉收缩变硬，影响按诊。

（2）病人接受按诊的时候，往往有不同程度的难受或痛苦的感觉，在不影响按诊的准确性的前提下，医生须尽量避免增加病人痛苦，争取病人合作，让按诊从容而准确地进行。

（3）按诊既要详细认真，又要迅速，平时务必注意练习，积累经验，以提高按诊的技术，使按诊的动作逐渐熟练。

19. 腧穴压诊的诊断原理。

腧穴是人体脏腑、经络之气血出入、输注、汇聚于体表的部位。因此，当脏腑功能出现异常，阴阳平衡失调而产生疾病时，就会沿着有关的经络反映到体表相应的腧穴。因此，这些腧穴的压痛反应，就可以作为诊断内脏疾病的依据。

（1）俞穴与募穴：十二经之俞穴，是五脏六腑之气输注于背部的一些特定穴位。脏腑的俞穴都分布在背部足太阳膀胱经上，是督脉之气通于足太阳经并输注于内脏的部位，因而俞穴反映内脏病变更为直接与快捷。募穴，是脏腑之气聚集于胸腹的一些特定穴位，与背俞相对应，其分布一前一后，其属性一阴一阳。募穴在前胸腹部，属阴，它与脏腑的生理病理反应十分密切，当脏腑受邪时多反映于募穴，最常见的反应是募穴压痛。因此，按压背俞穴与募穴对临床诊断疾病、辨别病位有着十分重要的作用和价值。

（2）经外奇穴：在分布于十四经脉的腧穴（361个）之外，还分布有一些"经外奇穴"，有些经外奇穴是内脏疾病反映于外的特异性部位。因此，这些"经外奇穴"除对某些疾病与症状具有特殊的治疗作用之外，又对诊断和辨别某些疾病和证候具有特异性，在临床上有其独特的价值，是推断病证的重要依据。

【复习思考题】

1. 何谓脉、脉搏、脉象、脉诊？
2. 简述中医脉诊的原理。
3. 简述寸口诊脉候病的原理及寸口部分候脏腑。

4. 怎样进行脉诊的人迎寸口诊法判断病证？

5. 解释名词：举、按、寻、单诊、总按。

6. 何谓平息？正常人平息脉次为多少？

7. 怎样理解"诊法常以平旦"的意义？

8. 脉象要素包括哪些？各有何意义？

9. 何谓正常脉象？简述正常脉象的特点。

10. 脉有胃气的表现特点及意义如何？

11. 脉有神气的表现特点及意义如何？

12. 脉之有根的具体表现及意义如何？

13. 简述"四季平脉"各有何脉象特点。

14. 简述浮脉、沉脉的脉象特征及临床意义。

15. 简述迟脉、数脉的脉象特征及临床意义。

16. 简述虚脉、实脉的脉象特征及临床意义。

17. 简述洪脉、细脉的脉象特征及临床意义。

18. 简述滑脉、涩脉的脉象特征及临床意义。

19. 简述弦脉、濡脉的脉象特征及临床意义。

20. 怎样鉴别促、结、代脉？

21. 试从脉位归类比较有关脉象的异同。

22. 试从脉力度归类比较有关脉象的异同。

23. 何谓相兼脉？举例说明脉象相兼的原则。

24. 举例说明相兼脉主病的原则。

25. 何谓真脏脉？简述真脏脉的分类。

26. 简述妇女月经脉的临床特点。

27. 简述小儿"一指定三关"操作方法。

28. 简述小儿脉象的特点。

29. 举例说明临床诊脉寸关尺独异脉象的主病规律。

30. 何谓脉证顺逆？脉证顺逆有何意义？

31. 举例说明脉症从舍的原则。

32. 举例说明诊脉可以辨别病情，阐述病机。

33. 举例说明诊脉可以指导治疗，推断预后。

34. 简述按诊时病人和医生常用体位。

35. 按诊的手法有哪些？各有何应用特点及意义？

36. 按诊时的注意事项有哪些？

37. 何谓虚里？按虚里有何临床意义？

38. 按胁部常见哪些异常表现？各有何意义？

39. 简述脘腹各部位划分的名称及相关脏腑。

40. 怎样辨别腹部胀满时按诊的临床意义？

41. 怎样通过按肌肤的寒热辨别人体的阴阳盛衰、表里虚实？

42. 举例说明触摸肌肤滑涩润燥以了解气血津液的盈亏。

43．怎样通过人体手足部位的冷热来判断疾病的寒热虚实？

44．怎样通过手足寒温来判断阳气的存亡及预后？

45．诊断脏腑病变的常用腧穴有哪些？

【参考文献摘录】

1．《难经·五难》：脉有轻重，何谓也？然：初持脉，如三菽之重，与皮毛相得者，肺部也。如六菽之重，与血脉相得者，心部也。如九菽之重，与肌肉相得者，脾部也。如十二菽之重，与筋平者，肝部也。按指至骨，举指来疾者，肾部也，故曰轻重也。

2．《诊家枢要》：察脉须识上、下、来、去、至、止六字，不明此六字，则阴阳虚实不别也。上者为阳，来者为阳，至者为阳；下者为阴，去者为阴，止者为阴也。上者，自尺部上于寸口，阳生于阴也。下者，自寸口下于尺部，阴生于阳也；来者，自骨肉之分而出于皮肤之际，气之升也；去者，自皮肤之际而还于骨肉之分，气之降也；应曰至；息曰止也。

3．《重订诊家直诀》：诊脉之指法，见于经论者：曰举、曰按、曰寻、曰推、曰初持、曰久按、曰单持、曰总按。无求子消息七法：曰上竟、下竟，曰内推、外推，曰浮按、中按、沉按。更有侧指法、挽指法、辗转指法、俯仰指法；举而复按、按而复举，是操纵指法。若是者，皆有旧论可考。至于私心所创获，与得诸益友所训示者，则又有移指法、直压指法。夫脉有四科，位数形势而已。位者，浮沉尺寸也；数者，迟数促结也；形者，长短、广狭、厚薄、粗细、刚柔，犹算学家之有线面体也；势者，敛舒、伸缩、进退、起伏之有盛衰。势因形显，敛舒成形于广狭，伸缩成形于长短，进退成形于前后，起伏成形于高下，而盛衰则贯于诸势之中以为之纲者也。此所谓脉之四科也。指法即由此而辨，曰举按以诊高深也；曰上下以诊长短也；曰寻推以诊广狭厚薄曲直也；曰初持久按，以诊迟数滑涩止代也；曰单持总按，以诊去来断续也。病者气口处肌肉不平，须用侧指法；病者不能平臂而侧置，须用挽指法。俯仰者，三指轻重相畸也；辗转者，一指左右相倾也；操纵者，举按选用，以察根气之强弱，《难经》所谓按之软，举指来疾者此也。惟三指总按，拦度三关，三指缝中各有其隙，若三部脉形不同，如寸涩尺滑，前小后大，即无由得其接续之真迹。昔有同学示移指法，如先诊三关，再略退半部，以食指加于寸关之交，中指加于关尺之交，终以有隙而其真不见。后乃自创一指直压之法，以食指直压三关，而真象进露矣，小儿脉位狭小，以食指拦度脉上，而辗转以诊之。

4．《景岳全书·脉神章》：凡诊脉须知胃气。如经曰：人以水谷为本，故人绝水谷则死，脉无胃气亦死。又曰：脉弱以滑，是有胃气。又曰：邪气来也紧而疾，谷气来也徐而和。又曰：五味入口，藏于胃以养五脏气，是以五脏六腑之气味，皆出于胃而变见于气口。是可见谷气即胃气，胃气即元气也。夫元气之来，力和而缓；邪气之至，力强而峻。高阳生曰：阿阿软若春杨柳。此是脾家四季脉，即胃气之谓也。故凡诊脉者，无论浮沉迟数，虽值诸病叠见，而但于邪脉中得兼软滑徐和之象者，便是五脏中俱有胃气，病必无害也。何也，盖胃气者正气也，病气者邪气也。夫邪正不两立，一胜则一负。凡邪气胜则正气败，正气至则邪气退矣。若欲察病之进退吉凶者，但当以胃气为主，察之之法，如今日尚和缓，明日更弦急，知邪气之愈进，邪愈进则病愈甚矣；今日甚弦急，明日稍和缓，知胃气之渐至，胃气至则病渐轻矣。即如顷刻之间，初急后缓者，胃气之来也；初缓后急者，胃气之去也，此察邪正进退之法也。至于死生之兆，亦惟从胃气为主。夫胃气中和，王于四季，故春脉微弦而和缓，夏脉微钩而和缓，秋脉微毛而和缓，冬脉微石而和缓，此胃气之常，即平人之脉也。若脉无胃气，即名真脏脉见。真脏何以当死？盖人有元气，出自先天，即天气也，为精神之父；人有胃气，出乎后天，即地气也，为血气之母。其在后天，必本先天为主持；在先天，必赖后天为滋养。无所本者死，无所养者亦死。何以验之？如但弦、但钩、但毛、但石之类，皆真脏也。此以孤脏之气独见，而胃气不能相及，故当死也。且脾胃属土，脉本和缓；土惟畏木，脉则弦强。凡脉见弦急者，此为土败木贼，大非佳兆。若弦急之微者，尚可救疗；弦急之甚者，胃气其穷矣。

5．《诊家枢要》：不病之脉，不求其神，而神无不在也。有病之脉，则当求其神之有无，谓如六数七极，热也。脉中有力，即有神矣。为泄其热，三迟二败，寒也。脉中有力，即有神矣。为去其寒，若数极迟败，中不复有力，为无神也。

6.《医宗必读·卷二》：一以尺中有根，人之有尺，犹树之有根，水为天一之元，先天命根也。王叔和曰：寸关虽无，尺犹不绝，如此之流，何忧殒灭？谓其有根也。若肾脉独败，是无根矣。一以沉候为根，经曰：诸脉浮无根者皆死，是谓有表无里，是谓孤阳不生。造化所以亘万古而不息者，一阴一阳互为其根也。阴既绝矣，孤阳岂能独存乎？二说似乎不同，实则一致。两尺为肾部，沉候之六脉皆肾也，然则两尺无根，与沉取之无根，总之肾水绝也。

7.《难经·十五难》：弦、钩、毛、石者，四时之脉者。春脉弦者，肝东方木也，万物始生，未有枝叶，故其脉来，濡弱而长，故曰弦。夏脉钩者，心南方火也，万物之所盛，垂枝布叶，皆下曲如钩，故其脉之来疾去迟，故曰钩。秋脉毛者，肺西方金也，万物之所终，草木华叶皆秋而落，其枝独在，若毫毛也，故其脉之来轻虚以浮，故曰毛。冬脉石者，肾北方水也，万物之所藏也，盛冬之时，水凝如石，故其脉之来沉濡而滑，故曰石，此四时之脉也。

8.《素问·脉象精微论》：夫脉者，血之府也。长则气治，短则气病，数则烦心，大则病进……代则气衰，细则气少，涩则心痛。

9.《脉经·脉形状指下秘诀第一》：浮脉，举之有余，按之不足。芤脉，浮大而软，按之中央空，两边实。洪脉，极大在指下。滑脉，往来前却，流利辗转，替替然与数相似。数脉，去来促急。促脉，来去数，时一止复来。弦脉，举之无有，按之如弓弦状。紧脉，数如切绳状。沉脉，举之不足，按之有余。伏脉，极重指按之，着骨乃得。革脉，有似沉伏，实大而长微弦。实脉，大而长微强，按之隐指幅幅然。微脉，极细而软，或欲绝，若有若无。涩脉，细而迟，往来难且散，或一止复来。细脉，小大于微，常有但细耳。软脉，极软而浮细。弱脉，极软而沉细，按之欲绝指下。虚脉，迟大而软，按之不足，隐指豁豁然空。散脉，大而散，散者气实血虚，有表无里。缓脉，去来亦迟，小驶于迟。迟脉，呼吸三至，去来极迟。结脉，往来缓，时一止复来。代脉，来数中止，不能自还，因而复动。脉结者生，代者死。动脉，见于关上，无头尾，大如豆，厥厥然动摇。浮与芤相类，弦与紧相类，滑与数相类，革与实相类，沉与伏相类，微与涩相类，软与弱相类，缓与迟相类。

10.《中藏经·脉要论》：脉者，乃气血之先也。气血盛则脉盛，气血衰则脉衰，气血热则脉数，气血寒则脉迟，气血微则脉弱，气血平则脉缓。又长人脉长，短人脉短，性急则脉急，性缓则脉缓，反此者逆，顺此者从之也。又诸数为热，诸迟为寒，诸紧为痛，诸浮为风，诸滑为虚，诸伏为聚，诸长为实，诸短为虚。又短、涩、迟、沉、伏，皆属阴；数、滑、长、浮、紧，皆属阳。阴得阴者从，阳得阳者顺，违之者逆。阴阳消息，以经而处之。

11.《景岳全书·脉神章》：凡内出不足之证，忌见阳脉，如浮、洪、紧、数之类是也。外入有余之病，忌见阴脉，如沉、细、微、弱之类是也。如此之脉，最不易治。凡暴病脉来浮、洪、数、实者为顺，久病脉来微、缓、软、弱者顺。若新病而沉、微、弱，久病而浮、洪、数、实者，皆为逆也。凡脉证贵乎相合，设若证有余而脉不足，脉有余而证不足，轻者亦必延绵，重者即危亡之兆。凡元气虚败之证，脉有微极欲绝者，若用回阳救本等药，脉气徐徐渐出渐复者，乃为佳兆。若陡然暴出，忽如复元者，此假象也，必于周日之后复脱如故……若各部皆脱，而惟胃脉独存，犹可冀其万一。

12.《濒湖脉学·七言诀》：

浮（阳）

［体状诗］浮脉惟从肉上行，如循榆荚似毛轻。三秋得令知无恙，久病逢之却可惊。

［相类诗］浮如木在水中浮，浮大中空乃是芤；拍拍而浮是洪脉，来时虽盛去悠悠。
　　　　　浮脉轻平似捻葱，虚来迟大豁然空；浮而柔细方为濡，散似杨花无定踪。

［主病诗］浮脉为阳表病居，迟风数热紧寒拘；浮而有力多风热，无力而浮是血虚。
　　　　　寸浮头痛眩生风，或有风痰聚在胸；关上土衰兼木旺，尺中溲便不流通。

沉（阴）

[体状诗] 水行润下脉来沉，筋骨之间软滑匀；女妇寸兮男子尺，四时如此号为平。
[相类诗] 沉帮筋骨自调匀，伏则推筋着骨寻；沉细如绵真弱脉，弦长实大是牢形。
[主病诗] 沉潜水蓄阴经病，数热迟寒滑有痰；无力而沉虚与气，沉而有力积并寒。
　　　　　寸沉痰郁水停胸；关主中寒痛不通；尺部浊遗并泄痢，肾虚腰及下元痈。

迟（阴）
[体状诗] 迟来一息至惟三，阳不胜阴气血寒；但把浮沉分表里，消阴须益火之原。
[相类诗] 脉来三至号为迟，小驶于迟作缓持；迟细而难知是涩，浮而迟大以虚推。
[主病诗] 迟司脏病或多疾，沉痼癥瘕仔细看；有力而迟为冷痛，迟而无力定虚寒。
　　　　　寸迟必是上焦寒；关主中寒痛不堪；尺是肾虚腰脚重，溲便不禁疝牵丸。

数（阳）
[体状诗] 数脉息间常六至，阴微阳盛必狂烦；浮沉表里分虚实，惟有儿童作吉看。
[相类诗] 数比平人多一至，紧来如数似弹绳；数而时止名为促，数见关中动脉形。
[主病诗] 数脉为阳热可知，只将君相火来医；实宜凉泻虚温补，肺病秋深却畏之。
　　　　　寸数咽喉口舌疮，吐红咳嗽肺生疡；当关胃火并肝火；尺属滋阴降火汤。

滑（阳中阴）
[体状诗] 滑脉如珠替替然，往来流利却还前，莫将滑数为同类，数脉惟看至数间。
[主病诗] 滑脉为阳元气衰，痰生百病食生灾；上为吐逆下蓄血，女脉调时定有胎。
　　　　　寸滑膈痰生呕吐，吞酸舌强或咳嗽；当关宿食肝脾热，渴利癫淋看尺部。

涩（阴）
[体状诗] 细迟短涩往来难，散止依稀应指间；如雨沾沙容易散，病蚕食叶慢而艰。
[相类诗] 参伍不调名曰涩，轻刀刮竹短而难；微似秒芒微软甚，浮沉不别有无间。
[主病诗] 涩缘血少或伤精，反胃亡阳汗雨淋；寒湿入营为血痹，女人非孕即无经。
　　　　　寸涩心虚病对胸；胃虚胁胀察关中；尺为精血俱伤候，肠结溲淋或下红。

虚（阴）
[体状相类诗] 举之迟大按之松，脉状无涯类谷空；莫把芤虚为一例，芤来浮大似慈葱。
[主病诗] 脉虚身热为伤暑；自汗怔忡惊悸多；发热阴虚须早治，养营益气莫蹉跎。
　　　　　血不荣心寸口虚；关中腹胀食难舒；骨蒸痿痹伤精血，却在神门两部居。

实（阳）
[体状诗] 浮沉皆得大而长，应指无虚愊愊强；热蕴三焦成壮火，通肠发汗始安康。
[相类诗] 实脉浮沉有力强，紧如弹索转无常；须知牢脉帮筋骨，实大微弦更带长。
[主病诗] 实脉为阳火郁成，发狂谵语吐频频；成为阳毒或伤食，大便不通或气疼。
　　　　　寸实应知面热风，咽痛舌强气填胸；当关脾热中宫满；尺实腰肠痛不通。

长（阳）
[体状相类诗] 过于本位脉名长，弦则非然但满张；弦脉与长争较远，良工尺度自能量。
[主病诗] 长脉迢迢大小匀，反常为病似牵绳；若非阳毒癫痫病，即是阳明热势深。

短（阴）
[体状相类诗] 两头缩缩名为短，涩短迟迟细且难；短涩而浮秋喜见，三春为贼有邪干。
[主病诗] 短脉惟于尺寸寻，短而滑数酒伤神；浮为血涩沉为痞；寸主头痛尺腹疼。

洪（阳）
[体状诗] 脉来洪盛去还衰，满指滔滔应夏时；若在春秋冬月分，升阳散火莫狐疑。
[相类诗] 洪脉来时拍拍然，去衰来盛似波澜；欲知实脉参差处，举按弦长愊愊坚。
[主病诗] 脉洪阳盛血应虚，相火炎炎热病居；胀满胃翻须早治，阴虚泄痢可踌躇。
　　　　　寸洪心火上焦炎，肺脉洪时金不堪；肝火胃虚关内察；肾虚阴火尺中看。

微（阴）

[体状相类诗] 微脉轻微瞥瞥乎，按之欲绝有如无；微为阳弱细阴弱，细比于微略较粗。

[主病诗] 气血微兮脉亦微，恶寒发热汗淋漓；男为劳极诸虚候，女作崩中带下医。
　　　　寸微气促或心惊；关脉微时胀满形；尺部见之精血弱，恶寒消瘅痛呻吟。

紧（阳）

[体状诗] 举如转索切如绳，脉象因之得紧名；总是寒邪来作寇，内为腹痛外身疼。

[相类诗] 见弦脉。

[主病诗] 紧为诸痛主于寒，喘咳风痫吐冷痰；浮紧表寒须发越，紧沉温散自然安。
　　　　寸紧人迎气口分，当关心腹痛沉沉；迟中有紧为阴冷，定是奔豚与疝疼。

缓（阴）

[体状诗] 缓脉阿阿四至通，柳梢袅袅贴轻风；欲从脉里求神气，只在从容和缓中。

[相类诗] 见迟脉。

[主病诗] 缓脉营衰卫有余，或风或湿或脾虚；上为项强下痿痹，分别浮沉大小区。
　　　　寸缓风邪项背拘，关为风眩胃家虚；神门濡泄或风秘，或是蹒跚足力迁。

芤（阳中阴）

[体状诗] 芤形浮大软如葱，边实须知内已空；火犯阳经血上溢，热侵阴络下流红。

[相类诗] 中空旁实乃为芤，浮大而迟虚脉呼；芤更带弦名曰革，芤为失血革血虚。

[主病诗] 寸芤积血在于胸；关里逢芤肠胃痈；尺部见之多下血，赤淋红痢漏崩中。

弦（阳中阴）

[体状诗] 弦脉迢迢端直长，肝经木旺土应伤；怒气满胸常欲叫，翳蒙瞳子泪淋浪。

[相类诗] 弦来端直似丝弦，紧则如绳左右弹；紧言其力弦言象，牢脉弦长沉伏间。

[主病诗] 弦应东方肝胆经，饮痰寒热疟缠身；浮沉迟数须分别，大小单双有重轻。
　　　　寸弦头痛膈多痰；寒热癥瘕察左关；关右胃寒心腹痛；尺中阴疝脚拘挛。

革（阳）

[体状主病诗] 革脉形如按鼓皮，芤弦相合脉寒虚；女人半产并崩漏，男子营虚或梦遗。

[相类诗] 见芤、牢。

牢（阴中阳）

[体状相类诗] 弦长实大脉牢坚，牢位常居沉伏间；革脉芤弦自浮起，革虚牢实要详看。

[主病诗] 寒则牢坚里有余，腹心寒痛木乘脾；疝癫癥瘕何愁也，失血阴虚却忌之。

濡（即软字，阴）

[体状诗] 濡形浮细按须轻，水面浮绵力不禁；病后产中犹有药，平人若见是无根。

[相类诗] 浮而柔细知为濡，沉细而柔作弱持；微则浮微如欲绝，细来沉细近于微。

[主病诗] 濡为亡血阴虚病，髓海丹田暗已亏；汗雨夜来蒸入骨，血山崩倒湿侵脾。
　　　　寸濡阳微自汗多；关中其奈气虚何；尺伤精血虚寒甚，温补真阴可起疴。

弱（阴）

[体状诗] 弱来无力按之柔，柔细而沉不见浮；阳陷入阴精血弱，白头犹可少年愁。

[相类诗] 见濡脉。

[主病诗] 弱脉阴虚阳气衰，恶寒发热骨筋痿；多惊多汗精神减，益气调营急早医。
　　　　寸弱阳虚病可知；关为胃弱与脾衰；欲求阳陷阴虚病，须把神门两部推。

散（阳）

[体状诗] 散似杨花散漫飞，去来无定至难齐；产为生兆胎为堕，久病逢之不必医。

[相类诗] 散脉无拘散漫然，濡来浮细水中绵；浮而迟大为虚脉，芤脉中空有两边。

[主病诗] 左寸怔忡右寸汗；溢饮左关应软散；右关软散胻胕肿；散居两尺魂应断。

细（阴）

[体状诗] 细来累累细如丝，应指沉沉无绝期：春夏少年俱不利，秋冬老弱却相宜。

[相类诗] 见微、濡脉。

[主病诗] 细脉萦萦血气衰，诸虚劳损七情乖；若非湿气侵腰肾，即是伤精汗泄来。
　　　　　寸细应知呕吐频；入关腹胀胃虚形；尺逢定是丹田冷，泄痢遗精号脱阴。

伏（阴）

[体状诗] 伏脉推筋着骨寻，指间裁动隐然深；伤寒欲汗阳将解，厥逆脐疼证属阴。

[相类诗] 见沉脉。

[主病诗] 伏为霍乱吐频频，腹前多缘宿食停；蓄饮老痰成积聚，散寒温里莫因循。
　　　　　食郁胸中双寸伏，欲吐不吐常兀兀；当关腹痛困沉沉，关后疝疼还破腹。

动（阳）

[体状诗] 动脉摇摇数在关，无头无尾豆形团；其原本是阴阳搏，虚者摇兮胜者安。

[相类诗] 见数脉。

[主病诗] 动脉专司痛与惊，汗因阳动热因阴；或为泄痢拘挛病，男子亡精女子崩。

促（阳）

[体状诗] 促脉数而时一止，此为阳极欲亡阴；三焦郁火炎炎盛，进必无生退可生。

[相类诗] 见代脉。

[主病诗] 促脉惟将火病医，其因有五细推之；时时喘咳皆痰积，或发狂斑与毒疽。

结（阴）

[体状诗] 结脉缓而时一止，独阴偏盛欲亡阳；浮为气滞沉为积，汗下分明在主张。

[相类诗] 见代脉。

[主病诗] 结脉皆因气血凝，老痰结滞苦沉吟；内生积聚外痈肿，疝瘕为殃病属阴。

代（阴）

[体状诗] 动而中止不能还，复动因而作代看；病者得之犹可疗，平人却与寿相关。

[相类诗] 数而时止名为促，缓止须将结脉呼；止不能回方是代，结生代死自殊涂。

[主病诗] 代脉原因脏气衰，腹疼泄痢下元亏；或为吐泻中宫病，女子怀胎三月兮。

13.《医宗金鉴·四诊心法要诀·败脉歌》：

雀啄连连，止而又作。屋漏水雷，半时一落。

弹石沉弦，按之指搏。乍疏乍密，乱如解索。

本息末摇，鱼翔相若。虾游冉冉，忽然一跃。

釜沸空浮，绝无根脚。偃刀坚急，循刀责责。

转豆累累，如循薏仁。麻促细乱，其脉失神。

败脉十种，自古以闻；急救下药，必须认真。

14.《通俗伤寒论·按胸腹》：《内经》云：胸腹者，脏腑之郭也。考其部位层次，胸上属肺，胸膺之间属心，其下有一横膈，绕肋骨一周。膈下属胃，大腹与脐属脾，脐四围又属小肠，脐下两腰属肾，两肾之旁及脐下又属大肠，膀胱亦当脐下，故脐下又属膀胱……小腹两旁谓之少腹，乃血室之边际，属肝。少腹上连季胁，亦属肝。季胁上连肋骨，属胆……故胸腹为五脏六腑之宫城，阴阳气血之源，若欲知其脏腑何如，则莫如按胸腹，名曰腹诊。其诊法宜按摩数次，或轻或重，或击或抑，以察胸腹之坚软，拒按与否，并察胸腹之冷热，灼手与否，以定其病之寒热虚实。又如轻手循抚，自胸上而脐下，知皮肤之润燥，可以辨寒热；中手寻扪，问其痛不痛，以察邪气之有无；重手推按，察其硬否，更问其痛否，以辨脏腑之虚实，沉积之何如……惟左乳下虚里脉，脐间冲任脉，其中虚实，最为生死攸关……肝病须按两胁。两胁满实而有力者肝平；两胁下痛引小腹者肝郁；男子积在左胁下者属疝气；女子块在右胁下者属瘀血；两胁空虚，按之无力者为肝虚；两胁胀痛，手不可按者为肝痈……凡满腹痛，喜按者属虚，拒按者属实，喜暖手按抚者属寒，喜冷物按放者属热。按腹而其热灼手，愈按愈甚者伏热；按腹而其热烙手，痛不可忍者内痈……惟虫病按腹有三候，腹有凝结如筋而硬者，以指久按，其硬移他处，又就所移者按之，其硬又移他处，或大腹，或脐旁，或小腹，无定处，是一候也。右手轻轻按腹，为时稍久，潜心候之，有物如蚯蚓蠢动，隐然应手，是二候也。高低凸凹，如畎亩状，熟按之，起伏聚散，上下往来，浮沉出没，是三候也……水肿胀满症，按之至脐，脐随手移左右，重手按之近乎脊，失脐根者必死……然按胸必先按虚里，按之微动而不应者，宗气内虚；按之跃动而应衣者，宗气外泄；按之应手，动而不紧，缓而不急者，宗气积于膻中也，是为常；按之弹手，洪大而搏，或绝而不应者，皆心胃气绝也，病不治；虚里无动脉者必死；即虚里搏动而高者，亦为恶候，孕妇胎前症最忌，产后三冲症尤忌，虚损痨瘵症、逐日动高者切忌；惟猝惊疾走大怒后，或强力而动肢体者，虚里脉动虽高，移时即如平人者不忌。

15.《厘正按摩要术》：人以胃气为本，故虚里之动，可以辨病机之轻重。按之应手而不紧，缓而不急者，宗气识于膻中也，是为常。其动洪大而弹手，与绝而不应者，俱胃气绝也（《阳山原文》）。平人膻中静者为佳。虚里者，脉之宗气也。视之不见，按之渐动，如应如不应者为吉。若胸中阳气衰，其动高瑜乳，至中府、云门者凶；虚劳劳擦，逐日动高者为无治（《台州》）。上中下三脘，以手抚之，平而无涩滞者，胃中平和而无宿滞也。按中脘虽痞硬而不如石者，饮癖也（《诊病奇侅》）。诊胸腹，轻手循抚，自鸠尾至脐下，知皮肤之润燥，可以辨寒热；中手寻扪，问疼不疼者，以察邪气之有无；重手推按，更问疼否，以察脏腑之虚实，沉积之何如。即诊脉中浮中沉之法也（《对时论》）。诊腹之要，以脐为先。人身之有脐，犹天之有北辰也。故名曰天枢，又曰神阙，是神气之穴，为保生之根。徐按之而有力，其气应手者，内有神气之守也。若按之而气不应者，其守失常也（《阳山》）。

第二篇 辨 证

辨证论治是中医学的特点和精华，是中医在诊治疾病时应当遵循的基本原则。认真学习和掌握辨证论治的方法，是中医的基本技能，对临床各科均有广泛的指导意义。

在中医学中"症"是指疾病的单个症状，以及舌象、脉象等体征。任何疾病的发生、发展，总是要通过若干症、征而显示出来，因此，症是机体有了病变的客观表现，是判断疾病，进行辨证的主要依据。但症状毕竟只是疾病的现象，而不是疾病的本质，只有充分地搜集各种症状，并通过综合分析，才能透过现象，认识疾病的本质。

"证"是在中医学理论指导下，综合分析各种症状和体征等病情资料，对疾病所处一定阶段的病因、病性、病位以及病势等所作的病理性概括。它是对致病因素与机体反应性两方面情况的综合认识，是对疾病当前病理本质所作的诊断性结论。

"辨证"就是在中医学理论的指导下，对病人的各种临床资料进行分析、综合，从而对疾病当前病位与病因病性等本质作判断，并概括为完整名的诊断思维过程。

"证候"含义有二，其一是指每个证在一定时间内所表现的具有内在联系的症状、体征，即证之外候；其二是证之俗称。

随着中医学理论的不断发展，对疾病辨证认识的不断深入，已形成了多种辨证方法，即：八纲辨证、病因辨证、气血津液辨证、脏腑辨证、经络辨证、六经辨证、卫气营血辨证、三焦辨证等。

这些辨证方法，是在不同时代、不同条件、对不同病种的总结而形成的。因而其归纳内容、论理特点、适用范围都不全相同，它们既各自具有自身的特点，又各不全面；既互相交织而又未形成有机整体，因而需要互相补充。

八纲辨证是各种辨证的基本纲领，其中表和里是辨别病位的纲领；寒和热是辨别病性的纲领；虚和实是辨别邪正盛衰的纲领；阴与阳则是归类证候的纲领。脏腑辨证、经络辨证重点是辨识疾病所在的脏腑、经络等"空间"位置，主要用于"内伤杂病"；六经辨证、卫气营血辨证、三焦辨证，是以不同的阶段、层次等，从"时间"上归纳证候，主要用以说明"外感病"的演变。病因辨证重点是言六淫外邪致病的规律；气血津液辨证主要是分析气、血、津液等失常的病理变化规律。

中医辨证以症为据，综合定性，整体性强，灵活多变，它反映了中医辨证具有整体性、复杂性、原则性、灵活性等特点，从而也说明了中医辨证的科学性。

第五章　八纲辨证

【目的要求】

1. 掌握辨证的基本内容，常用的辨证方法及运用特点，表证、里证、寒证、热证、虚证、实证、阴证、阳证的临床表现及意义，八纲证候之间相兼、错杂、转化、真假等关系。

2. 熟悉症、病、证的含义与关系，辨证的含义，八纲的概念及意义。

3. 了解辨证的步骤与要求。

【自学时数】

12 课时。

八纲，就是表、里、寒、热、虚、实、阴、阳证候归类的八个纲领。医生根据问、望、闻、切四诊搜集和掌握的各种病情资料（包括病史、主要症状、舌象、脉象和其他病理体征），运用八纲进行分析综合，从而辨别病变部位的浅深、疾病性质的寒热、邪正斗争的盛衰和病证类别的阴阳作为辨证的纲领的方法，称之为八纲辨证。

八纲在《内经》中已有论述，奠定了理论基础。汉朝张仲景《伤寒杂病论》更具体运用了八纲对伤寒和杂病进行辨证论治。明朝张景岳《景岳全书》又有"阴阳篇"和"六变篇"等论述，对八纲作了进一步阐明。近人祝味菊《伤寒质难》中明确提出"所谓八纲者，阴、阳、表、里、寒、热、虚、实是也。古昔医工观察各种疾病之证候，就其性能之不同，归纳于八种纲要，执简驭繁，以应无穷之变"。

中医学有许多辨证方法，其中最基本的是八纲辨证。它把千变万化的病证归纳为四对纲领性证候。因为疾病的病变部位不是表就是里；疾病的性质不是寒就是热；邪正的盛衰不是虚就是实；疾病的类别不属阴就属阳。因此，八纲辨证能够归纳和概括所有疾病的基本特点，找出疾病带普遍性的矛盾，指明疾病的治疗方向。这样，八纲辨证就成为各种辨证的纲领了，它在诊病辨证过程中，有执简驭繁，提纲挈领的作用，不仅适用于内、外、妇、儿科，同样适用于眼、喉、正骨、针灸、按摩等临床各科。

表里寒热虚实阴阳八纲都各有特定的证候，然而八纲证候之间并不是孤立、静止不变的。随着疾病的发展变化，证候也不断发生变化。因此，临床辨证时既要注意八纲证候的辨别，又要注意八纲证候之间的关系，才能对疾病做出正确的判断。八纲证候之间互相联系，不可分割，可出现相兼、错杂、转化和真假等情况。

第一节　八纲的基本证候

一、表里辨证

表与里是相对而言的，就人体部位而言，皮毛、肌肉、经络、息道在外，属表；脏腑、气血、精髓在内，属里。但经络又有表里之分，脏腑也有表里之别。

表里辨证，是辨别病变部位的两个纲领。从病势浅深来说，外邪侵犯人体引起的外感病，有一个由浅逐渐深入的病变过程，表里辨证就成为分析这个过程的一种辨证方法。其意义主要是明确病变部位的浅深、病情的轻重和病理变化的趋势。病在表者较轻浅，病在里者较深重。这种相对概念的认识，对伤寒六经辨证和温病卫气营血辨证尤为重要。

（一）表证

表证，是外邪犯表，病变在身体浅表层所反映的证候。多见于外感病的初起阶段。

【临床表现】　恶寒、发热、舌苔薄、脉浮等症状为主，也常见头痛、身痛、关节酸痛，或鼻塞流涕、喷嚏、微有咳喘等症状。

【证因分析】　表证是由六淫之邪从皮毛、口鼻侵入人体浅表所引起，正如《景岳全书·传忠录》所说："表证者，邪气之自外而入者也。"

由于外邪束表，郁于肌腠，阻遏人体卫气的正常宣发，肌表得不到卫阳之气的温煦，所以出现恶寒的感觉。又因卫气具有抗御外邪的功能，外邪侵入体表，肌腠闭郁，卫气起而抗邪，正邪相争，故出现发热。正如《素问·玉机真藏论》所说："今风寒客于人，使人毫毛毕直，皮肤闭而为热。"病邪在浅表尚未深入，故舌象没有显著的变异而呈现薄苔；邪在皮毛，正气与之相争于表，脉气亦为之鼓动于外，故见浮脉。此外，由于外邪束表，郁于经络，使经气不得畅通，不通则痛，故见头痛、身痛、关节酸痛。肺主皮毛，鼻为肺之窍，皮毛受邪，内传于肺，引起肺气失宣，则出现鼻塞流涕、喷嚏、咳嗽、气喘等症状。

（二）里证

里证，是病变部位在身体深层，脏腑气血受病所反映的证候。

【临床表现】　里证包括的范围极为广泛，临床表现多种多样，但其基本特点是以脏腑的证候表现为主，具体内容详见脏腑辨证。

【证因分析】《景岳全书·传忠录》说："里证者，病之在内、在脏也"。里证的成因大致有三种情况：一是表证不解，病邪入里，形成里证。例如：外感病过程中，表寒入里化热，表证已罢，出现潮热、神昏、烦躁、汗出、口渴等症状，即是邪热炽盛的里热证；若出现胸闷、腹痛、大便秘结、舌质深红、舌苔黄干、脉象沉实等症状，即是热结胃肠的里实证。二是外邪直接侵犯脏腑，所谓"直中"，病一开始，就主要表现为里证。例如：过食生冷，或腹部受凉，寒湿之邪直中脏腑，出现呕吐清水、腹泻肠鸣、脘腹冷痛等症状，即是里寒证。三是内伤七情、劳倦、饮食等因素，直接影响脏腑、气血、精髓而为病，病一开始，就是里证。例如：郁怒伤肝，肝郁气滞，出现两胁胀痛、气短、乏力、失眠、健忘等症状，都属里证。

（三）半表半里证

半表半里证，是病变既非完全在表，又未完全入里，而处于半表半里的证候。

【临床表现】 寒热往来，胸胁苦满，神情默默，不欲饮食，心烦喜呕，口苦，咽干，目眩，脉弦。

【证因分析】 半表半里证，是外邪由表入里，邪郁少阳胆经，且病邪又未全离肌表的过渡阶段，病势徘徊于表里之间所表现出来的证候。

因病位在半表半里，正邪分争，正胜则发热，邪胜则恶寒，寒热交替出现，即是寒热往来。胆之经脉循行两胁，邪犯其处，经气不畅，故见胸胁苦满；胆热犯胃，胃气失和，故神情默默，不欲饮食。热郁则心烦，胃气上逆则喜呕。胆火上炎，灼伤津液，故口苦、咽干。少阳之脉起于目锐眦，且胆与肝合，肝开窍于目，邪热循经上干清窍，故头目昏眩。脉弦是肝胆气郁，失于柔和，经脉劲急的反映。

（四）表证与里证的鉴别要点

1. 掌握表里证的特点。表证的特点是起病较急、病程较短、病位较浅，里证的特点是起病较缓、病程较长、病位较深。

2. 辨清发热是否伴有恶寒和小便是否清利。发热，一般以寒热并见的属表证，所谓"有一分恶寒，便有一分表证"；往来寒热，属半表半里证；若但热不寒或但寒不热者，均属里证。表证一般小便清利，《景岳全书·传忠录》说："凡病表证而小便清利者，知邪未入里也。"若见小便黄短灼热，为表邪入里之征。

3. 审察舌象和脉象的变化。表证舌质淡红，舌苔薄白，变化不甚显著，或仅见舌边尖红，或苔薄微黄；若舌象有明显变异者，应考虑里证的存在。脉象方面，一般脉浮为病在表，脉沉为病在里。

二、寒热辨证

寒热，是指疾病的性质。由于寒热是阴阳偏盛偏衰的具体表现，正如《景岳全书·传忠录》所说："寒热者，阴阳之化也"。所以，辨病证之寒热，实际上就是辨阴阳之盛衰。

寒热辨证，是辨别疾病性质的两个纲领。病邪有阴邪与阳邪之分，正气有阴液与阳气之别。一般来说，阳邪致病可使阳气偏盛而阴液受伤，或是阴液亏损而阳气偏亢，均可表现为热证；阴邪致病可使阳气受损，或是阳气虚衰而阴寒内盛，均可表现为寒证。所谓"阳盛则热，阴盛则寒"（《素问·阴阳应象大论》），"阳虚则外寒，阴虚则内热"（《素问·调经论》），即是此意。

寒象、热象与寒证、热证既有区别，又有联系。寒象和热象是疾病的表现征象，不是疾病的本质。如真热假寒证可见表面有寒象，真寒假热证可见表面有热象，与寒证、热证有本质的区别。但在一般病变中，疾病的本质和表现的征象多是相符的，所以热证多见热象，寒证多见寒象。

辨清寒热，对于认识疾病的性质和指导治疗有重要意义，是确定"寒者热之，热者寒之"治法的依据。

（一）寒证

寒证，是感受寒邪，或阳虚阴盛，导致机体的功能活动衰退所表现的具有冷、凉特点的证候。

【临床表现】 恶寒喜暖，手足冷凉，口淡不渴，或渴喜热饮，面色苍白，蜷卧喜静，冷痛喜温，痰涕涎液澄澈清冷，小便清长，大便稀溏，舌质浅淡或青紫，舌苔白滑，脉紧或迟等。

【证因分析】 寒证多因外感阴寒之邪，或因内伤久病，阳气耗伤，阴寒内盛所致。

阳气不足，或为外寒所伤，不能发挥其温煦周身的作用，故见恶寒喜暖，肢凉蜷卧。阴寒内盛，津液未伤，所以口淡不渴。阴盛阳虚，欲得热助，故见渴喜热饮。寒邪不伤阴液，或阳虚不能温化水液，以致痰、涕、涎、尿等皆为澄澈清冷。寒可伤及脾阳，或脾阳久虚者，则使运化失常而见大便稀溏。寒湿内盛，阳虚不化，则舌质浅淡，舌苔白滑。寒邪束遏阳气则脉紧，阳虚鼓动乏力则脉迟。

（二）热证

热证，是感受热邪，或阴虚阳亢，致使机体的功能活动亢进所表现的具有温、热特点的证候。

【临床表现】 发热或恶热，手足温，口渴，面赤或颧红，烦躁不宁，小便黄短，大便燥结，舌红少津，脉数等。

【证因分析】 热证多因外感火热之邪，或寒湿郁而化热，或七情过激，五志化火；或过食辛燥，蓄积为热等，均能导致体内阳热过盛。亦有因房事不节，劳倦内伤，劫夺阴精，致使阴虚阳亢而表现为热的证候。

阳热偏盛，或阴虚内热，故见发热或恶热。阴液亏少，或火热伤津，故见口渴，舌干少津，小便短少，大便干燥。火性炎上，故见面赤，颧红，舌红。虚阳偏亢，或火热内扰，心神不宁，故见烦躁。火热迫血妄行，心动加速，则见脉数。

（三）寒证与热证的鉴别要点

1. 理解寒证热证的病理本质。寒热辨证，主要是辨别疾病的性质。阴盛则寒，故寒证的临床表现以"冷、凉"为特点；阳盛则热，故热证的临床表现以"温、热"为特点。同时，阴盛则伤阳，故寒证除见阴盛则寒的现象外，多与阳虚并见；有的寒证本身就是由于阳虚生寒所致，则阳虚现象更为明显。阳盛则伤阴，故热证除见阳盛则热的现象外，常有阴液耗损的表现；有的热证本身就是由于阴虚生热所致，则阴虚现象更为明显。

2. 分清主症的情况。主要分清口渴与不渴，冷热的喜恶，面色赤白，四肢冷热，大小便情况。一般来说，口淡不渴为有寒，口渴喜饮为有热；恶寒喜热为有寒，恶热喜冷为有热；面白为寒，面赤为热；手足逆冷多为寒，手足烦热多为热；小便清长，大便稀薄为有寒，小便短赤，大便燥结为有热。

3. 注意舌象、脉象的反映。舌淡、苔白为寒，舌红、苔黄为热；脉迟或紧为寒，脉数为热。

三、虚实辨证

虚实，虚指正气不足，实指邪气太盛。所以《素问·通评虚实论》说："邪气盛则实，精气夺则虚"。

虚实辨证，是辨别病体邪正盛衰的两个纲领。虚证反映人体正气虚弱而邪气也不太盛；实证反映邪气太盛而正气亦尚未虚衰，邪正相争剧烈。

辨别疾病的虚实，了解病体邪正的盛衰，为确定采用补虚扶正或泻实祛邪的治法提供依据。

虚证多见于慢性疾病或病变的后期，病程较长；实证多见于疾病的初期、中期，病程较短。因此，单纯的虚证、实证，一般不难识别。

（一）虚证

虚证，是对人体正气虚弱，以不足、松弛、衰退为特点的各种临床表现的病理概括。正气虚包括阴、阳、气、血、津、液、精、髓以及脏腑各种不同的虚损，这里介绍阳气虚损与阴血不足两大类有代表性的虚证。

【临床表现】　面色无华，精神委靡，身倦无力，气短自汗，形寒肢冷，大便滑泄，小便失禁；或面色萎黄，手足心热，心烦心悸，盗汗，舌嫩无苔，脉细无力等。

【证因分析】　虚证的形成，有先天不足和后天失养两个方面，但以后天失于调养为主。如饮食失调，后天之本不固；情志怫郁，劳倦过度，内伤脏腑气血；产育过多，房事过度；耗伤肾脏元真；久病不愈，失治误治，损伤人体正气等，均可形成虚证。

在辨证时，虚证应分阳气虚损与阴血不足两个方面。若人体阳虚气弱，则失于温运、固摄，可见面色无华，精神委靡，身倦无力，气短自汗，形寒肢冷，大便滑泄，小便失禁等功能活动低弱的症状。若阴虚血少，失于濡润、滋养，故见面色萎黄，手足心热，心烦心悸，盗汗等物质基础耗损的症状。至于舌嫩无苔，是由于阳气虚衰，不能蒸化水津，或阴血亏损，无以滋养上承所致；脉虚细无力，乃气血两虚，经脉既不能充盈，血行又失其鼓动所致。

（二）实证

实证，是对人体感受外邪或体内病理产物蓄积而产生的，以有余、强烈、停聚为特点的各种临床表现的病理概括。随着感邪性质的差异，致病的病理产物之不同，它的临床表现极不一致。这里介绍实证中几类主要的表现。

【临床表现】　身热面赤，烦躁，甚至神昏谵语，呼吸喘粗，胸闷不适，痰涎壅盛，脘腹胀痛拒按，大便秘结，小便不利；或体内有痰凝、饮停、水泛、血瘀、虫积等；舌老苔厚，脉来有力。

【证因分析】　实证形成的原因有两个面：一是风寒暑湿燥火六淫之邪，侵入人体、郁闭经络或内结脏腑；二是由于内脏功能失调，代谢障碍，使本来属于正气的气、血、津液转化为病邪，如气机不畅而停滞，出现"气滞"，血行不畅而瘀积，成为"血瘀"，津液不化而停聚，变成"水湿"等。"气滞"、"血瘀"和"水湿"，以及食积、虫积等，都可形成邪气盛的实证。实证一方面表现为邪正相争、功能亢进。由于邪气太盛，正气与之抗争，以致阳热亢盛，而见发热面赤；实邪扰心或蒙蔽心神，引起烦躁，甚至神昏谵语；邪阻于肺，则肺气宣降失常，故见胸闷、喘息气粗，其痰多者，可见痰涎壅盛；若实邪积于肠胃，可见腹胀满疼痛拒按，大便秘结；或水湿内停，气化失司，则见小便不利。实邪内积，多见舌质老而舌苔厚。邪正相争，搏击于血脉，故脉来有力。此外，上述痰饮、水湿、瘀血、气滞，以及虫积、宿食等，均为病邪停积体内，往往影响正常的生理活动，而出现种种病变。

四、阴阳辨证

阴阳是类证的纲领，它的运用范围很广，既可以概括整个病情，又可用于一个症状的分析归纳。《类经·阴阳类》说："人之疾病……必有所本，或本于阴，或本于阳，病变虽多，其本则一"。《景岳全书·传忠录》又说："凡诊病施治，必须先审阴阳，乃医道之大纲。阴阳无谬，治焉有差？医道虽繁，而可以一言蔽之者，曰阴阳而已"。由此可见，阴阳是归类病证的两个纲领。

（一）阴证和阳证

阴证与阳证，根据阴阳学说中阴与阳的基本属性，临床上凡见兴奋、躁动、亢进、明亮等表现，以及症状表现于外的、向上的、容易发现的，或病邪性质为阳邪致病、病情变化较快的表证、热证、实证，一般归属于阳证。凡见抑制、沉静、衰退、晦暗等表现，以及症状表现于内的、向下的、不易发现的，或病邪性质为阴邪致病、病情变化较慢的里证、寒证、虚证，一般归属于阴证。

表证、里证、寒证、热证、虚证、实证，反映了病变过程中几种既对立又统一的矛盾现象。此六类证候是从不同的侧面来概括病情的，所以只能说明疾病某一方面的特征，而不能反映出疾病的全貌。六类证候相互之间虽然有一定的联系，但却不能相互概括，也不能相互取代，六者在八纲中的地位是相等的，不可偏废。为了病情进行总的归纳，使复杂的证候的纲领化，故又可以阴阳辨证来概括，即表证、热证、实证属阳，里证、寒证、虚证属阴。因此，八纲中的阴阳辨证，寓于表里寒热虚实的辨证之中。故《医学心悟》说："至于病之阴阳，从上六字而言，所包者广。热者为阳，实者为阳，在表者为阳；寒者为阴，虚者为阴，在里者为阴"。这样，阴阳两纲可以统帅其他六纲而成为八纲的总纲（见表5-1）。

表5-1　　　　　　　　　　　　　　　八纲证候鉴别表

证　别		概　念	临　床　表　现
阳证	表证	外邪犯表，病变首先反映在身体浅层而以恶寒发热为主症的证候	恶寒发热，头身痛，关节酸痛，鼻塞流涕，喷嚏，微有喘咳，舌淡红，苔薄白，脉浮
	热证	阳热盛而阴液亏，机体机能亢进所产的证候	发热或恶热，手足温，面红或颧红，烦躁不安，尿黄短，便燥结，舌红少津，脉数
	实证	新病急病，邪气亢盛所产生的有余、强烈、停聚的证候	身热，面赤，烦躁，甚则神昏谵语，呼吸喘粗，胸闷不适，痰涎壅盛，腹胀痛拒按，大便秘结，小便不利，舌质苍老，苔厚、脉实
阴证	里证	病变在身体深层，脏腑气血受病所反映的证候	里证包括范围极广，临床表现多种多样，但它的基本特点是以脏腑证候为主
	寒证	阴寒盛而阳气虚，机体功能衰退所产生的证候	恶寒喜暖，手足凉、口淡不渴，或渴喜热饮，面色白，冷痛喜温，尿清便稀，舌浅淡或青紫，苔白润，脉紧或迟
	虚证	慢性久病，正气虚衰所呈现的不足、松弛，衰退的证候	面色无华，精神委靡，身倦无力，气短自汗，形寒肢冷，大便滑脱，小便失禁；或面色萎黄，手足心热，心烦心悸，盗汗，舌嫩无苔，脉细无力

（二）亡阴证和亡阳证

亡阴或亡阳证是患者病情危重之时，体液或阳气大量耗失，阴阳即将亡脱的危重证候。亡阴证、亡阳证是阴阳辨证的特殊情况。

1．亡阴证：亡阴证是指体液大量消耗，阴液严重亏乏而欲竭所表现出的证候。

【临床表现】 汗热味咸而粘，呼吸短促，恶热，手足温，躁妄不安，口渴喜冷饮，面色潮红，舌干无津，脉细数疾而按之无力。

【证因分析】 热盛之病，或阴虚之体，容易引起亡阴的病证；大量出血，或汗出吐泻过度，也多引起亡阴的病证。

由于阴液消耗过度，阴气欲竭，故出现汗味咸而稠粘，并可见一系列热盛的表现。正如徐灵胎《医学源流论·亡阴亡阳论》所说："亡阴之汗，身畏热，手足温，肌热，汗亦热而味感，口渴喜凉饮，气粗，脉洪实，此其验也"。但毕竟属于虚证，脉洪实者少，多是脉细数疾而按之无力。

2．亡阳证：亡阳证是指体内阳气极度虚衰而表现出阳气将脱的证候。

【临床表现】 冷汗淋漓，味淡而微粘，肌肤凉，手足冷，口不渴或喜热饮，呼吸气微，面色苍白，舌淡而润，脉微欲绝。

【证因分析】 寒盛之病，或阳虚之体，容易引起亡阳的病证；大汗淋漓，阳随汗泄过度，也容易导致亡阳的病证。

由于阳气耗散过多，故见冷汗淋漓，汗味淡而微粘，并可见一系列虚寒的现象。正如《医学源流论·亡阴亡阴论》所说："亡阳之汗，身反恶寒，手足冷，肌冷，汗冷而味淡微粘，并可见一系列虚寒的现象。正如《医学源流论·亡阴亡阳论》所说："亡阳之汗，身反恶寒，手足冷，肌冷，汗冷而味淡微粘，口不渴而喜热饮，气微，脉浮数而空，此其验也"。由于虚阳外越，故脉浮数而空，或阳气消亡，故脉微欲绝。

第二节 八纲证候间的关系

八纲中，表里寒热虚实阴阳，各自概括一方面的病理本质。然而病理本质的各个方面是互相联系着的，即寒热病性、邪正相争不能离开表里病位而存在，反之也没有可以离开寒热虚实等病性而独立存在的表证或里证。因此，用八纲来分析、判断、归类证候，并不是彼此孤立、绝对对立、静止不变的，而是相互间可有相兼、错杂，可有中间状态，并随病变发展而不断变化。临床辨证时，不仅要注意八纲基本证候的识别，更应把握八纲证候之间的相互关系，只有将八纲联系起来对病情作综合性的分析考察，才能对证候有比较全面、正确的认识。八纲证候间的相互关系，主要可归纳为证候相兼、证候错杂、证候真假和证候转化四个方面。

一、证候相兼

证候相兼，是指在疾病某一阶段，在病位（表、里）、性质（寒、热）、邪正盛衰（虚、实）三者之间相互联系所形成的综合性证候。

表里、寒热、虚实各自是从不同的侧面反映疾病某一方面的本质，故不能互相之间概括、替代，而临床上的证候，又不可能只涉及病位或病因病性的某一方面。因而在辨证时，论病位之在表在里，必然要区分其寒热虚实性质；论病性之属寒属热，必然要辨别病位在表在里、系邪盛或正虚；论病情之虚实，必察其病位之表里、病性之寒热。

证候相兼的原则是除对立两纲（如表和里，寒和热，虚和实）之外的其他任意三纲均可组成相兼证候。经排列组合可形成表实寒证、表实热证、表虚寒证、表虚热证，里实寒证、里实热证、里虚寒证、里虚热证等八类证候，以表里病位为纲分述如下：

（一）表证的证候相兼

1. 表实寒证：表实寒证是指风寒之邪侵袭肌表所表现的证候，常简称为"表寒证"或"表实证"。

【临床表现】　恶寒重，发热轻，身痛，无汗，脉浮紧。

【证因分析】　常因外感风寒邪气所致。由于寒为阴邪，袭表伤阳，故恶寒明显；且卫阳郁闭失宣，故见轻微发热；寒凝经脉，经气不畅，故而身痛；寒滞腠理，汗孔闭塞，则无汗；风寒之邪袭于肌表，脉气鼓动于外，则脉浮而紧。

2. 表实热证：表实热证是指温热邪气侵犯肌表所表现的证候，常简称为"表热证"。

【临床表现】　发热重，恶寒轻，口微渴，汗出，脉浮数。

【证因分析】　常因外感风热邪气所致。由于风热为阳邪，阳盛则热，故发热较重；又因风热袭表，使腠理开泄，故汗出并见轻微恶寒；邪热伤津不甚，故口微渴；风热袭于肌表，脉气鼓动于外，则脉浮而数。

3. 表虚寒证：表虚寒证是指因肺脾气虚，卫表不固，外邪袭表所表现的证候，又称为"卫表不固证"。

【临床表现】　短气，乏力，食少，便溏，经常自汗，常易外感，舌质淡，脉虚。

【证因分析】　本证多因素体肺脾气虚，外邪侵袭所致。肺气不足，则短气乏力；脾气不足，则食少便溏；肺脾气虚，卫表不固，故经常自汗，易于外感。舌淡、脉虚为体虚之征。

4. 表虚热证：表虚热证是指外感风邪所表现的证候，又称为"风邪袭表证"。

【临床表现】　恶风，微发热，微汗出，脉浮缓。

【证因分析】　本证因风邪侵袭肌表所致。由于风性开泄，腠理疏松，卫阳郁遏不甚，故恶风且微发热；卫表失固，则微有汗出；汗出营伤，故脉浮而缓。值得注意的是，这里的所谓"表虚"，是相对于外感寒邪的"表实"而言，并非真正的虚证。

（二）里证的证候相兼

1. 里实寒证：里实寒证指寒邪侵袭脏腑，困遏阳气，阴寒内盛所表现的证候，常简称为"里寒证"、"实寒证"。

【临床表现】　形寒肢冷，面白，痰稀，尿清，腹痛拒按，苔白，脉沉或紧。

【证因分析】　本证常因寒邪直中内脏，或感寒过重所致。寒邪遏阳，失其温煦，故形寒肢冷，面白、苔白；寒为阴邪，不化津液，故痰稀尿清；寒凝气滞，气机不畅，则腹痛拒按。脉沉或紧为寒遏阳气之征。

2. 里实热证：里实热证指因邪气内犯脏腑，体内邪热炽盛，阳热亢旺所表现的证候，常简称为"里热证"、"实热证"。

【临床表现】　壮热，面赤，口渴，大便干结，小便短赤，或烦躁，谵语。舌苔黄干，脉滑数或洪数。

【证因分析】　本证多因表邪传里化热，或邪热入侵内脏所致。体内阳热亢盛，气血涌行，故见壮热、面赤、苔黄、脉数；热盛伤津，故见口渴、便结、尿短赤；热扰心神，则见烦躁、谵语。

3. 里虚寒证：里虚寒证是由于阳气亏损而导致阳不制阴的虚寒证候，又称"阳虚证"、"虚寒证"。

【临床表现】　神疲乏力，少气懒言，蜷卧嗜睡；畏寒肢冷，口淡不渴，或渴喜热饮，尿清便溏，或尿少浮肿，面白，舌淡胖，脉沉迟无力等。

【证因分析】　由于阳气不足，温煦和推动作用减弱，故见神疲乏力，少气懒言，蜷卧嗜睡等现象。阳虚不能制阴，导致阴气相对偏盛而生虚寒，除见阳气不足的虚象外，还有畏寒肢冷，口淡不渴，尿清便溏，或尿少浮肿，面白，舌淡胖，脉沉迟无力等寒从内生的表现。所以，《类经》认为此证"非寒之有余，乃真阳之不足也，阳不足则阴有余而为寒"。

4. 里虚热证：里虚热证是由于阴精亏损而导致阴不制阳的虚热证候，又称"阴虚证"、"虚热证"。

【临床表现】　形体消瘦，口燥咽干，头晕目眩，心悸，失眠，脉细，舌红少苔。甚则五心烦热，潮热，盗汗，颧红，舌红绛，脉细数等。

【证因分析】　由于阴精亏损，滋养和润泽的作用减弱，故见形体消瘦，口燥咽干，头晕目眩，心悸，失眠，脉细，舌红少苔等阴虚的表现。所以《景岳全书·传忠录》说："阴虚者，水亏也"。阴虚不能制阳，导致阳气相对偏盛而生虚热，除见阴精不足的虚象外，还有五心烦热、潮热、盗汗、颧红、舌红绛、脉细数等阴虚火旺的现象。所以《类经》认为此证"非火之有余，乃真阴之不足也，阴不足则阳有余而为热"。

二、证候错杂

证候错杂是指在疾病某一阶段，八纲中相互对立的两纲病症同时并见所表现的综合性证候。在证候错杂的证候中，矛盾着的双方都反映着疾病的本质，因而不可忽略。临床辨证当辨析疾病的标本缓急，因果主次，以便采取正确的治疗。八纲中表里寒热虚实的错杂关系，表现为表里同病、寒热错杂、虚实夹杂，临床辨证应对其进行综合考察。

（一）表里同病

在同一病人身上，既有表证，又有里证，称为表里同病。表里同病的形成常见三种情况：其一，初病表证，又见里证。例如，病人冒雨受寒，或饮食生冷而发病。其二，表证未罢，又及于里。例如，病人外感风寒，继而里热。其三，本病未愈，又兼标病。例如，病人内伏痰饮，又感风寒。单纯的表里同病，而其寒热、虚实性质并无矛盾的证候可有以下四种：

1. 表里俱虚证：如素体心气亏虚，复伤风邪，表现为心悸气短，神疲乏力，又有恶风，汗出，脉浮缓。

2. 表里俱实证：如肠燥实热病人，复感风热，表现为腹满便秘，尿赤，脉数，且见发热，微恶风寒，咽痛，脉浮数。

3. 表里俱寒证：如素体脾胃虚寒，再感风寒，表现为脘腹冷痛，泛吐清涎，大便稀溏，并见恶寒重，头身痛，流清涕，脉浮紧。

4. 表里俱热证：如先有风热表证，又见肺热壅盛证，表现为发热、恶寒、咽痛、脉浮数未已，又见咳嗽、气喘、胸痛、尿黄等症。

表里同病的证候中，所含矛盾着的两个方面，都反映了疾病的本质。但是，证候之表与里同时并见，对于这种矛盾着的双方，是不能平均对待的，必须抓住矛盾的主要方面。辨证的关键在于分清表里之缓急，表急里缓者，主要方面是表，里急表缓者，主要方面是里。抓住了矛盾的主要方面，才能解决矛盾，治愈疾病。

（二）寒热错杂

在同一病人身上，既有寒证，又有热证，寒热交错，同时出现，称为寒热错杂。寒热错杂的形成常有四种情况：其一，病本为热证，复感寒邪；其二，先已有寒证，复感温热；其三，先外感寒证，寒郁而化热；其四，机体阴阳失调，寒热错杂。是就疾病的性质而言的，结合病位则有上下寒热错杂和表里寒热错杂的不同。

1．上寒下热证：如患者胃中虚寒，又病下焦湿热，表现为胃痛喜温喜按、呕吐清涎，又见小便短赤、尿频、尿痛等症状。

2．上热下寒证：如患者胸中有热，肠中有寒，表现为胸中烦热、咽痛口干，又见腹痛喜暖喜按，大便稀溏等症状。

3．表寒里热证：如患者先有食积内热，复感风寒之邪，表现为既有腹痛满、烦躁、口渴、苔黄等，又见恶寒重、微发热、身痛等现象。

4．里寒表热证：如平素脾肾阳虚之人，又感风热之邪，表现为既有肢冷、便满或下利、不渴等，又见发热、恶风、头痛、咽喉肿痛等症状。

寒热错杂的辨证关键，在于分清寒热的多少。寒多热少者，矛盾的主要方面是寒，应以治寒为主，兼顾热证。反之，热多寒少者，矛盾的主要方面是热，应以治热为主，兼顾寒证。

（三）虚实挟杂

同一病人，同一时期，既有虚证，又有实证，即为虚实挟杂，亦称虚实错杂。虚证与实证，虽有正气不足和邪气太盛的本质区别，但它们不是彼此孤立不变的，而是相互联系的，可变的。其形成可因实证邪气太盛，损伤正气，而致正气虚衰，同时出现虚证；亦可因正气不足，无力驱除病邪，以致病邪积聚，又可同时出现实证。故有实证挟虚，也有虚证挟实的情况。

1．虚证挟实：如脾胃虚弱之人，复伤饮食，出现脾虚食滞的虚中挟实证。表现为既有久泄或久痢、体弱倦怠、不思饮食、食入不化等脾虚现象；又有脘痞腹痛、嗳腐吞酸、便后腹痛缓解等食滞的现象。

2．实证挟虚：如外感温热病中常见的实热伤津证。表现为既见发热、便秘、舌红、脉数等里有实热的现象；又见口渴、尿黄短、舌苔焦裂等津液受伤的虚象。

虚实挟杂的辨证关键，在于分清虚实的孰多孰少，病势孰缓孰急，才能抓住矛盾的主要方面。虚证挟实，矛盾的主要方面是"虚"，多属久病不愈，临床表现以虚的症候居多，而兼见某些实证的症候。实证挟虚，矛盾的主要方面是"实"，常病尚不久，临床表现以实的症候居多，兼见某些虚的症候。

三、证候真假

指某些疾病的病情危重阶段，可以出现一些与疾病本质相反的"假象"，以掩盖病情的真象的证候。所谓"真"，是指与疾病的内在本质相符的证候；所谓"假"，是指疾病表现的某些不符合常规认识的所谓假象，即与病理本质所反映的常规证候不相符的某些表现。对于证候的真假，必须认真辨别，才能去伪存真，抓住疾病的本质，对病情做出准确的判断，否则往往造成误诊。证候真假包括寒热真假和虚实真假两类：

（一）寒热真假

当病情发展到寒极或热极的时候，有时会出现一些与其病理本质相反的"假象"症状与体征，即所谓真寒假热、真热假寒。

1. 真热假寒证：指内有真热而外见某些假寒的"热极似寒"的证候。真热假寒证常有"热深厥亦深"的特点，习惯称为"热极肢厥证"、"阳盛格阴证"、"热厥"、"阳厥"等。

【临床表现】 恶寒、手足逆冷、大便下利、苔黑、脉沉等，好像是寒证。但病人虽然恶寒，却不欲盖衣被；虽手足逆冷，但体温增高，腹部灼热；虽大便下利，但气味特别臭秽，或挟燥屎；舌苔虽黑，但干而不润；脉虽沉，但按之有力。更见咽干口臭、渴喜冷饮、舌质红绛、唇红或焦、小便短赤、甚至神昏谵语等症状。

【证因分析】 由于内热炽盛，阳气郁闭于内，不能布达于外而形成。或者说是阳盛于内，以致阴阳之气不相顺接，而出现"阳盛格阴""阳极似阴"的现象。故寒象是假，内热才是疾病的本质。

2. 真寒假热证：指内有真寒而外见某些假热的"寒极似热"的证候。真寒假热证实际是"虚阳浮越证"，或称为"阴盛格阳证"、"戴阳证"。

【临床表现】 身热、面色浮红、口渴、咽痛、脉大等，好像是热证，但病人身虽热，却反欲盖衣被；面色浮红，为时隐时现，而不似真热之满面通红；虽口渴，却欲热饮，且饮水不多，甚至到口而不欲咽；咽喉或痛，但不红肿；脉虽大，但按之无力，并可见到四肢厥冷、尿清、便满、舌淡、苔白等症状。

【证因分析】 由于阴寒内盛，逼阳于外，形成虚阳浮越的阴极似阳现象，也就是阴盛于内，拒阳于外的阴盛格阳证。故热象是假，阳虚寒盛才是疾病的本质。

辨别寒热真假，一般可以从下述两方面注意诊察：一是假象的出现，多在四肢、皮表或面色方面，而脏腑、气血、津液方面的变化，乃为疾病的本质，故辨证时应以里证、脉象、舌象等为诊断的依据。二是假象究竟和真象不同，假热的面赤，是面白而仅在额颊上浅红娇嫩，时隐时现，和真热的满面通红不一样。假寒常表现为四肢逆冷，而胸腹部却是大热，或虽周身寒凉，但反不欲近衣被，这与真寒的身体蜷卧，欲近衣被也不同。《温疫论·论阳证似阴》指出："捷要辨法，凡阳证似阴，外寒而内必热，故小便血赤；凡阴证似阳者，格阳之证也，上热下寒，故小便清白。但以小便赤白为据，以此推之，万不失一。"确为经验之谈。

（二）虚实真假

虚证或实证发展到严重的阶段，出现一些与病理本质相反的"假象"，称为虚实真假。《内经知要》所谓"至虚有盛候"、"大实有羸状"，就是指证候的虚实真假。

1. 真实假虚证：病的本质是实证，大实之中反见虚羸现象的证候，称为真实假虚证。

【临床表现】 神情默默、不愿多言、身体倦怠、大便下利、脉象沉细等。但仔细观察，病人虽然神情默默，不愿多言，但语声高亢气粗；身体倦怠，但稍动即觉舒适；大便下利，但得泄而反快；脉象沉细，但按之有力。

【证因分析】 由于热结肠胃，或痰湿壅滞，或湿热内结，大积大聚，以致经络阻滞，气血不通，因而出现一些类似虚证的假象，故知病变的本质属实，虚为假象。《顾氏医镜》所说"聚积在中，按之则痛，色红气粗，脉来有力，实也；甚至默默不欲语，肢体不欲动，或眩晕昏花，或泄泻不实，是大实有羸状。"便是真实假虚之证。

2．真虚假实证：病的本质为虚证，虚羸之中反见某些实盛现象的证候，称为真虚假实证。

【临床表现】 腹满、腹胀、腹痛、脉弦等类似实证的假象。但病人虽然腹满，却有时减轻，不似实证之常满不减；腹虽胀，但有时和缓，不似实证之常急不缓；腹虽痛，不似实证之拒按，而是按之痛减；脉虽弦，重按则无力。

【证因分析】 由于脏腑虚衰，气血不足，运化无力，因而出现痰饮气血瘀积，饮食两便不畅的类似"实盛"的假象，因而病变的本质是虚不是实。《顾氏医镜》所说"心下痞痛，按之则止，色悴声短，脉来无力，虚也；甚则胀极而不得食，气不舒，便不利，是至虚有盛候。"便是真虚假实之证。

辨别虚实的真假，关键在于脉象的有力无力、有神无神，其中尤以沉取之象为真谛；其次是舌质的嫩胖与苍老；言语呼吸的高亢粗壮与低怯微弱；病人整个体质状况，病之新久，治疗经过等，也是辨析的依据。此外，还要注意证候中的可疑之处。应当指出，临床上反映于虚实方面的证候，往往虚实夹杂者更为常见，即既有正气虚的方面，又有邪气实的方面。病性的虚实夹杂与虚实真假是难以截然区分的。临床辨证时，应区分虚实的孰轻孰重，并分析其间的因果关系。

四、证候转化

疾病在发展过程中，八纲中相互对立的证候之间在一定条件下可以互易其位，相互转化成对立的另一纲证候，称为证候转化。八纲的证候转化包括表里出入、寒热转化、虚实转化三类。但应看到，在证候转化这种质变之前，往往有一个量变的过程，因而在真正的转化之先，又是可以呈现出相兼、错杂之类证候关系的。

（一）表里出入

在一定条件下，病邪从表入里，或由里透表，致使表里证候发生变化，称为表里出入。

1．表证入里：是指先出现表证，后出现里证，而表证随之消失的病变，即是表证转化为里证。表证入里一般见于外感病的初、中期阶段，是病情由浅入深，病势发展的反映。

例如：外感病初期出现恶寒、发热、头痛、身痛、苔薄白、脉浮等症状，为表证。如果治疗失误，在表不解，正不胜邪，病邪就内传于脏腑，继而出现高热、口渴、舌苔转黄，脉变洪大等症状。即是由表证转化成了里（热）证。

2．里邪出表：从理论上说，"里证出表"应该是指先有里证，后出现表证，而里证随之消失的病变。但对此临床上不能证实。一般认为，"里邪出表"是在里之邪毒有向外透达之机，但这并不是里证转化成表证。正如《景岳全书·传忠录》所说："病必自表而入者，方得谓之表证。若由内以及外，便非表证矣。"

例如：里证内热烦躁、咳逆胸闷，继而汗出热解，烦躁减轻，或见斑疹、白痦透露，则是病邪由里达表的现象。又如：麻疹患儿由于体质素弱，或风寒外袭，或过早投用凉药，郁遏卫气，以致疹出即没，转见高热、咳喘、烦躁等症，反映疹毒内陷而不能外达之里证；这时加强护理，并用清热透疹、托邪外出等法，以使疹毒外透，疹子再现而热退喘平，则表示病邪又由里出表。但是，这种现象只是麻疹宣发的一种趋势，并非证候转化。

表证入里和里邪出表这种病势的变化，主要取决于邪正双方斗争的情况。表证入里，多因病邪过盛，或护理不当，或误治、失治等因素，造成机体抗病能力降低所致。里邪出表，多为治疗、护理得当，机体抗病能力增强而成。一般地说，表证入里，表示病势加重，凡伤寒、温病入里一层，病深一层；里邪出表，反映邪有出路，病势减轻。因此，掌握病势的表里出入变化，对于预测疾病的发展转归有着重要意义。

（二）寒热转化

寒证或热证在一定的条件下相互转化，形成对应的证候，称为寒热转化。

1. 寒证化热：患者先有寒证，后出现热证，而寒证随之消失的病变，为寒证化热。常见于外感寒邪未及时发散，而机体阳气偏盛，阳热内郁到一定程度，于是寒证变成热证；或是寒湿之邪郁遏而机体阳气不衰，常易由寒而化热；或因使用温燥之品太过，亦可使寒证转化为热证。

例如：寒哮病人，当不发热、咳嗽哮鸣、唾稀白痰、苔白滑时，表现为寒证；若因寒邪郁久化热，或过用温燥之品等原因，引起病情变化，出现发热、咳嗽、胸痛、喘哮、唾黄色稠痰、苔黄、脉数时，即为寒证转化为热证。又如，寒湿痹病，初为关节冷痛、重着、麻木，病程日久，或温燥太过，而变成患处红肿灼痛。

2. 热证转寒：病人原为热证，后出现寒证，而热证随之消失的病变，为热证转寒。常见于邪热毒气严重的情况下，或因失治、误治，以致邪气过盛，耗伤正气，正不胜邪，功能衰败，阳气散失，故而转化为虚寒证，甚至表现为亡阳的证候。

例如：热痢病人，开始为高热、面赤、烦躁、腹痛下痢、里急后重、脉数有力的实热证。但由于失治或误治，湿热毒气极重，邪气阻闭气机，耗伤正气，则可突然出现大汗淋漓、体温骤降、四肢厥冷、面色苍白、脉微欲绝等一派亡阳危象。

寒证与热证的相互转化，是由邪正力量的对比所决定，其关键又在机体阳气的盛衰。寒证转化为热证，是人体正气尚强，阳气较为旺盛，邪气才会从阳化热，提示人体正气尚能抗御邪气。热证转化为寒证，是邪气衰而正气不支，阳气耗伤并处于衰败状态，提示正不胜邪，病情险恶。

（三）虚实转化

在疾病发展过程中，由于正邪力量对比的变化，致使虚证与实证相互转化，形成对应的证候，称为虚实转化。实证转虚临床常见，基本上是病情转变的一般规律；虚证转实临床少见，实际上常常是因虚而致实，形成虚实夹杂证。

1. 实证转虚：先出现实证，后出现虚证，而实证随之消失的现象，即实证转虚。这种证候，病本为实证，因失治、误治等原因，以致病程迁延，虽然邪气渐去，阳气或阴血已伤，渐由实证变成虚证。

例如：外感热病的病人，始见高热、口渴、烦躁、脉洪大等实证，因治疗失当，日久不愈，导致津气耗伤，而出现肌肉瘦削、面白不华、不欲饮食、虚赢少气、脉细无力等虚象，而实证消失，即是实证转化为虚证。

2. 虚证转实：从理论上说，"虚证转实"应该是指先有虚证，后出现实证，而虚证随之消失的病变。但对此临床上亦难见到。临床的"虚证转实"一般有三种情况：

其一，正气蓄集，以抗邪气：是指病情本为虚证，由于积极的治疗、休养、锻炼等，正气逐渐聚集，与邪气相争，以祛邪外出，故表现为"属实"的证候。如腹痛加剧，或出现发热汗出，或咳嗽而吐出痰涎等，此时虽然症状反映激烈、亢奋，但为正气奋起欲驱邪外出，故脉象较之以前有力，于病情有利。

其二，正虚为本，邪实为标：是指本来患有虚证，但因感受外邪等原因，以致当前病情主要表现为高热、无汗、疼痛剧烈、咳唾痰涎、呕吐腹泻、苔厚、脉实之类的实证，而虚证暂时表现不明显，此时应急则治标，以祛邪为主。这虽然不是直接由虚证转化实证，但从虚实证候之间的主次关系来说，已发生变化。

其三：素体虚证，因虚致实：即病本为虚证，由于正气不足，不能布化，以致产生实邪，而出现种种实证，如阳虚水停、脾虚生湿、阴虚便秘等，虽然此时可能实证较虚证更为突出，但据治病求本的原则，治疗往往仍以扶正为主，标本兼顾。一般不能理解为是虚证转实，而应属于虚实夹杂的范畴。

自 学 指 导

【重点难点】

1. 表证辨析。

"表证"从概念上讲，是对体表受邪所致病变的概括，其病位较浅，病势较轻，且一般均可询得感受外邪的起因，如遇风受寒，淋雨下水，气候潮湿等，然而对于病位的浅表，我们应辩证地理解成是机体被外邪侵袭后，开始进行斗争的一种全身性反应，而不应机械理解为病位只在皮毛肤表。

表证的辨证要点一般是：新起病，病程短，常有外感起因可寻，主症见恶寒（或恶寒发热同时并见）、脉浮、头身痛、苔薄白，并可兼有上呼吸道的症状，如喷嚏、鼻塞流涕、喉痛、微咳等，其中新起、恶寒、脉浮往往是表证辨证的关键，故前人有"有一分恶寒，就有一分表证"的说法。

应当指出，辨别表证的性质属寒或属热时，在恶寒与发热的关系上应以患者的自我感觉为据，不完全是按客观体温而定，因为即使体温升高，也可能是恶寒重发热轻，甚或是但恶寒，尚未发热。

2. 寒证与热证的证候特征。

寒证的临床表现一般具有冷、白、迟、痛的特点。冷——如恶寒、畏冷、肢凉、冷痛、喜热；白——如面白、苔白、痰白、尿清；迟——脉迟；痛——如腹痛、头痛、身痛、关节痛等。寒证有虚寒与实寒之分。实寒指新感寒邪，阳气被遏，气机凝滞所表现的"阴盛则寒"证；虚实寒是指病久体弱，阳气亏虚，机体失却温煦所表现的"阳虚则寒"证。热证与寒证相对，一般具有热、红、黄、数、干的特点。热——如恶热、发热、喜凉；红——如面红、舌红；黄——苔黄、尿黄；数——数脉；干——口渴喜饮、唇舌干燥、大便干结等。同样有实热与虚热之分。实热是指"阳盛则热"；虚热是指"阴虚则热"。

3. 真热假寒证与真寒假热证的辨析。

病有错杂，证有真假。真热假寒证的病理机制是邪热内盛，阳气郁闭而不得外达，即"热深厥亦深"。其辨证要点是：内部（深层）、躯体（中心）的热象（如口温、肛温甚高，胸腹灼热，小便短赤，脉沉实有力等）为真，外部、肢末的"寒"象（如四肢厥冷，面白唇紫，脉沉而细等）为假。

真寒假热证的病理本质，一般是指虚阳浮越，即上假热而下真寒的"戴阳"证。其辨证要点是：内部、下部的寒证（如体温常偏低，胸腹欠温，下肢厥冷，小便清长，脉沉取无力等）为真象，而上部、外部的"热"症（如面红如妆，咽痛而干，烦躁不安，脉浮而数等）为假象。只要仔细分辨，真寒假热证的识别亦不困难。但临床应注意与阴虚阳亢证相区别，真寒假热以阳虚为本，阴虚阳亢则以阴虚为本，两者虽均可出现面红、咽干等上部热象的症状，但下部的、内部的症状，前者为寒，后者为热，两者截然不同。故其辨证要点是：下肢冷，尿清长者为虚阳浮越；下肢不冷，尿短黄者为阴虚阳亢。吴又可在《温疫论》中说："捷要辨法，凡阳证似阴，外寒而内必热，故小便血赤；凡阴证似阳者，格阳之证也，上热下寒，故小便清白。但以小便赤白为据，万不失一。"

【复习思考题】

1. 何谓八纲、八纲辨证？
2. 为什么说八纲辨证是各种辨证的总纲？
3. 表与里、表证与里证的概念有何不同？
4. 怎样辨识表证？
5. 形成里证的常见原因有哪些？
6. 如何鉴别表证与里证？
7. "有一分恶寒，便有一分表证"，你是如何理解的？
8. 何谓半表半里证？其证候有何特点？
9. 何谓寒证、热证？各有何主要表现？
10. 怎样鉴别寒证与热证？
11. 何谓虚证、实证？各有何证候特征？
12. 为什么说阴阳是类证的纲领？
13. 何谓亡阴证、亡阳证？各自的证候特征、汗出特点是什么？
14. 何谓八纲证候的相兼？常见相兼证候有哪些？
15. 何谓阴虚证、阳虚证？各自有何主要表现？
16. 何谓八纲证候的错杂？常见错杂证候有哪几种类型？
17. 何谓八纲证候的真假？常见真假证候有哪些？
18. 何谓真寒假热证、真热假寒证？各自有何主要表现？
19. 何谓真虚假实证、真实假虚证？各自的证候有何特征？
20. 何谓八纲证候的转化？常见转化证候有哪些？
21. 何谓寒证化热、热证转寒？它们与寒热证如何区别？
22. 虚实转化有哪几种类型？如何全面理解"虚证转实"的证候病理本质？

【参考文献摘录】

1.《景岳全书·传忠录·阴阳篇》：凡诊病施治，必须先审阴阳，乃为医道之纲领，阴阳无谬，治焉有差。医道虽繁，而可以一言蔽之者，曰阴阳而已。故证有阴阳，脉有阴阳，药有阴阳。以证而言，则表为阳，里为阴；热为阳，寒为阴；上为阳，下为阴；气为阳，血为阴；动为阳，静为阴；多言者为阳，无声者为阴；喜明者为阳，欲暗者为阴；阳微者不能呼，阴微者不能吸；阳病者不能俯，阴病者不能仰。以脉言之，则浮大滑数之类皆阳也，沉微细涩之类皆阴也。以药言之，则升散者为阳，敛降者为阴；辛热者为阳，苦寒者为阴；行气分者为阳，行血分者为阴；性动而走者为阳，性静而守者为阴。此皆医中之大法。至于阴中复有阳，阳中复有静，疑似之间，辨须的确，此而不识，极易差讹，是又最为紧要，然总不离于前之数者。但两气相兼，则此少彼多，其中便有变化，一皆以理推之，自有显然可见者。若阳有余，而更施阳治，则阳愈炽而阴愈消；阳不足而更有用阴方，则阴愈盛而阳斯灭矣。设能明彻阴阳，则医理虽玄，思过半矣……

《经》曰：阳虚则外寒，阴虚则内热，阳盛则外热，阴盛则内寒。

《经》曰：阳气有余，为身热无汗，此言表邪之实也。又曰：阴气有余，为多汗身寒，此言阳气之虚也。仲景曰：发热恶寒发于阳，无热恶寒发于阴。又曰：极寒反汗出，身必冷如冰，此与经旨义相上下。

《经》曰：阴胜则阳病，阳胜则阴病，阳胜则热，阴胜则寒。阴根于阳，阳根于阴。凡病有不可正治者，当从阳以引阴，从阴以引阳，各求其属而衰之。如求汗于血，生气于精，从阳引阴也。又如引火归原，纳气归肾，从阴引阳也。此即水中取火，火中取水之主。

阴之病也，来亦缓而去亦缓，阳之病也，来亦速而去亦速。阳生于热，热则舒缓，阴生于寒，寒则挛急。寒邪中于下，热邪中于上，饮食之邪中于中。

考之《中藏经》曰：阳病则旦静，阴病则夜宁，阳虚则暮乱，阴虚则朝争。盖阳虚喜阳助，所以朝轻而暮重，阴虚喜阴助，所以朝重而暮轻，此言阴阳之虚也。若实邪之候，则与此相反，凡阳邪盛者，必朝重暮轻，阴邪盛者，必朝轻暮重，此阳逢阳旺，阴得阴强也。其有或昼或夜，时作时止，不时而动者，以正气不能主持，则阴阳胜负交相错乱，当以培养正气为主，则阴阳将自和矣，但或水或火，宜因虚实以求之。

2.《景岳全书·传忠录·六变篇》：六变者，表里寒热虚实也，是即医中之关键，明此六者，万病皆指诸掌矣。以表言之，则风寒暑湿火燥，感于外者是也；以里言之，则七情劳欲饮食，伤于内者是也。寒者阴之类也，或为内寒，或为外寒，寒者多虚；热者阳之类也，或为内热，或为外热，热者多实。虚者正气不足也，内出之病多不足；实者邪气有余也，外入之病多有余。六者之详，条列如下：

表证篇

表证者，邪气之自外而入者也，凡风寒暑湿火燥，气有不正，皆是也。经曰：清气大来，燥之胜也，风木受邪，肝病生焉；热气大来，火之胜也，金燥受邪，肺病生焉；寒气大来，水之胜也，火热受邪，心病生焉，湿气大来，土之胜也，寒水受邪，肾病生焉；风气大来，木之胜也，土湿受邪，脾病生焉。又曰：冬伤于寒，春必病温；春伤于风夏生飧泄；夏伤于暑，秋必痎疟；秋伤于湿，冬生咳嗽。又曰：风从其冲后来者为虚风，伤人者也，主杀主害者。凡此之类，皆言外来之邪。但邪有阴阳之辨，而所伤亦自不同。盖邪虽有六，化止阴阳。阳邪化热，热则伤气；阴邪化寒，寒则伤形。伤气者，气通于鼻，鼻通于脏，故凡外受暑热而病，有发于中者，以热邪伤气也。伤形者，浅则皮毛，深则经络，故凡外受风寒而病，为身热、体痛者，以寒邪伤形也。《经》曰：寒则腠理闭，气不行，故气收矣；炅则腠理开，营卫通，汗大泄，故气泄矣。此六气阴阳之辨也。然而六邪之感于外者，又惟风寒为最，盖风为百病之长，寒为杀厉之气。人身内有脏腑，外有经络，凡邪气之客于形也，必先舍于皮毛，留而不去，乃入孙络；留而不去，乃入络脉；留而不去，乃入经脉；然后内连五脏，散于肠胃，阴阳俱感，五脏乃伤，此邪气自外而内之次也。然邪气在表，必有表证，即见表证，则不可攻里，若误攻之，非惟无涉，且恐衰虚，则邪气乘虚愈陷也。表证既明，则里证可因而解矣，故表证之辨不可不为之先察。

人身脏腑在内，经络在外，故脏腑为里，经络为表。在表者，手足各有六经，是为十二经脉。以十二经脉分阴阳，则六阳属腑为表，六阴属脏为里。以十二经脉分手足则足经之脉长而且远，自上及下，遍络四体，故要按之以察周身之病；手经之脉短而且近，皆出入于足经之间，故凡诊伤寒外感者，则信言之足经，不言手经也。然而足之六经，又以三阳为表，三阴为里。而三阳之经，则又以太阳为阳中之表，以其脉行于背，背为阳也；阳明为阳中之里，以其脉行于腹，腹为阴也；少阳为半表半里，以其脉行于侧。三阳传遍，而渐入三阴也。故凡欲察表证者，则但当分前后左右，而以足三阳经为主。然三阳之中，则又惟太阳一经包覆肩背，外为周身之纲维，内连五脏六腑之肓腧，此诸阳之主，犹四通八达之衢也，故凡风寒之伤人必多自太阳经始。

足三阴之经，皆自足上腹，虽亦在肌表之间，然三阴主里，而凡风寒自表而入里，未有不由阴经而入阴分也。若不由阳经，径入三阴者，即为直中阴经，必连脏矣。故阴经无可据之表证。

寒邪在表者，必身热无汗，以邪闭皮毛也。

寒邪客于经络，必身体疼痛或拘急而酸者，以邪气乱营气，血脉不利也。

寒邪在表而头痛者，有四经焉。足太阳脉挟于头顶，足阳脉上至头维，足少阳脉上行两角，足厥阴脉上会于颠，皆能为头痛也。故惟太阴、少阴，皆无头痛之症。

寒邪在表多恶寒者，盖伤于此者必恶此。所谓伤食恶食、伤寒恶寒也。

邪气在表，脉必紧数者，营气为邪所乱也。

太阳经脉起自内眦，上顶颠、下项、挟背、行腰胴。故邪在太阳者，必恶寒、发热而兼头项痛、腰脊强，或膝腨酸疼也。

阳明经脉起目下，循面鼻、行胸腹。故邪在阳明者，必发热，微恶寒，而兼目痛、鼻干、不眠也。

少阳为半表半里之经，其脉绕耳前后，由肩井下胁肋。故邪在少阳者，必发热而兼耳聋、胁痛、口苦而呕，或往来寒热也。

以上皆三阳之表证，但见表证则不可攻里。或发表，或微解，或温散，或凉散，或温中托里而为不散之散，或补阴助阴而为去蒸雨化之散。呜呼！意有在而言难尽也，惟慧者之心悟之。

表证之脉，仲景曰：寸口脉浮而紧，浮则为风，紧则为寒，风则伤卫，寒则伤营，营卫俱病，骨节烦疼，当发其汗也。《脉经》注曰：风为阳，寒为阴，卫为阳，营为阴，风则伤阳，寒则伤阴，各从其类而伤也。故卫得风则热，营得寒则痛，营卫俱病，故致骨节烦疼，当发汗解表而愈。

浮脉本为属表，此固然也。然有邪寒初感之甚者，拘束卫气，脉不能达，则必沉而兼紧。此但当以发热身痛等表证参合而察之，自可辨也。又若血虚动血者，脉必浮大；阴虚水亏者，脉必浮大；内火炽盛者，脉必浮大；关阴格阳者，脉必浮大。若此者，俱不可一概以浮为表论，必当以形气病气有无外证参酌之。若本非表证而误认为表，则杀人于反掌之间矣。

外感寒邪，脉大者必病进，以邪气日盛也。然必大而兼紧，方为病进。若先小而后大，及渐大渐缓者，此阴转阳，为胃气渐至将解之兆也。

寒邪未解，脉息紧而无力者，无愈期也。何也？盖紧者，邪气也，力者，元气也；紧而无力，而邪气有余而元气不足也。元气不足，何以逐邪？临此证者，必能使元气渐充，则脉渐有力，自小而大，自虚而实，渐至洪滑，则阳气渐达，表将解矣。若日见无力，而紧数日进，则危亡之兆也。

病必自表而入者，方得谓之表证。若由内以及外，便非表证矣。《经》曰：从内之外者，调其内。从外之内者，治其外。从内之外而盛于外者，先治其内而反治其外。从外之内而盛于内者，先治其外而后调其内。此内外先后之不可不知也。

伤风中风虽皆有风之名，不可均作表证，盖伤风之病，风自外入者也，可散之温之而已，此表证也。中风之病，虽形症似风，实由内伤所致，本无外邪，故不可以表证论治，法具本条。

发热之类，本为火证，但当分辨表里。凡邪气在表发热者，表热而里无热也，此因寒邪，治宜解散；邪气在里发热者，必里热先甚而后及于表也，此是火证，治宜清凉，凡此内外皆可以邪论也。若阴虚水亏而为骨蒸夜热者，此虚热也，又不可以邪热为例，惟壮水滋阴可以治之。

湿燥二气虽亦外邪之类，但湿有阴阳，燥亦有阴阳。湿从阴者为寒湿，湿从阳者为湿热；燥从阳者因于火，燥从阴者发于寒。热则伤阴必连于脏，寒则伤阳必连于经，此所以湿燥皆有表里，必须辨明而治之。

湿证之辨，当辨表里，《经》曰：因于湿，首如裹。又曰：伤于湿者，下先受之。若道路冲风冒雨，或动作辛苦之人汗湿沾衣，此皆湿从外入者也；若嗜好酒浆生冷，以致泄泻、黄疸、肿胀之类，此湿从内出者也。在上在外者，宜微从汗解；在下在里者，宜分利之。湿热者，宜清宜利；寒湿者，宜补脾温肾。

燥证之辨，亦有表里。《经》曰：清气大来，燥之胜也，风木受邪，肝病生焉。此中风之属也。盖燥胜则阴虚，阴虚则血少，所以或为牵引，或为拘急，或为皮膝风消，或为脏腑干结，此燥从阳化，营气不足而伤乎内者也，治当以养营补阴为主。若秋令太过，金气胜而风从之，则肺先受病，此伤风之属也。盖风寒外束，风应皮毛，故或为身热无汗，或为咳嗽喘满，或鼻塞声哑，或咽喉干燥，此燥以阴生，卫气受邪而伤乎表者也，治当以轻扬温散之剂，暖肺去寒为主。

里证篇

里证者，病之在里在脏也。凡病自内生，则或因七情，或因劳倦，或因饮食所伤，或因酒色所困，皆为里证。以此言之，似属易见。第于内伤外感之间，疑似之际，若有不明，未免以表作里，以里作表，乃致大害，故当详辨也。

身虽微热，而溅溅汗出不止，及无身体酸疼拘急，而脉来不紧数者，此热非在表也。

证似外感，不恶寒反恶热，而绝无表证者，此热盛于内也。

凡病表证，而小便清利者，知邪未入里也。

表证已具，而饮食如故，胸腹无碍者，病不及里。若见呕恶口苦，或心胸满闷不食，乃表邪传致胸中，渐入于里也。若烦躁不眠、干渴、谵语、腹痛自利等症，皆邪入于里也。若腹胀、喘满、大便结硬、潮热、斑、黄、脉滑而实者，此正阳明胃腑里实之证，可下之也。

七情内伤，过于喜者，伤心而气散，心气散者，收之养之；过于怒者，伤肝而气逆，肝气逆者，平之抑之；过于思者，伤脾而气结，脾气结者，温之豁之；过于忧者，伤肺而气沉，肺气沉者，舒之举之；过于恐者，伤肾而气怯，肾气怯者，安之壮之。

饮食内伤，气滞而积者，脾之实也，宜消之逐之；不能运化者，脾之虚也，宜暖之助之，酒湿伤阴，热而烦满者，湿热为病也，清之泻之；酒湿伤阳，腹痛泻利呕恶者，寒湿之病也，温之补之。

劳倦伤脾者，脾主四肢也，须补其中气。

色欲伤肾而阳虚无火者，兼培其气血；阴虚有火者，纯补其真阴。

痰饮为患者，必有所本，求所从来，方为至治。若但治标，非良法也。详具本条。

五脏受伤，本不易辨，但有诸中，必形诸外，故肝病则目不能视而色青；心病则舌不能言而色赤；脾病则口不知味而色黄，肺病则鼻不能闻香臭而色白；肾病则耳不能听而色黑。

虚实篇

虚实者，有余不足也。有表里之虚实，有气血之虚实，有脏腑之虚实，有阴阳之虚实。凡外入之病，多有余；内出之病，多不足。实言邪气实，则当泻；虚言正气衰，则当补。凡欲察虚实者，为欲知根本之何如，攻补之宜否耳。夫疾病之实，固为可虑，而元气之虚，应尤甚焉。故凡诊病者，必当先察元气为主，而后求疾病。若实而误补，随可解救，虚而误攻，不可生矣。然总之，虚实之要，莫逃乎脉。如脉之真有力、真有神者，方是真实证；脉之似有力、似有神者，便是假实证。矧脉之无力、无神，以至全无力、全无神者哉。临证者，万毋忽此。

表实者，或为发热，或为身痛，或为恶热掀衣，或为恶寒鼓栗。寒束于表者，无汗；火盛于表里，有疡。走注而红痛者，知营卫之有热；拘急而酸痛者，知经络之有寒。

里实者，或为胀为痛，或为痞为坚，或为闭为结，或为喘为满，或懊忱不宁，或躁烦不眠，或气血积聚结滞腹中不散，或寒邪热毒深留脏腑之间。

阳实者，为多热恶热，阴实者，为痛结而寒；气实者，气必喘粗而声色壮厉；血实者，血为凝聚而且痛且坚。

心实者，多火而多笑；肝实者，两胁少腹多有疼痛，且复多怒；脾实者，为肿满气闭，或为身重；肺实者，多上焦气逆，或为咳喘；肾实者，多下焦壅闭，或痛，或胀，或热见于二便。

表虚者，或为汗多，或为肉战，或为怯寒，或为目暗羞明，或为耳聋眩运，或肢体多见麻木，或举动不胜劳烦，或为毛槁而肌肉削，或为颜色憔悴而神气索然。

里虚者，为心怯心跳，为惊惶，为神魂之不宁，为津液之不足，或为饥不能食，或为渴不喜饮，或畏张目而视，或闻人声而惊；上虚则饮食不能运化，或多呕恶而气虚中满；下虚则二阴不能流利，或便尿失禁，肛门脱出而泄泻遗精；在妇人，则为血枯经闭及堕胎崩淋带浊等症。

阳虚者，火虚也，为神气不足，为眼黑头眩，或多寒而畏寒。阴虚者，水亏也，为亡血失血，为戴阳，为骨蒸劳热。气虚者，声音微而气短似喘。血虚者，肌肤干涩而筋脉拘挛。

心虚者，阳虚而多悲。肝虚者，目䀮䀮无所见，或阴缩筋挛而善恐。脾虚者，为四肢不用，或饮食不化，腹多痞满而善忧。肺虚者，少气息微而皮毛燥涩。肾虚者，或为二阴不通，或为二便失禁，或多遗泄，或腰脊不可俯仰而骨酸痿厥。

诸满之虚实。仲景曰：腹满不减，减不足言，当下之；腹满时减复如故，此为寒，当与温药。夫减不足言者，以中满之甚，无时或减，此实胀也，故当下之。腹满时减者，以腹中本无实邪，所以有时或减，既减而复满如故者，以脾气虚寒而然，所以当与温药，温即兼言补也。

《内经》诸篇，皆惓惓以神气为言。夫神气者，元气也。元气完固，则精神昌盛，无待言也。若元气微虚，则神气微去，元气大虚，则神气全去。神气去，则机息矣，可不畏哉。《脉要精微论》曰：夫精明者，所以视万物，别黑白，审长短。以长为短，以白为黑，如是则精衰矣。言而微，终日乃复言者，此气夺也。衣被不敛，言语善恶不避亲疏，此神明之乱也。仓廪不藏者，是门户不要也。水泉不止，是膀胱不藏也。得守者生，失守者死。夫五脏者，身之强也。头者，精明之府，头倾视深，精神将夺矣；背者，胸中之府，背曲肩垂，府将坏矣；腰者，肾之府，转摇不能，肾将惫矣；膝者，筋之府，屈伸不能，行则偻俯，骨将惫矣；腰者，肾之府，不能久立，行则振掉，骨将惫矣。得强则生，失强则死。此《内经》之言虚证也，当察其意。

虚者宜补，实者宜泻，此易知也。而不知实中复有虚，虚中复有实。故每以至虚之病，反见盛势；大实之病，反有羸状。此不可不辨也。如病起七情，或饥饱劳倦，或酒色所伤，或先天不足，及其既病，则每多身热、便秘、戴阳、腹满、虚狂、假斑等症，似为有余之病，而其因实由不足，医不察因，从而泻之，必枉死矣。又如外感之邪未除，而留伏于经络；饮食之滞不消，而积聚于脏腑；或郁结逆气，有不可散；或顽痰瘀血，有所留藏。病久致羸，似乎不足，不知病本未除，还当治本。若误用补，必益其病矣。此所谓无实实、无虚虚，损不足而益有余，如此死者，医杀之耳。

附：《华元化·虚实大要论》曰：病有脏虚脏实，腑虚腑实，上虚上实，下虚下实，状各不同，宜深消息，肠鸣气走，足冷手寒，食不入胃，吐逆无时，皮毛憔悴，肌肉皱皴，耳目昏塞，语声破散，行走喘促，精神不收，此五脏之虚也。诊其脉，举指而滑，按之而微，看在何部，以断其脏也。又按之沉小微弱、短涩软濡，俱是脏虚也。饮食过多，大小便难，胸膈满闷，肢节疼痛，身体沉重，头目闷眩，唇口肿胀，咽喉闭塞，肠中气急，皮肉不仁，暴生喘乏，偶作寒热，疮痏并起，悲喜时来，或自痿弱，或自高强，气不舒畅，血不流通，此脏之实也。诊其脉，举按俱盛者实大也。又长浮数疾，洪紧弦大，俱曰实也，看在何经，而断在何脏也。头痛目赤，皮热骨寒，手足舒缓，血气壅塞，丹瘤更生，咽喉肿痛，轻按之痛，重按之快，食饮如故，曰腑实也。诊其脉，浮而实大者是也。皮肤瘙痒，骨肉膜胀，食饮不化，大便滑而不止，诊其脉，轻手按之得滑，重手按之得平，此乃腑虚也，看在何经而正其腑也。胸膈痞满，头目碎痛，饮食不下，脑项昏重，咽喉不利，涕唾稠粘，诊其脉，左右寸口沉结实大者，上实也。颊赤心忪，举动颤栗，语声嘶嗄，唇焦口干，喘乏无力，面少颜色，颐颔肿痛，诊其左右寸脉弱而微者，上虚也。大小便难，饮食如故，肢脚沉重（当作酸重），脐腹疼痛，诊其左右尺中脉伏而涩者，下实也；大小便难，饮食进退，腰脚沉重，如坐水中，步行艰难，气上奔冲，梦寐危险，诊其左右尺中脉滑而涩者，下虚者。病人脉微涩短小，俱属下虚也。

本篇虚实证有未尽者，俱详载虚损门，当互察之。

寒热篇

寒热者，阴阳之化也。阴不足则阳乘之，其变为热；阳不足则阴乘之，其病为寒。故阴胜则阳病，最胜为寒也；阳胜则阴病，阳胜为热也。热极则生寒，因热之盛也；寒极生热，因寒之盛也。阳虚生外寒，寒必伤阳也；阴虚则内热，热必伤阴也。阳盛则外热，阳归阳分也；阴盛则内寒，阴归阴分也。寒则伤形，形言表也；热则伤气，气言里也。故火王之时，阳有余而热病生；水王之令，阳不足而寒病起。人事之病，由于内；气交之病，由于外。寒热之表里当知，寒热之虚实，亦不可不辨。

热在表里，为发热、头痛，为丹肿，斑黄，为揭去衣被，为诸痛疮疡。

热在里者，为瞀闷、胀满，为烦渴、喘结，或气急叫吼，或躁扰狂越。

热在上者，为头痛、目赤，为喉疮、牙痛，为诸逆冲上，为喜冷舌黑。

热在下者，为腰足肿痛，为二便秘涩，或热痛遗精，或溲混便赤。

寒在表者，为憎寒，为身冷，为浮肿，为容颜青惨，为四肢寒厥。

寒在里者，为冷咽肠鸣，为恶心呕吐，为心腹疼痛，为恶寒喜热。

寒在上者，为吞酸，为膈噎，为饮食不化，为嗳腐胀哕。

寒在下者，为清浊不分，为鹜溏痛泄，为阳痿，为遗尿，为膝寒足冷。

病人身大热，为清浊不分，反欲得近衣者，热在皮肤，寒在骨髓也；身大寒，反不欲近衣者，寒在皮肤，热在骨髓也。此表证之辨。若内热之甚者，亦每多畏寒，此当以脉症参合以察之。

真寒之脉，必迟弱无神；真热之脉，必滑实有力。

阳脏之人多热，阴脏之人多寒。阳脏者，必平生喜冷畏热，即朝夕食冷，一无所病，此其阳之有余也。阴脏者，一犯寒凉，则脾肾必伤，此其阳之不足也。第阳强者少，十惟二三；阳弱者多，十常五六。然恃强者，多反病；畏弱者，多安宁。若或见延缓之强，而忌我之弱，则与侏儒观场、丑妇效颦者，无异矣。

3.《医学心悟·寒热虚实表里阴阳辨》：病有总要，寒、热、虚、实、表、里、阴、阳，八字而已。病情既不外此，则辨证之法，亦不出此。

一病之寒热，全在口渴与不渴，渴而消水与不消水，饮食喜热与喜冷，烦躁与厥逆，溺之长短赤白，便之溏结，脉之迟数以分之。假如口渴而能消水，喜冷饮食，烦躁，溺短赤，便结，脉数，此热也。假如口不渴，或假渴而不能消水，喜饮热汤，手足厥冷，溺清长，便溏，脉迟，此寒也。

一病之虚实，全在有汗与无汗，胸腹胀痛与否，胀之减与不减，痛之拒按与喜按，病之新久，禀之厚薄，脉之虚实以分之。假如病中无汗，腹胀不减，痛而拒按，病新得，人禀厚，脉实有力，此实也。假如病中多汗，腹胀时减，复如故，痛而喜按，按之则痛止，病久，禀弱，脉虚无力，此虚也。

一病之表里，全在发热与潮热，恶寒与恶热，头痛与腹痛，鼻塞与口燥，舌苔之有无，脉之浮沉以分之。假如发热恶寒，头痛鼻塞，舌上无苔，脉息浮，此表也。假如潮热恶热，腹痛口燥，舌苔黄黑，脉息沉，此里也。

至于病之阴阳，统上六字而言，所包者广。热者为阳，实者为阳，在表者为阳；寒者为阴，虚者为阴，在里为阴。寒邪客表，阳中之阴；热邪入里，阴中之阳。寒邪入里，阴中之阴；热邪达表，阳中之阳。而真阴、真阳之别，则又不同。假如脉数无力，虚火时炎，口燥唇焦，内热便结，气逆上冲，此真阴不足也；假如脉大无力，四肢倦怠，唇淡口和，肌冷便溏，饮食不化，此真阳不足也。

寒、热、虚、实、表、里、阴、阳之别，总不外此。然病中有热证而喜热饮者，同气相求也。有寒证而喜冷饮，却不能饮者，假渴之象也。有热证而大便溏泻者，挟热下利也。有寒证而大便反硬者，名曰阴结也。有热证而手足厥冷者，所谓热深厥亦深、热微厥亦微是也。有寒证反烦躁，欲坐卧泥水之中者，名曰阴躁也。有汗而为实证者，热邪传里也。有无汗而为虚证者，津液不足也。有恶寒而为里证者，直中于寒也。有恶热、口渴而为表证者，湿热之病自里达表也。此乃阴阳变化之理，为治病之权衡，为辨之不可不早也。

4.《医学正传·病有真假辨》：《经》云：病有逆从者，以病有微甚。病有微甚者，以病有真假。不知寒热有真假，真者正治，知者无难；假者反治，乃为难耳！如寒热之真假者；真寒则脉沉而累，或弱而迟，为厥为逆，为呕吐，为腹痛，为飧泄、下利，为小便频即，发热必得衣，此浮热在外，沉寒在里也。真热则脉数有力，滑大而实，为烦躁喘满，为声音壮厉，或大便秘结，或小便赤涩，或发热掀衣，或胀痛热渴，此皆真病。真寒者宜温其寒，真热者宜解其热，是当正治也。

至若假寒者，火极似水，阳证似阴也。外虽寒而内热，脉数有力，或沉鼓击，或身恶衣，或身热便秘，或烦渴引饮，或肠垢臭秽。此则恶寒非寒，明是热证，所谓热极反兼寒化，亦曰阳盛格阴也。假热者，水极似火，阴证似阳也。外虽热而内则寒。脉微而弱，或数而虚，或浮大无根，或弦芤断续，身虽炽热而神色自静，语虽谵妄而声音则微，或虚狂起倒，禁之则止，或蚊迹假斑而色红细碎，或喜饮冷水而所饮不多，或舌面赤而衣被不彻，或小水多利而大便不结，此则恶热非热，明是寒证，所谓寒极反兼热化，亦曰阴盛格阳也。此皆假病。假寒者清其内热，内清则浮阴去舍矣。假热者温其真阳，中温则虚火归元矣。是当从治者也。

又如虚热实热，实者泻之，虚者补之，此不易之法也。然至虚有盛候，则有假实矣；大实有羸状，则有假虚矣。总之，虚者正气虚也，为色惨形瘦，为神衰气怯，或自汗不收，或二便不禁，或梦遗精滑，或呕吐膈塞，或久病攻多，或短气似喘，或劳伤过度，或暴困失志；虽外证似实，而脉弱无神者，皆虚证之当补也。实者邪气实也。或外闭于经络，或内结于脏腑，或气壅而不行，或血流而凝滞，必脉病俱盛，乃实证之当攻也。

然而虚实之间最多疑似，有不可不辨。其真者，如《经》云：邪气盛则实，精气夺则虚。此虚实之大法也。设有人焉，正气夺而邪方盛者，将顾其正而补之乎？抑先其邪而攻之乎？见有不的，则死生系之，此其所以宜慎也。夫正者本也，邪者标也。若正气既虚，则邪气虽盛，亦可不攻。盖恐邪未去而正先脱，呼吸变生，则措手无及。故治虚邪者，先当顾其正气，正气存则不至于害，且补中自有攻意，世未有正气复而邪犹不退者。此治虚之道也。若正气无损者，邪气虽微，自不宜补。盖补之则正无与，而邪反盛，适足藉寇兵而赍盗粮。故治实证者，必直去其邪，邪去则身安，但法贵精专，使至速效，此治实之道也。要之，能胜攻者便是实证，不能胜攻者便是虚证。惟是假虚之证不多见，而假实之证最多也。假寒之证不难治，而假热之证治多误也。世有不明真假本末，而云知医，我敢轻许乎哉！

5. 《景岳全书·传忠录·寒热真假篇》：寒热有真假者，阴证似阳，阳证似阴也。盖阴极反能躁热，乃内寒而外热，即真寒假热也；阳极反能寒厥，乃内热而外寒，即真热假寒也。假热者，最忌寒凉；假寒者，最忌温热。察此之法，当专以脉之虚实强弱为主。

假热者，水极似火也。凡病伤寒或患杂证，有其素禀虚寒，偶感邪气而然者；有过于劳倦而致者；有过于酒色而致者；有过于七情而致者；有原非火证以误服寒凉而致者。凡真热本发热，而假热亦发热，其症则亦为面赤躁烦，亦为大便不通，小便赤涩，或为气促，咽喉肿痛，或为发热，脉见紧数等症。昧者见之，便认为热，妄投寒凉，下咽必毙。不知身虽有热而里寒格阳，或虚阳不敛者多有此证。但其内症则口虽干渴必不喜冷，即喜冷者饮亦不多；或大便不实，或先硬后溏；或小便清频，或阴枯黄赤；或气短懒言；或色暗神倦。或起倒如狂而禁之则止，自与登高骂詈者不同，此虚狂也。或斑如蚊迹而成浅红细碎，自与紫赤热极者不同，此斑也。凡假热之脉，必沉细迟弱，或虽浮大紧数而无力无神，此乃热在皮肤，寒在脏腑，所谓恶热非热，实阴证也。凡见此内颓内困等症，而但知攻邪，则无有不死。当急以四逆、八味、理阴煎、回阳饮之类，倍加附子，填补真阳，以引火归源，但使元气渐复，则热必退藏而病自愈。所谓火就燥者，即此义也。故凡身热脉数按之不鼓击者，此皆阴盛格阳，即非热也。仲景治少阴证面赤者，以四逆汤加葱白主之。东垣曰：面赤、目赤、烦躁、引饮，脉七八至，按之则散者，此无根之火也，以姜附汤加人参主之。《外台秘要》曰：阴盛发躁，名曰阴躁，欲坐井中，宜以热药治之。

假寒者，火极似水也，凡伤寒热甚，失于汗下，以致阳邪亢极，郁伏于内，则邪自阳经传入阴分，故为身热发厥，神气昏沉，或时畏寒，状若阴证。凡真寒本畏寒，而假寒亦畏寒，此热深厥亦深，热极反兼寒化也，在抵此证必声壮气粗，形强有力，或唇焦舌黑，口渴饮冷，小便赤涩，大便秘结，或因多饮药水，以至下利纯清水，而其中仍有燥粪及矢气极臭者，察其六脉必沉滑有力，此阳证也……若杂证之假寒者，亦或为畏寒，或为战栗，此以热极于内，而寒侵于外，则寒热之气两不相投，因而寒栗，此皆寒在皮肤，热在骨髓，所谓恶寒非寒，明是热证。但察其内症，则或为喜冷，或为便结。或小水之热涩，或口臭而躁烦，察其脉必滑实有力。凡见此证，即当以凉膈芩连之属，助其阴而清其火，使内热既除，则外寒自伏，所谓水流湿者，亦此义也。故凡身寒厥冷，其脉滑数，按之鼓击于指下者，此阳极似阴，即非寒也。

· 178 ·

6.《类经·十二卷·论治类》：然至虚有盛候，则有假实矣，大实有羸状，则有假虚矣。总之，虚者正气虚也，为色惨形疲，为神衰气怯，或自汗不收，或二便失禁，或梦遗精滑，或呕吐隔塞，或病久攻多，或气短似喘，或劳伤过度，或暴困失志。虽外证似实而脉弱无神者，皆虚证之当补也。实者邪气实也，或外闭于经络，或内结于脏腑，或气壅而不行，或血留而凝滞，必脉病俱盛者，乃实证之当攻也。

7.《重订通俗伤寒论·表里寒热》：凡口燥舌干，苔起芒刺，咽喉肿痛，脘满腹胀，按之痛甚，渴思冰水，小便赤涩，得涓滴则痛甚，大便胶闭，或自利纯青水，臭气极重，此皆里真热之证据。惟通身肌表如冰，指甲青黑，或红而温，六脉细小如丝，寻之则有，按之则无。吴又可所谓体厥脉厥是也。但必辨其手足自热而至温，从四逆而至厥，上肢则冷不过肘，下肢则冷不过膝。按其胸腹，久之又久则灼手，始为阳盛格阴之真候，其血必瘀，营卫不通，故脉道闭塞而肌肤如冰，治宜先用烧酒浸葱白紫苏汁出，用软帛浸擦胸部四肢，以温助血脉之运行。内治宜桃仁承气汤急下之，通血脉以存阴液。

其证有二：一寒水侮土证，吐泻腹痛，手足厥冷，冷汗自出，肉瞤筋惕，语言无力，纳少腹满，两足尤冷，小便清白，舌肉胖嫩，苔黑而滑，黑色止见于舌中，脉沉微欲绝，此皆里真寒之证据。惟肌表浮热，重按则不热，烦躁而渴欲饮水，饮亦不多，口燥咽痛，索水至前，复不能饮，此为无根之阴火，乃阴盛于内，逼阳于外，外假热而内真阴寒，格阳证也。一肾气凌心证，气短息促，头晕心悸，足冷溺清，大便或溏或泻，气少不能言，强言则上气不接下气，苔虽黑色直抵舌尖，而舌肉浮肿而嫩，此皆里真虚寒之证据。惟口鼻时或失血，口燥齿浮，面红娇嫩带白，或烦躁欲裸形，或欲生卧泥水中，脉则浮数，按之欲散，或浮大满指，按之则豁然空，虽亦为无根之阴火，乃阴竭于下，阳越于上，上假热而下真虚寒，戴阳证也。

8.《温疫论·论阳证似阴》：捷要辨法，凡阳证似阴，外寒而内必热，故小便血赤；凡阴证似阳者，格阳之证也，上热下寒，故小便清白。但以小便赤白为据，以此推之，万不失一。

第六章 病因辨证

【目的要求】

1. 掌握风淫证候、寒淫证候、湿淫证候、燥淫证候、火淫证候、暑淫证候的临床表现及其意义。
2. 熟悉七情证候、饮食劳逸所伤证候的临床意义。
3. 了解疫疠证候、金刃所伤证候、虫兽所伤证候、跌仆所伤证候的基本内容。

【自学时数】

8 课时。

病因辨证，就是通过对疾病所表现的症状、体征及起因等进行综合分析，从而求得对疾病现阶段病因病理认识的一种辨证方法。

临床上任何证候都是在致病因素作用下，患者机体所产生的某种病态反应。因此，据病人的临床表现，判断疾病当前的原因与性质，称做"审症求因"。疾病的原发病因如六淫外感、七情内伤、饮食劳倦、虫兽外伤等，是发病的必要条件，属于病因学的范畴；而通过"审证求因"所确定的病因，则是通过对临床症状的分析，综合了邪正双方情况而对疾病当前病理本质所作的结论，属于辨证学的范畴。因此，原始病因与辨证所确定的病因、名称可能相同，但在概念上既有联系又有区别。

病因辨证包括有六淫辨证，疫疠辨证，七情辨证，饮食劳逸辨证和外伤辨证。

第一节 六 淫 辨 证

六淫之邪侵袭人体，机体必然发生一定的病理变化，并通过不同的症状和体征反映出来。因此，六淫辨证则是根据六淫各自的自然特性和致病特点，探求疾病所属何因的辨证方法。六淫病证的发生，往往与季节有关。如春多风病，夏多暑病，长夏多湿病，秋多燥病，冬多寒病。在四时气候变化中，六淫病证并不是固定的，且人体感受邪气也不是单一的，例如风有风寒、风热、风湿；暑有暑热、暑湿、暑风等，因此，疾病的表现也是复杂多变的。

此外，临床上还有一些病证，其病因并不是外感六淫所致，而是在疾病发展过程中由于内部病理变化所产生的类似六淫的证候，称为内风证、内寒证、内湿证、内燥证、内火证等，其实质上是一种象征性的病理归类，应注意辨析。

一、风淫证候

凡感受外界风邪所致的一类证候，称为风淫证候，或称外风证候。若由于机体内部热盛、阳亢、血虚、阴虚等的病理变化所形成的动风证候，称之为"内风"证候，与风淫证候应予鉴别。

根据风邪侵袭所反映病位的不同，风淫证候常有风邪袭表证、风邪犯肺证、风客肌肤证、风邪中络证、风窜关节证、风水相搏证等。风为百病之长，根据与外风兼见证候的不同，又有风寒、风热、风火、风湿以及风痰、风水、风毒等名称的不同。

【临床表现】　一般有恶风寒，微发热，汗出，鼻塞或喷嚏，咳嗽，咽喉痒痛，苔薄白，脉多浮缓；或新起皮肤瘙痒，甚至出现丘疹、瘾疹；或突现颜面麻木不仁，口眼㖞斜，颈项拘急；或肢体关节疼痛而游走不定；或突起面睑肢体浮肿。

【证因分析】　风淫证候的形成，主要是感受了外界的风邪，其中也可能包含着某些生物性致病因素。风邪袭表，腠理开合失调，故见恶风、微热、汗出等症；风邪犯肺，肺系不利，则见鼻塞或喷嚏，咳嗽、咽喉痒痛等；风邪客于肌肤，则见皮肤瘙痒，或见丘疹、瘾疹；风邪侵袭经络，经气阻滞不通，轻则局部脉络麻痹、失调，而见肌肤麻木不仁、口眼㖞斜，重则导致筋脉挛急，而现颈项强直等症；风与寒湿合邪，阻痹经络，流窜关节，则肢体关节游走疼痛；风水相搏，肺失宣降，则见面睑肢体浮肿。

二、寒淫证候

凡感受外界寒邪所致的一类证候，称为寒淫证候，或称实寒证候。若因体内阳气不足，失其温运所表现的证候，称之为"虚寒证"，应与寒淫证候予以鉴别。

根据寒邪侵袭所反映病位的不同，寒淫证候有"伤寒证"、"中寒证"之分。伤寒证是指寒邪外袭，伤人肤表，阻遏卫阳，阳气抗邪于外所表现的表实寒证；中寒证是指寒邪直中而内侵脏腑、气血，损伤或遏制阳气，阻滞气机或血液运行所表现的里实寒证。寒邪常与风、湿、燥、痰、饮等病因共同存在，而表现为风寒、寒湿、凉燥、寒痰、寒饮等证。并且常因寒而导致寒凝气滞、寒凝血瘀，寒邪损伤机体阳气可演变成虚寒证，甚至亡阳证。

【临床表现】　伤寒证者新起恶寒，或伴发热之感，头身疼痛，无汗，鼻塞流清涕，口不渴，舌苔白，脉浮紧等。中寒证者新起畏寒，脘腹或腰背等处冷痛、喜温，或见呕吐腹泻，或见咳嗽、哮喘、咯吐白痰。

【证因分析】　寒淫证候往往由于淋雨、涉水、衣单、露宿、食生、饮冷等，体内阳气未能抵御寒邪而致病。故多属新病突起，病势较剧，并常有感受寒邪的原因可查。

伤寒证寒伤于表，郁闭肌腠，失于温煦，故见恶寒、疼痛、无汗、口不渴，分泌物或排泄物清稀，苔白、脉浮紧等。

中寒证因寒邪遏伤机体阳气，故常有新起畏寒、身痛肢厥、蜷卧拘急、小便清长、面色苍白、舌苔白、脉沉紧或沉弦、沉迟有力等一般表现之外，且因寒邪所犯脏腑之别，因而可表现出各自脏器的证候特点。如寒滞胃肠，多有呕吐腹泻；如寒邪客肺，常见咳嗽、哮喘、咯吐白痰等等。

三、湿淫证候

湿是指外界湿邪侵袭人体，或体内水液运化失常而形成的一种呈弥漫状态的病理性物质。由外界湿邪所致的证候，即为湿淫证候，亦称外湿证候。亦有因过食油腻、嗜酒饮冷等而致脾失健运，水液不能正常输布而湿浊内生，是为内湿证候。然而，湿证之成，常是内外合邪而为病，故其临床表现亦常涉及内外。

根据寒邪侵袭所反映病位的不同，湿淫证候有"湿遏卫表"、"湿凝筋骨"和"湿伤于里"等证。此外，湿郁则易于化热，而成湿热之证；湿邪亦可与风、暑、痰、水等邪合并为病，而为风湿、暑湿、痰湿、水湿、湿毒等证。

【临床表现】　湿遏卫表，则恶寒微热，头胀而痛，身重体倦，口淡不渴，小便清长，舌苔白滑，脉濡或缓。湿凝筋骨，则骨节烦疼，关节不利。湿伤于里，除面色晦垢，肢体困重，舌苔滑腻，脉象濡缓等症之外，或有胸闷脘痞，纳谷不馨，甚至恶心欲呕；或见大便稀溏，或小便浑浊，妇女可见带下量多。

【证因分析】　湿淫证候可由外湿侵袭，如淋雨下水、居处潮湿、冒犯雾露等而形成。湿遏卫表，与卫气相争，故恶寒微热；湿遏气机，清阳失宣，故见头胀而痛，身重体倦，口淡胸闷；湿不伤津，故口不渴，小便清长；舌苔白滑，脉濡或缓，是湿邪为患之征。

寒湿留滞于筋骨。气血痹阻不通，不通则痛，故骨节烦疼，则关节不利。

湿伤于里，则可出现一系列脏腑气机困阻的病症。湿滞胃肠，胃失和降，则胸闷脘痞，纳谷不馨，甚至恶心欲呕；湿困脾阳，运化失常，故见大便稀溏；湿滞膀胱，气化失常，故小便浑浊；湿浊下注胞宫，则妇女可见带下量多。湿邪为病，病势多缠绵，容易阻滞气机、困遏清阳，故以面色晦垢，肢体困重，舌苔滑腻，脉象濡缓为主要表现。

四、燥淫证候

凡外界燥邪侵袭、耗伤人体津液所表现的证候，称为燥淫证候，又称外燥证。如在疾病过程中由于血虚、阴津亏损等病理变化，以致机体失却濡润所形成的证候，属"内燥"范畴，与燥淫证候应从概念上加以区分。

燥淫证候有"温燥"、"凉燥"之分，这多与秋季气候有偏热偏寒的不同变化相关。燥而偏热为温燥，燥而偏寒为凉燥。

【临床表现】　温燥，则发热，微恶风寒，头痛，少汗，干咳痰少，皮肤及鼻咽干燥，口渴，心烦，尿黄短，苔薄黄或薄白而干，脉象浮数。凉燥，则恶寒重，发热轻，头痛，无汗，口干，鼻咽干燥，咳嗽痰稀，口不甚渴，舌苔薄白而干，脉浮紧。

【证因分析】　由于燥淫证候是因感受外界燥邪而为病，故多见于秋季。温燥多因初秋久旱无雨，气候干燥，燥与热邪合而致病，亦见于素体阴虚津亏又感燥邪的患者。邪在卫表，卫气被遏，故见发热，微恶风寒、头痛、少汗等类似风热表证的现象；燥热犯肺，故见干咳、痰粘量少；燥热伤津，则见皮肤及鼻咽干燥、口渴、心烦、尿黄短等的症状；舌苔薄黄或薄白而干，脉浮而数，均为燥热之征。

凉燥多因深秋气候转凉，燥邪与寒邪合而致病。燥寒袭肺，邪尚在表，故见恶寒重、发热轻、头痛、无汗等类似外感风寒表证的现象；伤津不甚，故口鼻干燥，但咳痰稀白、口不甚渴；舌苔薄白而干，脉象浮紧，均为凉燥之征。

五、火淫证候

从病因学而言，火、热、温邪属于同一类性质，仅有程度之别。温为热之渐，火为热之极；热较静而火易动，故常有火热、温热并称。火淫证候，是指机体感受外界阳热之邪所导致的一类实热证候。若因体内阴液亏虚，虚热内生所形成的证候是为虚热证，与火淫证候应予鉴别。

火淫证候主要有火热证与火毒证两类。火热证，是感受火、热、温邪，或他邪郁积化火所致的实热病证。火热证根据侵犯的部位，又可分为邪热外袭肤表的表实热证和侵入脏腑、营血而表现为多个脏器、组织的里实热证。火毒证，则是火热壅盛，郁结成毒的实热证候。此外，火热温邪亦常与风、湿、暑、燥、瘀、痰、饮等病邪相兼为患，而表现为风热、风火、湿热、暑热、温燥、瘀热、痰热、热饮等证。

【临床表现】　火热证表现为：发热，面红目赤，心烦，汗出，口渴喜冷饮，小便短赤，舌红苔黄，脉洪数；或身热夜甚，渴不多饮，心烦不眠，甚至神昏，谵语，舌绛，脉细数；或吐血，衄血，发斑疹等。火毒证表现为：壮热，口燥咽干，烦躁不眠，神昏乱语，甚至躁扰发狂，并见疮疡疔毒，或局部红肿热痛，或脓血杂见，舌赤苔黄，脉数有力。

【证因分析】　火淫证候往往由于外界阳热之邪侵袭，如高温劳作、感受温热邪毒、火热烧灼伤、过食辛辣温热之品，或寒湿等邪郁而化热，或情志过极而化火，或脏腑气机过旺等，使体内阳热之气过盛，阴液未能抑制阳热之邪而致病。故火淫证候多属新病突起，其病势一般较剧。

火热证者因火、热、温邪侵入气分，则见发热恶热，面红目赤，心烦汗出；口渴喜冷饮，小便短赤；舌红苔黄，脉来洪数等火热症状。若邪在气分不解，进入营分，则见身热夜甚，渴不多饮，心烦不眠，舌质红绛，脉细数等热灼营阴的症状。甚至进入血分，血热扰闭心神，而神昏，谵言乱语；逼血妄行，而吐血、衄血，发斑、发疹等。

火毒证者因火毒充斥三焦，故见壮热，口燥咽干，烦躁不眠，神昏谵语，甚则躁扰发狂等症状。《素问·至真要大论》说："诸躁狂越，皆属于火。"由于火毒壅于血肉之间，积聚不散，则生疮疡疔毒而见局部红肿热痛，甚则肉腐血败而脓血杂见。《灵枢·痈疽》说："大热不止，热盛则肉腐，肉腐则为脓……故名曰痈。"舌赤、苔黄、脉数有力，均为火毒充斥之象。

六、暑淫证候

暑邪的性质虽与火热之邪同类，但暑邪致病有严格的季节性，其病机、证候也与一般火热证有一定的差别。暑淫证候，是指夏月炎暑之季，感受暑热之邪所致的一类证候。

根据感受暑热的轻重缓急，有伤暑、冒暑、中暑三类，其中，较之伤暑为轻者是冒暑；较之伤暑急骤而神闭者为中暑。而根据暑邪兼夹寒热之邪的不同，伤暑证又有阳暑和阴暑之别。一般暑季受热者为阳暑；暑月感寒者为阴暑。

【临床表现】　若以恶热，汗出，口渴喜饮，气短神疲，肢体困倦，小便短黄，舌红苔黄或白，脉洪数或虚数者，为阳暑；若头痛恶寒，身形拘急，肢体疼痛而心烦，肌肤大热而无汗，脉浮紧者，为阴暑。若仅见头晕、寒热、汗出、咳嗽等症者，是为冒暑。如暑热炎蒸，忽然闷倒，昏不知人，牙关紧闭，身热肢厥，气粗如喘者，为中暑。

【证因分析】 伤暑之阳暑，多因夏季气温过高，或烈日下劳动过久，或工作场所闷热，因而受热，动而得病。由于暑性炎热升散，耗津伤气，故见恶热汗出，口渴喜饮，气短神疲，肢体困倦，小便短黄，舌红苔黄，脉洪数或虚数。伤暑之阴暑，常在炎热暑月，过食生冷，或贪凉露宿，因而受寒，静而得病。因寒束肌表，卫阳被遏，故见头痛恶寒，身形拘急，肢体疼痛，脉浮而紧；但暑热郁蒸于内，故并见心烦、肌肤大热等热象。

冒暑，是夏月感受暑热湿邪，邪犯肺卫的暑淫轻证。暑邪在表，卫表失宣，故见头晕、寒热、汗出等，暑邪袭肺，气郁不宣，故见咳嗽。

中暑，是在炎夏酷暑季节，猝中暑热，内闭心神，故忽然闷倒，神志昏迷，不知人事，牙关紧闭；阳郁不达、暑热内迫，则有身热肢厥，气粗如喘等症。

第二节　疫疠辨证

疫疠，是一类具有强烈传染性的致病邪气，又有"瘟疫"、"疠气"、"毒气"、"异气"之称。疫疠致病的一个特点是有一定的传染源和传染途径。其传染源有二：一是自然环境，即通过空气传染。二是人与人互相传染，即通过接触传染。其传染途径是通过呼吸道与消化道。疫病致病的另一特点是传染性强，死亡率高。《诸病源候论》说："人感乖戾之气而生病，则病气转相染易，乃至灭门。"疫疠所致的病证很多，临床常见的有瘟疫、疫疹、瘟黄等病证。

一、瘟疫证候

瘟疫，是感受疫疠之气而发生的急性流行性传染病。《素问遗篇·本病论》说："大风早举，时雨不降，湿令不化，民病瘟疫。"临床常见的瘟疫病有三种不同的类型：

（一）湿热疫毒

【临床表现】 初起恶寒而后发热，寒热如疟，头痛身疼，胸痞呕恶；以后但热不寒，昼夜发热，日晡益甚；舌质红绛，苔白如积粉，脉数。

【证因分析】 疠气疫毒，伏于膜原。邪正相争于半表半里，故初起恶寒而后发热，寒热如疟，头痛身疼等；瘟疫每挟湿浊痰滞，蕴阻于内，邪浊交阻，表气不通，里气不达，故见胸痞呕恶，苔白如积粉等症状；疫邪久郁，化热入里，故见以后但热不寒，昼夜发热，日晡益甚，舌质红绛，脉数等症状。

（二）暑热疫毒

【临床表现】 壮热烦躁，头痛如劈，腹痛泄泻，并可见衄血，发斑，神志昏迷，舌绛苔焦，脉数实。

【证因分析】 暑热疫毒，伏邪于胃。暑热疫邪充斥表里三焦，故初起即壮热烦躁，头痛如劈；暑热疫邪充斥于里，故见腹痛泄泻；热毒侵入血分，迫血上溢，则见衄血，外溢肌肤，则见发斑；热毒内扰心神，则见神志昏迷等症状。舌绛苔焦，脉象数实，皆为热毒壅盛之象。

（三）温热疫毒

【临床表现】 始起恶寒发热，头面红肿，继而恶寒渐罢而热势益增，口渴引饮，烦躁不安，头面焮肿，咽喉疼痛加剧，舌苔焦黄，脉象数实。

【证因分析】 温热毒邪，攻窜头面。温毒犯表，卫气失和，故始见恶寒发热等症；头为诸阳之会，继而热毒攻窜于上，则见头面红肿或咽喉疼痛；随着温毒化火，邪热逐渐侵入肺胃，由卫表传入气分，故不恶寒而但发热；气分热炽，津液受伤，则口渴烦躁；热毒充斥于上，则头面、咽喉肿痛急剧加重；舌赤苔黄，脉象数实，均为里热炽盛之征。

二、疫疹证候

疫疹，是瘟疫病过程中热毒侵入血分，热迫血溢，斑疹外发于肌肤的病证。它是传染性较强、并可造成大流行的疾患。疫疹证候又有疫疹外显和闷疫之分。

（一）阳毒疫疹

【临床表现】 初起发热遍体炎炎，头痛如劈，斑疹透露。如斑疹松浮洒于表面，或红赤，或紫黑，为毒之外现；如斑疹从皮里钻出，紧束有根，其色青紫，宛如浮萍之背，多见于胸背，此胃气将烂之候。脉数或浮大而数，或沉细而数，或不浮不沉而数。

【证因分析】 疫症外发斑疹，是外感疫疬之邪而火毒内盛，侵入血分，外发于肌肤所致。疫毒火邪充斥表里，故初起即见壮热，遍体炎炎，头痛如劈。疫毒火邪侵入血分，迫血外溢于肌肤，故见斑疹透露于皮肤。斑疹松浮，洒于表面，不论色红或色紫、或色黑，都是邪毒外泄之象，一般预后良好。若斑疹如从皮里钻出，紧束有根，此乃邪气闭伏于里而一时不得外出之征，病多比较危重。若其色青紫，如紫背浮萍，且多见于胸背，则不仅疫毒深重，亦因气血不畅所致。疫疹之脉多数，这是由于暑热之疫，火热亢盛使然。如邪不太甚，正能胜邪，驱邪外出，则其脉多浮大而数；如邪气甚，正气不能胜邪，邪热闭于里，则脉见沉细而数，甚则若隐若现。邪毒郁伏愈深，则脉愈沉伏，所以暑热疫疹而见此等脉象，预后多属不良。

（二）阴毒疫疹

【临床表现】 如初起六脉细数沉伏，面色青惨，昏聩如迷，四肢逆冷，头汗如雨，头痛如劈，腹中绞痛，欲吐不吐，欲泄不泄，摇头鼓颌，则为闷疫。

【证因分析】 闷疫，是热毒深伏于里，不能透达于外的疫疹重证。疫毒闭伏而不外达，故见初起六脉细数沉伏，面色青惨；热盛神昏，故见昏聩如迷；热深厥亦深，故见四肢逆冷；火热上攻，故见头汗如雨，头痛如劈；疫毒闭伏于内，而不能畅达于外，故见腹中绞痛，欲吐不吐，欲泄不泄，甚则摇头鼓颌等症皆可出现。

三、瘟黄证候

瘟黄，是指伴有黄疸的传染性很强的急性传染病。本病多因感受"天行疫疬'之气，湿热时毒，燔灼郁蒸而成。《沈氏尊生书·黄疸》说："又有天行疫病，以致发黄者，俗称之瘟黄，杀人最急。"临床常有瘟黄重证和急证两类。

（一）瘟黄重证

【临床表现】 初起可见发热恶寒，随即猝然发黄，全身、齿垢、白睛黄色深染。重证患者变证峰起，或四肢逆冷，或神昏谵语，或神呆直视，或遗尿，甚至舌卷囊缩，循衣摸床，撮空理线。

【证因分析】　瘟黄，是时邪外袭，郁而不达，内阻中焦，脾胃运化失常，湿热蕴蒸于肝胆，逼迫胆汁外溢，浸渍肌肤而成。发病迅速，初起可见发热恶寒等表证的现象，随即出现猝然发黄，全身、齿垢、白睛俱黄，且黄色较深等热毒炽盛的症状。

瘟黄重证发病迅速且变化较多，如疫毒闭伏于内，热深厥亦深，故见四肢逆冷；热毒内陷心包，心神被扰，故见神志昏迷，谵言妄语；疫邪上扰清空，故见神呆直视；热盛神昏，而致膀胱不约，故见遗尿；热毒流窜肝经，筋脉受其煎熬，故舌卷囊缩；甚至热盛动风，而见循衣摸床，撮空理线等症状。所以《疫症条辨》说："疫证循衣、摸床、撮空，此肝经淫热也。"

（二）瘟黄急证

【临床表现】　发病急，来势猛，猝然发黄，全身尽染，常见心满气喘，命在顷刻。

【证因分析】　急黄是湿热疫毒伤及营血的危证，其发病急，来势猛，预后不良。《诸病源候论·急黄候》说："脾胃有热，谷气郁蒸，因为热毒所加，故猝然发黄，心满气喘，命在顷刻，故云急黄也。"

第三节　情志辨证

情志，是指喜、怒、思、悲、恐等情感。当外来的精神刺激过于强烈或持续过久，超过了正常活动范围，便可导致情志内伤病证的发生。综合分析患者的临床表现，从而辨别情志所伤的证候，称为情志证。

情志病证常与患者个性有关，而人事环境则为动因。不同的情志变化，对内脏有不同的影响。如《素问·阴阳应象大论》曰："喜伤心"、"怒伤肝"、"忧伤肺"、"思伤脾"、"恐伤肾"。情志病变亦可导致人体气机紊乱，故《素问·举痛论》指出："怒则气上"、"喜则气缓"、"悲则气消"、"恐则气下"、"惊则气乱"、"思则气结"。由于五脏之间存在着相互依存、相互制约的关系，情志所伤亦可相互影响，故临床见症亦颇复杂。辨证时除详查病因之外，还须细审脏腑见症。本节从五脏病变阐述情志所伤证候。

一、喜伤证候

喜为心之志，适度喜乐能使人心情舒畅，精神焕发，营卫调和。因过喜而导致心神失常的证候称为喜伤证候。

【临床表现】　喜乐无制，且见心神不安，精神涣散；甚或语无伦次，哭笑无常，举止失常，精神错乱。

【证因分析】　喜伤证候多因过喜伤心，引起心火太盛，或为痰热所扰而成。

"喜伤心"、"喜则气缓"。喜乐无制，超过正常限度，则心神受伤。过喜伤心，使心气弛缓，心主藏神，神不守舍，故见心神不安，精神涣散。故《灵枢·本神》说："喜乐者，神惮散而不藏。"若暴喜过度，情荡而不能收，可出现语无伦次，哭笑无常，举止失常，精神错乱等症。

二、怒伤证候

怒为肝之志，暂时而轻度的怒气，略有利于压抑情绪的发泄，或略有助于肝气的疏泄条达，不致为病。因过于愤怒而致肝的疏泄功能失常的证候称为怒伤证候。

【临床表现】 暴怒不止，且见头胀头痛，面红目赤，或见眩晕，甚至神昏暴厥，气逆呕血等症。

【证因分析】 怒伤证候，多因暴怒引起肝胆之气横逆而成。

"怒伤肝"、"怒则气上"。若过于愤怒，大怒不止，气则逆上，肝气升发太过，血随气涌，故见头胀头痛，面红目赤，或见眩晕；甚则气血并走于上，蒙蔽清窍，而出现神昏暴厥。肝失疏泄，横逆犯胃，胃气上逆，则见气逆呕血等症。

三、思伤证候

《灵枢·本神》："因志而存变谓之思，因思而远慕谓之虑。"所以思是意志反复思考的意思。因思虑太过，气机郁滞而致脾之功能失常的证候称为思伤证候。

【临床表现】 思虑过度，且见食欲不振，腹胀便溏，形体消瘦，甚至心悸怔忡，多梦健忘等症。

【证因分析】 思伤脾证候，多因思虑过度，伤及心脾而成。

"思伤脾"、"思则气结"。若思虑过度最易损伤脾胃，中焦气结不畅，脾胃纳运失常，则见食欲不振，腹胀便溏；脾胃亏虚，久则气血亏乏，形体失养，则见形体消瘦；思虑过度，暗耗营血，血不养心则心悸怔忡；血不养神则见睡眠不佳，多梦健忘等症。

四、悲伤证候

精气并于肺见悲，悲为肺之志。因过于悲忧，影响人体肺气生成所导致的证候称为悲伤证候。

【临床表现】 悲忧不解，且见情绪抑郁，神疲乏力；或精神委靡，呼叹饮泣；甚至面色惨淡，烦热躁乱。

【证因分析】 悲伤证候，多因悲伤过度以致气消，伤及肺心诸脏而成。

"悲伤肺"、"悲则气消"。如悲忧不解，肺气闭塞不行，则见情绪抑郁，神疲乏力等；过度悲伤，耗伤肺气，意志消沉，故见精神委靡不振，呼叹饮泣；气消而神亦涣散，故面色惨淡而神气不足；心肺之气郁结，营卫之气不得通利，郁久而化热，则见烦热躁乱之症。

五、恐伤证候

肾在志为恐，心之神下交，则肾有所主而志定；肾之精上奉，则心有所滋而神安。由于过度惊恐，肾伤精所导致的病证称为恐伤证候。

【临床表现】 恐惧易惊，心神不宁，甚至神志错乱，语言举止失常等，且可有遗精滑精、两便失禁等症，

【证因分析】 恐伤证候，多因恐惧过甚伤及肾和心肝等脏而成。

"恐伤肾"、"恐则气下"。肾伤精却，肾精不能上奉，则有恐惧易惊，心神不宁之症，甚至出现神志错乱，语言举止失常等症状。肾居下焦，主藏精，司两便之开合，故惊恐伤及人

之肾气，则见遗精滑精，两便失禁等肾气不固的症状。

第四节　饮食劳逸辨证

饮食、劳动和休息是人类赖以生存和保持健康的必要条件。但饮食失节，过量饮酒都能伤害胃肠，所以《素问·痹论》说："饮食自倍，肠胃乃伤"；过劳则气耗，过逸则气隋，劳逸失当，使气血、筋骨、肌肉失其常态；房劳太过，耗竭其精，亦能造成虚损等病。饮食劳逸辨证是辨别由于饮食失节、过劳过逸、房劳精伤所致的病证。

一、饮食所伤证候

饮食所伤证候，指因饮食不节，或饮酒无度所致的证候。临床一般又分为食伤、饮伤和虫伤三类证候。

（一）食伤证候

食伤的原因有过食生冷瓜果鱼腥寒物者；有过食辛辣炙煿酪热者；又有壮实之人恣食大嚼者；有虚弱之人贪食不化者；有因久饥大食大啖以致食滞者。

【临床表现】　腹胀气逆，胸膈痞塞；或吞酸嗳气，如败卵臭；或呕逆恶心，欲吐不吐，恶闻食气；或胃脘作痛，手按腹痛；或泄泻黄臭，而腹痛尤甚。

【证因分析】　食为有形之物，阻滞中焦，气机不畅，则腹胀气逆，胸膈痞塞；食积于胃，郁而为热，热与胃液相煎，则吞酸嗳气，如败卵臭；食滞与热相搏，胃气失于下降，则呕逆恶心，欲吐不吐，恶闻食气；食滞胃脘，气不通降，不通则痛，则胃脘作痛，手按腹痛；若食与热下迫于大肠，则泄泻黄臭而绞痛尤甚。

（二）饮伤证候

饮即茶汤、酒水之类。因饮酒过多而致的证候称之为饮伤证候。

【临床表现】　伤饮者脾虚泄泻，腹中胀满，烦渴肿胀。若伤于酒，则身热尿赤，轻者头痛眩晕，呕吐痰逆，神昏闷乱，胸满恶心，饮食减少，小便不利；重者醉后战栗，手足厥冷，不省人事，又称酒厥。

【证因分析】　伤饮者耗伤脾胃，引起水液停留不能运化，故而脾虚泄泻，腹中胀满，烦渴肿胀等症。伤酒者，则生痰益火，耗气损精。当酒入于胃，则脉络满而经脉虚，酒气与谷气相搏，热盛于体内，故身热而尿赤。酒性辛热燥烈，灼气耗精，故其病轻者，出现头痛眩晕，呕吐痰逆，神昏烦乱，胸满恶心，小便不利等；大醉则辛烈酒性，燥灼于中，而经气郁结而奔聚于内，故能使人忽然战栗，手足厥冷，不省人事而成"酒厥"。

（三）虫伤证候

虫伤指因吞食不洁之物而引起的肠道寄生虫病。临床以蛔虫、蛲虫病最为普遍。

【临床表现】　蛔虫病者，脐腹作痛，时痛时止；严重时腹痛甚剧，并可触到条索状物，时聚时散；脘腹疼痛，甚则呕吐，其手足厥冷者为蛔厥。蛲虫病者，以肛门奇痒为主症，因痒而致睡不安；病久则面色萎黄，神疲乏力。

【证因分析】　蛔虫、蛲虫病的发生，都是由于吞食不洁的食物，虫卵从食物进入人体，寄生于肠道，以致湿热内聚生虫。虫积日久则影响脾胃的正常受纳和运化功能，而致食物不振，腹痛阵作。如蛔虫窜动肠道则脐腹作痛，虫静则痛亦止。所以，其痛以时痛时止为特点。虫聚则气不通，在疼痛的时候，腹部可触及条索状物，若虫窜散则索状物消失，故腹部触诊时索状物又有时聚时散的特点。如蛔虫上扰于胃或窜入胆道，则脘腹痛剧，甚则呕吐；气机闭塞，手足厥冷，则形成蛔厥证候。若蛲虫寄生肠道，夜则窜出肛门产卵，故致肛门奇痒；久则酿成湿热，郁滞脾胃，亦可导致面色萎黄，神疲乏力等症状。

二、劳逸所伤证候

正常的劳动，有助于气血运行，筋骨劲强，增强体质，促进健康。而过劳与过逸，都能损伤元气，形成劳逸所伤证候。临床一般包括过劳、过逸和房劳三类证候。

（一）过劳所伤证候

因过度劳累，耗伤正气，积劳成疾所形成的证候。

【临床表现】 过度劳累，精神困顿，精疲力竭，甚则气喘心悸，虚热自汗，心烦不安等。

【证因分析】 《素问·举痛论》："劳则气耗。劳则喘息汗出，外内皆越，故气耗矣。"过度劳累，脏腑、经络内外之气，皆发越于肢体，久之其气耗竭，则精神困顿，精疲力竭。心气耗则悸，肺气损则喘。卫外之气发越不固，则自汗出。气虚则生内热。故《素问·调经论》："有所劳倦，形气衰少，谷气不盛，上焦不行，下脘不通，胃气热，热气熏胸中，故内热。"由于心神失养，故又可出现心烦不安的现象。

（二）过逸所伤证候

过逸所伤证候，是指长期体力上不活动和脑力上的松懈，使脏腑气血失调，气机不畅所致的病证。

【临床表现】 肢体乏力，易于疲劳，动则喘喝，心悸气短，食纳减少，脘痞腹胀，肌肉松软，形体虚胖等。

【证因分析】 过逸，则气血运行不周，肌肉松缓，筋骨脆弱，故常感肢体乏力而易疲劳；由于元气运行不周，稍事活动或活动加重时，则气短难继，故动则喘促，心悸短气；过逸则脾气亏虚，运化失调，则食纳减少，脘痞腹胀；水谷精气，停聚于肌腠之间，则体肥而行动迟缓。

（三）房劳所伤证候

房劳所伤证候，是因房事太过，或醉以入房，以致精、气、神耗伤所形成的证候。

【临床表现】 头晕，耳鸣，神疲，气弱，腰膝酸软，心悸怔忡；男子阳痿，梦遗，滑精；女子经少，梦交，宫寒不孕。

【证因分析】 房事太过，耗损肾精，肾精不足，无以生髓，髓海空虚，元神失其所养，真气涣散，故头晕、耳鸣、神疲、气弱；腰为肾之府，肾之精气既亏，髓失所生，骨失所养，则腰膝酸软；肾精亏于下，心气动于上，故心悸怔忡；肾为真阴、真阳之所寓，肾阳不足，真火失其温煦之能，故男子阳痿、滑精，女子经少、宫寒不孕。肾阴不足，真火失其润养，虚火浮越，则男子梦遗，女子梦交。

第五节　外伤辨证

外伤，包括金刃、跌仆伤以及虫兽咬伤。各种创伤的共同病理特征：轻则皮肤、肌肉创伤，血脉瘀阻，出现局部疼痛、瘀斑、血肿、出血等；重则损伤筋骨内脏，发生骨折、关节脱位，内脏出血或破裂，甚至中毒、虚脱等。故《疡医证治准绳，跌扑伤损》说："打扑、金刃损伤，是不因气动而生于外，外受有形之物所伤，乃血肉筋骨受病……所以损伤一证专从血论。"

一、金刃所伤证候

金刃所伤，指金属器刃损伤肢体所致的创伤的证候。除有局部的创伤、出血、疼痛之外，亦可伤筋、折骨，甚至引起虚脱、创伤感染以及破伤风等。

【临床表现】　有明确的金刃损伤史，局部破损虫伤，或红肿疼痛；若伤筋折骨，则疼痛剧烈，肿胀明显；或出血过多，则出现面色苍白，头晕眼花，脉微等虚脱证候；如有寒热，筋惕，牙关紧闭，面如苦笑，阵发抽搐，角弓反张，痰涎壅盛，胸腹胀闷等症状为破伤风。

【证因分析】　金刃伤之轻者，局部皮肉破损、流血、血渗肌肤、瘀积肿痛；重者伤筋折骨，疼痛剧烈，血出不止。血出过多，则气随血脱，致出现面色苍白，头晕，眼花，脉象微弱等虚脱证候。创伤后，若风毒之邪从创口侵入，袭于经络，营卫失调，邪气郁闭，则寒热，筋惕；邪郁动风，则牙关紧闭，面如苦笑，风气相搏，袭于肢体，则阵发抽搐；风搏而经腧不利，则角弓反张；风邪内搏，聚液成痰，则痰涎壅盛，胸腹胀闷，而成为"破伤风"。

二、虫兽所伤证候

虫兽所伤证候，指毒虫、毒蛇、狂犬等蜇伤或咬伤证候。

【临床表现】　有明确的虫兽伤病史。毒虫蜇伤，局部红肿疼痛，发疹，或牵四肢皆痛，麻木；重则头晕，倒仆。如虫以其毛刺蜇人，则蜇处作疹，甚痛。毒蛇咬伤，局部有齿痕，或肿痛或麻木，起水泡，甚至创口坏死，形成溃疡，严重者出现全身中毒症状。狂犬咬伤，局部创口肿痛出血，病发时有怕风、怕光、恐水、畏声等症。

【证因分析】　毒虫蜇伤，《诸病源候论·杂毒病诸候》载有蜂、蝎蜇；蚕蜇、蜈蚁蜇、蛇虫蜇等。人被蜇后，其毒从伤口侵入，开始聚于局部，使局部红肿作痛，或发疹，或牵引四肢皆痛、麻木；继而虫毒随营卫之气，袭入经络，则出现头昏、倒仆等严重症状。

毒蛇咬伤，由于蛇毒有风毒和火毒之分，其临床表现也不一样。含有风毒的毒蛇咬伤以后，局部不红不肿，无渗液，微痛；甚至局部麻木，常易被忽视。多在咬伤后 1～6 小时出现全身症状，轻者头晕、汗出、胸闷、四肢无力；严重者出现瞳孔散大，视力模糊，语言不清，流涎，昏迷等。含火毒的毒蛇咬伤后，伤口剧痛，肿胀，起水泡，甚至伤口坏死出现溃疡，且有寒战，发热，肌肉酸痛，皮下出血，衄血，吐血，便血，继而出现黄疸等。

狂犬咬伤，其毒从伤口侵入人体，潜伏于内，经过 7～10 天，或几个月乃至一年以后发病，被咬伤的伤口愈深，愈近头部则潜伏的时间愈短，发病愈快。病毒发作，毒势弥漫，上犯元神之府，扰及清窍，出现狂躁不安，恐惧，畏风，怕光，畏声，恐水等。

三、跌扑所伤证候

跌扑所伤证候，指跌扑、坠堕、撞击、闪挫扭掊压扎等引起的损伤证候。

【临床表现】　有损伤病史，局部红肿疼痛，瘀血；若被重物压扎或挤压，或从高处坠下，可致吐血、尿血；若坠堕时头颅着地，骨陷伤脑则眩晕不举，戴眼直视，口不能语，甚至昏厥。

【证因分析】　跌扑伤的病理，主要是由跌扑时气血郁滞，除局部疼痛，瘀血或肿胀外，其病变要视跌扑时损伤的部位及其是否伤及内脏而定。如跌扑挤压于胸部，严重者除胸廓损伤外，内及心肺，则现心肺的症状，或口鼻出血。又如从高坠下，头颅着地，颅骨粉碎，骨陷伤脑，则现戴眼直视，甚至昏厥等。故《医宗金鉴·正骨心法要旨》说："顶骨塌陷，惊动脑髓，七窍出血，身挺僵厥，昏闷全无知觉者，不治。"

自 学 指 导

【重点难点】

1. 风、寒、湿三证的临床特点。

风性轻扬，易犯人体上部和体表；且风性开泄，使人肌肤疏松，而见汗出恶风；风性善行，常使病势游走不定；风性数变，表现为发病急变化多，传变快。

寒性清冷，伤阳气而见寒象；寒性凝滞、气血不通而见痛；寒性收引，收敛，而见无汗。

湿性重着，遏伤阳气使人沉重酸困；湿性粘滞，阻遏气机，病势粘滞，缠绵难愈；湿性秽浊，为病则分泌物或排泄物秽浊不清；湿性趋下，易袭阴位，多见下部病变。

2. 燥、暑、火三证的临床特点。

燥性干涩，易伤津液而见官窍、皮肤干燥，毛发不荣；燥易伤肺，致肃降失司，而见干咳少痰。

暑性炎热，阳热亢盛，见汗出高热；暑热炎蒸，易耗液伤津；暑多挟湿，除暑热外，还有暑湿之症。

火性燔灼，易伤津耗气、火扰元神使人烦乱；动血则吐血衄血；生风则抽筋；火毒壅盛导致肿疡；火性急迫具有发病急，变化快的特点。

3. 疫疠有强烈的传染性，临床有瘟疫、疫疹和瘟黄之别，应注意区分。

4. 喜、怒、思、悲、恐情志所伤致病特点。

情志伤人致病临床特点表现为直接伤及人体内脏，病自内而发，故"喜伤心"、"怒伤肝"；其二影响气机运行，如怒则气上，喜则气张，悲则气消，思则气结，恐则气下，惊则气乱。

5. 饮食与劳逸的发病病机分析。

饮食所伤主要是影响脾胃运化功能，最终致气血虚弱而病。劳逸过度则往往是直接导致气血耗伤，运行失调而病。

【复习思考题】

1. 风邪袭表与风邪犯肺其表现有何不同？
2. 试分析比较寒邪犯表、寒袭经络，寒中于里三证病机特点。
3. 阴暑和阳暑、伤湿和冒湿怎样区分？
4. 火淫证候与温燥有何区别？
5. 何谓疫疠？暑热疫毒与温热疫毒如何区分？
6. 情志所伤的常见证有哪些？各有何临床表况？
7. 饮食劳逸为什么能致病？其证候表现各如何？

【参考文献摘录】

1. 清·王燕昌《王氏医存·六淫所在为病大略》：风在皮毛作疮，在肌肉作麻，在筋作痛，在骨作响。寒在皮毛作栗，在肌肉作木，在筋作痰，在骨作痛。暑在皮作灸，在肌肉作热，在筋作缓在骨作软。湿在皮毛作黄，在肌肉作肿，在筋作痿，在骨作重。燥在皮毛作干，在肌肉作瘦，在筋作露，在骨作柴。火在皮毛作燎，在肌肉作疼，在筋作痛，在骨作蒸。

2. 程国彭《医学心悟·六气相杂须辨论》：世间之病，人皆曰伤寒最难，而非难也，难莫难于六气之相杂而互至耳。六气者，风、寒、暑、湿、燥、火是也，然冬月致病只三，风、寒、火是也。春兼四字，风、寒、湿、火是也，夏兼五，字风、寒、暑、湿、火是也，秋只四字，风、寒、燥、火是也，其有非时之燥湿，则又天之变气也。大抵气愈杂则其治愈难，吾姑即夏间之五气而明辨之。五气既明，则其少者不烦言而已解。假如脉浮数，自汗，头痛，发热而恶风者，伤风也；脉浮紧，无汗，头痛，发热而恶寒者，伤寒也。此随时感冒，虽在暑月，亦必有之。亦有纳凉饮冷，脏受寒侵，遂至呕吐痛泻，脉沉迟，手足厥冷，口鼻气冷，此乃夏月中寒之候，反因避暑太过而得之也。至于暑症，乃夏月之正病，然有伤暑、中暑、闭暑之殊。伤暑者，病之轻者也，其症汗出、身热而口渴也；中暑者，病之重者也，其症汗大泄，昏闷不醒，蒸热齿燥，或烦心喘喝、妄言也；闭暑者，内伏暑气，而外为风寒闭之也，其头痛身痛，发热恶寒者，风寒也，口渴烦心者，暑也。其有霍乱吐泻而转筋者，则又因暑而停食、伏饮以致之也。然停食、伏饮，湿气也，或身重体痛，腹满胀闷，泄利无度，皆湿也。风寒暑湿，四气动而火随之，是为五气。所谓夏兼五字者以此。

然而各字分见，其为治也易，五字互见，其为治也难。假如风暑相搏，名曰暑风，其症多发抽搐。暑湿相搏，名曰湿温，其症头痛自汗，谵语，身重，腹满，足胫寒。风热相搏，名曰风温，其症自汗，身重，多眠，鼻息鼾，语言难出。湿气兼风，名曰风湿，湿气兼寒，名曰寒湿，其症骨节烦疼，不能自转侧。复有风寒挟湿，发为刚柔二痉，其症口噤，身反张。更有湿热相攻，发为五痿，其症痿废，不能自收持。此皆五气相兼而互见者也。又况冬月伤寒，伏藏于筋骨之间，至夏感热气而发者，名曰热病。天行不正之气，发作非时者，名曰疫气。更有病气相传染，沿门合境皆病者，斯为在人之疫，为寒尤多。夫此热病、疫病、传之脏腑，大便不通，则燥气随之，是五气之，中复兼六气矣。

3. 吴又可《温疫论》：疫者，感天地之疠气，在岁运有多少，在方隅有厚薄，在四时有盛衰，此气之来，无论老少强弱，触之者即病，邪恶自口鼻而入，则其所客，内不在脏腑，外不在经络舍于伏脊之内，去表不远，附近于胃，乃表里之分界，是为半表半里，即《内经·疟论》所谓'横连模原'者也……瘟疫之邪，伏于膜原，如鸟栖巢，如兽藏穴，营卫之所关，药石所不及，至其发也，邪毒渐张，内侵于俯，外淫于经，诸证渐显，然后可得而治之。方其浸淫之际，邪毒尚在膜原，必待其或出表，或入里，然后可导引而云，邪尽方或愈。所以，疫邪方张之际，势不可遏，但使邪毒速离膜原，便是治法。

4. 清·可梦淫《医碥》：怒，阳为阴闭不得伸则怒，如雷之奋于地也。震为雷，阳在阴下，阴雨则雷动，阴雨以气言之，则寒也；以象言之，则水也；水者，有形之物也。故人身阳气或为无形之寒气所闭，或为有形之痰血所遏，皆不得伸而郁为怒。经谓血并于上，气于下，则善怒是也……太息《经》曰：忧思则心系急，急则气道约，故太息以出之。气盛而郁则为怒，气不盛而郁则为太息。观《经》谓胆病者，善太息，口苦呕宿汁可知。太息之与怒，同属于郁矣。

喜笑不休。笑由于喜，喜属心则笑亦属心……悲属肺，悲则气降、肺主降，故属肺也……遇事而惊者，由于外也；因病而惊者，动于中也。心为热所乘则动而惊，而属之肝胆者，以肝主动，而胆虚则善惊也。心肝颏血以养，血虚则心之神无所依，肝之魂不藏，五脏之热皆得乘心而致惊……恐者，心之所怯也，盖心气虚使然。而属之肾者，恐则气下，故属肾也。《经》曰：精气并于肾，则恐是也。又属之肝胆者，以肝胆之气旺则上升，虚则下降，今恐而气下，是肝胆之气不足也。故勇者谓之且胆壮；怯者谓之胆小……

5. 明·龚廷贤《寿世保元·饮食》：夫食者，谓谷肉菜果之物也。《经》云：阴之所生，本在五味；阴五宫，伤在五味。谷肉菜果中，嗜而欲食之，心自裁制，勿使过焉！则不伤正矣。或有伤于食者，必先问其人，或因喜食而多食之耶？或因饥饿而急食之耶……如因喜食得之，当先和其胃气，胃气索强，损谷自愈，消导耗气之药，不必服也。如因饥饿得之，当先益其胃气，胃气强，所伤之物自消导矣。

第七章 气血津液辨证

【目的要求】

1. 掌握气虚证、气陷证、气滞证、气逆证，血虚证、血瘀证、血热证、血寒证，气滞血瘀证、气虚血瘀证、气血两虚证、气不摄血证、气随血脱证，津亏证、水停证、痰饮证的临床表现及其意义。

2. 熟悉气血津液辨证的含义及与脏腑的关系。

【自学时数】

12课时。

气血津液辨证，就是根据气、血、津液的生理活动和病理特点，从而辨认出疾病中有无气、血、津液方面的病变，及其病理改变的具体状况的辨证方法。

气血津液是生命活动的物质基础，宜充足协调，运行正常。如果因某些原因导致"气血不和，百病乃变化而生"（《素问·调经论》）；津液代谢异常，或亏虚损伤，或停聚不化，便可成为病证。

气血津液与脏腑是不可分离的。在生理上，气血津液是脏腑功能活动的物质基础，而其生成与运行又有赖于脏腑功能活动的正常。在病理上，脏腑的病理变化必然会导致气血津液的紊乱与亏虚，而气血津液的失常时，脏腑的功能活动必然受影响。所以，气血津液的病变，是不能离开脏腑功能的失调而存在的。掌握了气血津液病变的一般规律，可以为辨别脏腑病变的病理性质打下基础。

气血津液病证一般分为两个方面：一是气、血、津液的亏虚不足，如气虚、气陷、血虚等，属八纲辨证中虚证的范畴；一是气、血、津液的运行代谢发生障碍，表现为气滞、气逆、血瘀、水液停聚等，属八纲辨证中实证的范畴。气、血、津液之间有着密切的关系，因此，在疾病过程中，气、血、津液的病变之间可形成因果、兼并等病理关系，如气虚而致水停、气滞而致血瘀、痰饮阻滞气机、气血两虚、血虚津亏等，从而增加了病情的复杂性。

第一节　气血病辨证

一、气病辨证

气在这里一般指人体的功能活动。脏腑经络之功能宜强健，气机运行不息，升降有序。因此，气发生病变时，主要可概括为气虚、气陷、气滞、气逆四种。气虚、气陷属虚证，气滞、气逆属实证。

（一）气虚证

气虚证是指元气不足，脏腑组织的功能活动减退所表现的证候。

【临床表现】　神倦乏力，少气懒言，或头晕目眩，自汗，活动后诸证加重，舌淡，脉弱。

【证因分析】　常由久病、重病或劳累过度而使元气耗损；或因先天不足、后天饮食失调，而使元气生成匮乏；或因年老体弱，脏腑功能衰退而元气自衰等，均可导致气虚。

由于元气不足，脏腑功能衰退，故出现少气懒言、疲倦乏力；气虚不能上荣，则头晕目眩；卫气虚弱，不能固护肤表，故为自汗。《素问·举痛论》说："劳则气耗"，所以活动劳累时诸症加重。营气虚不能上承于舌，故舌淡嫩；气虚鼓动血行之力不足，故脉弱无力。

（二）气陷证

气陷证是指气虚无力升举，清阳之气应升不升，反而下陷所表现的证候。

【临床表现】　头晕眼花，少气倦怠，大便溏泄，腹部有坠胀感，脱肛或子宫脱垂等。舌淡、苔白，脉弱。

【证因分析】　本证常是气虚证的发展，凡劳倦用力过度、久病失养、形体消瘦等因素均可导致。

气虚而功能衰减，故气短倦怠；清阳之气不能上升，所以头目眩晕；脾气不健，清阳下陷，则见大便溏泄；气虚无力，失其升举之能，以致腹内脏器不能维持其固有位置，故见腹部坠胀，或见脱肛、子宫下垂等内脏下垂的现象。舌淡、脉弱等，均为气虚之征。

（三）气滞证

气滞证是指人体某一部分，或某一脏腑的气机阻滞、运行不畅所表现的证候。

【临床表现】　常见胸胁脘腹等处胀闷疼痛，时轻时重，部位不固定，可为窜痛、攻痛，胀痛常随嗳气、肠鸣、矢气后减轻，或与情绪活动有关。脉弦，可无明显的舌象变化。

【证因分析】　引起气滞的原因很多，如情志不舒，饮食失调，感受外邪，或用力闪挫等原因，均可引起气机失调；此外，痰饮、瘀血、食积等病理产物的阻塞，也可使气的运行发生障碍而致气滞，阳气虚弱，阴寒凝滞，亦可使脏腑经络之气机不畅，而成气滞。

气的运行发生障碍而不通，不通则痛，故气滞以胀闷疼痛为主要临床表现。由于气机阻滞，故疼痛表现为胀痛、窜痛、攻痛的性质；由于嗳气、矢气可使气机暂时得到通畅，故胀、痛等症可缓解；情志不舒常可导致或加重气滞，故症之轻重，每随情绪活动而改变。脉弦为气机不利，脉气不舒之象。由于引起气滞的病因的不同，发生病变的脏腑部位的不同，故其主候表现尚有各自的特点，临床应加以辨别。

（四）气逆证

气逆证是指气机升降失常，气上逆而不调所表现的证候。临床主要指肺胃之气不降而反上逆，肝气升发太过而为气逆的病理变化。

【临床表现】　肺气上逆的主要特点为咳嗽、喘息；胃气上逆则可见呃逆、嗳气、恶心、呕吐；肝气上逆则可见头痛、眩晕、昏厥、呕血，或感觉有气从少腹上冲胸咽。

【证因分析】　肺气宜肃降，若因感受外邪，或痰浊壅滞，使肺气不得清肃宣降，故上逆而出现咳嗽、气喘。

胃气以和降为顺，若因胃寒积饮，或痰湿阻滞，或食积于胃，或外邪侵犯胃腑，或其他脏腑（如肝、肠）的气机不调等，均可使胃气失于和降而反气逆，故出现嗳气、呃逆、呕吐、恶心等症。

肝气本应升发向上，但须调顺有制，而不能升发太过，若因情志不遂，大怒伤肝，而使肝气升发太过，气火上逆，则可见头痛、眩晕、昏厥、呕血等症；或因郁怒惊恐，而使肝经气机不调而逆乱，则可见气从少腹上冲胸咽之症。

二、血病辨证

血是指在脉管中运行的赤色液体，具有对全身各组织器官起营养、滋润的作用。血的病变，一方面是血液亏少，不能濡养机体；另方面是血液循行发生障碍，而为血瘀。血热与血寒，是由于热邪或寒邪侵及血脉，影响血流运行的病变。

（一）血虚证

是指由血液亏虚，不能濡养脏腑、经络、组织而表现的证候，称为血虚证。

【临床表现】　面色淡白或萎黄无华，唇色淡白，爪甲色淡，头晕眼花，心悸多梦，手足发麻，妇女经血量少色淡、经期推迟甚或经闭，舌质淡，脉细无力。

【证因分析】　引起血虚的原因，一是失血过多，新血一时未及补充，二是生血不足，如脾胃运化功能减退，食物精微缺乏，以致气血无源；三是劳神思虑太过，以致阴血暗耗；四是瘀血阻塞脉络，引起新血生化障碍；五是久病、大病等，伤精耗气，化血之源枯竭。

血虚不能濡养头目，上荣面舌，故见头晕眼花，唇舌色淡，面色淡白或萎黄；血不养心、养神，心神不宁，故心悸、多梦；血少不能濡养经脉、肌肤，则手足发麻、肤涩、指甲色淡；血海空虚，冲任失充，故妇女月经量少、色淡，经期推迟，甚或经闭；血虚无以充盈于脉，故脉细无力。

（二）血瘀证

凡离开经脉的血液，不能及时排出或消散，而瘀积于某一处；或血瘀运行受阻，瘀积于经脉或器官之内，呈凝滞状态者，均属瘀血。由瘀血内阻而引起的病证，称为血瘀证。

【临床表现】　疼痛，其痛如针刺刀割，痛处不移而拒按，常在夜间加重。肿块在体表者，常呈青紫色肿块，在腹内者，可触及较坚硬而按之不移的肿块（称为癥积）。出血血色紫暗或夹有血块，或大便色黑如柏油。或面色黧黑，或唇甲青紫，或皮下紫斑，或肌肤甲错，或腹部青筋外露，或皮肝出现丝状红缕（皮肤显露红色脉络，如红丝缠绕）。妇女常见经闭或崩漏。舌质紫暗或见紫斑、紫点，或舌边有青紫色条状线，脉象细涩。

【证因分析】　形成瘀血的原因很多，一是外伤、跌仆及其他原因造成的体内出血，离经之血未能及时排出或消散，蓄积而为瘀血；二是气滞而血行不畅，或是气虚而运血无力，以致血脉瘀滞；三是血寒而使血脉凝滞，或血热而使血行壅滞或血液受煎熬，以及湿热、痰火阻遏，脉络不通，导致血行不畅而成瘀血。

由于瘀血内积，使气血运行受阻，造成机体某一部分的气血不通，不通则痛，故疼痛是血瘀证的突出症状；其痛具有刺痛、固定不移、拒按的特点，皆因有形瘀血停积于局部，气血不得通达之故；由于夜间血行较缓，瘀阻加重，故夜间痛甚。积瘀不散而凝结，则可形成肿坟，血未流行，故外见肿块色青紫，内部肿块触之坚硬不移。出血是由于瘀血阻塞脉络，使血液不能循经运行，而溢出脉外之故，由于所出之血停聚未行，故色呈紫暗，或已凝结而为血块。瘀阻脉络，血行障碍，全身缓慢而持久地得不到气血的温煦濡养，故可出现面色黧黑、口唇、舌体、指甲青紫色暗等体征。瘀久不消，血液亏少，营血不能濡润滋养肌肤，则皮肤粗糙干涩，状如鳞甲。瘀血内阻，冲任不通，则为经闭。丝状红缕、青筋显露、脉细涩等，皆为瘀阻脉络，血行受阻之象。

（三）血热证

血热证是指火热内炽，侵迫血分，使血液妄行或局部血行壅滞所表现的证候。

【临床表现】　咳血、吐血、衄血（如鼻衄、齿衄、舌衄、肌衄）、尿血、便血，妇女月经提前、量多、心烦、口渴、身热，或局部疮疖红、肿、灼痛，舌红绛，脉滑数。

【证因分析】　由于感受火热病毒，或情志郁而化火等，使火热之邪内炽，侵犯血分，以致血行失常，而成此证。在外感热病辨证中，有热入血分的"血分证"，亦是指血热，但与此处所指血热在概念上不全相同。此处所指血热主要为内伤杂病，或为感受一般火热之邪而为病；外感热病之血热，是温热病发展过程中最为深重的阶段，反映了温热病传变的阶段性。

由于热邪内炽，迫血妄行，血液冲破脉络，故表现为各种出血症，血热所致出血，具有势较急、量较多、色深红的特点；火热炽盛，灼伤津液，故身热口渴；火热内扰心神则心烦；火热邪毒积于局部，灼血腐肉，使局部血液壅积，则见红肿灼痛；热迫血行，壅于脉络，则舌红绛、脉滑数。

（四）血寒证

血寒证是指寒邪客于血脉，凝滞气机，血行不畅而表现的证候。

【临床表现】　手足或少腹冷痛，喜暖畏寒，得温痛减，手足厥冷，肤色青紫，妇女月经衍期、痛经、经色紫暗夹有血块，舌淡紫，苔白，脉沉迟而涩。

【证因分析】　由于外感寒邪；而凝滞气血，或因阳虚生寒，不能温运血脉所致。

《素问·举痛论》说："寒则气收"、"寒气入经而稽迟，泣而不行，客于脉外则血少，客于脉中则气不通，故猝然而痛"。因此，寒邪客于血脉，则使气机凝滞、血行不畅，故手足、少腹冷痛；"血气者，喜温而恶寒，寒则泣不能流，温则消而去之"（《素问·调经论》），故遇寒痛增，得温痛减；寒凝胞宫，冲任阻滞，血行瘀塞，故妇女少腹冷痛、经期推迟、经暗有块，甚或经闭；四肢厥冷、肢端青紫、舌淡紫、脉迟而涩等，皆为寒邪阻滞血脉，气血运行不畅之征。

三、气血同病辨证

气属阴，血属阴；"气主煦之，血主濡之"（《难经·二十二难》）；气为血帅，血为气母。

两者密切相关，在生理上维持协调平衡，在病理上亦常互相影响，或为同时发病，或为先后因果。临床常见气血同病的证候有气滞血瘀、气虚血瘀、气血两虚、气不摄血、气随血脱等。

（一）气滞血瘀证

是指由于气滞而致血行瘀阻表现的证候。

【临床表现】　胸胁胀满走窜疼痛，性情抑郁或急躁，并兼胁下痞块刺痛拒按，妇女可见经闭，或痛经，经色紫暗夹有血块，乳房胀痛等症，舌质紫暗或有紫斑，脉弦涩。

【证因分析】　多由情志不遂，或闪挫外伤，或痰湿、寒邪等阻滞，使气机郁滞，血行障碍而成。

肝主疏泄而藏血，与情志活动关系密切，情志不遂，则肝气郁滞，疏泄失职，故情绪抑郁或急躁，胸胁胀满、走窜作痛；气为血帅，气滞则血行不畅，气血瘀滞，故见痞块疼痛拒按，舌紫暗或有紫斑，以及妇女痛经、经闭，经质色暗有块，乳房胀痛等症；脉弦涩，亦是气滞血瘀之征。

（二）气虚血瘀证

是指由于气虚运血无力，而致血行瘀滞所表现的证候。

【临床表现】　身倦乏力，少气懒言，或有自汗，胸腹或其他局部有固定痛处、刺痛不移、拒按，面色淡白，舌质淡紫或有紫斑，脉沉涩无力。

【证因分析】　由于各种原因导致脏腑气机衰减，气虚则运血无力，以致血行不畅而瘀滞。

身倦乏力、少气懒言、自汗、舌淡、脉搏无力等，是功能减退的气虚证候；刺痛固定、拒按、舌紫暗或有紫斑、脉涩等，是有血瘀的主要指征。

（三）气血两虚证

是指气虚与血虚同时存在的证候。

【临床表现】　少气懒言，神疲乏力，或有自汗，心悸多梦，头晕目眩，面色淡白或萎黄，舌质淡嫩，脉细无力。

【证因分析】　多由久病不愈，气血两伤；或先有血虚，气失化生之源而随之虚乏；或先因气虚，不能生化而继见血少，均可导致气血两虚。

少气懒言、乏力、自汗、脉弱等，是气虚的主要表现；面白或萎黄、舌淡、脉细等，是血虚的症状；气血亏虚，不能养心、养神、上荣头面，故有心悸、神疲、多梦、头晕眼花等症。

（四）气不摄血证

是指由于气虚不能统摄血液而表现以出血为主症的证候。

【临床表现】　有便血、或肌衄、或齿衄、或妇女崩漏等出血症，并见气短，倦怠乏力，面色淡白或苍白，脉弱或微，舌质淡白等症。

【证因分析】　由于久病、劳倦、脾虚等导致气虚，以致气不能统摄血液的运行，而血溢脉外，成为气不摄血证。

气为血帅，气能统摄血液，使之正常地循环于经脉之中，而不致溢出于脉外。在有出血症状的同时，或在其先就有气短、倦怠、乏力等气虚症状，故知其出血系由气不摄血之故。气虚再加失血，故见面色苍白、脉弱或微、舌淡等症。

（五）气随血脱证

是指由于大量出血而引起气随之暴脱的危重证候。

【临床表现】 大量出血的同时，见面色苍白，四肢厥冷，大汗淋漓，气息微弱，甚至昏厥，脉微欲绝、或芤、或散，舌淡。

【证因分析】 常由外伤，或妇女血崩、产后，或内脏破损等突然大量出血所致。

血为气母，血脱则气无所附，故气亦随之而脱。气脱阳亡，不能温煦固护肤表，则冷汗淋漓；阳气不能达于四末，所以四肢厥冷；气血不能上荣，故见面色苍白，甚至昏厥，血脉失气血之鼓动与充盈，故脉微或芤。

第二节　津液病辨证

津液是体内各种正常水液的总称，津液的生成、输布与排泄，主要与肺、脾、肾等脏腑的气化作用在关，津液具有滋润、濡养和平衡阴阳等功能。

津液的病变，可以由各种病因的侵扰而导致，亦可由脏腑功能的失常而形成。津液的生成不足或丧失过多，就会出现伤津、脱液，不能起到滋养濡润和调控阳气的作用，若输布、排泄障碍，就会导致水液停聚，而表现为痰饮、水肿等，进而影响脏腑的功能。

一、津亏证候

津液亏虚不足是指体内津液亏少，脏腑组织失却津液的滋润濡养所表现的证候。

津液损伤程度较轻者，一般称为伤津、津亏；津液损伤程度较重者，一般称为脱液、液耗。津液不足，失其滋润作用，多从燥化，故又属燥证的范畴。津液是整个体内阴液的重要组成部分，津液不足可以发展成为阴虚，故可将其归属于阴虚之内。

【临床表现】 口燥咽干，唇焦或裂，眼眶凹陷，皮肤干燥甚或枯瘪，渴欲饮水，小便短少，大便干结，舌红少津，脉细而数。

【证因分析】 多由高热、大汗、大吐、大泻、多尿以及燥热灼伤津液所致，亦可因饮水过少、脏气虚衰，津液生化不足而形成。

津液有滋润肌肤，濡润空窍的作用，津液亏少，则不能充养滋润组织官窍，故见口燥、咽干、舌干、唇焦，渴欲饮水，皮肤干燥甚或枯瘪，眼眶凹陷等一派干燥无津的症候；津液亏则尿无化源，故小便短少，大肠不得津液的滋润，则大便燥结；液少不能制阳，或本有火热之邪，故见舌红、脉细而数。

二、水停证候

由于脏腑气化失常，不能对水液进行正常的输布与排泄，以致水液停聚体内，从而成为病理性产物。水液停聚的病理产物，实际包括痰、饮、水、湿四种，因湿在病因辨证中已讨论，故此处只讨论水肿和痰饮所导致的证候。

由于肺脾肾输布水液的功能失常，以致水液停聚肌肤而出现的病证，称为水肿。临床分阳水、阴水两大类。

（一）阳水证

由外邪侵袭，病程短，属实证之水肿，为阳水证。

【临床表现】　头面浮肿，先从眼睑开始，继则遍及全身，来势迅速，小便短少，皮肤薄而光亮，常伴见恶风、恶寒、发热、肢体痛楚、咽痛等症，苔白，脉浮紧。或全身水肿，来势较缓，按之没指，肢体沉重困倦，小便短少，脘腹痞闷，纳呆，泛恶欲吐，舌苔白腻，脉濡缓。

【证因分析】　由风邪外袭，肺失宣降，水道不通，而发为急性水肿，或因湿邪内侵，阻碍脾的运化功能，导致水湿停聚而为水肿。

肺气肃降，能通调水道，而为水之上源，若外邪束肺，使肺气宣降失司，上窍不开，则水道不通，下窍不泄，故见尿少而突起水肿；恶寒发热，肢体酸痛，咽痛，脉浮紧等，是外邪束表，肺气不宣的表现。湿为阴邪，能阻遏脾阳，脾阳为湿邪所困，则运化失职，水湿不能及时消散排泄，则聚而为水，泛溢肌肤，发为水肿，肢体沉重困倦，小便短少；水湿阻滞中焦，气机升降失常，则见脘腹痞闷、纳呆、泛恶欲吐等症。

（二）阴水证

由病久体弱，脾肾阳气虚衰，属于虚证之水肿，为阴水证。

【临床表现】　水肿腰以下为甚，按之凹陷不起，小便短少。脘闷腹胀，纳呆便溏，神倦肢困，畏冷喜温，或腰膝冷痛，四肢厥逆。面色㿠白，舌淡胖，苔白滑，脉沉迟无力。

【证因分析】　由于劳倦内伤，房室不节，或病久正虚，过用攻伐等，导致脾肾阳气衰败，不能气化水液，而致水液泛溢肌肤，发为水肿。

脾阳能转输水液，命火能气化水液而分别清浊，脾阳衰则运化无权，故见纳呆、腹胀、便溏；肾阳衰则无火温煦，故见腰膝冷痛、畏冷肢厥；水停肌肤组织，故见水肿、面色㿠白、舌淡胖。

三、痰饮证候

痰和饮，是由水液停积凝聚而形成的病理产物，可以为病多端。由痰饮停聚所致的病证，称为痰饮证。

（一）痰证

痰为水液停聚凝结，而质地较稠厚者的病理产物。痰阻于局部或流泛全身而为病者，是为痰证。

【临床表现】　咳嗽咯痰，痰质粘稠，胸闷呕恶，脘痞纳呆，头目晕眩，或神昏而喉中痰鸣，或神乱而为癫、狂、痴、痫，或为瘰疬、瘿瘤、乳癖（乳房内生痞块）、痰核等，舌苔腻，脉滑。

【证因分析】　痰的形成，是由诸种因素（如外感六淫、饮食不当、情志刺激、过劳纵逸体虚等）影响肺、脾、肾的气化功能，以致不能输布水液而停聚，凝结久而成痰。如肺失宣降，不能敷布津液，水液凝滞或被煎熬，则生成为痰；脾失健运，则水湿停蓄，凝聚日久转变成痰；肾阳不振，不能助脾运化，或肾阴亏虚，虚火煎灼津液，亦可生成痰。

"肺为贮痰之器"，说明痰易停聚于肺，而见咳嗽、胸闷、咯痰等症；脘痞、纳呆、泛恶欲呕等，是痰湿中阻，气机不畅的表现；痰质粘稠，流动性小而难以消散，故痰停积于局部，则可见瘰疬、瘿瘤、乳癖、痰核等症；痰亦可随气而流窜全身，痰浊蒙蔽清窍，清阳不升，则头晕目眩；痰浊蒙蔽心神，则神昏而痰鸣，或发为癫、狂、痴、痫等病；苔腻、脉滑、为痰浊内阻的表现。

（二）饮证

饮为水液停聚凝结，而质地较痰清稀的病理产物。由饮邪停积于胃肠、心肺、胸胁间、组织间等处所致的病证，即为饮证。

【临床表现】 脘腹痞胀，水声漉漉，泛吐清水；或咳嗽气喘，痰多而稀，胸闷心悸，甚或倚息不能平卧；或胸胁饱满，支撑胀痛；或头晕目眩，小便不利，肢体浮肿、沉重酸痛。苔白滑，脉弦。

【证因分析】 饮为脏腑功能失调，以致水液停积凝聚而成。其病多由中阳素虚，或胸阳不振，复加外感风寒水湿之邪、饮食劳倦所伤等，以致水液的转输、敷布发生障碍，从而停聚为病。

《金匮要略》根据饮邪停聚于机体部位的不同，而将饮分为四种：饮停于胃肠，则见脘腹痞胀、水声漉漉、时吐清水，谓之“痰饮”（狭义的痰饮，为四饮之一）；饮停于胸胁间，则见胸胁饱满，咳嗽时牵引作痛，谓之“悬饮”；饮停于心肺，可见咳嗽吐痰多而清稀，心悸、胸闷、气喘，甚至不能平卧，谓之“支饮”；水饮留滞于四肢肌肤，则见肢体浮肿、沉重酸痛，小便不利，谓之“溢饮”。饮阻清阳，故头晕目眩。饮阻气机，则脉弦。

自 学 指 导

【重点难点】

1. 气滞证的病理。

气滞其主要证候是胀窜作痛（脘腹胸胁等处胀闷或胀痛，或走窜攻痛），且往往与情绪活动有关。气滞属实证范畴。实证的病理改变主要可归纳为两类：一是病势的亢奋，如壮热不退、剧痛拒按、呕泄便闭、声高气粗、脉实有力等，一般是邪正斗争激烈，气机阻滞的表现，多属“无形”之邪，如寒凝、热扰、阳亢、气滞等所致。二是病邪的壅聚，如痰阻湿困、水饮内停、虫积食积、燥屎秘结、结石梗阻、瘀血内留等有形的病理产物都属实邪，这些实邪致病后一般是为实证，但因正气的强弱不同，可以出现夹杂等情况。

2. 血瘀证的证因特征。

血液运行不畅而瘀滞于经脉、器官之内，或离经之血未及时排出、消散而瘀积于体内，均属“瘀血”。由于瘀血而引起病证，称为“血瘀证”。“瘀血”作为一种病理产物，它是许多原因所导致的结果，主要有四个方面：①外伤（跌打损伤等），内伤（如咳伤肺络），使脉络受损，血溢脉外，蓄积为瘀。②气机阻滞，血液运行不畅而为瘀。③气虚推动无力，血行缓慢，久而成瘀。④还可由寒邪、火热煎熬、痰浊阻滞等原因，影响血液运行而形成瘀血。

血瘀证的临床表现常随阻滞的部位不同而有差异，但其共同特点可归纳为：①疼痛呈刺痛或钝痛，部位固定，痛处拒按。②外伤者，常于伤处见到青紫色血肿，瘀血积聚于脏腑组织，日久可结癥积肿块，触之坚硬。③皮肤、白睛、舌体出现瘀点瘀斑。④出血色紫暗或夹有血块。此外，还可有脉涩或脉结代等，若瘀滞日久，有时可见肌肤甲错，面色黧黑等症。临床辨证时，不仅要抓住上述证候特点，还要注意其瘀滞部位及伴随的全身症状之不同，从而做出正确的结论，施之以恰当的治疗。

3. 阳水证的特征。

阳水肿指水肿之病短而属实的证候，以头面浮肿，先从眼睑开始，继而遍及全身，来势迅速，小便短少，皮肤薄而光亮，常伴见恶风（恶寒），发热咽痛，肢体酸楚，苔白，脉浮；或全身水肿，按之没指，肢体困重，小便短少，脘腹痞闷，纳呆欲吐，舌苔白腻，脉濡缓等为证候特征。阳水肿多由外邪侵袭所致。以水肿突起，来势迅速，小便短少，皮薄光亮，病程短，体壮实为特点，病位主在肺脾。

4. 阴水证的特征。

阴水肿指水肿之病程长而属虚的证候，以水肿腰以下甚，按之凹陷不起，小便短，脘腹闷胀，纳呆便溏，神倦肢困，畏冷喜温，或腰膝冷痛，四肢不温，面色㿠白，舌淡胖，脉沉迟无力等为证候特征。阴水肿由病久体虚，脾肾阳气亏虚所致。以肿势缓而持久，肤色暗，畏冷肢凉，舌淡胖等为特点。

5. 痰证的概念及特征。

水液停聚凝结，质地稠厚者为痰。痰停于局部或流泛全身而为病者，是为痰证。其临床表现因痰阻部位不同而见症不一。痰聚于肺，则见胸闷、咳嗽、咯痰等症；痰湿中阻，则见脘痞、纳呆、呕恶等症；痰蒙心神，则见神昏、痰鸣，或发为癫、狂、痴、痫等；痰滞局部，则可见瘰疬、瘿瘤、乳癖、痰核等。痰证以胸闷、咯痰、痰鸣、纳呆、苔腻、脉滑为共同特征。

6. 饮证的概念及特征。

水液停聚凝结，质地清稀者为饮。饮邪停积某一部位而致的病证谓之饮证。根据停积部位的不同分为四种而见症不一。饮停于胃肠，以脘腹痞胀，水声漉漉，时吐清水等为特征，谓之"痰饮"。饮停于胸胁，以胸胁饱满，咳嗽时牵引作痛等为特征，谓之悬饮。饮停于心肺，以咳嗽吐痰多而清稀，心悸，胸闷，气喘，甚至不能平卧等为特征，谓之支饮。饮留肌肤，以肢体浮肿，沉重酸痛，小便不利等为特征，谓之溢饮。饮证以饮邪停积于肠胃、胸胁、心肺、四肢肌肤处为基本特征。

【复习思考题】

1. 何谓气血辨证？其病变常可归纳为哪两个方面？
2. 何谓气虚证？有何主要临床表现？
3. 何谓气陷证？有何主要临床表现？
4. 何谓气滞证？有何主要临床表现？
5. 气逆证常见于哪些脏腑？各有何主要临床表现？
6. 何谓血虚证？有何主要临床表现？
7. 导致血瘀的常见原因有哪些？血瘀有哪些证候特点？
8. 何谓血热证？有何主要临床表现？
9. 何谓血寒证？有何主要临床表现？
10. 常见的气血同病证候有哪些？

11．何谓阳水证？有何主要临床表现？

12．何谓阴水证？有何主要临床表现？

13．常见痰证的表现有哪些？

14．常见饮证有哪几种，各自的病位、证候如何？

【参考文献摘录】

1．明·张景岳《景岳全书》：至于"行医不识气，治病从何据"一联，亦甚有理。夫天地之道，阳主气，先天也；阴成形，后天也。故凡上下之升降，寒热之往来，晦明之变易，风水之留行，无不因气以为动静。而人之于气，亦由是也。凡有余之病，由气之实；不足之病，因气之虚。如风寒、积滞、痰饮、瘀血之属，气不行则邪不除，此气之实也；虚劳、遗漏、亡阳、失血之属，气不固则元不复，此气之虚也。虽曰泻火，实所以降气也；虽曰补阴，实所以生气也。气聚则生，气散则死，此之谓也。所以病之生也，不离乎气；而医之治病也，亦不离乎气。但所贵者，在知气之虚实，及气所从生耳！近见有浅辈者，凡一临证，不曰内伤、外感，则曰痰逆、气滞，呵！呵！此医家八字诀也。有此八字，何必八阵，又何必端本澄源，以求迂阔哉？第人受其害，恐不无可畏也。

2．清·程文囿《医述》引《医学六要》：血证有四：曰虚、曰瘀、曰热、曰寒。治法有五：曰补、曰下、曰破、曰凉、曰温。血虚者其证朝凉暮热，手足心热，皮肤甲错，唇白，女子则月事前后不调，脉细无力，法宜补之。血瘀者，其证在上则烦躁，漱水不欲咽，在下则如狂，谵语，发黄，舌黑，小腹痛，小便长，大便黑，法宜下之；女子，则经停腹痛，产后小腹胀痛不可按，法宜破之。血热者，其证吐、衄、咳、咯、溺血，午后发热，女子则月事先期而来，脉弦而数，法宜凉之。血寒者，其证麻木，痿软，皮肤不泽，手足清冷，心腹怕寒，腹有块痛，得热则止，女子则月事后期而至，脉细而缓，法宜温之。又有吐衄、便血，久而不止，因血不能附气，失于归经者，当温脾肾二经：脾虚不统摄者，用姜、附以温中焦；肾虚不归经者，用桂、附以温命门，皆温之之法也。

3．清·冯兆张《锦囊秘录》：津液受病，化为痰饮，或吐咯上出，或凝滞胸膈，或留聚肠胃，或流注经络四肢，遍身上下，无处不到。其为病也，为喘咳、恶心呕吐、痞膈壅塞、关格异病、泄泻、眩晕、嘈杂、怔忡、惊悸、癫狂、寒热、痈肿，或胸间辘辘有声，或背心一点冰冷，或四肢麻痹不仁，百病中多有兼痰者。然更有新久轻重之殊：新而轻者，形色清白稀薄，气味亦淡；久而重者，黄浊稠粘，咳之难出，渐成恶味，酸辣腥臊咸苦，甚至带血而出。然痰生于脾胃，故治宜实脾燥湿；但随气而升，故尤宜顺气；气升属火，故顺气在于降火。热痰清之，湿痰燥之，风痰散之，郁痰开之，硬痰软之，食积痰消之，在上者吐之，在中者下之。中气虚者，更宜固中气以运之，若徒加攻削，则胃气愈虚，而痰愈多。况人之病痰火者十之八九，老人不宜速降其火，虚人不宜尽去其痰，攻之太甚，则病转剧而致殂。

4．清·叶桂《临证指南医案》：《内经》止有积饮之说，本无痰饮之名。两汉以前谓之淡饮，仲景始分痰饮，因有痰饮、悬饮、溢饮、支饮之义，而立大小青龙、半夏、苓桂术甘、肾气等汤，以及内饮、外饮诸法，可谓阐发前贤，独超千古，与后人所立风痰、湿痰、热痰、酒痰、食痰之法迥异。总之，痰饮之作，必由元气亏乏，及阴盛阳衰而起，以致津液凝滞，不能输布，留于胸中，水之清者悉变为浊，水积阴则为饮，饮凝阳则为痰。若果真元充足，胃强脾健，则饮食不失其度，运行不停其机，何痰饮之有？故仲景云："病痰饮者，当以温药和之"。乃后人不知痰饮之义，妄用滚痰丸、茯苓丸，消痰破气，或滋填腻补等法，大伤脾胃，堆砌助浊。其于仲景痰饮之法，岂不大相乖谬乎？

5．清·罗国纲《罗氏会约医镜》：水肿者，其色明润，其皮光薄，其肿不速，肿有分界，阴本乎下，其浸渍自下渐上，阴中无阳也。按之？而不起，以水在肉中，如糟如泥，按而散之，猝不能聚也。其病为脾、肺、肾三脏相干之症。盖水为至阴，其本在肾；水化于气，其标在肺；水惟畏土，其制在脾。今肺虚则气不化精而化水，脾虚则土不制水而反克肾，肾虚则水无所主而妄行，水不归经，则逆而上泛，故传入脾而肌肉浮肿，传于肺则气息喘急，虽三脏各有所干，而其本则在肾。《内经》曰："肾者，胃之关也。关门不利，故聚水而从其类也"。夫关门何以不利？以阴中无火，是无阳也，故气不化，水道不通，溢而为肿。治者惟补命门之火，使下焦之真气得行，始能传化；滋肾中之水，使下焦之真水得位，始能分清。故惟薛立斋加减金匮肾气汤，无有出其右者矣。

第八章　脏腑辨证

【目的要求】

1. 掌握心与小肠病诸证、肺与大肠病诸证、脾与胃病诸证、肝与胆病诸证、肾与膀胱病诸证、脏腑兼病诸证的含义和辨证要点；各相关证候之间的鉴别要点。

2. 熟悉脏腑辨证、脏腑兼病辨证的含义与意义；脏腑辨证各证的临床表现。

【自学时数】

24课时。

脏腑辨证，是在认识脏腑的生理活动、病理特点的基础上，将疾病所反映的临床症状、体征等进行综合分析，从而推断疾病所在脏腑病位及其具体病理性质的一种辨证方法。简言之，即以脏腑为纲，对疾病进行辨证。

脏腑辨证是临床诊断疾病的基本方法，是临床各科辨证的基础，是整个辨证体系中的重要组成部分。脏腑辨证，是八纲辨证的深入，它能具体地分辨出病变所在脏腑位置及其病因病性，从而使治疗有较强的针对性。脏腑辨证，也是六经、卫气营血、三焦等辨证方法的基础，后者虽然主要是运用于外感热病的辨证方法，但就所辨疾病的病位来说，也都与一定的脏腑有关，理解了脏腑病理，将有利于其他辨证方法的学习和掌握。

脏腑病证是脏腑病理变化反映于外的客观征象。由于每一脏腑有其各自的生理活动特点，各脏器组织间的相互联系有一定的规律，故当某一脏腑发生病变时，所反映于临床的症状就会各不相同，其相互间的影响、传变也就有一定的规律可循。所以，脏象学说是脏腑辨证的理论依据。就是说，脏腑的生理特点，规定了脏腑病变的特殊性。因此，只有熟悉各脏腑的生理功能和联系规律，熟悉各脏腑的病理特点，辨证时才能较准确地区分疾病的脏腑、把握病情的全局，这是学习和掌握脏腑辨证的基本方法。例如咳嗽、气喘等症，根据肺主宣发，有主气、司呼吸的生理功能和肺性肃降的生理特性，因而可初步判断其病部位在肺，其基本病理是肺失宣降。又如根据脏器组织间的联系规律，可以推知腰痛、耳鸣等可能是肾虚的表现，眼的疾患多从肝论治，脾气亏虚可以导致心血亏虚、血不养神等。所以，把学习脏腑病理与复习脏腑生理结合起来，互相印证，从而可加深理解、帮助记忆。

脏腑辨证不是以判断出疾病的脏腑病位为满足，而是应分辨出脏腑病位上的不同证候性质，它实际上是各种辨证内容的综合运用。因此，明确风、火、痰、湿等不同病因，寒、热、虚、实等不同病性的各自特点、主要表现等，对于学习和运用脏腑辨证来说，是必不可少的，因而可以说，病因辨证、气血津液辨证等，又是脏腑辨证的具体落实。例如主症心悸，常可提示病位在心，但心的气、血、阴、阳虚，或是火、痰、瘀、寒等邪气阻扰于心，皆可导致心悸，但究竟属于心的何种证候，只有根据病人的全身症状，辨析其病因病性，才能做出确切的诊断。所以，脏腑辨证与病因辨证、气血津液辨证之间有着相互交织的"纵"、"横"关系，我们既可按辨脏病位为纲，区分其不同的病理性质，也可在辨别病因病性的基础上，再据脏腑各自的病变特点，而确定脏腑病位。

脏腑辨证，包括脏病辨证、腑病辨证以及脏腑兼病辨证。由于临床上单纯的腑病较为少见，多与一定的脏病有关，故将腑病编入相关的脏病中进行讨论。脏腑病的病变复杂，证候多种多样，因而脏腑病辨证的内容是极其丰富的，本节所介绍的内容，仅是临床上比较常见、比较典型的证候，学习时应该注意掌握要领，知常达变，临床时才能灵活运用。

第一节　心与小肠病辨证

心的主要功能是主血脉，具有推动血液在脉道内运行的作用；心又主神明，关系到精神思维活动，为人体生命活动的主宰。心包络围护于心外，为心主之宫城。心的经脉下络小肠，而与小肠为表里。心经别络系舌本，气血上通于舌，故"舌为心之苗"，并有"心开窍于舌"的说法。小肠为"受盛之官"，主化物，具有分清别浊的功能。

心的病变主要反映在心脏本身及其主血脉功能的失常，心神的意识思维等精神活动的异常。因而以心悸、心痛、失眠、神昏、精神错乱、脉结代或促等为主症者，常是心的病变。此外，舌痛、舌疮等症亦常归属于心。

心的病证有虚有实。虚证多由久病伤、禀赋不足、思虑劳神太过等因素导致心气、心阳受损，心阴、心血亏耗；实证多由痰阻、火扰、瘀滞等因素引起心的生理活动失常。小肠的病变主要有小肠实热，至于小肠虚寒、小肠气痛，则分别归属于"脾阳虚"、"寒滞肝脉"中讨论。

一、心血虚证

是指由心血亏虚，血失濡养所表现的证候。

【临床表现】　心悸，头晕，健忘，多梦，面色淡白或萎黄，唇舌色淡，脉细弱。

【证因分析】　失血、劳神等耗伤血液，或因脾气亏虚，生化之源不足，均可导致心血亏虚。

血亏心失所养，故心悸；血不养神，则有健忘、多梦等症；血不上荣于头面，故见头晕、面白无华、唇舌色淡；血少而脉道失充，则脉细无力。

本证以心悸、失眠及血虚证为辨证要点。

二、心阴虚证

是指由心阴亏损，虚热内扰所表现的证候。

【临床表现】　心悸，心烦，失眠，多梦，并见五心烦热，盗汗，午后潮热，两颧发红，舌红少津，脉细而数。

【证因分析】　劳神太过而暗耗阴液，或因思虑日久而致阴阳失调，或因热病而耗伤阴津，或是肝肾等他脏阴液亏少，均可导致心阴虚证。

心阴虚的证候，一方面是心神不宁的症状突出，另方面是全身有阴虚阳亢的表现。由于心阴亏少，心失濡养，再加虚阳偏亢，扰乱心神，故有心悸、心烦、失眠、多梦等心神不宁、神不守舍的症状。阴液不足，机体失其濡润，虚火内扰，则可见五心烦热、潮热盗汗、舌赤颧红、脉细而数等症状。

本证以心悸不宁、失眠多梦及阴虚证为辨证要点。

三、心气虚证

是指由心气不足而表现以心悸为主症的虚弱证候。

【临床表现】　心悸，气短，精神疲倦，活动后加重，面色白，或有自汗，舌淡嫩，脉虚等。

【证因分析】　多因素体虚弱，或久病失养，或年高脏气衰弱等原因所致。

心气不足，鼓动乏力，故觉心悸、脉搏无力；"动则气耗"，故活动劳累则心悸加重；心气虚弱，不足以运行气血而供养全身，则见气短、神疲、面白、舌淡嫩等症。

本证以心悸及气虚证为辨证要点。

四、心阳虚证

是指由于心阳虚衰所表现的虚寒证候。

【临床表现】　心悸怔忡，心胸憋闷而喘，自汗，畏冷肢凉，面色㿠白，或嘴唇紫暗，舌体淡胖，舌苔白滑，脉弱或结代，或见肢体浮肿。

【证因分析】　心阳虚一般是心气虚的发展，故常有心气虚证的临床表现。

阳虚则寒，故畏冷肢凉明显者，病情已属阳虚。心阳不振，胸中阳气阻痹，故心悸而喘、胸中憋闷，阳气虚弱，不能推行血液，则血行不畅，故见嘴唇紫暗，脉结代，阳气失于温煦，血不利，水不行，则可有面色㿠白、舌体淡胖、舌苔白滑、肢体浮肿等症。

本证以心悸怔忡，胸闷或痛及阳虚证为辨证要点。

五、心阳暴脱证

是指由于心阳衰极，阳气暴脱所表现的危重证候。

【临床表现】　在心阳虚证表现的基础上，更见突然冷汗淋漓，四肢厥冷，呼吸微弱，面色苍白，或心痛剧烈，口唇青紫，脉微欲绝，甚或神志模糊、昏迷不醒。

【证因分析】　本证常是心阳虚证进一步发展的结果，亦有寒邪暴伤心阳，或痰瘀阻塞心窍所致者。

由于阳气衰亡，不能卫外，则冷汗淋漓；不能温煦肢体，故四肢厥冷，心阳衰，宗气泄，不能助肺以行呼吸，故呼吸微弱。阳气外亡，温运血行无力，脉道失充，故面色苍白；若血行不畅，瘀阻心脉，则见心痛剧烈，口唇青紫。阳气虚衰，心失温养，神散不收，致神志模糊，甚则昏迷，脉微欲绝，为阳气外脱之征。

本证以心阳虚和亡阳的表现为辨证要点。

六、心火炽盛证

是指由于心火炽盛所表现的实热证候。

【临床表现】 心烦，失眠，面赤，口渴，尿黄，便结，舌尖红赤，苔黄，脉数。或见口舌赤烂疼痛，或见吐血衄血，甚或狂躁谵语。

【证因分析】 火热暑邪内侵，或情志之火内发，或过食辛热、温补之品，均可形成心火亢盛证。

心烦、失眠、舌尖红、脉数等，是心火内炽、扰乱心神的一般证候；心之华在面，舌为心之苗，必然上扰心神，轻者仅为烦躁、失眠，重者则可见狂乱、谵语、神昏；心火迫血妄行，除见面赤、舌红、脉数等症外，甚至出现吐血、衄血、尿血等脉络受损而动血的一系列证候。

本证以神志症状及舌脉出现火热炽盛之象为辨证要点。

七、心脉痹阻证

是指由于瘀血、痰浊、寒邪、气滞等阻痹心脉所表现的证候。

【临床表现】 心悸怔忡，心胸憋闷疼痛，痛引肩背臂内侧，时发时止。或痛如针刺，并见舌暗，或有紫斑、紫点，脉细涩或结代；或为闷痛，体胖痰多，身重困倦，舌苔白腻，脉沉滑或沉涩；或痛剧暴作，畏寒喜暖，得温痛缓，四肢厥冷，舌淡苔白，脉沉迟或沉紧；或疼痛而胀，胸胁胀闷，喜太息，舌淡红，苔薄白，脉弦。

【证因分析】 本证只是一种心脉痹阻的病理改变，其原因可以是多方面的，如心阳不振、心气运行不畅，不能推动、温运血液，以致血行不利而产生瘀血；或因感受寒邪，凝滞心脉，而致血行不畅；或为痰浊内聚，阻塞心窍，导致心脉痹阻；或为气机郁滞而心阳不宣，以致心脉痹阻。故本证常因劳倦、感寒、情志刺激、痰湿凝结等而诱发或加重。

由于心脉痹阻，心气运行不畅，故见心悸怔忡，心胸憋闷疼痛，手少阴心经循肩臂而行，故痛引肩背臂内侧。若见痛如针刺、舌暗、脉涩等症，知是瘀血阻痹心脉之故；若为闷痛，并有体胖、痰多、苔腻、脉滑之类症征，当属痰浊凝聚，阻痹心脉之证；若剧痛暴作，畏寒肢厥，苔白脉迟或紧，乃寒邪伤阳，心脉痹阻之征；胸胁胀闷作痛，情志不舒，脉弦者，多系气机郁滞，阻痹心阳的表现。

导致心脉痹阻的原因有多种，它们在病理上是可以互相影响的，往往只有主次因果的不同，如阳虚可致寒凝，寒凝则使气滞，气滞而致血瘀等。同时心脉痹阻之严重者，常可引起心阳暴脱，临床应引以注意。

本证以心悸怔忡，心胸憋闷作痛为辨证要点。

八、痰蒙心神证

是指由于痰浊蒙闭心神，表现以神志活动异常为主症的证候。

【临床表现】 神识痴呆、朦胧昏昧；或精神抑郁、表情淡漠、喃喃独语、举止失常；或突然昏仆，不省人事而口吐涎沫，喉中痰鸣；或意识模糊，甚至昏不知人，喉有痰声。并见有面色晦滞，胸闷痰多，苔腻脉滑等症。

【证因分析】 痰蒙心神，又可称为痰迷心窍，多因七情所伤，如抑郁忧思等，或感受湿浊之邪，阻塞气机，均可导致气结痰凝，痰浊阻闭心神。

心窍闭阻，则见神识异常，或表现为朦胧呆滞的痴病；或表现为神志错乱、独语不欢的癫病；或表现为昏仆、痰鸣、口吐涎沫的痫病；或表现为神识不清的昏迷等。因而《临证指南》说："三阴（指厥阴心包络）蔽而不宣，气郁则痰迷，神志为之混淆"。此时病人神识异常，难以正确描述自觉之所苦，从体征看，具有面色晦滞、吐痰多、苔腻、脉滑等痰湿内阻的特点，故知其病因主要为痰，证属痰蒙心神。

本证以神志异常和痰浊内盛见症为辨证要点。

九、痰火扰神证

是指由火热痰浊之邪侵扰心神，表现以神志异常为主症的证候。

【临床表现】 发热，口渴，面赤，气粗，便秘，尿黄，吐痰色黄，喉间痰鸣，胸闷；或心烦，不寐，甚则狂越妄动、打人毁物、胡言乱语、哭笑无常，亦可表现为神昏谵语。舌红苔黄腻，脉滑数。

【证因分析】 多因情志刺激，暴怒所伤，或气郁化火，煎熬津液为痰；或因感受湿热之邪，蕴成痰火，或痰湿郁而化热，以致痰火扰乱心神，或者闭阻心神。

火热之性属阳，阳主动，痰火上扰心神，故神志为之狂乱；若神志为痰热所闭，则亦可见神昏谵语。其证因系痰热为犯，故所吐之痰黄稠，并有苔黄而腻，脉滑而数，以及发热、口渴、胸闷、心烦、便秘、尿黄等一派痰火互结的证候。

本证以神志异常和痰火内盛见症为辨证要点。

十、瘀阻脑络证

是指瘀血犯头，阻滞脑络，表现以头痛、头晕为主症的证候。

【临床表现】 头痛、头晕经久不愈，痛处固定不移，痛如锥刺，或健忘、失眠、心悸，或头部外伤后昏不知人，面晦不泽，舌质紫暗，或有瘀斑瘀点，脉细涩。

【证因分析】 多由头部外伤后，或久病入络，瘀血内停，阻塞脑络所致。瘀血阻滞脑络，不通则痛，故头痛如锥刺，或昏不知人；气血不得正常流布，脑失所养，则头晕时作。痛处固定不移，面晦不泽，舌质紫暗，或有瘀点瘀斑，脉细涩，均为瘀血内阻之征。瘀血不去，新血不生，心神失养，故可见健忘、失眠、心悸等症。

本证以头痛、头晕及瘀血证为辨证要点。

十一、小肠实热证

是指心火移热于小肠所表现的证候。

【临床表现】 心烦口渴，口舌生疮，小便赤涩，尿道灼痛，甚或尿血，舌尖红赤，舌苔黄，脉数。

【证因分析】 感受火热之邪，或情志过极化火，或过食温热香燥之品，均可导致心火亢盛，而见心烦口渴、舌尖红赤、口舌生疮等症。由于心与小肠相表里，心火过盛可随经络而下移小肠，因而并见小便赤涩、尿道灼痛、尿血等症。小便赤、涩、灼、痛等表现本属膀胱的病症，当与小肠无关，然而由于古人认为小肠能分清别浊，关系到小便的形成，因而有时将其当做是小肠的病变。其实这是由于火热炽盛而伤津灼液，以至尿液量少，热随小便下泄，故排尿时有灼涩作痛之感。

本证以心烦舌疮，小便灼痛及实热证为辨证要点。

第二节 肺与大肠病辨证

肺居胸中，肺上连气管、喉咙，开窍于鼻，合称"肺系"。肺主皮，其华在毛，与大肠相表里，肺主宣发，司呼吸以行清浊之气的交换，而为气之主，并关系于声音。肺又能敷布津液，通调水道，而为水之上源。大肠为"传导之官"，能吸收水分，排泄糟粕。

肺的病理变化主要为肺气宣降失常，反映为主气司呼吸功能的障碍和卫外功能的失职，以及水液代谢的部分病变。其主要症状有咳嗽、气喘、吐痰、胸痛、咳血等。肺的实证多由六淫等外邪的侵袭和痰饮停阻于肺而成，肺的虚证主要有肺气虚、肺阴虚。大肠传导失常，主见便秘或泄泻等症。

一、肺气虚证

是指由于肺气不足和卫表不固所表现的证候。

【临床表现】 咳嗽无力，动则气短，痰液清稀，声音低怯，神疲乏力。或有自汗畏风，易于感冒，面色淡白，舌质淡嫩，脉虚或浮而无力。

【证因分析】 多因久咳久喘耗伤肺气，或是脾虚生化之源不足，或是肾虚失其摄纳之权，以致肺主宣发的功能减弱。

由于肺主气而司呼吸，肺气亏虚，故呼吸气短，咳嗽无力，声音低怯；肺主皮毛，肺气不能宣发卫生以固护肤表，则腠理不密，卫表不固，故见自汗、畏风、易于感冒；气虚则气血不荣，故面白舌淡而脉弱。

本证以咳喘无力，吐痰清稀及气虚见症为辨证要点。

二、肺阴虚证

是指由于肺阴亏虚，虚热内生所表现的虚热证候。

【临床表现】 干咳痰少，或痰粘不易咯出，口燥咽干，形体消瘦，午后潮热，五心烦热，盗汗，颧红。甚则痰中带血，声音嘶哑。舌红少津，脉细而数。

【证因分析】 多由久咳久咯，耗伤肺之阴液；或因痨虫袭肺，燥热之邪犯肺，灼烁肺阴；或是汗多不固，阴津耗泄等，均可导致肺阴亏虚。

肺为娇脏，性喜清肃柔润，肺之阴津不足，则肺失清润性，阴虚则火旺，虚火灼肺，以致肺热叶焦，而失肃降，故干咳而痰少，口燥咽干，甚至声音嘶哑；若肺络受损，则可见痰中带血或咳血。潮热、盗汗、五心烦热、颧红、舌红、脉细数等，皆是阴虚失养，虚热内蒸之象。

本证以干咳或痰少而粘和阴虚内热见症为辨证要点。

三、风寒犯肺证

是指由于风寒外袭，肺卫失宣所表现的肺表风寒证候。

【临床表现】　咳嗽，痰稀色白，喉痒或痛，鼻塞流清涕，微有恶寒，轻度发热，无汗，头身痛楚，或有气喘，苔薄白，脉浮紧。

【证因分析】　肺司呼吸，又主皮毛，风寒之邪侵犯肤表，或内舍于肺，使肺卫失宣，而成本证。

风寒犯肺，其邪常由皮毛而入，故一般均有表证的证候，即使外邪随呼吸之气而袭肺，亦可因肺气不利而卫表失宣，故可有轻微寒热、无汗、头身疼痛、脉浮等症；肺为娇脏，不耐寒温，一物不容，毫毛必咳，风寒犯肺，则肺失宣降，故咳嗽气喘、鼻塞不利；肺气失宣，肺津不布，渐成痰饮，故咯痰清稀；痰色白，舌苔白，脉浮紧，说明病性属寒。

本证以咳嗽，痰液清稀和风寒表证并见为辨证要点。

四、风热犯肺证

是指由于风热之邪侵犯肺卫所表现的肺卫风热证候。

【临床表现】　咳嗽微喘，痰少而黄，鼻塞，咽喉疼痛，口微渴，身热恶风，舌尖红，苔薄黄，脉浮数。

【证因分析】　风热之邪侵犯肺卫，则卫气失调而为身热恶风；肺气不利，宣降失常，则咳嗽而喘；邪客肺系，故咽喉疼痛而鼻塞；风热之邪灼肺，故可见痰少而黄，舌尖红，口微渴；苔薄黄，脉浮数，皆为风热之征。

本证以咳嗽和风热表证并见为辨证要点。

五、燥邪犯肺证

是指由于秋令燥邪犯肺，津液亏少，肺表失润而表现的证候。

【临床表现】　干咳无痰，或痰粘难咯，咳甚则胸痛，甚或咳血、鼻衄、喉痒，口、鼻、唇、咽干燥，肤涩，便结，常兼头身痛楚，微有恶寒发热，舌干苔薄白或薄黄，脉浮细。

【证因分析】　多因秋令感受外界燥邪，耗伤肺津，或因风温诸邪伤津化燥而成。

燥邪犯肺，津液亏少，肺不得滋润而失清肃，故干咳不止，痰粘难咯；咳伤肺络，则胸痛咳血；燥伤肺津，津液不布，则唇、舌、口、鼻、咽喉、皮肤干燥，大便干结；由于燥邪外袭，肺卫失宣，故常见微恶风寒、轻微发热、头痛痛楚而脉浮等表证。

本证以肺系症状及干燥少津为辨证要点。

六、肺热壅盛证

是指由于邪热内盛于肺，肺失宣降所表现的肺实热证候。

【临床表现】　壮热口渴，咳声洪亮，气喘息粗，鼻翼煽动，气息灼热，胸痛，咽喉红肿疼痛，小便短赤，大便秘结，舌红苔黄，脉数。

【证因分析】　本证多因外感风热入里，或因风寒之邪入里化热，以致热邪迫肺，肺失宣降所致。热邪犯肺，肺失清肃，气逆于上，故见咳嗽气喘；肺热上熏咽喉，气血壅滞，故咽喉红肿疼痛。肺开窍于鼻，邪热迫肺，肺气不利，故见鼻翼煽动，气息灼热。里热蒸腾则发热；热盛伤津则口渴，便秘，小便短赤。舌红苔黄，脉数，为邪热内盛之征。

本证以肺系症状和里实热证并见为辨证要点。

七、痰热壅肺证

是指由于痰热互结，壅闭于肺，致使肺失宣降所表现的痰热证候。

【临床表现】　咳嗽，咯痰黄稠而量多，胸闷，气喘息粗，或喉中痰鸣，甚则鼻翼煽动，烦躁不安，发热口渴，或咳吐脓血腥臭痰浊，胸痛，大便秘结，小便短赤，舌质红，苔黄腻，脉滑而数。

【证因分析】　本证多因外邪犯肺，郁而化热，热伤肺津，炼液成痰，或素有宿痰，内蕴日久化热，痰与热结，壅阻于肺所致。

痰热壅阻于肺，肺失清肃，肺气上逆，故咳嗽，胸闷，气喘息粗；甚则肺气郁闭，则见鼻翼煽动。痰热互结，随肺气上逆，故咯痰黄稠而量多，或喉中痰鸣。痰热阻肺，气滞血壅，肉腐血败，则见咳吐脓血腥臭痰浊，胸痛。里热炽盛，蒸达于外，故发热；侵扰心神则烦躁不安；灼伤阴津，则见口渴，便结，小便短黄。舌质红，苔黄腻，脉滑数，为痰热内盛之征。

本证以咳喘、痰多及里实热证并见为辨证要点。

八、痰饮停肺证

是指由于痰饮停聚于肺，肺失宣降而表现为咳痰、喘哮为主症的证候。

【临床表现】　咳嗽痰多，痰质或稠或稀，色白易咯，胸闷，或见气喘、哮鸣、喉中有痰声，舌苔白腻或白滑，脉象弦滑或濡缓。

【证因分析】　外邪束肺，或肺气亏虚，以致肺津不布，停聚而成为痰饮，或因脾失健运，聚湿成痰，上渍于肺，而成痰饮停肺之证。痰饮停肺实际上可分为痰湿阻肺和饮停于肺，而痰、饮的性质，均有寒、热的不同，临床时当据痰色和舌、脉等加以辨别。

痰饮阻滞肺气，肺失宣降，故见咳喘胸闷，吐痰量多，其中痰质稠粘者，为痰浊阻肺；痰质薄者，为饮停于肺。痰饮阻塞，若息道不利，则见哮喘痰鸣。苔腻或滑，脉弦滑或濡缓，均可为内有痰饮之征。吐痰色白，舌苔白，说明痰饮的性质偏寒。

本证以咳喘并见寒痰的内盛表现为辨证要点。

九、大肠湿热证

是指由于湿热蕴结大肠，而致下痢或泄泻为主的湿热证候。

【临床表现】　腹痛，暴注下泻，或下痢脓血，里急后重，或腹泄不爽，粪质粘稠腥臭，肛门灼热，小便短赤，身热口渴，舌红苔黄腻，脉滑数或濡数。

【证因分析】　多见于夏秋之际，暑湿热邪侵犯胃肠，或因饮食不节或不洁，致使湿热秽浊之邪蕴结大肠而发病。

湿热之邪内侵，使大肠气机下迫，所以腹痛而暴注下泻；湿热蕴结大肠，热迫气滞，故腹痛而里急后重；湿热伤及气血，热腐为脓，故下痢赤白脓血；湿热与食浊结聚腐败，大肠气机不畅，故腹痛作泄不爽，粪质粘稠腥臭；热邪内积，泄痢伤津，故身热、口渴、小便短黄；苔黄腻，脉滑数等，表明内有湿热。

本证以下痢或泄泻及湿热征象为辨证要点。

十、大肠津亏证

是指由于阴液亏虚，大肠失其濡润，而致大便秘结为主要表现的证候。

【临床表现】　大便秘结干燥，难于排出，常数日一行，口干咽燥，或伴见口臭、头晕等症，舌质少津，舌苔黄燥，脉细涩。

【证因分析】　外燥、呕泻、久病、温病等耗伤阴液；或是年老而阴血亏少；或因失血、新产、痔疮下血等耗损阴血，均可使体内阴血津液亏虚，大肠失却濡润。

大肠液亏，肠道失其滋润而传导不利，故大便燥结、难于排出，甚或数日一行；大肠腑气不通，浊气不泄而上干，以致胃失和降，清阳被扰，故口臭、口干、头晕；燥热阴亏，所以脉来细涩，舌干苔黄而少津。

本证以大便燥结，难以排出及津亏失润见症为辨证要点。

第三节　脾与胃病辨证

脾胃同居中焦，经脉互相络属，故脾与胃相表里。脾主运化水谷，输布精微而藏营，胃主受纳、腐熟水谷，而为"水谷之海"，脾升胃降，燥湿相济，共同完成对食物的消化、吸收与输布，为气血生化之源、后天之本。脾又具有主统血，主四肢、肌肉的功能，开窍于口，其荣在唇。

一、脾气虚证

是指由于脾气不足，失其健运而表现的证候。

【临床表现】　腹胀纳少，食后胀甚，大便溏薄，精神疲乏，肢体倦怠，气短懒言，形体消瘦，或见肥胖、浮肿，面色萎黄，舌淡苔白，脉缓弱。

【证因分析】　由于饮食失调，或者劳倦耗损，或因思虑劳神，或是呕泄日久，或由他脏病变的影响等，均可导致脾气亏虚而运化失常。

脾主运化，脾气虚则化食磨谷的功能减退，故食少、腹胀、便溏；脾失健运，精微不能输布，营气亏虚，气血生化不足，四肢乏力、气短、懒言、体瘦、面色萎黄、舌质淡嫩、脉缓无力等一系列证候；若见浮肿、体胖，亦是由于脾失健运，以致水湿积聚之故。

本证以食少腹胀、便溏及气虚证为辨证要点。

二、脾阳虚证

是指由于脾阳虚衰，失于温运而表现的虚寒证候。

【临床表现】　腹胀纳少，腹痛绵绵，喜温喜按，畏冷，四肢不温，口淡不渴，大便溏薄清稀。或见肢体浮肿，小便短少，或见带下量多而稀白。舌质淡胖，舌苔白滑，脉沉迟无力。

【证因分析】　本证多由脾胃气虚发展而成，也可因饮食失调、过食生冷或因寒凉药物而损伤脾阳，亦可因肾阳不振而导致。

脾阳不振，气虚不运，寒从中生，而成脾虚寒证。脾以阳气为运用，脾虚气弱则运化无权，故纳少腹胀，大便溏薄；脾位于中焦，证属虚寒，故腹部隐痛，喜温喜按；阳虚无以温煦，所以畏寒而四肢不温。脾阳虚衰，温运无力，则水湿停聚，故小便短少；水湿泛溢于肌肤，则肢体浮肿；渗注于下，则为白带量多。口淡不渴、舌淡胖、苔白滑、脉沉迟无力等，皆为阳气亏虚，寒湿内停之象。

应当指出，所谓"脾主运化"，实际上已包含了小肠主化物、泌别清浊等功能，因此，病理上脾虚的一些证候，如腹痛腹胀、喜温喜按、大便溏泄等，实际上与小肠功能的失常有关，因此习惯上常把小肠的虚寒证候归属于脾阳虚之中，而有"虚则太阴"之说。

本证以脾虚失运，消化功能减弱与虚寒之象并见为辨证要点。

三、脾虚气陷证

是指由于脾气亏虚，升举无力而反下陷所表现的证候。又称脾气下陷证、中气下陷证。

【临床表现】 脘腹重坠作胀，食后益甚；或便意频数，肛门重坠；或久泄不止，甚至脱肛；或子宫下垂；或小便浑浊如米泔。伴见气短乏力，神疲倦怠，声低懒言，动则气坠，头晕目眩，食少便溏，面白，舌淡苔白，脉缓弱等。

【证因分析】 本证多由脾虚中气不足发展而来，或为其特殊表现形式，也可因素体虚弱、久泄久利、过度劳倦等所致。

脾气主升，能升发清阳和升举内脏。气虚升举无力，内脏无托，故脘腹重坠、便意频数，或见脱肛、子宫下垂；清阳不升反下气不能上升于头面，则见头晕目眩，神疲思睡，其食少、便溏、乏力、声低、脉弱等，是脾气亏虚的一般表现。

本证以体弱气坠，内脏下垂等症为辨证要点。

四、脾不统血证

是指由于脾气亏虚不能统摄血液，而致血溢脉外为主要表现的证候。

【临床表现】 便血、尿血、肌衄、鼻衄、齿衄，或妇女月经过多、崩漏等，常伴有食少便溏、神疲乏力、少气懒言、面白无华、舌淡脉弱等症。

【证因分析】 多由病久脾气虚弱，或因劳倦伤脾，以致气虚而统摄无权。

脾既能藏营，关系血液生化之源，脾气又有统摄血液运行的功能，故脾虚则生血无源而血不能自固，血不循经，溢于肌肤，则见皮下出血；溢于胃肠，是便血；渗于膀胱，则为尿血；气虚则冲任不固，渐成月经过多，或为崩漏等。食少便溏、神疲乏力、舌淡脉弱等，是脾虚气弱之症。

本证以脾气虚证和出血表现为辨证要点。

五、寒湿困脾证

是指由于寒湿内盛，阻困中阳所表现的证候。又称湿困脾阳证、寒湿中阻证。

【临床表现】 脘腹胀闷，口腻纳呆，泛恶欲吐，口淡不渴，腹痛溏泄，头身困重或身体浮肿、小便短少，或身目发黄而色泽晦暗；或妇女白带量多。舌胖苔白腻或白滑，脉濡缓。

【证因分析】 多因贪凉饮冷、过食生冷瓜果，以致寒湿停于中焦，或因气候阴雨、居处潮湿、冒雨涉水，遂使寒湿内侵；或是过食肥甘，中阳被困，以致湿从内生，均可形成寒湿困脾。

章虚谷说："脾气弱则湿自内生，湿盛而脾不健运"，可见湿盛与脾虚之间是互为因果的。寒湿内盛，则阻遏脾阳，而运化失司，升降失常，故脘腹胀闷，泛恶欲吐，腹痛溏泄；湿邪弥漫，阻滞气机，遏制清阳，则见头身困重，发黄而色晦暗；湿泛肌肤，则身体肥胖，或为浮肿；湿邪下注，则带下量多；口腻不渴，舌苔滑腻，脉象濡缓等，均为寒湿内困所致。

本证以脾胃纳运功能障碍及寒湿内盛表现为辨证要点。

六、湿热蕴脾证

是指由于湿热内蕴中焦所表现的证候。又称中焦湿热证、脾胃湿热证。

【临床表现】 脘腹痞闷，呕恶纳呆，肢体困重，大便溏泄，小便短黄，或面目肌肤发黄，或皮肤发痒，或身热起伏，汗出热不解，舌红苔黄腻，脉濡数。

【证因分析】 多由感受湿热之邪，或饮食不节，过食肥甘酒酪，酿成湿热，内蕴脾胃所致。

湿热之邪蕴结脾胃，受纳运化失职，升降失常，故脘腹痞闷，呕恶厌食；湿热交阻而下迫，故大便溏泄不爽，小便短赤不利；脾胃湿热熏蒸肝胆，胆液外泄，则身目发黄，皮肤发痒；湿邪粘滞，湿热互结，故身热起伏，不为汗解。舌红苔黄腻，脉濡数均为湿热内蕴之象。

本证以脾胃运功能障碍及湿热内蕴表现为辨证要点。

七、胃阴虚证

由胃之阴液不足，胃失濡润，失于和降所表现的证候。

【临床表现】 口燥咽干，饥不欲食，或胃脘嘈杂（胃脘部一种似饥非饥、似痛非痛、似辣非辣的不适感觉），或痞胀不舒，或脘部隐痛，或干呕呃逆，大便干结，小便短少，舌红少津，脉细而数。

【证因分析】 多因温热病后，伤耗胃阴，或是呕泻伤津耗液，或因平素喜食煎炒香燥之品，或用温燥之药太过而暗耗胃阴等，均可使阴液亏少，胃失濡润。

胃之受纳、消化食物，赖胃气与胃液的共同作用，以消磨腐熟。胃之津液不足，则胃失濡润，食不得化，故纳少脘痞；津亏液少，胃失和降，所以胃脘嘈杂不适、干呕呃逆；阴津不能上承，故口燥咽干；胃燥津伤，影响及肠，故肠道失润而大便干结；小便短少，舌红少津，脉细数等，均为阴液亏少的表现。

本证以胃失和降见症与阴亏失润表现为辨证要点。

八、胃阳虚证

是指由于胃阳气虚而表现的虚寒证候。

【临床表现】 胃痛绵绵，时发时止，喜温喜按，食少脘痞，或得食痛缓，口淡不渴，体瘦倦怠，畏冷肢凉，舌质淡嫩，脉弱。

【证因分析】 多由饮食不节、饥饱失常，使胃气亏损，或因呕吐等损伤胃气，或因脾虚及胃，或因久病失养等所致。

胃气亏虚，则受纳腐熟水谷之功能减退，因而食少脘痞；阳气不足，胃失温煦，故胃脘时痛而喜温喜按；体瘦倦怠、舌淡嫩、脉弱等，是营气亏虚的表现；畏冷肢凉明显者，则是胃阳已虚。

本证以胃失和降的表现及阳虚见症为辨证要点。

九、胃实寒证

是指由于寒邪犯胃而表现以脘腹冷痛为主症的证候。

【临床表现】 胃脘冷痛，痛势急剧，遇寒加重，得温痛减，脘痞作胀，恶心呕吐，呕后痛缓，口淡不渴，或口泛清水，甚或脘腹部有水声漉漉，呕吐清水，舌苔白滑，脉弦或沉紧。

【证因分析】 多因过食生冷，或脘腹受凉等，以致寒凝于胃，或脾胃阳气素亏，复感寒邪等而导致。

寒邪在胃，胃阳被困，故胃脘冷痛，寒邪为犯，病情属实，寒性收引，气机凝滞，故病势急而痛剧；寒则邪更盛，温则寒气散，故遇寒痛增而得温痛减；寒伤胃阳，水饮不化而上逆，故口淡不渴而泛清水；若脘腹水声漉漉、呕吐清水，是明显的寒饮停胃证候；舌苔白滑，脉弦或紧，是内有寒饮的表现。

本证以胃脘冷痛及实寒见症为辨证要点。

十、胃实热证

是指由于胃火炽盛而表现的实热证候。

【临床表现】 胃脘灼痛、拒按，渴喜冷饮，或消谷善饥，或食入即吐，或见口臭、牙龈肿痛、齿衄，大便秘结，小便短黄，舌红苔黄，脉数。

【证因分析】 多由邪热犯胃，或情志郁火犯胃；或过食辛燥温热之品等，以致胃火过旺、阳气亢盛。

热郁火扰，使胃失和降，故胃脘灼痛而拒按，或食入即吐；实火内盛，火能消谷，热能灼津，故渴欲饮冷，或消谷善饥；火热之邪循经上火炎，则见口臭、牙龈肿痛，若灼伤血络，迫血妄行，则见齿衄；便秘尿黄，舌红苔黄，脉数等，是火热炽盛的表现。

本证以胃脘灼热疼痛及实火内炽见症为辨证要点。

十一、气滞胃脘证

是指由于邪气侵扰，或内脏气机失调，致使胃腑气机阻滞所表现的证候。

【临床表现】 脘腹痞胀疼痛，痛而欲吐，或欲泻而不爽，或腹胀痛剧，肠鸣走窜不定，矢气频作，嗳气、矢气后胀痛得减。

【证因分析】 是由多种原因导致胃肠气机阻滞不畅而成。

胃（肠）气机阻滞，故脘腹痞胀疼痛，游走不定；气机紊乱，升降失常，胃气逆于上则嗳气欲吐，下迫则欲泻不爽；嗳气、矢气之后滞塞之气机暂时通畅，故脘腹胀痛得以减轻。然而气滞只是病理之果，尚需进一步辨析何种原因所致气机阻滞。

本证以胃脘痞胀疼痛，走窜不定见症为辨证要点。

十二、食滞胃脘证

是指由于饮食停滞胃脘而表现的食积证候。

【临床表现】 脘腹痞胀疼痛，厌食，嗳腐吞酸，或呕吐酸腐馊食，吐后胀痛得减。或兼肠鸣矢气，泻下不爽，泻下之物酸腐臭秽。舌苔厚腻，脉滑或沉实。

【证因分析】 由于饮食不节，暴饮暴食，以致食积不化，或因胃气不健，稍有饮食不慎即可成滞。

食物停积于胃，阻滞气机，故胃脘胀闷疼痛；食积化腐，胃气上逆，故嗳气酸馊，呕物酸腐；食浊下趋，积于肠道，则腹痛、肠鸣、矢气臭如败卵，大便不爽，或泻下之物酸腐臭秽；舌苔厚腻，脉滑或沉实，为食浊内积之象。

本证以脘腹胀满疼痛，呕吐酸腐食臭为辨证要点。

第四节 肝与胆病辨证

肝位于右胁，胆附于肝，两者经脉性相互络属，肝与胆相表里。肝在体主筋、其华在爪，开窍于目。肝藏血，主疏泄，具有储藏血液、调节血量，疏泄胆汁、为脾散精，舒畅气机、调节情志等功能，其气升发，性喜条达而恶抑郁。胆为"中清之府"，能受盛、排泄胆汁，以助消化，并与情志活动有关，因而有"胆主决断"之说。

肝的病变范围较广，如胁肋少腹作胀与窜痛，情绪活动异常，头目眩晕、胀痛，手足抽搐、震颤，以及目疾，月经不调，阴部疾患等，常与肝有关。肝的病证有虚实之分，其病理亦较复杂，主要有肝失疏泄，肝气郁结；病理亦较复杂，主要有肝失疏泄，肝气郁结，肝不藏血，阴血亏虚，风阳妄动，肝火炽盛，以及湿热、寒邪犯扰等。胆的病变主要表现为胆汁疏泄失常和胆怯易惊等情绪的异常。

一、肝气郁结证

是指由于情志不遂，以致肝失疏泄，气机郁滞而表现的证候。

【临床表现】 情志抑郁，胸闷喜叹息，胁肋或少腹疼痛，窜痛，舌苔薄白，脉弦。妇女可见乳房作胀，痛经，月经不调，甚则闭经。或咽部如有异物，吞之不下，吐之不出（称为梅核气），或颈部瘿瘤，或胁下痞块，或突发气厥等。

【证因分析】 多因情志不舒，郁怒伤肝，或是其他原因引起肝气失于疏泄、条达所致。

肝郁气滞而气机不畅，经脉不利，故胸胁少腹胀闷，或流窜作痛；肝郁而失条达之性，不能调节情志，则情绪抑郁不乐而善太息。妇女以血为本，肝为女子之先天，肝郁气滞，疏泄不及，气血失和，月经不调，故常见乳房作胀、甚或结块，月经不调、痛经、甚至经闭。肝气郁结不解，则全身气机失调，由气郁而产生其他病理改变，如久之可导致痰湿内生、血行瘀滞、气郁化火等。痰气搏结，阻于咽喉，则咽中如有炙脔（指烤熟了的小片肉）哽阻，是为"梅核气"；痰气积聚于颈部，则可形成痞块积于胁下；若因情志等刺激气郁不解，阻闭气机，则可出现突然身麻肢厥，胸闷气哽，甚或昏倒不省人事的"气厥"证。

本证以情志抑郁，胸胁或少腹胀痛，或妇女月经失调等表现为辨证要点。

二、肝火上炎证

是指由于肝火炽盛而上炎所表现的实热证候。

【临床表现】　头晕胀痛，面红目赤，口苦口干，急躁易怒，不寐或恶梦纷纭，胁肋灼痛，或耳鸣如潮、突发耳聋，吐血衄血，便秘尿赤，舌红苔黄，脉弦数。

【证因分析】　由于情志不遂，肝郁化火，或外感火热之邪，或因酒毒郁热，以致肝胆气火上逆。

火热之邪内扰肝胆，则胁肋灼痛；火性上炎，火热循肝胆经脉上扰清窍，故头痛眩晕、面红目赤、耳聋耳鸣、口苦；火邪上扰，神魂不得安宁，故急躁多怒、恶梦不寐；火伤血络，迫血妄行，则见吐血、衄血；火灼津伤，则口干、便秘、尿赤。

本证以肝经循行部位表现的实火炽盛症状为辨证要点。

三、肝血虚证

是指由于肝血亏虚，失于濡养所表现的虚弱证候。

【临床表现】　眩晕耳鸣，面色无华，爪甲不荣，夜寐多梦，视物模糊或成夜盲，或见肢体麻木，筋脉拘急，手足振颤，肌肉瞤动（肌肉自发性跳动）。妇女常见月经量少色淡，甚或经闭。舌质淡，脉细。

【证因分析】　多由生血不足，或失血过多，或久病耗伤肝血所致。

肝血不足，不能上荣头面，故面色无华、头晕、舌淡；肝得血能视，血不濡于目，故眼花、视物模糊，或成夜盲；肝主筋，其华在爪，肝血亏虚，筋经失去营血的濡养，则爪甲不荣，虚风内动而见肢麻、振颤、筋挛、肉瞤；肝为女子先天，女子以血为本，肝血不足，血海空虚，故经少、经闭；血虚不足以安神定志，则夜寐多梦；血少则脉失充盈，故脉细。

本证以筋脉、目爪甲失于濡养的见症及血虚表现为辨证要点。

四、肝阴虚证

是指由于肝阴不足，虚热内扰而表现的证候。

【临床表现】　眩晕，两目干涩，视物模糊，面部烘热，胁肋灼痛，五心烦热，潮热盗汗，咽干口燥，或见手足蠕动，舌红少津，脉细数。

【证因分析】　目为肝之窍，肝阴亏少，不能上濡于目，则两目干涩、眼花、视物模糊；阴亏液少，风阳易动，故见手足蠕动、头晕头摇等症；阴虚生内热，虚热内扰，则有胁肋灼痛，以及表现出五心烦热、潮热盗汗、咽干、舌红、少津、脉细而数等一派阴虚内热症。

本证以头目、筋脉、肝络失于滋润的见症及阴虚的表现为辨证要点。

五、肝阳上亢证

是指由于肝阳亢盛而表现的上盛下虚、阳亢阴亏证候。

【临床表现】　眩晕耳鸣，头目胀痛，头重脚轻，面赤口苦，急躁易怒，失眠多梦，腰膝酸软，舌红，脉弦有力。

【证因分析】　多由情志过急，或因烟酒刺激等，使肝之用阳太过，亢扰于上。

肝为刚脏，体阴用阳，若因情志所伤等，致使阴阳失调，则肝阳容易妄动，以致疏泄太过，血不归藏而随气上升，气血并走于上，故面赤舌红，头目胀痛，眩晕耳鸣；亢阳上扰神志，神魂不宁，则急躁易怒，失眠多梦；上盛则下虚，阳亢则阴亏，肝阳过亢则必耗肝肾之阴，故有头重足轻，腰膝酸软等症。

本证以头目眩晕、胀痛，头重脚轻，腰膝酸软等为辨证要点。

六、肝风内动证

肝风内动，是由多种原因所导致的，以眩、麻、抽、颤等为主要表现的证候。临床上常见的有肝阳化风、热极生风、阴虚动风、血虚生风四种。

（一）肝阳化风证

由肝阳过亢而表现出眩晕、震颤甚至"卒中"等动风的证候。

【临床表现】 眩晕欲仆，头痛头摇，项强肢麻，肢体震颤，手足蠕动，语言不利，步履不正。舌红，脉弦细有力。若猝然昏倒，不省人事，口眼㖞斜，半身不遂，舌强语謇，喉中痰鸣，则为"中风"之病。

【证因分析】 由于肝阳亢盛日久，耗损阴液，或是肝肾阴亏，而致肝阳上亢，从而形成标实本虚、上盛下虚的病理改变。阳亢阴亏，水不涵木，则必然会形成"动风"的病理表现。所以《临证指南》有"内风乃身中阳气之变动"的说法。

阳亢于上，阴亏于下，则风自内生，上达巅顶，横窜脉络，故除有面红目赤、烦躁易怒等症外，并有眩晕欲仆、肢体麻木、手足蠕动、震颤头摇等动风之象；上盛下虚故步履不正、行走飘浮。风阳盛则可灼液为痰，若风阳夹痰上扰，清窍为之蒙蔽，则可猝然昏仆，不省人事，喉中痰鸣，是为"暴风骤至"的"卒中风"。若风痰流窜经隧，经气不利，则见口眼㖞斜，半身不遂，舌强语謇等症。

本证以平素头晕、目眩等肝阳上亢之状，而突见动风之象，或猝然昏倒，半身不遂为辨证要点。

（二）热极生风证

由热邪亢盛而引起抽搐等动风的证候。

【临床表现】 高热烦渴，躁扰如狂，或手足抽搐，颈项强直，两目上翻，甚则角弓反张，牙关紧闭，神志昏迷。舌红绛，苔黄，脉弦数。

【证因分析】 多见于外感温热病中，由于热邪亢盛，燔灼经络筋脉，热闭心神，而引起肝风内动。

热盛伤津，则高热口渴；邪热闭塞心窍，则神昏不省人事；火热扰乱心神，则躁扰不宁；邪热炽盛，燔灼肝经，筋脉失养，挛急刚劲，故现抽搐项强、角弓反张、目睛上吊等动风证候。

本证以高热兼见动风之象为辨证要点。

（三）血虚生风证

有肝血虚的表现，而以眩晕、肢体麻木等为主症者，为血虚生风。具体证候参见肝血虚证。

本证以动风兼见血虚表现为辨证要点。

（四）阴虚动风证

有肝阴虚内热的表现，而以手足蠕动、眩晕、耳鸣等为主症者，为阴虚动风。具体证候参见肝阴虚证。

本证以动风兼见阴虚表现为辨证要点。

七、寒滞肝脉证

是指由于寒邪凝滞，表现以肝经所过部位之冷痛为主症的肝经实寒证候。

【临床表现】　少腹牵引阴部坠冷痛，上连胁肋，或阴器收引，小腹剧痛，或为巅顶冷痛，遇寒痛甚，得温痛缓，并见形寒肢冷，呕吐清涎，舌苔白滑，脉沉紧或弦紧。

【证因分析】　多因感受外寒，如淋雨涉水，或房事受寒等，以致肝经寒凝气滞，或因素体阳气不足，由外寒所引发。

足厥阴肝经绕阴器、循少腹、布胁肋、属肝胆、连目系、上达巅顶，所以《素问·举痛论》说："寒气客于厥阴之脉，厥阴之脉者，络阴器，系于肝，寒气客于脉中，则血泣脉急，故胁肋与少腹相引痛矣。"由于寒性凝滞收引，致使气血凝滞，经脉挛急收引，故上下牵引，致使气血凝滞，经脉挛急收引，故上下牵引，猝然剧痛，其位或以阴器小腹为主，或痛在巅顶；寒为阴邪，阳气被遏而不布，故形寒肢冷，遇寒痛增，得热则缓；阴寒凝滞，水饮不化，故呕吐清涎；苔白滑，脉沉而弦紧，是寒盛之象。

本证以少腹、阴部、巅顶冷痛，脉弦紧等为辨证要点。

八、肝胆湿热证

是指由于湿热侵袭肝胆，而表现以胁肋胀痛、黄疸等为主症的证候。或表现为肝经湿热下注的证候。

【临床表现】　胁肋胀痛，或有痞块，或身目发黄，黄色鲜明，纳呆，腹胀，口苦，泛恶欲呕，身热，或寒热往来，大便不调，小便短赤，舌苔黄腻，脉弦数或滑数。或为阴部湿疹、灼热瘙痒，或为睾丸肿胀热痛，或为妇女带下黄臭、阴部瘙痒等。

【证因分析】　多由感受湿热之邪；或嗜酒肥甘，化生湿热；或脾胃运化失常，湿浊内生，湿郁化热，以致湿热蕴结，阻于肝胆。

湿热内阻，肝胆疏泄失常，气机郁滞，血行不畅，故胁肋胀痛，或有痞块；湿热薰蒸，胆气上溢则口苦，胆汁不循常道而外溢肌肤，则身目发黄；邪居少阳胆经，故或为身热，或为寒热往来，湿热郁阻，脾胃升降失司，运化失常，故纳呆、呕恶、腹胀、大便不调。肝经循绕阴器，若湿热之邪循经下注，可见阴囊湿疹或睾丸肿胀热痛；在妇女则可见外阴瘙痒、带下黄臭。

本证以胁肋胀痛，厌食腹胀，身目发黄，阴部瘙痒及湿热内蕴征象为辨证要点。

九、胆郁痰扰证

是指由于胆气不调，痰热内扰而表现以眩晕、神气不宁为主的证候。

【临床表现】　头晕目眩，烦躁不宁，或胆怯易惊，心悸不安，谋虑不决，胸闷胁胀，善叹息，失眠梦多，口苦呕恶，舌苔黄腻，脉弦滑。

【证因分析】　多因情志郁结，气郁化火、生痰，痰热内扰，而胆气不宁。

胆为清净之府，痰热内扰，则胆气不宁，故神情烦躁，谋虑不决，夜寐不安；气郁痰阻，胆气不舒，故胸闷胁胀，善太息，或胆怯易惊而心悸；胆脉络头目，入耳，痰浊上扰，故头晕目眩，或兼耳鸣；呕恶，口苦，苔黄腻，脉弦滑等，为痰热内阻、胃失和降的表现。

本证以惊悸失眠、眩晕、苔黄腻为辨证要点。

第五节　肾与膀胱病辨证

肾藏精，主命火，肾精为元阴，是生殖与生长发育的根本物质，命火为元阳，是生命活动的原始动力，故肾为"先天之本"、"水火之脏"、"阴阳之根"。肾又主水，并有纳气的功能，肾的特性是宜潜藏，即元阴元阳宜固秘，不宜耗泄妄动。肾与膀胱相表里，膀胱为"州都之官"，有储尿和排尿的功能。肾与脑、髓、骨、女子胞等奇恒之府的关系密切。腰为肾之府，耳为肾之窍，肾气通于二阴，肾之华在发，齿为骨之余。

肾的病变主要反映在生长、发育、生殖功能、水液代谢的异常。脑、髓、骨以及某些呼吸、听觉、大小便的异常等，亦有可能是肾的病变反映。肾病以阴、阳、精、气亏损为常见，故肾多虚证。临床以腰膝酸痛，耳鸣失聪，齿松发脱，阳痿遗精，女子经少经闭，不育，以及水肿、大小便异常等为肾病的常见症。膀胱的病变一般只反映为排尿异常以及尿液的改变。

一、肾阴虚证

是指由于肾阴不足，虚火内扰而表现的虚热证候。

【临床表现】　眩晕耳鸣，失眠健忘，齿松发脱，腰膝酸痛，男子遗精、早泄或精少，女子经少、经闭或梦交，或见崩漏，咽干舌燥，入夜为甚，五心烦热，或潮热盗汗，或骨蒸发热，小便短黄，形体消瘦，午后颧红，舌红少津少苔，脉细数。

【证因分析】　多因温热病后期、阳亢日久、虚劳久病、过服温燥之品等，使肾阴亏虚，或因房事不节、情欲妄动而耗损肾阴所致。

肾阴为一身阴液之根本，有滋润脏腑形体，充养脑髓骨骼，抑制肾阳不使妄动等功能。肾阴亏损，则脏腑形体失其滋养，精血髓汁不足而脑髓骨骼失其充养，肾阳无制则相火妄动而为害。阴亏髓少而脑髓空虚、骨骼失充，故眩晕、耳鸣、健忘、齿松、发脱、腰膝酸痛；形体、口舌得不到阴液的滋养，故咽干口燥、形体消瘦；阴虚不能制阳，虚火内扰，则五心烦热，或为潮热、盗汗、颧红，甚或骨蒸发热；虚火上扰，神志不宁，则失眠多梦；相火妄动，扰乱精室，故常梦遗，女子则为梦交；阴液精血亏少，冲任失充，则妇女经行量少，甚或经闭；虚火迫血妄行，亦可导致崩漏。

本证以腰膝酸软，眩晕耳鸣，男子遗精，女子月经失调及伴见虚热之象为辨证要点。

二、肾阳虚证

是指由于肾阳亏虚，表现为失于温煦、气化无权等方面的证候。可分为肾阳虚衰、肾虚水泛两证。

【临床表现】　面色㿠白或黧黑、形寒肢冷、腰膝以下尤甚，腰膝酸软而痛，精神不振，男子阳痿、精冷，女子宫寒不孕、性欲低下，小便频而清长、夜尿多，或尿少而浮肿、腰以下肿甚，按之没指，腹部胀满，或见心悸气短，喘咳痰鸣。舌质淡胖，或舌边有齿痕，舌苔白滑，脉弱、两尺尤甚。

【证因分析】 多由素体阳虚，或年高命门火衰，或是病久伤阳，或是他脏阳气亏虚，而久病及肾，或因房劳过度而伤肾等，以致肾阳亏虚。

肾阳即命火，为一身阳气的根本，有温煦形体、气化水液、促进生殖发育等功能。肾阳不足，命门火衰，则形体失其温煦而寒从内生，气化无权而水液代谢失常。

命火为下焦之元阳，肾阳不足，故形寒肢冷、腰膝以下尤甚；命门火衰，不能促进性功能，故性欲减退，男子阳痿，女子宫寒不孕；阳气不能气化水液，而水液下趋，故小便清长，夜尿增多；阳衰气化无权，亦可表现为不能泌别尿液，则为小便不利而尿少；水液排泄障碍，蓄积体内而泛溢肌肤，故身体浮肿；水液不得阳气之蒸腾，势必趋下而腰以肿甚；阳虚水停，中焦气机不畅，故腹胀满闷；水邪泛滥，抑遏心阳，则见心悸气短，是为"水气凌心"，水泛为痰，痰饮停肺，则为喘咳、痰声漉漉，是为"水寒射肺"。舌淡胖有齿痕，苔白滑，脉弱等，均是肾阳失温，阳虚水停之征；两尺脉候肾，肾阳虚者，故两尺脉尤弱。

本证以性与生殖功能减退，并伴见形寒肢冷，腰膝酸冷等虚寒之象为辨证要点。

三、肾精不足证

是指由于肾精亏少，主要反映为生殖、发育、生长功能低下为主的证候。

【临床表现】 男子精少不育，女子经闭不孕，性功能减退。小儿发育迟缓，身材矮小，智力和动作迟钝，囟门迟闭，骨骼痿软。成人则见早衰，发脱齿摇，耳鸣失聪，健忘恍惚，足痿无力等。

【证因分析】 多由禀赋不足，先天元气不充，或由后天失养，久病不愈、房劳过度等，致使肾精亏损。

《素问·上古天真论》说："肾者主水，受五脏六腑之精而藏之，故五脏盛，乃能泻"。肾精源于先天，而赖后天充养，肾精可以化为肾气，而表现为生殖与生长发育功能的盛衰。肾精亏少，肾气不足，则性功能低下，男子并见精少不育，女子见经闭不孕。精亏则生髓不足，髓汁亏虚则无以充养骨骼、髓腔、脑海，则骨骼失充，脑髓空虚，故小儿可见五迟（立迟、行迟、发迟、语迟、齿迟）、五软（头软、项软、手足软、肌软、口软）。成人则为齿松发脱、耳鸣健忘等衰老现象，以及足痿无力等症。

本证以小儿生长发育迟缓，成人生殖功能低下及早衰为辨证要点。

四、肾气不固证

是指由于肾气亏虚，以致下元固摄失职而表现的证候。

【临床表现】 神疲、耳鸣、腰酸、膝软，小便频数而清、或尿后余沥不尽、或遗尿、或小便失禁，男子滑精、早泄，女子月经淋漓不尽、或带下清稀而多，或胎动易滑，或大便失禁、滑泄不止等，或兼畏冷肢凉、腰膝为甚，舌淡脉弱。

【证因分析】 由于年高而肾气衰弱，或因年幼而肾气不充，或因久病、劳损而肾气耗伤，或因过用滑利之剂而下元不固等所致。

《素问·六节藏象论》说："肾者主蛰，封藏之本"，肾气有固摄下元的作用。肾气亏虚，则失封藏固摄之权。耳鸣、神疲、腰酸、膝软、脉弱等，是肾气亏虚的表现；肾虚而膀胱失约，故小便频数而清，尿后余沥不尽，或夜尿频多，甚或遗尿、尿失禁；肾气亏虚，精关不固，则见滑精、早泄；肾虚而冲任亏损，下元不固，所以月经淋漓不尽，带下清稀，胎动易滑；肾气亏虚，不能固摄后阴，肛门开合无权，则见大便失禁、滑泄不止；若见畏冷肢凉、腰膝冷甚，则是肾阳已衰，失却温煦之象。

本证以膀胱或肾不能固摄的表现为辨证要点。

五、膀胱湿热证

是指由于湿热侵袭膀胱，而致小便异常为主的证候。

【临床表现】 尿急而频，小腹痛胀迫急，排尿有灼热或涩痛感，小便黄赤或浑浊、或尿血、甚或有沙石。或伴有发热，口渴不多饮，腰酸胀痛等症，舌红苔黄腻，脉滑数。

【证因分析】 多由外感湿热之邪侵及膀胱，或饮食不节，湿热内生，下注膀胱所致。

湿热蕴结，膀胱气化失常，故小便频数、短涩不利、淋漓不尽；膀胱位于小腹，湿热阻滞，内扰膀胱，下迫尿道，故小腹痛胀急迫，尿急而排尿灼热、涩痛；湿热伤及阴络则尿血；热灼湿蕴，煎熬尿垢，日久可结成沙石；膀胱与肾相表里，湿热蕴结膀胱，由腑及脏，影响肾之气化，故见腰酸胀痛；身热、渴不多饮、苔黄腻、脉滑数等，为内有湿热之征。

本证以尿频尿急，排尿灼痛，并伴见湿热之象为辨证要点。

第六节　脏腑兼病辨证

人体各脏腑在生理上是一个有机联系的整体，脏与脏、腑与腑之间存在着分工协作的关系，脏与腑之间存在着表里相合的关系。因而在发病时，往往不是孤立无关，而是时常相互影响。脏病及脏、脏病及腑、腑病及腑、腑病及脏，凡两个或两个以上脏器相继或同时发病者，即为脏腑兼病。

一般说来，脏腑兼病是两个或两个以上脏器证候的兼并，因此，只要掌握了每一脏器所现证候的特点，那么对于脏腑兼病辨证，就不会感到困难。然而，脏腑兼病实际上并不等于两个脏器以上证候的简单相加，而是在病理上有着一定的内在规律，如具有表里关系的脏腑之间，兼病较常见；脏与脏之间病变，可有生克乘侮的兼并关系等。因此，辨证时应当注意辨析脏腑兼病之间，有无先后、主次、因果、生克等关系，这样才能明确病理机制，做出恰当的辨证论治。

脏腑兼病在临床上是广泛存在的，其证候也极为复杂。除了前面已经讨论过的小肠实热（心移热小肠）、肝胆湿热、肾不纳气（肺肾气虚）等证之外，现对临床最常见的兼证进行讨论。

一、心肺气虚证

是指由于心肺气虚而表现以心悸、喘咳为主症的证候。

【临床表现】 心悸、咳嗽，气短而喘，动则尤甚，胸闷，吐痰清稀，声音低怯，头晕神疲，自汗乏力，面色淡白，舌质淡嫩，或唇舌淡紫，脉细无力。

【证因分析】　久病体虚，久咳伤肺，劳倦耗气，脾虚生气之源不足等致使心肺之气皆虚。

由肺吸入的自然界清气和由脾转输而来的谷气，两者结合而化生宗气，"宗气积于胸中，出于喉咙，以贯心脉，而行呼吸焉"（《灵枢·邪客》），故心肺的功能活动皆由宗气所推动。心气虚弱或肺气虚弱，都可以是宗气不足的表现。心主血，肺主气，气以帅血，血以载气，同居上焦，均本于宗气，因而心、肺之气虚可相互影响。

宗气不足，则心之鼓动血行之力不足，故而心悸、脉细无力；宗气不能推动肺气以行呼吸，则咳嗽、气短而喘、声音低怯；胸阳不振，肺气不宣，可见胸闷；肺气不能敷布津液，则成痰饮而见吐痰清稀；心肺气虚，机体失却气血之供养，故有头晕、神疲、自汗、乏力、面白、舌淡等症；若肺气不宣、血行瘀滞，亦可表现为唇舌淡紫。

本证以咳喘、心悸，并伴见气虚表现为辨证要点。

二、心脾两虚证

是指由于心脾气血两虚，机体失养而表现的虚弱证候。

【临床表现】　心悸心慌，失眠多梦，头晕健忘，食欲不振，腹胀便溏，倦怠无力，或见皮下出血，妇女月经量少色淡、淋漓不尽等。面色萎黄，舌质淡嫩，脉细无力。

【证因分析】　多由病久失调，慢性出血，或思虑过度，劳倦太过，或饮食不节，损伤脾气等，以致心血耗伤、脾气亏虚。

心主血而藏神，脾主运化而为气血生化之源。脾气亏虚，则生血不足，统摄无权，可致心血亏少；思虑劳神太过，不仅暗耗心血，且可影响脾的运化与统血功能，从而形成心脾气血两虚证。

心血亏少，心气乏力，心失血养，血不养神，故心悸心慌、失眠多梦、头晕健忘；脾气亏虚，运化迟钝，故食少、腹胀、便溏；机体失却气血之充养，则倦怠乏力、面色萎黄无华、舌淡嫩、脉细无力。若脾虚失于统摄，则可致血不循经而行于脉外。可见各种出血、月经淋漓等；血虚亦可致冲任失充，而为月经色淡量少。脾不统血属脾气虚，长期失血则心血必亏，故亦属心脾气血两虚之证。

本证以心悸失眠，食少腹胀，慢性出血，并见气血亏虚的表现为辨证要点。

三、心肝血虚证

是指由于心肝血亏而机体失其充养所表现的虚弱证候。

【临床表现】　心悸健忘，失眠多梦，头晕眼花，两目干涩，视物模糊，肢体麻木，震颤痉挛，妇女月经量少色淡、甚则经闭，面白无华，爪甲不荣，舌质淡白，脉细。

【证因分析】　思虑劳神而暗耗阴血，失血过多，脾虚生血之源不足等均可导致心肝血虚。

心主血，肝藏血，故血虚多属心肝两脏，而心血亏者肝血亦当不足，肝血少者心血不可能充盈，故常形成心肝血虚。

血不养心则心悸；血不养神则健忘、多梦；血不濡目则眼花、视物模糊；血不濡养筋脉肌肤，则肢体麻木、震颤痉挛；血少而血海空虚，则妇女经少、经闭；血不上荣，则头晕、面白无华、舌质淡白；血不充脉，则脉细。

本证以神志、目、筋、爪甲失养之状，并伴见血虚之症为辨证要点。

四、心肾不交证

是指由于心肾之间的阴阳水火关系失调而表现的心肾阴虚阳亢证候。

【临床表现】 心烦不眠，惊悸多梦，头晕，健忘，耳鸣，腰膝酸软，时有梦遗，咽干、尿黄，便结，或见潮热盗汗，舌红，苔薄黄少津，脉细数。或兼见腰膝酸困发凉。

【证因分析】 多由思虑劳神太过，或思虑不遂，情志化火，致心阳偏亢，耗损肾阴，或是房室不节，虚劳久病等，以致肾阴亏损，虚阳偏亢，扰乱心神。

《素问·生气通天论》说："阴平阳秘，精神乃治"。生理上心阳下降于肾，以温肾水，肾阴上济于心，以制心火，心肾相交，即水火既济。若肾阴不足，不能上滋心阴，则心阳偏亢，或是心火亢于上，而内耗阴精，以致肾阴亏于下。心肾之阴阳水火失去协调既济的关系，从而形成心肾不交的病理改变。

肾阴亏少，水不上济，心阳偏亢，虚火内扰，则心神不宁，故心烦失眠、惊悸多梦；肾精不足，则耳目失养，脑髓不充，故头晕、健忘、耳鸣、腰酸、膝软；阴不敛阳，相火偏旺，扰乱精室，故时有梦遗；虚火内扰，阴液耗伤，则见口干、盗汗、潮热、尿黄、便结、脉细数等症。若兼见腰膝酸困发凉者，可能是阴损及阳，或是火不归原，阴寒下凝之故。

本证以惊悸失眠，多梦遗精，腰膝酸软，伴见阴虚表现为辨证要点。

五、心肾阳虚证

是指由于心肾阳气虚衰，失却温运而表现的虚寒证候。

【临床表现】 形寒肢冷，心悸怔忡，小便不利，肢体浮肿，甚则唇甲青紫，舌质青紫暗淡，苔白滑，脉沉微。

【证因分析】 由于心阳虚衰，病久及肾，肾阳亦衰，或是肾阳亏虚，气化无权，水气泛溢，上凌心阳，以致心肾阳衰。

心为君火，能温运、推行血液，肾为命火，能气化水液，心肾之阳协调共济，以温煦脏腑、运行血液、气化津液。故心肾阳虚则常表现为阴寒内盛、血行瘀滞、水液停蓄等病变。

阳衰不能温养机体，故形寒肢冷，心肾阳虚，以致心之鼓动乏力，不能温运血液而血行瘀滞，故心悸怔忡，唇甲青紫，舌质青紫暗淡，脉沉微；心肾阳衰，以致肾阳不能气化水液，而水液内停，故小便不利，泛溢肌肤则身肿，水气凌心则怔忡喘息。

本证以心悸怔忡，肢体浮肿，并伴见虚寒之症为辨证要点。

六、脾肺气虚证

是指由于脾肺气虚而表现以食少便溏、气短喘咳为主症的虚弱证候。

【临床表现】 食欲不振，腹胀便溏，久咳不止，气短而喘，声低懒言，或吐痰多而稀白，或见面浮肢肿，倦怠乏力，舌淡，苔白滑，脉弱。

【证因分析】 多因久咳伤肺，"子病及母"，导致脾气亦虚；或因饮食不节，损伤脾气，痰湿内生，不能输精于肺所致。

脾为生气之源，肺为主气之枢。《素问·经脉别论》说："脾气散精，上归于肺"，脾虚失运，精气不能上输于肺，肺因之而虚损，此为"土不生金"；若肺气失于宣降，则亦可影响脾之运化而使之呆滞；脾肺之气均不足，则水津无以布散，而痰湿由之内生。故脾肺同病，可以表现为肺脾气虚而主气呼吸、运化水谷的功能减退，或是脾失健运、痰湿中阻、肺失宣降、水津不布的病变。

肺虚不足以息，故气短而喘、声音低微；脾虚运化迟钝，则食少、腹胀、便溏；脾不运湿，气不行水，则水湿泛滥，故面浮足肿；湿聚成痰，停聚于肺，肺失肃降，故咳喘而痰多清稀。

本证食少便溏，咳喘气短，伴见气虚之症为辨证要点。

七、肺肾气虚证

是指由于肾气亏虚，纳气无权而表现为气短喘息为主症的证候，又称肾不纳气证。

【临床表现】 久喘不止，呼多吸少，气不得续，动则喘息益甚，咳嗽吐痰稀薄，甚或尿随咳出，自汗神疲，声音低怯，耳鸣失聪，或腰酸软，舌淡胖，苔白滑，脉沉细无力。

【证因分析】 多由久病咳喘，耗伤肺气，而病久及肾，或因先天元气不足、年老肾气虚衰、劳损伤肾等，以致肾气亏虚，纳气无权。

肺司呼吸，肾主纳气，因而"肺为气之主，肾为气之根"，故肺肾气虚的病变常表现为呼吸气息的功能减退。因其病本已经及肾，故临床又称为"肾不纳气"。

肺肾气虚，气不归元（脐下之丹田，名曰下气海，中医学认为吸入之气，应于纳于丹田，张景岳曾说："气化之原，居丹田之间，是名下气海"。故肾不纳气之喘息气短，认为是气不归元），肾失摄纳，故呼多吸少，气短喘促，动则尤甚；肺肾气虚，气化无权，津液不得敷布，则聚而生成痰饮，痰饮停肺，则咳嗽吐痰清稀；肺虚则宗气亦微，卫表不能固密，故声音低怯，常自汗出；肾气不固，膀胱失约，则尿随咳出，或余沥不禁；腰膝酸软，耳鸣失聪等，是肾虚之征。

本证以久病咳喘，呼多吸少，动则益甚和肺肾气虚表现为辨证要点。

八、肺肾阴虚证

是指由于肺肾阴液不足，虚热内扰而表现的虚热证候。

【临床表现】 咳嗽痰少，或痰中带血，口燥咽干，或声音嘶哑，腰膝酸软，形体消瘦，骨蒸潮热，盗汗颧红，男子梦遗，女子月经不调，舌红少苔，脉细数。

【证因分析】 多因燥热、痨虫等耗伤肺阴，或久咳久咯而肺阴亏损，病久及肾；或因房劳太过，阴精亏少，阴液不能上承，或虚火灼肺，从而形成肺肾阴虚。

肺能敷布津液，肾之阴精为一身阴液之根本，肺肾之阴津互相滋助，谓之"金水相生"。若肺肾阴液亏少，则机体失其濡养而燥热内生，肺失清肃而气逆，肾阴不能敛阳而火动，乃肺肾阴虚的病理特点。

阴虚肺燥，津不上承，肺失清润，故干咳少痰、口燥咽干、甚或音哑；虚火内扰，灼伤肺络，则痰中带血；阴虚生内热，髓亏骨失充养，则骨蒸潮热、颧红盗汗、腰膝酸软；阴精不足，虚火内扰，故男子可见遗精，女子可为经少经闭，亦可为虚火迫血妄行而致经期提前、月经量多。

本证以咳嗽少痰，腰膝酸软，遗精，并伴见虚热之症为辨证要点。

九、脾肾阳虚证

是指由于脾肾阳气亏虚，而表现以泄泻或水肿为主症的虚寒证候。

【临床表现】 形寒肢冷，面白㿠白，腰膝腹部冷痛，久泄久痢不止，或五更泄泻、完谷不化、粪质清冷，或面浮肢肿，小便不利，甚则腹胀水臌。舌质淡胖或淡嫩，舌苔白滑，脉沉迟无力。

【证因分析】 多因病久耗伤阳气，如水邪久踞，肾阳虚衰而不能温养脾土；或为久泻久痢，脾阳衰微而病损及肾，终则脾肾阳气俱衰。

脾为后天之本，肾为先天之本，脾肾之阳气互相资助，共同温煦机体。脾主运化，赖命火助其腐熟；肾主水液，亦需脾阳之健运以为转输。故脾肾阳虚，其证候主要表现为阴寒内盛、运化失职、水液停聚等病变。

脾肾阳虚，则阴寒内盛，阴寒阻滞阳气，机体失其温煦，故形寒肢冷、面色㿠白、腹部与腰膝冷痛；脾阳不振，又不得命火之助，则运化迟钝，水谷不得腐熟，故下利清冷，或完谷不化、五更泄泻；脾阳虚不能运化水湿，命门火衰而不能气化水液，则水湿内停，泛溢肌肤，而见小便不利、肢体浮肿、腹胀水臌等症。

本证以泻痢浮肿，腰腹冷痛，并伴见虚寒之症为辨证要点。

十、肝肾阴虚证

是指由于肝肾阴液亏少，虚热内扰而表现的虚热证候。

【临床表现】 头晕目眩，耳鸣健忘，失眠多梦，口燥咽干，胁痛，腰膝酸软，五心烦热、颧红盗汗，男子遗精，女子月经量少，舌红少苔，脉细而数。

【证因分析】 多由房室不节，肾之阴精耗损，以致肝阴随之亏虚；或因情志内伤，肝阳过亢，久则耗阴，肝阴不足而下汲肾阴；或是温热病久，肝肾阴液被劫等所致。

肝肾同源，肝阴与肾阴互相滋长，盛则同盛，衰则同衰。肾阴不足则水不涵木，因而肝阴亦亏；肝阴不足，则累及肾阴，以致肾阴亦亏。阴虚则阳亢，故肝肾阴虚证阴液亏少、虚阳偏亢为病变特点。

肝肾阴亏，不能上荣头目，故头晕、目眩、耳鸣、健忘；阴亏则虚阳偏亢，虚火内扰，故见失眠、五心烦热，颧红盗汗等症；肝失滋养，则胁痛隐隐，阴精亏少，则腰膝酸软；虚火扰动精室，则见梦遗；阴亏冲任空虚，故月经量少。

本证以腰膝酸软，胁痛，耳鸣遗精，眩晕，并伴见虚热之症为辨证要点。

十一、肝火犯肺证

是指由于肝经气火上逆犯肺，使肺失清肃而表现的证候。按五行理论又称木火刑金。

【临床表现】 胸胁灼痛，急躁易怒，头晕目赤，烦热口苦，咳嗽阵作，甚则咳血，舌红苔薄黄，脉弦数。

【证因分析】 多由情志郁结，或邪热蕴结肝经，郁而化火，上犯于肺所致。

肝气升发，肺性肃降，两者升降相因，则气机调畅。若肝气升发太过，气郁化火而亢逆上犯，影响及肺，使肺失肃降，便形成"木火刑金"的肝火犯肺证。

肝经火郁，故胁肋灼痛；郁火内积，肝失条达柔和之性，故急躁易怒；肝火上炎，熏灼肺金，则肺失清肃，故咳嗽阵作，胸部灼痛；若火邪内灼、咳伤肺络，则见咳血；肝火炎上，故烦热口渴、头晕目赤。

本证以咳嗽或咳血，胸胁灼痛，易怒，并伴见实火内炽之象为辨证要点。

十二、肝脾不调证

是指由于肝失疏泄、脾失健运而表现以胁痛、腹胀、腹泻等为主症的证候。

【临床表现】 胁肋或腹部胀闷窜痛，善太息，神志抑郁不乐或性情急躁，食少，便溏，肠鸣矢气，或大便溏结不调，或腹痛欲泻、泻后痛减，舌苔白，脉弦或弦缓。

【证因分析】 多因情志不遂，郁怒伤肝，肝失条达而横乘脾土；或由饮食劳倦等损伤脾气，脾不健运而影响肝之疏泄，以致肝郁脾虚，肝脾失调。

生理上，肝主疏泄，能分泌胆汁以助消化，又能为脾升散精微；脾主运化，脾之营气能化血以养肝。若肝郁气滞，则可影响脾之运化，是为"木不疏土"；脾失健运，或脾虚湿蕴，肝气受阻而失条达，是为"土反侮木"，从而形成肝脾同病。

肝失疏泄，经气阻滞，故胁肋胀闷疼痛，肝喜条达而恶抑郁，肝郁气滞，故神情抑郁，而以出长气为快；气郁而横逆，肝失柔和，故又每多急躁，脾失健运，故食少、腹胀、便溏；肝郁气滞，脾气不和，故肠鸣矢气，或大便溏结不调，或腹痛欲泻。若肝病在先，病情与情绪关系密切者，多属肝气犯脾；若脾病在先，以食少、便溏等症为主者，多属肝郁脾虚。

本证以胸胁胀满，腹痛肠鸣，食少便溏为辨证要点。

十三、肝胃不和证

是指由于肝气郁滞，横逆犯胃，胃失和降而表现以脘胁胀痛等为主症的证候。又称肝气犯胃证。

【临床表现】 胁肋、胃脘胀满疼痛，或为窜痛，喜嗳气，行气觉舒，嘈杂吞酸，或发呃逆，情绪抑郁或烦躁易怒，善太息，食纳减少，舌苔薄黄，脉弦。

【证因分析】 多由情志不舒，使肝气郁滞，横逆犯胃而成；亦可是饮食等伤胃，使胃失和降，影响肝之疏泄而致。

肝郁气滞，经气不利，故胁肋胀痛；肝气横逆，气滞于胃脘，则胃脘胀痛痞闷；胃失和降，则呃逆、嗳气；得嗳气则郁滞之气得通，故痛胀暂减；所郁于胃中，郁而生热，故吞酸嘈杂，舌苔薄黄；胃气不健，则食纳减少；性情抑郁，善太息，或急躁易怒，均为气郁不舒、肝失条达之故。

本证为胸胁、胃脘胀痛，呃逆嗳气为辨证要点。

自 学 指 导

【重点难点】

1. 心与小肠的常见病症。

脏象学说认为，心主神明，主血脉，为"五脏六腑之主"，其华在面，开窍于舌，在体主脉，外应虚里，与小肠相表里。五行属火，通于夏气。在声为笑，在志为喜，在液为汗，在味为苦，在色为赤，在变动为忧。因而，凡上述方面的功能失调，或发病明显由于喜乐兴奋过度，或者汗出太多所致的病症，例如心悸怔忡，胸痹心痛，失眠多梦，心慌健忘，神志昏迷，谵言妄语，哭笑无常，或登高而歌，狂躁妄动，打人毁物等精神错乱；面色无华，或晦暗不泽，舌质浅淡，舌强语謇，青紫瘀斑，舌烂生疮，尿赤涩痛，口中发苦，大汗淋漓，脉虚弱或结、代、促、涩等；以及患者的症状、体征主要表现在面部、颧部、左胸、脉管、手心等部位，例如两颧发红，色如涂朱，心前区疼痛；虚里部其动应衣，手臂内侧麻木，手足心潮热多汗，无脉症等等，在辨证论治原则指导下，皆属心病系统。

2. 在心与小肠病辨证中相似证的鉴别。

(1) 心气虚证与心阳虚证：从生理上言，心阳包括心气，但在病理上，心气虚与心阳虚是有差别的。尽管两者在证候表现上均可出现心悸怔忡，气短自汗，劳累后加重等症，但前者主要只有心悸、气短、自汗、乏力、舌淡、脉虚等症状，而且无明显寒象表现。后者则在心气虚证的基础上，尚有形寒肢冷，舌体胖嫩等寒象。

(2) 心血虚证与心阴虚证：两者均可出现心悸头晕，健忘多梦等心失所养、心神不安的症状，但前者多有面、睑、唇、舌等处颜色的浅淡，脉细，且无明显虚热表现；后者由于阴虚生内热，故不但有五心烦热、盗汗颧红、舌红少苔等明显的虚热症状，而且虚热扰神之心烦、失眠等心神不安的表现更为突出。

(3) 痰蒙心神证与痰火扰神证：两者虽然都有精神错乱，或神识不清等神志异常和"痰"的见症，但前者痰性偏寒，故见痰多色白，苔腻脉滑，面色晦暗等；"重阴则癫"、"阴主静"，故神志异常以抑郁消沉、喃喃独语或发癫痫为特征。后者痰性偏热，故见痰多色黄稠，舌质红，苔黄腻，脉滑数，面赤口渴等，"重阳则狂"、"阳主动"，故神志异常以烦躁亢奋、打人毁物或者发狂为特征。

(4) 心脉痹阻证的病因鉴别：心脉痹阻证是一个虚实夹杂的证候，其结果虽然是心脉阻痹，而共见心悸怔忡，心胸憋闷等，但导致阻痹的原因却又有血瘀、寒凝、痰阻、气滞的不同而兼症有别。小肠实热证，即古人所称之心热移于小肠证，该证下部所出现的小便赤、涩、灼、痛等症状，实际是膀胱的病症，当与小肠无关。然而历代医家认为，小肠功能分清别浊，关系到小便的形成，且心与小肠经络相连，互为表里，因此将其当做小肠的病变。

3. 肺与大肠的常见病症。

脏象学说认为，肺主气、司呼吸，主宣发与肃降，通调水道，为"水之上源"，其华在毛，开窍于鼻，在体合皮毛，外应胸膺，与大肠相表里。其性肃降，五行属金，通于秋气。在声为哭，在志为悲，在液为涕，在味为辛，在色为白，在变动为咳、喘、哮。因而凡上述方面的功能失调，或患者发病主在感受秋令燥邪，或发病明显由于大悲大哭之后等所致病症，例如胸闷胸痛，咳嗽气逆，气道不通，呼吸不利，张口抬肩，甚而喘哮，气短声微，声音嘶哑，面部浮肿，大便不调，小便不畅，皮毛憔悴，容易感冒，自汗盗汗，鼻塞流涕，鼻翼煽动，嗅觉不灵，咽喉痒痛，喉中痰鸣，口有辛味；以及患者的症状、体征主要表现在鼻、咽、喉部，胸部，缺盆，肛门等处，例如咽喉病、肛门病、胸痛等等，在辨证论治原则指导下，皆属肺病系统。

4. 在肺与大肠病辨证中相似证的鉴别。

肺阴虚证与燥邪犯肺证：两者虽然均有干咳少痰，或痰粘难咯，甚或咳血，口燥咽干等共同表现，但前者多为久病，属内燥；后者多为新病，属外燥。从症状上分，前者尚有明显的潮热、盗汗、颧红、脉细数等阴虚火旺之症；后者则常兼恶寒发热、头身痛、脉浮等表证的证候。燥邪犯肺证有较强的时令性发病特征，初秋紧承炎夏，故燥多兼温；深秋已近寒冬，燥多兼凉。所以，临床燥邪犯肺之证，又有温燥与凉燥之分。证候表现上，温燥者多兼见风热表证见症，凉燥者则多兼见风寒表证见症。

5. 脾与胃的常见病症。

脏象学说认为，脾主运化，主统血，"为后天之本"，"气血生化之源"，其华在唇，开窍于口，在体主肌肉、四肢，外应于腹，与胃相表里。脾气主升，喜燥恶湿。五行属土，通于长夏。在声为歌，在志为思，在液为涎，在味为甘，在色为黄，在变动为呕吐、呃逆。因而凡上述方面的功能失调，或者在夏季潮湿气候中发病，或发病明显由于思虑过度，或明显由于饮食因素所致病症，例如食欲不振，脘腹满闷，腹胀便溏，身体困重，头重如裹，月经过多或淋漓不尽，崩漏便血，尿血肌衄，水肿腹水，白带白浊，四肢痿软，肌肉消瘦，久泻脱肛，内脏下垂，气短下坠，面色萎黄，唇色浅淡，口角流涎，呕吐呃逆，口腔溃疡，口淡无味，或口中发甜；以及患者症状、体征主要表现有前顶部、额部、眼睑、胃脘部及四肢和全身肌肉等部位，例如脘腹胀痛，肢麻肉瞤，眼睑下垂，四肢肌肉萎缩等，在辨证论治原则指导下，皆属脾病系统。

6. 脾的病理特点。

"气虚为本，湿困为标"是脾的主要病理特点。脾的虚证，只有脾气虚和脾阳虚，这是因为脾的基本功能是主运化，凡脾虚所导致的病症，如精微失运，水湿停聚，中气下陷，失于统血，生血无源，营亏气乏等，其本质皆是脾气亏虚的缘故，故脾气虚是脾的最根本的病理改变，而其发展又可形成脾阳虚证。"湿困为标"是说脾病与湿的关系特别密切。脾以阳气为本而运化水湿，而湿为阴邪，其性重浊粘滞，最易损伤脾之阳气，故临床上"湿困脾阳"与"脾虚生湿"每每互为因果，说明湿对脾富有特殊的亲和性。

临床上出血的病症较为多见，致成出血的原因亦很复杂，因而如何辨识"脾不统血证"的临床表现及理解该证出血的病理机制，是一个重点和难点。脾不统血证，其临床表现可归纳为三个方面，一是常有饮食减少，腹胀便溏，气短乏力等脾气虚弱的症状；二是有便血、尿血、肌衄、齿衄、崩漏、月经过多等多种出血表现；三是面色淡白、舌淡、脉细弱、头晕等失血后的血虚症状。其机制，"气为血帅，血随气行"，而"脾为气血生化之源"，又"主统血"，今脾气虚弱，则统摄无权，加之脾虚则精微失运，营亏而生血无源，导致血液生化上的形、质不全，而血液不能自固，血不循经而外溢，从而产生多种出血现象。由于病理本质是脾虚营乏，气不摄血，所以其出血与"热迫血妄行"所致的出血相比较而言，一般出血途径多为下渗或外渗，血质较稀薄而血色较淡，且病势较缓而病程较长，体质较弱而无实热、瘀血的证候表现。

7. 在脾与胃病辨证中相似证的鉴别。

（1）脾气虚证与脾阳虚证：脾阳虚证常是脾气虚进一步发展的结果，因而往往兼有脾气虚的一些表现。然而，脾气虚证以食少、腹胀、便溏等消化功能紊乱的症状为主，且有一般气虚见症而无明显寒、凉表现，脾阳虚证则是在脾气虚证候的基础上，更见"阳虚则寒"的寒、凉表现为特征。

（2）脾气虚证与脾虚气陷证：尽管两者都有一般气虚的见症，但前者以消化功能紊乱的食少、腹胀、便溏等为证候特征，而后者则以气坠、内脏下垂等为证候特征。

（3）湿热蕴脾证与寒湿困脾证：虽然两者都可有脘腹胀闷、呕恶纳呆、肢体困重、面目肌肤发黄等症状，但前者病性属湿热，故有舌质红、苔黄而腻、身热起伏、脉濡而数，黄疸色泽鲜明而为阳黄；而后者病性属寒湿，故见舌质淡，苔腻白滑，口淡不渴，脉濡而缓，黄疸色泽晦暗而为阴黄，无热象表现。

（4）胃实寒证与胃（阳虚）虚寒证：两者虽然均可有胃脘冷痛、食少脘痞、恶心呕吐、畏冷肢凉、口淡不渴、得温痛缓等病位在胃的寒、凉表现，但前者多为新病，病程短，痛较剧，脉弦紧等寒象及病机，乃阳气被阻遏；后者多为久病，病程长，痛较缓，脉虚弱或沉迟无力等寒象及病机，乃阳气本身的亏虚。

8. 肝与胆的常见病症。

脏象学说认为，肝藏血，主疏泄，其华在爪，开窍于目，在体主筋，外应两胁，与胆相表里。肝气升发，性喜条达。五行属木，通于春气。在声为呼，在志为怒，在液为泪，在味为酸，在色为青，在变动为握。因而，凡上述方面的功能失调，或发病之因明显由于抑郁、愤怒，或明显由于风邪所致病症，例如情志失常，或抑郁消沉，或急躁易怒，胆怯易惊，头晕目眩，月经不调，血少经闭，吐血崩漏，肢体麻木，屈伸不利，手足拘挛，震颤抽搐，颈项强直，角弓反张，眼花干涩，活动呆滞，视力模糊，目赤肿痛，畏光流泪，直视斜视，爪甲变形，胸部两胁、小腹两旁病变，例如头顶痛、偏头痛、耳热暴聋，胁肋腹痛，胀满痞块，阴部瘙痒，少腹癥积，行经胀痛，阴囊挛缩，睾丸肿痛等，在辨证论治原则指导下，皆属肝病系统。

9. 肝的病理特点。

临床上肝胆的病症，一方面是气血阴阳盛衰的失调，另一方面是火盛、湿热、寒凝、痰热的侵扰。由于生理上肝藏血，主疏泄，肝为刚脏，性喜条达，以血为本，以气为用，体阴而用阳。因此，肝在病理条件下，容易形成肝气易郁、肝阳易亢、肝血肝阴易虚、肝风易动的病理特点。

10. 在肝与胆病辨证中相似证的鉴别。

（1）肝气郁结证、肝火上炎与肝阳上亢证：肝气郁结证是肝病中最常见的基本证型，其病理发展往往又能导致肝郁血瘀、肝郁化火、肝阳上亢、肝木乘土。

正是因为"肝气郁结"病理发展的多样性，因而临床上肝气郁结证、肝火上炎证与肝阳上亢证常存在着因果转化关系，在病机和证候表现方面也颇相近似，所以要注意这三个证的鉴别。"肝气郁结证"的临床表现以抑郁不乐、胁肋胀痛、不欲饮食、善太息等"郁"的症状为主，全身无明显寒热之象，而且其病与情绪变动关系密切。而"肝火上炎证"以目赤肿痛、烦躁易怒、口苦口渴、胁肋灼痛、尿黄便结、脉弦而数等"火"的症状为主，而无明显阴虚表现，一般病势较急而病程较短。"肝阳上亢证"则以头目胀痛、烦躁眩晕、头重脚轻、面热口苦、脉弦有力等"上亢"的症状为主，并有阴虚表现，为虚实夹杂证候，一般病程较长而病势略缓。

（2）肝血虚证与肝阴虚证：这是肝病中最常见的两个虚损证候。从生理上言，血属于阴的范围，而血虚又往往可发展成阴虚，因此两者在证候表现上又均可见到头晕眼花、多梦易惊、两目干涩、视物模糊、肢体麻木、手足蠕动震颤、经筋拘挛，妇女月经量少等症，但前者尚有面白、舌淡、脉细等表现，而无明显阴虚内热见症；后者则尚有五心烦热潮热、盗汗、午后颧红、舌红少苔、脉细而数等明显的阴虚内热表现。

（3）肝风内动四证型鉴别：根据所致成"动风"的原因不同，分为肝阳化风、热极动风、血虚动风、阴虚动风四证。尽管有"风象"（眩、麻、抽、颤）是这四个证候的共同点，但是"风象"的程度在其不同证中却又有区别，应予注意。一般而言，肝阳上亢证中之风象，以眩晕、头摇、震颤或"卒中"为特征；热极生风证中之风象，则以四肢抽搐、颈项强直、两目上翻或角弓反张为特征；肝血虚生风证与肝阴虚动风证中之风象，常以肢体麻木、筋脉拘急、手足蠕动、皮肤干燥瘙痒为特征，因其皆是由阴虚或血虚所致，故又常称此为"虚风内动"。

（4）肝胆湿热证与脾胃湿热证（湿热蕴脾证）：两者的病因均为湿热，故一般均有满闷痞胀，身热不扬，渴不多饮，小便短赤，舌苔黄腻，脉滑数或濡数等共同症状，但前者病位在肝胆，故以胁肋疼痛，黄疸口苦，肝胆肿大，或带下色黄腥臭，外阴瘙痒，睾丸肿胀热痛等肝胆疏泄失常和肝胆经脉循行部位上的见症为主；后者病位主在脾胃，故以脘腹胀满，口腻纳呆，恶心呕吐，厌恶油腻，便溏不爽等突出的运化功能失常的症状为主。然而肝胆湿热与脾胃湿热可以互相影响，或者同时出现。因为湿热的形成常源于脾胃，湿热中阻，熏蒸肝胆，引起肝胆气机不利，胆汁逆流，则成肝胆湿热；而肝胆被湿热所困，疏泄失职，则不能助脾胃进行腐熟和运化，从而出现脾胃湿热的证候。

11. 肾与膀胱的常见病症。

脏象学说认为，肾藏精，主生长、发育与生殖，生髓主骨，而"脑为髓海"，"肾者，水脏，主津液"，主命火、主纳气，肾合膀胱，腰为肾之府，其华在发，齿为骨之余，肾上开窍于耳，下开窍于二阴。位居下焦，性宜潜藏。五行属水，通于冬气。在声为呻，在志为恐，在色为黑，在味为咸，在液为唾，在变动为栗。因而凡上述方面的功能失调，或在冬天严寒季节发病，或者发病明显由于房劳过度，或者恐惧惊吓等原因所引起的病症，例如男性阳痿，遗精滑泄，精冷稀少；女性无月经，宫寒不孕，滑胎小产，白带崩漏；小儿发育迟缓，五迟五软，囟门闭迟，肢体痿软，足不任身，举止迟钝，遗尿夜尿，小便失禁，淋沥不尽，尿闭水肿，消渴多尿，呼多吸少，动则气喘，咳则小便出，发脱花白，稀疏斑秃，耳鸣耳聋，五更泄泻，喜伸战栗，面色黧黑，牙齿松动，容易脱落等；以及患者的症状、体征主要表现在枕后、颈部、背部、腰部、腘窝、足跟、足心、外阴部等处，例如颈项强痛，腰脊酸痛，不能转侧，屈伸艰难，足跟疼痛，或足内、外翻，缩阴症等等，在辨证论治原则指导下，皆属肾病系统。

12. 肾的病理特点。

肾的病症，一般认为无表证，多虚证，少实证。肾之热，属于阴虚之变，即虚热；肾之寒，属于阳虚之变，即虚寒；肾之实，乃本虚标实。肾的虚证，主要有肾阳虚、肾阴虚、肾精不足、肾气不固、肾不纳气等。由于肾阴为全身阴液的基础，肾阳为全身阳气的根本，故肾的阴阳亏虚常也会影响到其他脏腑的阴阳不足，反之，他脏虚损至一定程度，也势必进而导致肾之阴阳虚衰，即古人所谓："五脏之伤，穷必及肾"，所以临床上肾多与他脏合病，常见的有心肾阳虚证、心肾阴虚证（心肾不交）、肺肾阴虚证、脾肾阳虚证、肺肾气虚证（肾不纳气）、肝肾阴虚证等。

13. 在肾与膀胱病辨证中相似证的鉴别。

（1）肾阴虚证、肾阳虚证与肾精不足证：三者在临床上都可见到腰痛、腰膝酸软、耳鸣失聪、性功能改变、齿松发脱、尺脉无力等表现。其区别，"阴虚则热"，故肾阴虚一般尚有形体消瘦，五心烦热，潮热盗汗，男子遗精，女子梦交，咽干口燥，舌红少津，脉细数等虚热见症；"阳虚则寒"，故肾阳虚证一般还有形寒怕冷，手足不温，面色㿠白，阳痿滑精，小便频多清长，或尿少浮肿，舌淡胖，舌苔白等寒象见症；而肾精不足证，除以生殖、生长、发育迟钝异常为主症外，全身既无明显虚热表现，又无明显虚寒见症。

（2）膀胱湿热证与小肠实热证：两者的共同之处是均有尿急而频、排尿灼热、淋沥涩痛、小便黄赤等症。但前者热而夹湿，故有苔腻而黄、脉数而滑等表现；而后者下部之小便的热性改变，系上部心火上炎的见症。

【复习思考题】

1. 何谓脏腑辨证？怎样进行脏腑辨证？
2. 心的病变主要反映在哪些方面？其生理基础是什么？
3. 心病的常见症状有哪些？
4. 心血虚证与心阴虚证其证候有何异同？
5. 心气虚证与心阳虚证其证候有何异同？
6. 痰蒙心神证与痰火扰神证其证候有何异同？
7. 心火炽盛证的临床表现有哪些？
8. 引起心脉痹阻证的常见原因有哪些？各自的证候特征如何？
9. 何谓"心热下移小肠证"？其证候有何特点？
10. 肺的病变主要反映在哪些方面？其生理基础是什么？
11. 肺病的常见症状有哪些？
12. 肺的病变中，常兼表证的证型有哪些？
13. 肺阴虚证与燥邪犯肺证如何鉴别？
14. 肺热炽盛证与痰热壅肺证如何鉴别？
15. 肺气虚证与心气虚证其证候有何异同？
16. 风寒犯肺证与风寒表证如何鉴别？
17. 风热犯肺证与风热表证如何鉴别？
18. 痰饮停肺证有何主要临床表现？
19. 脾的病变主要反映在哪些方面？其生理基础是什么？
20. 脾病的常见症状有哪些？
21. 脾气虚证有何主要临床表现？
22. 脾虚气陷证与脾不统血证各有何主要临床表现？
23. 脾阳虚证与脾气虚证其证候表现有何异同？
24. 寒湿困脾证与湿热蕴脾证如何鉴别？
25. 胃的病变主要反映在哪些方面？其生理基础是什么？
26. 胃阳虚证与胃实寒证有何异同？
27. 胃实热证有何主要临床表现？
28. 肝的病变主要反映在哪些方面？其生理基础是什么？

29. 肝胆病的常见症状有哪些？

30. 肝气郁结证有何主要临床表现？其病理发展有哪些可能？

31. 肝血虚证与肝阴虚证其证候有何异同？

32. 如何鉴别肝火上炎证与肝阳上亢证？

33. 肝胆湿热证与湿热蕴脾证其证候有何异同？

34. 引起"肝风内动"的常见原因有哪些？各自的证候特征如何？

35. 寒滞肝脉证有何主要临床表现？

36. 肾的病变主要反映在哪些方面？其生理基础是什么？

37. 肾病的常见症状有哪些？

38. 肾阴虚证与肾阳虚证各自有何主要临床表现？

39. 肾精不足证在男女老幼各有何表现？

40. 肾气不固证候主要表现在哪些方面？

41. 何谓心肾不交证、肺肾气虚证、肝火犯肺证？其证候各如何？

42. 心阴虚证、肺阴虚证、肝阴虚证、肾阴虚的证候有何异同？

43. 心阳虚证、脾阳虚证、肾阳虚证的证候有何异同？

44. 肝胃不和证与肝脾不调证如何鉴别？

45. 脾肾阳虚证有何主要临床表现？

46. 心脾两虚证的本质是什么？其证候如何？

47. 心血虚证与肝血虚证的证候有何异同？

48. 心火炽盛证、肺热炽盛证、肝火上炎证其证候有何异同？

【参考文献摘录】

1.《脏腑虚实标本用药式》：肝藏血，属木，胆火寄于中，主血，主目，主筋，主呼，主怒。本病：诸风眩运，僵卧硬直，惊痫，两胁肿痛，胸肋满痛，呕血，小腹疝痛瘕癥，女人经病。标病：寒热疟，头痛吐涎，目赤面青，多怒，耳闭颊肿，筋挛卵缩，丈夫癫疝，女人少腹肿痛，阴病。

心藏神，为君火，包络为相火，代君行令，主血，主言，主汗，主笑。本病：诸热瞀瘛，惊惑，谵妄烦乱，啼笑，詈骂，怔忡健忘，自汗，诸痛痒疮疡。标病：肌热，畏寒战栗，舌不能言，面赤目黄，手心烦热，胸胁满，痛引腰背肩胛肘臂。

脾藏智，属土，为万物之母，主营卫，主味，主肌肉，主四肢。本病：诸湿肿满，痞满噫气，大小便闭，黄疸痰饮，吐泻霍乱，心腹痛，饮食不化。标病：身体肤肿，重困嗜卧，四肢不举，舌本强痛，足大趾不用，九窍不通，诸痉项强。

肺藏魄，属金，总摄一身元气，主闻，主哭，主皮毛。本病：诸气膹郁，诸痿喘呕，气短，咳嗽上逆，咳唾脓血，不得卧，小便数而欠，遗失不禁。标病：洒淅寒热，伤风自汗，肩背痛冷，臑臂前廉痛。

肾藏志，属水，为天一之源，主听，主骨，主二阴。本病：诸寒厥逆，骨痿腰痛，腰冷如冰，足胻肿寒，少腹满急，疝瘕，大便闭泄，吐利腥秽，水液澄彻，清冷不禁，消渴引饮。标病：发热不恶热，头眩头痛，咽痛舌燥，脊股后廉痛。

命门为相火之原，天地之始，藏精生血……主三焦元气。本病：前后癃闭，气逆里急，疝痛奔豚，消渴膏淋，精漏精寒，赤白浊，溺血，崩中带漏。

三焦为相火之用，分布命门元气，主升降出入，游行天地之间，总领五脏六腑、营卫经络、内外上下左右之气，号中清之府，上主纳，中主化，下主出。本病：诸热瞀瘛，暴病暴死暴喑，躁扰狂越，谵妄惊骇，诸血溢血泄，诸气逆冲上，诸疮疡痘疹瘤核（按：三焦本病，上已详叙，以下"上热"至"下寒"六条，皆他脏腑之病，诸经已载，而更详叙于此者，以三焦总领五脏六腑、营卫经络无所不贯故也……标病：恶寒战栗，如丧神守，耳聋，嗌干喉痹，诸病胕肿，疼酸惊骇，手小指次指不用。

胆属木，为少阳相火，生发万物，为决断之官，十一脏之主（主同肝）。本病：口苦，呕苦汁，善太息，如人将捕状，目昏不眠。标病：寒热往来，痁疟，胸胁痛，头额痛，耳痛鸣聋，瘰疬结核马刀，足小指次指不用。

胃属土，主容受，为水谷之海。本病：噎膈反胃，中满肿胀，呕吐泻痢，霍乱腹痛，消中善饥，不消食，伤饮食，胃管当心痛支两胁。标病：发热蒸蒸，身前热，身后寒，发狂谵语，咽痹，上齿痛，口眼㖞斜，鼻痛，鼽衄赤鼽。

大肠属金，主变化，为传送之官。本病：大便闭结，泄痢下血，里急后重，痔痔脱肛，肠鸣而痛。标病：齿痛喉痹，颈肿口干，咽中如梗，鼽衄目黄，手大指次指痛，宿食发热寒栗。

小肠主分泌水谷，为受盛之官。本病：大便水谷利，小便短，小便闭，小便血，小便自利，大便后血，小肠气痛，宿食夜热旦止。标病：身热恶寒，嗌痛颔肿，口糜耳聋。

膀胱主津液，为胞之府，气化乃能出，号州都之官，诸病皆干之。本病：小便淋沥，或短数，或黄赤，或白，或遗矢，或气痛。标病：发热恶寒，头痛，腰脊强，鼻窒，足小指不用。

2.《血证论·脏腑病机论》：脏腑各有主气，各有经脉，各有部分，故其主病，亦各有见证之不同。有一脏为病，而不兼别脏之病者，单治一脏而愈；有一脏为病，而兼别脏之病者，兼治别脏而愈。业医不知脏腑，则病原莫辨，用药无方，乌睹其能治病哉？吾故将脏腑大旨，论列于后，庶几于病证药方，得其门径云。

心者，君主之官，神明出焉。盖心为火脏，烛照事物，故司神明。神有名而无物，即心中之火气也，然此气非虚悬无着，切而指之，乃心中一点血液，湛然朗润，以含此气，故其气时有精光发见，即为神明。心之能事，又主生血，而心窍中数点血液，则又血中之最精微者，乃生血之源泉，亦出神之渊海。血虚则神不安而怔忡，有瘀血亦怔忡；火扰其血则懊忱；神不清明，则虚烦不眠，动悸惊惕；水饮克火，心亦动悸；血攻心则昏迷，痛欲死；痰入心则癫；火乱心则狂。与小肠相为表里，遗热于小肠，则小便赤涩；火不下交于肾，则神浮梦遗。心之脉上挟咽喉，络于舌本，实火上壅为喉痹；虚火上升，则舌强不能言。分部于胸前，火结则为结胸，为痞，为火痛；火不宣发则为胸痹；心之积曰伏梁，在心下大如臂，病则脐上有动气。此心经主病之大旨也。

包络者，心之外卫。心为君主之官，包络即为臣，故心称君火，包络称相火，相心经宣布火化，凡心之能事，皆包络为之。见证治法，亦如心脏。

肝为风木之脏，胆寄其间。胆为相火，木生火也。肝主藏血，血生于心，下行胞中，是为血海。凡周身之血，总视血海为治乱，血海不扰，则周身之血，无不随之而安。肝经主其部分，故肝主藏血焉。至其所以能藏之故，则以肝属木，木气冲和条达，不致遏郁，则血脉得畅。设木郁为火，则血不和；火发为怒，则血横决，吐血、错经、血痛诸症作焉。怒太甚则狂；火太甚则颊肿面青，目赤头痛；木火克土，则口燥泄痢，饥不能食，回食逆满，皆系木郁为火之见证也。若木挟水邪上攻，又为子借母势，肆虐脾经，痰饮泄泻，呕吐头痛之病又作矣。木之性主于疏泄，食气入胃，全赖肝木之气以疏泄之，而水谷乃化。设肝之清阳不升，则不能疏泄水谷，渗泻中满之症，在所难免。肝之清阳，即魂气也，故又主藏魂。血不养肝，火扰其魂，则梦遗不寐。肝又主筋，痿疾囊缩，皆属肝病。分部于季胁少腹之间，凡季胁少腹疝痛，皆责于肝。其经名为厥阴，谓阴之尽也，阴极则变阳，故病至此，厥深热亦深，厥微热亦微，血分不和，尤多寒热并见。与少阳相表里，故肝病及胆，亦能吐酸呕苦，耳聋目眩。于位居左，多病左胁痛，又左胁有动气。肝之主病大略如此。

胆与肝连，司相火，胆汁味苦，即火味也。相火之宣布在三焦，而寄居则在胆腑。胆火不旺，则虚怯惊悸，胆火太亢，则口苦呕逆，目眩耳聋，其经绕耳故也。界居身侧，风火交煽，则身不可转侧，手足抽掣。以表里言，则少阳之气，内行三焦，外行腠理，为营卫之枢机。逆其枢机，则呕吐胸满。邪客腠理，入与阴争，则热；出与阳争，则寒，故疟疾少阳主之。虚劳骨蒸，亦属少阳，以荣卫腠理之间不和，而相

· 235 ·

火炽甚故也。相火挟痰，则为癫痫，相火不戢，则肝魂亦不宁，故烦梦遗精。且胆中相火，如不亢烈，则为清阳之木气，上升于胃，胃土得其疏达，故水谷化。亢烈则清阳遏郁，脾胃不和。胸胁之间骨尽处，乃少阳之分，病则其分多痛。经行身之侧，痛则不利屈伸。此胆经主病之大略也。

胃者，仓廪之官，主纳水谷。胃火不足，则不思食，食入不化，良久仍然吐出。水停胸膈，寒客胃中，皆能呕吐不止。胃火炎上，则饥不能食，拒隔不纳，食入即吐，津液枯竭，则成隔食，粪如羊屎。火甚则结硬；胃家实则谵语，手足出汗，肌肉潮热，以四肢肌肉皆中宫所主故也。其经行身之前，至面上，表证目痛鼻干，发痉不能仰。开窍于口，口干咽痛，气逆则哕。又与脾相表里，遗热于脾，则从湿化，发为黄疸，胃实脾虚，则能食而不消化。主燥气，故病阳明，总系燥热。独水泛水结，有心下如盘等症，乃为寒病。胃之大略，其病如此。

脾称湿土，土湿则滋生万物，脾润则长养脏腑。胃土以燥纳物，脾土以湿化气，脾气不布，则胃燥而不能食，食少而不能化，譬如釜中无水，不能熟物也。故病隔食，大便难，口燥唇焦，不能生血，血虚火旺，发热盗汗。若湿气太甚，则谷亦不化，痰饮泄泻，肿胀腹痛之症作焉。湿气挟热，则发黄发痢，腹痛壮热，手足不仁，小水赤涩。脾积名曰痞气，在心下如盘，脾病则当脐有动气，居于中州，主灌四旁，外合肌肉，邪在肌肉，则手足蒸热汗出，或骨肉不仁。其体阴而其用阳，不得命门之火以生土，则土寒而不化，食少虚羸。土虚而不运，不能升达津液，以奉心化血，渗灌诸经。经云：脾统血。血之运行上下，全赖乎脾，脾阳虚则不能统血，脾阴虚又不能滋生血脉，血虚津少，则肺不得润养，是为土不生金，盖土之生金，全在津液以滋之。脾土之义，有如是者。

肺为乾金，象天之体，又名华盖，五脏六腑，受其覆冒。凡五脏六腑之气，皆能上熏于肺以为病，故于寸口肺脉，可以诊知五脏。肺之令主行制节，以其居高，清肃下行，天道下际而光明，故五脏六腑，皆润利而气不亢，莫不受其制节也。肺中常有津液，润养其金，故金清火伏。若津伤，则口渴气喘，痿痿咳嗽，水源不清，而小便涩，遗热大肠，而大便难。金不制木，则肝火旺，火盛刑金，则蒸热喘咳，吐血痨瘵并作。皮毛者，肺之合也，故凡肤表受邪，皆属于肺，风寒袭之，则皮毛洒淅；客于肺中，则为肺胀，为水饮冲肺。以其为娇脏，故畏火，亦畏寒。肺开窍于鼻，主呼吸，为气之总司。盖气根于肾，乃先天水中之阳，上出鼻，肺司其出纳。肾为水，肺为天，金水相生，天水循环，肾为生水之源，肺即为制气之主也。凡气喘咳息，故皆主于肺。位于胸中，胸中痛属于肺，主右胁，积曰息贲，病则右胁有动气。肺之为义，大率如此。

肾为水脏，水中含阳，化生元气，根结丹田，内主呼吸，达于膀胱，运行于外，则为卫气。此气乃水中之阳，别名之曰命火。肾水充足，则火之藏于水中者，韬光匿彩，龙雷不升，是以气足而鼻息细微。若水虚，则火不归元，喘促虚劳，诸症并作。咽痛声哑，心肾不交，遗精失血，肿满咳逆，痰喘盗汗。如阳气不足者，则水泛为痰，凌心冲肺，发为水肿，腹痛奔豚，下利厥冷，亡阳大汗，元气暴脱。肾又为先天，主藏精气，女子主天癸，男子主精，水足则精血多，水虚则精血竭。于体主骨，骨痿故属于肾。肾病者，脐下有动气。肾上交于心，则水火既济，不交则火愈亢。位于腰，主腰痛。开窍于耳，故虚则耳鸣耳聋。瞳人属肾，虚则神水散缩，或发内障。虚阳上泛，为咽痛颊赤。阴虚不能化水，则小便不利；阳虚不能化水，小便亦不利也。肾之病机，有如此者。

膀胱者，贮小便之器，经谓：州都之官，津液藏焉，气化则能出矣。此指汗出，非指小便。小便虽出于膀胱，而实则肺为水之上源，上源清则下源自清；脾为水之堤防，堤防利则水道利；肾又为水之主，肾气行，则水行也。经所谓气化则能出者，谓膀胱之气，载津液上行外达，出而为汗，则有云行雨施之象，故膀胱称为太阳经，谓水中之阳，达于外以为卫气，乃阳之最大者也。外感则伤其卫阳，发热恶寒。其经行身之背，上头项，故头项痛、背痛、角弓反张，皆是太阳经病。皮毛与肺合，肺又为水源，故发汗须治肺，利水亦须治肺，水天一气之义也。位居下部，与胞相连，故血结亦病水，水结亦病血，膀胱之为病，其略有如此。

三焦，古作膲，即人身上下内外相连之油膜也。唐宋人不知焦形，以为有名而无象，不知《内经》明言焦理纵者、焦理横者，焦有文理，岂得谓其无象。西洋医学，斥中医不知人有连网，言人饮水入胃，即渗出走连网而下，以渗至膀胱，膀胱上口，即在连网中也。中国《医林改错》一书，亦言水走网油而入膀胱。观剖牲畜，其网油中有水铃铛，正是水过其处，而未入膀胱者也。此说近出，力斥旧说之谬，而不知唐宋后，古臁作焦，不知膜油即是三焦，是以至谬。然《内经》明言三焦者，决渎之官，水道出焉，与西洋医法，《医林改错》正合，古之圣人，何尝不知连风膜隔也哉。按：两肾中一条油膜，为命门，即是三焦之原，上连肝气胆气，及胸膈，而上入心，下连小肠大肠，前连膀胱，下焦夹室，即血室气海也，循腔子为肉皮，透肉外出，为包裹周身之白膜，皆是三焦所司。白膜为腠理，三焦气行腠理，故有寒热之症。命门相火，布于三焦，火化而上行为气，火衰则元气虚，火逆则元气损，水化而下行为溺。水溢为肿，结为淋。连肝胆之气，故多挟木火，与肾心包相通，故原委多在两处，与膀胱一阴一阳，皆属肾之腑也，其主病可知矣。

小肠者，受盛之官，变化出焉。上接胃腑，下接大肠，与心为表里，遗热则小水不清。与脾相连属，土虚则水谷不化。其部分，上与胃接，故小肠燥屎，多借胃药治之；下与肝相近，故小肠气痛，多借肝药治之。

大肠司燥金，喜润而恶燥。寒则滑脱，热则秘结，泄痢后重，痔漏下血，与肺相表里，故病多治肺以治之，与胃同是阳明之经，故又多借治胃之法以治之。

以上条例，皆脏腑之性情部位，各有不同，而主病亦异，治杂病者宜知之，治血证者亦宜知之，临证处方，分经用药，斯不致南辕北辙耳。

第九章　经络辨证

1. 熟悉经络辨证的含义及特点。
2. 了解十二经脉病证和奇经八脉病证的基本内容。

【自学时数】

4 课时。

　　经络辨证，是以经脉及其所联系的脏腑的生理病理为基础，辨析疾病发生的原因、性质、病机及其部位所属的诊断方法。划分病变所在的经络部位，源于《内经》，后世多有发挥。《灵枢·经脉》载有十二经病证，奇经八脉病证则以《素问·骨空论》、《难经·二十九难》及李时珍《奇经八脉考》论述较详，至今仍为经络辨证的依据。

　　经络辨证依据病人所患疾病反映的症状体征，视其所病部位与某一经脉某一脏腑有关，便可判断所患疾病属于何经、何脏、何腑，对于求其所本是极为重要的。例如手太阴肺经与足少阴肾经，同样都可出现喘咳症状，由于手太阴经脉直属于肺，喘咳由肺发生，不难理解。但是，足少阴肾经为什么又会发生喘咳呢？根据经络辨证原理，就会认识到因为足少阴肾经在体内循行的部位，有一支脉是从肾上贯肝隔入肺中，所以肾经病变时也会发生喘咳。至于如何来辨别喘咳属肺属肾，则须以两经不同的其他症状来推求。肺经的喘咳，往往兼见肺胀、胸闷、缺盆中痛等症；而肾经的喘咳，则往往兼见口热舌干咽肿，或咽干咽痛等症。由此可见，当同一症状发生在同一部位，要判断它是由某一脏腑或某一经脉的特发病变时，当从同时并见的若干症状，或是先后出现的一系列的症状对照经与经之间的相互关系，以及经络与脏腑之间直属或联络关系，才能知道这一症状是属于某经的病变。掌握了症状所属，就可以推求出原因、病机与病名。所以《灵枢·经脉》说："经脉者，所以决生死，处百病，调虚实，不可不通"。

　　经络辨证包括十二经脉病证与奇经八脉病证两部分。由于经络病证常可并见于脏腑气血的病证中，因此，经络辨证是对脏腑辨证的补充，临床应用时应互相参照，在针灸、推拿（按摩）等治疗方法中，更应注意经络辨证的应用。

第一节 十二经脉辨证

十二经脉，古称"正经"，是人体内气血循行的通路。人体的五脏六腑、四肢百骸、五官九窍、皮肉脉筋骨等，虽各具有其不同的生理功能，但又共同地进行着有机的整体活动。这种统一协调和有机地配合，主要靠经络的联系，故《灵枢·海论》说："夫十二经脉者，内属于脏腑，外络于肢节。"十二经脉包括手、足三阴与三阳。外邪侵犯人体，经气失常，病邪就可以通过经络传入脏腑。《素问·皮部论》说："凡十二经络脉者，皮之部也。是故百病之所生也，必先于皮毛，邪中之，则腠理开，开则入客于经脉，留而不去，传入于腑。禀于肠胃。"指出经脉可以成为外邪由表入里的传变途径。反过来，如果脏腑发生病变，同样也循着经络反映于体表。例如《素问·脏气法时论》说："肝病者，两胁下痛，引少腹。""肺病者，喘咳逆气，肩背痛"。胁下、少腹、肩背，便是该脏所属经络循行之处。

另外，十二经脉本经受邪为病，经气失却正常运行状态，也可以仅在其循行部位发生病变而出现证候。在体表经络循行的部位，特别是经气聚集的腧穴之处出现各种异常反应，如麻木、酸胀、疼痛、冷热异常感觉，或皮肤色泽改变等。如足太阳膀胱经经脉受邪，便可以出现项部、腰脊、髀、腘、踹等部位疼痛。因此，十二经脉的证候归纳起来可分为两类：一是与本经所连属的脏腑功能失常的表现；二是本经循行部位病变的症状。虽然每一经所出现的各种证候的原因往往比较复杂，每一经的证候又是表现在本经许多疾病的症状归纳，但总有一般规律和特征。正由于十二经脉能够有规律地反映出若干证候特征，根据这些特征，就能推断疾病发生于哪一条经脉或哪一个脏腑，并且可以进一步确定病变的性质及其发展趋势。所以《灵枢·卫气》说："能别阴阳十二经者，知病之所生；候虚实之所在者，能得病之高下。"诊断十二经脉病证应注意其临床表现的三个特点：一是经脉受邪，经气不利，出现的病证多与其循行部位有关。二是脏腑病候多与经脉所属部位的病状相兼出现。三是一经受病通过经脉联系可以影响其他经脉，而表现相关的多经合病症状。

一、手太阴肺经病证

手太阴肺经起于中焦。肺主气，司呼吸，连喉系。手太阴肺经多气少血，每日寅时（凌晨3～5时），周身气血俱注于肺。

【临床表现】 肺胀满，膨膨而喘咳，缺盆中痛，甚则交两手而瞀，此为臂厥。咳，上气喘喝，烦心胸满。臑、臂内前廉痛厥，掌中热。气盛有余，则肩背痛，风寒汗出中风，小便数而欠。气虚则肩臂痛寒，少气不足以息，溺色变。

【证因分析】 肺经多气少血，所以经气有了变动而逆乱，肺主气的功能就会受到影响，肺气不得宣发，故肺中膨膨胀满，咳嗽气喘，且咳嗽则牵引缺盆中疼痛。咳喘剧烈时，则病人两手交叉护按于胸部，感到眼睛昏花，视物模糊不清。由于手太阴肺经循臑臂下行，所以因经气逆乱而产生的这种症候称为"臂厥"；手太阴经属肺，肺主气，其经脉起于中焦，循胃口上膈属肺，所以肺脏病变其气郁逆时，出现咳而上气，喝喝而喘，心烦不安，胸中满闷不适；又因肺经之脉循臑内，手太阴之直别入掌中，寒邪侵袭，经气不利，则臑臂部内侧前缘，沿经脉路线循行处常出现冷痛。肺经郁火，则手掌中有热感；手太阴之筋结络于肩，若邪气侵袭，气盛有余，气血凝涩不得宣通，则肩部连及背部疼痛。肺合皮毛，风寒侵袭，易发汗出恶风之中风证候。肺为肾之母，为水之上源，有通调水道下输膀胱之功，肺气虚弱，故小便频数而短少；本经经气亏虚，不能温养经脉，无力鼓动呼吸，故可见肩背冷痛，呼吸短促无力。肺气耗伤，不能下生肾水，则可见小便色变而黄赤。

二、手阳明大肠经病证

手阳明大肠经起于食指末端。大肠禀阳明燥化之气，主津液所生的病变。手阳明大肠经多气多血，每日卯时（上午5～7时），周身气血俱注入大肠。

【临床表现】 齿痛，颈肿，目黄，口干，鼽、衄、喉痹，肩前臑痛，大拇指示指不用。气盛有余，则当脉所过者热肿；虚则寒栗不复。

【证因分析】 大肠经多气多血，其经脉走颈部，入下齿龈。如果本经受外邪侵犯而经气有了变动，就会气血壅滞不通，发生下齿疼痛，颈部肿大。大肠与肺相表里，如大肠传导失职，津液内伤，火热郁盛，则目黄，口干，喉中肿痛。大肠经脉布于鼻孔两侧，故经气变动可以出现鼻塞流涕或鼻出血。本经气血流行不畅，经气不利，则可见本经所过的肩部和臂臑前侧发生疼痛，示指疼痛不能活动。若经脉气盛有余，壅遏郁结而化火，则可在经脉所过的部位发生灼热肿痛，若经气亏虚，不能温煦，就会出现恶寒战栗，且难以回复温暖。

三、足阳明胃经病证

足阳明胃经起于鼻翼两侧。脾与胃都属土，脾内而胃外，这是从脏腑而说的；脾阴而胃阳，这是以表里而说的；脾主运而胃主化，这是从气化而说的。所以脾与胃经脉相连而功能相关。足阳明胃经，多气多血，每日辰时（上午7～9时）周身气血皆注于胃。

【临床表现】 洒洒振寒，善呻数欠，颜黑，恶人与火，闻木声则惕然而惊，心欲动，独闭户塞牖而处，甚则欲上高而歌，弃衣而走，贲响腹胀，是骭厥。狂疟，温淫、汗出，鼽衄、口喎、唇胗、颈肿、喉痹，大腹水肿，膝膑肿痛，循膺、乳、气街、股、伏兔、骭外廉、足跗上皆痛，中趾不用。气盛则身以前皆热；其有余于胃，则消谷善饥，溺色黄；气不足则身以前皆寒栗；胃中寒则胀满。

【证因分析】 足阳明胃经多气多血，胃为水谷之海，五脏六腑皆禀气于胃，经气有所变动而逆乱，阴阳失调，阳衰阴盛，故病人感到身上如同凉水淋洒而发冷，时时发出病痛的低哼声。胃中虚冷，阴盛引阳，中寒者喜欠，故病人频频呵欠。足阳明经脉循鼻外而下，循颊车，上耳前，至额部，阳气不足，水寒之色外见，故额部暗黑；阳明主肉，其脉气血俱盛，邪之中人，始于皮毛，次于肌肉，以及于经脉，邪在肌腠则合于阳明气分之阳，邪热炽盛，故恶火。

胃脉上通于心，阳明经气厥逆，心神受扰，神志异常，发为癫狂，故常见胆小，不喜与人交往，孤独而不欲见人。胃属土，土恶木，故闻木声而心中动悸，惊惕不安。阴阳相薄，如阳尽阴盛，则病人常独闭户塞牖而处。如阳邪过盛，则心神昏乱，四肢为诸阳之本，阳盛则四肢实，故可见欲上高而歌，弃衣而走，妄言骂詈，不避亲疏等狂乱现象。阳明经气逆乱，则会发生腹胀，腹中肠鸣走窜，足阳明胃经循胫骨（骭）外侧下行，这些病候皆因胃经经气厥逆不利，足胫部经气上逆而发，故称为"骭厥"。

胃经所主血分受病，阳气有余，则会出现高热神昏发狂，风邪盛则成温疟，温热之邪所伤，则汗自出。足阳明经脉挟鼻外下行，风邪伤于经脉，则经气不利，则鼻塞常流清涕。热邪伤于经脉，则鼻衄不止。胃脉挟口环唇，风中足阳明之络，则口角㖞斜；热毒侵及阳明胃经，则口唇四周发生疱疹。足阳明支脉下人迎（颈部动脉处），循喉咙入缺盆，邪热壅滞于经脉，则颈部肿大，咽喉红肿疼痛。胃居中焦，土病不能制水，则可形成腹大水肿。

胸膺、乳头、气街、股部、伏兔、膝膑部，骭外侧，足跗上，足中趾皆为足阳明支脉循行部位，经脉受病，经气不利，故上述部位相连疼痛，或中趾麻木，活动不利。

足阳明经脉行一身之前，经气盛的实热证，身前、胸腹部都觉发热，气有余则化火，胃热盛则消谷善饥，小便色黄。气不足则生寒，胃经经气不足，则身前胸腹部感觉发冷而战栗，如胃中虚寒，则可发生脘腹胀满症。

四、足太阴脾经病证

足太阴脾经起于足大趾末端。脾与胃以膜相连，为胃行津液，居中州以灌四旁，本经多气少血，每日巳时（上午9～11时），周身气血俱注入于脾。

【临床表现】　舌本强，食则呕，胃脘痛，腹胀，善噫，得后与气则快然如衰，身体皆重。舌本痛，体不能动摇，食不下，烦心，心下急痛，溏、瘕、泄、水闭、黄疸，不能卧，强立股膝内肿厥，足大趾不用。

【证因分析】　足太阴脾经多气少血，其经脉连舌本，散舌下。如经脉受邪，风痰阻滞脾络，则舌体强硬，活动不灵。脾胃经脉连属表里相关，脾病及胃，运化失健，胃气上逆，故食入则呕。升降失常，气机阻滞，则胃脘疼痛，腹部胀满，嗳气时作，如果解了大便或得矢气，就觉得胀满减轻，感到轻松。脾主肌肉，脾气不运，肌肉失去充养，故身重倦怠。

邪火郁滞脾络，则舌根疼痛。脾为胃行其津液而至四肢，脾病则四肢不用、痿软、而身体不能动摇，脾气通于口，脾气虚则食欲减退，食量减少。足太阴脾经的支脉上膈注于心中，脾经郁热则上扰心神，心烦不安，脾经经气不通则心下急痛，痛如以锥刺其心痛连脐，又称脾心痛。

脾经有寒，则大便溏泄；脾经郁滞，则瘕泄脓血夹杂，里急后重；脾病不能制水，水湿不化，二便不利，而水闭于内；脾经湿热郁蒸，或寒湿困遏，胆汁外溢，则一身面目俱黄。若水胀腹坚，或胸胁支满则不能安卧，足太阴脾经起于大趾，循膝股内前侧上行，经脉受病，勉强站立稍久，则股膝内侧肿痛，足大趾不能活动。

五、手少阴心经病证

手少阴心经起于心中。本经少血多气，十二经之气皆感而应心，十二经之精皆贡而养心，故为生之本，神之居，血之主，脉之宗。每日午时（上午11时至下午1时），周身气血俱注入心。

【临床表现】　嗌干心痛，渴而欲饮，是为臂厥。目黄胁痛，臑臂内后廉痛厥，掌中热痛。

【证因分析】　手少阴经的支脉从心系上挟咽，系目系；其直者，复从心系却上肺，下出腋下，下循臑内后侧、臂内后侧，下行至掌内后侧，循小拇指之内至小指端。若臑臂经气上逆，经气不利则心痛；心火亢盛，则咽喉干燥，渴欲饮水。手少阴经脉循臑臂而下行，因经气逆乱所引起的病候，故称"臂厥"。

手少阴心经系目系，出腋下，足少阳胆经亦从缺盆下行腋下，胆汁郁遏，循经上溢，使本经经气变动，故眼睛发黄，胁胀满疼痛。经脉受邪，经气不利，或寒邪所伤，故上臂和下臂内侧后缘疼痛或厥冷。心脉循掌中，故心经郁火，则掌中发热疼痛。

六、手太阳小肠经病证

手太阳小肠经起于小指末端。小肠为受盛之官，化物所出，与心为表里，本经少气多血，每日未时（下午1~3时），周身气血俱注于小肠。

【临床表现】 嗌痛颔肿，不可以顾，肩似拔，臑似折。耳聋，目黄，颊肿，颈项肩臑及肘臂外后廉痛。

【证因分析】 小肠经多血少气，其脉循咽下膈，其支脉循颈上颊，经脉中火毒郁滞，则咽喉疼痛，下颌肿痛。经脉受病而拘急疼痛，故头部不可转侧回顾。其经脉循臑外后侧，出肩后骨缝（肩解），绕肩胛，交肩上，故经脉受邪，气血不通，则肩部疼痛如被扯拔，上臂疼痛如被折断。由于小肠经的支脉从缺盆循颈上颊，至目锐眦，却入耳中，故经气不通，则耳聋，经脉郁热，则目黄颊肿。颈、项、臑、肘、臂外后侧是小肠经脉循行部位。经脉受邪，经气不畅故可见循经疼痛。

七、足太阳膀胱经病证

足太阳膀胱经起于目内眦。膀胱为州都之官，藏津液。太阳为三阳之主，津液必待气化而后能出，膀胱经少气多血，每日申时（下午3~5时）周身气血俱注于膀胱。

【临床表现】 头痛，目似脱，项如拔，脊痛，腰似折，髀不可以曲，腘如结，踹如裂，是为踝厥。痔，疟，狂，癫疾，头囟项痛，目黄泪出，鼽衄，项、背、腰、尻、腘、踹、脚皆痛，小趾不用。

【证因分析】 足太阳膀胱经脉，从目内眦上行至额部，交会于巅顶，从头顶入里联络于脑。本经受外邪侵犯，经脉之气上冲，则头痛，眼睛好像有脱出的感觉。其直行经脉络脑后，又复出下行后项，沿着肩胛骨内侧，挟行脊柱两旁到达腰部。又从腰部下行挟脊通过臀部、髀枢、股后侧、腘窝、小腿肚、出外踝骨后方，沿足外侧至小趾外侧。病邪侵及项部，经气郁滞，则可见颈项疼痛像被拉拔一样。背部以下经脉受病，则脊背疼痛，腰痛，好像折断一样。同时股关节不能曲伸，腘部筋脉如被捆绑而不能随意运动，小腿肚有撕裂样疼痛。这种病候是自头项部下行至外踝部的膀胱经经气逆乱，失却正常运行状态，营卫受阻、气血不行的结果，称为踝厥。

太阳主阳气，阳气内化精微养于神气，则精神爽慧，外为津液以柔于筋，则筋肉柔和，屈伸自如。膀胱经脉贯于臀，筋脉横解（弛缓松懈），浊气瘀血下注肛门则发为痔疮。疟邪内侵使人体阴阳上下交争，虚实更作，阴阳相移，疟发时膀胱经脉之气虚，则腰背头项痛。阳邪太盛而上犯，则发生癫狂，神识不清。

足太阳经脉从巅入络脑，经脉受邪则头项囟顶脑户中痛。本经起自目内眦，阳热内郁，也可见目睛发黄，或目赤流泪。足阳明胃经于鼻根部与足太阳膀胱经交会，邪伤足太阳经脉，也常病鼻塞流涕或鼻出血。项背、腰、尻、腘、踹、足小趾，皆膀胱经脉循行之处，上述部位的疼痛或足小趾不能随意运动等，皆因本经经络受病经气不畅所致。

八、足少阴肾经病证

足少阴肾经起于足小趾之下。少阴是阳气初转，阴气乍生的意思，太阳寒水司气，独归于肾，所以肾为阳初转、阴乍生的少阴。足少阴肾经多气而少血，每日酉时（下午5~7时）周身气血俱注于肾。

【临床表现】 饥不欲食，面如漆柴，咳唾则有血，喝喝而喘，坐而欲起，目𥇀𥇀如无所见，心如悬，若饥状，善恐，心惕惕如人将捕之，是为骨厥。口热舌干咽肿，上气嗌干及痛，烦心心痛，黄疸，肠澼，脊股内后廉痛，痿厥嗜卧，足下热而痛。

【证因分析】 肾属阴藏，元阳寄寓，水中有火，为脾胃之母。如本经有了变动，肾水不能上交于心，不能上滋于胃，就会觉得饥饿而不想进食。肾精亏虚，虚火灼阴，就会面色黑而干焦，消瘦，如同漆柴。足少阴之脉，从肾上贯肝膈，入肺中，肾阴亏虚，虚火循经灼伤肺金则会发生咳嗽、痰唾中带血，肾虚于下，不能摄纳肺气，病人就会出现稍动则气促不续，喝喝而喘。阴虚阳扰而不能宁静，刚坐下就想起来。瞳子为水精所注，肾精不足，肾气内夺，就会出现眼睛𥇀𥇀，视觉模糊。肾脉其支者从肺出络心，注胸中，心肾不交，心失所养，心神不宁，故可见心如悬吊不安，如同饥饿时的空虚不适，容易发生恐惧惊悸，心中砰砰跳动，好像要被追捕一样。肾主骨，这类病候是因本经经脉之气逆乱所导致，故称为骨厥。

肾脉循喉咙，挟舌本。如肾阴不足，虚火循经上炎，就会出现口热舌干，咳逆上气，咽部干燥而疼痛不适，心中烦扰且痛。肾开窍于二阴，小便不利，湿热不得下流，则郁蒸而为黄疸。肾气厥逆于下，大肠传导失职，就会发生肠澼而大便粘液脓血。

足少阴经脉循股内后侧，贯脊，至肾，络膀胱，经脉受邪，经气不畅，故股内侧后缘及腰脊疼痛。肾主骨，肾精虚损，水不胜火，则骨弱髓减，故两足痿软，不能久立，不能起床而嗜卧。肾脉循足心而出于然骨（内踝下近前起骨），肾阴亏虚，虚火内动，故足下有热痛感。

九、手厥阴心包经病证

手厥阴心包经起于胸中。心包络在心下横膜的上面，竖膜的下面，其与横膜相粘，而有黄脂裹者为心。脂膜之外，有细筋膜如丝，与心肺相连的为包络。其地正值膻中，且位居相火，代君行事，属于手厥阴经。本经少气而多血，每日戌时（下午7~9时）周身气血俱注入心包络。

【临床表现】 手心热，臂肘挛急，腋肿，甚则胸胁支满，心中憺憺大动，面赤，目黄，喜笑不休，烦心心痛，掌中热。

【证因分析】 心包络经少气多血，其支脉循行胸胁，腋下，肘中，前臂内侧两筋间，入掌中。如果其经气发生变动，热郁经脉则手心发热。经脉失养，则上臂与肘部拘挛而曲伸不利。经脉中痰火郁结，则腋下肿痛，瘰疬疼痛。包络与心肺相连，包络经脉受病严重者，病及于心，则可见胸胁满闷不适，心跳心慌，憺憺不安，或心中烦扰不宁，心中掣痛。心包络为心之外卫，心之华在面，目者心之使，故包络经气变动，可见面赤目黄。包络代君行事，心藏神，在声为笑，经脉之气有余，则喜笑不休或发癫狂。脏病及经，火郁于内，也可引起掌心发热。

十、手少阳三焦经病证

手少阳三焦经起于小指无名指之端。三焦为上、中、下水谷之道路，是气之所终始。本经少血多气，每日亥时（下午9～11时）周身气血俱注于三焦。

【临床表现】 耳聋，嗌肿，喉痹，汗出，目锐眦痛，颊痛，耳后肩臑肘臂外皆痛，小指无名指不用。

【证因分析】 三焦经少血多气，其支脉从膻中上出缺盆，上项系耳后，过耳中，循颊部，至目外眦。本经经脉受邪，经气变动，则耳聋烘烘作响，经脉中热邪郁滞，则咽喉肿痛、喉痹。三焦出气以温分肉，充皮肤，外应腠理毫毛。三焦所主之气发生病变，固卫失职，就会出现自汗出。经脉阳气有余，则目锐眦疼痛，颊部肿痛。经气不利，则耳后，肩、臑、肘、臂外侧等手少阳经循行部位皆发生疼痛。手少阳三焦经起于无名指，本经发病，故无名指不能随意运动。

十一、足少阳胆经病证

足少阳胆经起于目锐眦。少阳即嫩阳，为生气之首。起于少阴，发于厥阴，乃二阴的真精所生，以为一阳的妙用。故十一经皆取决于胆。足少阳胆经多气少血。每日子时（下午11时至凌晨1时）周身气血注入于胆。

【临床表现】 口苦，善太息，心胁痛不能转侧，甚则面微有尘，体无膏泽，足外反热，是为阳厥。头痛、颔痛、目锐眦痛，缺盆中肿痛，腋下肿，马刀侠瘿，汗出振寒疟，胸、胁肋、髀、膝外至胫绝骨、外踝前及诸节皆痛，小指无名指不用。

【证因分析】 胆经多气少血，胆盛精汁，胆病则胆汁渗泄而口苦；胆郁不舒，疏泄不畅而善太息。足少阳之别散于面，下胸中贯膈，络肝，属循胁里，其直行之脉从缺盆下腋，循胸，过季胁。故胆腑或经脉受病，均可见胸胁部疼痛，甚则不能转侧翻身。如少阳生发清阳之气，不能循经升腾于头面，就会生发面部如有灰尘蒙罩，暗无光泽；不能发散于腠理，全身皮肤失去濡润，而体无膏泽。足少阳经脉下行足外踝之前，循足跗部进入第四趾外侧端，阳气郁遏于少阳经，故足外侧发热。上述病候是由少阳经气逆乱为病，故称为阳厥。

胆经经脉起于目锐眦，上抵头角，其支脉下颈合缺盆。胆经经脉有病变时，头额角，下颔、外眼角疼痛。或缺盆中肿痛、或颈旁、腋下、胸胁部瘰疬疼痛，恶寒汗出。少阳经为半表半里，少阳受邪，寒热往来，振寒汗出，或为疟病。胸、胁肋、髀、膝外至胫绝骨、外踝前皆少阳经脉所过之处，这些部位都发生疼痛，正是本经所主的骨所发生的病变，足少阳经终于足小趾次趾之间，经脉受病则小趾和次趾不能随意运动。

十二、足厥阴肝经病证

足厥阴肝经起于足大趾丛毛之际。肝与胆相表里，本经少气而多血，每日丑时（上午1～3时）周身气血俱注于肝。

【临床表现】 腰痛不可以俯仰，男子㿉疝，妇人少腹肿，甚则嗌干，面尘，脱色。胸满呕逆飧泄，狐疝，遗溺，癃闭。

【证因分析】 足厥阴肝经多血少气，其经脉的支别与太阴、少阴之脉同结于腰髁下中髎下髎之间，所以，其经脉受病就出现腰痛不可以俯仰。肝经经脉环阴器，抵少腹。故经脉受病男子可患癥疝，阴囊肿痛下坠，或狐疝（小肠气）阴囊时大时小，胀痛俱作，如狐之出没，妇人亦可患少腹部肿胀疼痛。肝经经气亏虚，则可发生遗尿；经气不畅，则可发生癃闭。足厥阴肝经经脉循喉咙之后，上入颃颡，出于前额。肝经相火循经上炎，则咽喉干燥。肝病较重，经气不能上荣，则面色暗黑，如蒙上灰尘，暗无光辉。

肝主疏泄，其经脉挟胃，肝气上逆，克犯胃俯，就会胸中满闷，呕吐气逆；肝气亏虚，不能助脾胃消谷运化，则可见腹泻完谷不化。

第二节 奇经八脉辨证

奇经八脉即督脉、任脉、冲脉、带脉、阴跷、阳跷、阴维、阳维八条经脉，具有联系十二经脉，调节人体阴阳和营卫气血的作用。奇经八脉不拘于十二正经，无表里配合，故谓之奇。然而奇经八脉除本经循行与体内外器官联属外，也通过十二经脉与五脏六腑发生间接联系，在生理病理方面密切相关。

《素问·骨空论》说："督脉者，起于少腹以下骨中央"；"任脉者，起于中极之下"；"冲脉者，起于气街"。三脉起点皆在会阴，一源而三歧，且皆络于带脉。带脉横行于腰，将任、督、冲三脉联成一个体系，又与肝肾两脏有密切关系，故有"八脉隶于肝肾"之说，因此，它们多能反映肝、肾两经的病变。

督脉循行于背部正中，全身阳脉皆汇聚于督脉的大椎，故督为阳脉之海，总督一身之阳。而"督脉贯脊属肾"，"上额交巅入络脑"，所以，肾和脑髓的病理变化，也可反映于督脉。

任脉行于腹部正中，与全身阴脉合于膻中，故为阴脉之海。冲脉起于气街，并少阴经上行胸中而散，又有血海、经脉之海之称。《素问·上古天真论》说："女子……二七而天癸至，任脉通，太冲脉盛，月事以时下，故有子……七七任脉虚，太冲脉衰，天癸竭，地道不通，故形坏而无子。"指出任脉、冲脉与生育功能密切相关，不育或胎产、月经诸病，均隶属于冲、任两脉。而带脉又通过冲任、督脉的关系也与生育相关。

阴跷、阳跷两脉主持着机体的运动，如两跷失调，就会产生运动失常的病变。同时两跷脉皆上行交会目内眦，与眼的开会有一定的关系。阳维和手足三阳经相联系，合于督脉，阴维与手足三阴经相联系，会合于任脉，所以两维脉有维系全身经脉的作用，以保持机体的平衡协调。

在人体的病变过程中，奇经各有其所致的病候。其中督脉总督一身之阳，任脉担任一身之阴，冲为诸脉要冲，带脉总束诸脉。阳跷为足太阳之别，阴跷为足少阴之别，所以能使机关跷捷。阳维起于诸阳会，阴维起于诸阴定，所以为全身之纲维。由于奇经通过十二经脉与脏腑发生间接关系，因此，八脉失调既与其他经脉病证相关，又有奇经所属的特具证候。尤其是督、任、冲、带与人体的生理、病理关系较大，特别是督脉与脑髓、肾，冲、任、带与男女生殖系统存在着极为密切的关系。

引起奇经八脉病证的原因，可由外邪直接侵犯奇经，或因房室不节损伤奇经，或因情志内伤，气血失调而影响奇经，或因脏腑功能失常，伤及奇经八脉所致。因此，奇经八脉病证既有虚证，又有实证，既有寒证，又有热证，由于许多疾病缠绵日久，多伤及肝肾而累及奇经八脉，故临床上奇经八脉病证大多病程较长，正如叶天士所说："久病必究奇经"。奇经八脉病证有其特殊的病理变化和临床表现。奇经八脉辨证主要在于辨清病在何经，在气、在血，属虚、属实，属寒、属热等。

一、督脉病证

人身阴阳元气皆起于下。督脉起于会阴，循背而行于一身之后，为阳脉之总督。所以称为"阳脉之海"，它的别脉和厥阴脉会于巅，主身后之阳。

【临床表现】 脊强反折，头重，不得俯仰，大人癫病，少儿风痫。

【证因分析】 督脉对人身元气有密切影响，因督脉由下而上，贯脊属肾，它的别络则从上而下，循膂络肾。肾为先天之本，内含水火，为性命始生之门。所谓贯脊属肾与循膂络肾，就是督脉络属两肾以维系人身的元气。邪犯督脉，督脉失和，经气壅塞，则拘急成痉，牙关紧闭，脊膂收引而颈项强直，脊背后弯，如角弓之反张，四肢抽搐，头痛，甚或发热，神志昏迷。肾中精气不充，督脉空虚，阳气不得运转，则脊膂筋骨失去柔和而腰脊酸痛，背脊怕冷或佝偻形俯，俯仰屈伸不利。由于督脉络脑，督脉空虚，不能荣于脑，则髓海不足，而见头重耳鸣。若督脉阴阳经气乖错，元神之府受病，则神志失常，大人癫病，精神、言语错乱；小儿风痫，惊啼发搐。

二、任脉病证

任脉起于中极之下，以上毛际，循腹里，上关元，至咽喉，上颐，循面，入目，与冲脉主身前之阴，为阴脉之海，主胞胎。

【临床表现】 男子内结七疝（即冲疝、狐疝、癫疝、厥疝、疝瘕、瘄疝、癃疝），女子带下瘕聚。苦少腹绕脐下引横骨、阴中切痛；苦腹中有气如指，上抢心，不得俯仰，拘急等。

【证因分析】 任脉为阴脉之海，由于其起源于中极之下的会阴，且三阴经脉、阴维和冲脉都会于任脉，所以任脉有总调人身阴脉之气的功能。人体的部位，背脊属阳，胸腹属阴，少腹居下，为阴中之阴，又是任脉所起之处，故任脉病多着重于下焦、少腹的部位。如感受阴寒之邪，凝滞任脉，或情志不舒，气机郁滞，则可见男子内结七疝，睾丸胀痛，女子带下色白，或少腹肿块，聚散无常，推移可动的瘕聚病等。足三阴之脉皆循行少腹而统于任脉，故《脉经》指出任脉为病，常见少腹部痛绕脐下，并牵引到横骨、阴中剧痛，或腹中有气充斥，气逆上冲心胸，不能俯仰，拘急不舒等症状。

三、冲脉病证

冲脉起于气街，并少阴之经，挟脐上行，至胸中而散。有总领诸经气血之功，为十二经气血的冲要，故冲脉又有血海和经脉之海之称，它与任脉同主一身之阴。

【临床表现】 气逆里急，疝瘕，少腹痛，上抢心，女子绝孕，或胎漏等。

【证因分析】 人身冲为经脉之海，任为阴脉之海，督为阳脉之海。冲、任、督一源而三岐。由于冲上行则"灌诸阳"，向下则"渗诸阴"，故女子"太冲脉盛，月事以时下"。若冲脉虚衰，血海不充，则生殖功能衰减，女子可见月经量少，甚至经闭不孕，或初潮经迟，或绝经过早，故《奇经八脉考》说："冲脉为病，女子不孕"。又因冲任之脉皆起于胞中，如冲脉虚衰，冲任气虚不摄，则发生胎漏现象。若冲脉气结，则气行不畅，而见小腹拘急胀痛，或病疝瘕，少腹积块不坚，时聚时散，移走不定。冲脉不仅与妇女月经、胎产疾病有密切的关系，同时还对全身筋脉也有约束和调节作用。因冲脉起于气街，与足阳明之脉合于宗筋。循少腹并足少阴之经而上行，若阴阳和而精气足，自然无病，若有不调，升降失常，必逆而上僭，自觉脐下有气上冲，腹内筋脉拘急疼痛。或觉脘膈、胸部有躁热攻冲，或挟胃气上逆，而为妊娠恶阻，恶心呕吐等。

四、带脉病证

带脉起于季胁，横围于腰，如束带状，所以带脉总束十二经脉及奇经中的其他七脉。

【临床表现】 腹满，腰溶溶若坐水中。赤白带下，足痿和左右绕脐腰脊痛，冲阴股等。

【证因分析】 带脉横束于腰腹而系诸脉，带脉不和，经气不畅，故腹中胀满而腰部疲倦乏力，好像坐在水中的感觉。带脉为病，即谓之带下。关于带下的形成，刘宗厚说："带下多本于阴虚阳竭，营气不升，经脉凝涩，卫气下陷，精气积滞于下焦奇经之分，蕴酿而成，以带脉为病得名。"由于带脉约束诸脉，它脉它脏之病亦可影响带脉而为病。正如张子和所说："诸经上下往来，遗热于带脉之间，寒热郁抑，百物满溢，随溲而下，绵绵不绝"，赤者属热、白者属湿。

带脉为病，阳虚不能制阴，阴寒凝滞，则必病左右绕脐腹、腰脊疼痛，累及足三阴之络，则引向股内侧近阴处，或腰痛牵引季胁下及少腰等处。另外，阳明与冲脉，合于宗筋，有束骨利机关之功，两者皆属于带脉，阳明脉虚，则宗筋弛缓，带脉不能约束，故可病足痿不用。

五、阴跷、阳跷脉病证

阴跷起于跟中，是足少阴别出的支脉。循内踝上行于身之左右，主一身左右之阴，阳跷亦起于跟中，循外踝上行身之左右，主身左右之阳。阴跷与阳跷相互表里，有阴阳相交的作用。阳跷在肌肉之上，阳脉所行，通贯六腑，主持诸表。阴跷在肌肉之下，阴脉行里，通贯五脏，主持诸里，故两脉相交能使机关跷健。且两脉均达于目内眦，而又与眼的开合作用有关。

【临床表现】 阳跷为病，阴缓而阳急；阴跷为病，阳缓而阴急。阳气盛则瞋目，阴气盛则瞑目。

【证因分析】 跷，有轻健跷捷之义。所谓跷脉为病的缓急症状，可有两类病候。一是当病者急，不病者缓。阳跷脉循外踝上行，阳跷为病，阴缓而阳急，是指外踝以上筋脉拘急，内踝以上筋脉弛缓。阴跷为病，阳缓而阴急，是指内踝以上筋脉拘急，外踝以上筋脉弛缓。癫痫、瘛疭以及腿痛转筋的发作，多可出现手足搐搦，筋脉牵引等跷脉阴阳缓急病状。二是当病者缓，不病者急。跷脉失养，或久病损伤跷脉，而至跷脉空虚，则不能保持下肢运动的跷捷，而至腿胫肌削。阳跷病，则下肢筋肉，外侧弛缓（可见足内翻）；阴跷病，则下肢筋肉，内侧弛缓（可见足外翻），以至两足痿软，行走倾斜。正如喻昌《医门法律·奇经病关营卫》所说："阴跷为病，阳缓而阴急，是阳病而阴不病也。阳跷为病，阴缓而阳急，阴病而阳不病也"。

两足跷脉本足太阳之别,均上会于目。以跷脉主荣,能运肾之精水于目中,故《十四经发挥》说:"气并相还,则为濡目,气不营则目不合。"阳跷阴跷,阴阳相交,阳入于阴,阴出于阳,交于目锐眦,所谓"阳气盛则瞋目,阴气盛则瞑目",即是指阳气满则阳跷盛,心烦易怒,不能闭目安睡而失眠;阴气盛则阴跷满,神疲嗜卧,喜闭目而不欲开目见物。若见眼睑下垂,两目开合失常者,亦为跷脉空虚所致。

六、阴维、阳维脉病证

维,有维系之义。阴维起于诸阴之交,阳维起于诸阳之会。阴维脉,起于小腿内侧,由内踝而上,与足太阴经相会,行于营分,会于任脉。阳维脉起于足跟外侧,由外踝而上,沿足少阳经,行于卫分,合于督脉。所以,阴维与阳维,同为一身之纲维。

【临床表现】 阳维为病苦寒热,阴维为病苦心痛,或胁下实,腰痛,阴中疼。阳维维于阳,阴维维于阴,阴阳不能自相维,则怅然失志,溶溶不能自收持。

【证因分析】 两维脉的生理作用,是维络于身,为诸脉之纲维。其中阳维脉与手足三阳相维系,特别是足太阳、少阳则联附更密,寒热之证,惟两经有之,人身经脉,太阳主表,少阳主半表半里,这两经的经气不和,在太阳者,则恶寒发热,在少阳者,则寒热往来,所以阳维为病,苦寒热。阴维脉是交三阴而行,与任脉会于颈部而同归,如足太阴与足少阴二经,寒凝气阻,或因经气厥逆及任脉之气上冲,都可导致该经阴气郁滞而产生心腹疼痛,或胸中痛,两胁满实,腰部疼痛,阴中作痛拘急等症状。故阴维为病,苦里急。

人体在正常情况下,阳维联系诸阳经,阴维联系诸阴经,阴阳维脉互相联系,以保持阴阳的相对平衡。如果阴维阳维不能相互维系,则阴阳失调。阳气耗散,精神颓丧,而郁郁不乐,怅然失志;阴精耗伤,不能濡养,而痿软无力,动作不能自主。

自 学 指 导

【重点难点】

1. 经络辨证是脏腑、气血津液等辨证方法的补充。

经络辨证是基于脏腑、经络、气血等理论,从整体出发对某些与经络生理病理密切相关的疾病证候进行归纳、判断,以明确其病位、病因和病性的所属。经络辨证应与脏腑辨证互相参照,从而更好地指导临床治疗。

经络辨证方法源于《内经》,后世多有发挥。十二经脉病证首见于《灵枢·经脉》,而奇经八脉病证则以《素问·骨空论》、《难经》二十二、二十四、二十七、二十九难及李时珍的《奇经八脉考》等论述甚详,此外,还有滑伯仁的《十四经发挥》,喻昌的《医门法律》,沈金鳌的《杂病源流犀烛》,张山雷的《经络考》等,均为经络辨证提供不少参考资料。

2. 经络辨证应注意对疾病的病因、病位和病情的分析。

在病因分析中,应结合病因辨证内容进行审证求因。经气盛衰是发病与否及病情轻重的决定因素，若经脉气血调和，则邪不能伤，经气不足，则病邪乘虚而入。病邪性质不同，临床证候各异。如颈项强直，角弓反张，抽搐震颤，全身或局部异常运动；流行走窜，游走不定的疼痛；此起彼伏的瘙痒，局部麻木，歪斜、偏废者皆为风象。经络蜷缩，或拘急牵引疼痛，厥冷者，皆为寒象等。

在病位分析中，要点在于分经定位。十二经脉，奇经八脉、十五别络、十二经别、二十经筋等各有其相对独立的循行路线，在抓住十二经脉这个经络系统的主体时，还要注意经络系统的其他组成部分的循行特点。十二经脉除了与其所络脏腑相关外，其在体内循行的过程中，还和其他内脏有直接联系。每一经的内脏病候，不仅包括和它属络的内脏病候特点，实际上还包括和该经有循行联系的其他内脏的病候特征。如手太阴肺经内脏病候中既有咳喘、胸满等肺脏病理表现，又有心烦、小便数等心肾病变证候，前者因手太阴脉属肺，故容易理解。后者因手少阴经从心系上肺，足少阴肾经入肺中，故也常有心肾证候。

在病性分析中，应注意经络病候的虚实、寒热及经气运行的顺逆。如经络虚证，多因经络气血运行不足所致。常见麻木不仁，甚至痿废不用，或按压经络穴位，肌肉松弛无力，经脉穴位下陷等。经络实证，多因经气滞涩不行，气血运行受阻所致。常见病处肿胀疼痛，或按压经络穴位，有强烈压痛或酸胀感，肌肉紧张，抵抗力强等。经气不足多为寒证，经气有余多为热证。经脉之气运行失常而逆乱所产生的病候则称为"厥"。《灵枢·经脉》将肺经和心经的经气逆乱病候称为臂厥；胃经的经气逆乱病候称为骭厥；胆经的经气逆乱病候称为阳厥；膀胱经经气逆乱病候称为踝厥；肾经的经气逆乱病候称为骨厥。

3．掌握十二经脉病证反映的规律。

十二经脉病证，是从经络系统中反映出来的主要病理现象以及发病的规律。临床诊断疾病时，掌握好这种证候反映的规律，就可以根据各经循行部位的特有症状来考虑某经的病变。其病证的特点有三：一为本经经气失常所表现的症状。如膀胱经脉受邪，表现为头项强痛、腰、髀、腘、踹处疼痛等症即是。二为与本经相关的脏腑病候与经脉所属部位的症状相兼。如手太阴肺经病证可见咳喘、气逆和臑臂内侧前廉痛等即是。三为数经合病的症状。如足厥阴肝经受病出现的胸胁满、呕逆、飧泄、癃闭即是（如表9-1）。

表 9-1　　　　　　　　　　　　　　十二经病证的特点

名称	临 床 表 现		主要病证范围	联系其他脏腑
	与本经相关的脏腑症状	与本经相关的经气变动症状		
1.肺经	咳喘、气逆、肺胀、胸满，少气，小便数而久，尿黄	缺盆、肩背、臑臂内侧前缘疼痛，寒热汗出，咽喉肿痛	肺、肺系及其经脉所过部位的病证	大肠、胃、肾
2.大肠经	目黄、口干、喉痹、便秘	齿痛颈肿、鼻塞或衄，肩前臑内作痛，示指痛而不能动，经脉所过发热而肿，或身寒而栗	面、齿、五官、咽喉及本经所过部位的病证	肺、胃
3.胃经	惊惕发狂，不欲见人，登高而歌，弃衣而走，消谷善饥，温淫汗出，溺黄胀满	洒洒振寒，善呻数欠，身热汗自出，恶人与火，鼽衄、颈肿喉痹，膝膑肿痛，缘胸、乳、伏兔、足胫外缘、足背等处痛，足中指不用	面、胃、腹及本经所过部位的病证	脾、心、大肠、小肠

名称	临床表现		主要病证范围	联系其他脏腑
	与本经相关的脏腑症状	与本经相关的经气变动症状		
4.脾经	食后作呕,胃脘疼痛,腹胀善噫,得后与气则舒,身重不能转侧,食少泄痢、黄疸	舌本强,舌本痛,股膝内侧肿痛,足大指不用	脾胃及本经所过部位的病证	胃、心、肺、肠
5.心经	心痛	嗌干、渴而欲饮,目黄、胁肋胀满疼痛,臑臂内后廉痛厥,掌中热痛	心、胸部及神志病	小肠、肺、肾
6.小肠经		嗌痛颔肿,不可以顾,肩似拔,臑似折,耳聋、目黄、颊肿、沿颈向颊、肩、臑、肘、臂等部外侧后缘疼痛	肩、颈、头、眼、耳、咽喉部病证,神志病,本经所过部位病症	心、胃
7.膀胱经	癫狂	寒热鼻塞,头项强痛,目似脱,项似拔,脊痛腰似折,髀不可以曲,腘如结,踹如裂,头、颈、背、腰、尻、踹、腘及脚部疼痛,足小趾不用	头项、腰、背部病证;与本经背俞穴相关的脏腑病	肾、脑、心
8.肾经	面如漆柴,咳唾而喘,不得卧,善恐易惊,烦心心痛,两目昏暗,腰脊疼痛	口热舌干,咽肿气逆,嗌干肿痛,脊、股、内后廉痛,下肢痿软而厥冷,足心热痛	肾精、元阳及本经所过部位的病证	膀胱、肝、肺、心
9.心包经	烦心心痛,心中憺憺大动,甚或喜笑不休	胸胁支满,掌中热,臂肘挛急,腋肿面赤,目黄	心、胃、胸、胁病,神志病,本经所过部位病	三焦
10.三焦经	自汗出	耳聋嗌肿,喉痹,外眼角痛,颊痛连及耳后,肩、臑、肘、臂外侧痛,小指示指不用	侧头,耳,眼,喉部及胸胁病证,本经所过部位病证	心包络
11.胆经	口苦、善太息,心胁痛、不能转侧	额角、下颌及眼外角痛,缺盆肿痛,腋下肿,马刀夹瘿,汗出、寒战如疟,面微有尘,胸、胁、肋、膝等部外侧直至胫骨诸节皆痛,足外侧发热	头颞,胁肋,肝胆疾病,本经所过部位病证	肝、心
12.肝经	胸胁满或痛,呕逆,飧泄	腰痛不可以俯仰,嗌干、狐疝、男子㿉疝,女子小腹肿,遗尿,癃闭	肝、胆及前阴病,本经所过之处病症	胆、肺、胃、肾、脑

4. 掌握奇经八脉的主要病证和病机。

奇经八脉是指在十二经脉以外的八道经脉,它是互相错综于人体的另一系列的经脉。它一方面是补充十二经脉循行流注之不足，另一方面又有维系十二经脉的相互关系和调节十二经脉气血盈虚的作用，而且奇经除了一般的温养脏腑、濡润腠理之外，更与体内某些脏器有紧密联系。在八脉中，督脉行于背，任、冲两脉行于腹。督脉总督诸阳，任为阴脉之海，冲为十二经之海。因此，督、任、冲三脉与足阳明胃和足少阴肾联系最密，所以督、任、冲三脉的生理病理关系到人的先天与后天的真气。且这三道脉是一源三歧，而带脉总束着诸脉，二维二跷均起于足，它们各有其代表的病证。其中督、任、冲、带四脉对于生殖系统病证，在辨证论治上具有极其重要的意义。例如调理冲任，以治妇女月经不调；温养督任以治生殖功能衰退等，都为临床所常用。奇经八脉的主要病证和病机如表9-2。

表 9-2 奇经八脉病证与病机

名　称	主　症	病　机
1. 督　脉	脊强反折，不得仰俯	邪犯督脉，经气壅塞；督脉空虚，阳不运转
2. 任　脉	男子内结七疝，女子带下瘕聚	阴沉于下，任脉不通
3. 冲　脉	女子绝孕，胎漏，气逆里急	冲脉虚衰，血海不充；气虚不摄；冲脉失调，气逆太过
4. 带　脉	腹满，腰溶溶如坐水中，足痿，赤白带下	带脉不和，气不运行；阳明脉虚，带脉不引 带脉不固或诸经遗热于带
5. 阳跷脉	瞑目，阴缓而阳急	阳气盛，卫气不得入于阴 阳跷脉拘急，阴跷脉弛缓
6. 阴跷脉	瞑目，阳缓而阴急	阴气盛，卫气不得行于阳 阴跷脉拘急，阳跷脉弛缓
7. 阳维脉	苦寒热	诸阳经，经气不和
8. 阴维脉	苦心痛	诸阴经，经气不和

【复习思考题】

1. 经络辨证的原理及其临床意义如何？

2. 病发于脏腑症状表现于体表，与经脉有无关系？试举例说明之。

3. 手太阴肺经和手少阴心经"臂厥"的临床表现各如何？

4. 手阳明大肠经病证的临床特点如何？

5. 足阳明胃经病证的临床表现如何？怎样分析它的证因及其病机？

6. 足太阴脾经病证的临床特点如何？

7. 手少阴心经病证的"掌中热痛"与肺经受病"掌中热"有何不同？

8. 手太阳小肠经病证与手少阴心经病证均有目黄，怎样鉴别？

9. 足太阳膀胱经病证的临床表现如何？

10. 足少阴肾经病证的临床表现有何特点？其病机若何？试简述之。

11. 手厥阴心包经病证与手少阴心经病证有何不同？试比较说明之。

12. 手少阳三焦经病病证的临床表现如何？

13. 足少阳胆经病证的临床表现及其病机怎样分析？

14. 足厥阴肝经病证的临床表现及其病因如何，试说明之。

15. 十二经病证特点有何规律可循？试举例说明之。

16. 奇经八脉的病证在辨证上有何临床意义？

17. 督脉的主要病证是什么？

18. 任脉的病证如何？其发病有何特点？

19. 试述冲脉的临床表现。

20. 带脉为病有哪些特点？

21. 阴跷、阳跷脉病证的临床表现如何？

22. 阴维、阳维脉病证的临床表现如何？

【参考文献摘录】

1.《灵枢·经脉》：肺手太阴之脉……是动则病肺胀满，膨膨而咳喘，缺盆中痛，甚则交两手而瞀，此为臂厥。是主肺所生病者，咳，上气，喘喝，烦心，胸满，臑臂内前廉痛厥、掌中热。气盛有余，则肩背痛，风寒汗出中风，小便数而欠。气虚则肩臂痛寒，少气不足以息，溺色变。

大肠手阳明之脉……是动则病齿痛颈肿。是主津液所生病者，目黄，口干，鼽衄，喉痹，肩前臑痛，大指次指痛不用。气有余则当脉所过者热肿；虚则寒栗不复。

胃足阳明之脉……是动则病洒洒振寒，善呻，数欠，颜黑，病至则恶人与火，闻木声则惕然而惊，心欲动，独闭户塞牖而处。甚则欲上高而歌，弃衣而走，贲响腹胀，是为骭厥。是主血所生病者，狂疟，温淫汗出，鼽衄，口㖞，唇胗，颈肿，喉痹，大腹水肿，膝膑肿痛，循膺、乳、气街、股、伏兔、骭外廉、足跗上皆痛，中趾不用。气盛则身以前皆热，其有余于胃，则消谷善饥，溺色黄；气不足则身以前皆寒栗，胃中寒则胀满。

脾足太阴之脉……是动则病舌本强，食则呕，胃脘痛，腹胀，善噫，得后与气，则快然如衰，身体皆重。是主脾所生病者，舌本痛，体不能动摇，食不下，烦心，心下急痛，溏瘕泄，水闭，黄疸，不能卧，强立股膝内肿厥，足大趾不用。

心手少阴之脉……是动则病嗌干，心痛，渴而欲饮，是为臂厥。是主心所生病者，目黄，胁痛，臑臂内后廉痛厥，掌中热痛。

小肠手太阳之脉……是动则病嗌痛，颔肿，不可以顾，肩似拔，臑似折。是主液所生病者，耳聋，目黄，颊肿，颈、颔、肩、臑、肘、臂外后廉痛。

膀胱足太阳之脉……是动则病冲头痛，目似脱，项如拔，脊痛，腰似折，髀不可以曲，腘如结，踹如裂，是为踝厥。是主筋所生病者，痔，疟，狂，癫疾，头囟项痛，目黄，泪出，鼽衄，项、背、腰、尻、腘踹、脚皆痛，小趾不用。

肾足少阴之脉……是动则病饥不欲食，面如漆柴，咳唾则有血，喝喝而喘，坐而欲起，目䀮䀮如无所见，心如悬若饥状。气不足则善恐，心惕惕如人将捕之，是为骨厥。是主肾所生病者，口热，舌干，咽肿，上气，嗌干及痛，烦心，心痛，黄疸，肠澼，脊、股内后廉痛，痿厥，嗜卧，足下热而痛。

心主手厥阴之脉……是动则病手心热，臂肘挛急，腋肿，甚则胸胁支满，心中憺憺大动，面赤，目黄，喜笑不休。是主脉所生病者，烦心，心痛，掌中热。

三焦手少阳之脉……是动则病耳聋，浑浑焞焞嗌干，喉痹。是主气所生病者，汗出，目锐眦痛，颊痛，耳后、肩、臑、肘、臂外皆痛，小指次指不用。

胆足少阳之脉……是动则病口苦，善太息，心胁痛不能转侧，甚则面微有尘，体无膏泽，足外反热，是为阳厥。是主骨所生病者，头痛，颔痛，目锐眦痛，缺盆中肿痛，腋下肿，马刀侠瘿，汗出振寒，疟，胸、胁、肋、髀、膝外至胫、绝骨、外踝前及诸节皆痛，小趾次趾不用。

足厥阴肝经之脉……是动则病腰痛不可以俯仰，丈夫㿉疝，妇女少腹肿，甚则嗌干，面尘，脱色。是主肝所生病者，胸满，呕逆，飧泄，狐疝，遗溺，闭癃。

2.《素问·骨空论》：任脉为病，男子内结七疝，女子带下瘕聚；冲脉为病，逆气里急。督脉为病，脊强反折……此生病，从少腹上冲心而痛，不得前后，为冲疝；其女子不孕，癃，痔，遗溺，嗌干。

3.《灵枢·寒热病》：阴跷、阳跷，阴阳相交，阳入阴，阳出阳，交于目锐眦，阳气盛则瞋目，阴气盛则瞑目。

4.《临证指南医案·痿门》：寝食如常，脉沉而缓，独两腿内外，肌肉麻木，五旬又三，阳脉渐衰，跷维不为用事，非三气杂感也。

5.《医学真传·脏腑经络》：五脏为阴，六腑为阳，经脉为阴，络脉为阳，脏腑经络，《内经》言为详矣。今总其要而言之：五脏者，三阴之所主也。厥阴主肝，少阴主心肾，太阴主肺脾。肝心脾肺肾，木火土金水也。肝木为风，心火为热，脾土为湿，肺金为燥，肾水为寒。是五脏合五运，即有风火热湿燥寒之六气。夫六气与五运合者，以少阴少阳二火而合五运也。夫五脏有形，形中有气，其气通于六腑而行于经隧。行于经隧，则皮肌脉筋骨为五脏之外合，如肺合皮、脾合肌、心合脉、肝合筋、肾合骨者是也。通于六腑，则五脏与六腑相为表里，如肺与大肠为表里，脾与胃为表里、心与小肠为表里，肝与胆为表里，肾与膀胱为表里者是也。此五脏之大概也。若六腑则三阳之所主也。少阳主胆与三焦，阳明主胃与大肠，太阳主膀胱与小肠。夫胆与三焦，少阳木火之气也；胃与大肠，阳明土金之气也，膀胱小肠，太阳水火之气也。乃合三阳而主六腑也。夫六腑亦有形，而形中亦有气，其气则内通五脏，外行经脉，所谓五脏有俞而六腑亦各有俞、五脏有合而六腑亦各有合者是也。此六腑之大概也。夫三阴主五脏，而厥阴不但主肝，又主心包，是手足三阴三阳为十二经脉。十二经脉则胸走手而手走头，头走足而足走胸，其气内通脏腑，外通络脉，环周于身。外通络脉，则合孙络而渗皮毛；内通脏腑，则合经穴而行营卫。所谓气煦血濡，流行不息者也。今人不知皮肌经脉之浅深，有卒病寒热而涉于经脉者，概以气分之药投之，鲜克有效。盖经脉十二，有三百六十五穴会，三百六十五经络，《素问》详言之，此经脉大概也。夫经脉之外，更有络脉，络脉之外，复有孙络，故曰经脉为阴，络脉为阳。盖径直至周于身者为经，横行而左右环绕者为络。十二经脉之外，复有脾之大络，名曰大包，又有任脉之尾翳，督脉之长强，合为十五络。此大络者，出于经脉之外，而有左右相注之奇病。奇病者，左病注右，右病注左，乃络脉病也。络脉之病，《素问》有缪刺之法以治之。经脉之外，又有孙络，孙络与皮肤相连，在通体毛窍之内，而胞中之血，充肤热肉，澹渗皮毛。《经》云：孙络之脉别经者，亦三百六十五穴会。又《刺法》云：刺毫毛腠理者无伤皮。知毛腠与皮分合之处，则孙络之脉在其中，此因络脉而及于孙络之大概也。

6.《医门法律·奇经病关营卫》：问奇经之病，亦关营卫否？曰：奇经所主，虽不同正经之病，其关于营卫则一也。其阴不能维于阴，怅然自失志者，营气弱也。阴不能维于阳，溶溶不能自收持者，卫气衰也。阳维为病，苦寒热者，邪入卫而主气也。阴维为病，苦心痛者，邪入营而主血也。《经》所谓肺卫心营者是也。阴跷为病，阳缓而阴急，阳病是阴不病也。阳跷为病，阴缓而阳急，阴病而阳不病也。此等病，多于正病中兼见之；惟识其为营卫之所受也，则了无疑惑矣。盖人身一气周流，无往不贯，十二经脉有营卫，奇经八脉有营卫，奇经附属于正经界中者，得以同时并注也。由阳维、阴维、阳跷、阴跷推之，冲脉之纵行也，带脉之横行也，任脉之前行也，督脉之后行出，孰非一气所流行耶？一气流行，即得分阴分阳矣。营卫之义，亦何往而不贯哉？

第十章　六经、卫气营血、三焦辨证

【目的要求】

1. 掌握六经辨证、卫气营血辨证、三焦辨证中各证型的含义、辨证要点和传变规律。
2. 熟悉六经辨证、卫气营血辨证、三焦辨证的含义和意义。
3. 了解外感病的含义及分类。

【自学时数】

12 课时。

六经、卫气营血与三焦辨证，是外感病的辨治方法。外感病大都是由六淫、疫疠之邪而引起的急性发热性疾病。其热与"内伤发热"不同，"内伤发热，时热时止；外感发热，热盛无休"。故又称"外感热病"。

第一节　六 经 辨 证

六经辨证，是汉代医家张仲景根据《素问·热论》的有关论述，在其《伤寒论》中创立的用以阐明外感病发生、发展、传变规律的一种辨证方法。六经辨证将外感病发生发展过程中所表现的不同证候，以阴阳为纲，归纳为三阳病（太阳病、阳明病、少阳病）和三阴病（太阴病、少阴病、厥阴病）两大类六经病证，分别从邪正斗争关系、病变部位、病势进退缓急等方面阐述外感病各个阶段的病变特点，作为指导治疗的一种辨证方法。

六经病证的临床表现，均以经络脏腑为病理基础。其中三阳病证以六腑的病变为基础，三阴病证以五脏的病变为基础。一般而言，三阳病阶段抗病力强，病势亢奋，性质多实多热；三阴病阶段，抗病力弱，病势衰减，性质多虚多寒。六经辨证的重点在于分析外感风寒所引起的一系列病理变化及其传变规律，但由于风寒之邪入里可以化热，寒湿郁久亦可发热，因此，六经辨证中亦广泛"论热"。

六经辨证的应用，不限于外感热病，也可用于内伤杂病。但在证治规律方面，其具有重于外而轻于内，详于寒而略于温的倾向，所以六经辨证不能完全等同于内伤杂病的脏腑辨证与经络辨证，也未能完全概括所有外感病的辨证，而主要适用于外感伤寒一类病变的辨证论治。六经辨证为中医临床辨证之首创，为后世各种辨证方法的形成奠定了基础。

一、六经病证的分类

六经病证的分类，主要是将伤寒病变的过程中所表现的各种症状和体征，结合人体抗病能力的强弱以及病势的进退缓急等各种情况，进行病因、病位、病性、病机等方面的分析综合，并明确其一定的演变规律，将其众多而各异的证候归纳为三阳三阴六大类证型，作为临床论治的依据。各经的病变在病理的进程中，常会累及它所主的经络及相关的脏腑，反映出相应的病理证候。

（一）太阳病证

太阳之经上自头项，下至背足，循行人体最外围，主一身之表，且太阳之经统摄营卫，外应皮毛，故为诸经之藩篱。风寒之邪外袭人体，大多从太阳而入，正气奋起抗邪，于是首先表现出来的就是太阳病。

太阳病的主要脉症是"恶寒，头项强痛，脉浮"。由于风寒束表，卫阳被遏，肌腠失于温煦，故恶风寒；足太阳经脉自头项下行于背部，太阳经脉受邪，经气不利，气血运行受阻，则头项及背部作痛；正邪抗争于太阳肌表，脉气鼓动于外，故脉浮。因此，无论病程长短，但见此主要脉症，即可诊断为太阳病。

邪犯太阳，随其浅深而证有经腑之分。正邪抗争于肤表浅层所表现的证候，即成太阳经证，是伤寒病的初起阶段；若太阳经证不愈，病邪可循经入腑，乃成太阳腑证。

1．太阳病经证：太阳经证是指由于风寒之邪侵犯人体肌表，正邪抗争，营卫失和所表现的证候。太阳经证为伤寒病的初起阶段，由于病人感受风寒邪气偏重不同及患者体质的差异，临床又有太阳伤寒证、太阳中风证之分。

（1）太阳伤寒证：是以寒邪为主的风寒之邪侵犯太阳经脉，导致卫阳被遏，营阴郁滞所表现的证候。

【临床表现】 恶寒，发热，头项强痛，身体疼痛，无汗而喘，脉浮紧。

【证因分析】 风寒外邪以寒邪为主而侵犯太阳之表，卫阳被遏，肌肤失于温煦，则见恶寒；寒邪郁表，卫阳奋起抗邪，正邪交争，故发热。卫阳郁遏，脉中营阴郁滞，筋脉失于温养，故头身疼痛。寒性阴凝，致使肌腠致密，玄府不开，故虽身热而无汗。寒邪凝束，正气抗邪，故脉浮而紧。寒邪袭表，内舍于肺，肺气失宣，则呼吸喘促。

本证是以恶寒，无汗，脉浮紧为辨证要点。

（2）太阳中风证：是以风邪为主的风寒之邪侵袭太阳经脉，使卫强营弱所表现的证候。

【临床表现】 发热，恶风，汗出，脉浮缓，或见鼻鸣，干呕。

【证因分析】 卫为阳，营为阴，风寒外邪以风邪为主侵犯太阳经，卫受邪而阳浮于外与邪争则发热；风性开泄，以致卫外不固，营不内守则汗出。此所谓"阳浮者热自发，阴弱者汗自出。"由于汗出，肌腠疏松则恶风。若外邪侵及肺胃，肺气失宣则鼻鸣；胃气失降则干呕。

本证是以恶风，汗出，脉浮缓为辨证要点。

2．太阳腑证：太阳腑证是指太阳经证不解，病邪由太阳之表内传其太阳之腑所表现的证候。根据病因、病机、病位之不同，临床又分为太阳蓄水证和太阳蓄血证。

（1）太阳蓄水证：是指太阳经证不解而内传，邪与水结，膀胱气化不利，水液停蓄所表现的证候。

【临床表现】　发热，恶寒，小便不利，小腹胀满，渴欲饮水，或水入即吐，脉浮或浮数。

【证因分析】　太阳经证不解，故仍见发热、恶寒、脉浮等表证症状。表邪内传其膀胱之腑，气化功能失职，邪与水结，水液停蓄，故见小便不利，小腹胀满。水停而气不化津，津液不能上承，故渴欲饮水。但若饮多则水阻气机益甚，以致水逆犯胃，胃失和降，则出现饮入即吐的"水逆"之症。

本证是以太阳经证及小便不利、小腹胀满并见为辨证要点。

（2）太阳蓄血证：是指太阳经证失治，邪热内传，与血相结于手太阳小肠腑所表现的证候。

【临床表现】　少腹急结或硬满，神乱如狂，小便自利，大便色黑如漆，脉沉涩或沉结。

【证因分析】　太阳经证失治，邪热随经内传，与血相结，瘀热结于下焦少腹（手太阳小肠腑），故致少腹急结，甚则硬满；热瘀内结，上扰心神，故见神志错乱如狂，甚则发狂。病在肠腑，未影响膀胱气化功能，故小便自利。瘀血下行随大便而出，则大便色黑如漆。脉沉涩或沉结，是因瘀热阻滞，脉道不利所致。

本证是以少腹急结，神乱如狂，但小便自利等为辨证要点。

（二）阳明病证

阳明病证是外感伤寒病变发展过程中，阳热亢盛，胃肠燥热所表现的证候。其性质属实热证，为邪正斗争的极期阶段。

阳明病的主要病机可以简要地概括为"胃家实"。"胃家"包括胃与大肠；"实"指邪气亢盛，正盛邪实。阳明病的成因可以是多方面的，多由太阳经证不解，表邪内传阳明，化热入里而成；或因少阳病失治，邪热传入阳明而成；或因素体阳盛，初感外邪迅速从阳化热所致；亦可在三阴病正气恢复阳胜阴退的过程中，转出阳明而经历本病的可能。

阳明病的主要脉症为"身热，不恶寒，反恶热，汗自出，脉大"。由于阳明为多气多血之经，里热炽盛，蒸腾于外，故见身热；邪热迫津外泄，则汗自出；表邪已入里化热，阳明邪热独盛，故不恶寒，反恶热；热盛而气涌，脉道充盈，故脉大而有力。

阳明病证之中，可因邪热内实的机制不同又分为阳明经证和阳明腑证两类。一般说腑证较经证为重。从病的发展来说，往往经证的邪热进一步亢盛，消烁津液，导致肠燥腑实则成腑证。

1. 阳明经证：阳明经证是指邪热亢盛，充斥于阳明之经，弥漫全身而肠中尚无燥屎内结所表现的证候。

【临床表现】　身大热，汗大出，口大渴引饮，或心烦躁扰，气粗似喘，面赤，苔黄燥，脉洪大。

【证因分析】　邪入阳明，化热化燥，充斥阳明经，弥漫全身，故身大热；邪热炽盛，迫津外泄，故汗大出；热盛伤津，且汗出复伤津液，故口大渴而引饮；邪热上扰，心神不安，则见心烦躁扰；热斥气血，涌盛于面，故面赤；热迫于肺，呼吸不利，故气粗似喘；热灼津伤，故舌苔黄燥；热壅脉道，气血涌盛，故脉洪大有力。

本证是以大热、大汗、大渴、脉洪大为其辨证要点。

2. 阳明腑证：阳明腑证是指邪热内盛于里，邪热与肠中糟粕相搏，燥屎内结，阻滞肠道所表现的证候。本证往往是阳明经证进一步发展的结果。

【临床表现】 日晡潮热，手足濈然汗出，脐腹胀满，疼痛拒按，大便秘结不通，甚则神昏谵语、狂躁、不得眠，舌苔黄厚干燥，或起芒刺，甚至苔焦黑燥裂，脉沉实，或滑数。

【证因分析】 肠腑实热弥漫，阳明经气旺于晡时，邪正相争更剧，故潮热日晡更盛；四肢禀气于阳明，热逼津泄甚于四末，故手足濈然汗出；邪热与糟粕结于肠中，致使大便秘结，腑气不通，故脐腹胀满，痛而拒按；邪热亢盛，上扰心神，轻则不得眠，重则见神昏谵语，甚至狂乱不宁。苔黄燥而有芒刺，或焦黑燥裂，为燥热内结，津液被劫之故。有形之邪壅实于里，阻滞气机，抑遏血脉，脉气不利，故脉反沉迟但必有力；若邪热结而不甚，热迫血涌则脉乃滑数。

本证以潮热汗出，腹满便秘，舌苔黄燥，脉象沉实为辨证要点。

(三) 少阳病证

少阳病证是邪犯少阳胆腑，枢机不利，经气不畅所表现的证候。因邪郁于机体表里之间，故又称为半表半里证。

【临床表现】 寒热往来，口苦，咽干，目眩，胸胁苦满，默默不欲饮食，心烦喜呕，脉弦。

【证因分析】 少阳病证多由病邪已离太阳之表，而尚未进入阳明之里所致，亦可由厥阴病自里达表，转出少阳而成。

邪正相争于半表半里，正胜则邪出于表与阳争而发热；邪胜则邪入于里与阴争而恶寒，邪正进退交争，故见寒热往来不定。胆热上泛则口苦；胆热灼津则咽干；胆热上扰清窍则头目昏眩。邪郁少阳，经气不利，故胸胁苦满；胆热扰胃，胃失和降，则默默不欲饮食，甚至欲呕；胆热扰神则心烦。脉弦为肝胆受病之征。

本证是以寒热往来，胸胁苦满，脉弦等为辨证要点。

(四) 太阴病证

太阴病证是指由多种原因导致脾阳虚衰，寒湿内生所表现的证候。太阴病为三阴病之轻浅阶段，其病变特点为虚寒证。

【临床表现】 腹满而吐，食不下，口不渴，自利，时腹自痛，四肢欠温，脉沉缓而弱。

【证因分析】 太阴病的发生，可由三阳治疗不当损伤脾阳而陷入；也可由于内阳虚怯，风寒之邪直犯而起病。

脾阳虚衰，寒湿内生，气虚湿阻，中焦气机不利，则腹满；阳虚寒凝，腹中挛急，则时腹自痛；阳虚寒湿内盛，水液不化则口淡不渴；寒湿下趋，并走于，故而自利；脾病及胃，脾虚失运，胃失和降，则食纳减少，或见呕吐；脾主四肢，中阳内虚，不能温煦四末，则四肢欠温；脾虚气弱，脉气亦鼓动无力，故脉沉缓而弱。

本证是以腹满时痛，自利，口不渴等虚寒之象为辨证要点。

(五) 少阴病证

少阴病证是指伤寒六经病变的后期出现心肾功能减退，全身阴阳衰惫的虚寒病证。少阴病的形成，可在三阳阶段，汗下过度，内夺阳气；或吐泻不止，津脱阳亏；亦可外邪入侵，直犯少阴所致。由于少阴病通常是伤寒病变发展过程的后期阶段，也往往是病情最危险的阶段。

少阴之为病，以"脉微细，但欲寐"为主要脉症。由于阳气衰微，营血不足，不鼓血行，不充脉道，故脉微而细；心肾衰减，神气失养，精神极度衰退惫，似睡而非睡，呈昏沉迷糊"但欲寐"之状。

由于少阴为心肾，统水火之气，故少阴病证则有从阴化寒与从阳化热两类。但就伤寒病而言，少阴病仍以阳虚寒化为主，故以"脉微细，但欲寐"为主要脉症。

1. 少阴寒化证：少阴寒化证是指病邪深入少阴，心肾阳气衰惫，从阴化寒，阴寒内盛所表现的虚寒证候。

【临床表现】　无热恶寒，脉微细，但欲寐，四肢厥冷，下利清谷，小便清长，或呕吐不食，或口渴喜热饮、饮而不多。

【证因分析】　少阴阳气衰微，阴寒内盛，周身失于温养，四末失于通达，故无热恶寒，四肢厥冷；心肾阳衰，脉气鼓动亦微，则脉微细；阳气不振，神失鼓舞，故呈但欲寐的疲惫之状；心肾阳虚，火不暖土，升降失常，故见下利清谷，呕吐不食；下焦阳气虚寒，不能主持水液，化气升津，故小便清长，渴喜热饮，但饮而不多。

本证是以无热恶寒，下利清谷，四肢厥冷，脉微细等为辨证要点。

2. 少阴热化证：少阴热化证是指病邪深入少阴从阳化热，阴虚阳亢所表现的虚热证候。

【临床表现】　心中烦热，夜不得眠，口燥咽干，或咽痛，舌红少苔，脉细而数。

【证因分析】　邪入少阴从火化热，灼伤真阴，水不济火，心火独亢，内扰心神，则心中烦热，夜不得眠；阴液不足，苗窍失润则口燥咽干；阴不制阳，虚火循肾经上攻咽喉，则咽痛；少阴阴血不充，虚火内炽，故舌红少苔，脉细而数。

本证以心烦不眠，口燥咽干，脉细而数为辨证要点。

（六）厥阴病证

厥阴病证是指伤寒病发展到较后阶段出现阴阳对峙、寒热错杂、厥热胜复等为特点的证候概括。厥阴为六经之末，故厥阴病多由它经传变而成，常见于伤寒病变末期病情出现生死转机的阶段。

厥阴经系阴之尽，阳经之始，故其生理乃循阴尽阳生之机，而由阴出阳、主司阴阳之气的交接。病至厥阴，势必干扰阴阳出入、交接之机，产生阴阳逆乱、变化多端的病变，其证候既可以极寒或极热，也可寒热错杂。由于足厥阴肝经属肝络胆而挟胃，因此，厥阴病证的表现为肝、胆、胃的症状。

厥阴病证以阴阳错杂为主线，而又各有偏寒偏热的区别，常以"上热下寒"为厥阴病的提纲，故阐述如下。

【临床表现】　消渴，气上撞心，心中疼热，饥而不欲食，食则吐蛔。

【证因分析】　此处所述为上热下寒的症状。上热，表现为消渴，气上撞心，心中疼热；下寒，所见症为饥而不欲食，食则吐蛔。邪入厥阴，厥热上逆，上冲胃脘，则自觉气上撞心，心中疼热；胃热消烁津液，则消渴饮水不止。另一方面，虽胃热而知饥，但肠中有寒，寒郁而食之不化，故又不欲食；若勉强进食，则必引起胃气上逆而致呕吐，若内有蛔虫者，常可因呕逆之剧烈而引发吐蛔。

本证以上热、下寒，寒热交错为辨证要点。

二、六经病证的传变

六经病证既是脏腑经络病理变化的临床反映，而脏腑、经络之间又是不可分割的整体，所以某一经的病变，常常会涉及另一经，从而表现出传经、直中以及合病、并病的证候。

（一）传经

病邪从外侵入，逐渐向里传变，由某一经的病证转变为另一经的病证，称为"传经"。传经与否，决定于感邪的轻重、病体的强弱及治疗的当否三个方面。邪胜正衰，则发生病传；正胜邪退，则病证转愈。体强者，病多传于三阳经；体弱者，病易转三阴经。识别六经病证的界线，是辨别传变的关键。六经病变传经的一般规律有：

1．循经传：按伤寒六经顺序传变者，称为循经传。如太阳病不愈，传入阳明；阳明不愈，传入少阳；三阳不愈，传入三阴，其中，首传太阴，次传少阴，终传厥阴。此外，另有一说，即按太阳→少阳→阳明→太阴→厥阴→少阴相传者。

2．越经传：不按上述循经次序，而是隔一经或隔两经相传者，称为越经传。如太阳病不愈，不传少阳而传阳明；或太阳病不传少阳、阳明而直传太阴。越经传的产生多由病邪偏盛，正气不足所致。

3．表里传：六经中互为表里的阴阳两经相传者，称为表里传。例如太阳膀胱经传少阴肾经；阳明胃经传太阴脾经；少阳胆经传厥阴肝经。表里相传之中，从阳经传入阴经的，是邪盛正虚，由实转衰，病情加重的表现；而从阴经转出阳经者，则为正能胜邪，病情向愈的机转。

（二）直中

伤寒病的发病，凡病邪不由阳经传入而径中阴经者，称为直中。直中多发于正气先虚而又复感重邪之人，较之传经更为严重。一般而言，直中太阴者病尚浅，直中少阴者病较深；直中厥阴者则病更深。但亦有学者认为，直中者并非不经过体表，只是感邪太盛，伤于表后迅速入里，其表证短暂轻浅，而里证非常显著而已。

（三）合病

凡伤寒未经传变，两经或三经证候同时出现者，称为合病。如《伤寒论》中有"太阳阳明合病"，"太阳少阳合病"和"三阳合病"等。在合病中，往往某一经偏盛，其症状较为突出，临证应予注意。

（四）并病

伤寒病凡一经病证未罢，又出现另一经证候者，称为并病。如《伤寒论》中有"太阳阳明并病"、"太阳少阳并病"、"阳明少阳并病"。一般来说，并病者的两经症状可以明显区分，且先后出现。

第二节　卫气营血辨证

卫气营血辨证，是清代叶天士在《外感温热论》中所创立的一种论治外感温热病的辨证方法。温热病是一类由外感温热病邪所引起的热象偏重、并具有一定的季节性和传染性的外感疾病。它与感受风寒、寒湿等阴寒病邪所引起的伤寒病在疾病的性质、感染的途径、发病的机理上并不相同。叶氏借用《内经》中关于"卫"、"气"、"营"、"血"四种物质的分布、功能不同而又密切相关的生理概念，将外感温热病发展过程中所反映的不同的病理阶段分为卫分证、气分证、营分证、血分证四类，用以阐明其病变发展中病位的浅深、病情的轻重和传变的规律，并指导临床治疗。

卫气营血在辨证理论中已不再是单纯的四种物质概念，而是具有突出的浅深层次意义。首先，它标志着温热病发展的不同的四个病理阶段。卫分证主表，病在皮毛而关系于肺，是最浅表的一层，见于温热病的初起；气分证主里，病在肌肉而关系于胸、膈、胃、肠、胆等脏腑；营分证邪入心营，病在心与包络；血分证耗血、动血，病已深入心、肝、肾。其次，它反映了温热病邪由表入里的四个浅深层次的传变。由卫分证→气分证→营分证→血分证，说明病情逐渐加重。第三，它代表着温热病邪耗伤津血的程度。卫分与气分均主津液，病邪伤于卫分则邪气轻浅而伤津不甚；病邪伤于气分则温热病邪深入，多伤耗津液而热象明显。营分和血分多主动血而耗阴。动血表现为血热妄行、发疹发斑等出血症状；耗阴则表现为机体失养和阴虚内热的症候。

卫气营血辨证是在六经辨证的基础上发展起来的，它弥补了六经辨证的不足，形成了六经辨伤寒、卫气营血辨温病的证治格局，完善并丰富了中医对外感病的辨证方法和内容。

一、卫气营血病证的分类

《外感温热篇》指出："大凡看法，卫之后方言气，营之后方言血。"温热病邪从口鼻而入，首先犯肺，由卫及气，由气入营，由营入血，病邪步步深入，病情逐渐加深。

（一）卫分证候

卫分证候，是各种温热病邪侵犯肌表，致使卫气功能失常所表现的一类证候。病属表热，常见于外感温热病的初起阶段。

【临床表现】　发热，微恶风寒，舌边尖红，脉浮数。或伴头痛，咳嗽，口干微渴，咽喉肿痛。

【证因分析】　盖温热病邪，犯于肤表，卫为邪郁，故发热、微恶风寒。温为阳邪，所以常多发热重而恶寒轻。邪热在表，故舌质边尖红而脉来浮数。温热上扰清空，则头痛；温邪犯肺，肺气失宣，故见咳嗽；温热为阳邪，但病属初起，伤津不甚，故见口干微渴。温热上灼，气血壅滞，所以咽喉红肿疼痛。由于温邪有风、火、暑、燥的不同，故不同温邪犯卫，其卫分证候亦有所差别。

本证以发热，微恶风寒，舌边尖红，脉浮数为辨证要点。

（二）气分证候

指温热病邪内传脏腑，正盛邪实，阳热亢盛所表现的一类实热证候。多见于外感温热病极期阶段。根据邪热侵犯肺、胸膈、肠、胆等脏腑的不同而兼有不同的症状。本证多由卫分证不解，邪传入里所致，亦有初感则温热邪气直入气分而成者。

【临床表现】　身热不恶寒，反恶热，汗出，口渴，舌红苔黄，脉数有力。或见咳喘，胸痛，咳痰黄稠；或见心烦懊憹，坐卧不安；或见日晡潮热，便秘腹胀，痛而拒按，甚或谵语、狂乱，苔黄干燥，甚则焦黑起刺，脉沉实；或见口苦咽干，胸胁满痛，心烦，干呕，脉弦数。

【证因分析】　邪入气分，其病机变化主要为正邪剧争和热扰气机两个方面。里热炽盛，邪正剧争，故身热颇盛，且不恶寒，反恶热。邪热逼津外越，则汗出；热灼津伤，则口渴；热盛则气血涌盛，则舌红苔黄，脉数有力。若邪热内壅于肺，肺失清肃，故咳喘，胸痛；热甚灼伤津液，故痰黄粘稠。若热扰胸膈，心神不宁，则心烦懊憹，坐卧不安。若热结肠道，灼津化燥，热结成实，腑气不通，故便秘腹胀，痛而拒按；热扰心神，故谵语、狂乱；燥热内结，故苔黄而干燥，甚则焦黑起刺，脉沉实。若热郁胆经，胆气上逆则口苦咽干；胆气郁滞，经气不利，故胸胁满痛；胆热扰心则心烦；胆火犯胃，胃失和降，则干呕；胆经有热则脉弦数。

本证以发热不恶寒，反恶热，汗出，口渴，舌红苔黄，脉数有力为基本辨证要点。再根据兼见症状之不同，进一步判断何脏何腑受病。

（三）营分证候

营分证是指温病邪热内陷，营阴受损，心神被扰所表现的证候。营分证是温热病发展过程中较为深重的阶段。营分证候根据温病邪热的兼挟不同，又有不同的证型。

本证可由气分证不解，邪热传入营分而成，或由卫分证直接传入营分而成，称为"逆传心包"；亦有营阴素亏，初感温热之邪盛，来势凶猛，发病急骤，起病即见营分证者。

【临床表现】 身热夜甚，口不甚渴或不渴，心烦不寐，甚或神昏谵语，斑疹隐隐，舌质红绛无苔，脉细数。

【证因分析】 营行脉中，内通于心。邪热入营，灼伤营阴，夜与入阴之卫阳相搏，则身热夜甚；邪热蒸腾营阴上潮于口，故口渴不若气分热重口渴之甚；营行脉中，内通于心，热深入营，易扰心神，故心烦不寐，甚至神昏谵语；邪热入营，损伤血络，则斑疹隐隐；营分有热，劫伤营阴，故舌质红绛无苔，脉细而数。

本证以身热夜甚，心烦神昏，舌质红绛，脉细而数为辨证要点。

（四）血分证候

血分证是指温病邪热深入阴血，导致动血、动风、耗阴所表现的一类证候。血分证是温热病发展过程中最为深重的阶段。

本证是由邪在营分不解，传入血分而成；或气分热炽，劫营伤血，径入血分而成；或素体阴亏，已有伏热内蕴，温热病邪直入血分而成。根据病理改变及受损脏腑的不同，血分证可分为以下不同的类型。

1. 热盛动血证：指血分热盛，闭扰心神，迫血妄行所表现的证候。本证病位以心为主。

【临床表现】 身热夜甚，心烦不寐，更见躁扰不宁，神昏谵语，斑疹显露，色紫黑，吐血、衄血、便血、尿血，舌绛紫等。

【证因分析】 邪热由营及血，病势更深一层，症必更重。除身热夜甚，心烦不寐等营分证之外，因血热内扰心神，则躁扰不宁，或神昏谵语；迫血妄行，溢于脉外则斑疹显露，斑色紫黑，吐血、衄血、便血、尿血等，舌也绛而兼紫。

本证以营分证（身热夜甚，心烦不寐等）并见出血症状为辨证要点。

2. 热盛动风证：指血分热盛，燔灼肝经，引动肝风所表现的证候。本证病位以肝为主。

【临床表现】 身热夜甚，躁扰不宁或神昏谵语，更见四肢抽搐，颈项强直，角弓反张，目睛上视，牙关紧闭，脉弦数等。

【证因分析】 邪热由营及血，血热更盛，燔灼肝经，炽伤筋脉，则可引动肝风，导致四肢抽搐、颈项强直、甚至角弓反张、目睛上视、牙关紧闭等；脉弦数也为肝热动风之征。

本证以营分重证（身热夜甚，躁扰神昏）并见动风症状为辨证要点。

3. 热盛伤阴证：指血热久羁，耗伤阴液，机体失养所表现的证候。本证病位以肾为主。

【临床表现】 持续低热，暮热早凉，五心烦热，口干咽燥，形体干瘦，舌干少苔，脉虚细，甚者或神疲耳聋，或见手足蠕动。

【证因分析】 邪热久羁，伤阴耗液，穷必及肾。余热未净，伏扰阴分则持续低热、暮热早凉、五心烦热；阴亏液耗，上窍失润，则口干咽燥，舌干少苔；阴耗血伤，体脉失充，则形体干瘦，脉虚细；阴耗精损，不能上充脑髓，神窍失养则神疲耳聋；肾阴亏损，水不涵木，虚风内动则手足蠕动。

本证以虚热不退并见机体失养为辨证要点。

二、卫气营血病证的传变

温热病的整个发展过程，实际上就是卫气营血病证的转变过程。卫气营血证候之间的传变关系体现了温病发生发展的规律性。卫气营血证候之间的传变，有顺传和逆传两种形式。

（一）顺传

即病变顺着由浅而深、由表而里、由轻而重的层次依序递传。即一般多从卫分开始，按照卫分→气分→营分→血分的次序传变，标志着邪气步步深入，病情逐渐加重。

（二）逆传

即不依上述次序传变。如卫分证候不经气分，而直接传入营分、血分，出现神昏、谵语的重笃病情。标志着邪气太盛或正气大虚，病势比较危急凶险。

此外，温病的传变由于病邪和机体反应的特殊性，也有不按上述两种形式传变的。如发病之初无卫分证，而径见气分证或营分证；卫分证未罢，又兼气分证，而致"卫气同病"，气分证尚存，又出现营分证或血分证，称"气营两燔"或"气血两燔"。

总之，温病有病发于表和病发于里的不同。一般来说病发于表的多从卫分开始，而传入气分渐次深入营分、血分，但这仅是一般的演变，并不是固定不变的，由于感受温邪类别的差异以及病人体质的不同，亦有在发病初起就无卫分证候，而从营分和气分开始，以里热偏盛为特点。病发于表的温病，有在卫分经治疗疾病即痊愈而不向里传变的；有治疗失时失当很快传入营分、血分的；也有邪传营分、血分，而卫分、气分之邪尚未全罢。至于病发于里的温病，有初起即见气分证候而后又陷入营、血的；亦有先见营、血证候，转出气分之后，邪热未得及时清解，又复陷入营、血的；也有营血之邪透出气分，由于一时不能透尽，致气血两燔的。由此可见，温热病过程中卫气营血证候的相互转化，其形式是非常复杂的。温热病整个发生、发展和演变过程中，卫气营血四个阶段并非孤立的，而是相互联系着的。

第三节 三焦辨证

三焦辨证，是清代吴鞠通在《温病条辨》中依据《内经》关于三焦所属部位的概念，将外感温热病的各种证候归纳为上、中、下三焦病证，用以阐明三焦所属脏腑在温热病过程中的病理变化、证候表现及其传变规律，并指导治疗的一种辨证方法。

三焦病证，其实质就是三焦所属地带的脏腑病理变化及其临床表现。由于温病有自上而下的传变特点，因此，三焦分证也标示着温病发展过程中的不同病理阶段。上焦病证主要包括手太阴肺和手厥阴心包的病变，多为温病的初起阶段。中焦病证主要包括手阳明大肠、足阳明胃和足太阴脾的病变，多为温病的中期阶段。下焦病证主要包括足少阴肾和足厥阴肝的病变，属温病的末期阶段。

一、三焦病证的分类

（一）上焦病证

上焦病证是指各种温热之邪侵袭上焦部位的手太阴肺或手厥阴心包所表现的证候。

温热病邪侵袭人体，从口鼻而入，自上而下。鼻通于肺，始手太阴，而肺又与皮毛相合而统卫气，所以温热病一开始，就出现肺卫受邪的相应证候。温热之邪犯肺以后，其传变有两种不同的趋向。一种即所谓"顺传"，即病由上焦传入中焦，而出现中焦足阳明胃经的证候；另一种为"逆传"，即从手太阴肺经而传入手厥阴心包经，出现"逆传心包"的证候。因此上焦病证有温邪犯肺与逆传心包两类。

【临床表现】　发热，微恶风寒，汗出，口渴，头痛，舌边尖红，脉浮数；或但热不寒，咳嗽，气喘，汗出，口渴，苔黄，脉数；或高热，肢厥，神昏，谵语，舌謇，舌质红绛。

【证因分析】　肺主皮毛，温热之邪犯表，卫气失和，肺失宣降，故见发热，微恶风寒，舌边尖红，脉浮数等症；温邪上扰清空则头痛，伤津则口渴，逼津外越则汗出。若邪热入里，壅滞于肺，肺失清肃，肺气上逆，故见咳嗽，气喘；邪热已由表入里，故但热不寒；邪热内盛，则汗出，口渴，苔黄，脉数。若肺经邪热不解，逆传心包，热扰心神，则见神昏，谵语，舌謇；里热壅盛，蒸达于外，故见高热不退；阳热内郁，不达于四肢，故而肢厥；温热灼伤营阴，则舌质红绛。

上焦病证辨证："温邪犯肺"以发热，微恶风寒，咳嗽，舌边尖红，脉浮数为辨证要点；"邪热壅肺"以或但热不寒，咳喘，苔黄，脉数为辨证要点；"逆传心包"以高热，神昏，舌质红绛为辨证要点。

（二）中焦病证

中焦病证是指温热之邪传入中焦脾胃，邪从燥化或邪从湿化所表现的证候。

温病自上焦开始，顺传至中焦，则脾胃二经受病。脾与胃虽同居中焦，互为表里，而其特性各不相同，胃属足阳明经，喜润恶燥，润则中焦浊气下行，肠道滋润；燥则浊气不通而郁闷，邪入中焦而从燥化，则出现阳明的燥热之证。脾性喜燥而恶湿，燥则促进脾的运化功能，使水谷精微上升而输布；湿则脾气抑遏而运化失常，邪入中焦而从湿化，则出现太阴脾经的湿热之证。

【临床表现】　身热面赤，呼吸气粗，腹满便秘，神昏谵语，渴欲饮冷，口干唇裂，小便短赤，苔黄燥或焦黑起刺，脉沉实有力。或身热不扬，头身重痛，胸脘痞闷，泛恶欲呕，大便不爽或溏泄，舌苔黄腻，脉濡数。

【证因分析】　胃性喜润恶燥，邪入阳明，热炽津伤，胃肠失润，燥屎内停，故见腹满，便秘；邪热蒸腾则身热面赤；侵扰心神，故见神昏谵语；灼津耗液，则见渴欲饮冷，口干唇裂，小便短赤；上迫于肺，则见呼吸气粗；苔黄燥或焦黑起刺，脉沉实有力，为燥热内结，津液被劫之征。脾性喜燥恶湿，若邪从湿化，湿热郁阻中焦，脾失健运，胃失和降，故见胸脘痞闷，泛恶欲呕，大便不爽或溏泄；湿遏热伏，郁于肌腠，故身热不扬；湿性重着，湿热郁阻，气机不和故头身重痛；苔黄腻，脉濡数，为湿热内蕴之象。

中焦病证辨证："中焦燥热"以身热神昏，腹满便秘，苔黄燥，脉沉实为辨证要点；"中焦湿热"以或身热不扬，脘痞欲呕，便溏不爽，苔黄腻，脉濡数为辨证要点。

（三）下焦病证

下焦病证是指温热病邪犯及下焦，劫伤肝肾之阴所表现的证候。

温热病邪，久羁中焦，易消灼津液而下劫肾阴，并因乙癸同源而连及肝脏，故多为肝肾阴伤之证。

【临床表现】　身热颧红，手足心热甚于手足背，口燥咽干，神倦，耳聋，脉虚大；或见手足蠕动，甚或瘛疭，心中憺憺大动，神倦脉虚，舌绛苔少，甚或时时欲脱。

【证因分析】　温病后期，邪传下焦，易损肝肾之阴。肾阴亏耗，耳失充养，故耳聋；神失阴精充养，故神疲；阴亏不能制阳，虚热内生，则见口燥咽干，手足心热甚于手足背，脉虚大。热邪久羁，真阴被灼，水不涵木，筋失所养，拘挛迫急，以致出现手足蠕动，甚或瘛疭；心中憺憺大动，亦系阴虚水亏，虚风内扰所致；神倦脉虚，舌绛苔少，甚或欲脱，均为阴精耗竭之象。

下焦病证辨证："肾阴亏虚"以身热颧红，口燥咽干，神倦耳聋为辨证要点；"肝阴亏虚"以手足蠕动，神倦脉虚，舌绛苔少为辨证要点。

二、三焦病证的传变

三焦病证的传变，一般多由上焦手太阴肺经开始，传入中焦，进而传入下焦，此为"顺传"，标志着病情由浅入深，由轻到重的病理进程。若病邪从肺卫而传入心包者，称为"逆传"，说明邪热炽盛，病情重笃。

三焦病证的传变虽然自上而下，但这仅是指一般而言，也并不是固定不变的。有的病者邪犯上焦，经治而愈，并无传变；有的又可自上焦径传下焦；或有病直起于中焦，由中焦再传肝肾，这与六经病证的循经传、越经传相似；也有发病即见下焦肝肾阴亏证候的，这与六经病证中的"直中"相类似。此外，还有两焦病证错综互见和病邪弥漫三焦的，这又与六经病证的合病、并病相类。因此，临床对三焦病势的判断，应综合临床资料全面地加以分析。

三焦辨证是从"纵"的方面客观地反映了温病发病规律的，卫气营血辨证是从"横"的方面反映温病发展变化规律的，这被公认为温病的两大辨证纲领。两者一纵一横，经纬交错，相得益彰，二者结合使用，就能把病变阶段、病位浅深、所犯脏腑及病情轻重等完整地反映出来，为临床治疗提供更全面可靠的依据。

自 学 指 导

【重点难点】

1. 六经辨证。

（1）六经病证，是六经所属脏腑病理变化表现于临床的各种证候。因此，综合病的部位、性质、病机、病势加以分析归纳，辨为某经病证，作为施治的依据。这是《伤寒论》的重要内容，也是在临床上反复实践、行之有效的经验总结。

（2）六经辨证，为外感病的一种辨证方法。六经病各有主要脉症，也叫提纲证。如太阳病的"脉浮，头项强痛，而恶寒"；阳明病的"胃家实"所表现的证候；少阳病的"口苦、咽干、目眩"等。太阴病的"腹满而吐，食不下，自利，时腹自痛"；少阴病的"脉微细，但欲寐"；厥阴病的"消渴，气上冲心，心中疼热，饥而不欲食，食则吐蛔"等。在熟记这六经主要脉症的同时，对于其证候的因机分析也应有所了解。

（3）六经病证从属性来讲，三阳病多属热证、实证；三阴病多属寒证、虚证。从邪正盛衰的关系讲，主阳病表示病人正气盛，抗病力强，邪气实，病情一般都呈现亢奋的状态；三阴病表示病人正气衰，抗病力弱，病邪未除，病情一般都呈现虚衰的状态。这些就是六经和八纲中阴阳总纲的辨证关系。六经病证属性分类详如下。

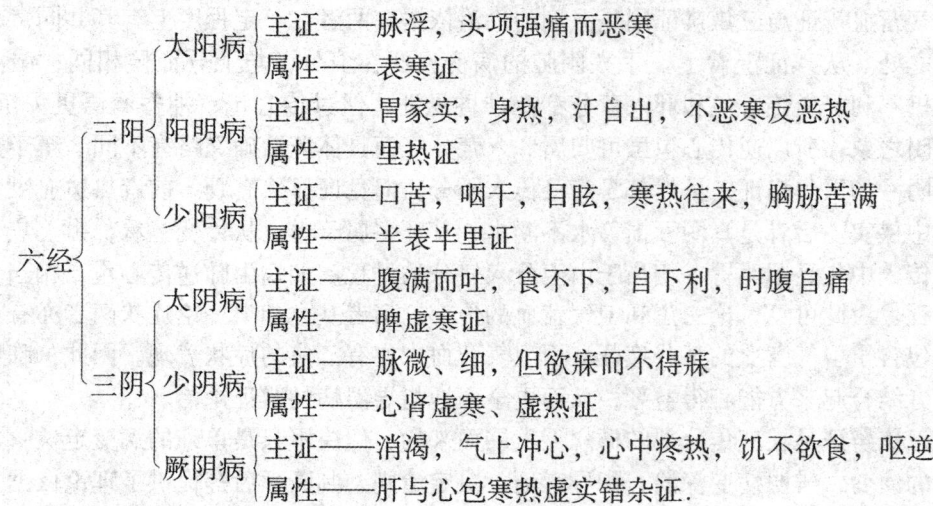

2. 卫气营血辨证。

（1）清·叶天士将温热病传变过程划分为卫、气、营、血四个不同的层次，剖析了温热病变过程中不同证候的类型。其临床表现：温邪在卫分，则以发热和微恶风寒同时出现为基本特征；邪入气分，则以发热不恶寒，口渴苔黄为基本特征；邪入营分，则以身热夜甚，舌色绛为基本特征；邪入血分，则以身热，出血以及舌绛或紫为基本特征。只有紧紧地把握温热病各种证候的基本特征，才能与前面所说的外感风寒而引起的伤寒相鉴别，并在临床上对温热病的辨证起到执简驭繁的作用。

（2）卫气营血的证候，标志着病邪浅深、轻重的程度。卫分证候和气分证候都属于气的病变，主要是人体气机的异常或障碍，其中卫分证候是气分证候的轻浅阶段，营分证候和血分证候都属于血的病变，主要是人体血与津液等营养物质受到损伤，营分证候又是血分证候的轻浅阶段。卫气营血辨证的基本观点，即是以温热邪气对人体营养物质及其功能活动的损害程度作为判断温热病邪浅深轻重的标准，并以此来分析病变的发展和预后。

（3）伤寒与温病同为外感热病，在发展过程方面，亦同是由表入里，由浅入深。伤寒虽以六经辨证，但其中结合卫气营血辨别浅深与温病有所不同，不过其总的精神都不过是为了明辨病变的浅深轻重。然而寒与温其性质毕竟不同，故在治法上则应有所区别，所以叶氏强调"辨营卫气血虽与伤寒同，若论治法则与伤寒大异也。"伤寒为感受寒邪，寒性阴凝，化热过程较慢，初起留恋在表，卫阳被遏，呈现表寒证象，必待经过一定时间，然后才逐渐化热而由表入里内传，所以伤寒初起治疗宜用辛温解表。而温为阳邪，热变最速，初起在表者即呈现热象偏重的表证，所以治疗宜用辛凉之剂。可见伤寒与温病初起诊治就不同。

3. 三焦辨证。

（1）三焦辨证，阐述了三焦所属脏腑在温病过程中引起的病理变化，并以此概括证候，作为论治的依据。可见各种温病证候是温热病邪导致三焦所属脏腑产生病理变化的具体反映。而三焦所属脏腑证候的传变其次序是：始于上焦，至于中焦，终于下焦。《温病条辨》指出："温病由口鼻而入，鼻气通于肺，口气通于胃，肺病过传心包；上焦病不治，则传中焦，胃与脾也；中焦病不治，即传下焦，肝与肾也。始上焦，终下焦"。但是三焦病证并不是固定不变和截然分开的，在传变过程中有时上焦病未罢，而又见中焦病证，亦有中焦病证未除而出现下焦病证的，故在临床上应当分辨，不可拘泥于从上到下的传变次序。

（2）卫气营血辨证与三焦辨证同是温病的论治依据。两者在一定程度上有其共同点，但又各有区别之处。从辨证上看上焦手太阴肺的病变，邪在卫分，与卫分证候相同；湿温犯肺，则兼气机不利。逆传心包和邪入营分都有神昏见证，但过传心包，神昏谵语更为沉重，且有痰热内闭之象，所以逆传心包虽可归属邪入营分，而具体证治确又略有不同。至于热入血分和肝肾阴亏的下焦病证，虽然都是病已传入阴分，但见证显然有别。前者热迫血溢，其证属实或虚中挟实。后者是真阴亏损，水不涵木，其证多属于虚。从传变上看，由上焦手太阴肺开始而传入中焦足阳明胃，相当于由卫分入气分的过程。如病由肺逆传心包，相当于由卫入营的过程。由此可见，论三焦和卫气营血的传变，两者基本相类。论症状两者亦有相类之处，三焦包含了卫气营血的某些症征；而卫气营血中亦有三焦的症状表现。因此，临床运用必须把两者结合起来方能相得益彰，从而更全面地指导温病的辨证论治。

总之，三焦辨证是在三焦分部的概念上发展而来的，但决不只是单纯的病变定位，它对于了解温病的演变，辨明病变深浅，指导辨证，决定治则，判断预后等提供了理论依据，足补卫气营血辨证之不逮。

【复习思考题】

1. 试述六经辨证的意义？

2. 何谓太阳病？它的主要证候是什么？

3. 太阳伤寒的临床表现有何特点？

4. 太阳中风的临床表现与太阳伤寒有何不同？其发病原理有何区别？

5. 何谓阳明病？你是怎样理解的？

6. 阳明经证的病理特点如何？它的临床表现与太阳病证有何区别？

7. 阳明腑证的病理特点如何？它与阳明经证有何区别？

8. 少阳病的形成机制是什么？

9. 少阳病临床表现的特点怎样理解？

10. 何谓太阴病？

11. 太阴病主要脉症的形成机理如何？

12. 少阴病的主症和主脉是什么？

13. 怎样理解少阴寒化证的临床特点？

14. 怎样理解少阴热化证的临床特点？

15. 厥阴病的主要证型有那些？各以什么为主要表现？

16. 比较说明三阳病的主要脉症与病机？

17. 试比较说明三阴病的主要脉症与病机？

18. 六经病的传经次序怎样理解？

19. 何谓并病、合病？

20. 试述卫气营血的证候特征？

21. 卫分证的临床表现如何？其形成机制是什么？

22. 卫分证与气分证有何不同？

23. 何谓气分证？

24. 邪热壅肺与热扰胸膈有何不同？

25. 怎样理解热结肠道的临床表现？

26. 你对热盛动风是怎样理解的？

27. 营分证候的特点如何？与气分证有何不同？

28. 营分受邪与血分受邪其病机有何不同？证候有什么区别？

29. 血热妄行的临床特点是什么？

30. 伤寒与温热病的性质有何区别？初起时两者的证候怎样鉴别？

31. 怎样理解卫气营血的传变？

32. 试述三焦辨证的临床意义？

33. 温热病的三焦传变特点如何？你是怎样理解的？

34. 湿温病的三焦证候表现与温热病的证候表现各有何不同？

35. 请比较三焦辨证与卫气营血辨证的异同点。

36. 为什么说温病始于手太阴，终于下焦肝肾两经？你有何见解？

37. 上焦病证温邪犯肺与逆传心包，其病机怎样理解？

38. 中焦病证的胃燥伤阴证与阳明腑实证有何不同？

39. 中焦病证的脾经湿热临床特点如何？

40. 下焦病证的特点是什么？

41. 三焦病证与脏腑的关系如何？

42. 你对"温邪上受，首先犯肺，逆传心包"怎样理解？

43. 温病病邪的三焦传变与受病机体抵抗力的强弱有何关系？

44. 温病三焦病证的传变与卫气营血病证的传变有何异同？

【参考文献摘录】

1.《伤寒论·太阳病脉证并治》：太阳病，发热汗出，恶风脉缓者，名为中风。

2.《伤寒来苏集·麻黄汤证上》：太阳主一身之表，风寒外束，阳气不伸，故身尽疼，太阳脉抵腰中，故腰痛，太阳主筋所生病，诸筋皆属于节，故骨节疼痛；从风寒得故恶风；风寒客于人则皮毛闭，故无汗；太阳为诸阳主气，阳气郁于内，故喘；太阳主开，立麻黄汤以开之，诸证悉除矣。

3.《医学心悟》：伤寒少腹满，按之不痛，小便不利者，为溺涩也；若绕脐硬痛，小便短涩，大便不通者，此有燥屎也；若按之少腹硬痛，小便自利，或大便色黑者，为蓄血也。

4.《医宗金鉴·订正伤寒论注》：阳明主里，内候胃中。故有病经病腑之分。如论中身热烦渴，目痛，鼻干不得眠，不恶寒，反恶热者，此阳明经病也。潮热谵语，手足腋下，濈然汗出，腹满痛，大便硬者，此阳明腑病也。

5.《伤寒来苏集·伤寒论翼》：少阳处半表半里，司三焦相火之游行。仲景特揭口苦、咽干、目眩为提纲，是取病机立法矣。夫口、咽、目三者，藏腑精气总窍，与天地之气相通者也。不可谓之表，又不可谓之里，里之出表处，正所谓半表半里也。三者能开能合，开之可见，合之不可见，恰恰为枢之象。苦、干、眩者，皆相火上走空窍而为病，风寒杂病成有之，所以为少阳一经总纲也。

6.《伤寒贯珠集·太阴篇》：太阴者，土也。在脏为脾，在气为湿。伤寒传经之热，入而与之相搏，则为腹满吐利等证。直中之寒，入而与湿相搏，亦为腹满吐利等证。但有肢冷、肢温，脉迟、脉数，口渴、不渴之异耳！

7.《医宗金鉴·订正伤寒论注》：少阴肾经，水火之脏。邪伤其经；随人虚实，或从水化以为寒，或成火化以为热。水化为阴寒之邪，是其本也；火化为阳热之邪，是其标也。阴邪其脉沉细而微，阳邪其脉沉细而数。至其见证，亦各有别。阴邪但欲寐，身无热，阳邪虽欲寐，则多心烦。阴邪背恶寒，口中和；阳邪背恶寒，则口中燥。阴邪咽痛不肿，阳邪咽痛则肿。阴邪腹痛下利清谷，阳邪腹痛下利清水，或便脓血也。阴邪外热面色赤，里寒大便利，小便白；阳邪外寒，手足厥，里热大便秘，小便赤，此少阴标本寒热之脉证也。

8.《伤寒论翼·厥阴病解》：两阴交尽名曰厥阴，是厥阴宜无热矣。然厥阴主肝，而胆藏肝内，则厥阴热症，皆相火内发也。要知少阳厥阴，同一相火，相火入于内，是厥阴病；相火出于表，为少阳病。少阳咽干，即厥阴消渴之机，胸胁痞满，即气上冲之兆，心烦即邪热之初，不欲食，即饥不欲食之根，喜呕即吐蛔之渐。故少阳不解，转属厥阴而病危，厥阴病衰，转属少阳而欲愈。如伤寒热少厥微，指头寒不欲食，至数日热除，欲得食其病愈者是已。

9.《伤寒说意·厥阴乌梅丸证》：厥阴风木，生于寒水而胎君火，水阴而火阳，阴胜则下寒，阳胜则上热，风动火郁，津液消亡，则生消渴；本性生发，水寒土湿，生气抑遏，郁怒冲击，则心中疼痛，木郁土贼，则脾陷胃逆，故不欲食；食下胀满不消，胃气愈逆，是以吐蛔；下之亡阳，脾败乙木陷泄，则下利不止。厥阴之盛极，则手足厥逆，厥而吐蛔，是谓蛔厥。

10.《医宗金鉴·订正伤寒论注》：伤寒脉微细，身无热，小便清白而厥者，是寒虚厥也，当温之。脉乍紧，身无热，胸满而烦，厥者，是寒实厥也，当吐之。脉实大，小便闭，腹满硬病而厥者，热实厥也，当下之。今脉滑而厥，滑为阳脉，里热可知，是热厥也。然内无腹满不大便之证，是虽有热，而里未实，不可下而可清，故以白虎汤主之。

11.《伤寒述义·述厥阴病》：厥阴病者，里虚而寒热相错证，是也。其类有二：日上热下寒，日寒热胜复。其热俱非有相结，而以上热下寒，为之正证。盖物穷则变，是以少阴之寒极，而为此病矣。然亦有自阳变者，少阳病误治，最多致之，以其位稍同耳……其为证也，上气冲心，心中疼热，饥而不欲食者，上热之征也，食则吐蛔，下之利不止者，下寒之征也……寒热胜复者，其来路大约与前证相均，而所以有胜复者，在人身阴阳之消长，与邪气之弛张也。

12.《时病论·风温》：风温之病，发于当春厥阴风木行令之时，少阴君人初交之际……春令之风，从东方而来，乃解冻之温风。

13.《外感温病篇》：风温证，身热畏风，头痛咳嗽口渴，脉滑数，舌苔自者，邪在表也。当用薄荷、前胡、杏仁、桔梗、桑叶、川贝之属，凉解表邪。

14.《伤寒指掌·伤寒类症》：手少阴营分，温邪吸入，由卫及营者，其舌先白后绛也。或竟入营分，则舌必绛赤，或红中兼微白，夜烦不寐，神呆谵语……绛苔心经。候营分血分之温热也。心主营，主血，舌绛燥，邪已入营中，宜清络中之热，血分之火。忌用气分药。

15.《温病条辨·上焦篇》：太阴湿病，寸脉大，舌绛而干，法当渴，今反不渴者，热在营中也，清荣汤去黄连主之。渴乃温之本病，今乃不渴，滋人疑惑，而舌绛且干，两寸脉大，的系湿病。盖邪热入营蒸腾，营气上升，故不渴，不可疑不渴非湿病也。故以清营汤清营分之热，去黄连者，不欲其深入也。

16.《温热经纬·叶香岩外感温热论》：再论其热传营，舌色必绛，绛，深红色也。初传绛色，中兼黄白色，此气分之邪未尽也，泄卫透营两和可也。

17.《伤寒变证·营热》：赤斑舌苔鲜红者，营分血热也。神昏谵语，邪于膻中，病在手经，不可妄用风药，以劫胃津，亦不可纯用苦寒，直入中焦，法当清疏营分，轻透斑毒。

18.《温热经纬·薛生白湿热病篇》：湿热证，壮热口渴舌黄，或焦红，发痉神昏谵语，或笑，邪灼心包，营血已耗。

19.《温病条辨·上焦篇》：夜热早凉，热退无汗，热自阴来者，青蒿鳖甲汤主之。夜行阴分而热，日行阳分而凉，邪气深伏阴分可知，热退无汗，邪不出表，而仍归阴分，更可知矣。故曰：热自阴分而来，非上中焦之阳热也。邪气深伏阴分，混处气血之中，不能纯用养阴，又非壮火，更不得任用苦燥，故以鳖甲蠕动之物，入肝经至阴之分，既能养阴，又能入络搜邪；以青蒿芳香透络，从少阳领邪外出，细生地清阴络之热，丹皮泻血中之伏火，知母者知病之母也。佐鳖甲而成搜剔之功焉。

20.《温热经纬·对香岩外感温热篇》：大凡看法，卫之后方言气，营之后方言血。章虚谷注云：凡温病初感，发热而微恶寒者，邪在卫分；不恶寒而恶热，小便色黄，已入气分矣；若脉数舌绛，邪入营分，若舌深绛，烦扰不寐，或夜有谵语。已入血分矣。

21.《温热经纬·叶香岩外感温热篇》引章虚谷谓：温邪上受，首先犯肺者，由卫分而肺经也。以卫气通肺，营气通心，而邪自卫入营，故逆传心包也。

22.《温病条辨·上焦篇》：太阴温病，但咳身不甚热，辛凉轻剂，桑菊饮主之。

23.《温病条辨·上焦篇》：湿温邪入心包，神昏肢厥，清宫汤去莲心、麦冬，加银花、赤小豆皮，煎送至宝丹，或紫雪丹亦可。手厥阴暑湿，身热不恶寒，精神不了了，时时谵语者，安宫牛黄丸主之，紫雪丹亦主之。

24.《温热逢源》：在手厥阴则神昏谵语，烦躁不寐，甚则狂言无序，或蒙闭不语，在足厥阴则抽搐蒙痉，昏眩直视，甚则循衣摸床。此等凶证，有兼见者，有独见者，有腑热内结，邪气充斥而溃入者，有阴气先亏，热邪乘虚而陷入者，有挟痰涎而蒙蔽者，有挟蓄血而如狂者。

25.《赤水玄珠·伤暑》：伤暑与伤寒，身皆发热，不可不辨明施治。盖寒伤形，暑伤气。伤寒则恶寒而脉浮紧，伤暑则恶寒而脉虚。《经》曰：脉盛身寒，得之伤寒，脉虚身热，得之伤暑。

26.《温病条辨·中焦篇》：风温、温热、温疫、温毒、冬温之在中焦，阳明居多。湿之在中焦，太阴居多，暑湿则各半也。此诸温不同之大关键也。温热等皆因于火。以火从火，阳明阳土，以阳明病居多。湿温则以湿从湿，太阴阴土，以阴从阴，则太阴病居多，暑兼湿热，故各半也。

27.《温病条辨·下焦篇》：风温、温热、温疫、温毒、冬温，邪在阳明久羁，或已下，或未下，身热面赤，口干舌燥，甚则齿黑唇裂，脉沉实者，仍可下之。脉虚大，手足心热，甚于手足背者，加减复脉汤主之。

28.《温病条辨·下焦篇》：湿久不治，伏足少阴，舌白身痛，足跗浮肿，鹿附汤主之。

29.《温病条辨·下焦篇》：湿入伤阳，痿弱不振，肢体麻痹，痔疮下血，术附姜苓汤主之。

第三篇　诊　病

诊病，是病人就诊时，医师依据病人所患疾病，运用四诊合参，对其疾病作出确切的诊断，而所定的病名。病名既定，就要谨守病机，求其所属，从而按其症状、体征分析、鉴别出相应的证候。这一诊断的全过程，简称"诊病"。

第十一章　疾病的概念、命名及分类

【目的要求】

　1. 掌握疾病的命名和确立诊断的正确运用。
　2. 熟悉病的含义、病名诊断的意义、诊病与辨证的关系。
　3. 了解疾病分类的情况、疾病分类的方法。

【自学时数】

　4 课时。

中医诊断包括疾病的诊断和证候的诊断，而病与证都是以症状和体征作为依据。因而疾病、证候、症状三者的诊断与鉴别不能混淆。

第一节　病　的　概　念

一、病的含义

"疾病"是指在一定致病因素的作用下，机体与环境的关系失调，脏腑、经络的阴阳气血等生理状态被破坏，并出现功能或形体等方面的异常变化，邪正交争，反映有一定的症状或体征病理过程的概括名称。

实际上，有时对于机体的一些变动情况到底是生理现象还是病理现象？是构成了疾病还是没有发生疾病？并不能做出绝对的判断。更何况作为一名临床医生不可能只满足于是有病还是无病的简单结论，而是应根据病史和临床表现等具体地诊断出疾病的病名和证名。

（一）病名的概念

由于各种疾病中的病因、病机、病状、过程等各有不同，因而临床上对各具特异的具体病种应当赋予一个特定性的名称，就是"病名"。如感冒、痢疾、消渴、痛经等等。因此，每一病名是对该具体疾病全过程的特点（如病因、病机、主要临床表现等）与规律（如发病条件、演变趋势、转归预后等）所作的病理性概括，是对该病人所患疾病本质性的认定。

临床上根据病人的病状、病史等特点，对照医书上所规定的各病的定义与特征，医生经过分析，从而判别病种、确定病名的思维过程，称之为"辨病"或"诊病"，其所做出的判断，即"病名诊断"。

（二）病与症、证的关系

症是诊断疾病和辨别证候的主要依据。诊断的思维必须围绕症来进行，症是原始病情资料和病、证本质的客观反映，离开了症就很难做出病、证诊断。但症仅仅只是疾病的现象，而不是病变的本质，因此必须将各种病状综合起来进行分析，才有可能将其上升到证乃至病的高度上加以认识，才能透过现象看本质，对疾病做出准确诊断。

"病"与"证"都是对疾病本质的认识。病代表该具体疾病全过程的特点与规律，是疾病的根本性矛盾；证（证候）代表疾病初、中、末各个阶段的主要矛盾。病的本质一般规定着症的表现和证的变动。病的全过程可形成不同的证，而同一证又可见于不同的病之中，因而病与证可理解为具有纵、横交错的相互关系，所以临床有同病异证和异病同证的区别。

所谓同病异证，是指病名诊断虽然相同，但因患者体质状况、外界环境、诊治经过、病变阶段等的不同，可表现为不同的证候。如感冒病，因外感邪气及体质等的差别，而有风寒束表证、风热犯表证等的不同。

所谓异病同证，是指病名诊断虽然不同，但因患者在体质相似、邪正斗争的机制相同等情况，而于疾病发展过程中表现出相同的证候。如哮病、水肿病、泄泻病等为不同的疾病，但患者到一定的阶段其病性都有可能具有阳虚，而都表现为肾阳虚证。

二、病名诊断的意义

每一种疾病都有各自的特殊本质与规律，即有病因可查，病机可究，规律可循，治法可依，预后可测，所以病名诊断是对任何疾病的诊疗不可缺少的内容，而不能由辨证的证名或西医的病名替代，否则必然难以按照中医学有关"病"的概念进行思维，从而影响诊疗的效果。

（一）有利于把握病证规律

临床上若能明确病名诊断，便可根据该病的一般规律把握该病的全局，有利于对该病的本质认识和辨证论治。如麻疹的根本矛盾是麻毒内伏，在其初起阶段，易与感冒、风疹、风温肺病等相混淆，临床诊断时若不能辨别病种，就易忽视麻毒内伏的关键，而限于祛风解表之类随证应付；若能明确麻疹的诊断，便胸有成竹，可从疹点透发的情况及伴随症状判断病变之顺逆，当病势顺时，即使有发热、咳嗽、喷嚏流泪等症，也可不必进行特殊治疗，但当麻疹难以外透时，则应及时透疹，并防热毒闭肺、疹毒内陷。又如中风病，可分为三个阶段：平素经常出现头晕头痛、肢麻欲仆以及一时性语謇等中风先兆，乃由肝肾阴虚、肝阳上兆、欲作化风之势；而一旦出现突然眩仆、昏不知人等症状则为卒中，系肝风挟痰挟瘀、气血上逆、蒙蔽清窍而成；神清之后，往往脉络闭阻，表现为半身不遂、口眼㖞斜、语言不利等中风后遗症。此病出现了几种不同阶段的表现和证候，但始终沿着肝风挟痰挟瘀、上蒙清窍阻络的基本病机规律发展和变化。因此，中医对疾病的诊断，不能由证候诊断所代替。此外，由于中西医的基本理论和疾病认识角度上的差异，故也不能由西医诊断所取代。

（二）有助于指导病证治疗

以辨病为主所进行的专方专药治疗，是中医学术发展和中医临床的一个重要内容。徐灵胎《医学源流论》指出："欲治病者，必先识病之名……一病必有主方，一病必有主药。"是说明不同疾病可有自己的专方专药治疗。专病专方，如百合病用百合类方，肠痈用大黄牡丹皮汤或薏苡附子败酱散，郁病用逍遥散，脏躁用甘麦大枣汤，蛔厥用乌梅丸等。专病专药，如海藻、昆布软坚散瘿，硫磺疗疥疾，常山、青蒿之治截疟，黄连、鸦胆子之治痢等。这些专方专药对疾病的治疗有很强的针对性。

同病虽可以异证，但无论证型有何差异，既然是一种病，那么辨证施治的同时，也必须针对病进行治疗。如肺痨病，虽有肺阴亏损、阴虚火旺、气阴耗伤、阴阳两虚等不同的证型，应分别采取不同的治法，但治痨杀虫的原则应始终贯穿于各证型的治疗之中。异病同证，证同治虽同，但若仔细分析，同中有异，即针对不同的病在治疗相同证的过程中各有侧重。如同为脾虚证，见于胃脘痛、泄泻病之中，均应采取健脾的治法，但前者健脾的同时应结合理气止痛，后者健脾的同时应结合利湿止泻。可见，以上都是疾病诊断所采取的针对性治疗的意义。

三、诊病与辨证的应用

诊病与辨证，是中医学从不同角度对疾病本质进行认识。临床若能将辨证与辨病有机地结合起来应用，则可深化对疾病本质的认识，使诊断更为全面、准确，治疗才更有针对性、全局性。

（一）从病辨证，以病为纲

临床时病人欲知所患何病，诊断及疾病证明；疾病统计都是以病名为主，临床各科教材及著作也都是以病为纲，按病进行辨证论治。可见病名诊断为中医诊断所必需。病种纷纭，病情复杂，通过辨别确定了病名，便可抓住辨证的纲领。因为每一病的常见证少则一二个，一般五六个，多则十来个，明确了病就可将辨证局限于该病的常见证范围之内，可以缩小辨证的范围，减少辨证的盲目性。因此，以病为纲，在诊断思维上可起到提纲挈领的作用，正如朱肱《南阳活人书》所说："因名识病，因病识证，如暗得明，胸中晓然，无复疑虑，而处病不差矣。"

（二）从证入手，逐步诊病

每种病的全部病变过程可分为不同的阶段，每个阶段的病状、病性等不尽相同，不同的病人其表现、转归也可能有所不同，因此，辨证诊断同样是十分必要的。尤其是疾病的初级阶段，或病情表现尚不够明显，因此，病种的确定有时并不容易，此时若能准确地辨证，便可抓住疾病当前的主要矛盾，辨别当前阶段的病因病性与病位，从而及时进行治疗，有利于疾病的好转向愈，并可佐证、加深对疾病本质的认识，有利于对病的诊断，这是由于"证"的变化，即各阶段病机的变化过程，便可反映"病"的基本特点和传变规律。

总之，辨病与辨证可以相互补充，相得益彰。辨病与辨证相结合，既有全局观念和整体认识，又有现实性和灵活性认识。辨病有助于提高辨证的预见性、简捷性，重点在全过程；辨证又有助于辨病的具体化、针对性，重点在现阶段。因此，辨证与辨病不可偏废，也不应互相替代。

第二节　病的命名

病名是中医学在长期临床实践中产生和发展起来的重要概念，是中医学术体系的重要内容。回顾中医学对疾病命名的沿革，分析中医病名的命名形式及其优点与不足之处，有助于对临床各科的学习，加深对中医学的特色、疾病本质的认识。

一、疾病命名的概况

中医学对疾病本质的认识，最早是确定病种，并赋予病名。远在商周时期的甲骨文中，就有以部位名病，如疾首、疾目、疾腹、龋等。《周礼·疾医》指出："四时皆有疠疾：春时有痟首疾，夏时有痒疥疾，秋有疟寒疾，冬有咳上气疾。"《山海经》记载有瘿、瘕、痹、痔、疥、瘅、疟等 38 种疾病名。《五十二病方》中载有马不痫，羊不痫、癫疾、蛊、骨疽等 52 种病名。

《黄帝内经》所记述的病名达 200 多种，其中有以病的形式进行讨论的专篇，而且对疾病的产生原因、致病因素作用于人体后所引起的病理变化和病变特点进行了阐述。汉朝张仲景《伤寒杂病论》，以六经论伤寒病，以脏腑论杂病，但均是以病为纲，病脉证治并重；其中《伤寒论》阐述外感热性病，提及约 40 个病名；《金匮要略》研究杂病提出了约 70 个病名。

晋隋时代，对于疾病的病名认识更为具体。晋·葛洪《肘后备急方》论有"内病"、"外发病"、"他犯病"，特别是对传染病的认识达到了较高的水平，如所述天行发斑疮（天花）是世界上对此病的最早记载。南齐龚齐宣《刘涓子鬼遗方》对痈、疽、疮、疖等外科病诊断亦较为明确。隋朝巢元方《诸病源候论》更是以病为纲，从源分候，全书共 67 门，列临床各科疾病，其中以内科病为主，对于其他各科疾病也有详细记录，如外科仅金创就有 27 种，眼科病 38 种，妇科病 140 多种，同时对一些传染病、寄生虫病、妇科、儿科病等病名、证候的鉴别、病因病机均有不少精辟的论述。

唐宋以后，对内、外、妇、儿、五官等各科疾病的认识逐渐深刻，临床医学的发展趋向专科化，出现了大量综合论述各科疾病的医著及专科医著。尤其是明清时代的医家，研究外感急性热病的温病学派对疾病的诊断和鉴别诊断均有所发展，对温病的命名与分类有了较完整的认识。雷少逸著《时病论》，对时行温热病名进行了系统整理，共分 8 类 76 病。《证治准绳》、《景岳全书》、《医宗金鉴》等书，以及近代临床各科中医教材，基本上都是按科类病，以病为纲，辨证论治。

二、疾病命名的形式

对于病人所患疾病的确立诊断，临床常依据其就诊科属，如内科、妇科、儿科、外科、眼科、耳鼻喉科病变特点而命名。对各种疾病的命名形式，可归纳为以下诸种。

（一）本质属性命名

如耳胀、厌食、视岐、胎动不安等，是以主要症状命名；麻疹、上胞下垂、黄胖病、解颅等，是以主要体征命名；中暑、蛔虫病、破伤风、毒蛇咬伤、食蟹中毒等，是以主要病因命名；感冒、脏躁、痰厥、白内障、疔疮等，是以病理性质命名；春温、秋燥、冬温、暑温等，是以时令气候而命名。

（二）形象寓意式命名

如狐臭、雀目、鱼鳞风、绣球风、崩漏、乳蛾等，是以病状结合比喻而命名；有的病名含有特殊的寓意，如疟疾（病情酷疟）、霍乱（挥霍之间，便致缭乱）、花柳病（隐指因眠花宿柳而得的性病）、恶阻（有孕而恶心，阻其饮食）等。

（三）特征组合式命名

如实际上许多病名往往不是根据单一因素而定，而是将几种本质属性组合而进行命名。病位加病理命名，如胸痹、肺痈、肝厥、心绝、胁疽、肌痿等；病因加病理命名，如蛔厥、蓐劳、暑疹、蛊胀、酒癖、湿温、气瘤等；病因加病位而命名，如异物入目、脏毒、脐风、肺痨病等；病因加体征而命名，如蚕豆黄、漆疮、湿疹、产后乳汁自出等；病位加主症而命名，如腹痛、耳鸣、心悸、乳胀等；病位加体征而命名，如脐疝、脊骨伤、旋耳疮、白睛溢血等；病理加体征而命名，如呃逆、瘿瘤、郁冒、抽筋痧、红丝疔、劳疸等。病理加形象比喻而命名；如羊癫风、子母痔、月蚀疮、蜒蝤瘘、蛇头疔、仰月内障等。

（四）附加条件式命名

如天花、疫痢、瘴疟、传尸痨、时疫发斑、软脚瘟、天行赤眼、春瘟等，突出了疾病的传染性。卒中风、暴喑、慢惊风、顽痹、真心痛、走马牙疳、休息痢、急黄、千日疮等，提示病之新久缓急。经行发热、子嗽、妊娠水肿、产后郁冒、梦遗、马桶癣、胎患内障、童子痨、老人淋等，阐述了发病条件。脱肛痔、哮喘、疳痨、瘘痹等，实际上是两病组合为一病名。

三、正确运用中医病名

中医历代医籍中记载有大量的病名，如《诸病源候论》就将黄疸分为二十八候，《圣济总录》更有九疸、三十六黄之分，这便为临床诊断时选取恰当的病名提供了有益的资料。

中医学对很多疾病的命名是非常科学的，如破伤风、胬肉攀睛、鹅口疮、痄腮、阴吹等，精炼简当，见其名便知其义，易于掌握。有的病名如痢疾、霍乱、疟疾、白喉、癫痫、哮喘、痛风、感冒、子痫、麻风、脚气病等，一直为国内西医所沿用。

第三节 疾病的分类

一、疾病分类的概况

疾病分类的历史悠久。早在《内经》、《难经》即提到了许多病名的各论，有"痹论"、"厥论"、"举痛论"、"风轮"等专编，以及"中风大法有四"、"伤寒有五"等分类法。汉朝张仲景《伤寒杂病论》，奠定了疾病分类方面的基础。首先把诸种疾病分为"伤寒"与"杂病"两大类别，这是第一级分类。其次，将"伤寒"部分再分为太阳病、阳明病、少阳病、太阴病、少阴病、厥阴病等六大类病变；在"杂病"部分，《金匮要略》按内科疾病（从痉湿暍病篇到呕吐哕下利病篇，共16篇）、外科疾病（疮痈肠痈浸淫病篇）、妇产科疾病（第20～22篇）及其他疾病（杂疗方、果实菜谷禁忌、禽兽鱼虫禁忌篇）分篇论述，这是第二级分类。在此分科基础上，将肺痿、肺痈、咳嗽、上气等病编为一篇，将胸痹、胸痛、短气等病编为一篇，以及将呕吐、哕、下利等病编为一篇等分系统论述，这是第三级分类。在此基础上又再次划分，如痰饮病中，首条即说："夫饮有四……有痰饮，有悬饮，有溢饮，有支饮。"水气病中亦是一开始就指出："病有风水、有皮水、有正水、有石水、有黄汗"等，这是第四级分类。这种对疾病的分类，概念清楚、层次分明、纲目合理、标准统一，符合诊断要求。

二、疾病分类的方法

科学分类的根据是事物的本质属性，即把事物根据一定的标准，按照同样的特性归属在一起。但是疾病的本质属性可有多个方面，如病因、病性、病状、病位等等，因而可根据需要从不同的角度提取特性作为分类的轴心。

（一）病位分类法

病位分类法，即以疾病所在的脏器、形体组织或部位作为分类疾病的主要依据。如脑神病类、眼病类、耳鼻咽喉口齿病类、心系病类、肺系病类、脾胃病类、肝胆病类、肾系病类、肛肠病类、男子前阴病类、妇女经带病类、皮肤病类等，主要是按部位而划分的。有的在大类之下又可分为若干子类，如眼病类可分为胞睑病、两眦病、白睛病、黑睛病、瞳神病及外伤等其他病；脾胃病类可分为食管病、胃病、肠病、胰病、脾病等。每类及其子类中包括若干独立的病种，如肺系病类包括风温肺病、肺咳、哮病、肺胀、肺痹、肺痿、肺痈、肺痨、肺癌、肺水、尘肺、肺绝等等；肛肠病类包括内痔、外痔、混合痔、肛裂、肛痈、肛瘘、脱肛、肛门失禁、肛门狭窄、肛门湿疹、息肉痔、锁肛痔等等。

以病位为主的疾病分类法，其优点是疾病的定位明确，与解剖、生理的系统性基本一致，病种概括较为完全，缺点是较难反映病理共性，病种多而病性各异，某些传染病、部位不明的病、涉及多个脏器组织的病不便归入。

（二）病形分类法

病形分类法，即以疾病的病理形态及其性质作为分类疾病的主要依据。如《内经》的热论、痹论、痿论、厥病、痈疽等篇，分别对病性相同的一类疾病进行讨论。临床上的许多疾病，都可按其基本病性归入痨病类、郁病类、厥病类、癥积病类、瘤病类、癌病类、痹病类、痿病类、淋病类、虫病类、中毒病类、痈疡病类、癣病类、骨折病类、脱位病类、月经病类、内障病类、翳病类、疫病类、外感热病类等等。有的类之下亦可再分子类，如痈疡病类可分为内痈类、外痈类；痹病类可分为内脏痹、肢体痹。每类及其子类中包括若干独立的病种，这些病种一般是根据病位不同而异名，如内痈类包括肺痈、肠痈、肝痈、胰痈、肾痈、颅内痈等；外痈类包括颈痈、乳痈、腋痈、瘿痈、脐痈等等；内脏痹包括肺痹、心痹、胸痹、食管痹、肠痹等；肢体痹包括三痹（行痹、痛痹、着痹）、尪痹、热痹、肌痹、皮痹、脉痹、血痹、骨痹、偏痹、肩痹、项痹、腰痹、膝痹等等。

以病形为主的疾病分类法，优点是疾病的病理性质明确，病机的共性突出，有利于指导治疗，其缺点是打乱了病位的系统性，病种难以全部概括，许多病只好归入"其他病类"。

（三）病状分类法

病状分类法，即以疾病的突出表现（症状或体征）作为分类疾病的依据。由于有的疾病是以主症作为病名，因而临床便可将以主症命名的病种归入黄（疸）病类、水（肿）病类、痛病类、出血病类等。每类之下可包括若干独立的病种，如水肿病类可有心水、肺水、脾水、肾水、风水、皮水、石水、正水等等；而心痛、厥头痛、头风痛、面风痛、气腹痛、干胁痛、痛经、经行乳房胀痛、儿枕痛等，都可以是独立的病种而归入于痛病类。

以病状为主的疾病分类法，其优点是疾病的主症突出，临床易于掌握，但病状毕竟只是疾病的现象，多数疾病不宜以主症作为病名，因此以病状分类疾病的方法，其应用范围是有限的。

（四）按科分类法

按科分类法，即以历史所形成的医学分科为基础，对疾病进行分类。历代许多著作基本上都是按科类病，如《景岳全书》的伤寒典、杂证谟、妇人规、小儿则、痘疹诠、外科钤；《证治准绳》分为杂病证治准绳、伤寒证治准绳、疡医证治准绳、幼科证治准绳、女科证治准绳等；《医宗金鉴》有伤寒心法要诀、杂病心法要诀、妇科心法要诀、幼科杂病心法要诀、痘疹心法要诀、外科心法要诀、眼科心法要诀、正骨心法要旨等。

以分科为主的疾病分类法，其优点是体现了各科诊疗的特点，有利于指导就诊，但有的疾病归属的合理性尚值得研究，如肠痈应划属内科还是外科？蝶斑疮是皮肤病还是外科病抑或是内科疾病？内科、小儿科都列有咳嗽、哮喘、汗证、呕吐、泄泻、腹痛……妇科亦列有妊娠咳嗽、产后腹痛、产后汗出等，有无必要？同时外感（伤寒）和杂病的区分也是相对的，即分外感、杂病，则与内、外、妇、儿各科的关系又值得研究。

自 学 指 导

【重点难点】

1. 疾病命名的形式。

疾病诊断的命名，根据病人就诊所属科别而定，临床一般采用固有的或法定的病名。

2. 辨病与辨证相结合的意义。

（1）两者结合相互补充加深对疾病本质的认识，使诊断全面准确。

（2）从病辨证可缩小辨证范围，减少辨证的盲目性；如感冒是病，其证有风寒、风热感冒之分。

（3）从证辨病可抓住当时病变的主要矛盾，加深对病变实质的认识。如气血两燔标志着"温热病"气分和血分热邪炽盛的病情严重性。

【复习思考题】

1. 何谓"病"、"病名"？病名诊断有何意义？
2. 辨病诊断与证名诊断的关系如何？
3. 疾病命名的形式有哪些？
4. 疾病的分类有何临床意义？

【参考文献摘录】

1.《伤寒寻源》：所谓病者，悉由阴阳之偏也。仲景治病诸法，第就其阴阳之偏胜，济其偏而病自已。故有时阳气亢极，但用纯阴之剂，不杂一毫阳药，非毗于阴也育阴正以济阳；有时阴气盛极，但用纯阳之剂，不杂一毫阴药，非毗于阳也，扶阳正以济阴。其有阴阳气虽偏胜，而尚未至于偏极者，阳药方中，必少加阴药以存津；阴药方中，必少加阳药以化气。虽有时寒热互投、补泻兼进，似乎处方之甚杂，其实原乎阴阳互根之理，济其偏胜以协于中。

2.《世补斋医书·不谢方》：疾病二字，世每连称。然今人之所谓病，于古但称为疾，必其疾之加甚，始谓之病。病可通言疾，疾不可遽言病……疾之为言，困也，谓疾至此困甚也。

3.《难经·五十八难》：伤寒有五，有中风，有伤寒，有湿温，有热病，有温病，其所苦各不同。

4.《医学纲目·序例》：凡治法皆以正门为主，支门旁考之。假如心痛门为正门，其下卒心痛、胎前心痛、产后心痛等支门，皆以心痛正门治法为主，其卒痛、胎前、产后则旁考以佐之也。

第十二章　疾病的症状鉴别诊断

【目的要求】

1．熟悉鉴别诊断的原则与方法。
2．了解常见症状的鉴别诊断。

【自学时数】

4 课时。

疾病的症状鉴别诊断，是对疾病所表现的症状-体征，审察病机，观其动静，全面考察病情，以求得出鉴别其不同证候所定的证名诊断。

第一节　鉴别诊断的原则与方法

一、鉴别诊断的原则

为了减少或避免症状鉴别诊断过程中的盲目性，为医者必须正确运用科学的诊断思维方法，在症状鉴别时应当注意以下几点原则：

（一）全面考察，责其有无

临诊之际，首先要注重病员的症状客观性，准确性。鉴别症状只能按其本来面目和它们之间的自然联系去识别其差异或真伪，切忌主观臆断。

《丹溪心法·审察病机无失气宜论》认为鉴别诊断的原则在于："别阴阳于疑似之间，辨标本于隐微之际；有无之殊者，求其有无之所以殊；虚实之异者，责其虚实之所以异。"这就要求我们搜集鉴别诊断资料时，一定要客观全面，仔细准确。对于所要鉴别之症状，应逐一弄清它们的历史、现状，以及同时并存的其他症状，乃至与周围事物的联系等等，以免由于思想上的片面性而导致误诊。

其次，要注意那些尚具有鉴别诊断意义的其他症状。从不同考察角度，以达到支持我们拟诊意见的正面诊断资料的目的。例如从舌苔黄腻，口渴不欲多饮的症状出发，经过四诊又连续得到舌质红、脉濡数、脘腹闷胀、胃纳减退、发热、大便溏垢、尿黄等支持湿热中阻的诊断资料，则还要进一步了解患者吐痰多否、痰质如何、胸腹有无灼热等感觉，并细询病情之情况，病程之新久，掌握其发病之季节等，才便于和痰热、湿温、或伏暑之邪阻于胃肠等疑似病证进行深一层的鉴别。

（二）谨守病机，求其所属

望、闻、问、切是中医认识症状的有效手段，是一个富有探索性的、灵活机动的诊察和思维过程。其目的在于透过症状以窥切病机。然而，要把握病机，确定证候，就必须对各有关症状之产生机制和病理性质有所了解，并要善于发掘各种症状之间合乎逻辑的内在联系，这样才有可能给予正确的综合评定。因此，在构思初步拟诊的辨证意见时，最好先从一种可能性较大的病机着眼，尽可能地用一个证，或一两个互有关联的证来概括患者的各种主要表现。运用这种思维方法，有利于抓住病机变化的主流，容易找到最根本的证候。特别是对于一些病情比较复杂，且有某些特殊传变规律的疾病，由于脏腑间的相互影响，常衍化出一系列的复杂的症状。对于此类患者，若不用一元化的辨证思维方法去把握病机，那就有可能在症状鉴别诊断上走弯路。

（三）识别真伪，观其动态

要准确地鉴别症状，有时还须注意排除各种假象。因为掺杂在症状中的假象，也是病机复杂变化的表现形式之一，实际上是在一定条件下和一定范围内出现的曲折反映病机性质的一种反面表现。它虽然具有不稳定、不扎实和容易消失等特点，而且也无法成为症状的主流，但有时却能干扰我们对于证候的正确诊断。因此，在鉴别症状时，必须撇开假象，抓住病机变化的本质。

识别假象的有效方法，首先是使自己的目光不囿于片面性的症状，要把各种有关的症状同时纳入医者的视野和观察思考中，更重要的是仔细考察这些症状在病程经过中前后表现，切实掌握其动态变化。其次是不能忽视对其症状动态的全过程的观察，尤其是那些病程经过比较长的病证，更应该继续观察其动态，甚至还须通过一定的医疗实践，才能获得完整的认识。这是因为疾病是一种不断发展变化的运动过程，而医生的每次诊查又往往只能见到疾病的过程的某一阶段中的一个或几个侧面，甚至还可能碰到掩盖病机性质的假象，所以对于任何病证的诊断，都必须动态地考察疾病的全过程。如某些顽疾的鉴别，有时就要经历这样的过程。

二、鉴别诊断的方法

鉴别某一症状有关的各种疑似证候，方法虽多，但临证鉴别有以下七个步骤：

第一步，追询病史。一般外感急病，大都有感受风冷，或蒙受暑湿等病史。如受凉调理失宜，引起"感冒"；暑热炎天，操劳过度，引起"中暑"等。在杂病中，饮食不节，可引起宿食和肠胃病；有情志挫伤或情志抑郁史者，可患神志病；有酗酒史者，可罹"酒疸"等。伤寒、劳病之后，亦可继发他病。

第二步，探求病因。除在病史中找其病因外，还要审症求因。因为一种病因侵袭人体，它可表现出不定期的症状，例如《素问·至真要大论》："诸躁狂越，皆属于火"；"诸暴强直，皆属于风"。《痹论》："痛者，寒气多也"。《六元纪大论》："炎火行，大暑至，故民病少气，甚则督闷、懊憹"。湿甚则濡泻，燥甚则干等，都可作为审症求因的依据。

第二步，落实病位。五邪伤人，各从其类。如风伤肝，寒伤肾，火伤心，湿伤脾，燥伤肺。《素问·至真要大论》："诸风掉眩，皆属于肝。诸寒收引，皆属于肾。诸气膹郁，皆属于肺，诸湿肿满，皆属于脾。诸热瞀瘛，皆属于心。"据其症状眩掉、收引、膹郁、肿满、瘖瘗，一般可以考虑到其病因与病位的在肝、在肾、在肺、在脾、在心。不仅如此，据症定位，在热病中，还有先兆症状可据。如《素问·刺热篇》："肝热病者，小便先黄，腹痛多卧身热。""心热病者，先不乐，数日乃热。""脾热病者，先头重颊痛，烦心颜青，欲呕身热。""肺热病者，先淅然厥，起毫毛，恶风寒，舌上黄，身热。""肾热病者，先腰痛胻酸，苦渴，数饮，身热"。所云"小便先黄，""先不乐"等，乃所属脏器受病的先兆，此外，五脏热邪未发，还有面部相应所属脏器的色气可辨。"肝热病者，左颊先赤；心热病者，颜先赤；脾热病者，鼻先赤；肺热病者，右颊先赤；肾热病者，颐先赤。"病虽未发，其兆先见。再参之以脏气相应之脉，如肝脉弦、心脉洪、肺脉浮、肾脉沉、脾脉濡而兼数者，则更能证实其病位的所在。

第四步，谨察病机。病因侵及一定的病位，则发生相应的病机。依据脉症即能分析出其病机的变化。如《金匮》："趺阳脉浮而涩，浮则胃气强，涩则小便数，浮涩相搏，大便则坚，其脾为约。"趺阳原系候脾胃之脉，今浮而涩，浮是举之有余，为阳脉，主胃气强盛；涩是按之往来艰滞而不流利，为阴脉，主脾脏津液不足。胃气强，脾气弱，所以出现小便短数，大便干结，而成"脾约"之病，这是以脉析病机。又如《伤寒论》："病常自汗出者，此为荣气和，荣气和者，外不谐，以卫气不共荣气谐和故尔，以荣行脉中，卫行脉外，复发其汗，荣卫和则愈"。此论"常自汗出"一症，由于荣卫不和，卫气失于卫外，以致表气不固，腠理开泄而病常自汗出，为以症析病机。此外，详析病机还应参以病史与病因。如《诸病源候论·肺痿候》："肺主气，为五藏上盖。气主皮毛，故易伤于风邪，风邪伤于府藏，而血气虚弱；又因劳役大汗之后；或经大下而亡津液，津液竭绝，肺气壅塞，不能宣通诸藏之气，因成肺痿也。"

第五步，分清病性。一般在阐明病机的同时，可知病性之所属。例如肺痿，因于"津液竭绝"，血气虚弱，其病属虚可知。如肺痈则为热势燔灼，血腐成脓，则属肺热已极，其病属实可知。其他病的虚实，在于汗的有无，胸腹胀痛与否，胀之减与不减，痛之拒按与喜按，以及病的新久，禀之厚薄，脉之虚实，亦可作为病性的鉴别。如病中无汗，腹胀不减，痛而拒按，病新得，不禀厚，脉实有力，为病性属实。如病中多汗，腹胀不减，腹胀时减，复如故，痛而喜按，按之痛止，病久，禀弱，脉虚无力，为病性属虚。至于病性的寒热，全在口渴与不渴，渴而消水与不消水，饮食喜热与喜冷，烦躁与厥逆，尿之长短赤白，便之溏结，脉之迟数来鉴别。如口渴而能消水，喜冷饮食，烦躁，尿短赤，便结，脉数为热。如口不渴，或假渴而不能消水，喜饮热汤，手足厥冷，尿清水，便溏，脉迟为寒。

第六步，详悉病势。病势即病机转变发展的趋势。由脉、症更迭，反映着病机演变，因此以脉症更迭阐明病势不难理解。如《伤寒论》："太阳病，脉浮而动数……头痛发热，微盗汗出，而反恶寒者，表未解也。医反下之，动数变迟，膈内拒痛，胃中空虚，客气动膈，短气躁烦，心中懊憹，阳气内陷，心下因硬，则为结胸。"发热、恶寒，表证未解，误用下法，脉由动数变迟，反映阳邪内陷，阻塞不通，而为结胸。又如"伤寒三日，少阳脉小者，欲已也。""太阳中风，四肢烦疼，阳微阴涩而长者，为欲愈。""少阴中风，脉阳微阴浮者，为欲愈。""厥阴中风，脉微浮为欲愈，不浮为未愈。"从阳证脉势减缓，表示邪气渐退；阴证脉势由微转浮，反映正气渐复，判断病势的发展为欲愈。

第七步，确定病（证）名。由于诊病、症状鉴别与辨证常综合同时进行，故病名和证名也常同时确定。例如痢疾的诊断，可依据其病多发于夏秋，因食物不洁而引起，表现腹痛，里急后重，泄下脓血相杂等。从病因辨证则有寒痢、热痢、湿热痢、时疫痢之分；从症征辨证则有赤痢、白痢、赤白痢之分；从病机辨证则有气滞痢、血瘀痢、噤口痢之分；从病程及发病情况来辨，则有暴痢、久痢和休息痢之分等等。对于证候的命名，一般以病因、病位、病机三者综合为优。如脾虚湿滞，肝胆湿热，肺热痰壅等；亦可病机与病性相结合，如心气虚、肝肾阴虚、阴虚阳亢之类。

以上为疾病症状鉴别诊断的七步法。总之，在进行症状鉴别诊断的过程中，决不可偏离中医的辨证规律和辨证要领。对于任何一种症状，特别是各种非特异性症状，首先要了解该症状之病因，把握其病机，从性质上分清寒、热、虚、实。只有明了症状的"八纲"并做到"审症求因"和"谨守病机"，那么鉴别诊断方可收到事半功倍之效，辨证的准确性才能提高。

第二节　常见症状的鉴别诊断

一、发热

发热为全身自觉症状之一，发热成因很多，一般分外感发热与内伤发热两类。通常外感发热起病急、热势高；内伤发热起病缓，常见低热。外感发热初起，发热恶寒或恶风同时并见，当表邪入里化热，多表现为但热不寒。内伤发热是指身体自觉发热，但热势不高，一般体温在 37.5℃～38℃之间。发热的常见证候有：肺热壅盛证、热炽阳明证、热结肠道证、湿热郁蒸证、暑热伤气证、热入营血证等外感发热证候，肺胃阴虚证、肝肾阴虚证、气虚发热证、气郁发热证、血瘀发热证、湿郁发热证等内伤发热证候。鉴别分析如下：

1. 热炽阳明证与热结肠道证：两证均属邪热入里的阳明病。不同的是一为阳明经证：烦渴汗出，口大渴，脉洪大。邪炽阳明，气分大热，故不恶寒反恶热；热甚则腠理开泄，故大汗出，邪热内扰，灼伤津液，则烦渴而脉洪大。一为阳明腑证：热结肠道日晡潮热，腹满硬痛，大便不通，甚则神昏谵语，舌苔黄燥或焦黑，脉沉实有力。邪热结于肠胃，则腑气不通；传导失司，则腹满硬痛，大便燥热，或热结旁流；邪热蒸迫，里热内扰，神明逆乱，则神昏谵语，舌苔黄燥、焦黑。

2. 湿热郁蒸证与暑热伤气证：两证常见于夏秋季节，病邪均在气分，但病因不同，临床表现亦各有特点。湿热郁蒸但热不寒的发病多在夏秋之交及阴雨潮湿的季节，湿热相兼为患，湿为阴邪，其性重浊粘滞，夹热熏蒸，故病程较长，缠绵难愈。初期发热伴有恶寒，继则邪热留恋气分，但热不寒。薛生白《湿热病篇》谓："湿热证，始恶寒，后但热不寒，汗出胸痞，舌白口渴不引饮"。辨证要点是身热不扬，朝衰晡盛，而见胸痞纳呆，恶心口苦，渴不多饮等湿郁气机的症状。暑热伤气但热不寒的发病多由夏月伤暑，或因汗出过多，伤津耗气；或因露宿贪凉，暑邪乘虚侵袭所致。辨证要点是壮热面赤，烦渴引饮等暑伤气分的症状。

3. 肺胃阴虚证与肝肾阴虚证：两者皆为阴虚，均有口干咽干、舌红少苔或无苔等阴液不足之象。两者不同点主要在于病位有异。前者位在肺胃，主要由于温热耗伤阴液，常见于温热病后期，尤风温病后期。阴虚生内热，故见低热；干咳不已，或痰少，痰中带血，咽干或声嘶，为肺阴亏损，失于濡养所致。口舌干燥而渴、大便干结、纳少，为胃阴不足，大肠失润所致。主要特点为干咳少痰、咽干声嘶之肺阴虚症状与口干舌燥而渴、纳少便结胃阴不足症状并见。肝肾失养，阴虚生内热，故低热；阴精不足，故头晕乏力，口燥咽干；虚热上扰故颧红；肝阴不足，目失所养，故目眩；肾精不足，耳窍失养，故耳鸣；肝肾阴虚，不能上济于心，心神失养，故失眠多梦。本证特点为头晕目眩、耳鸣、乏力、失眠多梦等肝肾阴虚症状与低热同见。除病变部位不同外，病势深浅亦有所不同。

4. 气郁发热证与血瘀发热证：两者均为实证低热，不同点在于一为气分、一为血分病变。前者病在气分，多由情志抑郁，气郁化火，或恼怒过度，肝火内盛，以致低热。因其热由情志内伤所致，故热势常随情志变化而起伏。肝失条达，故精神抑郁，烦躁易怒，胸胁闷胀；肝火灼津，胃肠有热，故口干口苦，大便秘结。舌红，苔薄黄，脉弦数均为肝郁化火之象。后者病在血分，多由气滞、气虚、寒凝、热灼、跌仆损伤，导致瘀血阻滞，气血不通，瘀而为热，是本病的主要病因病机。病在血分，属阴，故热多在下午或晚间出现；瘀血阻滞，气血运行不畅，水津不能上承，以致口燥咽干，但欲漱水不欲咽；经脉阻滞，气血瘀阻，故有固定痛处或肿块；肌肤甲错、粗糙、面色萎黄，晦暗为瘀血内阻脉络，肌肤失于濡养所致；舌质青紫或有瘀点、瘀斑、脉弦或涩均为瘀血内阻之象。再者气郁低热病势浅，血瘀低热则病深。

总之，外感发热是病邪入里化热的一种症状，此际病势亢盛，正气御邪，邪正剧烈相争，多属实证，为热病过程中决定疾病转归的关键时刻。临床必须观察邪热的在气，在营，在血之变化，把握病机。治疗的基本原则是撤邪以泄热。内伤发热是脏腑功能失调的一种症状，临床应辨别证候的虚实，若属正虚，应进一步辨别是阴虚、阳虚、气虚；若属邪实，应辨识是气郁、瘀血还是湿热；若因虚致实，或邪实伤正者，则可以出现正虚邪实、虚实夹杂的证候，在内伤发热的鉴别诊断时宜加以注意。

二、头晕

头晕是指视物昏花旋转，如坐舟车之状，严重者张目即觉天旋地转，不能站立，胸中上泛呕恶，甚或仆倒。常见证候有肝阳上亢证、肝阴亏虚证、心脾气血两虚证、脾气虚证、肾精亏虚证、痰湿内阻证等证候。鉴别分析如下：

1. 肝阴亏虚证与肝阳上亢证：前者偏虚，后者属虚实夹杂。肝阴虚者素体肾阴不足，或热病久病伤阴，阴津不足，水不涵木，兼有阳亢之象。本证以阴虚为主，以头晕目干，手足心热，舌红少苔或无苔为特点。肝阳上亢一般以阳亢为主，以头晕胀痛，头重脚轻，烦躁易怒，舌红苔黄，脉象弦数为主症。

2. 心脾气血两虚证与脾气亏虚证：两者皆为虚证，前者为气血两虚，后者以气虚为主。心藏神而主血脉，脾统血而藏意，凡劳心太过，思虑无穷，皆可伤及心脾，耗损气血；或大病大失血之后，亦令气血不足。气血亏耗不能上荣头目，故头晕目花；血虚，则心悸神疲，难于入寐，面色无华，唇舌色淡，脉象细弱。脾气亏虚头晕，多无失血，常由过度劳力，元气受伤；或平素脾胃虚弱，中气不足所致。如《灵枢·口问》所述："上气不足，脑为之不满，耳为之苦鸣，头为之苦倾，目为之眩。"气虚清阳不升，则头晕耳鸣，头倾喜卧，倦怠懒言，少气无力，纳减便溏。

3. 肾精亏虚证与肝阳上亢证：肾藏精生髓，为先天之本。先天不足或年老肾气衰弱，或房劳过度，肾精亏耗。脑为髓之海，肾精亏耗则髓海不足，故见头晕。《灵枢·海论》："髓海不足，则脑转耳鸣，胫酸眩冒，目无所见，懈怠安卧。"头晕经久难愈，且有神疲健忘、耳鸣目花、腰腿酸软、遗精阳痿、尺脉细弱等肾虚之象。其与肝阳上亢头晕不同者，本证手足心热、心烦失眠等阴虚火旺之象不显著。

总之，头晕一症，属虚者多，属实者少。如肝阳上亢头晕，虽多偏于实证，往往伴有阴伤，可于清热熄风之中兼以养阴，不可概用苦寒清泻。痰湿内阻头晕属于实证，眩晕程度较重，伴有恶心呕吐，易与其他各证鉴别。

三、头痛

头痛可在多种急慢性疾患中出现，是临床上极为常见之症状。头痛在古代医书中有"真头痛"、"脑痛"之称。如《灵枢·厥病》曰："真头痛，头痛甚，脑尽痛，手足寒至节，死不治。"《中藏经》云："病脑痛，其脉缓而大者，死。"可见此所谓之"真头痛"、"脑痛"，是指头痛之重危症。常见证候有风寒犯头证、风热犯头证、风湿犯头证、肝阳上亢证、脾气亏虚证、阴血亏虚证、瘀血犯头证、痰浊犯头证等证候。鉴别分析如下：

1. 风寒犯头证、风热犯头证和风湿犯头证：三证皆属外感头痛。外邪之中，以风为最，所以外感头痛皆有风邪为患，然风邪往往夹寒、夹热、夹湿，故其病症又各有不同。风寒犯头，为风寒之邪所致，其辨证要点为：形寒身冷，头部紧束作痛，得温则减，遇风寒加重。风热犯头，为风寒不解郁而化热，或由风夹热邪中于阳络所致。以头胀痛，遇热加重，痛甚如裂为特点。风湿犯头，为风邪夹湿所致，其特点为头重如裹，昏沉疼痛，阴雨痛增。

2. 脾气亏虚证与阴血亏虚证：两者皆属虚证。一为久病或为劳伤及脾气，皆令脾气亏虚。气虚则清阳不升，浊阴不降，因而清窍不利，绵绵作痛，身倦无力，气短懒言，劳则加重；脾气虚不能充于上头则头脑空痛；脾气虚运化无力则食欲不振便溏。舌淡苔白脉虚无力为脾气亏虚之象。一为失血过多或产后失调，以致阴血不足。血虚不能上荣则头痛隐隐而作晕，面色白；血不养心则心悸少寐；血虚则目涩昏花。舌淡、脉细弱为血虚之象。

3. 瘀血犯头证与痰湿犯头证：两者皆属实证。瘀血头痛多因久痛入络，血滞不行；或有外伤，败血瘀结于脉络，不通则痛。临床特点是头痛如针刺，痛处固定，舌有瘀点等。痰湿头痛多因平素饮食不节，脾胃运化失调，痰浊内生，痰浊为阴邪，上蒙清窍则昏沉作痛，阻于胸脘则满闷吐涎。

头痛一症，有外感内伤之分。外感头痛多为新患，其病程较短，兼有表证，痛势较剧而无休止，可有风寒、风热、风湿之别。内伤头痛多为久痛，不兼表证，其病程较长，痛势较缓而时作时止，当辨虚实，因证而治。

四、心悸

心悸，乃心动悸不宁，俗称心跳。心悸一般分惊悸和怔忡两种。前者多因惊恐、恼怒所诱发，全身情况较好，病情较轻；后者并不因受惊而自觉心悸不安，全身情况较差，病情较重。常见证候有：心气虚证、心阳虚证、心阴虚证、心血虚证、惊恐伤神证、心血瘀阻证、痰火扰心证、水气凌心证等证候。鉴别分析如下：

1. 心气虚证与心阳虚证：两者同属心虚证，病因大致相同。一般多由老年脏气衰弱，或因久病不复，或因过汗、过下损伤气血而成。两者共同症状为：心悸，短气，自汗，活动或劳累加重。其辨证要点：心气虚心悸之主要脉症，除上述共同症状外，兼见面色白，体倦乏力，舌质淡，舌体胖嫩，苔白，脉虚；心阳虚心悸之主要脉症，除上述共同症状外，兼见形寒肢冷，心胸憋闷，面色苍白，舌质淡或紫暗，脉微弱或结代。

2. 心阴虚证与心血虚证：两者亦同属心虚证，病因亦大致相同。一般由于阴血化生之源不足，或继发于失血之后（如产后失血过多，崩漏，外伤出血等），亦可由于过度劳神，以致营血亏虚，阴精暗耗所引起。两者的共同症状是心悸，心烦，易惊，失眠，健忘。其辨证要点：心阴虚心悸除上述症状外，兼见低热，盗汗，五心烦热，口干舌红少津，脉细数；心血虚心悸除上述症状外，兼见眩晕，面色不华，唇舌色淡，脉细弱。

3. 惊恐伤神证与痰火扰心证：惊恐伤神是由于突然惊恐，"惊则气乱"以致心神不能自主，坐卧不安而生心悸；又"恐则气下"即所谓恐伤肾，精气虚怯，以致心悸不宁。痰火扰心多见于情志之火内发，或六淫化火内郁，或因过食辛辣，过服温补药物所致。其辨证要点为心烦而悸，急躁失眠，口舌糜烂，或舌强难言，舌红苔腻，脉滑数。

4. 心血瘀阻证与水气凌心证：心血瘀阻证多由心气虚或心阳虚、血运无力所致；或七情过激，劳累受寒，以致血脉阻滞而形成心血瘀阻。其辨证要点为心悸，伴有胸胁刺痛或闷痛，并常引臂内侧疼痛，尤以左臂痛为多见，一般痛势较剧，时作时止，重者并有面唇青紫，四肢逆冷，舌质黯红或见紫色斑点，苔少，脉微细或涩。水气凌心证多由心阳虚而水饮上泛所致。其证可分为二：一是心阳虚，加之脾肺气虚，不能布散津液，留而为饮，或水气上冲。其辨证要点为心下逆满，气上冲胸，心悸气短，头目眩晕，胸中发闷，咳嗽，咯吐稀白痰，舌苔白滑，脉沉弦。另一是心阳虚，又加肾阳之虚，下焦水寒无所制伏，形成水邪上泛，其辨证要点为头眩心悸，伴有小便不利，筋惕肉瞤等证，脉沉，舌质淡，苔白滑，或见肩背酸凝，或见腹痛下利，或见肢体浮肿。

心悸辨证，首先应注意辨证虚实。一般以虚证为主，实证则少见，但常因内虚而复加外因诱发出现虚实并见之证。治疗一般多以补虚为主，祛邪为辅。虚证以益气、养血、滋阴、温阳为主，并可酌加宁心安神之药；实证则以清火化痰，行瘀镇惊为主。虚实兼夹者，当分清主次缓急，予以辨治。

五、胸痛

胸痛是指心、胸部疼痛为主的症状。临床涉及的范围相当广泛，多种病证诸如胸痹、心痛、真心痛、厥心痛、痰饮、肺痈、肺痿以及急性热病均可发生胸痛症状，有的以胸痛为其主要临见症（如胸痹、心痛等）。常见证候有：心气亏虚证、寒凝气滞证、心血瘀阻证、气阴两虚证、痰浊阻滞证、热壅血瘀证等证候。鉴别分析如下：

1. 心气亏虚证、寒凝气滞证与心血瘀阻证：一为心气不足，一为心阳虚衰，一为瘀血阻络所致，前两者为虚证，而后者乃正虚邪实之证。盖心血瘀阻，可因心气虚弱，无力鼓动心血运行，或因心阳不足，寒凝气滞，致使血涩不通而成。故心气亏虚胸痛、寒凝气滞胸痛均可兼见瘀血表现。所以气虚、阳虚、瘀血三者引起的胸痛，临床上往往交错互见。以心气虚弱为主的临床可见心悸、气短，自汗，舌淡，脉细等表现，其胸痛程度不剧，呈隐隐作痛，乃三证中之较轻者。以寒凝气滞为主的胸痛其疼痛程度较剧，且觉胸部满闷，甚者胸痛彻背，由于胸阳不振，阳虚寒凝，气机痹阻所致。临床可见面色白，自汗，畏寒，肢冷，舌淡，脉迟等心阳虚弱的表现，四肢厥逆，脉微欲绝。以心血瘀阻为主的胸痛其疼痛性质为刺痛，且固定不移，临床可见舌紫暗或有瘀斑、脉迟涩等瘀血表现。

2. 痰浊阻滞证与心血瘀阻证：两者均为正虚邪实证，正虚乃心气之不足，或胸阳之不振，邪实乃痰浊或瘀血遏阻脉络。痰浊为患，除胸痛而外，并兼见咳嗽，气喘，痰多，舌苔白润，脉滑等湿痰内盛的表现，与心血瘀阻胸痛的刺痛，痛处固定，舌紫，脉涩等症自易鉴别。

3. 气阴两虚证与心气亏虚证：两者均为虚证。虽同见胸痛，心悸，短气，自汗等气虚症状，但后者仅心气不足，而前者为心气、心阴俱虚，故有口干少津，小便黄赤，舌红少苔，脉细数无力等阴虚的表现。

胸痛是临床可出现于多种病证的常见症状，有虚证，有实证，有正虚邪实证，虚证可因心气不足，心阳不振，气阴两虚所致。心血瘀阻胸痛多为本虚标实之证。而热壅血瘀胸痛初得之可为实证，久病则正虚邪实。

六、气喘

气喘，简称喘，是以呼吸急促为特征的一种症状，严重时甚至张口抬肩，鼻翼煽动，不能平卧。常见于多种急慢性病证之过程中。常见证候有：风寒犯肺证、风热犯肺证、表寒里热证、痰浊阻肺证、气郁伤肺证、肺气阴两虚证、肾不纳气证、肾虚痰阻证、阳虚水泛证等证候。鉴别分析如下：

1. 风寒犯肺证与风热犯肺证：此两证皆由外邪侵袭，均有表证可见。使风寒犯肺气喘乃由于风寒之邪侵袭皮毛，内合于肺，肺失宣降，水津不能通调输布，故见喘咳胸闷，咯痰清稀；风寒外束，肺卫郁闭，故有风寒表证。而风热犯肺气喘是由于风热之邪侵袭皮毛，内合于肺，热盛气壅，肺失宣降，热盛伤津，炼液成痰，痰热交阻所致，故见喘咳烦闷，咯痰黄稠，口渴有痛；风热郁蒸肌表，腠理疏泄，故见风热表证。所以此两证当以痰的性状和外证表现为鉴别要点。风寒闭肺气喘，其痰清稀兼有恶寒发热，无汗，头身疼痛，脉浮紧等表寒证；风热犯肺气喘，其痰黄稠，兼有发热，微恶风寒，汗出，脉浮数等表热证。

2. 痰浊阻肺证与气郁伤肺证：此两证与风寒犯肺、风热犯肺、表寒里热三证气喘均为实证，但此两证无表证表现，故易与以上三个有表证的气喘证相鉴别。痰浊阻肺气喘乃由于肺失输布，聚津成痰，或脾失健运，湿聚成痰，痰浊壅肺所致。其临床特点是痰多而粘。气郁伤肺气喘为肝失疏泄，肝气上冲犯肺，升多降少所致。其特点是伴有咽喉如梗、胸胁胀痛等肝气郁结的表现及精神抑郁，急躁易怒等症状。

3. 肺气阴两虚证与肾不纳气证：肺为气之主，肾为气之根，肺、肾两脏的虚弱均可出现气喘。此两证共同表现为喘促日久，动则喘息更甚，但两者又有不同，肺气阴两虚气喘乃由于气阴两伤所致，气失所立，卫外不固，所以出现语声低弱，自汗恶风，容易感冒；肺阴不足，故见口干面红。临床所见肺虚之气喘，虽多为气阴两虚，但又常以肺气虚为主，或以肺阴虚为主之别。肾不纳气气喘为肾气不足，摄纳失司，气不归元所致，故呼多吸少，并伴有腰膝酸软，面青肢冷等肾阳不足之证。两证之鉴别在于肺气阴两虚气喘为单纯肺虚的表现，而肾不纳气气喘则具有肾气不足之表现。

4. 肾虚痰阻证与阳虚水泛证：此两证均为虚实错杂之症，都有腰酸肢冷等肾阳不足的表现。临床表现不同之处在于肾虚痰阻气喘兼有痰涎壅盛的症状，其病机为痰涎壅盛于上，肾气亏损于下。而阳虚水泛气喘兼有心悸，尿少，浮肿等表现，其病机为肾阳不足，水不化气，上凌心肺。

气喘之临床辨证，首先在于鉴别虚实。实喘的共同特点是病势急，呼吸深长有余，呼出为快，气粗声高，脉数有力。虚喘的共同特点是病势缓，呼吸短促难续，深吸为快，动则喘息更甚，气怯声低，脉微弱或浮大无力。

七、咳嗽

是肺气上逆引起的一种症状。《素问病机气宜保命集》谓："咳谓无痰而有声，肺气伤而不清也。嗽是无声而有痰，脾湿动而为痰也。咳嗽谓有痰而有声，盖因伤于肺气，动于脾湿，咳而为嗽也。"临床咳、嗽、咳嗽三者实无区分之必要，可统称之为咳嗽。常见证候有：风寒束表证、风热犯肺证、燥邪犯肺证、暑湿咳嗽证、痰湿咳嗽证、脾虚咳嗽证、肺阴虚证、肾阳虚证、肝火犯肺证等证候。鉴别分析如下：

1. 风寒束表证与风热犯肺证：两证皆由感受外邪所致，故均有表证可见。风寒咳嗽，因风寒之邪束表犯肺，肺气失宣可见咳嗽；肺气不利，津液失布故痰稀色白，鼻流清涕；风寒外束，腠理闭塞，则见头疼，发热，恶风寒等。风热犯肺咳嗽为风热邪气犯肺，肺失清肃，热灼津液，故咳而不爽，痰稠而黄，并口渴，咽痛；风热上扰清空，头部气血逆乱，则头痛；正邪交争，功能亢奋，故体温升高而见发热；邪气袭表，卫外功能失常则恶风；风热之性主升发、疏泄，使腠理开泄而见汗出。此两证当以咳嗽的特点、痰的性状，及所兼的表证不同，为其鉴别要点。

2. 燥邪犯肺证与暑湿咳嗽证：两证亦均感受外邪所致，故也可见表证。但其发病均有季节性。因感邪的性质不同，临床表现也异，此可与风寒束表，风热袭肺两证相鉴别。燥邪犯肺咳嗽常见于气候干燥之秋季，或过食辛燥食物所致。燥热之邪，耗伤津液，肺失清润，气机不利，而见干咳无痰，或痰少黄粘，甚则胸痛；燥热之邪损伤肺络，则痰中带血丝；燥热伤津，可见鼻燥，咽干或痛，舌干少津；燥热之邪损伤肺络，则痰中带血丝；燥热伤津，可见鼻燥，咽干或痛，舌干少津；燥邪外感，故见恶寒、身热等表证。暑湿咳嗽，必在长夏暑令发病。暑湿犯肺，壅塞肺气而嗽；湿邪伤脾，脾失健运而生痰，故见痰多；因暑为阳邪，其性炎热，热重而痰黄粘；暑湿伤表，可见身体重着，汗多而身热不解，头胀，咽痛等；热伤津液而口渴，但湿蕴在里，故有时渴不多饮。

3. 痰湿咳嗽、脾虚咳嗽和肾阳虚咳嗽：前两证均有痰湿为患之证情，但其病因病机则有不同。痰饮咳嗽是痰湿壅盛，咳由痰致，故有痰出即咳止的特点。其为痰湿壅盛与脾失健运的综合表现。脾虚咳嗽，主要是脾气虚弱，运化无权，聚湿生痰，痰湿阻肺而咳嗽，故痰多色白易咳出，此症兼有脾气虚弱的表现。肾阳虚咳嗽多因素体阳虚或年老体弱，咳久不止，病及于肾而致。肾主骨，藏精而纳气，肾阳虚则纳气无力，故多咳而兼喘，或常先喘而引起咳嗽，呼吸困难，甚则感常气从脐下逆奔而上，劳累后则诸症加重；肾主水，肾阳虚则水湿上泛为痰，而其痰有咸味。肾司两便，肾气不固，故咳甚则遗弱。

4. 肺气虚证与肺阴虚证：皆为虚证咳嗽。肺气虚咳嗽，多因素体阳气不足，肺气虚弱，或寒饮内停，损伤肺气，致肺的肃降功能失职，遂成咳嗽。而肺阴虚咳嗽，多因素体阴虚火旺，或痰热内阻，或热病之后肺阴耗伤，肺失清肃而咳嗽。其辨证特点，肺气虚弱必有肺的功能减弱之表现，如声低弱，气短，面色白等；肺合皮毛，宣发无力，则卫外不固，故自汗畏风，易患感冒等。肺阴虚咳嗽，则因肺失滋润，而肺气上逆，故干咳少痰，咳声嘶哑，口燥咽干；阴虚火旺，则兼见午后潮热，盗汗，五心烦热等，且易动阴血，肺络伤而咳痰带血丝。

咳嗽一症，首当鉴别其为外感咳嗽还是内伤咳嗽。一般说来，外感咳嗽多有明显的致病原因，起病较急，病程较短，其特点为必兼表证，多属实证。内伤咳嗽常无明显诱因，起病缓慢，病程较长，特别是肺阴虚和肾阳虚咳嗽，多久治不愈，或反复发作，此以虚证为多。其次，要抓住咳与痰的特点，如咳嗽白天甚者常为热、为燥，夜间甚者多为肾虚、脾虚或痰湿。辨痰方面，痰清稀者属寒属湿，粘稠者属热属燥；痰色白属风、寒、湿，色黄属热；痰多者属痰湿、脾肾虚，痰少者多为风寒束表或阴虚等。燥咳痰少难出，甚至无痰。

八、呕吐

呕、吐、干呕均为胃气上逆所出现的症状。若言吐者，有吐涎、吐浊唾（即痰）、吐酸水、吐苦水等等，均不必有呕声；若言呕者，必声物俱出，而后世呕吐并称者，亦即古谓之呕，多指呕吐出胃中食物而言。此处所讨论的呕吐是指呕吐出胃中食物的症状。常见证候有：伤食呕吐证、胃寒呕吐证、胃热呕吐证、胃阴虚证、肝胃不和证等证候。鉴别分析如下：

1. 胃寒呕吐证与胃热呕吐证：两证一寒一热。胃寒者，若素体中焦脾胃阳虚，病程长，为虚证；若因暴食生冷而重戕胃阳者，其发病急，病程短，多为实证。虚证者，形寒体瘦，胃脘疼痛，食欲减退，少气乏力，大便溏泄，舌淡，脉弱等一派脾胃虚弱之症。其呕吐量少频频，遇寒则剧，得暖则缓，实证者，胃脘疼痛剧烈，呕吐亦剧，以吐出快，很少有其他兼症。

2. 伤食呕吐证与肝胃不和证：伤食者，发病急，呕吐而厌食，以吐出为快。肝胃不和者，病程长，因肝郁不舒，横逆犯胃，呕吐恶心频频，但症状不甚剧烈，兼有胸闷、脘痞、胁痛、口苦，脉结等肝气郁滞症状。

总之，呕吐是可以出现于多种病证之中的临床常见症状之一。其暴病多实，而久病多虚。临床所见"胃寒者十有八九，内热者十止一二"（《景岳全书》）。

九、泄泻

泄泻，又称为腹泻，在古典籍中名目繁多，分类不一。《内经》多以泄泻症情和大便性质分类而有飧泻、溏泻、水泻、洞泻、濡泻等名称。《难经》则从脏腑立论，又有胃泻、大肠泻、小肠泻等名，后世诸家或从外感病因辨证分为湿、火、气、痰、积等腹泻；或从内伤分证，如脾虚腹泻、肾虚腹泻、肝脾不和腹泻、食积腹泻等。常见证候有：湿热腹泻证、寒湿腹泻证、食积腹泻证、肝郁脾虚证、脾虚腹泻证、肾虚腹泻证等证候。鉴别分析如下：

1. 湿热腹泄证与寒湿腹泄证：两者同系湿邪为患，一是湿与热结，一是寒与湿合。湿热犯阳明者居多，寒湿入太阴者常见，所以湿热泻多因湿热互阻胃肠，升降传导失司，清浊交混而致泻。其腹泻特点是：泻下如注，肛门灼热，腹内鸣响作痛，腹痛即泻，泻后仍觉涩滞不爽，粪色黄褐而秽臭。又因湿为阴邪，其性粘腻，故见胸脘痞闷，疲困身重，不思饮食。脾为太阴湿土之脏，性喜温而恶寒，喜燥而恶湿。脾为寒湿所困，升降消运失其常度，饮食不化并走大肠而作泻。其腹泻之状，肠鸣腹泻，粪质清稀不甚秽臭。因寒邪内攻，故腹痛喜热欲暖，寒湿困脾，致脘腹满闷，湿从寒化，所以口淡，不渴，舌苔白腻。与湿热泻之口渴不多饮，或渴而不欲饮，舌苔黄腻者不同。

2. 食积腹泄证和肝郁脾虚证：两者都有腹痛作泻，但一为宿食积滞，一为土虚木乘作泻。食积腹泻多由饮食不节，恣食油腻生冷，损伤脾胃致运化失常，宿食停滞中焦而作泻。其辨证要点是：脘腹胀作痛，泻后腹痛缓解，少顷复又痛泻，泻下稀粪，臭如败卵，混有不消化之残渣。食积胃肠，滞而不化，故多见脘腹胀满，嗳腐，吞酸，厌食，舌苔垢腻。肝郁脾虚腹泻的特点是：肝气横逆，克伐脾土而致泻，以气滞为主，每由情绪紧张，精神刺激而诱发。腹泻特点：泻前肠鸣，泻后痛不减或有所加重，胁肋胀痛或窜痛，同时有食欲不振，口酸，嗳气，矢气等症。

3. 脾虚腹泻证与肾虚腹泻证：脾虚腹泻和肾虚腹泻皆为虚寒腹泻，一为脾阳虚，一为肾火衰。其不同点在于：脾主运化，升清气而输布精微。中阳素虚，或寒湿直中，脾阳运化失司，清阳不升，浊阴不降，津液糟粕并趋大肠而为泻。脾虚腹泻临床多见泻下澄澈清冷，完谷不化，状如鸭粪。脾虚者多寒，故腹痛，喜热喜按，食生冷则腹泻加重。肾虚腹泻是由于肾阳不足，命门火衰，不能蒸化所致，其腹泻特点是：黎明之前，脐周作痛，肠鸣即泻，泻后即安。大便稀薄，多见完谷，并伴有腰膝酸软，小便清长，夜尿增多等肾阳虚症状。脾虚腹泻和肾虚腹泻既有区别又有密切联系，脾虚泄泻日久，每见由脾及肾，致脾肾阳虚。

十、腹痛

腹痛，系指脐周围部位的腹部疼痛。脐腹痛与小腹痛、少腹痛等皆属于腹痛范围，因其疼痛发生的具体部位不同，症状名称各异：痛于脐周者，称为脐腹痛；痛处在脐下者，称为小腹痛；痛于脐下两侧者，称为少腹痛，临床宜相鉴别。本节主要讨论脐腹痛。常见证候有：寒凝积冷证、脾肾阳虚证、阳明热结证、肠胃气滞证、湿热蕴结证、伤食积滞证、蛔虫内扰证等证候。鉴别分析如下：

1. 寒凝积冷证与脾肾阳虚证：两者皆为寒痛，而前者为实证，后者属虚证。前者多由脾胃素弱，风寒之邪侵袭脐腹，或饮食不慎，过食生冷，致寒凝积冷于肠胃，中阳被遏，气机阻滞，不通则痛。后者常因脾阳久衰，累及肾阳，或肾阳虚亏，火不生土，脾肾两虚，寒从中生而致。两者的鉴别要点是：前者脐腹疼痛暴起，痛势剧烈，痛不休止；后者脐腹疼痛渐来，其痛绵绵，时轻时重，且多兼见神疲倦怠，畏寒肢冷，大便溏薄等脾肾阳虚之象。

2. 阳明热结证与肠胃气滞证：两者皆为实证，前者为有形之热结，后者是无形之气聚。前者系由感受外寒，入里化热，或温热之邪传中，热灼津伤，邪热与大肠之糟粕互结而致，其辨证要点为腹痛绕脐，甚则满硬而拒按，大便秘结不行，或热结旁流，臭秽异常。后者多因脾胃运化失司，气机升降受阻，气滞于内，郁结不通，不通则痛，其辨证要点为脐腹疼痛必兼胀满，甚则有气瘕攻动，得矢气下行则痛减，情绪变化常致疼痛加重。两证比较，前者是热结之象，腹痛绕脐而硬满拒按，日晡潮热，手足汗出，大便秘结，或热结旁流，即阳明腑实证；而后者为气滞之候，腹痛环脐，胀满因矢气而减，甚则有气瘕攻动，疼痛与情志变化有关。

3. 湿热蕴结证与伤食积滞证：两者都是实证，其临床表现疑似较多，容易混淆。湿热蕴结脐腹痛为湿热下迫大肠，故脐腹绞痛，热迫则里急，湿滞必后重，大便下而不爽，臭秽粘腻，兼夹脓血。伤食积滞脐腹痛即《素问·痹论》所谓"饮食自倍，肠胃乃伤"所致。食物积滞初在胃脘，继至大肠，故脐腹疼痛，大便泄泻，而所下多夹杂未化之食物，气味酸腐，泻后积去，则疼痛稍减。两者皆有脐腹疼痛、大便不调的共同表现，但前者里急后重，多夹脓血，所下臭秽；后者泻后痛减，多夹完谷，气味酸臭。

总之，脐腹痛为临床常见症状之一。辨证之法，大抵以疼痛喜按为虚，不可按为实；伴有便秘燥结者为热，兼有便溏肢冷者为寒；伤食者大便酸臭，泻下完谷；虫积者腹痛剧烈，止如常人；痛而且胀则为气滞，便下脓血多为湿热。临证抓住疼痛的性质，并与舌、脉及兼症互参，则可鉴别。

十一、水肿

水肿是指通身或局部浮肿，按之凹陷者。《内经》把水肿分为"风水"、"石水"、"涌水"等证候；《金匮要略》又称"水气"，设有专篇论述，并分成"风水"、"皮水"、"正水"、"石水"数种；元朱丹溪则分为"阳水"、"阴水"两大类，为后世所宗。常见证候有：风寒袭肺证、风热犯肺、水湿困脾证、脾阳虚证、肾阳虚证、气血两虚证等证候。鉴别分析如下：

1. 风寒犯肺证与风热犯肺证：前者因外感风寒，肺气闭郁，失于宣发肃降，肺失肃降则不能通调水道，下输膀胱，水液输布和排泄发生障碍，导致水湿停留，出现小便不利和水肿。后者为风热上受，肺失清肃，肺为水之上源，肺气郁闭，失于清肃则不能调通水道，发为水肿。两者病位皆在肺，肺位上焦，上焦水道不通，故肿势以眼睑与头面部为著。鉴别时，前者有风寒在表的恶寒重发热轻、骨节痛等风寒之邪客于太阳之表，太阳经气不舒等表现；后者有风热犯表的发热重恶寒轻、咳嗽咽红、溲短赤等风热特点。前者脉多见浮紧；后者脉多见浮数。前者苔多薄白；后者苔多薄黄。

2. 水湿困脾证与脾阳虚证：水湿困脾水肿多因涉水淋雨，久居湿地，水湿内侵，留滞中焦，脾为湿困，湿聚困脾，运化失职，水湿不得下泄，泛于肌肤发为水肿。脾主四肢，脾为湿困发为水肿，肿多由四肢而起；湿困于内，清阳不升，故头重如裹；湿性多浊，水湿内停则身重困倦，口淡；湿困中焦，升降失调，胃失和降，则胸闷泛恶；湿为阴邪，水湿内困，膀胱气化不利，溲清而少。而脾阳虚水肿多由水肿实证失治，日久损及脾阳，或因劳倦伤脾，脾虚运化无权，阳虚不能制水而发为水肿，其肿为腰腹以下为甚，常反复不愈，按之凹陷不起。且伴肢冷倦怠、纳呆便溏等脾阳不足的症状。临床辨证时，水湿困脾，重在"湿"字，以实证表现为主；脾阳虚浮肿，重在"阳虚"，以虚象为著。

3. 脾阳虚证与肾阳虚证：两者皆属阳虚证候，病程迁延，肿势以腰以下为著，舌脉表现亦颇相似，且临床多两者相兼出现。肾阳水肿较脾阳虚水肿为重，常表现为全身水肿。因腰为肾府，肾属下焦，肾阳不足，下焦水道不通，故肿势多先从腰脚开始，两踝部肿势较剧，并有腰膝酸软沉重，阴囊湿冷等兼症；脾阳虚水肿，兼以纳减便溏，肢冷倦怠症状。仔细鉴别自可辨析。

4. 气血两虚证与脾阳虚证：气血两虚多由脾胃气虚，生化不足，或久病后气血两亏，脏腑失养，导致水液代谢功能失常而发生水肿。气血两虚与脾阳虚水肿鉴别在于：前证气虚（气短等）、血虚（面色白或萎黄、唇淡白、心悸头晕等）证候突出，尚无阳虚（肢冷、便溏等）证候出现，肿势亦不如阳虚浮肿重。

水肿一症，其产生主要责之于水液代谢功能的失调。一般发病较急，肿势偏于上部，属热证、实证者称做阳水；发病较缓，病程长，肿势偏于下部，属寒证、虚证者称作阴水。

十二、神昏

神昏，是指神志模糊，不省人事，甚至昏睡不醒，呼之不应的症状。又称为"昏迷"、"昏冒"、"昏蒙"、"昏愦"、"昏不识人"。《素问》称"暴不知人"、"不知与人言"等。神昏常见于外感热病重证，内伤杂病的中风、厥证等。久病重病，精气耗竭，亦可出现神昏，病属危候。其病变主要在心，心主神明，病邪蒙蔽心窍，上扰神明以及阴虚阳脱，心神耗散，皆可使神明失用而致神昏。常见证候有：热陷心包证、腑热熏蒸证、热毒攻心证、湿热蒙蔽证、热盛动风证、阴虚风动证、风痰内闭证、瘀血乘心证、阴竭阳脱证、内闭外脱证等证候。鉴别分析如下：

1. 热陷心包证"热在营分"和"热在血分"：热陷心包证主要由温热之邪燔灼营血，内传心包所致。起病急骤，来势凶猛，病情险恶，其中尤以"逆传心包"者表现为著。根据病邪所在部位，其神昏又有"热在营分"和"热在血分"之异。①热入营分，使营阴受损，故出现身热夜甚，斑疹隐隐，舌绛无苔，脉象细数等症状。热入血分神昏，除有邪在营分的症状外，尚有吐血、衄血、尿血、蓄血以及发疹发斑，其斑色紫等表现。②舌为心之苗，热入血分，火热炽盛，热灼津液，聚生痰浊，痰火阻于心窍，则舌强语謇；邪热闭遏于内，阳气不能外达，则四肢厥冷，而热在营分，多无这些表现。③神昏程度两者亦有差别，热在营分，仅为营热上扰，故神昏不重，或有时神志尚清。热在血分，神昏较重。

2. 腑热熏蒸证与热陷心包证：两者均为实证、热证，故均有实热证的一般表现，如身热面赤，烦躁多言，唇焦咽干，小便短赤，大便秘结。但病因病机各异。腑热熏蒸神昏，为热邪入里已深，与积滞相结，而成阳明腑实，燥热之气夹浊气上冲，熏蒸于上，扰及神明。热陷心包神昏，乃由温邪内陷，神明被扰。腑热熏蒸神昏，多发于午后，或以午后为重；神昏与便秘密切相关，便秘之时，胃肠为燥实阻滞，腑气不通，浊毒之气上蒸，扰及神明，故便秘越重，神昏越重。而热陷心包神昏，则是昼轻夜重。虽然亦可出现便秘，但不是构成神昏的主要原因（主要原因是湿热之邪）。热陷心包神昏，有发疹发斑，舌质红绛或紫绛。而腑热熏蒸神昏，则见阳明实热之征，苔必老黄。

3. 热毒攻心证与暑邪上冒证：病因病机及表现均不相同，热毒攻心神昏，为火毒时疫之邪，内陷走黄，扰营败血，传入心包，神机不运。其神昏程度较深，并见有毒壅上焦。毒燔气血，流注四肢，余毒伤阴等种种表现，多见于大头瘟、发颐、疔疮走黄等病。而暑邪上冒神昏，仅见于夏热炎暑，由于暑邪内袭，耗气伤津，气津暴脱，乱其神明。除神昏外，并兼见身热面垢，气粗如喘，冷汗不止，四肢厥逆，脉虚大而数等症。

4. 湿热蒙蔽证与风痰内闭证：两证均属实证，皆为实邪闭窍而致神昏，但病因有别。前者为湿热之邪郁阻气分不解，酿蒸痰浊，蒙蔽心窍而成；后者以风痰为患，羔由素体痰盛，又感风邪，或肝阳偏亢而生内风，风阳夹痰，内扰心窍，出现神昏，湿热蒙蔽神昏，常时清时昧，呈朦胧状态，且倦身热不扬，肢体困顿，溲赤目黄如橘子色，或赤白下痢，里急后重，舌苔黄腻等湿热症状；风痰内闭神昏，兼见肢体震颤，抽搐或半身不遂、口吐白沫等风气内动的症状。因此，两证从病机特点、临床表现上容易鉴别。

5. 热盛动风证与阴虚风动证：皆属内风，但一为实热证，一为本虚标实证。热盛动风神昏，伴有明显高热，痉厥，角弓反张，面红目赤等症。其病机为：热邪太甚，燔灼肝经，扰及神明。而阴虚风动神昏，则以口眼㖞斜、半身不遂、语言謇涩等气血逆乱，经络阻滞的症状为主。其病机为：肝肾阴虚，虚阳妄动，上冲巅顶，扰乱神识。。

6. 瘀血乘心证与其他血瘀证候：辨证要点在于除有神昏之外，必有瘀血的见症，诸如口唇爪甲青紫，少腹硬满，大便色黑，小溲清长，舌质紫暗，有瘀点；有些病例在神昏阶段尚难判定的由瘀血所致，但当黑便自下，下后神志渐清，方才证实神昏乃血结瘀阻所致。本证多为热入营血，血热互结，瘀阻于心；或产时感受邪毒，邪血相搏，瘀血不解，血瘀气逆，迫乱神明，或死血留于心窍，神机失灵。瘀热阻窍，热入血室，真心痛的神昏均属此类。瘀热阻窍，则见谵言妄语，身体灼热；热入血室，则常常寒热如疟，经血紫黑有块；真心痛则见心痛暴作，面青气冷。凡此种种，临证时要详加鉴别。

7. 阴竭阳脱证与内闭外脱证：一为虚证，一为虚实夹杂证。阴竭阳脱神昏，多由失血过多，致使气随血脱；或泻下频频，脾气衰败竭绝；或大汗之后，津气内竭。内闭外脱神昏，则因邪气过盛，内蒙清窍，同时正气耗散，神不守舍。阴竭阳脱神昏，开始多有手足温暖，汗热而咸，渴欲饮冷，呼吸气粗，舌红而干，脉数无力等亡阴证，继之出现面色苍白，大汗淋漓，气短息微，脉微欲绝亡阳证。至于亡阳导致亡阴者，一般较为少见。内闭外脱神昏，脱闭并见，除有邪热，痰浊，瘀血不患之象（身热，痰鸣，大便色黑等）外，尚有亡阴亡阳之证，可资鉴别。

神昏一症，虽然病机复杂，表现多端，但既已昏迷之后，不外乎分辨其属于"闭证"和"脱证"。闭证是以神昏时牙关紧闭，肢强拳握，面赤气粗，痰涎壅盛等为其特点。脱证是以目合口开，手撒遗尿，鼻鼾息微，汗出肢冷等为主要表现。闭证必须开闭通关；脱证则要回阳固脱。两者大相径庭，不应混同。

十三、抽搐

抽搐系指各种原因引起之四肢不随意抽动。抽即收也，引也；搐者牵动，抽缩也。故一切四肢不能自主控制的抽搐、牵动，或屈伸不已，均属于抽搐的范畴。常见证候有：风邪闭阻证、风痰夹瘀证、阴虚阳亢证、热极生风证、肝郁血虚证、血虚生风证等证候。鉴别分析如下：

1. 风邪阻络证与风痰夹瘀证：就其病因来看，风邪阻络多由外感风邪，邪闭经络，气血运行不利，或于创伤之际，风毒之邪入侵，营卫不得宣通，则筋脉失养而四肢抽搐；风痰挟瘀则多由大惊卒恐，伤及肝肾，或饮食失节，脾胃受伤，脾失健运，聚湿成痰，一旦肝失调达，则有发作性抽搐。两者临床表现不同：前者兼见风邪外感症状，发热恶寒，头身痛，或见六经形证。如为创口感受风邪，则除四肢抽搐外，可有口噤，角弓反张。后者为发作性四肢抽搐，无外感症状，发作后一如常人，两者不难区别。

2. 阴虚阳亢证与热极生风证：前者多由积劳久病，耗伤阴精，肝肾阴虚，筋脉失养，阴虚而不能制阳，肝阳偏亢，而肝风内动，四肢抽搐；后者多由于邪热亢盛，或阳气偏亢，灼伤阴液，筋脉失养，风动而四肢抽搐。两者除均有抽搐症状外，前者具有肝肾阴虚（腰酸腿软，视物不清，眩晕耳鸣，五心烦热，麻木拘急，舌红苔黄，脉弦细数等）症状；后者则具有高热、口渴、面红目赤，尿黄便干，舌红苔黄，脉数等热象。

3. 血虚生风证与肝郁血虚证：血虚生风之病因主要由于各种失血如崩漏、便血或营养失调、血之生化之源不足，筋脉失养四肢抽搐；而后者则素有多愁善感，心神不宁，逢暴怒则肝气上壅，气机逆乱，四肢气血不能敷布，筋脉失养所致。从临床表现来区别两者，血虚者抽搐多逐渐发生，筋脉拘急、麻木，且有血虚（面色苍白，眩晕、口唇指甲淡白，脉细）之象；而后者则具有肝郁及心血虚之症状，如胸闷不舒，精神抑郁，善长太息，心悸健忘，不寐多梦等。

抽搐一症，病因繁多，表现复杂，然首要辨别外感或内伤。外感者注意其病邪特点；内伤者则须注意其兼见之症状，气血阴阳偏盛或偏衰之表现。

十四、出血

出血，指病邪伤络，不同部位和病情趋势的出血证候，亦称"失血"。包括衄血、咳血、吐血、呕血、便血、尿血和肌衄等。《灵枢·百病始生》："阳络伤则血外溢，血外溢则衄血；阴络伤则血内溢，血内溢则后血。"如血越上窍或外越肌肤，为衄血、咯血、咳血、吐血、呕血或肌衄，称为血溢；如血出于下窍，走注二阴，为便血、尿血，称为血泄；统称出血或失血。常见证候有：血热妄行证、湿热下注证、脾不摄血证、脾肾阳虚证、瘀血阻滞证、寒凝血瘀证等证候。鉴别分析如下：

1. 血热妄行证与湿热下注证：均属"阳斑"范畴。前者多因食入腥发动风之品，如鱼、虾、牛奶、鸡蛋等品，其禀赋不耐，或素有血分蕴热，血热壅盛，兼感风邪，风邪与血热相搏，迫血妄行，则血溢络脉，瘀滞凝聚而发为紫斑。其辨证要点为：起病突然，紫斑多见于双胫，可微突出皮肤表面，自觉微痒，压之不褪色，分批出现，以青少年为多见。伴有咽痛口渴，心烦，舌红绛，苔薄黄等血热证。若由阳明积热，迫血妄行者，邪热伤络，血溢脉外，周身可见青紫斑块，下肢青肿，牙龈糜烂，出血不止，急宜清胃解毒，凉血化斑，方选消斑青黛饮。湿热下注紫斑，由湿热阻于络脉，使气血循行不畅而发，可见有结节如梅核大小，新起者欣红灼痛，瘀久则发青紫斑块。

2. 脾不摄血证与脾肾阳虚证：脾不摄血以脾气不足为主，气虚不摄，则脾失统血之能，血不归经则外溢成斑。凡劳倦思虑，久病体弱，均是其诱因。证见面色不华，短气倦怠，食少纳呆，舌淡脉细。脾肾阳虚，火不生土，则运化无权，失其统摄之能，以致血溢成斑。阳虚则无以温煦形体，故畏寒肢冷，四末不温；脾阳虚衰则运化失司，故完谷不化；肾阳虚则水不化气，脾阳虚则土不能制水，故浮肿；阳虚则少气懒言，神疲舌淡而脉细。

3. 寒凝经脉证与瘀血阻滞证：寒凝血瘀者素体阳虚之人，若寒邪外侵，内滞于血络，亦可发为紫斑。其辨证要点为：紫斑多发于手、足、颜面、耳郭等处，天寒病甚，转暖则愈。除紫斑外，局部多感疼痛。瘀血阻滞者紫斑多自出生，或青春期后始发，无明显诱因。

自 学 指 导

【重点难点】

1. 重点掌握鉴别诊断的原则与方法。

疾病的症状鉴别诊断原则关键有三个要素：其一，是从症状的来源（起因）、现状以及同时并存的其他症状及与周围事物的联系等多方面全面考察症状，责其有无；其二，是透过症状，以窥切病机，求其所属；其三，是必须注意掺杂在症状中的假象，识别真伪，观其动态。关于症状鉴别诊断的方法。我们在临床鉴别具体操作时，要掌握追询病史、探求病因、落实病位、谨察病机、分清病性、详悉病势、确定病（证）名称七个步骤，用以区别症状中不同证候的辨证七步法。

2. 熟悉每一症状的鉴别分析要点。

如发热有外感发热与内伤发热之不同，而外感发热中，要辨明热炽阳照与热结肠道，湿热郁蒸与暑热伤气之差别；内伤发热中要分清肺胃阳虚与肝肾阴虚，气虚发热与阳虚发热、气郁发热与血瘀发热之不同。同样，头晕、头痛、心悸、咳嗽、气喘、呕吐等症状都要注意到每一证型之间的差异。掌握其鉴别要点，以免由于思想上的片面性而导致误诊。

【复习思考题】

1. 为医者在临床上进行症状鉴别时应当注意哪些原则？
2. 何谓疾病症状鉴别七步诊断法？
3. 怎样掌握疾病症状与证候之间的病机分析？
4. 发热和神昏怎样鉴别其不同类型的证候？
5. 抽搐的主要病机如何？怎样分析？
6. 胸痛、气喘、咳嗽怎样鉴别？应怎样分析其病机？
7. 怎样鉴别呕吐、腹痛、腹泻的各种不同证候？
8. 头痛、头晕、心悸可能出现于哪些证候？
9. 试述出血的证候鉴别。

【参考文献摘录】

1. 宋·成无已《伤寒明理论·序》：聊摄成公，家世儒医性识明敏，证问该博，撰述伤寒义，皆前人未经道者，指在定体分形析证，若同而异者明之，似是而非者辨之。释战栗有内外之诊，论烦躁有阴阳之别，谵语郑声，会虚实灼知，四逆与厥，使浅深之类明，始于发热，终于劳复，凡五十篇，目之曰明理论，所谓真得长沙公之旨趣也。使习医之流，读其论而知其理，识其证而别其病，胸次了然而无惑，顾不博哉。

2. 清·徐大椿《医学源流论·病症不同论》：凡病之总者，谓之病。而一病必有数症，如太阳伤风是病也，其恶风、身热、自汗、头痛是症也，合之而成其为太阳病，此乃太阳病之本症也。若太阳病而又兼泄泻、不寐、心烦、痞闷、呕吐、畏风、口苦是症也，合之而成为痞，此乃痞之本证也。若痞而兼头痛、胀满、嗽逆、便秘，则又为痞疾之兼症矣。若痞而又下痢数十行，则又不得谓之兼症，谓之兼病。盖痞为一病，痢又为一病，而二病又有本症，各有兼症，不可胜举。以此类推，则病之与症，其分何啻千万，不可不求其端而分其结也。而治之法，或当合法，或当分治，或当先治，或当后治，或当专治，或当不治，尤在视其轻重缓急，而次第奏功。一或倒行逆施，杂乱无纪，则病变百出，虽良工不能挽回矣。

3. 清·冯兆张《锦囊秘诀》：《经》曰："邪之所凑，其气必虚。"又曰："不治其虚，安问其余。"又曰："治病必求其本"，诚医者之格言也。假如停滞发热，脸红发躁，似有余也。然究其本，乃脾胃气虚，不能传化，则虚乃其本也，理宜推扬谷气，助脾运化，设徒从标攻克，则内伤之患，接踵而至。又如伤风感冒，壮热头痛，虽似有余，然即《内经》所谓：邪气胜则实，实因卫气不固所召也。若纯用猛剂发散，则表气愈虚，外邪之乘，何时而已。更加咳嗽喘促，烦躁不安，肺气热盛，似有余也。然究其源，非水虚不能制火，即火虚虚阳上浮，设从标理肺为事，虽暂愈而发愈甚，故凡外凑有余之病，即本经正气不足之时，若不从源调治，正当不足而更不足之，虚者日虚，危亡继其后矣。

4．明·李士才《医宗必读》：大实有赢状，误补益疾；至虚有盛候，反泻含冤。阴证似阳，清之必死；阳证似阴，温之转伤。盖积聚在中，实也。甚至嘿嘿欲言，胶体不欲动，或眩晕眼花，或泄泻不实，皆大实有赢状，正如食而过饱，反倦怠嗜卧也。脾胃损伤，虚也。甚则胀满而食不得入，气不得舒，便不得利，皆至虚有盛候，正如饥而过时，反不思食也。脾肾虚寒，真阴证也。阴盛之极，往往格阳，面目红赤，唇裂谵语，扬手掷足，有似乎阳，正如严冬惨肃，而水泽腹坚，坚为阳刚之象也。邪热未解；真阳证也，阳盛之极，往往发厥，厥则口鼻无气，手足逆冷，有似乎阴，正如盛夏炎灼，而林木流津，津为阴柔之象也。

第四篇 病 案

病案，古称"诊籍"，是有关诊疗的书面记录。随着医学的发展，中医病案已分化成"医案"和"病历"两种形式。两者虽然都是临床医师对病人的诊断依据、治疗方案、疗效观察及总结认识等内容的真实记载，但在写作形式、具体内容和写作要求上均有不同。

第十三章 医 案

【目的要求】

1. 熟悉病案的含义、沿革、意义及医案与病历的异同。
2. 了解医案的常见形式与要求。

【自学时数】

4 课时。

医案是古代医家在长期医疗实践中逐步形成的医疗活动记录档案。医案是在中医理论指导下通过具体的医疗实例，记录医家辨病、辨证、立法、处方的实际操作过程，并经常留下医家的心得体会的特殊文体，是祖国医学宝贵遗产中一个重要的组成部分。近代名医章太炎就曾指出："中医之成绩，医案最著。"医案在中国医学发展史中起着不可替代的推动作用，它不仅是医家个人或对他人的经验总结的手段，还是不断充实和发展中医理论体系的方法，是体现中医科学价值的真凭实据。在促进中医学术思想交流，教育中医后人方面，同样有着重要的意义。此外，医案作为一种特殊的档案，还是史学研究与司法的重要证据。二千多年来，历代有价值的医案，将中医的学术精华世代相传，发扬光大，流传至今。医案是医家学术能力的表达方式之一，学习医案的阅读与写作，是中医工作者知识结构中不可缺少的一个环节。

第一节　医案的沿革与写作特点

一、医案的沿革

中医医案的起源可以追溯到很早以前。在殷代甲骨卜辞中，已经可以看到巫医有关医事的记载。《周礼·天官》记载："医师掌医之政令，聚毒药以共医事……岁终则稽其医事，以制其食。十全为上，十失一次之，十失二次之，十失三次之，十失四为下。"说明在当时就有医事登记制度，根据医生医疗水平的高低来制定医生的待遇，《周礼·天官》的另一段记载则更接近医案的特征："疾医掌养万民之疾病……凡民之有疾病者，分而治之。死终则各书其所以，而入于医师。"春秋战国时期的《左传》、《吕氏春秋》等书中，也有许多当时的名医的医事活动记载。这个时期的医疗活动文字记载虽然还不是医案，但对后来医案的形成有很大的影响与推动作用。

西汉名医淳于意是史料记载的"诊籍"首创者，《史记·扁鹊仓公列传》中收载了淳于意诊治的 25 个医案，记录了病人的姓名、职业、地址、病因、症候，诊断、治疗，还客观地记录了经他诊治后患者疾病的转归和预后，其中 2 例还有复诊记录。与之前医事活动记载的主要区别在于："诊籍"是完整的病案资料记载，是从诊疗疾病的角度论述治法、预后、体会，目的是为日后医疗活动积累经验而作，因而能够客观地反映他的医疗实际情况。在 25 例 "诊籍" 中，有 15 例为治愈病例，10 例为死亡病例。淳于意根据病例的不同，在记载辨病治法之外，有的还阐述了辨证体会或将病人的饮食起居、性格特征与判断预后结合，或指出治疗不及时可能导致的后果。"诊籍" 为后世的医案开创了书写的最初模式。

自西汉淳于意创 "诊籍" 之后，古代医家经历了以医案作为方书、医论、药物的附案论证，到医案专著问世的漫长历史时期，唐朝刘禹锡的《传信方》，唐朝孙思邈的《备忘千金要方》，唐朝陈藏器的《本草拾遗》，宋朝钱乙《小儿药证直诀》，宋朝许叔微《类证普济本事方》，宋朝寇宗奭的《本草衍义》等书，都或在方、论、药之后附医案以证实其疗效，或设有专章集录的医案，这种形式一直绵延流传，成为历代许多医家善用的医著形式。

第一部病案专著的问世，始于宋朝许叔微的《伤寒九十论》，在这部著作中，许叔微首次以医案分论，每论首记病例与诊治经过之后，以《内经》、《难经》、《伤寒论》等医籍论述结合个人的学术见解加以剖析，阐发对各个病案从病机到处方用药的心得经验，为后世的医案专著做出典范。此后，医案专著就成为记载历代医家中医医疗实践与发扬中医学术之长的特殊文体著作，保留下更多历代有价值的中医医案。

明清两代，随着中医学日臻成熟，医案研究的发展已形成两大趋势，一是各类医案著作大量出版，达到了历史上的高峰，二是医案学的形成。

明代的医案著作体裁多样，除一般医案著作外，还出现了专题医案，专科医案。较具影响力的有：汪机的《石山医案》，诊法上重视四诊合参，尤长于望诊与脉诊，治病善取各家之长，不拘泥于成方；薛已的《薛氏医案》，收书 24 种，以收录严谨，切合实用著称，书中方论案并举，加之薛已对一些名著的注释发挥，更是影响深远。孙一奎的《孙文垣医案》，精于辨证，治疗能融合前人学术经验，提出个人的新的见解。在明代医案学研究中，江瓘父子历经39年收集、整理、编类、评注而于1552年成书的《名医类案》，是我国古代医学史中医案研究专著的重要里程碑。全书集录明以前历代名医治案，并按病证分类编纂。使散在的医案成为系统完整、可比较的医案学研究巨著。《名医类案》的问世对当时的医学有很大的推动作用，《四库全书总目》评价此书的作用为"可为法式者固十之八九"。

清代是古代中医发展的鼎盛时期，由于社会生产力的发展，医学也随之发展，名医辈出，医学著作达到中国古代医学史上数量最多的时代，医案著作也达三四百种之多，人们越来越重视医案在临床医疗实践中的指导作用，医案的写作质量提高。清·叶桂的《临证指南医案》以病为纲，分为89门，涉及内科、妇科、儿科各病，亦多温病治案，虽然有些医案过于简略，但体现了叶氏辨证精确，善于抓住主证的特点，由于本书切合临床实用，故流传甚广；尤怡的《静香楼医案》以其善辨标本缓急，方法严谨而活用经方，被柳宝诒收入《柳选四家医案》；王士雄的《回春录》示人以辨证求因，随证施治，不拘成方，尤擅长于温热病的治疗；张韦青的《张韦青医案》是一部理法方药结构严谨的医案；吴塘的《吴鞠通医案》记载有许多连续治疗的完整病案，内容详明，有利于后学在研究治疗全过程中学习识病与治病的规律；清·魏之琇为续补明·江瓘父子《名医类案》而编撰的《续名医类案》，收集明以后各家医案，《名医类案》与《续名医类案》两部书共收集明清以前各家医案8000余个，加以分类，评注，所涉医家医案广泛，反映各学术流派的医疗经验，时至今日，这两部书仍是中医医案学中最浩大的卷帙，起到了"宣明往范，昭示未来"的作用。开启了医案学研究的新阶段。清代医案著作中，俞震的《古今医案按》是选"案"精良，附"按"精确的又一重要著作。其他如柳宝诒集清代江南四大名医尤怡、曹仁伯、王旭高、张仲华的部分医案编成《柳选四家医案》，因该书理法方药完备，按语简明中肯，便于学习，亦流传甚广。

明清时期医案学发展的另一个重要贡献是开展了对医案书写格式规范化研究。明代医家韩懋在《韩氏医通》中对病案书写进行了较全面的格式规定与改进，在"式云：某处有某人，某年月日"之后，提出"望形色、闻声音、问情状，切脉理、论病原，治方术"的"六法兼施"。明·吴昆在《脉学精华》中提出的"脉案格式"又补充了韩懋的不足。乃至清代名医喻嘉言所著《寓意草》专列《与门人定议病式》，是在总结前人对病案格式成功经验的基础上，提出的在当时较为完善的病案格式，对今天的病历书写也有直接的借鉴意义。从《名医类案》到《寓意草》，标志着明清两代医案学发展的速度与成果。

近代与现代中医医案的主要特征是文字较通俗，内容较完整，在医案分类编排上更与现代临床衔接，已独立成为中医学的一门学问，现代医案著作中，较有影响的有何廉臣的《全国名医医案类编》，该书从征集当时各地名医的医案中选辑300余案，分上下两集。何廉臣在书中将中医病案特色与西医病案书写基本格式相结合，设计了病案记录的基本格式，包括患者姓名、年龄、职业，所患疾病的病名、原因、症候、诊断、疗法、处方、效果等项目，为中医古代病案向中医现代病历转化做出了有益的尝试。秦伯未的《清代名医医案精华》，本着"名医是尚，而菁华是撷"的精神，从大量的清代医案中"择优选辑"专收符合医案体例的内科医案，重视治疗用药的变化，按语阐发病理"透辟精警"，是一本治学严谨的医案专著。徐衡之、姚若琴的《宋元明清名医类案》内容通俗易读，易使读者领会治案用意。

新中国建国初期，卫生部就在1953年召开的全国医政会议上确定了"病案"的名称，以后又多次对中医病案的书写和管理进行研究，并提出明确的规定与要求。1983年，国家卫生部中医司制定并试行的《中医病历书写格式和要求》，尤其是国家中医药管理局1992年颁布的《中医病案书写规范》，2000年重新颁布的《中医病案规范》都是国家行政管理部门的法规，使我国的病案书写和管理不断完善，成为医疗机构重要的档案材料，使病案在我国医学科学事业中发挥重要作用。2000年国家中医药管理局医政司颁布的《中医病案规范》已正式将病案划分为"医案"与"病历"两种形式，更多地提倡使用病历的形式记录临床资料，诊断依据，治疗方案，疗效观察及总结认识。病案与病历在写作形式、具体内容和写作要求上都有所区别（见表13-1）。解放后，全国各地都组织编写了老中医医案，丰富了祖国医药学的宝贵遗产。

表 13-1 医案与病历的比较

	写作要求	具体内容	写作形式
医案	强调"按"字，突出心得体会和学术思想	记录病状、诊断、治疗内容，多加有"按语"、"评论"、"体会"，可据"案"发挥	形式多样，要求具备病案基本要素，较注重文辞修饰
病历	强调"历"字，突出诊疗经过，写作及时而详尽	记录症状体征、实验室检查、诊断、治疗内容，注重详实客观	要求使用统一的书写格式，规范的医学术语与表达方式，不强调文辞修饰

二、医案的写作特点

医案是对临床诊疗经过及心得体会与学术思想的实录，因而医案的写作不同于一般的文学写作，它必须以真实的临床治疗经过为载体，在中医理论的指导下，总结归纳出个案或类案的经验体会或阐发对某中医理论的认识。一般来说，医案的写作特点有以下几点：

1. 取材精当：要写出一份好的医案就要选好病案素材。选择病案素材首先要有典型性，典型并不是指简单，而是指要能够反映经验体会，学术思想，主线明确的病案，即能够反映鲜明的学术特点的病案；第二是选材可多样性，成功的病案是医案著作的选材主题，它从正面启发后学者的思维，丰富后学者的知识，而失败的病案也可以成为选材的对象，从失败之中总结的经验、教训，同样可以取得拓展眼界，提高鉴别能力的作用。清代名医谢映庐在这方面就做出了有益的尝试，他在《得心集医案》中收集的250余例医案，其中大多是失治误治或久治不愈的失败医案，从中探究失败的原因，告诉人们如何规避错误。第三是要求病案素材的真实性，所提供的病案素材要有原始医案素材根据并能提供核查线索，反对主观臆造或抄袭拼凑与任意修改医案的错误做法。这就要求医案的写作者必须有长期丰富的临床经验与深刻的洞察能力，还要有长时间的病案积累。

2. 形式不拘：医案的素材，要能够反映疾病的全貌与诊治的完整过程。古代医案尤其是明代以前的医案多是治后总结的笔记体医案，常常在临床资料方面过于简略；清代以后临证医案明显多了起来。临证医案素材更为真实可信，更可使后学者身临其境般地体验诊疗过程；现代医案一般要求其素材为详实的临床第一手材料，更接近于现代中医病历的规范格式。其写作形式不拘，因人而异。

3. 突出"按"、"评"：临床医家书写医案的目的是为了通过具体病历的诊治经过，总结交流个人的经验体会，阐发一定的学术思想，因此，在选择了好的病案素材以后，写作的重点应放在"按语"、"评论"、"体会"这些对诊治目的与结果起画龙点睛作用。写作的基本要求是要在中医理论的指导下进行深入的阐发，或规律的揭示，或理论的发挥，或纠正谬误。这就要求医案书写者要有相当的中医理论基础与对中医理论体系完整的认识，只有在长期理论积累的基础上薄积而发，才能言之有物。现代名医秦伯未曾说："医非学养深者不足以鸣世，书非选扶严者不可以为法。"具体写作可分两种类型，一是对个案的经验总结，重点应放在阐明一个观点，总结主要的体会上；二是对类案的研究归纳，重点应放在揭示某种规律，提出某种新的认识甚至新的理论上。还应当指出的是，医学流派间常存在不同的学术见解与学术争鸣，在书写医案过程中发挥个人见解应从正面论述，客观、中肯地评价不同的学术见解，共同推进中医理论与临床的发展。

4. 文辞精炼：医案的作用在于通过临床诊疗实践，阐明理论性的结论，重点在于"按语"、"评论"、"体会"这些反映作者学术思想的内容，故写作上要注意避免堆砌临床资料，即使是复杂的临床资料，也应通过作者的提取，凸显最关键的部分。"按语"、"评论"、"体会"等虽是全文的重点，但不宜冗长，不宜采用医学论文的形式书写，而当以精练的语言提纲挈领地表达作者所要阐发的学术思想。医案的用词在病案部分一般要求使用规范的医学术语，对症状的描述不宜采用文学修辞，但在"按语"、"评论"、"体会"等部分，可给予适当的修辞，修辞的目的是要使言简意赅，而不是盲目追求文辞华丽。同时，医案的写作还要注意整体的逻辑性、合理性。全文立意明确，前后呼应，理法方药贯通，理论基础雄厚，经验体会将全文中心推向高潮，学术思想给人以深刻印象，那么，一篇成功的医案就产生了。

第二节　医案的常见形式与要求

悠久的中国医学史发展了中医医案学，长期的医疗实践积累了大量中医医案宝贵遗产。由于医案的创作年代长，涉及医家流派多，各个年代的文化特点与各流派师承的学术观点、写作技巧不同，形成了中医医案学不同形式和特点的医案。归纳起来主要有以下七种医案形式：

一、正叙法

正叙法是最常见的医案书写基本形式，依照临床诊病过程的顺序记录，基本相当于现代中医医案书写格式，在七种病案书写形式中，是较规范的一种形式。可以引导读者的思路和作者一起从接触患者开始，直至理法方药确立。最终在一种如亲身体验之中品味作者的心得体会，领会作者的学术思想，引起读者与作者的思想共鸣。因其易于读懂，易于仿效，故尤其适合于初学中医者阅读学习、书写。

正叙法的书写要求是依次记录患者的姓名、性别、年龄、职业、婚姻、症状、体征，简要描述病因病机，治法方药。后面还可加"按"等内容。例如：

崔百原，年四十余，为南勋部郎，患右胁痛，左手足筋骨俱痛，艰于举动者三月，医作偏风治之，不效。孙视其色苍神困，性多躁急，脉左弦数，右滑数，时当仲秋，曰：此湿痰风热为痹也。脉之滑为痰，弦为风，数为热，盖湿生痰，痰生热，热壅经络，伤其荣卫，变为风也。非假岁月不能愈，与二陈汤加钩藤、苍耳子、薏仁、红花、五加皮、秦艽、威灵仙、黄芩、竹沥、姜汁饮之数日，手足之痛渐减，胁痛如旧，再加郁金、川芎、白芥子，痛俱稍安，嘱其慎怒内观，以需药力，遂假归调养半年而愈（引自《续名医类案》）。

二、倒叙法

倒叙法是指在病案书写时，首先列出疾病的病因病机，然后叙述患者的症状、体征，也有医案寓症征于病因病机的描述之中，最后立法处方。这种书写形式在古代医案中也是很常见的，往往是长期临症而练就面对患者的症状叙述，舌脉体征快速反应的记录形式，给读者以提纲挈领之感。写作上要求提炼病因病机重点，突出病因病机在病案中的主导作用。症状体征相应简短，依病因病机而归纳罗列。这种书写形式在语感上更具权威性，言简意赅，使人印象深刻。例如：

心营与肾水交亏，肝气挟肝阳上逆。胸中气塞，口内常干，手震舌掉，心烦不寐。即有寐时，神魂游荡，自觉身非己有，甚至便溏纳少，脾胃亦衰，脉形细小无神，而有歇止之象，逐证施治，似乎应接不暇，因思精神魂魄，必令各安其所，庶得生机勃勃，否则悠悠忽忽，恐难卜其旋元吉。拟许学士真珠母丸法。石决明、人参、归身、犀角、龙齿、茯神、生地、麦冬、枣仁、炙草、淮药、沉香、另珠粉四分先服（引自《柳选四家医案》）。

三、夹叙夹议法

夹叙夹议法是指一边描述临床症状体征，一边从病因、病机、病性、病位、病势等方面予以分析，然后处方用药。这种书写形式与现代病历的证候分析及倒叙法中寓症征于病因病机的描述法有类似之处，只是倒叙法是病因病机分析在前，症状体征记录在后，夹叙夹议法是症状体征记录在前，病因病机分析在后。写作时要求分清主症与兼证，主要病因病机与次要病因病机，文体应简洁，如夹有议论，也应简要，全文首尾应呼应。这种书写形式反映了作者临证时的辨证思路，读者可以从中领略临证辨证的特点。例如：

痰饮咳嗽已久，其源实由于脾肾两亏。柯氏云："脾肾为生痰之原，肺胃为贮痰之器也。"近增气急不得右卧，右卧则咳剧，肺亦伤矣。肛门漏疡，迩来粪后有血，脾肾亏矣，幸胃纳尚可。议从肺脾肾三经同治，然年已六旬，宜自知爱养为要，否则虑延损证。熟地、五味子、炮姜、半夏、陈皮、茯苓、阿胶、款冬花、冬术、归身、川贝（引自《清代名医医案精华》）。

四、详述法

详述法是指详细描述诊治经过，是正叙法的详写。详细记录发病经过与诊治过程，并详细阐述对病理、治法原理的经验体会。详细的诊治过程记录给人以真实感，甚至有如身临其境的感觉，更可以学习观摩医案作者如何在临证细节上观察病情，判断转归与预后，立法处方。写作要求是：病案内容要全面，细节完整，在朴实平淡的描述中应突出病理的重点与转折点，医者的应变能力，诊治特色与经验体会。古今仿此编写的医案较多，例如：

卢兄年四十九岁，自来大便下血，脉沉迟涩，面黄神倦者。二年矣。九月间，因劳倦发热，自服参苏饮二帖，热退，早起小劳遇寒，两手背与面紫黑，昏仆。少时却醒，身大热，妄语口干，身痛至不可眠，丹溪脉之，三部不调，微带数，重取虚豁，左手大于右手，以人参二钱半，带节麻黄、黄芪各一钱，白术二钱，当归五分，与三五帖。得睡，醒来大汗如雨，即安。两日后，再发胁痛咳嗽，若睡时，嗽不作而妄语，且微恶寒。诊其脉似前，而左略带紧，丹溪曰：此体虚再感寒也，仍以前药加半夏、茯苓，至十余帖，再得大汗而安。后身倦不可久坐，不思饮食，用补中益气去凉药，加神曲、半夏、砂仁。五七十帖而安（引自《古今医案按》）。

五、逐诊记叙法

逐诊记叙法是依照患者就诊的日期或诊次先后，对治疗过程进行逐次记叙，相当于现代的病历写作。逐诊记叙法适用于绝大多数的临床医疗需要，尤其是慢性疾病需经多次或长期复诊者。逐诊记叙法由于治疗层次清楚，过程完整，可以让读者动态地分析病情，观察变化，从而学习诊治的方法。写作要求是按病历书写规则初次就诊要详记，现代临床首次记录较多使用正叙法或详述法。复诊重点记录诊治后好转的症状、体征或未好转或新出现的病状体征，治法方药的调整，每次诊治的时间要记录。例如：

蒋某，男，48 岁，1989 年 10 月 8 日初诊。

病情：自 1987 年 8 月患心肌梗死，经医院抢救后病情缓解。仍遗留下胸痛时作，中脘满闷，不思饮食，乏力头晕等症。观其舌质红苔黄腻厚，脉濡缓，时有结代，血压偏高。证属湿浊不化，气机阻滞，升降失常。治宜宣郁化湿，疏调升降。佐以活血通络方法。嘱其改变一直以卧床休息为主的习惯，每日早晚走路锻炼各 1～2 小时，饮食宜清淡。

处方：荆芥 6 克　防风 6 克　蝉衣 6 克　片姜黄 6 克　旋覆花 10 克（包煎）代赭石 10 克（先煎）　半夏 10 克　薤白 10 克　瓜蒌 30 克　佩兰 10 克（后下）杏仁 10 克（后下）　焦三仙各 10 克。

二诊（1989 年 10 月 15 日）：服药 7 剂，心情舒畅，胸痛未作，头晕乏力见轻，胸脘胀满见舒，食欲好转，舌红苔白，脉滑数，湿郁渐化，仍以前法进退。

处方：荆芥 6 克　防风 6 克　蝉衣 6 克　僵蚕 10 克　片姜黄 6 克　赤芍 10 克　丹参 10 克　大腹皮 10 克　槟榔 10 克　香附 10 克　焦三仙各 10 克　水红花子 10 克。

三诊（1989 年 10 月 29 日）：服上方 2 周，饮食二便正常，精神振作，未见其他不适，改为益气养阴方法。

处方：荆芥 6 克　防风 6 克　沙参 10 克　麦冬 10 克　炙甘草 10 克　丹参 10 克　赤芍 10 克　香附 10 克　郁金 10 克　焦三仙各 10 克　炒槐花 10 克水红花子 10 克。

1 个月后去医院复查：心电图大致正常，血压正常。并能参加一些体育活动（引自《赵绍琴临床经验辑要》）。

六、中西医合叙法

中西医合叙法一般以记叙中医诊疗情况为主，同时记叙西医的实验室检查、诊断，如有结合西医治疗者则必须记叙西医治疗的药物、剂量、用药途经等。这是近代乃至现代中西医结合医案的主要形式，对促进中医学的发展及中医现代化有积极的作用，可以帮助读者从现代医学的病理和诊断上了解中医诊断的实质，中医治疗的科学内涵。写作要求是以中医诊疗临床资料为主，西医诊断明确，实验室检查依据充分，中西医医学术语用语准确。例如：

张××，男，43岁，1973年8月22日。

病情：自1972年6月开始，反复发作头晕、憋气、心悸、心前区不舒及停跳，平时心率40～50次/分。上述症状发作时心率30～40次/分，伴有停跳5～8次/分。自1973年5月起发作频繁，每次发作持续2～3小时。经××医院诊断为"病态窦房结综合征"，住院两个月。经用阿托品、异丙基肾上腺素、706代血浆等各种西药治疗，效果不好，故来我院门诊要求中医治疗。

诊查：阵阵心慌，胸闷憋气，心烦，夜寐梦多，舌红体瘦，脉象沉迟，按之弦细且滑。检查：血压120/80毫米汞柱，心率46次/分，发育正常，呼吸平稳，颈静脉无怒张，两肺无异常，心界不大，心律整，心脏各瓣膜区未闻及病理性杂音。腹部无压痛，肝脾未触及，下肢无水肿。

辨证：从脉象沉迟、心慌气憋来看，似属心虚气弱，肝肾两亏。细诊两手寸关，沉取略弦且滑。夫沉则主里，迟司脏病，滑脉为痰，弦乃郁象；舌瘦尖红，心烦梦多，乃肝肾阴虚，虚热上扰，心阴不足为本，阴损及阳，心阳又虚是标。

治法：治疗必须养其心阴，助其心阳，滋补肝肾，泄其虚热，调理阴阳，平衡升降。

处方：北沙参30克　麦门冬15克　枸杞子15克　金樱子10克　淡附片（先煎透）12克　菟丝子12克　熟地黄18克　桂枝9克　仙茅9克　仙灵脾9克　党参9克（引自《中国现代名中医医案精华》）。

七、述误引正法

述误引正法是指通过讲述临床诊断失误的医案，引导读者从中吸取教训，领悟正确地认识疾病，判断病因病机，立法处方方法的医案写作方法。这种写作方法独树一帜，在某种程度上更易给读者以启迪。写作要求是要从"反"例中推出"正"理，论据应充分合理，应当充分体现"述误引正"的启发性意义。值得注意的是，引起诊治失误的病理一般较为复杂，在写作时应着重层层释疑，步步解惑。将复杂的病情分解成易于辨识的若干内容，才能便于说理，更能为读者接受。例如：

孙一奎治马二尹，年五十五，过食鳗肉卷饼，心腹胀痛，市医遂用硝黄下之，大便不行，胀痛愈增，继至者，以木香槟榔丸、大小承气汤，连服十日，胀痛益甚，粒米不进，大便并不行，小水亦仅点滴，后医以硝黄不效，杂进备急丸、白饼子、十枣汤、黑白丑之属，服数日，不惟大便不行，并小便点滴亦无矣，胀不可言。众医大叫称怪，一人为灸中脘三十壮，毫不为动，因断三日后当死。孙至，观其色苍黑，神藏不露，声音亮，惟腹大如覆箕，不能反侧。诊其脉，两手皆滑大，两尺尤为力。询其病源，阅其前方，骇然以为未闻未见也，因思一治法，先进香砂六君子汤，参术各用二钱，众医皆惊，谓中满胀痛，二便俱闭，如何用补，况苍黑之人，尤忌参术乎。孙曰：此非鼓胀证也，乃内伤证也，当始伤时，犹在上膈，法当用吐，经所谓在上者因而越之也，不用吐而用下药以伤其脾，脾伤则失运动之职，是以愈下愈伤，愈伤愈胀，脾气全然不动，药亦全然不行矣，故用六君子以醒其脾，香砂以助其运动，再用吐法，吐出前药，始有生机（引自《古今医案按》）。

以上是医案常用的七种形式，在写作时可根据病案材料及作者所需表达经验体会，学术思想的不同而灵活运用。

自 学 指 导

【重点难点】

（1）病案是在长期医疗实践中总结出的特殊的医疗档案记录形式，病案可以全面而准确客观地记录全面的症状和体征，也是总结个人或学习他人医疗经验的重要资料，病案还是科学研究，司法行政的重要依据。病案的意义在于通过总结提高，可以使实践经验上升到理论的高度，从而总结出防病治病的措施，明确科学研究的方向。同时，医案书写优劣也是医院管理工作、医疗水平、服务态度的一个方面的反应。

（2）从医案的沿革中了解中医医案的发展趋势，把握医案学新的研究动态，参与医案学研究，为医案学的发展贡献出个人的一份成就。重点学习七种医案形式的写作特点，首先明确七种医案形式各自作用的侧重面，语言表达的特征。一个临床资料，如用七种医案形式书写，应写出七种风格。

（3）通过学习前人的医案或书写医案，逐步加深对个人中医专业素质的培养，书写医案时的中医理论体系为指导，充分体现理法方药的严密性，完整性。学会在临证中抓住主要矛盾，分析主要矛盾，解决主要矛盾的能力与方法，最后还要通过医案的学习与写作，学会自我检验，改进提高。

【复习思考题】

1. 医案的意义与作用是什么？
2. 医案的书写形式主要有几种，各自的写作要求是什么？
3. 试用正叙法书写一篇医案。

【参考文献摘录】

清·喻嘉言《寓意草·与门人定议病式》：某年某月、某地、某人，年纪若干？形之肥瘦长短若何？色之黑白枯润若何？声之清浊长短若何？人之形志苦乐若何？病始何日？初服何药？次后再服何药？某药稍效，某药不效？时下昼夜孰重？寒热孰多？饮食喜恶多寡？二便滑涩无有？脉之三部九候，何候独异？二十四脉中，何脉独见？何脉兼见？其症或内伤、或外感、或兼内外、或不内外，依经断为何病？其标本先后何在？汗、吐、下、和、寒、温、补、泻何施？其药宜用七方中何方？十剂中何剂？五气中何气？五味中何味？以何汤名为加减和合？其效验定于何时？——详明，务令纤毫不爽，起众信从，允为医门矜式，不必演文可也。

某年者，年上之干支，治病先明运气也。某月者，治病必本四时也。某地者，辨高卑燥湿五方异宜也。某龄、某形、某声、某气者，用之合脉，图万全也。形志苦乐者，验七情劳逸也。始于何日者，察久近传变也。历问病症药物验否者，以之斟酌己见也。昼夜寒热者，辨气分血分也。饮食二便者，察肠胃乖和也。三部九候，何候独异，推十二经脉受病之所也。二十四脉见何脉者，审阴阳表里无差忒也。依经断为何病者，名正则言顺，事成如律度也。标本先后何在者，识轻重次第也。汗、吐、下、和、寒、温、补、泻何施者，求一定不差之法也。七方：大、小、缓、急、奇、偶、复，乃药之制，不敢滥也。十剂：宣、通、补、泄、轻、重、滑、涩、燥、湿，乃药之宜，不敢泛也。五气中何气，五味中何味者，用药最上之法。寒、热、温、凉、平，合之酸、辛、甘、苦、咸也。引汤名为加减者，循古不自用也刻效于何时者，逐款辨之不差，以病之新久，五行定痊期也。若是则医案之在人者，工拙自定，积之数十年，治千万人而不爽也。

第十四章 病 历

【目的要求】

1. 掌握中医病案书写通则及门诊病历、急诊病历病程记录的内容与要求。
2. 熟悉中医病历的含义、意义。
3. 了解中医病历及其他有关记录的基本内容。

【自学时数】

4 课时。

病历是现代中医病案书写格式，中华人民共和国建国以来中医学界借鉴中医古代医案书写传统与西医病历书写格式，结合中医临床实践，逐步形成的符合现代中医临床需要的规范格式。2000 年国家中医药管理局医政司重新颁布了《中医病案规范》，用于规范全国各级各类中医医院及临床医师的中医病案书写和管理工作。对中医医疗、保健、教学、科研、医院行政管理等起到重要作用，也是司法工作的重要资料。

第一节 中医病历书写通则

现代中医病案指患者在门诊、急诊和住院期间的全部诊疗资料。是医务工作者在中医临床工作中用于记载患者疾病发生发展，诊断治疗，护理调摄，演变预后及最终结果的原始医疗档案。它直接反映医生的诊断治疗水平与医德医风。为了保证病案书写的真实性、准确性和中医临床诊疗技术的质量水平，中医病案书写要按以下通则书写。

1. 中医病历应按国家中医药管理局医政司颁布的《中医病案规范》和《中医病证分类与代码》、中医药行业标准《中医病证诊断疗效标准》、《中华人民共和国药典》及国家标准《疾病分类与代码》的规定格式与要求书写。

2. 中医病案的文字书写应以中华人民共和国语言文字工作委员会 1986 年 10 月 10 日发布的《简化字总表》为准；病历书写中的标点符号应以 1995 年 12 月 30 号国家质量技术监督局发布的《标点符号用法》为准；病案中的数字按 1995 年 12 月 13 日国家质量技术监督局发布的《出版物上数字用法的规定》书写；病案中的计量单位应按国务院《中华人民共和国法定计量单位》、《常用人体检验数值新旧单位换算法》、《新旧压强单位换算法》书写和使用。

3. 书写中医病案应认真填写病历首页。中医医案中每页均应填写患者姓名、病案号和页序号。除住院病历、住院记录外所有的病案记录均应按记录时间、内容、医师签名顺序书写。日期按年、月、日、时、分顺序用阿拉伯数字填写。医生应于病历内容右下方用正楷字签全名，字迹须清晰。要求使用钢笔、蓝黑色墨水书写病历。只有首页的"患者过敏药物名称"和上级医生阅改病案改正处使用红色墨水。为使病历规范工整，病历现均使用统一格式印刷的纸张。

4. 中医病历书写要求内容真实全面，语言通顺，要求使用中医术语。病历全文主次分明，条理清楚，内容详尽，可以如实反映患者疾病演变、诊断、治疗的全过程。

5. "门诊病案"和"急诊病案"中的各种记录及"住院病案"中的"首次病程记录"、"抢救记录"、"手术记录"、"转入记录"、"接班记录"、"会诊记录"、"病程记录"等要求即时完成。"住院病历"、"住院记录"、"死亡记录"要求在 24 小时内完成。"交班记录"、"转出记录"、"出院记录"要求事前完成。"死亡病例讨论记录"要求在患者死亡 1 周内完成，必要时及时讨论。住院病案要求在出院后 48 小时内完成归档。"病案首页"实行按科室（或病区）签署首页制度，要求在出院后 2 周内完成。

6. 中医病历中的护理记录内容可参照国家中医药管理局颁发的《全国中医医院分级管理标准》中的有关辨证施护记录要求书写。

7. 病历是重要的医疗文书，为保持其严肃性，病历书写及完毕后不得涂改、挖补或剪贴。如有错误字词需要更正，可用单线划去，将正确字词标住其旁，并签医师全名。住院病历在一页中修改超过三处，必须重新抄写。住院病历经各级医师签署首页并归档后，不得再做任何修改。

8. 患者就诊期间的化验单、检查报告单应按顺序分类粘贴，要求用统一印制的化验单、检查报告单粘贴纸，住院病案归档后，应将所有检验资料用红铅笔左低右高斜线封档。

9. 病历书写人员的资格有一定的要求，一般来说，未获得执业医师资格者须写住院病历，获得执业医师资格者可书写住院记录、病程记录等。病历其他部分书写人员资格也有相应的规定。各科主治医师，正副主任医师，科室主任应及时与经常地检查病历书写情况，发现问题即予纠正，以免产生不良后果。

10. 以上所有规定都要求病历书写者在书写与整理过程中做到严肃认真，实事求是，记录全面、准确、及时。一方面要能够反映疾病的全貌，另一方面可以反映病历书写和阅改者的诊疗思维与水平。

11. 本病历书写通则适用于中医各科，中西医结合科。

第二节　中医病历书写格式

根据临床医疗的实际需要，中医病历的格式可分为门诊病历、急诊病历、住院病历等。不同的病历因其功能各有特点，所以病历格式的内容和要求不同，应严格遵照《中医病案规范》的格式规定书写。中医病历的分类见表 14－1。

一、门诊病历

（一）初诊记录

表 14-1　　　　　　　　　　　　　　　　中医病历分类

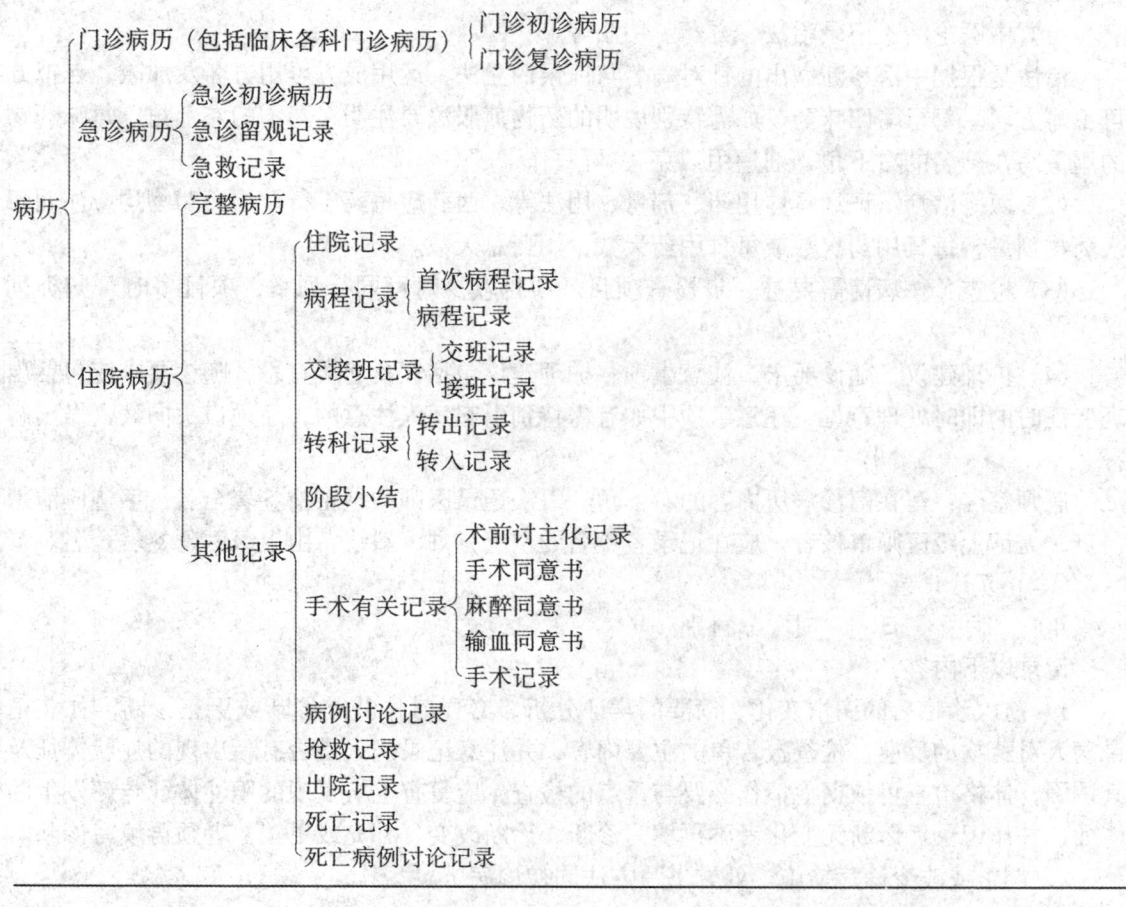

年　　　月　　　日　　　科别

姓名　　　　性别　　　　年龄　　　　　职业

主诉：病人就诊时最主要的症状、体征及持续时间，不能用诊断或实验室检查结果代替症状、体征。时间描述应确切。

病史：主诉中主要症状、体征的具体描述及发生、持续的时间。要反映病情的发展变化，诊治经过。还应记录必要的既往病史、个人史和过敏史等。对于其他医院或既往的诊断、治疗，描述时应加引号。

体格检查：必要时记录生命体征（包括体温、脉搏、呼吸、血压），中西医检查阳性体征及具有鉴别意义的阴性体征，特别要注意记录中医望、闻、问、切四诊内容，舌象和脉象都应单独描述，两岁以下小儿须察示指络脉。

实验室检查：记录就诊时已获得的有关检查结果。

诊断：以先中医诊断，后西医诊断的顺序书写。

（1）中医诊断：在病名诊断之后，证候诊断另起 1 行，右退 1 字，列在疾病诊断的下面。

（2）西医诊断：西医诊断中的从属诊断亦另起 1 行，右退 1 字，列在主要诊断的下面。

不论中西医诊断，若有多个诊断，应按"重要的、急性的、本科的在先，次要的、慢性的、他科的在后"的顺序分行排列。尽量避免用症状"待查"代替诊断(如"头晕待查"等)。

处理:

(1) 中医论治:记录治法、方药、用法等。

治法是根据中医诊断做出的针对病名与证候的立法,运用成方可用方名及加减,自拟方可不写方名。每行写四味药,如需特别说明的药物煎服法要注明在药物的左上角,每味药物的用量写在药名的右下角,剂量用"克",可写作"g"。

(2) 西医治疗:记录具体用药、剂量、用法等。西药应每药1行。中西药物均应注明每次药物剂量,每日用药次数或每日用药天数,用药总天数。

(3) 检查:按病情需要进一步检查项目。项目较少时可同行列举,项目多时可归类列举。

(4) 护理建议,随诊要求,注意事项:护理建议包括饮食起居宜忌,随诊要求应包括出现变证时的即时处理意见,注意事项中如有需特别引起病人注意的,还须口头向病人做出解释。

医师签名:写在门诊病历内容的右下角,每次记录医师均须正楷签署全名,字迹应清楚易辨。需请上级医师审核者,应在记录者签名的左上方划一斜线,由上级医师签署全名。

(二) 复诊记录

年　　月　　日　　时　　科别

记录以下内容:

1. 前次诊疗后的病情变化,简要的辨证分析,必要时作补充诊断或更正诊断。如实记录病人对药物的反应,检查报告单的主要内容,并注意记录病人是否有新出现的症状体征及其诱因,体格检查可依据症情作必要与重点的检查,应复查上次发现的阳性体征与新发生的体征,并作记录。诊断无变化者不再填写诊断,诊断改变(补充或更正)者须再填写诊断。

2. 调整或改变诊疗措施。处方书写方法同初诊病历。

3. 同一医师使用同一处方进行少部分药物或剂量调整在3次以内者,只须注明变动的药物名称和剂量、剂数,但超过3次以上者,即需要重新誊写处方。

4. 病人三次就诊于同一医师未能确诊或疗效不佳者必须有上级医师的会诊意见。上级医师的诊疗意见应详细记录,并经上级医师签字负责。

二、急诊病历

(一) 急诊初诊记录

科别　　年　　月　　日　　时　　分

姓名　　性别　　年龄　　职业　　婚况

地址　　　　联系人　　　　电话

记录项目同初诊病历,还应记录:

1. 病人急诊的时间和医师检查的时间。在记录年、月、日外,尤其要注意时、分的记录,如07:36;23:40等。

2. 处理中如有急诊抢救,要记录采用的抢救措施、实施时间、用药及剂量,使用方法等。

3. 及时向家属说明病情,需要时应向家属发给病重或病危通知单,并记录家属的意见,必要时须家属签字。

4. 会诊及上级医师诊查时间，所提的诊治意见。

5. 抢救无效或死亡者，应记录抢救措施、经过、用药情况（药名、剂量、用法、用药次数），并记录参加抢救的医师、护士姓名。

6. 如经急诊处理后病情稳定或需要继续治疗者，都应记录后续处理意见，如门诊随访或转入院治疗等。

（二）急诊留观记录

急诊留观记录格式及要求同急诊初诊记录。

（三）急救记录

急救记录是对病情危重病人进行抢救性诊疗的文字记录，要求即时书写，重点突出，语言准确精炼，内容完整。急救记录的内容如下：

1. 一般项目：姓名、性别、年龄，于×年×月×日×时×分入抢救室。送诊者姓名及与患者的关系。

2. 就诊时主症（主诉），生命体征及阳性体征。

3. 中医诊断，西医诊断。记录要求同门诊初诊病历。

4. 各种化验检查结果及进一步的抢救治疗计划。

5. 各种抢救措施及施行情况，执行时间及实施后的病情变化，后续的治疗方法等。

6. 详细记录用药（包括特殊用药）名称、用量、给药途径、给药速度、医嘱时间及医师签名等。

7. 上级医师诊视及请有关科室医师会诊时，应详细记录上级医师及会诊医师意见，并标明记录时间、记录人。

8. 及时向患者家属或责任人说明病情，必要时应发给病重或病危通知书，记录与患者家属谈话的内容和患者家属对诊疗的意见，并请患者家属签字。

9. 抢救记录必须在抢救中随时记录与抢救结束后立即记录完毕，不得拖延。

10. 记录参加抢救人员名单，一般按承担医疗责任主次顺序记录，主持抢救医师签名，记录医师签名。

三、住院病历

（一）住院病历

住院病历

姓名：	出生地：
性别：	常住地址：
年龄：	单位：
民族：	入院时间：　年　月　日　时
婚况：	病史采集时间：　年　月　日　时
职业：	病史陈述者：
发病节气：	可靠程度：

病　史

1. 主诉　记录患者就诊入院时的主要症状或体征及其发生的部位、性质、程度、时间。

要求按症状体征出现时间的先后记录，重点突出，特征明显，语言精练。主诉一般不宜超过20个字。

2．现病史　围绕主诉详细记录患者从发病到就诊时的病情发生、发展、变化和诊治的全过程。依时间顺序，由远及近予以记录。现病史的内容应包括以下几项：

（1）起病情况：记录起病诱因或原因，发病时间，发病形式，前趋症状与始发症状，起病缓急。

（2）主要症状：准确而详细地记录主要症状的表现、特点，持续时间，加重或缓解的形式，以及主要症状在病程中的演变。

（3）伴随症状：准确地记录与主要症状同时或先后出现的伴随症状，有鉴别诊断意义的阴性症状也应予以记录。如主要症状为咳嗽，就应在询问和记录咳嗽的性质、时间与节律、音色的同时，注意询问和记录是否伴有咳痰，痰的性状与痰量等。

（4）诊治情况：如果患者入院前接受过诊断与治疗，应按时间顺序记录与本病有关的重要检查结果及所接受过的主要治疗方法（药物治疗应记录药名、用量、用法等）及治疗时间，治疗后症状体征的变化。入院前的诊断名称、检查项目、所用药物等均应加引号。

（5）如两种或两种以上疾病同时发病，应分段记录。一般按起病先后顺序，起病因果关系等记录。

（6）现在症的记录：现在症是患者本次住院治疗的主要病症，也是现病史中最突出中医问诊特色的部分。应在以上记录疾病全过程的基础上，以患者主要症状所属脏腑的系列相关症状为主线进行问诊记录。例如：心系疾病问诊应主要询问心悸，胸闷、心前区疼痛或心烦失眠、健忘、昏迷、谵语、癫狂、痫证等症状的发病特点、持续时间、缓解的方式或加重的原因等；肺系疾病问诊应主要询问咳嗽、气喘、咯痰、咳血、胸闷胸痛、恶寒发热、鼻塞流涕，咽痛的症状特点或性状特征以及发病特点、持续时间、缓解的方式或加重的原因等；脾胃系疾病问诊应主要询问脘腹部胀闷疼痛、饮食情况、嗳气、恶心呕吐、呃逆、口味、大便等症状的特点、持续时间、缓解的方式或加重的原因等；肝胆系疾病问诊应主要询问胸胁胀闷疼痛、性情抑郁或急躁、头痛、耳鸣、眩晕、黄疸、口苦等症状特点、发病形式、持续时间、缓解的方式或加重的原因等；肾系疾病应主要询问腰膝酸痛、二便、遗精、早泄、滑精、性功能低下，生长发育、早衰等方面的发病特点、持续时间、缓解的方式或加重的原因等。"十问"的内容是中医传统问诊的基本内容，可以了解患者的一般身体情况，也应给予记录。

3．既往史　记录既往健康情况，包括以下内容：

（1）既往健康情况。

（2）患过哪些疾病：包括传染病、地方病、职业病等，应按发病时间顺序记录诊断、治疗情况。

（3）预防接种史。

（4）手术、外伤、中毒及输血史等。

4．个人史　记录能够全面反映患者生活环境与生活习性的内容，包括以下几项：

（1）患者的出生地、居留地与生活过的地区，特别要注意自然疫源地及地方病流行区，说明迁徙年月。

（2）居住环境和条件。

（3）生活及饮食习惯，有无烟酒及其他嗜好及嗜好程度，性格类型，精神状态。

（4）过去及目前的职业，工作情况，劳动条件，有无特殊气体、粉尘、放射性物质、毒物、传染病接触史。

（5）小儿尚应记录胎次、产况、生长发育和喂养史。

（6）其他重要个人史。

5. 过敏史　记录过敏的药物，食物及其他过敏物名称，发生时间与临床表现。

6. 婚育史　结婚年龄，配偶健康情况等。女性患者应记录经带胎产情况，月经记录格式为：

$$月经初潮年龄（岁）\frac{每次月经行经天数（天）}{经期间隔天数（天）}闭经年龄（岁）$$

7. 家族史　记录患者直系亲属和与患者本人生活密切相关的亲属的健康与疾病状况，尤其应注意传染病、遗传病与患者类似疾病的记录，如亲属已死亡则应记录其死因、死亡时间及年龄。

体格检查

1. 生命体征：

体温（T）　脉搏（P）　呼吸（R）　血压（BP）

2. 整体状况：

（1）望神：神志（清楚、迟钝、模糊、嗜睡、昏迷）；精神（正常、困倦、疲惫、亢奋、躁扰）；表情（自然、痛苦、忧伤、恐惧、淡漠、兴奋、委钝、呆滞）。

（2）望色：面部色泽（红润、红赤、潮红、颧红、面红如妆；㿠白、淡白、苍白、面白而青；青紫、青灰、紫暗，萎黄、黄胖、黄如橘皮、黄如烟熏；淡暗、黧黑、淡黑、目眶黑、黑而肌肤甲错）。

（3）望形：形体（发育、营养状况，体型胖瘦高矮，大肉已脱，体质强弱）。

（4）望态：体位（坐而仰首、坐而俯首，坐不得卧、卧不得坐，头倾视深）；动态（体动自如或转侧不利，偏瘫或全身瘫痪，卧而身蜷缩或面向内，卧而仰面伸肢或面向外，张口抬肩呼吸，手扪患处，手震颤或蠕动，行走不稳，循衣摸床，撮空理线，扬手掷足，弄口皱鼻）。

（5）声音：发声（语音清晰度，语音强弱，异常声音如咳嗽哮鸣，太息，鼻鼾，呵欠、嗳气、呃逆呕吐、呻吟、惊呼等）；语言（夺气、谵语、郑声、独语、错语、呓语、狂言等）；声音（肠鸣、矢气）等。

（6）气味：口气（酸、酸腐、臭、腥等）；特殊气味（体表尿臊味、汗出腥膻味、口气烂苹果味，口气腐臭兼咳吐脓血；大便（酸臭、便泄臭如败卵、便溏而腥）；小便黄赤臊臭；月经白带、恶露之气味等）。

（7）舌象：舌色（淡红舌、淡白舌、红绛舌、青紫舌）；舌形（苍老舌、胖嫩舌、瘦薄舌、裂纹舌、光滑舌、芒刺舌、齿痕舌）；舌态（痿软舌、强硬舌、震颤舌、喎斜舌、吐弄舌、短缩舌、舌纵）；苔色（白、淡黄、深黄、焦黄、灰或黑）；苔质（厚薄、润燥、腐腻、有无剥苔、有根无根等）。

（8）脉象：主要记录寸口脉的浮、沉、迟、数、虚、实、洪、濡、散、芤、革、伏、牢、缓、涩、疾、细、微、弱、濡、短、动、滑、弦、紧、促、结、代等28脉的单一脉象或复合脉象，左右手之三部脉象有无差异，必要时切人迎或趺阳脉搏。脉位有生理性变异时应予记录，如斜飞脉、反关脉等。

3. 皮肤粘膜及淋巴结：

(1) 皮肤粘膜：色泽（赤如涂丹，发于局部；黄如橘皮、黄如烟熏、皮肤黑黄、皮肤白斑）；纹理（皮肤干枯无华、干枯粗糙、状若鱼鳞）；弹性；温度（正常、肤冷、肤热、胸腹肤热灼手、身热不扬、手足心热等）；汗液（正常、肌肤潮湿、汗液清稀而冷量多、汗液如珠如油而热量多、黄汗、头汗、手足心汗、胸前区汗等）；斑疹（阳斑、阴斑）；白痦（晶痦、枯痦）；疮疡（疔、疮、痈、疽）；瘢痕（扁平或突起，细小或宽大）；肿物（在皮表或体内，范围大小，软或硬，活动度，在无触压痛）；腧穴异常征（结节或条索状物、压痛或敏感反应）；蜘蛛痣（颈项、胸前、上臂）；色素沉着（散在或对称、腰带处或手指关节、甲床周围等处，大小及程度）；皮肤划痕征。

(2) 淋巴结：有无瘰疬，瘰疬部位、大小、数目、活动度、压痛、质地等。

4. 头面部：

(1) 头部：有无畸形（头大、头小，儿童有无解颅、方颅、囟门迟闭、囟填）；肿物（质地坚硬或软，有无压痛）；头发情况（色泽、油腻或干枯、小儿发结如穗、疏密、脱发类型、脱屑）；头皮有无疖、癣、瘢痕。

(2) 面部：面形正常或有无面肿、腮肿、口眼㖞斜、粉刺、痤疮、褐色斑、痣疣、面削颧耸、蛔虫斑、汗斑。

(3) 目：目神（双目神光充沛或浮光暴露）；眉毛（长短、色泽、有无脱落或过度生长）；睫毛（有无倒睫）；眼睑（浮肿，下垂、闭合困难、昏睡露睛，睑生粟粒、眼胞皮肿烂或晦暗，眶周色黑）；眼球（眼球突出或下陷、目干涩、目混浊、目眦赤或淡白、目赤多眵、活动情况、震颤、斜视、目翻上视，戴眼反折，瞪目直视，横目斜视，目睛微定、昏睡露睛）；结膜（红赤、苍白、发青、水肿、出血、云翳胬肉）；巩膜（黄染、充血、蓝斑）；角膜（混浊、瘢痕、充血）；瞳仁（大小，两侧是否等大、等圆，对光反应，瞳仁缩小或散大）。

(4) 耳：耳郭（色泽红润或色白、青黑、焦黑，耳轮及耳背有无红筋，耳厚润泽或耳薄瘦小，有无耳肿、耳瘦削、耳轮焦干、耳轮甲错、耳轮萎缩）；耳道（有无分泌物，有无流脓，有无耳痔及耳蕈、耳挺）；乳突有无压痛，听力情况等。

(5) 鼻：鼻形（鼻肿、鼻陷、鼻烂）；色泽（鼻头色泽荣润，鼻头色淡黄，色黄，色赤，色青，色微黑，色白，酒渣鼻）；鼻孔（干燥、衄血、鼻燥、色黑如涂烟煤、中隔偏曲或穿孔、有无鼻甲肥大或阻塞、鼻息肉）；鼻腔分泌物（清涕，浊涕），鼻腔出血（出血量，出血部位，出血次数，鼻翼煽动）。

(6) 口腔：口唇（色泽红润、淡红、苍白、唇深红、绛紫、红绛、青、青紫、环唇黧黑，有无唇肿、唇边疱疹、唇角溃烂、口唇糜烂、口唇恶疮、口内溃烂、唇颤动、口角流涎，唇干燥、干燥而裂）；牙齿（光泽或干燥、干枯，齿焦有无垢，齿垢是否黄厚、龋齿、缺齿、义齿、残根，记录其位置）；齿龈（色泽、肿胀、增生或萎缩，牙周溃脓，出血，铅线）；口腔粘膜（有无发疹、出血、溃疡、腮腺管口情况）；扁桃体（乳蛾、有无充血、分泌物、假膜）；咽喉（淡红润滑或红肿、红肿溃烂、鲜红娇嫩、漫肿不红，咽后壁滤泡大小、颜色、数量）；颚垂是否居中等。

5. 颈项：

颈项双侧是否对称，有无抵抗感或强直、萎软，压痛，肿块，活动是否受限；颈动脉有无异常搏动及杂音，颈静脉有无怒张，有无肝颈静脉回流征；有无瘿瘤（如有应描述记录其形态及肿大程度、硬度、压痛程度、有无结节、血管震颤或杂音）；瘰疬、瘘管、痈疽。

6. 胸部：

（1）胸廓：两侧胸廓是否对称（包括前面与后面）；胸廓形状（桶状胸、扁平胸）；有无畸形（漏斗胸，串珠肋），局部塌陷或隆起；压痛；皮下气肿、肿块；静脉有无怒张及回流异常。

（2）乳房：大小及是否对称，位置是否对称，有无橘皮样外观，有无红肿、结块、肿块、压痛，乳头位置是否对称，有无凹陷回缩，乳头有无分泌物等。

（3）肺脏：呼吸类型，活动度（两侧对比是否对称），呼吸频率和特征，肋间隙（增宽，变窄，隆起或凹陷）；语颤、摩擦音、皮下气肿、捻发音；叩诊音（清音，浊音，鼓音，实音，异常者应注明部位），肺肝浊音界，肺下界，呼吸时肺下缘移动度；呼吸音的性质（肺泡音，支气管肺泡音，管状呼吸音），强度（减弱、增强、消失），有无干湿性啰音，语音传导有无异常，有无胸膜摩擦音，哮鸣音。

（4）心脏：虚里搏动情况（心尖搏动的性质及位置），有无震颤或摩擦感（部位，时间和强度）。心脏左右浊音界（如表14-2所示）。

表 14-2 心脏左右浊音界记录

右（厘米）	肋间	左（厘米）
	II	
	III	
	IV	
	V	

锁骨中线距正中线　　厘米。

心脏搏动的节律、频率，心音强弱、分裂，肺动脉瓣区第二心音与主动脉瓣区第二心音的比较，额外心音，奔马律等；有无心脏杂音及杂音的部位、性质、心动期间的传导方向、何处最响，强度；心包摩擦音，心律不齐时，应比较心率和脉率。

（5）血管：

①动脉：桡动脉的频率，节律（规则、不规则、脉搏短绌），有无奇脉，左右桡动脉搏动的比较，动脉壁的性质，紧张度，硬度；股动脉及肱动脉有无枪击音。

②周围血管征；毛细血管搏动征，射枪音，水冲脉，动脉异常搏动，Duroziez征。

7. 腹部：

（1）视诊：腹部是否对称，膨隆、凹陷，呼吸运动，皮疹，色素，条纹，瘢痕，体毛，脐疝（脐突），腹壁静脉曲张与血流方向，胃肠蠕动波，腹围测量（有腹水或腹部包块时）。

（2）触诊：腹部柔软，紧张、有无压痛、反跳痛（压痛部位、疼痛程度），有无抵抗感，手按充实或不充实，拒按或喜按，是否伴有灼热，腹部凉热，触压时是否漉漉有声，是否有液波感，是否触及包块（部位、大小、形状、软硬度、光滑度、压痛、移动度）。

（3）叩诊：有无移动性叩音。

（4）听诊：鼓音，有无移动性浊音。肠鸣音，有无气过水声，血管杂音（部位，性质）等。

（5）肝脏：叩诊肝浊音界，触诊肝下界（表面光滑度、软硬度、边缘钝或锐）。脾浊音界。如有脾肿大，应图示。

（6）肾脏：可否触及，大小、硬度、叩击痛、移动度。

（7）膀胱：可否触及，上界，输尿管压痛点。

8. 二阴及排泄物：

（1）二阴：根据需要进行检查。如阴囊是否紧束、松弛下坠、囊缩、囊肿透明或不透明；有无阴囊肿物、疝气；阴茎是否缩入，阴茎有无疮毒，硬结，破溃；妇女有无阴挺，外阴疹疣；有无脱肛，痔核，肛瘘，肛周脓肿等，必要时请专科会诊检查。

（2）排泄物：记录痰液，涎，呕吐物，汗液，大便，小便等的颜色。性状、气味、数量等情况。

痰液：色（白，黄，绿，灰，黑点，痰中带血），性状（清稀，粘稠，白滑），气味（咸，甜腻，腥臭），数量（多，少），是否易咯。

涎液：性状（清稀，粘滞），气味（淡、甜腻），数量（多，少），能否控制。

呕吐物：色（淡，黄绿，血性），性状（清稀，秽浊，紫暗血块），气味（无明显气味，酸臭，酸腐，酸苦，血腥），数量（多，少）。

汗液：色（无色，黄色），性状（清稀，粘，如珠如油），气味（淡、腥膻、尿臊）。

大便：色（黄酱，色，黑褐，赤灰白），性状（清稀、黄褐如糜、粘滞，成形、不成形，羊屎状，夹不消化食物、脓血便、柏油样便，多泡沫），气味（秽臭、腐臭、腥），次数（一日一次，一日数次，数日一次），数量（多，少）。

小便：色（淡黄、黄、深黄如浓茶、赤），性状（清长、短赤），气味（淡、臊臭），次数（日间，夜间），尿量（多，少）。

9. 脊柱四肢：

（1）脊柱：有无畸形弯曲（强直），叩击痛，运动是否受限，两侧肌肉有无紧张、压痛或脊疳。

（2）四肢：肌力，肌张力，有无外伤、骨折、水肿、肿胀（单侧或双侧），肌萎缩，半身不遂，关节（有无红肿，鹤膝风，疼痛，压痛，积液，脱臼，活动度，曲屈或强直），下肢静脉曲张。手足（有无手足拘急，肌肉萎缩，鹅掌风，鱼际络脉色红，鱼际肉削，掌侧静脉郁血），指趾（关节有无变形、增生固定、指头螺瘪，脱疽），爪甲（色泽红润、深红、鲜红、浅淡、苍白、色黄或紫暗、紫黑，甲床是否存在，指甲或趾甲有无横脊、竖脊、凹陷、反甲，有无灰甲）。

10. 神经系统：

（1）感觉：痛觉，温度觉，触觉，音叉振动觉及关节位置觉、复合感觉等。

（2）运动：肌肉有无紧张（僵硬、折刀样、齿轮状肌紧张），萎缩（部位，程度），有无瘫痪（部位，程度，偏瘫，单瘫，截瘫，交叉瘫，弛缓性或痉挛性），有无不正常的动作（抽搐，震颤，不随意运动如扬手掷足），共济运动（指鼻轮替动作，跟-膝胫试验，Romberg 征），步态（稳，不稳，剪刀步态，踩棉花步态）。

（3）浅反射：腹壁反射，跖反射，提睾反射，肛门反射。

（4）深反射：肱二肌、肱三头肌反射，桡骨膜反射，膝腱反射及跟腱反射。

（5）病理反射：在一般情况下检查弹指反射（Hoffmann 征），跖伸拇反射（Babinski 征，Gordon 征，Chaddock 征），脑膜刺激征（Kernig 征）。

专科检查：按各专科特点进行书写。

实验室检查：包括到采集病史当时本院及外院的各项实验室与特殊检查结果。

辨病辨证依据：系统归纳四诊资料，运用中医辨证方法，辨别疾病的病因病机，做出证候分析与鉴别诊断，明确病势演变及预后。

西医诊断依据：从病史、症状、体征和实验检查等方面总结出主要疾病的诊断依据。

入院诊断：

1. 中医诊断：疾病诊断（包括主要疾病和其他疾病，按主次顺序记录）

证候诊断：（包括相兼证候）

2. 西医诊断：包括主要疾病和其他疾病，按主次顺序记录

实习医师（签全名）：

住院医师（签全名）：

如有修正诊断、确定诊断、补充诊断时，应书写在原诊断的左下方，并签上姓名和诊断时间。

（二）住院记录

住院记录

姓名：	出生地：
性别：	常住地址：
年龄：	单位：
民族：	入院时间：　　年　月　日　时
婚况：	病史采集时间：　年　月　日　时
职业：	病史陈述者：
发病节气：	可靠程度：

主诉：同住院病历要求。

现病史：同住院病历要求。

既往史：主要记录曾患过的疾病。

过敏史：记录致敏药物、食物等名称及过敏表现。

其他情况：个人史，婚育史和家族史等内容（特别是与此次疾病发生和治疗有关者）。

体格检查：记录阳性体征与有鉴别诊断意义的阴性体征。

专科检查：按各专科特点扼要记录。

实验室检查：记录至采集病史时已获得的本院及外院的重要检查结果。

辨病辨证依据：运用中医辨证的思维与方法，分析归纳四诊资料，总结出中医辨病辨证依据。

西医诊断依据：从病史、症状、体征和实验室检查等几个方面总结出主要疾病的诊断依据。

入院诊断：

中医诊断：疾病诊断（按疾病主次诊断顺序记录）

证候诊断

西医诊断：疾病诊断（按疾病主次诊断顺序记录）

住院医师：

主治医师：

如有修正诊断，确定诊断，补充诊断等，应记录在原诊断的左下方，并签上医师姓名和诊断的时间。

（三）病程记录

1．首次病程记录

首次病程记录必须由具有执业医师资格的接诊医师书写，内容包括：

（1）一般项目：姓名，性别，年龄，主诉，入院时间（年，月，日，时），入院途径（门诊，急诊，或转院）。

（2）病情要点：包括重要病史、基本生命体征、症状、体征，已经取得的实验室检查和特殊检查结果。

（3）入院诊断：同住院病历。

（4）诊疗计划：制定诊治计划，目前进行的诊疗措施、治法、方药，对调摄、护理、生活起居宜忌的具体要求。

2．病程记录

病程记录要求及时、准确、详细、文字清晰简练，重点突出，讨论深入；收集四诊资料，运用中医辨证思维方法，用夹叙夹议文体对住院期间的病情变化做出分析，体现理法方药的一致性。病程记录可由实习医师、进修医师或住院医师书写，带教医师应及时阅改并签名。入院及手术后的前3天，至少每日记录1次；危急重症患者，应随时记录；病情稳定者每周至少记录2次。病程记录一般按时间，内容，签名顺序书写。病程记录的规范要求：

（1）病情变化及治疗情况，特别要注意对生命体征的检查和记录。在病情平稳阶段，要记录患者一般情况如神志，精神，饮食，二便等；病情骤然出现变化时，要对病情的变化进行详细记录，并对可能的预后进行分析判断。

（2）各项检查的报告结果，以及前后对比变化及其分析等。

（3）新开医嘱，停用医嘱及其依据。若变更治法及用药，则要求有理有据。

（4）原诊断的修改，新诊断的确定，均应说明理由。

（5）详细记录诊疗操作的情况。

（6）与患者本人、患者家属、患者单位负责人谈话的内容。必要时请谈话者签字。

（7）上级医师查房记录要写明查房者的姓名，技术职务；具体记录对病史、体格检查的补充，对患者情况的分析判断以及对检查治疗的具体意见。如实记录上级医师查房内容，不得主观揣摩推测。必要时由上级医师亲自书写或核对审查后签名。

（8）危、急、重、难病例的病程记录应由上级医师亲自书写或审核后签名。

（9）专科会诊记录由会诊医师亲自在病程记录中或专用会诊单上书写。院外专家会诊或院大会诊，由经治医师如实记录。

（10）临床药师查房，行政领导查房与患者病情有关的意见也要记录。

根据临床医疗的需要，住院病历中还包括"交班记录"、"接班记录"、"转科转出记录"、"转科转入记录"、"阶段小结"、"病例讨论记录"、"抢救记录"、"出院记录"、"死亡记录"、"死亡病例讨论记录"等内容。

第三节 中医病历书写示例

一、门诊病历示例

(一) 初诊记录

2000 年 12 月 7 日　　　科别：中医内科

姓名：林××　　　性别：男　　年龄：65 岁　　职业：干部

主诉：咳嗽咯痰 8 年，气喘 2 年，加重 2 天。

病史：患者于 6 年前冬天"重感冒"后，咳嗽咯痰反复发作，每于抽烟、嗅及异味、过度劳累或气候变化时易引起"感冒"而咳嗽咯痰复发或加重。晨起、晚间咳嗽较重，并咯吐白色稀粘痰，近 2 年来快步行走或爬楼时，气息喘促。2 天前因气候转冷而咳嗽咯痰加剧，夜间咳甚难以入睡，气息喘促，痰黄量多，恶风畏寒，身痛无汗，纳食减少，小便色清，大便溏。

既往无哮喘，肺结核病史，无糖尿病史，无粉尘、有害气体等接触史。平素嗜烟酒、辛辣，性情尚温和，少运动。

体格检查：

T 37.3℃　　　P 90 次/分　　　R 21 次/分　　　BP 16/10kPa

神志清楚，语言清晰，痛苦面容，诊查合作。皮肤无黄染、水肿，左下颌可触及一黄豆大淋巴结，压痛（＋），表面光滑，移动性好，咽部充血，咽后壁滤泡肿大，扁桃体无肿大，气管居中，三凹征（－），双肺可闻及散在的干、湿性啰音及少量哮鸣音，干湿性啰音以肺底为著。心率 90 次/分，律齐，未闻及病理性杂音，$A_2 > P_2$。腹部平软，无压痛、反跳痛，未扪及肝、脾、肾。四肢脊柱未见异常，病理征（－）。

舌质淡胖舌边齿痕，苔黄腻。脉弦滑。

实验室检查：

血常规：WBC　8.2×10^9/L　N 85%　L 15%。

尿常规：淡黄，色清，镜检无异常。

诊断：

　　中医诊断：咳嗽（表寒肺热证）

　　　　　　　痰证（痰热蕴肺证）

　　西医诊断：慢性支气管炎急性发作期

处理：

(1) 中医治疗：清肺化痰，解表散寒。予三拗汤合清金化痰汤加减。麻黄 8g　杏仁 6g　荆芥 10g　防风 10g　浙贝 10g　黄芩 10g　鱼腥草 15g　桔梗 10g　茯苓 10g　白术 10g　甘草 3g　水煎服，1 日 1 剂，共 3 日。

(2) 做胸部 X 线摄片，免疫学检测。

(3) 气息喘促时宜半卧位休息，避风寒。

（4）注意饮食、起居：戒烟酒，忌肥甘辛辣与腌制食品，避免劳累与精神紧张。治疗期间予半流质饮食。

（5）12月10日复诊。

医师：×××

二、急诊病历示例

科别：中医内科　1999年11月19日13时30分

姓名：王×× 性别：男 年龄：27岁 职业：干部 婚况：未婚

地址：××市××路××号××楼××室，联系人：陈××，电话：×××××××××

主诉：上腹部隐痛3个月，排黑便、呕吐咖啡色物半天。

病史：患者于3个月前因工作紧张，经常加班，饮食无规律而反复出现上腹部隐痛，多于饥饿时发作，未向其他部位放射，进食可缓解，无恶寒发热，无返酸嗳气。曾就诊于"××医院"，行"胃镜"检查诊为"十二指肠球部溃疡"，曾不规则服用"丽珠得乐冲剂"等"胃药"，服药期间，症状有明显缓解。今晨7时许起床时无明显诱因排黑便1次，量约500mL，质溏，头晕，乏力，但进少量早餐后仍去上班，上班后头晕加重，并出现畏寒、恶心感，即回家卧床休息，午餐进少许面食，午后1时许又排黑便1次，量约300mL，色较前深，质稀溏，遂来院就诊。途中呕吐咖啡色胃内容物约100mL，到急诊室时又呕吐咖啡色胃内容物1次约200mL，刻下患者上腹部隐隐作痛，神疲头晕，肢体无力，心慌气短。既往无其他病史，平素吸烟1包/日，饮白酒2两/日，多于晚餐前饮用，否认肝炎，肝硬化病史，否认心脏病血液病病史，无药物过敏史，无手术外伤史，无特殊家族疾病史。

体格检查：T 36.8℃ P 100次/分，R 22次/分。BP 13/8KPa

神志清醒，贫血外观，精神疲乏。发育正常，营养中等。对答尚切题，查体合作。面色苍白，全身皮肤粘膜未见黄染、皮疹、出血点、水肿等。浅表淋巴结未触及。五官端正，睑结膜，口唇稍淡白。咽不红，扁桃体不肿大。颈软，颈静脉无怒张，双肺呼吸音清，未闻及干湿性啰音。心率100次/分，律齐，心尖部可闻及Ⅱ级吹风样杂音，腹软，剑突下深压痛，无反跳痛，未扪及包块，肝脾未触及，肾区叩击痛（－），无移动性浊音，肠鸣音18次/分。脊柱四肢活动正常，双下肢无水肿，四肢末梢稍冷，生理反射存在，病理反射未引出。

舌象：舌淡白，苔薄白脉象：细数

实验室检查：

血常规：WBC $7.4×10^9$/L　N 72%　L 26%　M 2%　Hb 113g/L　血小板 $146×10^9$/L，血型"O型"，大便隐血试验：强阳性。

诊断：

中医诊断：便血，吐血（脾不统血证）

西医诊断：急性上消化道出血

十二指肠球部溃疡

处理：

（1）急查：急诊八项，肾功能，乙肝"两对半"，肝胆胰脾B超，预约胃镜检查，待患者病情稳定或必需时进行，以明确定位，定性诊断。

（2）中医论治：

治法：健脾益气，温中止血

方药：①黄土汤合四君子汤加减

党参 15g　黄芪 15g　茯苓 15g　白术 10g　灶心黄土 15g　附片 10g　炮姜 10g　炒艾叶 10g，炒地榆 10g　白芨 10g

用法：每日一剂药，水煎两服。频频饮之，须热服。

②大黄粉，每次 3g，水冲服，一日 3 次。

（3）西医治疗：

①补充血容量：静脉输液（0.9%氯化钠、复方氯化钠、右旋糖酐等），输血。

②止血。

③治疗原发病。

④留观。

三、住院病历示例

住院病历

姓名：魏×× 　　　　出生地址：××市

性别：男 　　　　　　家庭住址：××市××街××号×号楼×××室

年龄：76 岁 　　　　　工作单位：××市××厂

婚况：已婚 　　　　　入院时间：2001 年 3 月 13 日 11 时 10 分

职业：技术员 　　　　病史采集时间：2001 年 3 月 13 日 11 时 20 分

民族：汉 　　　　　　病史陈述者：患者本人　　可靠程度：可靠

发病季节：大雪

主诉：头晕胸闷 10 年，浮肿 2 年，呕吐 3 天。

现病史：患者于 10 年前无明显诱因出现头晕，胸闷，在××医院查 BP 24/13kPa，诊断为"高血压，冠心病"，长期服用"尼群地平"等降压药物，血压波动在 18.5～20/10.5～12kPa，停药则血压上升，最高达 24.5/14kPa。2 年前出现颜面及双下肢浮肿，在××医院就诊，该院按"心功能不全"治疗，其后浮肿持续存在，时轻时重，1 周前因咳嗽、咯痰，头晕、头痛，水肿加重，再次就诊于××医院，查血常规 WBC 4.8×10^9/L，N 76.9%，Hb 58g/L；尿常规：Pro＋＋，BLD＋，血 BUN 35.1mmol/L，Cr 1244mmol/L，K^+5.12mmol/L，CO_2CP p9.3。胸片示："双肺炎症"，予"青霉素"抗感染及"纠正酸中毒，利尿"等对症处理，咳嗽咯痰好转，但头晕、头痛、水肿未减轻。近 3 日出现呕吐症状，呕吐不呈放射状，并时觉身痛而就诊于我院并收住入院。辰下：头晕，神疲嗜睡，纳少，肢体浮肿，白天小便短少，每日夜尿 3～4 次，大便 2～3 天一次。

既往史：否认糖尿病史，否认长期大量使用止痛药病史，否认颜面皮损，关节痛，脱发病史，否认肝病，结核病等传染病史。

个人史：出生、生长于原籍，无长期旅居外地史，生活条件尚可，居地无潮湿之弊，无疫区疫水接触史，无嗜食辛辣厚味，无烟酒等不良嗜好。性情易急躁，无粉尘，毒物，放射性物质接触史。

过敏史：未发现药物，食物及其他过敏史。

婚姻史：30 岁结婚，配偶健康状况尚好，育 2 男 1 女，体健。

家庭史：父母已逝，父亲死于"胃癌"，母亲死于"心脏病"，1弟1妹。均健在。

体格检查

T 36.5℃   P 60次/分   R 15次/分   BP 21.5/10.5kPa

整体情况：

神志清楚，诊察合作。发育正常，营养中等，体型正常，慢性病容，表情痛苦，面色淡黑晦滞，精神疲乏，由家人搀扶入院。言语清晰，呼吸尚平稳，可闻及轻微呻吟声，未闻及太息、呃逆等异常病声，可嗅及尿臊味。

伸舌居中，舌体适中，舌质淡胖边有齿痕，苔黄厚腻，舌底脉络色紫暗，未见迂曲。脉细弱结代而迟。

皮肤粘膜及淋巴结：

皮肤颜色晦暗，纹理正常，肤凉，弹性较差，未见斑疹、白痦、疮疡、黄染、蜘蛛痣及异常色素沉着，无皮下结节、肿块，无瘀斑、紫癜、肌肤甲错及腧穴异常征，皮肤划痕征阴性，全身浅表淋巴结无肿大、粘连及压痛，粘膜无异常发现。

头面部：

头颈大小形态正常，无肿物及压痛，无疖癣，瘢痕。毛发稀疏，发白无光泽，分布尚均匀。

目窠微肿双目少神，眉毛稀疏，无倒睫。眼睑轻度水肿，无下垂、闭合或歪斜，眼球活动自如，无震颤或斜视。结膜淡白，无水肿，出血或滤泡，巩膜无黄染，出血。角膜清澈无瘢痕，角膜反射存在。瞳孔等大等圆，直径约3.5 mm，双侧对称，对光反射存在。双耳郭形态正常，外耳道通畅，无异常分泌物，无耳瘘耳疮。乳突无压痛，听力正常。鼻外观无畸形，鼻中隔居中，鼻腔通畅，无异常分泌物，无鼻出血，鼻旁窦无压痛，嗅觉灵敏。唇色淡，无疱疹，皲裂或溃疡。口角无㖞斜，伸舌居中，全口义齿、牙龈萎缩。无红肿、溢脓，出血，铅线，口腔粘膜无疱疹、出血、溃疡、扁桃体无肿大，充血，假膜或分泌物。咽部无充血、红肿，腭垂居中。

颈项：

颈项双侧对称，活动自如，无抵抗强直，无压痛或肿块。颈动脉搏动正常，无杂音。颈静脉无充盈，未见青筋暴露，肝颈静脉回流征阴性。气管居中，甲状腺无肿大、压痛、结节、震颤及杂音。

胸部：

胸廓外观无畸形，双侧对称，肋间隙正常，无局部隆起，凹陷、压痛、水肿、皮下气肿或肿块，无压痛及叩击痛，未见静脉怒张及回流异常。

混合呼吸，速率正常，双侧呼吸活动度对称，双肺叩诊呈清音，肺下界正常。呼吸音尚清晰，未闻及干湿性啰音，语音传导未增强，未闻及胸膜摩擦音，哮鸣音。

心尖搏动于右锁骨中线上第5肋间，无负性心尖搏动及心前区弥散性搏动，无震颤或心包摩擦感，心浊音界无扩大。

右（cm）	肋间	左（cm）
2.5	Ⅱ	2.5
3.0	Ⅲ	3.5
4.0	Ⅳ	6.0
	Ⅴ	8.5

锁骨中线距前正中线 8.5 cm。

心率 60 次/分，律齐。股动脉及肱动脉无枪击音，周围血管征阴性。

腹部：

腹部对称，大小正常，呼吸运动正常，腹平坦，无凹陷、皮疹、黄染、异常色素沉着，腹部无静脉曲张，无脐疝，未见胃肠蠕动波。腹软，全腹无压痛反跳痛。叩诊呈鼓音，无移动性浊音，气过水音及血管杂音。肠鸣音 3 次/分。

肝脾肋下未触及，无叩击痛，未扪及胆囊，墨菲征阴性，麦氏点无压痛，双肾区无叩击痛。

二阴及排泄物：前后二阴未检，排泄物未见。

脊柱四肢：

脊柱生理曲度存在，无畸形、强直、叩击痛，活动自如，两侧肌肉无紧张、压痛，四肢形态正常，无外伤，骨折，肌萎缩。四肢关节无红肿、疼痛、压痛、叩痛及脱臼，无畸形或关节强直，肢端冷，指趾甲苍白，无光泽，形态正常。双下肢凹陷性中度浮肿。

神经系统：

双侧肢体关节活动自如，痛觉、触觉、温度觉及关节位置觉正常。肌力、肌张力正常。膝腱反射存在，Babinski 等椎体束征阴性。肱二头肌、肱三头肌肌腱反射正常，腹壁反射，跟腱反射正常。脑膜刺激征阴性。

实验室检查：

血常规：WBC 6.8×10^9/L　N 77%/L 23%　Hb 60g/L

尿常规：KET TracePro＋＋＋　BLD＋　镜检红细胞 0~5/HP

生化检查：总蛋白 50g/L　白蛋白 25g/L　白球比例 0.73　碱性磷酸酶 107 IU/L BUN38mmol/L　Cr 1482μmol/L　CO_2CP 16.0mmol/L　钙 1.7mmol/L　磷 1.96mmol/L。

心电图检查结论：(1) 快速型的房颤动伴差异性传导。(2) 左心室肥厚。(3) 室性异位搏动。

B 超显像意见：(1) 双肾偏小，实质回声增强，伴双肾囊肿（符合慢性肾炎声像改变）。(2) 肝回声增粗，肝、胆、胰、脾未见明显占位性病变。

彩色二维心动图检查结论：(1) 室间隔及左室肥厚，左房、左室内径稍扩大。(2) 主动脉瓣钙化，主动脉瓣返流＋＋~＋＋＋。(3) 左室收缩功能、舒张功能稍减退。

血流变测试报告：全血高切值（CP）200，全血中切值 H（CP）10，全血中切值 L（CP）3，全血低切值（CP）1；血浆粘度（CP）100；血沉＞76 mm/小时；血细胞比容 26%；全血高切还原粘度 6.12，全血低切还原粘度 8.69；红细胞刚性指数 2.66，红细胞聚集指数 1.26；血沉方程 K 值 490；纤维蛋白原 5.96。

辨病辨证依据：

患者以头晕，胸闷 10 年，浮肿 2 年，呕吐 3 天为主诉，血 BUN38mmol/L，Cr1482μmol/L，符合中医慢性肾衰诊断。

患者年老肝肾阴虚，肝阳上亢，故见头晕；胸中阳气不振，故胸闷；日久阴损及阳，脾肾阳虚，水液运化功能失司，外溢肌肤则见颜面、下肢浮肿。正气不足，卫外不固，近日复感外邪，更伤正气，肺失通调水道，则浮肿加重。湿毒上泛，胃失和降则呕吐。阴寒内盛，气血衰少，经络骨骼失养则身痛。阳虚水泛则舌淡胖边有齿痕。水湿之邪内蕴日久则化热，故苔黄厚腻。阴阳不足，水湿内阻，故脉细弱结代。

西医诊断依据：

慢性肾衰竭尿毒症期，高血压肾病，肾性贫血：患者于 10 年前无明显诱因出现头晕胸闷，BP24/12kPa，此后血压一直波动，未完全降至正常。2 年前出现颜面下肢浮肿，按"心功能不全"治疗，效果不显著。近日因肺部感染导致肾衰竭加重，出现呕吐、身痛等症状。血常规示：Hb60g/L，生化检测示：BUN38mmot/L Ce1482μmot/L。

入院诊断：

中医诊断：慢性肾衰（脾肾亏虚，湿热内蕴）

西医诊断：慢性肾衰竭尿毒症期

高血压肾病

肾性贫血

肺部感染

实习医生：×××

住院医生：×××

自 学 指 导

【重点难点】

（1）病历是临床诊断诊疗工作的记录，是中医医疗、保健、教学、科研的重要资料，也是解决医疗纠纷、判定法律责任、医疗保险赔偿的重要依据，所以病历书写是每个医务工作者日常工作的一个重要部分。病历书写的质量，直接反映医务工作者的医德医风、专业技术水平。初学者应当将书写病历视为规范诊疗思维，训练专业表达能力，培养严谨的工作作风的机会，严格遵守各种病历书写格式，认真写好每一份病历。

（2）各种病历的书写特点不同，也是初学者必须掌握的要领。门诊病历要求简明扼要，概括性强；急诊病历要求重点突出，及时准确；住院病历要求系统全面，完整详尽。应当准确地运用中医名词术语，体现中医的整体观念与辨证论治的思想。逐步提高病历书写能力，从而促进医疗水平的进步。

（3）在各种格式的病历书写中，重点应练习住院病历，练习时应按格式要求详细记录，在现病史、个人史、既往史等部分应体现症状的鉴别诊断，在体格检查部分，阴性体征与阳性体征具有同等重要的诊断意义，应逐项认真记录。掌握好住院病历的书写技巧，是病历书写的基本功。

（4）门诊病历、急诊病历及其他各项记录的书写，应注意练习根据各自特点突出所需的内容重点的写作方式。

【复习思考题】

1. 中医病历有何作用与意义？

2. 病历的书写形式有几种？各有何特点？
3. 完整病历的主要内容有哪些？
4. 门诊病历，急诊病历，住院病历各包括哪些内容？

附篇：模拟试题及参考答案（3套，每套100分）

模拟试题（一）

一、单项选择题（在备选答案中，选择1个最佳答案，并将它的标号填入题目后的括号内）

1. 第一部中医脉诊专著是（　　）

　　A.《难经》　　　B.《濒湖脉学》　　　C.《脉经》　　　D.《脉诀》　　　E.《三指禅》

2. 患者蒸蒸汗出，兼壮热口渴者，属（　　）

　　A. 战汗　　B. 绝汗　　C. 自汗　　D. 大汗　　E. 盗汗

3. 初病即出现恶寒发热并见，多为（　　）

　　A. 半表半里证　　B. 疟疾　　C. 外感表证　　D. 里证　　E. 表证入里

4. 患者便秘，兼见面色苍白、渴喜热饮者，属（　　）

　　A. 阴液亏损　　B. 阴寒内结　　C. 气阴两亏　　D. 气血不足　　E. 血虚不润

5. 察神，突出地表现于（　　）

　　A. 面色　　B. 目光　　C. 言语　　D. 表情　　E. 脉象

6. 舌质淡胖而嫩，苔白而润，见于（　　）

　　A. 气虚　　B. 血虚　　C. 气血两虚　　D. 阳虚　　E. 气阴两虚

7. 望舌辨虚实，主要观察（　　）

　　A. 舌色浅深　　B. 舌质老嫩　　C. 舌苔厚薄　　D. 舌苔润燥　　E. 舌体胖瘦

8. 舌苔黄燥，主病为（　　）

　　A. 表热证　　B. 实热证　　C. 湿热证　　D. 虚热证　　E. 假热证

9. 小儿睡眠露睛，多由于（　　）

　　A. 脾胃虚衰　　B. 津液不足　　C. 肝风内动　　D. 肝经风热　　E. 肾精耗竭

10. 喘、哮的区别，关键在于喘是（　　）

　　A. 以抬肩言　　B. 以气息言　　C. 以张口言　　D. 以鼻煽言　　E. 以痰鸣言

11. 切脉时用较轻指力诊于寸口皮肤上称（　　）

　　A. 举　　B. 按　　C. 寻　　D. 切　　E. 摸

12. 脉象"有神"的形态是（　　）

　　A. 从容和缓　　B. 节律一致　　C. 柔和有力　　D. 沉取应指　　E. 尺脉明显

13. 四季平脉中秋季脉象常稍（　　）

　　A. 洪　　B. 弦　　C. 沉　　D. 浮　　E. 缓

14. 相兼脉中，弱脉属于（　　）

　　A. 二合脉　　B. 三合脉　　C. 四合脉　　D. 五合脉　　E. 六合脉

15. 判断病种，辨别证候的依据是（　　）

　　A. 症　　B. 病　　C. 证　　D. 证型　　E. 病案

16. 中医诊断学中辨证的基本纲领是（　　）

A. 八纲辨证   B. 脏腑辨证   C. 病因辨证   D. 气血津液辨证   E. 经络辨证

17. 湿淫患者头重如裹，遍体不舒，四肢懈怠，属于（　　）

A. 伤湿   B. 冒湿   C. 湿伤关节   D. 湿中于里   E. 湿渍肌肤

18. 患者久泄不愈，腹部坠胀，少气倦怠，头晕眼花，舌淡脉弱，证属（　　）

A. 气虚证   B. 气陷证   C. 气血两虚证   D. 血虚证   E. 气滞证

19. 患者头痛，眩晕，甚至昏厥，证属（　　）

A. 胃气上逆   B. 肺气上逆   C. 肝气上逆   D. 肝胃不和   E. 肝火上炎

20. 经期错乱，经色紫暗，夹有血块，且少腹冷痛，形寒肢冷，舌紫暗，属（　　）

A. 血瘀证   B. 气滞血瘀证   C. 血寒证   D. 气虚血瘀证   E. 气滞证

21. 心气虚、心血虚、心阳虚、心阴虚四证的共同症状是（　　）

A. 心烦   B. 失眠   C. 心痛   D. 心悸   E. 胸闷

22. 肾阴虚证和肾阳虚证皆可见到（　　）

A. 小便清长   B. 五心烦热   C. 尿少浮肿   D. 脉象细数   E. 腰膝酸软

23. 肾不纳气患者咳嗽气喘的特点是（　　）

A. 动则益甚   B. 气短乏力   C. 呼多吸少   D. 痰中带血   E. 痰少难咯

24. 太阳中风证与太阳伤寒证的鉴别要点是（　　）

A. 恶风或恶寒   B. 有无发热   C. 有无汗出   D. 头痛或身痛   E. 脉浮与否

25. 我国第一部医案专著是（　　）

A.《史记·扁鹊仓公列传》   B.《伤寒九十论》   C.《小儿药证直诀》   D.《脾胃论》   E.《卫生宝鉴》

二、**多项选择题**（在备选答案中，选择2～5个正确答案，并将它们的标号填入括号内，错选或漏选不得分。每题1分，共15分）

1. 绛舌可见于哪些情况（　　）

A. 表热证   B. 热入营血证   C. 邪热亢盛   D. 阴虚火旺   E. 病在脏腑

2. 主风痰阻络的舌象是（　　）

A. 强硬舌   B. 颤动舌   C. 歪斜舌   D. 痿软舌   E. 短缩舌

3. 下列哪些属于排便异常感（　　）

A. 肛门灼热   B. 里急后重   C. 溏结不调   D. 肛门气坠   E. 滑泻失禁

4. 脉位沉的有哪些（　　）

A. 革脉   B. 芤脉   C. 牢脉   D. 伏脉   E. 弱脉

5. 青紫舌的成因有哪些（　　）

A. 血脉凝滞   B. 阴寒凝滞   C. 热毒炽盛   D. 跌仆外伤   E. 病情危重

6. 下列哪些病证可出现但卧不得坐，坐则昏眩的表现（　　）

A. 气血大虚   B. 阳虚水泛   C. 气滞血瘀   D. 水饮内停   E. 肺实气逆

7. 痰湿阻肺证的辨证要点是（　　）

A. 胸闷   B. 痰多色白   C. 咳嗽   D. 苔白腻   E. 脉弦滑

8. 胃寒证的诊断要点是（　　）

A. 胃脘冷痛   B. 口泛清涎   C. 感寒病史   D. 舌苔白滑   E. 脉沉迟

9. 胆郁痰扰证的诊断要点是（　　）

A. 胆怯易惊   B. 失眠梦多   C. 口苦   D. 烦躁   E. 苔黄腻

10. 肾多虚证，肾病易致亏损的有（　　）

A. 阴   B. 阳   C. 气   D. 血   E. 精

11. 胸痛一症，临床可见于（　　）

风寒犯肺证　　B. 肺阴虚证　　　C. 肺热壅盛证　　　D. 燥邪犯肺证　　　E. 风热犯肺证

12. 大肠液亏证一般不会出现（　　）

　　A. 便秘　　　B. 口臭　　　C. 潮热　　　D. 头晕　　　E. 盗汗

13. 寒湿困脾与湿热蕴脾两证均可见（　　）

　　A. 口淡不渴　　　B. 脘腹痞闷　　　C. 身目发黄　　　D. 头身困重　　　E. 肢体浮肿

14. 肝风内动的常见原因有（　　）

　　A. 热极　　　B. 阳亢　　　C. 气虚　　　D. 血虚　　　E. 阴虚

15. 肾阳虚证患者舌象，多见（　　）

　　A. 舌淡白　　　B. 舌胖嫩　　　C. 舌边齿缘　　　D. 苔白滑　　　E. 苔光剥

三、填空题（每题1分，共10分）

1. 恶寒重，发热轻，主_____证；发热轻而恶风，主_____证。

2. 久病之人本不能食，突然欲食，甚至暴食，称为_____，是_____征象。

3. 神具体反映在人的目光、_____、表情、_____言语、意识等方面。

4. 大便干结，口干欲饮者，为_____；若小便短赤，热涩疼痛，多属_____。

5. 正常声音的特点是发声自然，_____，言语清楚，_____。

6. 从脉象对举而言，滑脉与_____脉相对，洪脉与_____脉相对。

7. 八纲之表，是指身体的_____、肌腠、呼吸道和_____，在外为表。

8. 气随血脱证以大出血和_____为辨证要点；气不摄血证以出血和_____为辨证要点。

9. 心阳暴脱证是在_____证的基础上进一步发展，出现_____证候。

10. 营分证以_____受损，_____被扰为特点。

四、简答题（每题3分，共15分）

1. 主诉——

2. 崩漏——

3. 有根苔——

4. 寒热错杂——

5. 肝脾不调证——

五、论述题（每题5分，共25分）

1. 何谓主诉？记录主诉时应注意什么？

2. 简述小儿指纹纹色变化及主病规律。

3. 试比较促、结、代三脉之异同。

4. 气不摄血证和血热证皆有出血，临证怎样鉴别？

5. 痰迷心窍证和痰火扰心证有何异同？

六、病案分析题（共10分）

　　冯某，女，24岁，大学生。

　　发热、咳嗽、气喘1天。患者于昨天外出春游，忽遇大雨，全身淋湿，当夜即感恶寒，随之发热，一身疼痛。今天到卫生科诊治，给服"APC"3片，并处中药两剂。服药后病情无好转，故于夜间来医院急诊。现发热不恶寒，咳嗽，吐痰黄稠，呼吸喘促，胸痛明显，渴欲饮冷水，大便2日未解，小便黄短，精神烦躁，面颊发红，舌质红，苔黄燥，脉数有力。

[要求] ①病情分析（病位、病因、病性）；②提出证名。

模 拟 试 题（二）

一、单项选择题（在备选答案中，选择1个最佳答案，并将它的标号填入题目后的括号内。每题1分，共25分）

1. 我国现存最早的舌诊专著成书于（　　）

　　A. 汉代　　　B. 晋代　　　C. 元代　　　D. 明代　　　E. 清代

2. 外感风邪所致中风表虚证，常见（　　）

　　A. 无汗出　　B. 有汗出　　　C. 大汗出　　　D. 冷汗出　　　E. 热汗出

3. 亡阴患者出汗，多为（　　）

　　A. 自汗　　　B. 盗汗　　　C. 热汗　　　D. 冷汗　　　E. 战汗

4. 自觉怕冷，加衣盖被或近火取暖不能缓解者，称为（　　）

　　A. 恶风　　　B. 恶寒　　　C. 畏寒　　　D. 寒战　　　E. 肢厥

5. 患者精神不振，健忘嗜睡，声低懒言，倦怠乏力，动作迟缓，属于（　　）

　　A. 得神　　　B. 失神　　　C. 少神　　　D. 假神　　　E. 神乱

6. 舌青紫而肿胀，多为（　　）

　　A. 酒毒攻心　　B. 气血上涌　　　C. 心脾热盛　　　D. 气滞血瘀　　　E. 热毒上攻

7. 根据《灵枢·五色》面部分属，鼻称之为（　　）

　　A. 藩　　　B. 明堂　　　C. 庭　　　D. 蔽　　　E. 阙

8. 舌质中部生芒刺，常提示（　　）

　　A. 心火上炎　　B. 肝胆热盛　　　C. 胃阴不足　　　D. 胃肠热盛　　　E. 疫病初起

9. 在客色中，冬天的面色相应为（　　）

　　A. 稍白　　　B. 稍赤　　　C. 稍青　　　D. 稍黑　　　E. 稍黄

10. 患者口气臭秽，多为（　　）

　　A. 内有宿食　　B. 胃阴亏虚　　　C. 胃实寒证　　　D. 胃实热证　　　E. 脾胃湿热

11. 5~6岁小儿平脉，其脉搏次数一息多为（　　）

　　A. 三四至　　B. 四五至　　　C. 五六至　　　D. 六七至　　　E. 七八至

12. 脉来细小如线，应指明显是（　　）

　　A. 细脉　　　B. 虚脉　　　C. 微脉　　　D. 弱脉　　　E. 伏脉

13. 脉来迟而时止，止无定数者，是（　　）

　　A. 促脉　　　B. 结脉　　　C. 代脉　　　D. 涩脉　　　E. 缓脉

14. 濡脉、缓脉、细脉三者共同主病是（　　）

　　A. 湿证　　　B. 脾虚　　　C. 劳损　　　D. 痰饮　　　E. 血虚

15. 头痛、恶寒等属于（　　）

　　A. 症状　　　B. 体征　　　C. 证候　　　D. 病名　　　E. 证型

16. 下列辨证方法中主要不是用于外感病辨证的是（　　）

　　A. 病因辨证　　B. 六经辨证　　　C. 卫气营血辨证　　　D. 三焦辨证　　　E. 气血津液辨证

17. 暑淫患者恶热，汗出，口渴，神疲，脉虚数，属（　　）

　　A. 阳暑　　　B. 中暑　　　C. 暑风　　　D. 冒暑　　　E. 阴暑

18. 某女患者月经量多，而见气短乏力，面白无华，舌淡，脉细弱，证属（　　）

　　A. 气不摄血证　　B. 气随血脱证　　　C. 气血两虚证　　　D. 血虚证　　　E. 气虚证

19. 患者咳嗽咯痰，量多清稀，且气喘，胸闷，辨证是（　　）

    A. 悬饮　　B. 痰饮　　C. 支饮　　D. 溢饮　　E. 水饮

20. 气滞证中出现疼痛，其性质一般为（　　）

    A. 胀痛　　B. 刺痛　　C. 隐痛　　D. 掣痛　　E. 空痛

21. 患者久婚不育，且发脱齿摇，证属（　　）

    A. 肾阳虚证　　B. 肾气不固证　　C. 肾精不足证　　D. 肾阴虚证　　E. 肝肾阴虚证

22. 患者尿频而清，余沥不尽，证属（　　）

    A. 肾阳虚证　　B. 肾气不固证　　C. 中气下陷　　D. 脾肾阳虚证　　E. 脾阳虚证

23. 某患者心烦不寐，面红，口舌生疮，尿黄，舌尖红，苔黄，辨证为（　　）

    A. 痰火扰心　　B. 肝火上炎　　C. 心火亢盛　　D. 小肠实热　　E. 肝阳上亢

24. 创立卫气营血辨证的医家是（　　）

    A. 张仲景　　B. 张景岳　　C. 叶天士　　D. 吴鞠通　　E. 王孟英

25. 病程记录编写的顺序应该是（　　）

    A. 理法方药顺序　　B. 望闻问切顺序　　C. 辨证论治顺序　　D. 时间先后顺序　　E. 病变情况顺序

二、**多项选择题**（在备选答案中，选择2～5个正确答案，并将它们的标号填入括号内，错选或漏选均不得分。每题1分，共15分）

1. 精血亏虚可见哪些性质的疼痛（　　）

    A. 空痛　　B. 隐痛　　C. 冷痛　　D. 灼痛　　E. 胀痛

2. 阳气亏虚而湿浊内停，可见到哪些舌象（　　）

    A. 苔灰黑而润　　B. 舌红苔黄滑　　C. 舌强而苔黄燥　　D. 舌淡紫苔白而干　　E. 舌淡胖苔白滑腻

3. 畏寒多由哪些原因导致（　　）

    A. 外感风寒　　B. 感受风邪　　C. 风湿外袭　　D. 寒邪直中　　E. 阳气亏虚

4. 紫舌可见于哪些病证（　　）

    A. 热极　　B. 寒极　　C. 痰湿　　D. 肾虚　　E. 血瘀

5. 下列哪些属于望舌体的内容（　　）

    A. 胖瘦　　B. 厚薄　　C. 腐腻　　D. 颤动　　E. 红绛

6. 下列哪些项目可通过问诊了解（　　）

    A. 面赤　　B. 汗出　　C. 苔黄　　D. 浮肿　　E. 胸闷

7. 肾气不固患者的小便改变，可见（　　）

    A. 尿频清长　　B. 余沥不尽　　C. 遗尿　　D. 小便失禁　　E. 小便短少

8. 肾病诸证皆可见到的症状是（　　）

    A. 耳鸣耳聋　　B. 两尺脉弱　　C. 齿松发脱　　D. 腰膝酸痛　　E. 小便异常

9. 肝火犯肺患者可以见到（　　）

    A. 五心烦热　　B. 胸胁灼痛　　C. 急躁易怒　　D. 咳嗽阵作　　E. 头晕目赤

10. 脾肾阳虚患者的大便改变可见（　　）

    A. 五更泄泻　　B. 下利清谷　　C. 完谷不化　　D. 便黄如糜　　E. 大便干结

11. 肺阴虚、心阴虚、肝阴虚、肾阴虚诸证临床共同表现是（　　）

    A. 阴虚潮热　　B. 盗汗颧红　　C. 舌红少苔　　D. 饥不欲食　　E. 脉细而数

12. 脾阳虚与寒湿困脾两证临床皆可见到（　　）

    A. 纳少　　B. 便溏　　C. 泛恶欲吐　　D. 尿少　　E. 浮肿

13. 寒滞肝脉证患者常表现有（　　）

A. 脘腹冷痛　　B. 少腹冷痛　　C. 小腹剧痛　　D. 痛引阴部　　E. 巅顶冷痛

14. 湿热蕴结大肠所致痢疾，其主症是（　　）

A. 下痢赤白　　B. 里急后重　　C. 滑泻失禁　　D. 暴注下泻　　E. 舌苔黄腻

15. 痰迷心窍证的临床表现有（　　）

A. 狂越妄动　　B. 神识痴呆　　C. 表情淡漠　　D. 苔白而腻　　E. 脉滑而数

三、填空题（每题1分，共10分）

1. 阳明潮热，以_____热甚；湿温潮热，以_____热甚。

2. 余沥不尽和小便失禁多因_____所致；尿短赤频数多属_____。

3. 望神色包括得神、失神、_____、假神和_____。

4. 脾阳亏虚，水湿停聚，则痰涎_____；外感风热，肺气失宣，吐痰_____。

5. 新病声哑，多为_____，肺气失宣所致；久病失声，多因_____，津不上承所致。

6. 紧脉的主病是_____、_____、宿食。

7. 表证多见于_____病的_____阶段。

8. 血寒证以_____或_____为其特征性症状。

9. 痰迷心窍和痰火扰心两证均以_____异常为主症，均因_____所致。

10. 气分证病人常见舌质_____，而营分证病人常见舌质_____。

四、简答题（每题3分，共15分）

1. 壮热——

2. 癃闭——

3. 呃逆——

4. 热深厥亦深——

5. 膀胱湿热证——`

五、论述题（每题5分，共25分）

1. 恶寒和发热同时并见有何临床意义？

2. 腐苔和腻苔怎样鉴别？各主何病？

3. 何谓相兼脉？举例说明其主病规律。

4. 何谓气逆证？胃气上道和肝气上逆的主要表现有哪些？

5. 试述风热犯肺证与肺热壅盛证的区别。

六、病案分析题（共10分）

赵某，女，41岁，科长。

牙龈出血、面黄、四肢乏力4个月。患者3年前一次感冒鼻出血量多，此后常在皮肤上发现散在的出血点，刷牙时齿龈偶有出血，虽经中西药治疗，但无显效。近4个月来，面色萎黄，头晕眼花，心悸心慌，神疲乏力，不欲饮食，多食则腹胀不舒，大便稀溏，月经量增多，历10余日方净，月经色淡，舌苔薄白，脉细无力。

［要求］①病情分析（病位、病因、病性）；②做出辨证。

模 拟 试 题（三）

一、单项选择题（在备选答案中，选择1个最佳答案，并将它的标号填入题目后的括号内。每题1分，共

25分）

1. 首创"诊籍"的作者是（　　）

　　A. 扁鹊　　B. 淳于意　　C. 张仲景　　D. 华佗　　E. 张景岳

2. 患者身热不扬，午后热甚，属于（　　）

　　A. 湿温潮热　　B. 阴虚潮热　　C. 阳明潮热　　D. 骨蒸潮热　　E. 气虚发热

3. 患者病中兼见口甜，多因（　　）

　　A. 脾胃气虚　　B. 脾胃湿热　　C. 肝胆湿热　　D. 肝胃郁热　　E. 胃阴亏虚

4. 患者盗汗的原因多为（　　）

　　A. 气虚　　B. 血虚　　C. 气血两虚　　D. 阴虚　　E. 阳虚

5. 阳热亢盛的患者，其面色常见（　　）

　　A. 红黄隐隐　　B. 两颧潮红　　C. 泛红如妆　　D. 满面通红　　E. 白里透红

6. 肝经风热患者易出现（　　）

　　A. 眼胞赤烂　　B. 目眦红赤　　C. 白睛发黄　　D. 全目赤肿　　E. 目窠微肿

7. 观察患者面色的关键，在于区分（　　）

　　A. 主色与客色　　B. 善色与恶色　　C. 常色与病色　　D. 客色与病色　　E. 主色与病色

8. 望小儿示指指纹，指纹淡滞的意义是（　　）

　　A. 分表里　　B. 定虚实　　C. 辨寒热　　D. 测轻重　　E. 估预后

9. 患者呕吐清水痰涎，伴胸闷苔腻者，多属（　　）

　　A. 寒呕　　B. 热呕　　C. 痰饮　　D. 食积　　E. 气滞

10. 气从胃中逆上，出咽喉而发声短频者称（　　）

　　A. 呃逆　　B. 太息　　C. 干呕　　D. 嗳气　　E. 恶心

11. 气滞血瘀的病证其脉象常见（　　）

　　A. 虚脉　　B. 实脉　　C. 紧脉　　D. 迟脉　　E. 涩脉

12. 促脉与数脉的鉴别要点是（　　）

　　A. 脉位深浅　　B. 脉力强弱　　C. 节律齐否　　D. 脉道粗细　　E. 脉率快慢

13. 脉体大小及脉势强弱均相反的一组脉象是（　　）

　　A. 滑脉、涩脉　　B. 洪脉、细脉　　C. 紧脉、缓脉　　D. 实脉、虚脉　　E. 迟脉、数脉

14. 脉象沉而细软，其脉为（　　）

　　A. 细脉　　B. 濡脉　　C. 弱脉　　D. 虚脉　　E. 代脉

15. 中医辨证的主要要素不包括（　　）

　　A. 病位　　B. 病性　　C. 病症　　D. 病因　　E. 病势

16. 下列症状中，诊断表证最具意义的是（　　）

　　A. 脉浮　　B. 恶寒　　C. 头身痛　　D. 苔薄白　　E. 流涕

17. 寒淫病人腹痛，肠鸣，泄泻，其病机多因（　　）

　　A. 寒郁经脉　　B. 寒凝四肢　　C. 寒遏气机　　D. 寒中于里　　E. 寒遏于表

18. 临床以出血和气虚共见为辨证要点者，证属（　　）

　　A. 气不摄血证　　B. 气随血脱证　　C. 气血两虚证　　D. 气滞血瘀证　　E. 气虚血瘀证

19. 身热夜甚，口渴不多饮，心烦不寐，月经先期，舌质红绛，脉细数，证属（　　）

　　A. 阴虚内热　　B. 湿热内阻　　C. 血热证　　D. 气虚发热　　E. 瘀热互结

20. 患者头目晕沉，胸脘满闷，恶心纳呆，呕吐痰涎，其病机为（　　）

　　A. 肝阳上亢　　B. 气血亏虚　　C. 痰湿内阻　　D. 肾精不足　　E. 肝胃不和

21. 眩晕耳鸣，头痛目胀，面红目赤，腰膝酸软，头重足轻，脉弦细数，证属（　　）

　　A. 肝阳化风证　　B. 肝火上炎证　　C. 肝肾阴虚证　　D. 肝阳上亢证　　E. 肝气郁结证

22. 眩晕欲仆，头摇肢颤，语言謇塞，手足麻木，步履不正，脉弦有力，证属（　　）

    A. 肝阳化风证　　B. 热极生风证　　C. 阴虚动风证　　D. 血虚生风证　　E. 风袭经络证

23. 某女患者阴部灼热痛痒，带下黄臭，舌苔黄腻，脉滑而数，辨证是（　　）

    A. 肝胆湿热证　　B. 膀胱湿热证　　C. 肝经湿热证　　D. 下焦湿热证　　E. 脾胃湿热证

24. 营分证的病位是在：（　　）

    A. 肺和皮毛　　B. 心和心包　　C. 肠与胃　　D. 脾和三焦　　E. 肝与肾

25. 书写交班记录的医师应是（　　）

    A. 值班医师　　B. 实习医师　　C. 主治医师　　D. 经治医师　　E. 见习医师

二、多项选择题（在备选答案中，选择2～5个正确答案，并将它们的标号填入括号内，错选或漏选均不得分。每题1分，共15分）

1. 斑疹的区别主要表现在下述哪些项目（　　）

    A. 形态大小　　B. 色泽明暗　　C. 分布情况　　D. 是否高出肤面　　E. 压之是否褪色

2. 下列哪些是淡白舌的主病（　　）

    A. 气虚　　B. 血虚　　C. 阴虚　　D. 阳虚　　E. 寒饮

3. 下列哪些多属肾气不固所致（　　）

    A. 小便失禁　　B. 余沥不尽　　C. 睡后遗尿　　D. 小便涩痛　　E. 尿频尿急

4. 脉位较沉的脉有哪些（　　）

    A. 伏脉　　B. 牢脉　　C. 濡脉　　D. 弱脉　　E. 散脉

5. 导致经期错乱的原因有哪些（　　）

    A. 营血亏虚　　B. 冲任失调　　C. 阴虚血热　　D. 瘀血阻滞　　E. 肝气郁结

6. 强硬舌形成的原因有哪些（　　）

    A. 气机阻滞　　B. 热入心包　　C. 肝风夹痰　　D. 高热伤津　　E. 瘀血阻络

7. 心脉瘀阻证形成的原因有（　　）

    A. 血瘀　　B. 痰阻　　C. 寒凝　　D. 气滞　　E. 气虚

8. 热极生风证的动风症状是（　　）

    A. 颈项强直　　B. 角弓反张　　C. 手足蠕动　　D. 四肢抽搐　　E. 牙关紧闭

9. 肝火上炎证与肝阳上亢证相同的症状是（　　）

    A. 头晕胀痛　　B. 急躁易怒　　C. 失眠多梦　　D. 吐血激血　　E. 舌红脉弦

10. 下述可以出现心悸的证型是（　　）

    A. 心气虚证　　B. 心阴虚证　　C. 心肾阳虚证　　D. 心脉瘀阻证　　E. 心脾两虚证

11. 临床上可见到出血症状的证候有（　　）

    A. 心火亢盛证　　B. 肺阴虚证　　C. 脾不统血证　　D. 肝火上炎证　　E. 大肠湿热证

12. 肝阳化风证的主要表现是（　　）

    A. 眩晕欲仆　　B. 项强肢麻　　C. 语言不利　　D. 步履不正　　E. 手足抽搐

13. 出现胁肋灼痛的肝病证候为（　　）

    A. 肝胆湿热证　　B. 肝火上炎证　　C. 肝阴虚证　　D. 肝阳化风证　　E. 肝火灼肺证

14. 在肺病辨证中，表里同病的证型有（　　）

    A. 风寒犯肺证　　B. 风热犯肺证　　C. 痰饮停肺证　　D. 燥邪犯肺证　　E. 肺热壅盛证

15. 咯痰清稀色白的证候有（　　）

    A. 肺气虚证　　B. 肺阴虚证　　C. 燥邪犯肺证　　D. 痰饮停肺证　　E. 风寒犯肺证

三、填空题（每题1分，共10分）

1. 亡阴之汗为汗出如油，＿＿＿＿＿＿；亡阳之汗则见＿＿＿＿＿＿，汗稀而凉。

2. 完谷不化的原因是＿＿＿＿；脓血大便多属＿＿＿＿的症状。

3. 望面色，主要观察面部皮肤的＿＿＿＿和＿＿＿＿。

4. 观察舌苔之腐腻，可知＿＿＿＿与＿＿＿＿的消长。

5. 鼻流浊涕臭秽，是为＿＿＿＿；口腔散发烂水果味，为＿＿＿＿重证。

6. 久病阴虚内热，其脉＿＿＿＿；若阳虚内寒，其脉＿＿＿＿。

7. 表里同病包括表寒里热、表热里寒以及＿＿＿＿、＿＿＿＿等四类。

8. 血瘀证的临床表现以疼痛、＿＿＿＿、＿＿＿＿和舌紫脉涩为主症。

9. 肺病的虚证有＿＿＿＿证和＿＿＿＿证。

10. 温病发疹发斑，营分证多为斑疹＿＿＿＿，而血分证则见斑疹＿＿＿＿。

四、简答题（每题 3 分，共 15 分）

1. 潮热——

2. 里急后重——

3. 腐苔——

4. 虚证——

5. 肾不纳气证——

五、论述题（每题 5 分，共 25 分）

1. 表证有汗与无汗各见到哪些情况？

2. 举例说明望舌可辨别病邪的性质、病势的进退。

3. 试比较濡、细、弱脉的脉象特点。

4. 何谓水肿？怎样区分阳水肿和阴水肿？

5. 怎样鉴别燥邪犯肺证与肺阴虚证？

六、病案分析题（共 10 分）

邓某，女，22 岁，小学教师。

腹泻、肛门坠重 7 年。患者反复发作泄泻 7 年，并感肛门坠重，大便稀溏、色棕黄或淡黄、腥臭，日解 3～10 次不等，经服用西药"土霉素"、"合霉素"及"附子连理汤"等治疗，总未治愈。近 3 个月来，每日便次在 5 次左右，已感头晕胀，微热，神疲嗜卧，口干苦，肠鸣，腹隐痛，食少不香，舌质淡，苔薄白，脉缓无力。

［要求］①病情分析。②提出证名。③问题：为什么自觉头晕胀，微热？

参 考 答 案

模拟试题（一）

一、单项选择题

1. C 2. D 3. C 4. B 5. B 6. D 7. B 8. B 9. A 10. B 11. A
12. C 13. D 14. B 15. A 16. A 17. B 18. B 19. C 20. C 21. D
22. E 23. C 24. C 25. B

二、多项选择题

1. BCD　　2. ABC　　3. ABDE　　4. CDE　　5. ABCD　　6. AD　　7. ABCDE　　8. ABCD
9. ABCDE　　10. ABCE　　11. CD　　12. CE　　13. BCD　　14. ABDE　　15. ABCD

二、填空题

1. 表寒　太阳中风
2. 除中　脾胃之气将绝
3. 面色　体态
4. 肠道津亏　膀胱湿热
5. 音调和畅　言与意符
6. 涩　细
7. 皮毛　经络
8. 亡阳　气虚
9. 心阳虚　亡阳
10. 营阴　心神

四、简答题

1. 病人就诊时陈述的最主要的症状或体征及其持续时间。
2. 不在经期，突然阴道大量出血，或持续淋漓不尽出血者。
3. 舌苔紧贴舌面，刮之难去，似从舌体长出来者。
4. 在同一病人身上，既有寒证，又有热证，寒热交错，同时出现者。
5. 由于肝失疏泄，脾失健运而表现以胁痛、腹胀、腹泻为主症的证候。

五、论述题

1. 患者就诊时所陈述的最主要症状或体征及其持续时间称为主诉。记录主诉注意事项是：①抓准主诉；②问清主诉所述症征的部位、性质、程度、时间；③不要使用病名，不记录病程，文字要精练。

2. 小儿指纹纹色变化主要有红、紫、青、黑、白等色变化。纹色鲜红多属外感风寒；纹色紫红，多主热证；纹色青，主风证、痛证；纹色青紫或紫黑，是血络闭郁；纹色淡白，多属脾虚。

3. 促脉、结脉、代脉三脉皆为节律不整之脉，皆动有歇止。其中，促脉是脉数而有歇止，歇止无规律，歇止时间较短；结脉是脉迟而有歇止，歇止亦无规律，歇止时间较短；代脉较慢，歇止有规律，且歇止时间较长。

4. 气不摄血证是气虚不能统摄血液而见出血的证候，其出血以慢性渗血多见，色淡质清，多为便血、尿血、肌衄等下渗、外渗出血，且有气虚证的临床表现。血热证是脏腑火热炽盛，迫血妄行而出血，其出血以急性出血多见，色红质稠，多为吐血、衄血、咳血等上部出血，尚可见里实热证的表现。

5. 痰迷心窍和痰火扰心两证的病因均与痰浊有关，病位均以心神为主，症状上均出现神志错乱的表现，但性质上有寒热属性之别。痰迷心窍证因寒痰所致，多见神识痴呆，表情淡漠，喃喃自语，哭笑无常，舌苔白腻，脉缓或滑。痰火扰心证因痰热所致，其轻者心烦不寐，重者胡言乱语，打人毁物，哭闹无常，多兼里实热证的症状、体征。

六、病案分析题

患者初见恶寒，发热，身痛，是风寒表证。但表邪治而未解，内传入里，出现咳嗽，喘促，胸痛，其病住在肺；患者但热不寒，痰黄口渴，便秘尿黄，面红，舌红，苔黄，脉数有力，说明病性属热属实，其病因乃邪热内盛。综上所述，辨证为肺热壅盛。

模 拟 试 题（二）

一、单项选择题

1. C　　2. B　　3. C　　4. B　　5. C　　6. A　　7. B　　8. D　　9. D　　10. D　　11. C
12. A　　13. B　　14. A　　15. A　　16. E　　17. A　　18. A　　19. C　　20. A　　21. C
22. B　　23. C　　24. C　　25. D

二、多项选择题

1. AB　　2. AE　　3. DE　　4. ABE　　5. ADE　　6. BE　　7. ABCD　　8. ABCDE　　9. BCDE　　10. ABC　　11. ABCE　　12. ABDE　　13. BCDE　　14. ABE　　15. BCD

三、填空题

1. 日晡　午后
2. 肾气不足　下焦湿热
3. 少神　神乱
4. 痰稀色白　色黄而稠
5. 外邪乘肺　肺肾阴虚
6. 寒　痛
7. 外感　初期
8. 手足逆冷　少腹冷痛
9. 神志　痰浊
10. 红　红绛

四、简答题

1. 病人高热不退，但恶热不恶寒，多见于里热证极期阶段。
2. 小便不畅，点滴而出为癃；小便不通，点滴不出为闭，一般统称癃闭。
3. 有气上逆于咽喉而出，发出一种不由自主的冲激声音，声短而频，由胃气上逆所致。
4. 是内有真热而外见假寒的证候，其内热愈盛则肢冷愈严重。
5. 由于湿热侵袭膀胱，导致小便异常为主症的证候。

五、论述题

1. 恶寒与发热同时并见是外感病初期（即表证）的重要诊断依据。根据恶寒、发热的轻重不同，临床又可分为：①恶寒重，发热轻，主风寒表证；②发热重，恶寒轻，主风热表证；③发热轻，兼恶风自汗，是太阳中风证。
2. 腐苔颗粒疏松，粗大而厚，揩之可去，如豆腐渣布于舌面，因阳热有余，蒸腾胃中腐浊邪气上升而成，多为食积痰浊，亦见于内痈或湿热口糜。腻苔颗粒致密、细腻，揩之不去，如舌面涂布一层油腻状粘液，多因湿浊内盛，阳气被遏，湿浊停积于舌面，主病为湿浊、痰饮。食积、湿热、顽痰等。
3. 由两种或两种以上的单一脉相兼组合而成的脉象称相兼脉，或称为复合脉。其主病规律是组成该相兼脉的各单一脉主病的综合。例如，浮紧脉，浮脉主表，紧脉主寒，浮紧脉主表寒证。又如沉细数脉，沉脉主里，细脉主阴血亏虚，数脉主热，沉细数脉则主里虚热证，即阴虚内热证。

4. 气机升降失常，气上逆而不调所表现的证候称为气逆证。胃气上逆则见呃逆，嗳气，恶心，呕吐；肝气上道可见头痛，眩晕，昏厥，呕血等。

5. 两证的致病原因均为热邪，病位与肺有关，其区别在于：风热犯肺证为风热之邪初犯肺卫，为表里同病，故其症状有身热，恶风寒，鼻塞流涕，咳嗽痰黄，伴口干咽痛，舌尖红，苔薄黄，脉浮数；肺热壅盛证之病位在肺，病情较重，症状有咳嗽气喘，痰黄而稠，息粗胸痛，甚至脓痰腥臭，但无恶寒、脉浮之卫表症状。

六、病案分析题

患者的主要症状是出血，表现在牙龈、鼻孔、皮肤出血和月经量增多；从病人食少腹胀，大便稀溏及神疲乏力，脉虚无力提示其病位在脾，病性为气虚。由于脾气亏虚，脾不统血，血溢脉外，故见出血。出血过久则血虚，脾气亏虚则气血俱虚，故见面黄，头晕，眼花，经少舌淡，脉细无力；血不养神，故见心悸心慌。辨证是脾不统血，气血两虚。

模拟试题（三）

一、单项选择题

1. B　2. A　3. B　4. D　5. D　6. D　7. B　8. B　9. C　10. A　11. E　12. C　13. B　14. C　15. C　16. B　17. D　18. A　19. C　20. C　21. D　22. A　23. C　24. B　25. D

二、多项选择题

1. ADE　2. ABDE　3. ABC　4. ABD　5. BDE　6. BCD　7. ABCD　8. ABDE　9. ABCE　10. ABCDE　11. ABCDE　12. ABCD　13. BCE　14. ABD　15. ADE

三、填空题

1. 热而粘手　大汗淋漓
2. 肾阳亏虚　湿热痢疾
3. 颜色　光泽
4. 阳气　湿浊
5. 鼻渊　消渴
6. 沉细数　沉迟无力
7. 表虚里实　表实里虚
8. 肿块　出血
9. 肺气虚　肺阴虚
10. 隐现　透露

四、简答题

1. 病人定时发热或定时热甚，如潮汐之有定时。
2. 腹痛窘迫，时时欲泻，肛门重坠，便出不爽，是湿热痢疾的主症。

3. 苔质疏松，颗粒较大，舌边中皆厚，刮之易去，其状如豆腐渣堆积舌面，透过疏松之苔可见到舌质者。

4. 是对人体正气虚弱，以不足，松弛、衰退为特点的各种临床表现的病理概括。

5. 由于肾气亏虚，纳气无权而表现为短气、喘息为主症的证候。

五、论述题

1. ①表证无汗，多属表寒证，因寒性收引，汗孔闭塞。②表证有汗，有三种情况。其一，属外感风邪之证，因风性开泄，腠理疏松而汗出；其二，外感风热之证，因热性升散，使腠理疏松而汗出；其三，为气虚外感之表证，因卫阳不足，肌表不固而汗出。

2. ①辨别病邪的性质：红舌为热证，舌淡多主虚主寒，青紫舌为瘀血内阻；黄苔主热，白苔主寒，腐苦多食积，腻苔为痰湿。②判断病势的进退：舌苔由润转燥，是热盛伤津，主病进；舌苔由燥转润，由厚变薄，多为津液复生，病邪渐退；苔色由白转黄变黑，提示病邪由表入里，由寒化热，由轻变重。

3. 濡脉是浮细而软之脉；细脉是细小如线，但应指明显之脉；弱脉是沉细而软之脉。可见三者皆有脉体细小，力量较弱之共性。但濡、弱两脉较之细脉更细更软；从脉位上看，濡脉偏浮，弱脉偏沉，三者同中有异，须当细辨。

4. 体内水液停聚，泛滥于肌肤，引起面目、四肢、胸腹甚至全身浮肿者，称为水肿。其中，由外邪侵袭所致，病程短，性质属实的水肿是阳水肿；由于久病体弱，脾肾阳虚，病程长，性质属虚证之水肿，叫阴水肿。

5. 燥邪犯肺证属实、属表，起病急，是因外感燥邪，耗伤肺津所致，多见于秋令，除干咳少痰、痰粘难咯、胸痛咳血之外，尚兼发热，恶寒，苔薄，脉浮等表证现象。肺阴虚证属虚，属里，起病慢，是由于肺阴不足，虚热内生所致，可见于四时，除干咳少痰、痰粘难咯、胸痛咳血之外，常兼消瘦，潮热，盗汗颧红，舌红少苔，脉细而数。

六、病案分析题

患者腹泻 7 年之久，纳少腹痛，脉缓无力，可知其病位在脾，性质属虚，脾气已虚。由于脾虚气陷，清阳不升，故久泻不止，久治未愈；清阳下陷，郁而发热，故自觉发热，头晕而胀，口干而苦。辨证：脾虚气陷证。

图书在版编目（CIP）数据

中医诊断学 / 郭振球主编. 一长沙:湖南科学技术
出版社,2010.6（2025.7重印）
全国高等中医药院校成人教育教材
ISBN 978-7-5357-0562-4

Ⅰ. ①中… Ⅱ. ①郭…Ⅲ. 中医诊断学一成人教育：高等
教育一教材Ⅳ. ①R241

中国版本图书馆 CIP 数据核字(2010)第 125005 号

全国高等中医药院校成人教育教材

中医诊断学

委托修订:国家中医药管理局人事教育司
主编单位:湖南中医药大学
主　　编　郭振球
出 版 人：潘晓山
责任编辑：黄一九
出版发行：湖南科学技术出版社
社　　址：长沙市芙蓉中路一段416号泊富国际金融中心
网　　址：http://www.hnstp.com
邮购联系：本社直销科 0731-84375808
印　　刷：长沙新湘诚印刷有限公司
　　　　　（印装质量问题请直接与本厂联系）
厂　　址：长沙市开福区伍家岭街道新码头9号
邮　　编：410003
版　　次：2010 年 6 月第 3 版
印　　次：2025 年 7 月第 53 次印刷
开　　本：787mm×1092mm　1/16
印　　张：22
字　　数：541千字
书　　号：ISBN 978-7-5357-0562-4
定　　价：35.00 元

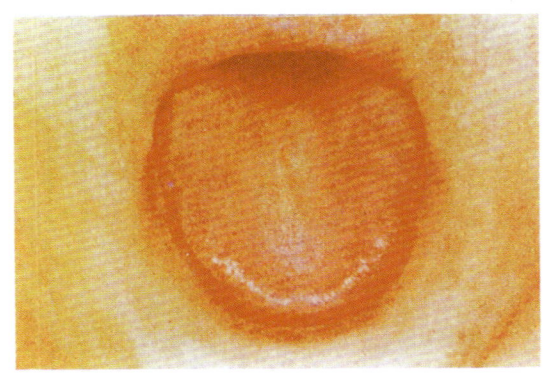

彩图 1　正常舌象(淡红舌，薄白苔)

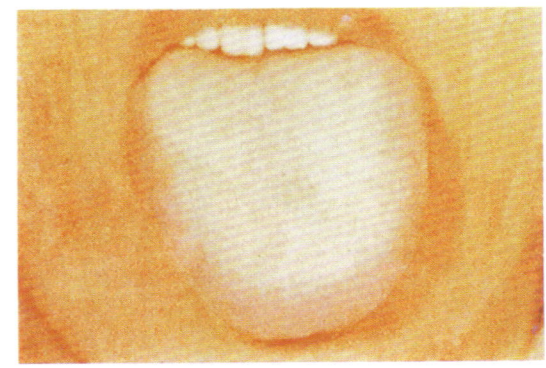

彩图 2　淡白舌

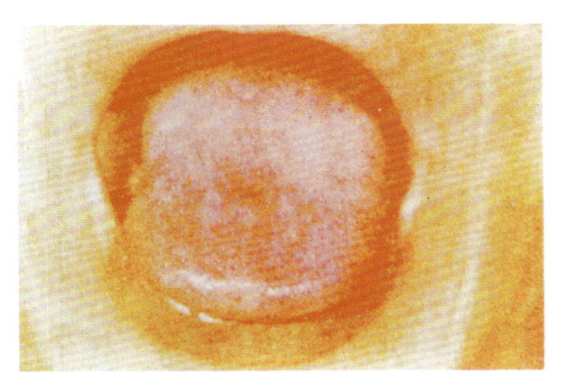

彩图 3　红　舌

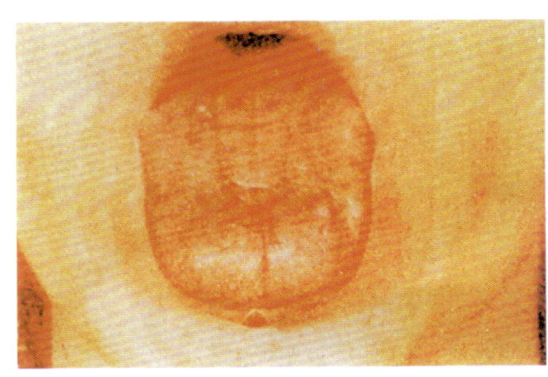

彩图 4　绛　舌

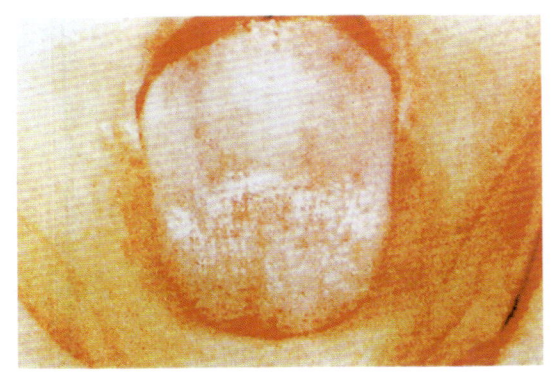

彩图 5　青紫舌

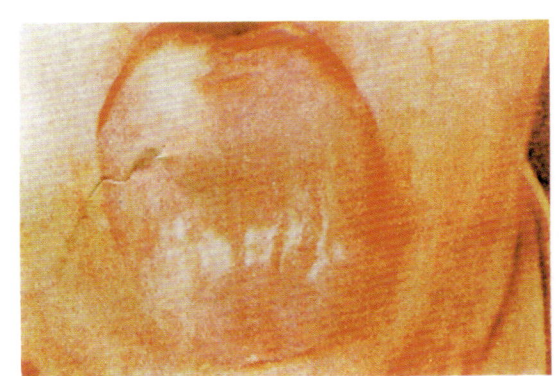

彩图 6　镜面舌

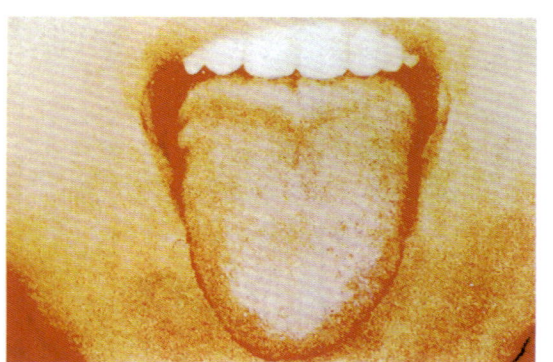

彩图 7　薄白舌

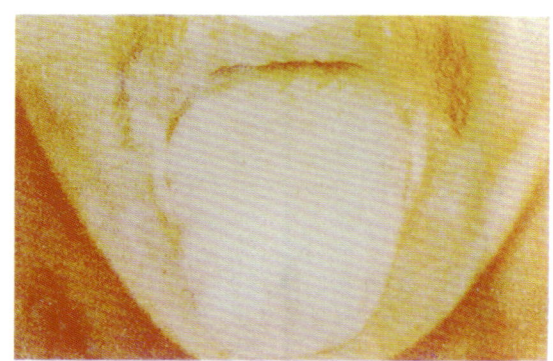

彩图 8　厚白苔

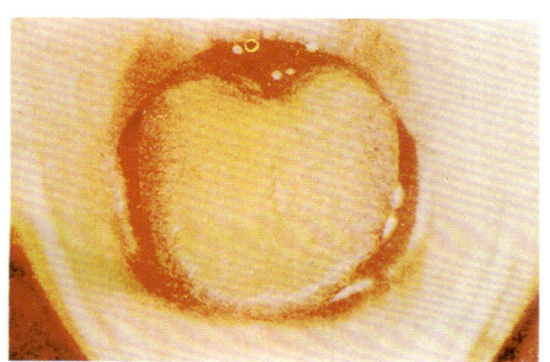

彩图 9　黄　苔

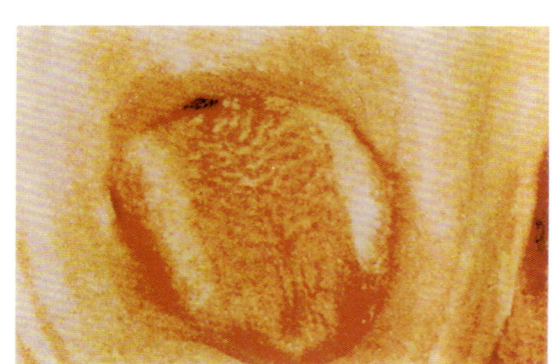

彩图 10　焦黄苔

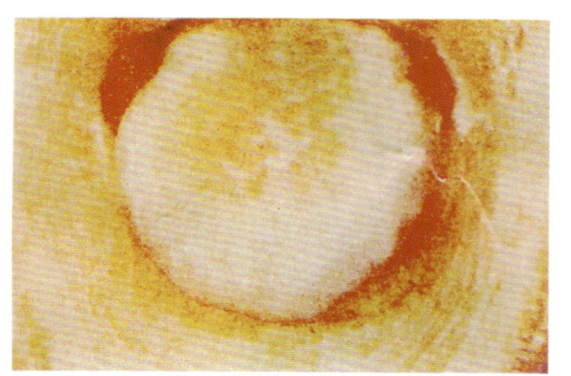

彩图 11　灰　苔

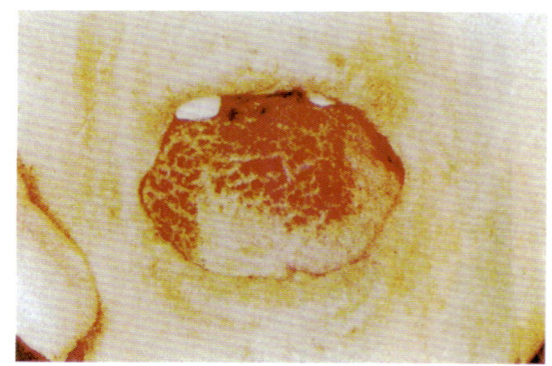

彩图 12　黑　苔